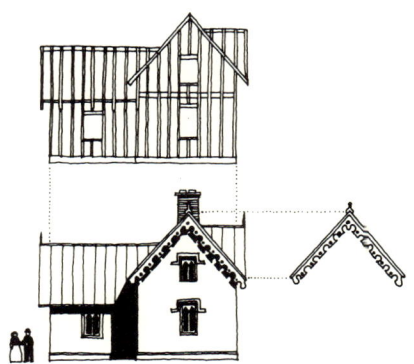

Amerikanische
Wohnarchitektur

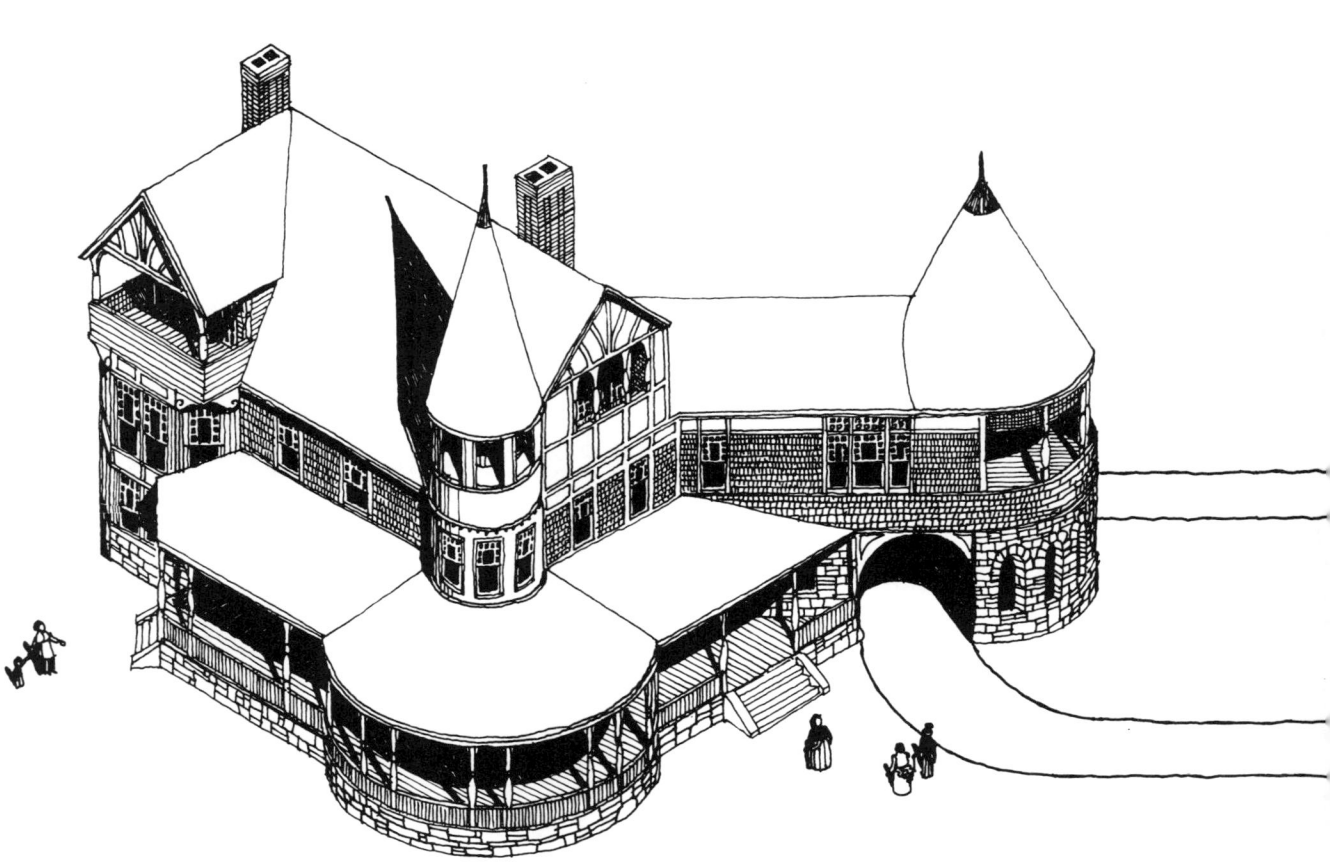

Amerikanische Wohnarchitektur

Vom indianischen Tipi zum Solarhaus

Lester Walker

Mit einem Vorwort von Charles Moore

KÖNEMANN

Originalausgabe © 1997
The Overlook Press, Peter Mayer Publishers, Inc.
Lewis Hollow Road,
Woodstock, New York 12498

© 1981, 1996: Lester Walker

Originaltitel: American Shelter
An Illustrated Encyclopedia of the American Home

© 2000 für die deutsche Ausgabe:
Könemann Verlagsgesellschaft mbH
Bonner Str. 126, D-50968 Köln

Übersetzung aus dem Amerikanischen: Ulrike Bischoff
(für: Verlagsbüro Dr. Willfried Baatz)
Redaktion der deutschen Ausgabe:
Verlagsbüro Dr. Willfried Baatz, München
Satz: kursiv – visuelle kommunikation, Weingarten

Projektkoordination: Dr. Marten Brandt
Herstellung: Ursula Schümer

Druck und Bindung: Reálszisztéma Dabas Printing House
Printed in Hungary

ISBN 3-8290-2293-x

10 9 8 7 6 5 4 3 2 1

Meiner Mutter und meinem Vater

Inhalt

Die Indianer

Seite	Baustil	Zeit	
22	Erdhütte	300 n. Chr. bis heute	
24	Pueblo	700 n. Chr. bis heute	
26	Grasgedeckte Stangenbauten	800 bis heute	
28	Tipi	1200 bis heute	
30	Langhaus	um 1400	
32	Wigwam	um 1600	
34	Hogan	um 1750	
36	Plankenhaus	um 1800	

Die Siedler

Vorwort

Dieses fesselnde Buch mit Zeichnungen und Beschreibungen amerikanischer Wohnhäuser ist in seiner Art ungewöhnlicher, als es auf den ersten Blick scheinen mag: Noch vor wenigen Jahren hätten Autoren eines Buches über Wohnarchitektur die Gelegenheit genutzt, uns Vorträge zu halten, zu »erziehen« und zu erklären, wieso einige der getroffenen Entscheidungen korrekt seien, andere nicht, und sich dabei wahrscheinlich auf liebgewonnene Kriterien gestützt wie die »konstruktive Ehrlichkeit«. Heute besitzen wir eine neue nichtarchitektonische Freiheit, die es Lester Walker möglich macht, stolz und sogar liebevoll eine ungewöhnlich große Bandbreite unterschiedlicher Häuser vorzustellen, schlichte und ausgefallene, große und kleine, geradlinige und exotische, ohne auch nur andeutungsweise eine Vorliebe erkennen zu lassen. Offenbar gefallen sie ihm alle, und darin beweist er eine geistige Aufgeschlossenheit, geschmackliche Toleranz und großzügig eklektische Haltung, die diesem Buch Lebendigkeit verleiht.

Noch vor wenigen Jahren hätte man Häuser besonders gelobt, die ihre tragende Konstruktion ausdrücklich erkennen ließen. Heute, in einer Zeit, in der Architekten häufig mit dem Umbau alter Gebäude betraut sind, die sie modernen Anforderungen anpassen sollen, ohne das Aussehen des alten Hauses zu verändern, wird konstruktive Täuschung ebenso positiv bewertet wie konstruktive Offenheit. Das macht es einfacher, uns für alle möglichen romantischen Passionen zu begeistern, ohne sie als bedauerliche Verstöße gegen das Gebot klassischer Reinheit sehen zu müssen.

Ein weiterer Aspekt unserer Freiheit ist eine neu gewonnene Freude an Oberflächen, Mustern und Ornamenten, ein Vergnügen an Bereicherungen aller Art, von den Eckverzierungen bei Blockhäusern bis hin zu ornamentalen Elementen, die Traditionen anderer Kulturen aufgreifen. Da aus diesem Buch die Freude an beidem spricht, gerät es zum Fest für das Auge und für den Geist.

Charles Moore
Los Angeles, Kalifornien

Einleitung

Die Idee zu diesem Buch entstand, als mein Verleger mich um ein Handbuch amerikanischer Wohnhausstile bat, das für Architekten, Historiker, Anthropologen, Bauhandwerker und Makler ebenso reizvoll wäre wie für ein breites Publikum, das sich für die Entwicklung von Wohnbauten, ihrer Form und ihrer Beschaffenheit interessierte. Hinter diesem Vorschlag, der ihm relativ einfach zu verwirklichen erschien, steckte ein äußerst schwieriges, zeitraubendes Projekt, wie mir sofort klar war. Bei meinen Untersuchungen über Steinhäuser im niederländischen Kolonialstil, die es in meiner Umgebung in Ulster County, New York, gibt, hatte ich bereits erfahren, daß umfangreiche Forschungen notwendig waren, um herauszufinden, warum eine Gruppe von Menschen aus einer anderen Kultur ein Haus baute, das in Form, Stil, Materialien und Grundriß den Bauten der Holländer am Westufer des Hudson River entsprach. Allein schon, um diesen einen Wohnhausstil zu studieren, mußte ich an die 15 Bücher lesen, die von der dokumentierten Geschichte Kingstons, New York, bis zur Architektur der Niederlande vor 1700 reichten. War ich imstande, all diese teils recht technischen Informationen auf ein oder zwei Seiten in leicht verständlicher Form zusammenzufassen, und hatte ich die nötige Energie, mich einem derart ausführlichen und komplexen Buch zu widmen?

Ich beschloß, die Probe aufs Exempel zu machen und zwei oder drei Wochen in der Bibliothek zu verbringen, um eine ungefähre Vorstellung davon zu bekommen, wie viele signifikante Stilrichtungen ich einbeziehen müßte und wieviel Zeit ich für die Recherchen zu jedem Stil benötigen würde. Sehr bald stellte sich heraus, daß es unmöglich war, mir auf die Schnelle einen genauen Überblick zu verschaffen. Ich schätzte, daß ich wahrscheinlich an die 75 signifikante Stilrichtungen finden und für jede etwa zwei Wochen brauchen würde, um zu recherchieren, zu schreiben und Zeichnungen zu machen. Um dies herauszufinden beschäftigte ich mich mit dem Cape-Cod-Haus und stellte darüber einen vierseitigen Überblick zusammen. Neues über diese schönen Wohnbauten aus New England zu erfahren, war schon faszinierend, doch als ich anfing, die gewonnenen Informationen in eine Zeichnung umzusetzen, und sah, wie sich die Konstruktion mit Leben füllte, machte mir die Sache solchen Spaß, daß ich auf der Stelle beschloß, das Buch zu schreiben, ganz gleich, wie lange es dauern würde. Mein Verleger war einverstanden und hatte den Eindruck, daß aus meinem Interesse an Konstruktion, Grundrißentwicklung und Formgebung, falls es klar herausgearbeitet und illustriert würde, ein Buch entstehen könnte, das insofern eine Lücke schlösse, als es eine Wechselbeziehung zwischen Geschichte und Architektur in ihrem menschlichsten Sinne herstellte.

Als nächstes legte ich einen Ordner an, in dem ich alle einschlägigen Informationen, Bilder, Grundrisse, Aufsätze und kurze Auswahlbibliographien zu vielen Wohnhausstilen sammelte. Bei dieser Arbeit half mir mein Freund und Kollege, Richard Bouchard, der die Sammlung um seine »Sgt.-Pepper-Abteilung« bereicherte: Unter dieser Bezeichnung faßten wir alle nicht traditionellen, ausgefallenen Stilrichtungen zusammen wie umgebaute Eisenbahnwaggons, Kuppelbauten, Hausboote und Quonset Huts. In Zeitschriften wie *American Builder and Popular Science* fand ich wertvolle Informationen zur Konstruktion (das Knochengerüst des Bauwerks), Architekturzeitschriften wie *Architectural Record* stellten Zusammenhänge zu stilistischen Einflüssen und Dekoration her (der Haut des Bauwerks), und in historischen Schriften entdeckte ich die faktischen und kulturellen Hintergründe von Formgebung, Materialien und Grundrißentwicklung.

Das Buch ist chronologisch geordnet und beginnt bei den Indianern und frühen Siedlern; auf diese Weise vermittelt es den Fluß der amerikanischen Geschichte des Wohnhausbaus, zumindest so wie sie sich mir erschloß. Fünf Jahre, nachdem ich die Arbeit an diesem Buch aufgenommen hatte, fühlte ich mich ebenso sehr als Berichterstatter wie als Architekturhistoriker. Ich sah es als meine Aufgabe an, Wissen für ein breites Publikum in knapper Form zusammenzufassen und verständlich zu interpretieren. Anfangs war ich von dieser Aufgabe überwältigt, doch als nach und nach immer mehr Teile des Buches fertig wurden, konnte ich mich entspannen und das traumhafte Gefühl genießen, in gewisser Weise an der Entwicklung der amerikanischen Wohnarchitektur beteiligt zu sein.

Jedes der hier vorgestellten Häuser entwuchs einer Idee. Anfangs bestand diese Idee darin, einfache Wohnstätten zu schaffen und die vorhandenen Werkzeuge und Materialien zweckmäßig zu nutzen. Viele Anthropologen sind der Auffassung, daß die Indianer, die schon um 10 000 v. Chr. in Amerika lebten, erst um 300 v. Chr. anfingen, ihre Höhlen und Felsen zu verlassen und sich in Gebieten mit ausreichenden Nahrungsvorkommen niederzulassen. Dort bauten sie kleine Dörfer mit Einfamilienhäusern, die vornehmlich aus Erde und Baumstämmen bestanden. Im Laufe der Zeit lernten sie, die vorhandenen Naturstoffe für Bauten zu nutzen, die den jeweiligen klimatischen Verhältnissen, ihrem baulichen Können und ihrer Kultur entsprachen. Die Indianerstämme der Plains entwickelten leichte, tragbare, konische Konstruktionen (Tipis), die sich für ihr Nomadenleben eigneten. Die Stämme im heutigen Bundesstaat New York bauten Häuser aus jungen Baumstämmen und Rinde, die über 30 Meter lang sein konnten und bis zu fünfzig Mitglieder einer Großfamilie beherbergten (Langhaus). Die im Süden angesiedelten Stämme verwendeten Binsen und Gras für kühle Behausungen, während im Südwesten kühle, stabile Bauten aus luftgetrockneten Lehmziegeln (Adobe) entstanden.

Die amerikanischen Indianer kannten acht frühe Baustile für Wohnstätten, die jeweils auf einer eigenen, simplen Idee beruhten und heimische Materialien einfach und zweckmäßig für Bauformen nutzten, die Kultur und Lebensweise eines Stammes widerspiegelten.

Die ersten europäischen Siedler brachten aus ihren Heimatländern Kenntnisse des Häuserbaus mit und paßten sie den neuen Gegebenheiten an. In vier Gebieten entstanden Siedlungen, die jeweils deutlich von verschiedenen Kulturen geprägt waren. Die erste Siedlung war New England, gegründet von Engländern, die ihre Fertigkeiten des Holzhausbaus weiterentwickelten. Die zweite Siedlung lag an der Chesapeake Bay und wurde von einer Gruppe meist wohlhabenderer, stärker an die alte Heimat gebundener Engländer gegründet, die Backsteinhäuser im mittelalterlichen Stil bauten, der damals in England beliebt war. Die dritte Region prägten deutsche und schottisch-irische Siedler im Tal des Delaware, die Steinhäuser mit Anklängen an die Architektur ihrer Heimat bauten. Die vierte Region im Tal des Hudson wurde von Holländern besiedelt, die für ihre Hausbauten eine Vielfalt an Materialien verwendeten.

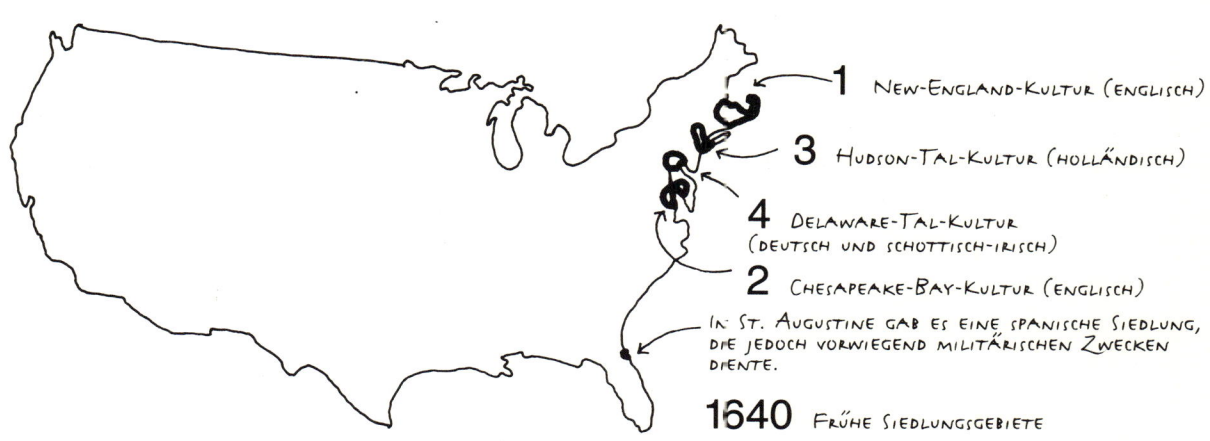

1 New-England-Kultur (englisch)

3 Hudson-Tal-Kultur (holländisch)

4 Delaware-Tal-Kultur
(deutsch und schottisch-irisch)

2 Chesapeake-Bay-Kultur (englisch)

In St. Augustine gab es eine spanische Siedlung, die jedoch vorwiegend militärischen Zwecken diente.

1640 Frühe Siedlungsgebiete

Bis Ende des 17. Jahrhunderts dehnten sich drei dieser Siedlungsgebiete aus, wobei ihre Migrationsbewegung von geographischen und klimatischen Gegebenheiten bestimmt war. Die New-England-Kultur schob sich nach Westen und Norden in das Gebiet der heutigen Bundesstaaten New York und Maine vor; die Delaware-Tal-Kultur breitete sich nach Westen durch das heutige Pennsylvania aus und schob sich an den Gebirgszügen der Appalachen entlang nach Südwesten und Süden bis in das heutige North und South Carolina vor; und die Chesapeake-Bay-Kultur drang nach Westen und Süden vor. Nur die holländische Kultur im Tal des Hudson blieb ortsgebunden und ohne sonderlichen überregionalen Einfluß.

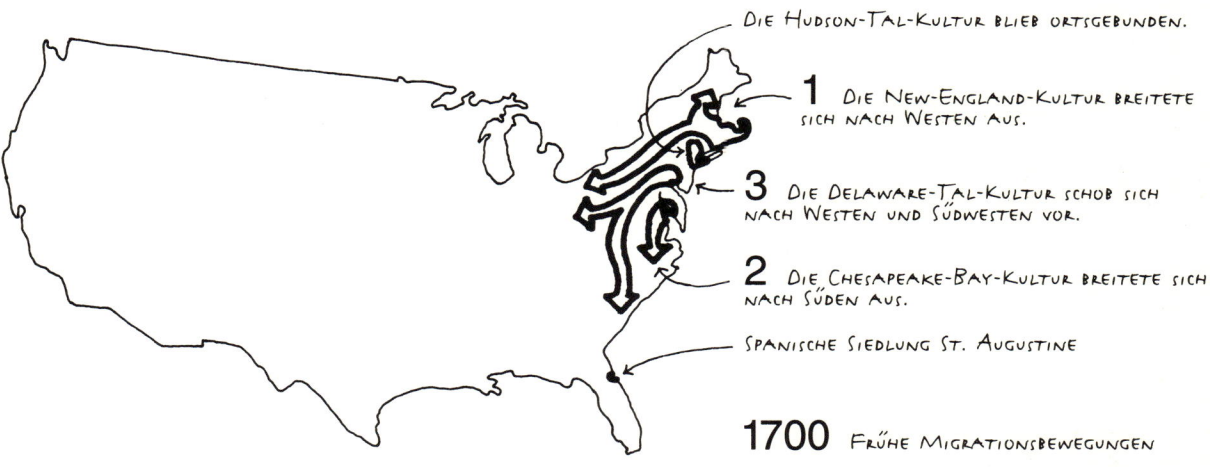

Die Hudson-Tal-Kultur blieb ortsgebunden.

1 Die New-England-Kultur breitete sich nach Westen aus.

3 Die Delaware-Tal-Kultur schob sich nach Westen und Südwesten vor.

2 Die Chesapeake-Bay-Kultur breitete sich nach Süden aus.

Spanische Siedlung St. Augustine

1700 Frühe Migrationsbewegungen

Überall an diesen Migrationswegen entstanden neue Siedlungen mit Wohnhäusern, die in ihrer Bauweise dem Klima, den jeweiligen handwerklichen Fertigkeiten, den vorhandenen Materialien und vor allem den baulichen Kenntnissen entsprachen, die man in der Kulturregion ihrer Herkunft besaß.

Als sich die ersten Siedler zu Beginn des 18. Jahrhunderts weit ins Landesinnere Nordamerikas vorwagten, vermischten sich ihre Vorstellungen über den Hausbau zu einem Baustil, der in erster Linie von den drei ursprünglichen Kulturregionen geprägt war. Dieses neue Siedlungsgebiet war ein wahrer Schmelztiegel unterschiedlicher Vorstellungen über den Hausbau und kann somit als Anfang einer nationalen architektonischen Kultur gelten.

Zur gleichen Zeit besiedelten die Franzosen den Südteil ihres riesigen Kolonialreiches an den Ufern des Mississippi. In diesem feucht-heißen Klima entwickelten sie neue Bauformen und Techniken, die später den Hausbau im tiefen Süden beeinflussen sollten. In Kalifornien, Texas und New Mexico schufen spanischsprachige Siedler kleine religiöse Gemeinden, um die nordamerikanischen Indianer zum Katholizismus zu bekehren. Ihre Kolonialarchitektur sollte im 19. und 20. Jahrhundert großen Einfluß auf Kalifornien und Florida haben.

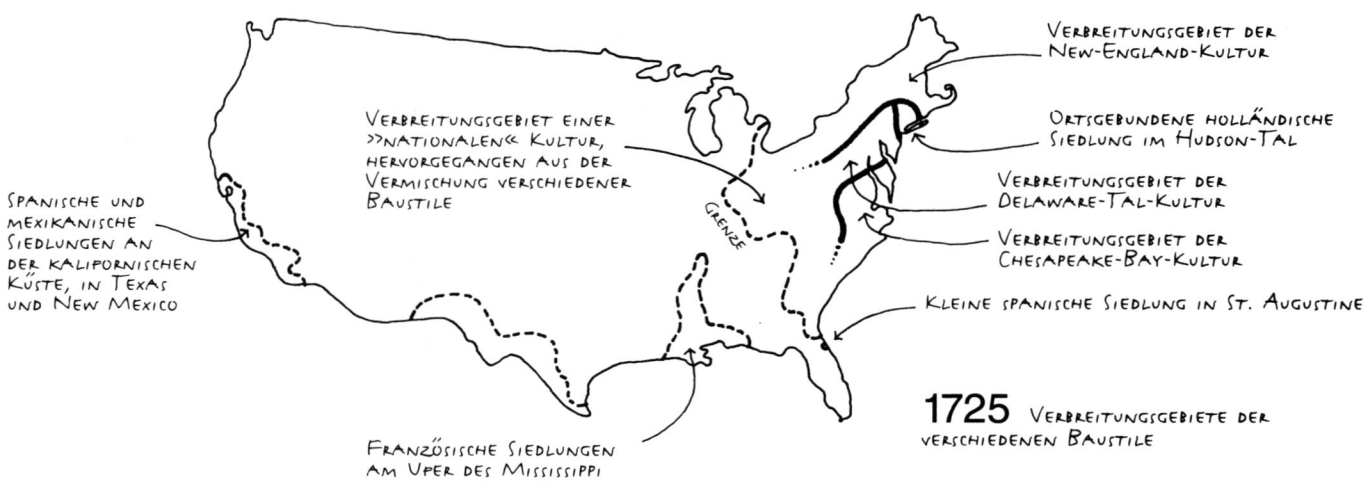

Die meisten Baustile für Wohnhäuser, die sich nach der amerikanischen Revolution entwickelten, orientierten sich an nationalen oder internationalen Tendenzen, nicht an regionalen Konzepten. Fachzeitschriften und Bücher verbreiteten Ideen zum Hausbau im ganzen Land. Reisende wie Thomas Jefferson brachten neue Vorstellungen aus Europa mit, und die Architektur wurde zu einem Berufsfeld für die Elite. Ende des 19. und im Laufe des 20. Jahrhunderts wurden neue Techniken entwickelt, die auch zu einer Fülle neuer Ideen im Wohnhausbau anregten. Zu den Häuserformen, die aus technologischen Fortschritten erwuchsen, gehören die im Zweiten Weltkrieg entwickelten Quonset Huts, die geodätische Kuppel, das erst durch die Erfindung von Leichtbeton möglich gewordenem Haus in freier Formgestaltung und das Solarhaus, das neue Techniken und mechanische Hilfsmittel nutzt. Interessant scheint mir, daß der letzte in diesem Buch vorgestellte Bautyp, von dem theoretischen Ausblick in ein Weltraumzeitalter einmal abgesehen, einem eklektischen Stil folgt, der Anleihen bei allen vorhergehenden Baustilen und Ideen nimmt – ein schöner Abschluß im Sinne einer konstruktiven Synthese.

Es gibt viele Bücher über die Geschichte der amerikanischen Architektur. Die meisten ordnen Gebäudetypen und Baustile in eine zeitliche Abfolge vom Mittelalter bis zur Gegenwart ein. Manche wählen die geographische Verbreitung oder die Hauptbaumaterialien wie Naturstein, Backstein oder Holz als Kriterium, nach dem sie die verschiedenen Stile klassifizieren. Andere nehmen Kriege oder Jahrhundertwenden als Anfangs- oder Endpunkte, um Bautypen zu Gruppen zusammenzufassen wie »vor oder nach dem Bürgerkrieg« oder »vor oder nach dem 18. Jahrhundert«. Aus verschiedenen Gründen habe ich auf eine solche Einordnung verzichtet. Zum einen wollte ich dieses Buch möglichst leicht verständlich machen und hielt es für den besten Weg, die Baustile in der Reihenfolge ihrer Entstehung vorzustellen, von den Indianern bis hin zu einer Weltraumsiedlung. Mein Ziel war ein Buch, das zugleich als Reiseführer zu bestehenden Wohnhäusern, als Sammlung von Kurzgeschichten und als chronologisch geordnetes Nachschlagewerk dient. Außerdem war es häufig gar nicht möglich, einen Stil in eine übergeordnete Kategorie einzuordnen. So wurde zum Beispiel das Rasenziegelhaus in Nebraska zwar während der viktorianischen Periode, aber nicht im viktorianischen Stil gebaut. Und schließlich wollte ich jeden Stil gleichberechtigt behandeln. Für mich war der Stil der Hütten und Baracken ebenso interessant wie Bauten im Stil des Greek Revival. Letzten Endes kam ich zu dem Ergebnis, die Geschichte der amerikanischen Wohnarchitektur als chronologische Abfolge von gut 100 Kapiteln zu betrachten, die jeweils von ihren eigenen Beweggründen und Einflüssen geprägt sind.

Ich hoffe, dieses Buch kann nützliche Aufschlüsse darüber geben, weshalb, wie und wann ein bestimmter Haustyp gebaut wurde; Studenten, Bauhandwerkern, Architekten und Liebhabern von Wohnhäusern als Nachschlagewerk dienen; allen Interessierten Hilfestellung geben, Baustile von Wohnhäusern zu erkennen und einzuordnen; und all jenen eine angenehme Lektüre bieten, die sich eingehender mit amerikanischer Architektur und Architekturgeschichte befassen.

Lester Walker
Woodstock, New York

Mein besonderer Dank gilt Richard Bouchard für seine wertvolle Unterstützung bei den Recherchen; Sylvia Wright, Bibliothekarin am City College of New York School of Architecture, und ihren Mitarbeitern für ihre Kooperation, die weit über jede Pflichterfüllung hinausging; Charles Moore für seine Anregungen; Peter Mayer, Mark Gompertz und Tracy Carns vom Verlag *Overlook Press*, die meine Arbeit ständig kritisch begleitet haben; und Jess Walker für seine unschätzbare Hilfe bei den Teilen des Buches, die sich mit der jüngsten Gegenwart befassen.

Die Indianer

Erdhütte

Prärie und Nordwesten der USA   300 n. Chr. bis heute

Nach Auffassung von Archäologen entwickelten sich die ersten primitiven Ansätze des Hausbaus in Amerika um 300 n. Chr. in New Mexico und Arizona. Diese Wohnstätten bestanden aus mehr oder weniger tiefen Gruben, die mit Rundhölzern, Zweigen und Erde überdacht waren. Diese sogenannten Erd- oder Grubenhäuser waren vornehmlich in der Prärie zu finden. Sie wirkten im Sommer wie riesige, grasbewachsene Erdhügel und im Winter wie rundliche Schneewehen, wenn der Rauch, der oben aus dem Hügel stieg, sie nicht verriet.

Die Erdhütte entwickelte sich weiter zu einem kegelförmigen Holzgerüst, das 25 bis 50 cm dick mit Weidenzweigen und Gras oder Kiefernnadeln bedeckt war und nach außen mit einer etwa 5 cm dicken Schicht aus Grassoden abschloß. Die Grube dieser Erdhäuser hatte einen Durchmesser von etwa 12 m und reichte 30 bis 180 cm tief in den Boden. Der tunnelartige Eingang war ebenfalls mit Erde abgedeckt und mit Büffelfellen verschlossen. Wärme bezogen diese Häuser aus dem Boden und einer zentralen Feuerstelle. Jeweils eine Großfamilie, die manchmal bis zu vierzig Personen umfaßte, bewohnte ein solches Erdhaus.

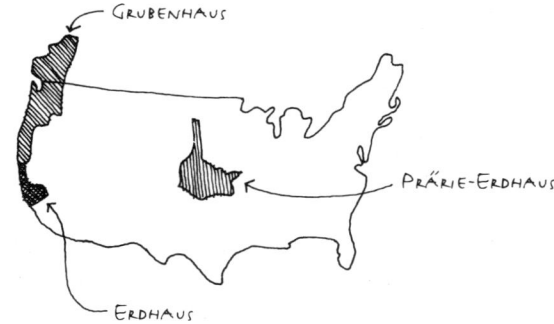

Es gab Erdhäuser unterschiedlicher Art, jedoch hatten alle eine zeltähnliche Tragekonstruktion. Durch die einzige Öffnung im Dach (Rauchabzug) und die Tür fiel relativ viel Licht ins Innere. Die Kalapoya-Indianer im nördlichen Plateau-Gebiet nutzten die Dachöffnung für den Rauchabzug zugleich als Eingang, durch den sie über einen mit Einkerbungen versehenen Baumstamm ins Innere kletterten.

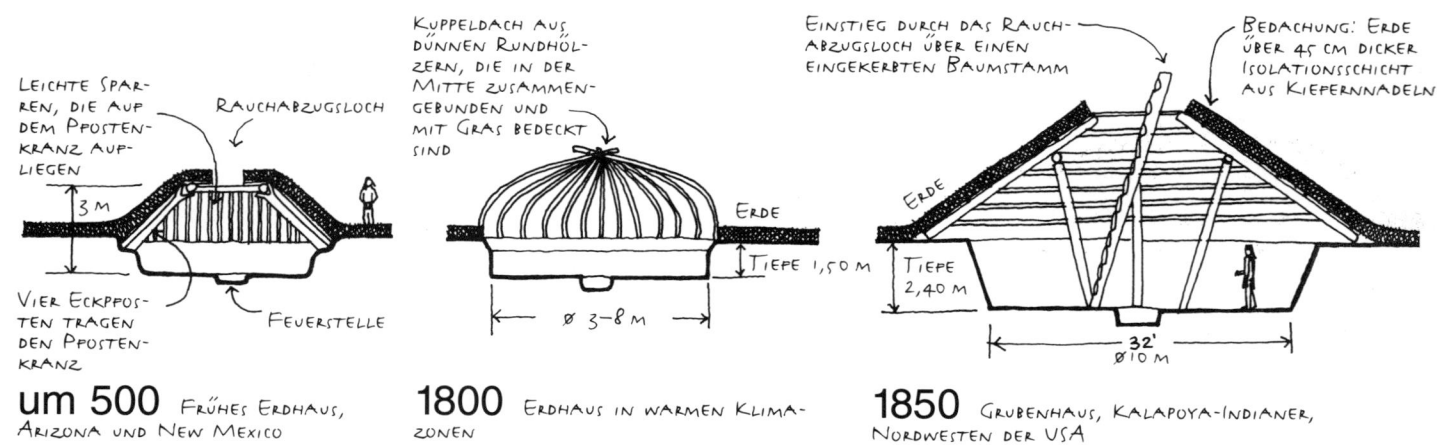

Die Mandan-Indianer am Oberlauf des Missouri bauten runde Erdhäuser mit tragender Holzkonstruktion, die fünf bis sechs Familien mit dreißig bis vierzig Personen beherbergten. Im Inneren schirmten abgehängte Trennwände aus Weidenmatten oder enthaarten Tierhäuten die Wohnbereiche der einzelnen Familien gegeneinander ab.

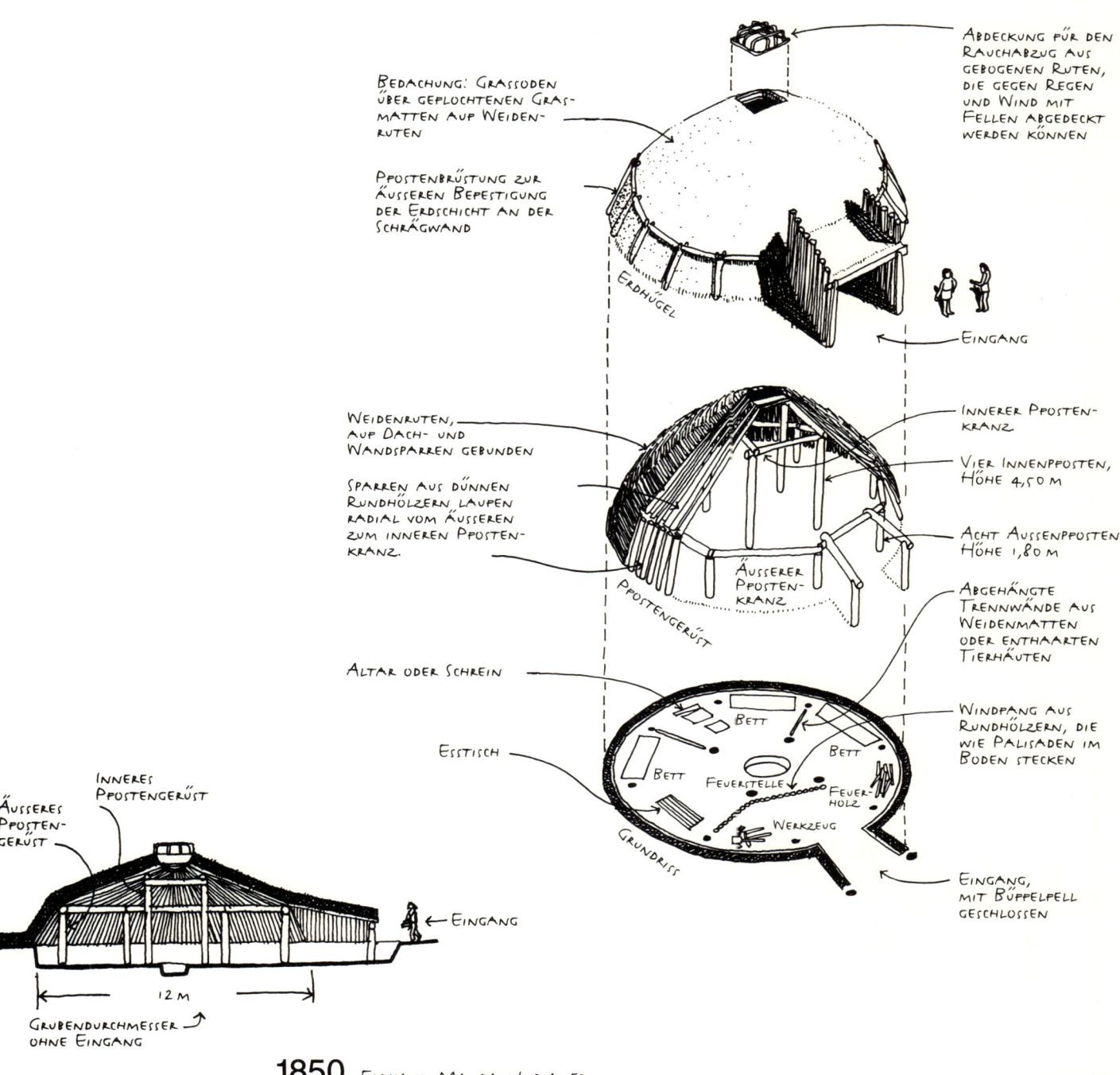

ABDECKUNG FÜR DEN RAUCHABZUG AUS GEBOGENEN RUTEN, DIE GEGEN REGEN UND WIND MIT FELLEN ABGEDECKT WERDEN KÖNNEN

BEDACHUNG: GRASSODEN ÜBER GEFLOCHTENEN GRASMATTEN AUF WEIDENRUTEN

PFOSTENBRÜSTUNG ZUR ÄUSSEREN BEFESTIGUNG DER ERDSCHICHT AN DER SCHRÄGWAND

ERDHÜGEL

EINGANG

WEIDENRUTEN, AUF DACH- UND WANDSPARREN GEBUNDEN

INNERER PFOSTENKRANZ

VIER INNENPFOSTEN, HÖHE 4,50 M

SPARREN AUS DÜNNEN RUNDHÖLZERN LAUFEN RADIAL VOM ÄUSSEREN ZUM INNEREN PFOSTENKRANZ.

ÄUSSERER PFOSTENKRANZ

ACHT AUSSENPFOSTEN, HÖHE 1,80 M

PFOSTENGERÜST

ABGEHÄNGTE TRENNWÄNDE AUS WEIDENMATTEN ODER ENTHAARTEN TIERHÄUTEN

ALTAR ODER SCHREIN

ESSTISCH

BETT

BETT

BETT

FEUERSTELLE

FEUERHOLZ

WERKZEUG

WINDFANG AUS RUNDHÖLZERN, DIE WIE PALISADEN IM BODEN STECKEN

GRUNDRISS

EINGANG, MIT BÜFFELFELL GESCHLOSSEN

ÄUSSERES PFOSTENGERÜST

INNERES PFOSTENGERÜST

EINGANG

12 M

GRUBENDURCHMESSER OHNE EINGANG

1850 ERDHAUS, MANDAN-INDIANER, SÜDÖSTLICHE PRÄRIEGEBIETE

Pueblo

Südwesten der USA   700 n. Chr. bis heute

Das Volk der Pueblo-Indianer setzte sich aus vielen Stämmen zusammen, die sich bereits in prähistorischer Zeit herausgebildet hatten. Sie waren wohlhabend und lebten ungestört in ihren Dörfern, bis sie von Nomadenstämmen aus dem Norden überfallen wurden. Um sich zu schützen, bauten sie ihre Dörfer nun auf die Steilklippen der Canyons, von wo aus sie ihre Feinde mit Steinen bewerfen konnten. Zusätzlich konnten sie die Leitern zu den Eingängen in ihre Felsenwohnungen einziehen.

Als die Pueblo-Indianer später stärker wurden, wanderten sie aus ihren ursprünglichen Siedlungsgebieten ab. Sie bauten ihre Siedlungen jedoch weiterhin an hochgelegenen Stellen und legten sie häufig so an, daß die Hausmauern einen Schutzwall bildeten und sie sich von den Hausdächern aus verteidigen konnten wie zuvor von den Klippen. So entstanden riesige »Einhausdörfer«, sogenannte Pueblos, die oft in einem Halbkreis und in mehreren terrassenförmigen Stockwerken angelegt waren. Von außen wirkte das Pueblo wie eine Felsenklippe.

VERBREITUNGSGEBIET
DES RECHTECKIGEN
FLACHDACH-PUEBLOS

Das moderne Pueblo spiegelt die Wohnkultur prähistorischer Pueblo-Indianer wider. Nach wie vor stehen die Wohnhäuser eng verschachtelt zusammen und bilden einen festungsartigen Schutz, und noch immer führen bei vielen Häusern Leitern zum Eingang auf das Dach, auch wenn es keine Feinde mehr gibt. Die Bauweise und selbst das System der Wasserspeicher haben sich praktisch unverändert erhalten. Das Pueblo in Taos, New Mexico, ist eine über Hunderte Jahre hinweg gewachsene Siedlung, die im Bedarfsfall jeweils um neue Wohnräume erweitert wurde.

1850 TEILANSICHT DES PUEBLO IN TAOS, NEW MEXICO

Wie die meisten einfachen Wohnstätten diente auch der Pueblo-Wohnraum in erster Linie dem Schlafen und Kochen. Tagsüber war er Küche, nachts Schlafzimmer der Familie. Das unten abgebildete rechteckige Flachdach-Pueblo zeigt, wie seine Bewohner um 1800 lebten – eine Lebensweise, die sich kaum von der ihrer prähistorischen Vorfahren unterschied.

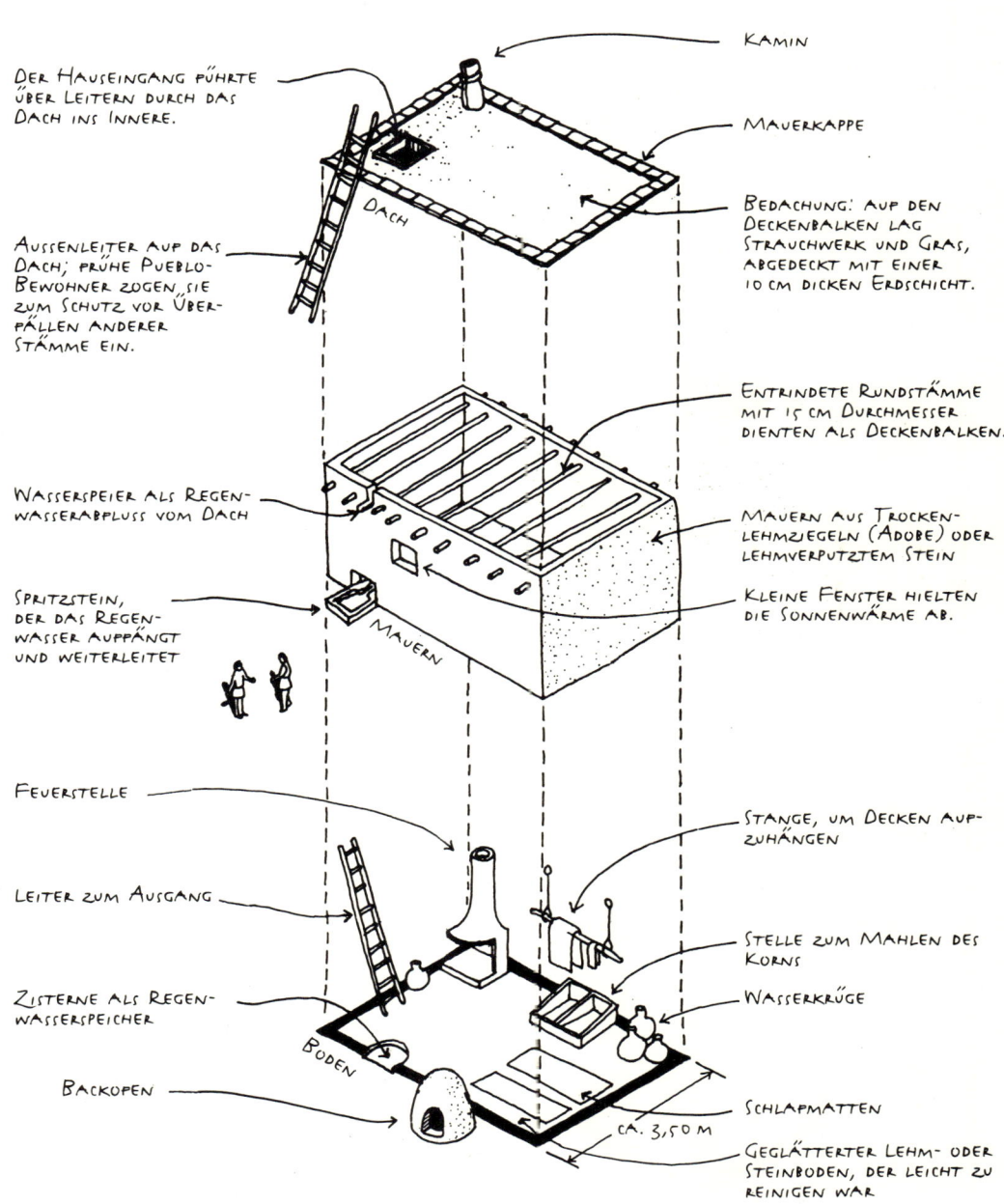

DER HAUSEINGANG FÜHRTE ÜBER LEITERN DURCH DAS DACH INS INNERE.

KAMIN

MAUERKAPPE

BEDACHUNG: AUF DEN DECKENBALKEN LAG STRAUCHWERK UND GRAS, ABGEDECKT MIT EINER 10 CM DICKEN ERDSCHICHT.

AUSSENLEITER AUF DAS DACH; FRÜHE PUEBLO-BEWOHNER ZOGEN SIE ZUM SCHUTZ VOR ÜBER-FÄLLEN ANDERER STÄMME EIN.

DACH

ENTRINDETE RUNDSTÄMME MIT 15 CM DURCHMESSER DIENTEN ALS DECKENBALKEN.

WASSERSPEIER ALS REGEN-WASSERABFLUSS VOM DACH

MAUERN AUS TROCKEN-LEHMZIEGELN (ADOBE) ODER LEHMVERPUTZTEM STEIN

KLEINE FENSTER HIELTEN DIE SONNENWÄRME AB.

SPRITZSTEIN, DER DAS REGEN-WASSER AUFFÄNGT UND WEITERLEITET

MAUERN

FEUERSTELLE

STANGE, UM DECKEN AUF-ZUHÄNGEN

LEITER ZUM AUSGANG

STELLE ZUM MAHLEN DES KORNS

ZISTERNE ALS REGEN-WASSERSPEICHER

WASSERKRÜGE

BODEN

BACKOFEN

CA. 3,50 M

SCHLAFMATTEN

GEGLÄTTERTER LEHM- ODER STEINBODEN, DER LEICHT ZU REINIGEN WAR

1800 RECHTECKIGES FLACHDACH-PUEBLO, PUEBLO-INDIANER

Grasgedeckte Stangenbauten
Süden Nordamerikas   800 bis heute

Die nordamerikanischen Indianer, die in den südlichen Prärien lebten, nutzten ihre Wohnstätten als Stützpunkte und entwickelten Bautechniken, die dem warmen Klima angepaßt waren. Die vielleicht interessanteste Form ist die grasgedeckte Kuppelhütte des Wichita-Volkes, die auf der folgenden Seite abgebildet ist. Meist bewohnten mehrere Familien eine dieser Hütten, die mit einem Durchmesser von durchschnittlich 7,50 m größer waren als die Tipis. Über einen inneren Pfostenkranz wurden Stangen, die in einem Kreis aufgestellt waren, zu einer kräftigen Spitzkuppel gebogen und mit einer dicken Schicht aus verflochtenem Gras bedeckt. Diese Grasdeckung ließ im Sommer eine leichte, kühlende Brise durch die Hütte wehen, schützte aber vor starken Regenfällen. Zum Heizen genügte eine zentrale Feuerstelle, deren Rauch durch das Dach abzog.

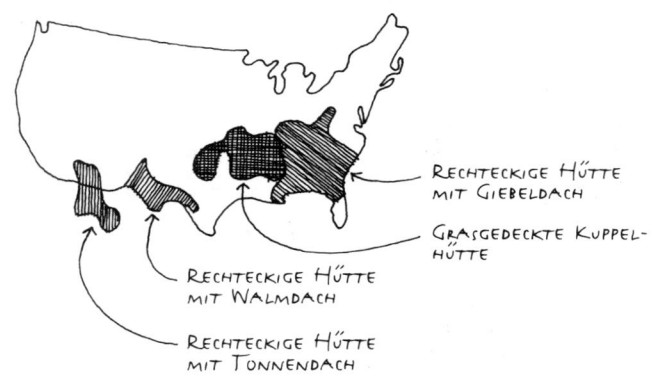

RECHTECKIGE HÜTTE MIT GIEBELDACH

GRASGEDECKTE KUPPEL-HÜTTE

RECHTECKIGE HÜTTE MIT WALMDACH

RECHTECKIGE HÜTTE MIT TONNENDACH

Im äußersten Südwesten war die rechteckige Hütte mit Tonnendach am weitesten verbreitet. Als Außenwände dienten palisadenähnliche Stangenreihen, deren Zwischenräume die im heißen Klima notwendige Luftzirkulation im Inneren gewährleisteten. Die rechteckige Hütte mit Walmdach entwickelte sich vor allem in den südlichen Gegenden des Südwestens, weil sie guten Schutz vor den in dieser Region häufigen schweren Regenfällen bot. Die rechteckige Hütte mit Giebeldach war im 19. Jahrhundert im Südosten sehr verbreitet, wo es recht kalt werden kann. Auch dieses Haus besaß ein grasgedecktes Dach, aber die Wände bestanden aus Pfosten, deren Zwischenräume mit Flechtwerk ausgefüllt und mit Lehm beworfen waren. Im Sommer hielten sie das Haus kühl, im Winter speicherten sie genügend Wärme von der Feuerstelle im Haus.

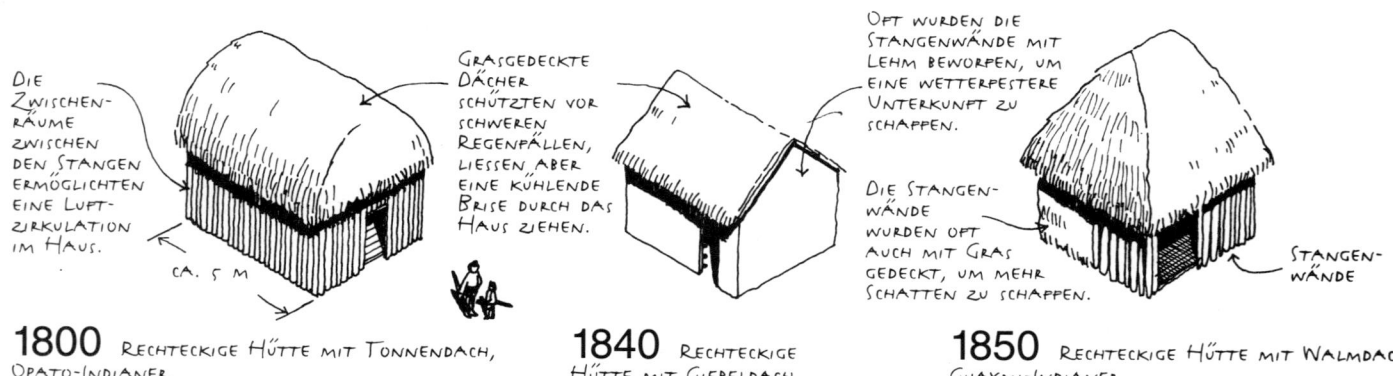

DIE ZWISCHEN-RÄUME ZWISCHEN DEN STANGEN ERMÖGLICHTEN EINE LUFT-ZIRKULATION IM HAUS.

CA. 5 M

1800 RECHTECKIGE HÜTTE MIT TONNENDACH, OPATO-INDIANER

GRASGEDECKTE DÄCHER SCHÜTZTEN VOR SCHWEREN REGENFÄLLEN, LIESSEN ABER EINE KÜHLENDE BRISE DURCH DAS HAUS ZIEHEN.

1840 RECHTECKIGE HÜTTE MIT GIEBELDACH, MIDDLE-MISSISSIPPI-STAMM

OFT WURDEN DIE STANGENWÄNDE MIT LEHM BEWORFEN, UM EINE WETTERFESTERE UNTERKUNFT ZU SCHAFFEN.

DIE STANGEN-WÄNDE WURDEN OFT AUCH MIT GRAS GEDECKT, UM MEHR SCHATTEN ZU SCHAFFEN.

STANGEN-WÄNDE

1850 RECHTECKIGE HÜTTE MIT WALMDACH, GUAYMI-INDIANER

Die Bautechnik der grasgedeckten Kuppelhütte war recht einfach. Lange, schlanke Stangen wurden in einem Kreis mit einem Durchmesser von etwa 9 m in den Boden gesteckt, über einen Pfostenkranz gebogen und oben in einen Ring aus einer biegsamen Rute gespannt. An dieses Gerüst band man von außen Ruten als Dachlatten für die Grasdeckung, die das Innere der Hütte vor Regen schützte und kühl hielt. Ein solches Haus beherbergte eine Großfamilie und ließ sich in zwei Tagen errichten.

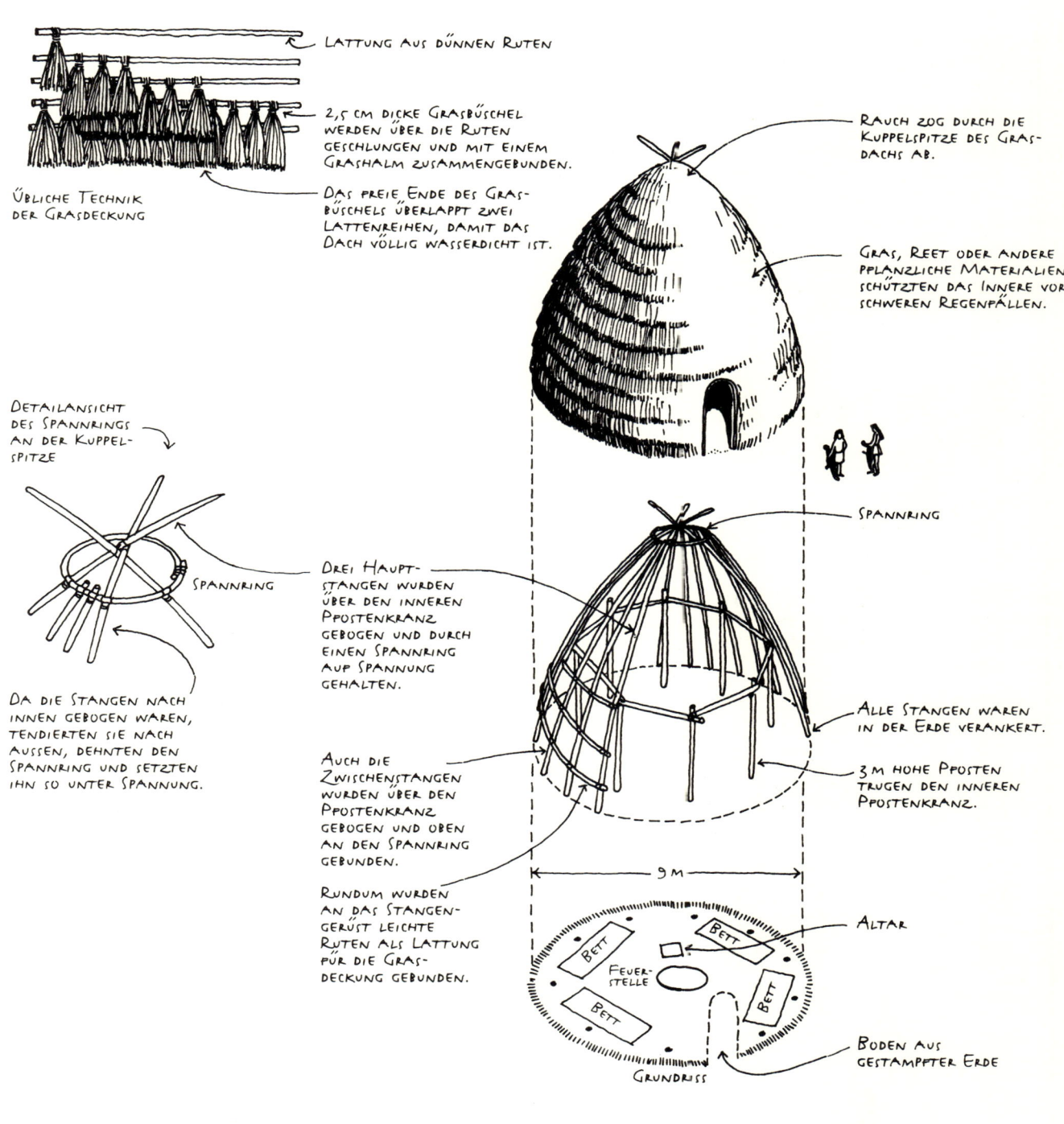

LATTUNG AUS DÜNNEN RUTEN

2,5 CM DICKE GRASBÜSCHEL WERDEN ÜBER DIE RUTEN GESCHLUNGEN UND MIT EINEM GRASHALM ZUSAMMENGEBUNDEN.

DAS FREIE ENDE DES GRASBÜSCHELS ÜBERLAPPT ZWEI LATTENREIHEN, DAMIT DAS DACH VÖLLIG WASSERDICHT IST.

ÜBLICHE TECHNIK DER GRASDECKUNG

RAUCH ZOG DURCH DIE KUPPELSPITZE DES GRASDACHS AB.

GRAS, REET ODER ANDERE PFLANZLICHE MATERIALIEN SCHÜTZTEN DAS INNERE VOR SCHWEREN REGENFÄLLEN.

DETAILANSICHT DES SPANNRINGS AN DER KUPPELSPITZE

SPANNRING

DA DIE STANGEN NACH INNEN GEBOGEN WAREN, TENDIERTEN SIE NACH AUSSEN, DEHNTEN DEN SPANNRING UND SETZTEN IHN SO UNTER SPANNUNG.

SPANNRING

DREI HAUPTSTANGEN WURDEN ÜBER DEN INNEREN PFOSTENKRANZ GEBOGEN UND DURCH EINEN SPANNRING AUF SPANNUNG GEHALTEN.

ALLE STANGEN WAREN IN DER ERDE VERANKERT.

3 M HOHE PFOSTEN TRUGEN DEN INNEREN PFOSTENKRANZ.

AUCH DIE ZWISCHENSTANGEN WURDEN ÜBER DEN PFOSTENKRANZ GEBOGEN UND OBEN AN DEN SPANNRING GEBUNDEN.

RUNDUM WURDEN AN DAS STANGENGERÜST LEICHTE RUTEN ALS LATTUNG FÜR DIE GRASDECKUNG GEBUNDEN.

9 M

ALTAR

BETT

BETT

FEUERSTELLE

BETT

BETT

BODEN AUS GESTAMPFTER ERDE

GRUNDRISS

1800 GRASGEDECKTE KUPPELHÜTTE, WICHITA-INDIANER

Tipi
Great Plains   1200 bis heute

Keine Behausung regt so die Phantasie an wie das Tipi der Indianer in den Great Plains Nordamerikas. Es ist eine der wirtschaftlichsten, funktionellsten und mobilsten Behausungen, die je gebaut wurden. Jeder Stamm schuf sich eine Bleibe, die er zumindest einen Teil des Jahres bewohnte. Die Form dieser Wohnstätten hing vom Klima, den vorhandenen Baumaterialien und der Lebensweise des Stammes ab.

Die Kegelform des Tipis bot sich für die bisonjagenden Nomadenvölker der Plains folgerichtig an. Es war transportabel, ließ Wasser und Schnee abfließen und den Rauch der zentralen Feuerstelle abziehen. Die aus jungen Bäumen geschnittenen Stangen waren leicht und schnell zu einem konischen Gerüst zusammenzubauen. Bisonfelle gab es reichlich, die sich ohne weiteres zu einer relativ leichten, einteiligen Außenhaut zusammennähen ließen.

Der Bau der Tipis war meist Aufgabe der Frauen. Sie mußten die jungen Baumstämme entrinden, die Tierhäute gerben, zuschneiden und zu einer maßgeschneiderten Außenhaut zusammennähen sowie das Tipi aufstellen und abbauen. Hunde und später Pferde zogen das zusammengelegte Tipi von einem Jagdgrund zum anderen.

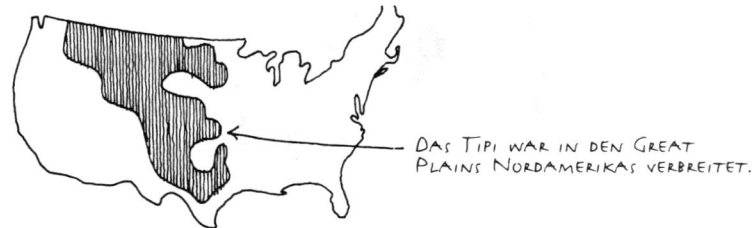

DAS TIPI WAR IN DEN GREAT PLAINS NORDAMERIKAS VERBREITET.

Viele Stämme bemalten die Außenhaut des Tipis mit Motiven, die von den Göttern und den Ritualen des Besitzers zeugten. Ursprünglich entsprangen diese Motive Träumen, wobei ästhetische Aspekte zweitrangig waren. Für die Bemalung waren in der Regel Männer zuständig, von denen sich einige zu Experten entwickelten. Zwei Beispiele solcher Bemalungen sind unten abgebildet.

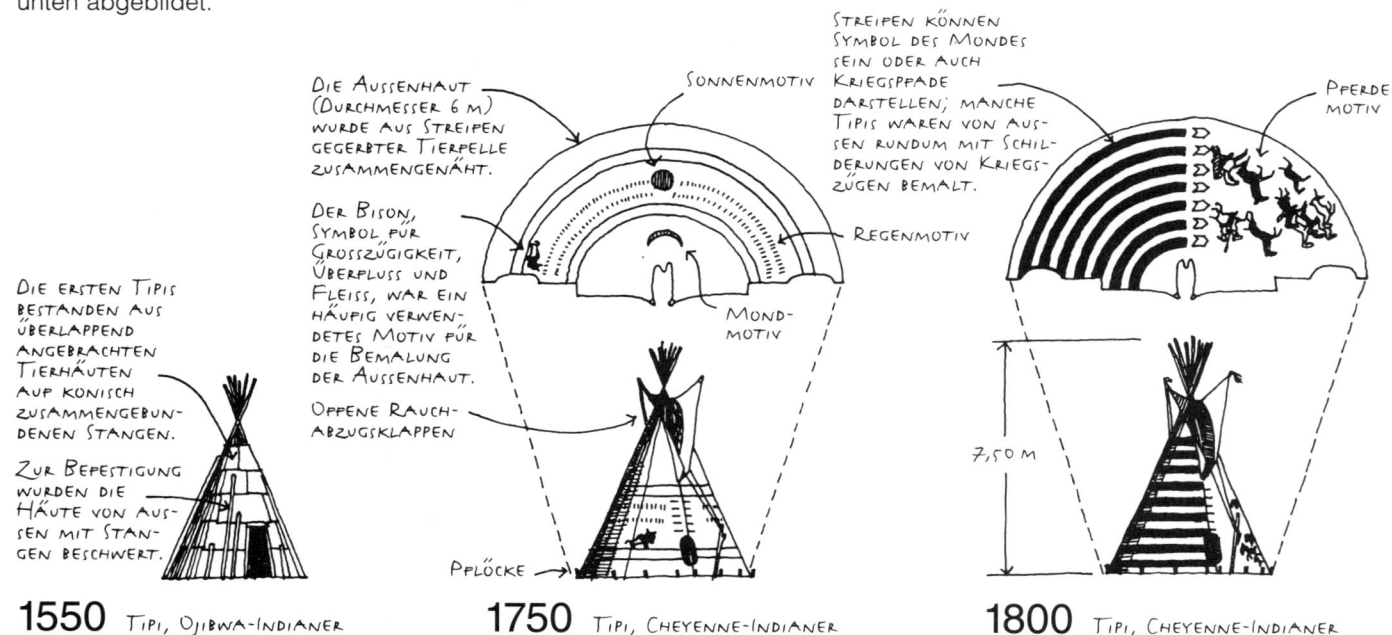

DIE AUSSENHAUT (DURCHMESSER 6 M) WURDE AUS STREIFEN GEGERBTER TIERFELLE ZUSAMMENGENÄHT.

SONNENMOTIV

STREIFEN KÖNNEN SYMBOL DES MONDES SEIN ODER AUCH KRIEGSPFADE DARSTELLEN; MANCHE TIPIS WAREN VON AUSSEN RUNDUM MIT SCHILDERUNGEN VON KRIEGSZÜGEN BEMALT.

PFERDEMOTIV

DER BISON, SYMBOL FÜR GROSSZÜGIGKEIT, ÜBERFLUSS UND FLEISS, WAR EIN HÄUFIG VERWENDETES MOTIV FÜR DIE BEMALUNG DER AUSSENHAUT.

REGENMOTIV

MONDMOTIV

OFFENE RAUCHABZUGSKLAPPEN

DIE ERSTEN TIPIS BESTANDEN AUS ÜBERLAPPEND ANGEBRACHTEN TIERHÄUTEN AUF KONISCH ZUSAMMENGEBUNDENEN STANGEN.

ZUR BEFESTIGUNG WURDEN DIE HÄUTE VON AUSSEN MIT STANGEN BESCHWERT.

PFLÖCKE

7,50 M

1550 TIPI, OJIBWA-INDIANER

1750 TIPI, CHEYENNE-INDIANER

1800 TIPI, CHEYENNE-INDIANER

Im Laufe der Zeit wurde die Technik des Tipibaus immer weiter ausgefeilt. Statt mit schweren Stangen befestigte man die Außenhaut nun mit Pflöcken im Boden. Mit einem Abspannseil konnte man die Tipispitze bei Sturm im Boden verankern. Die überlappenden Tierhäute wurden durch eine einteilige, maßgeschneiderte Außenhaut ersetzt. So war das Tipi transportabel, dennoch stabil, leicht, aber wärmeisolierend und als Wohnraum erstaunlich bequem.

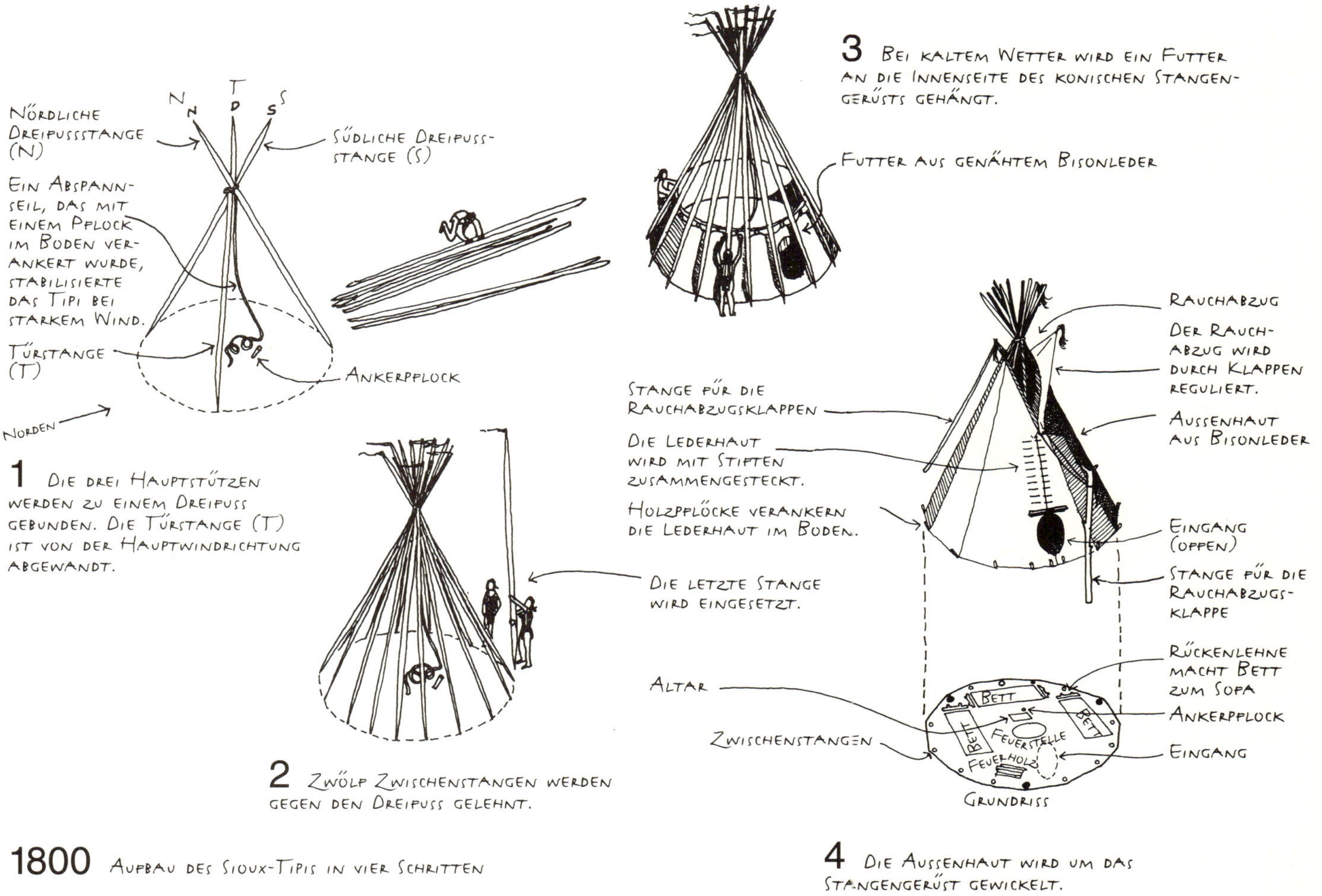

NÖRDLICHE DREIFUSSSTANGE (N)

SÜDLICHE DREIFUSS-STANGE (S)

EIN ABSPANN-SEIL, DAS MIT EINEM PFLOCK IM BODEN VER-ANKERT WURDE, STABILISIERTE DAS TIPI BEI STARKEM WIND.

TÜRSTANGE (T)

NORDEN

ANKERPFLOCK

1 DIE DREI HAUPTSTÜTZEN WERDEN ZU EINEM DREIFUSS GEBUNDEN. DIE TÜRSTANGE (T) IST VON DER HAUPTWINDRICHTUNG ABGEWANDT.

2 ZWÖLF ZWISCHENSTANGEN WERDEN GEGEN DEN DREIFUSS GELEHNT.

DIE LETZTE STANGE WIRD EINGESETZT.

3 BEI KALTEM WETTER WIRD EIN FUTTER AN DIE INNENSEITE DES KONISCHEN STANGEN-GERÜSTS GEHÄNGT.

FUTTER AUS GENÄHTEM BISONLEDER

STANGE FÜR DIE RAUCHABZUGSKLAPPEN

DIE LEDERHAUT WIRD MIT STIFTEN ZUSAMMENGESTECKT.

HOLZPFLÖCKE VERANKERN DIE LEDERHAUT IM BODEN.

ALTAR

ZWISCHENSTANGEN

RAUCHABZUG

DER RAUCH-ABZUG WIRD DURCH KLAPPEN REGULIERT.

AUSSENHAUT AUS BISONLEDER

EINGANG (OFFEN)

STANGE FÜR DIE RAUCHABZUGS-KLAPPE

RÜCKENLEHNE MACHT BETT ZUM SOFA

ANKERPFLOCK

EINGANG

BETT   FEUERSTELLE   BETT

FEUERHOLZ

GRUNDRISS

1800 AUFBAU DES SIOUX-TIPIS IN VIER SCHRITTEN

4 DIE AUSSENHAUT WIRD UM DAS STANGENGERÜST GEWICKELT.

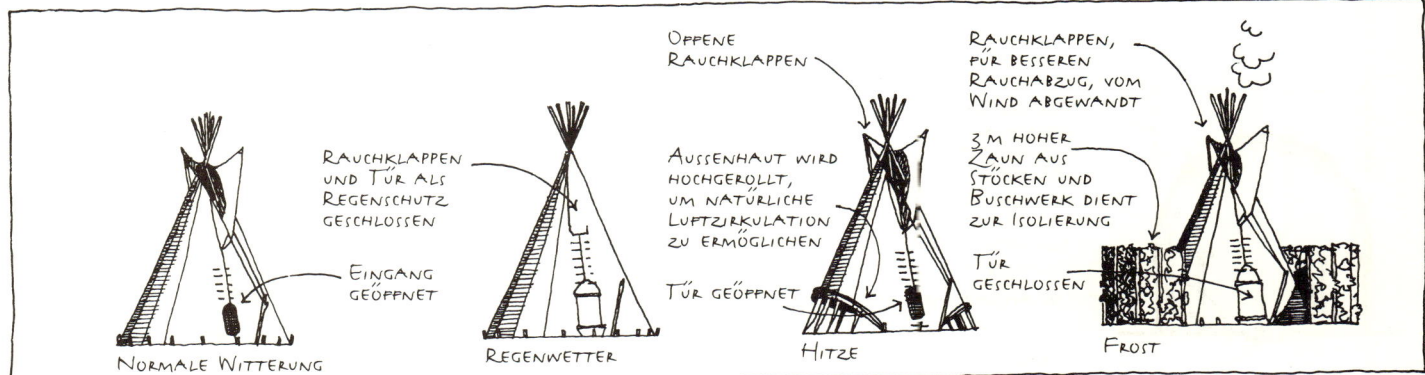

RAUCHKLAPPEN UND TÜR ALS REGENSCHUTZ GESCHLOSSEN

EINGANG GEÖFFNET

NORMALE WITTERUNG

REGENWETTER

OFFENE RAUCHKLAPPEN

AUSSENHAUT WIRD HOCHGEROLLT, UM NATÜRLICHE LUFTZIRKULATION ZU ERMÖGLICHEN

TÜR GEÖFFNET

HITZE

RAUCHKLAPPEN, FÜR BESSEREN RAUCHABZUG, VOM WIND ABGEWANDT

3 M HOHER ZAUN AUS STÖCKEN UND BUSCHWERK DIENT ZUR ISOLIERUNG

TÜR GESCHLOSSEN

FROST

ANPASSUNG DES TIPIS AN VERSCHIEDENE WITTERUNGSBEDINGUNGEN

Langhaus
Nordosten   Um 1400

Das berühmte Langhaus der Irokesen im heutigen Bundesstaat New York beherbergte eine Gruppe kleiner, verwandter Familien. An einen Mittelgang grenzten zu beiden Seiten abgeteilte Räume oder Nischen, in denen die einzelnen Familien jeweils mit eigener Feuerstelle lebten. Dieser lineare Grundriß bot ein gewisses Maß an Privatheit, da sich die Betten jeweils im hinteren Teil der Nischen befanden, während die gemeinschaftlichen Tätigkeiten großenteils im Mittelgang verrichtet wurden. Durch diesen Grundriß war es auch möglich, das Haus an einer der beiden Schmalseiten zu erweitern, wenn die Großfamilie wuchs. Manche Langhäuser erreichten eine Länge von über 30 m.

VERBREITUNGSGEBIET
DES LANGHAUSES
MIT TONNENDACH

Wärme erhielten die Langhäuser durch die offenen Feuerstellen, und wasserdicht wurden sie durch eine Verkleidung aus Baumrinde. Licht fiel durch die Rauchabzugslöcher und die Türen an den Schmalseiten ein. Im Inneren verliefen neben dem Mittelgang abgestufte Plattformen, die als Sitz- und Schlafplatz dienten.

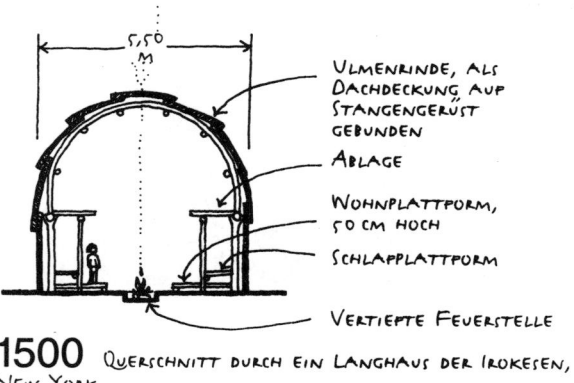

5,50 M

ULMENRINDE, ALS
DACHDECKUNG AUF
STANGENGERÜST
GEBUNDEN

ABLAGE

WOHNPLATTFORM,
50 CM HOCH

SCHLAFPLATTFORM

VERTIEFTE FEUERSTELLE

1500 QUERSCHNITT DURCH EIN LANGHAUS DER IROKESEN,
NEW YORK

DÜNNE BAUMSTÄMME
WURDEN ENTRINDET, UM
DAS STANGENGERÜST VOR
INSEKTENBEFALL UND
FÄULNIS ZU SCHÜTZEN.

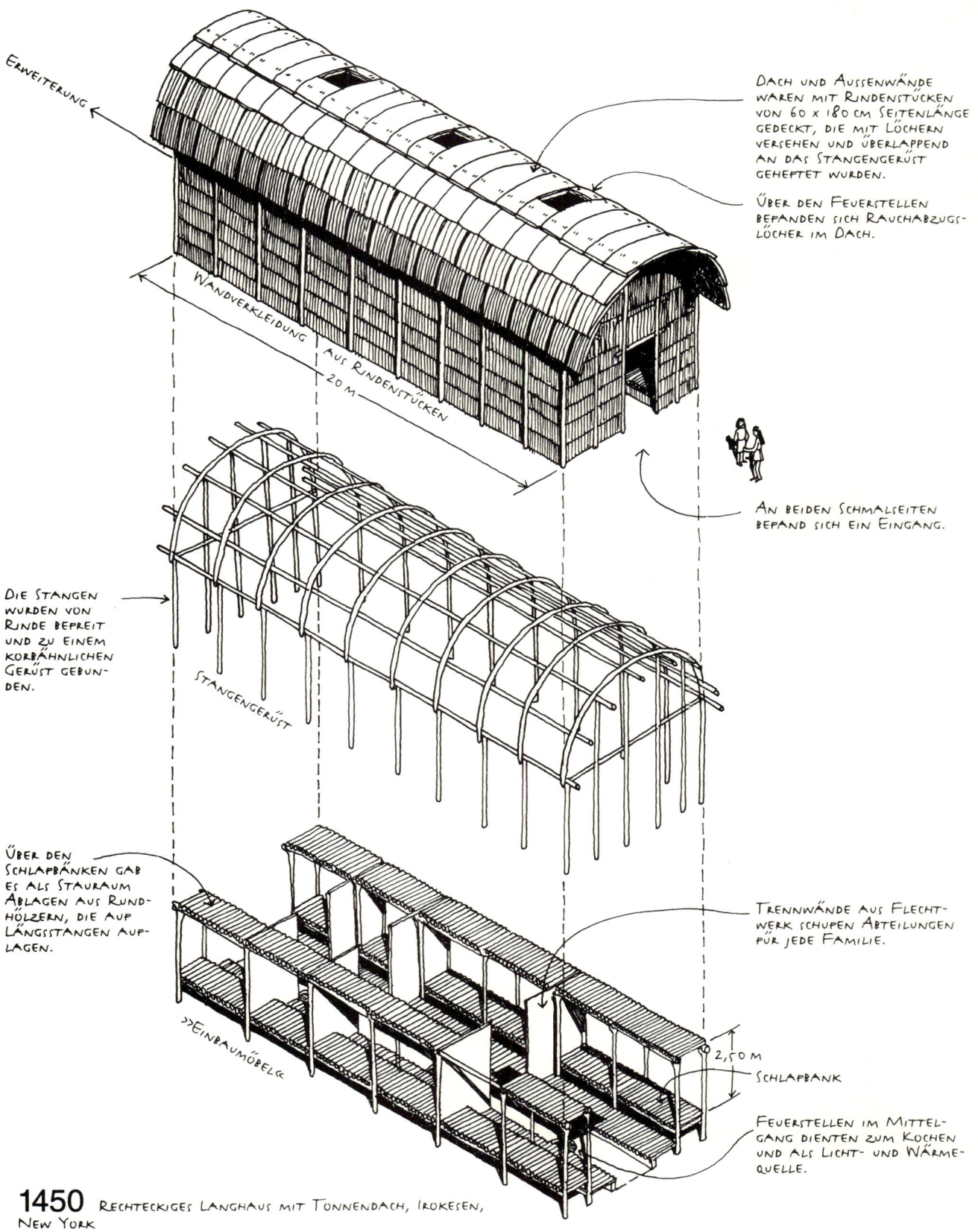

ERWEITERUNG

DACH UND AUSSENWÄNDE
WAREN MIT RINDENSTÜCKEN
VON 60 X 180 CM SEITENLÄNGE
GEDECKT, DIE MIT LÖCHERN
VERSEHEN UND ÜBERLAPPEND
AN DAS STANGENGERÜST
GEHEFTET WURDEN.

ÜBER DEN FEUERSTELLEN
BEFANDEN SICH RAUCHABZUGS-
LÖCHER IM DACH.

WANDVERKLEIDUNG AUS RINDENSTÜCKEN

20 M

AN BEIDEN SCHMALSEITEN
BEFAND SICH EIN EINGANG.

DIE STANGEN
WURDEN VON
RINDE BEFREIT
UND ZU EINEM
KORBÄHNLICHEN
GERÜST GEBUN-
DEN.

STANGENGERÜST

ÜBER DEN
SCHLAFBÄNKEN GAB
ES ALS STAURAUM
ABLAGEN AUS RUND-
HÖLZERN, DIE AUF
LÄNGSSTANGEN AUF-
LAGEN.

TRENNWÄNDE AUS FLECHT-
WERK SCHUFEN ABTEILUNGEN
FÜR JEDE FAMILIE.

»EINBAUMÖBEL«

2,50 M

SCHLAFBANK

FEUERSTELLEN IM MITTEL-
GANG DIENTEN ZUM KOCHEN
UND ALS LICHT- UND WÄRME-
QUELLE.

1450 RECHTECKIGES LANGHAUS MIT TONNENDACH, IROKESEN,
NEW YORK

Wigwam
Nordosten um 1600

Der Wigwam (im Südosten meist Wickiup genannt) war eine mit Rindenstücken gedeckte Hütte, die im Nordosten in vielen verschiedenen Formen und Größen gebaut wurde. Kleinfamilien lebten in kleinen rindengedeckten Kuppelhütten oder Tipis, Großfamilien in Hütten mit ovalem Grundriß, die eine Länge von 7,50 m in der Hauptachse und 4,50 m in der Nebenachse erreichen konnten. Manche Indianerstämme, namentlich die Kiwigapawa (oder Kickapoo), wanderten auf der Flucht vor den Weißen von der Region am Michigansee nach Südwesten ab. Von Anfang des 17. Jahrhunderts an führte sie ihre Wanderung im Laufe der nächsten 300 Jahre allmählich bis nach Coahuila, Mexiko, unmittelbar südlich der U.S.-Grenze. Dennoch blieb die Wohnform, der Wigwam, praktisch unverändert.

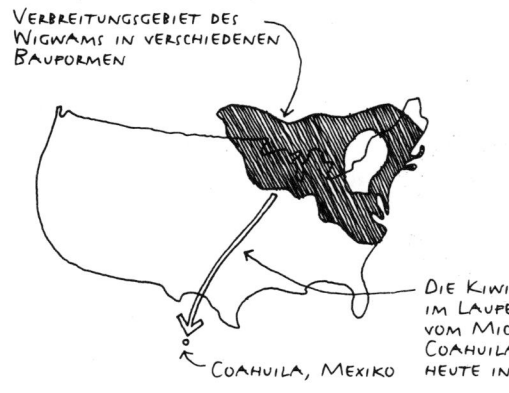

VERBREITUNGSGEBIET DES WIGWAMS IN VERSCHIEDENEN BAUFORMEN

DIE KIWIGAPAWA WANDERTEN IM LAUFE VON 300 JAHREN VOM MICHIGANSEE NACH COAHUILA UND LEBEN NOCH HEUTE IN WIGWAMS.

COAHUILA, MEXIKO

DIE FRÜHESTEN WIGWAMS BESTANDEN AUS EINEM GEBOGENEN STANGENGERÜST, DAS VON INNEN MIT RINDEN-STÜCKEN BEHÄNGT WAR.

KONISCHES STANGEN-GERÜST MIT DECKUNG AUS ÜBERLAPPENDEN RINDENSTÜCKEN

RINDENSTÜCKE WURDEN AN EIN GEBOGENES STANGENGERÜST GENÄHT.

PFOSTEN BESCHWERTEN DIE RINDE, DAMIT SIE BEI STURM NICHT WEGFLOG.

1600 RUNDER WIGWAM MIT DECKUNG AUS BIRKENRINDE, SHAWNEE-INDIANER

1650 TIPIFÖRMIGER WIGWAM, MICMAC-INDIANER

1650 KUPPELWIGWAM, CHIPPEWA-INDIANER

War das Baumaterial gesammelt, ließ sich der Wigwam in einem Tag errichten. Anders als das Tipi konnte man ihn jedoch nicht zerlegen und transportieren; der Wigwam war ein fester Wohnsitz. Die tragende Konstruktion bestand bei den meisten Wigwams aus jungen Platanenenstämmen, die in den Boden gesteckt und zu einem korbähnlichen Gerüst gebunden wurden. Dieses Gerüst wurde oben mit Birkenrinde und an den Seiten mit Zedernschinden abgedeckt, da beide Materialien recht wetterfest sind.

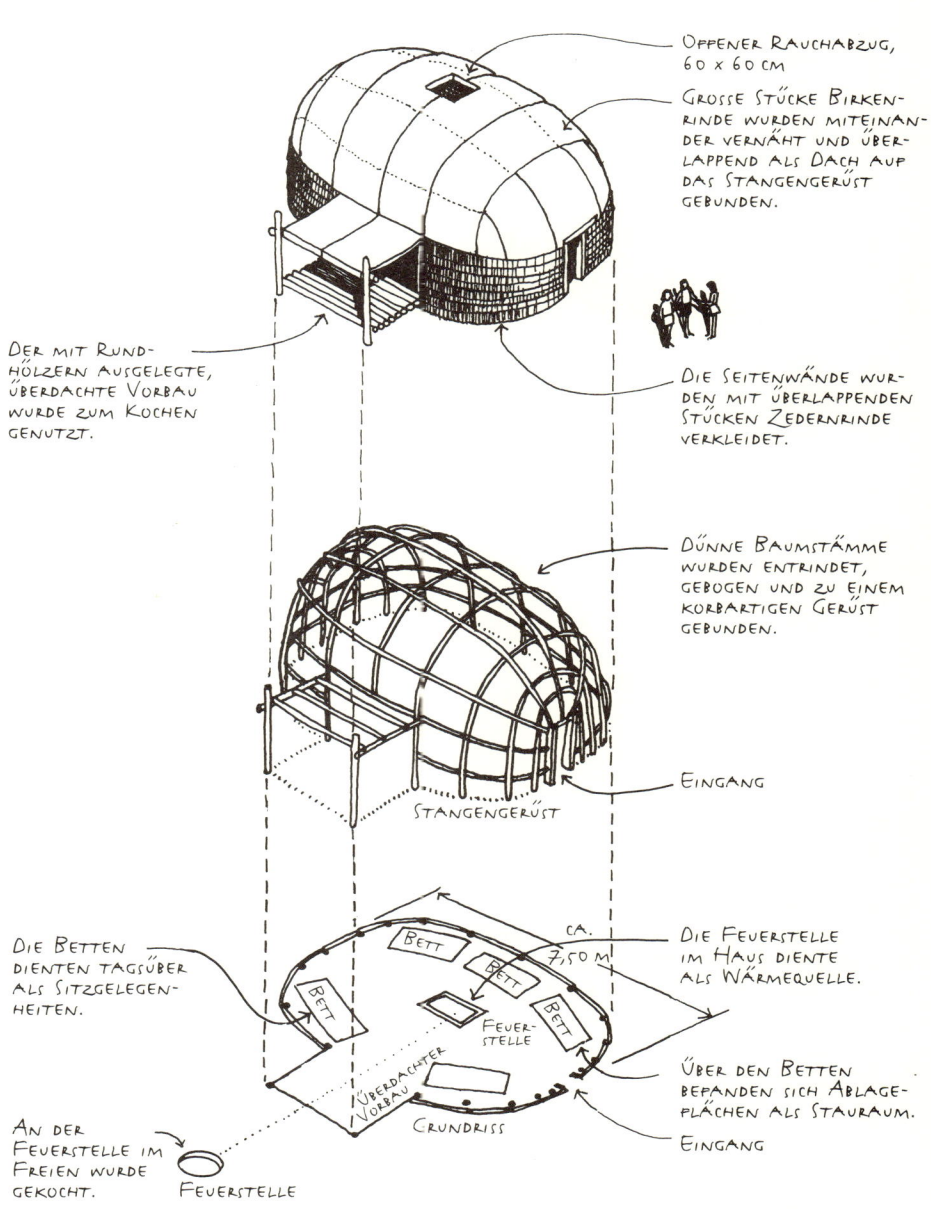

OFFENER RAUCHABZUG, 60 x 60 CM

GROSSE STÜCKE BIRKENRINDE WURDEN MITEINANDER VERNÄHT UND ÜBERLAPPEND ALS DACH AUF DAS STANGENGERÜST GEBUNDEN.

DER MIT RUNDHÖLZERN AUSGELEGTE, ÜBERDACHTE VORBAU WURDE ZUM KOCHEN GENUTZT.

DIE SEITENWÄNDE WURDEN MIT ÜBERLAPPENDEN STÜCKEN ZEDERNRINDE VERKLEIDET.

DÜNNE BAUMSTÄMME WURDEN ENTRINDET, GEBOGEN UND ZU EINEM KORBARTIGEN GERÜST GEBUNDEN.

STANGENGERÜST

EINGANG

DIE BETTEN DIENTEN TAGSÜBER ALS SITZGELEGENHEITEN.

CA. 7,50 M

BETT   BETT

BETT   FEUERSTELLE   BETT

ÜBERDACHTER VORBAU

GRUNDRISS

DIE FEUERSTELLE IM HAUS DIENTE ALS WÄRMEQUELLE.

ÜBER DEN BETTEN BEFANDEN SICH ABLAGEFLÄCHEN ALS STAURAUM.

EINGANG

AN DER FEUERSTELLE IM FREIEN WURDE GEKOCHT.

FEUERSTELLE

1700 WIGWAM MIT OVALEM GRUNDRISS, ALGONKIN-INDIANER

Hogan

Südwesten   um 1750

Der Hogan ist die traditionelle Wohnstätte der Navajos. Er war und ist nach wie vor ein Einfamilienhaus, das im Winter von der zentralen Feuerstelle beheizt wird und im Sommer kühl bleibt. Mit einem Durchmesser von 7,50 m bis 9 m bietet es vielen Menschen ausreichend Platz, um zu schlafen und am Feuer zu sitzen.

VERBREITUNGSGEBIET
DES NAVAJO-HOGAN

Anfangs bestand die tragende Konstruktion des Hogan aus fünf schweren Pfosten, die wie beim Tipi konisch aufgestellt waren, aber ähnlich wie die Erdhütte (siehe S. 22) besaß er einen kleinen, vorgebauten Eingangsbereich. Als Rauchabzug hatte er eine Öffnung im Dach und war mit einer dicken Schicht Grassoden isoliert. Diese Bauweise bezeichnete man wegen der Form der Stützpfosten als Astgabel-Hogan. Als man später mehr Platz brauchte, erweiterte man den Hogan zu einer Kuppelhütte aus Rundhölzern, die mit Erde abgedeckt waren. Die Rundhölzer wurden in Kreisen übereinandergestapelt, deren Durchmesser nach oben hin immer kleiner wurde. Da diese Konstruktion von innen aussah wie ein Wasserstrudel, bezeichnete man sie als »Strudelhölzer«. Offensichtlich durch den Einfluß weißer Pioniere entwickelten sich schließlich Hogans mit Natursteinmauern und die heutigen Hogans in Blockbauweise.

DACH UND
WÄNDE SIND
MIT GRASSODEN
BEDECKT.

NATURSTEIN-
MAUERN

BLOCKHAUS-
WÄNDE,
AUSGEFUGT
MIT ERDE

1500 ASTGABEL-HOGAN   **1550** ERD-HOGAN   **1750** STEIN-HOGAN   **1800** SECHSSEITIGER ODER
ACHTSEITIGER BLOCK-HOGAN

Wie unten abgebildet, übernahmen die Navajo um 1850 von weißen Pionieren zum Teil die Blockbauweise für die Wände ihrer Hogans. Einrichtung, Dachkonstruktion, Beleuchtung, Innenaufteilung und Hausform blieben jedoch unverändert. Der Hogan spiegelte also nach wie vor die Wohnkultur der Navajo wider. Interessant ist ein Vergleich dieser Bauweise mit dem achteckigen Blockhaus auf Seite 55.

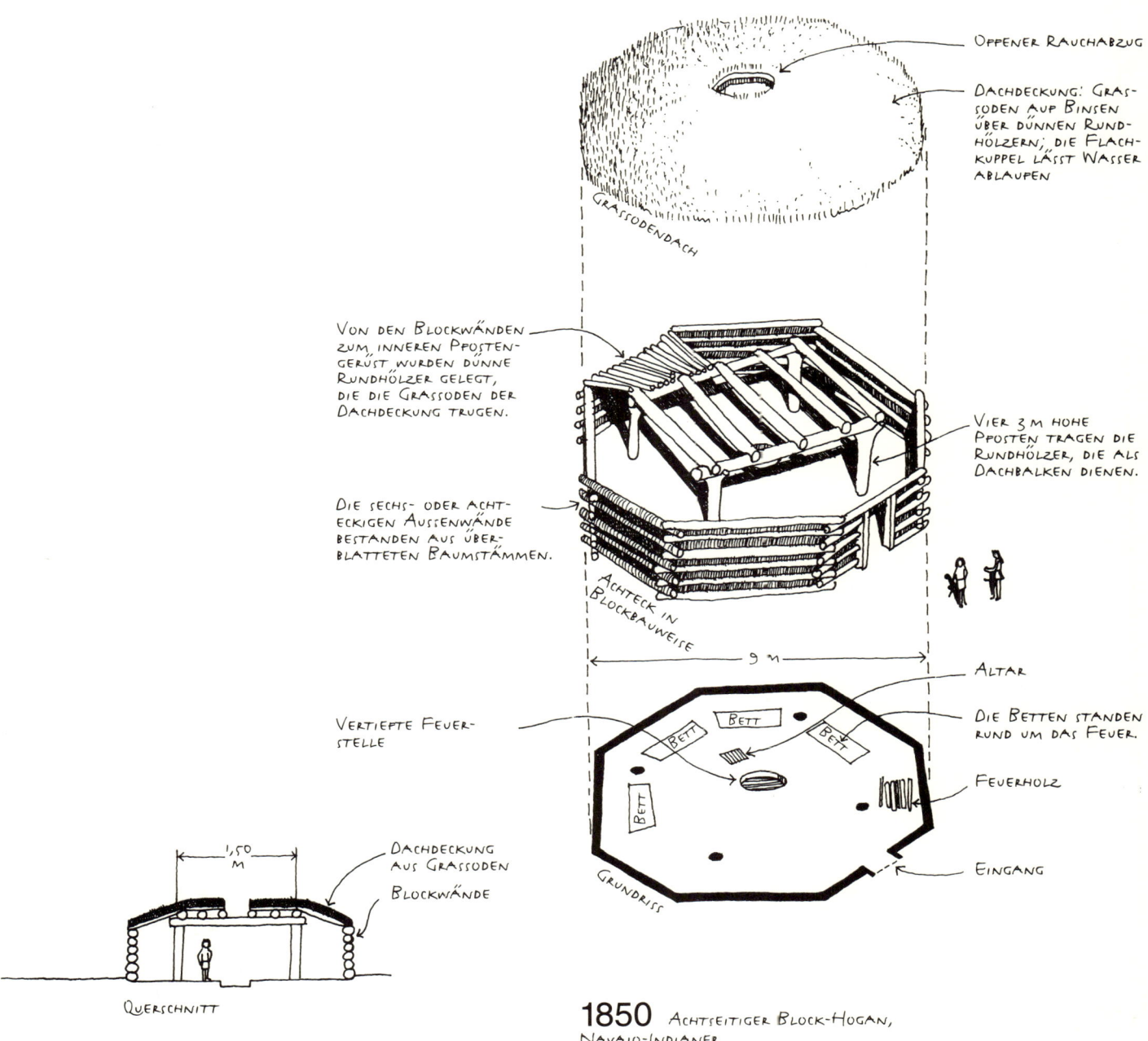

OFFENER RAUCHABZUG

DACHDECKUNG: GRAS-
SODEN AUF BINSEN
ÜBER DÜNNEN RUND-
HÖLZERN; DIE FLACH-
KUPPEL LÄSST WASSER
ABLAUFEN

GRASSODENDACH

VON DEN BLOCKWÄNDEN
ZUM INNEREN PFOSTEN-
GERÜST WURDEN DÜNNE
RUNDHÖLZER GELEGT,
DIE DIE GRASSODEN DER
DACHDECKUNG TRUGEN.

DIE SECHS- ODER ACHT-
ECKIGEN AUSSENWÄNDE
BESTANDEN AUS ÜBER-
BLATTETEN BAUMSTÄMMEN.

ACHTECK IN
BLOCKBAUWEISE

VIER 3 M HOHE
PFOSTEN TRAGEN DIE
RUNDHÖLZER, DIE ALS
DACHBALKEN DIENEN.

9 M

VERTIEFTE FEUER-
STELLE

BETT
BETT
BETT
BETT

ALTAR

DIE BETTEN STANDEN
RUND UM DAS FEUER.

FEUERHOLZ

EINGANG

GRUNDRISS

1,50 M

DACHDECKUNG
AUS GRASSODEN

BLOCKWÄNDE

QUERSCHNITT

1850 ACHTSEITIGER BLOCK-HOGAN,
NAVAJO-INDIANER

Plankenhaus

Nordwesten   um 1800

Die großen Plankenhäuser an der nördlichen Pazifikküste, die durchschnittlich eine Länge von 12 m, eine Breite von 9 m und eine Höhe von 6 m hatten, bestanden aus einem tragenden Gerüst aus Baumstämmen, das mit breiten Planken aus Zeder, Kiefer oder Fichte verkleidet war. Sie beherbergten mehrere Familien, die mehr oder weniger gemeinschaftlich lebten. Jede Familie hatte ihren eigenen Bereich, kochte aber am Gemeinschaftsfeuer. Der Eingang führte durch eine Öffnung in einem riesigen Pfahl, dem sogenannten Totempfahl, der mit Schnitzereien verziert war und zu Ehren eines gefallenen Häuptlings errichtet wurde.

VERBREITUNGSGEBIET DES RECHTECKIGEN PLANKENHAUSES, DAS AN DER PAZIFIK-KÜSTE VOM HEUTIGEN BUNDESSTAAT WASHINGTON NÖRDLICH BIS NACH SÜD-ALASKA REICHTE.

Anfang des 19. Jahrhunderts war diese Methode, ein schweres Holzgerüst mit breiten Weichholzplanken zu verkleiden, sowohl bei den Haida-Indianern und ihren verwandten Stämmen an der Pazifikküste im Nordwesten Nordamerikas als auch bei englischen Siedlern an der Atlantikküste in Gebrauch, die das berühmte Cape-Cod-Haus (siehe S. 88) bauten. Daß ähnliche Bauweisen unabhängig voneinander in völlig verschiedenen Kulturen verwendet werden, ist in der Geschichte durchgängig zu finden, wenn Völker unter ähnlichen klimatischen Bedingungen leben.

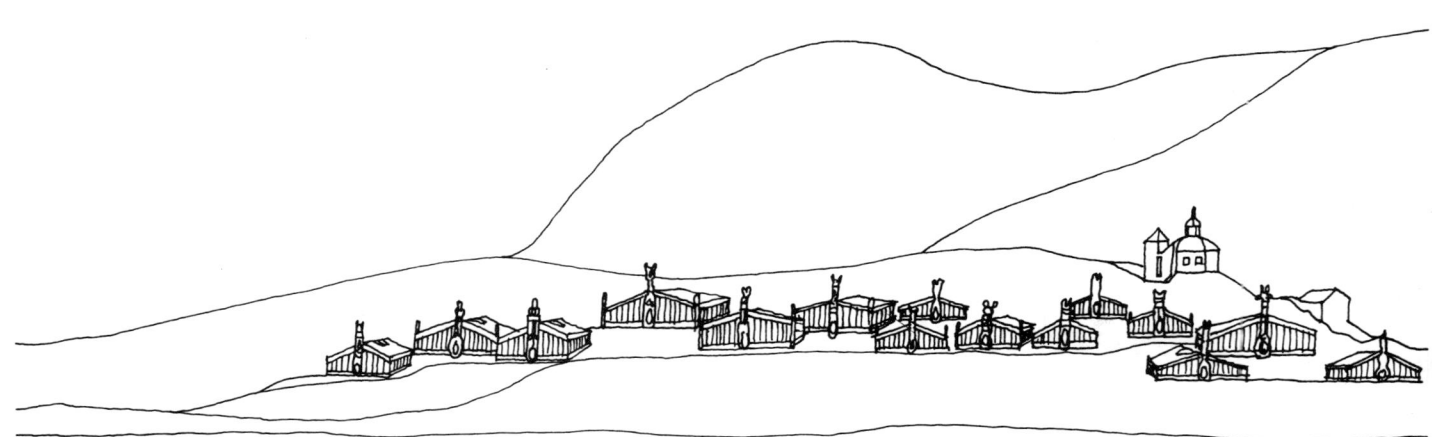

1870 ANSICHT DER KÜSTENFRONT DES DORFES MINGIT, SITKA-INDIANER, ALASKA

Anders als die Pioniere von Cape Cod, die zum Aufschneiden der Baumstämme hochentwickeltes Werkzeug benutzten, arbeiteten die Indianer des Nordwestens mit äußerst einfachen Mitteln, kamen aber zu ganz ähnlichen Ergebnissen. Die Indianer suchten sich die Bäume aus, die sie verarbeiten wollten, entfernten in Wurzelnähe die Rinde vom Stamm und warteten, bis der Baum abgestorben war. Nach etwa einem Jahr fällten sie den toten, trockenen Baum und spalteten den Stamm mit Holzkeilen in Planken.

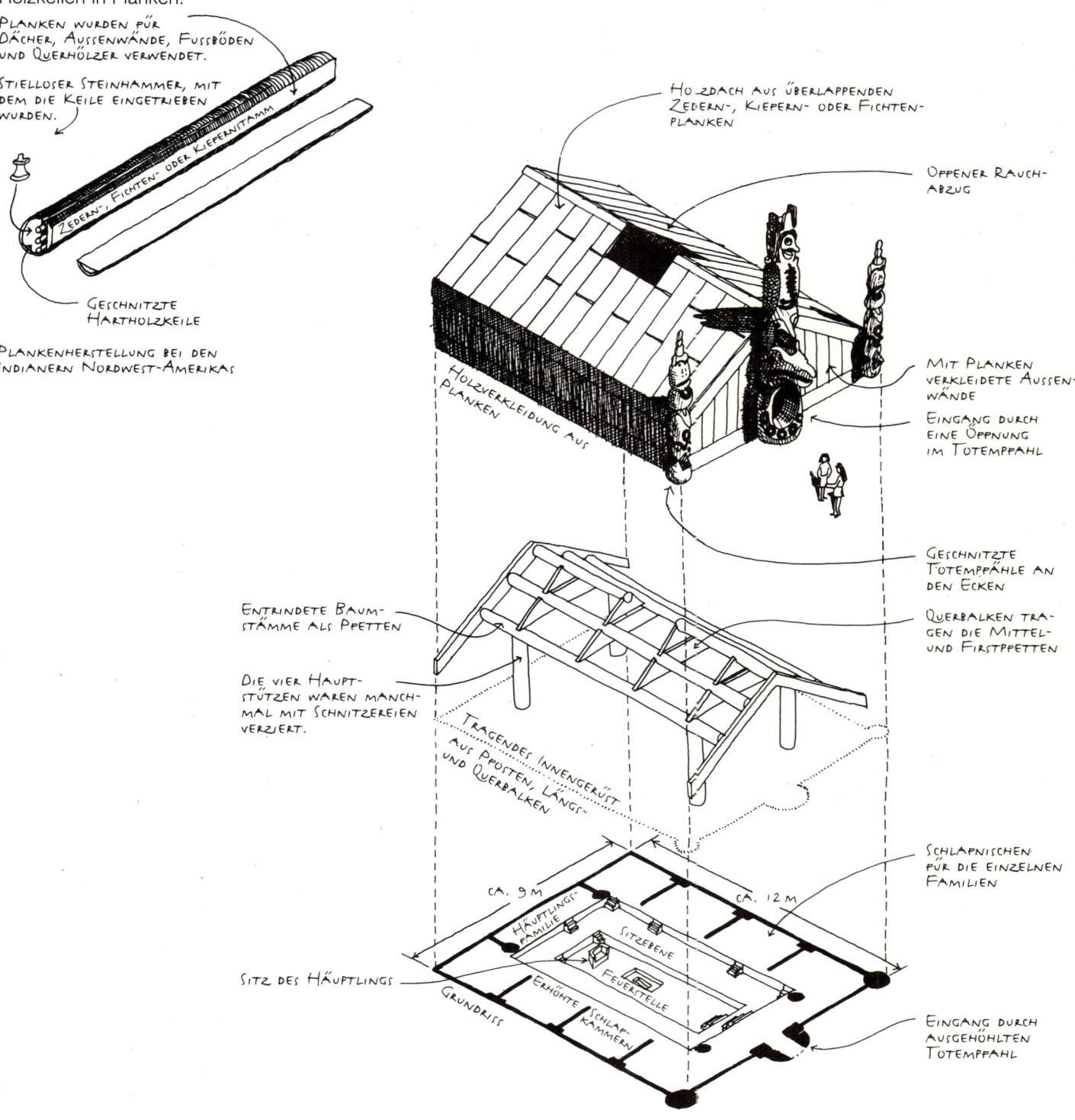

PLANKEN WURDEN FÜR DÄCHER, AUSSENWÄNDE, FUSSBÖDEN UND QUERHÖLZER VERWENDET.

STIELLOSER STEINHAMMER, MIT DEM DIE KEILE EINGETRIEBEN WURDEN.

ZEDERN-, FICHTEN- ODER KIEFERNSTAMM

GESCHNITZTE HARTHOLZKEILE

PLANKENHERSTELLUNG BEI DEN INDIANERN NORDWEST-AMERIKAS

HOLZDACH AUS ÜBERLAPPENDEN ZEDERN-, KIEFERN- ODER FICHTEN-PLANKEN

OFFENER RAUCH-ABZUG

HOLZVERKLEIDUNG AUS PLANKEN

MIT PLANKEN VERKLEIDETE AUSSEN-WÄNDE

EINGANG DURCH EINE ÖFFNUNG IM TOTEMPFAHL

GESCHNITZTE TOTEMPFÄHLE AN DEN ECKEN

QUERBALKEN TRAGEN DIE MITTEL-UND FIRSTPFETTEN

ENTRINDETE BAUM-STÄMME ALS PFETTEN

DIE VIER HAUPT-STÜTZEN WAREN MANCH-MAL MIT SCHNITZEREIEN VERZIERT.

TRAGENDES INNENGERÜST AUS PFOSTEN, LÄNGS- UND QUERBALKEN

CA. 9 M

CA. 12 M

HÄUPTLINGS-FAMILIE

SITZEBENE

FEUERSTELLE

SITZ DES HÄUPTLINGS

GRUNDRISS

ERHÖHTE SCHLAF-KAMMERN

SCHLAFNISCHEN FÜR DIE EINZELNEN FAMILIEN

EINGANG DURCH AUSGEHÖHLTEN TOTEMPFAHL

1840 RECHTECKIGES PLANKENHAUS, HAIDA-INDIANER

Die Siedler

Spanisches Siedlerhaus
Florida   um 1580

Im Jahre 1513 landete Ponce de Leon bei St. Augustine und beanspruchte ein Gebiet, das er Florida nannte, für Spanien. Aufgrund von Krankheiten, Nahrungsmangel und feindlichen Indianern blieb seine Kolonie jedoch nur einige Monate bestehen, aber 1565 trafen über 2000 Spanier ein, die hier die erste ständige europäische Siedlung Nordamerikas gründeten. St. Augustine war zunächst ein vorgeschobener Verteidigungsposten zum Schutz spanischer Segelschiffe. 1586 brannte Sir Francis Drake den Ort nieder, doch nach seiner Abreise bauten die überlebenden spanischen Siedler ihn wieder auf.

Mangelnder Wohlstand, Überfälle durch Indianer, Schikanen seitens der Engländer und die Gründung einer englischen Kolonie in Charleston im heutigen South Carolina 1670 verhinderten, daß die Siedlung St. Augustine größer wurde (bis 1740 wurde der Ort viermal niedergebrannt). Während einer zwanzigjährigen Besatzung durch die Engländer von 1763 bis 1783 wurden die spanischen Siedler vertrieben und ihre Häuser zerstört oder umgebaut. Daher fehlten spanische Einflüsse in der Architektur Floridas weitgehend, bis man sie Anfang des 20. Jahrhunderts im Rahmen der eklektischen Mode historisierender Baustile wiederentdeckte.

Die ersten Siedler wohnten in Ein-Raum-Hütten aus Palmblättern, deren Bauweise sie von den Indianerstämmen der Semiolen übernahmen. Da sich diese Hütten innerhalb weniger Tage errichten ließen, nutzte man sie während der gesamten Geschichte von St. Augustine als provisorische Unterkünfte, die nach jeder Katastrophe schnell gebaut und bewohnt werden konnten, bis ein festeres Haus fertig war.

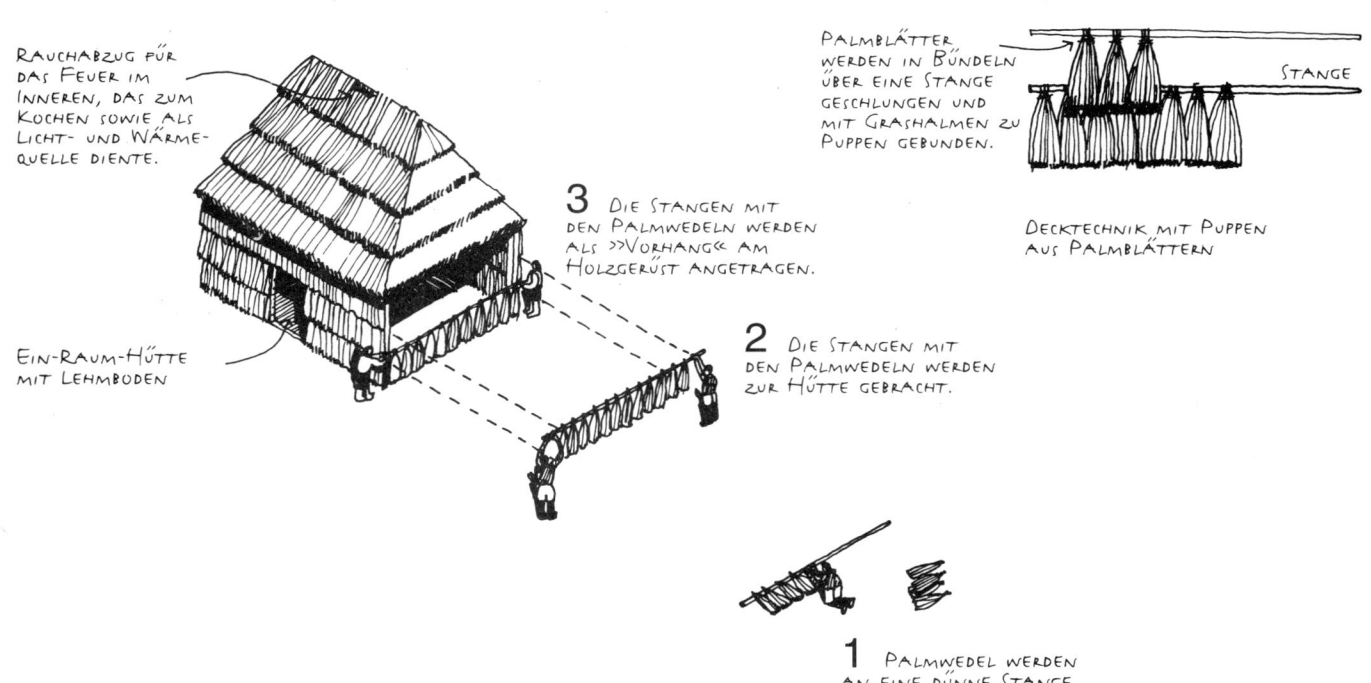

RAUCHABZUG FÜR DAS FEUER IM INNEREN, DAS ZUM KOCHEN SOWIE ALS LICHT- UND WÄRMEQUELLE DIENTE.

EIN-RAUM-HÜTTE MIT LEHMBODEN

PALMBLÄTTER WERDEN IN BÜNDELN ÜBER EINE STANGE GESCHLUNGEN UND MIT GRASHALMEN ZU PUPPEN GEBUNDEN.

STANGE

DECKTECHNIK MIT PUPPEN AUS PALMBLÄTTERN

3 DIE STANGEN MIT DEN PALMWEDELN WERDEN ALS »VORHANG« AM HOLZGERÜST ANGETRAGEN.

2 DIE STANGEN MIT DEN PALMWEDELN WERDEN ZUR HÜTTE GEBRACHT.

1 PALMWEDEL WERDEN AN EINE DÜNNE STANGE GEBUNDEN.

1565 PALMENHÜTTE, ST. AUGUSTINE, FLORIDA

Um 1586 konnte man in St. Augustine bereits Bäume mit der Grubensäge aufschneiden (siehe S. 43), und es setzte sich die sogenannte Bretterhütte durch, eine kleine Ein-Raum-Hütte, die in den Grundzügen genauso gebaut war wie die Palmenhütte, bei der aber die Außenwände statt mit Vorhängen aus Palmwedeln nun mit breiten Weichholzbrettern verkleidet waren.

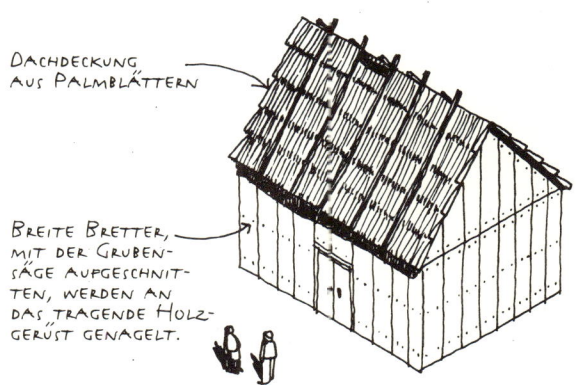

DACHDECKUNG AUS PALMBLÄTTERN

BREITE BRETTER, MIT DER GRUBEN-SÄGE AUFGESCHNIT-TEN, WERDEN AN DAS TRAGENDE HOLZ-GERÜST GENAGELT.

1586 BRETTERHÜTTE, ST. AUGUSTINE, FLORIDA

Um die Mitte des 18. Jahrhunderts bauten wohlhabendere Einwohner das sogenannte Einhaus aus einer Art Beton, der aus Kalkmörtel und Austernschalen als Zuschlagsstoff gegossen und weiß gekälkt wurde. In seiner Form war es der Palmenhütte und dem Bretterhaus sehr ähnlich und hatte nur einen Raum für alle Lebensbereiche, daher auch der Name Einhaus. Bis Ende des 18. Jahrhunderts bildete sich eine Bauweise heraus, die vom feuchtwarmen Klima Floridas geprägt war, aber nach wie vor in der spanischen Tradition stand. Diese Häuser im spanischen Kolonialstil waren für die damalige Zeit bereits recht luxuriös: Sie waren zweigeschossig, um Abstand vom feuchten Boden zu erhalten, hatten mehrere Räume, die jeweils verschiedenen Funktionen dienten, und besaßen kühlende Veranden, Loggien und Balkone.

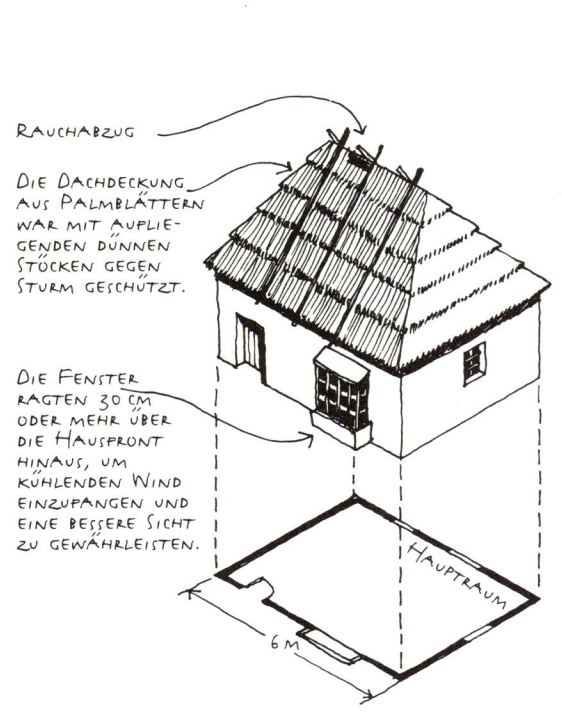

RAUCHABZUG

DIE DACHDECKUNG AUS PALMBLÄTTERN WAR MIT AUFLIE-GENDEN DÜNNEN STÖCKEN GEGEN STURM GESCHÜTZT.

DIE FENSTER RAGTEN 30 CM ODER MEHR ÜBER DIE HAUSFRONT HINAUS, UM KÜHLENDEN WIND EINZUFANGEN UND EINE BESSERE SICHT ZU GEWÄHRLEISTEN.

HAUPTRAUM

6 M

1763 EINHAUS, ST. AUGUSTINE, FLORIDA

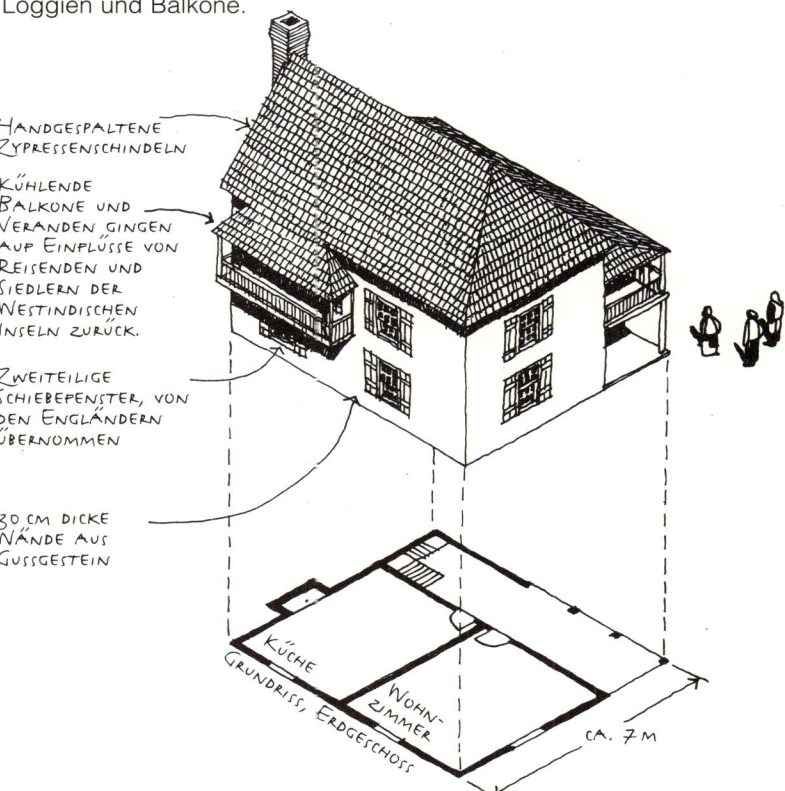

HANDGESPALTENE ZYPRESSENSCHINDELN

KÜHLENDE BALKONE UND VERANDEN GINGEN AUF EINFLÜSSE VON REISENDEN UND SIEDLERN DER WESTINDISCHEN INSELN ZURÜCK.

ZWEITEILIGE SCHIEBEFENSTER, VON DEN ENGLÄNDERN ÜBERNOMMEN

30 CM DICKE WÄNDE AUS GUSSGESTEIN

KÜCHE

GRUNDRISS, ERDGESCHOSS

WOHN-ZIMMER

CA. 7 M

1800 TYPISCHES HAUS IM SPANISCHEN KOLONIALSTIL, ST. AUGUSTINE, FLORIDA

Englisches Siedlerhaus

New England   1623

Die ersten ständigen Siedler Nordamerikas trafen am 20. Dezember 1620 in Plymouth, Massachusetts, ein. Da der schlimmste Teil des Winters erst noch bevorstand, brauchten sie sofort eine Bleibe. Obwohl die Pilgerväter nur wenig Bauerfahrung hatten, schafften sie es, einige primitive Hütten mit Techniken zu errichten, die sie in ihrer englischen Heimat gelernt hatten. 1623 bestand die Kolonie in Plymouth aus etwa 20 Häusern, in denen um die 60 Menschen lebten.

Diese ersten Wohnstätten ahmten den mittelalterlichen Baustil elisabethanischer Landhäuser nach: ein schweres Holzständerwerk, das durch Verzapfungen Stabilität erhielt; leichtere Stiele, Streben und Sparren, die mit diesem Rahmen verzapft wurden; zur Ausfachung der Zwischenräume Flechtwerk, das zur Isolierung mit Lehm beworfen wurde; ein steiles Reetdach, das Regen und Schnee gut ableitete; handgespaltene Eichenbretter als wetterfeste Wandverkleidung; und ein 2,5 m breiter Kamin mit Steinboden und einem Rauchabzug aus Flechtwerk und Lehm. Anders als bei den englischen Häusern baute man hier jedoch nur wenige, kleine Fenster ein, um den Wärmeverlust gering zu halten. Da es kein Glas gab, aber etwas Tageslicht ins Haus dringen mußte, verschloß man die Fenster im Winter mit durchscheinendem Ölpapier. Der offene Kamin, der zum Kochen sowie als Licht- und Wärmequelle diente, befand sich im Haus, ließ allerdings sehr viel Wärme entweichen, da er keinen Schornsteinschieber besaß. Da die Reetdächer leicht entflammbar waren, brannten viele der frühen Häuser ab.

Im Erdgeschoß hatten diese Häuser einen großen Raum, der als Halle oder Diele bezeichnet wurde, darüber befand sich ein Speicher. In einer Ecke neben dem Kamin gab es eine Bank für die Alten. Am anderen Ende des Raumes stand ein Bett, das tagsüber als Sitzgelegenheit diente. Nachts zog man für die Kinder Rollbetten hervor. Tische und Stühle waren klein, grob gezimmert und so gebaut, daß man sie wegräumen konnte, wenn mehr Platz benötigt wurde.

Die ersten Siedlerhäuser in Plymouth waren von einer Palisade umgeben, die ihre Bewohner vor wilden Tieren und Indianern schützte. Neuankömmlinge aus England lebten meist in Wigwams oder Erdhütten, bis sie sich ein festeres Haus bauen konnten.

ALS PROVISORISCHE BEHAUSUNGEN DIENTEN DEN SIEDLERN WIGWAMS UND ERDHÜTTEN IM STIL DER INDIANERHÜTTEN, BIS SIE SICH HÄUSER BAUEN KONNTEN.

1620 WIGWAM ALS ERSTE UNTERKUNFT DER SIEDLER, PLYMOUTH, MASSACHUSETTS

GRASDACH

STULPSCHALUNG AUS HANDGESPALTENEN ZEDERNBRETTERN

HANDGESÄGTE, BREITE EICHENBRETTER, ALS SCHALUNG AUF DAS HOLZSTÄNDERWERK GENAGELT (SIEHE GRUBENSÄGE, S. 43)

DAS KALTE KLIMA LIESS NUR KLEINE FENSTER ZU.

1622 EIN-RAUM-HAUS, PLYMOUTH, MASSACHUSETTS

REETDACH

STATT GLAS DIENTE ÖLPAPIER ALS FENSTERSCHEIBE.

HÖLZERNE FENSTERLÄDEN DIENTEN ALS KÄLTESCHUTZ

1630 EIN-RAUM-HAUS, SALEM, MASSACHUSETTS

Die ersten Hütten waren noch recht primitiv gebaut. Der Fußboden war aus gestampfter Erde, Rauchfang und Schlot mit ihrem Grundgerüst aus Weidengeflecht stellten eine Feuergefahr dar (manche Häuser hatten überhaupt keinen Rauchfang, sondern nur eine Dachöffnung als Rauchabzug), und die Fenster waren nur mit einem Fensterladen verschlossen. Der Fachwerkbau blieb in Amerika die beliebteste Holzbauweise, bis Mitte des 19. Jahrhunderts mit dem sogenannten *balloon framing* eine neue Technik entwickelt wurde (siehe S. 124).

Die folgenden Zeichnungen zeigen, wie die englischen Siedler Baumstämme zu Balken und Brettern aufschnitten und ihre Häuser errichteten. Weitere englische Techniken des Fachwerkbaus sind auf Seite 45 zu finden.

5 M LANGER HOLZBALKEN

DER OBEN STEHENDE DRÜCKTE DIE SCHROTSÄGE NACH UNTEN.

ZUM TROCKNEN GESTAPELTE BRETTER

DER MANN IN DER GRUBE DRÜCKTE DIE SÄGE NACH OBEN.

EINE 2,40 M TIEFE GRUBE WURDE SEITLICH IN EINEN HANG GEGRABEN.

1630 GRUBENSÄGE ZUM AUFSÄGEN BREITER BRETTER

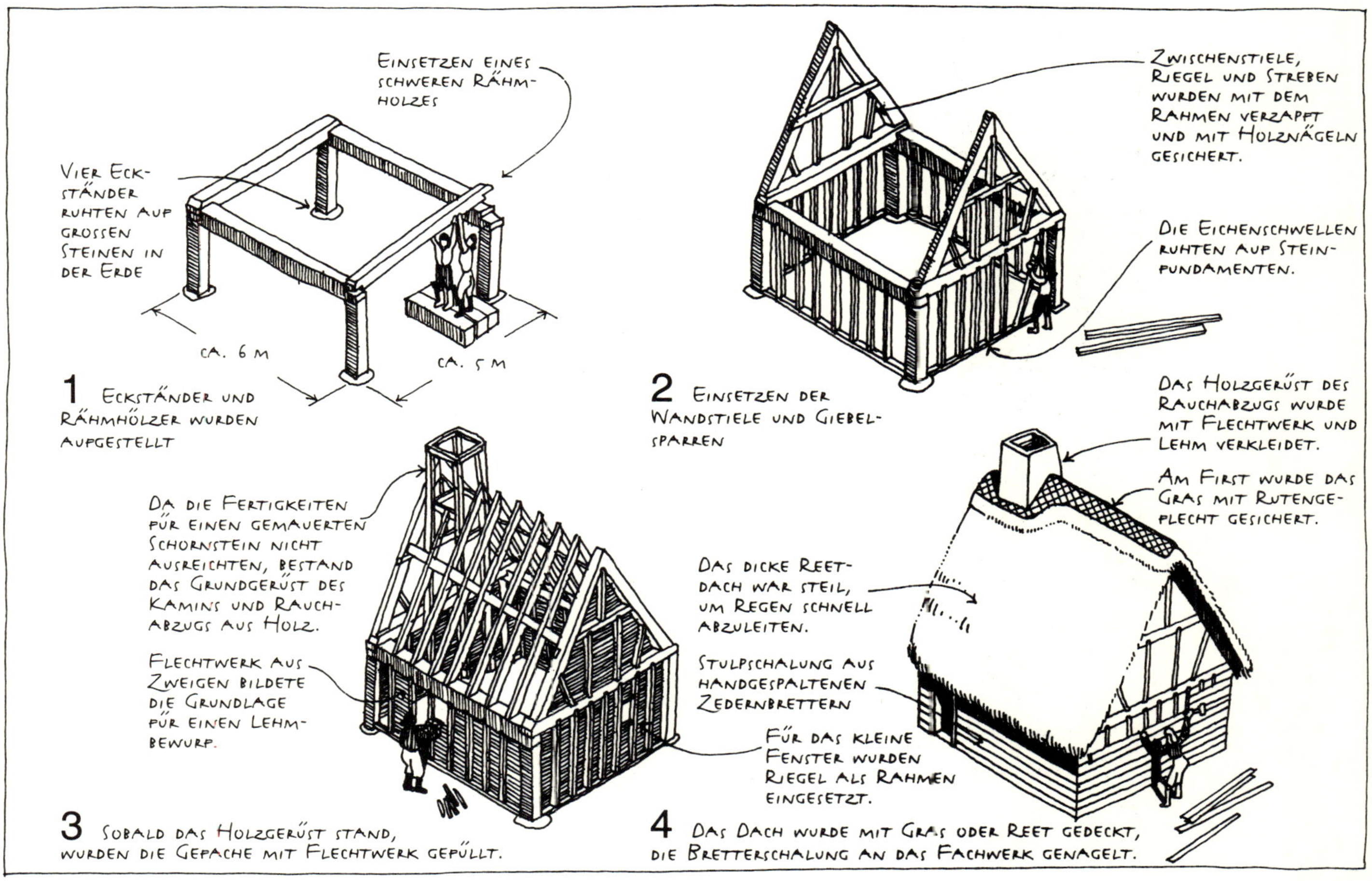

EINSETZEN EINES SCHWEREN RÄHMHOLZES

ZWISCHENSTIELE, RIEGEL UND STREBEN WURDEN MIT DEM RAHMEN VERZAPFT UND MIT HOLZNÄGELN GESICHERT.

VIER ECKSTÄNDER RUHTEN AUF GROSSEN STEINEN IN DER ERDE

DIE EICHENSCHWELLEN RUHTEN AUF STEINPUNDAMENTEN.

CA. 6 M   CA. 5 M

1 ECKSTÄNDER UND RÄHMHÖLZER WURDEN AUFGESTELLT

2 EINSETZEN DER WANDSTIELE UND GIEBELSPARREN

DA DIE FERTIGKEITEN FÜR EINEN GEMAUERTEN SCHORNSTEIN NICHT AUSREICHTEN, BESTAND DAS GRUNDGERÜST DES KAMINS UND RAUCHABZUGS AUS HOLZ.

FLECHTWERK AUS ZWEIGEN BILDETE DIE GRUNDLAGE FÜR EINEN LEHMBEWURF.

DAS HOLZGERÜST DES RAUCHABZUGS WURDE MIT FLECHTWERK UND LEHM VERKLEIDET.

AM FIRST WURDE DAS GRAS MIT RUTENGEPLECHT GESICHERT.

DAS DICKE REETDACH WAR STEIL, UM REGEN SCHNELL ABZULEITEN.

STULPSCHALUNG AUS HANDGESPALTENEN ZEDERNBRETTERN

FÜR DAS KLEINE FENSTER WURDEN RIEGEL ALS RAHMEN EINGESETZT.

3 SOBALD DAS HOLZGERÜST STAND, WURDEN DIE GEFACHE MIT FLECHTWERK GEFÜLLT.

4 DAS DACH WURDE MIT GRAS ODER REET GEDECKT, DIE BRETTERSCHALUNG AN DAS FACHWERK GENAGELT.

BAU EINES ENGLISCHEN SIEDLERHAUSES IN VIER PHASEN, PLYMOUTH, MASSACHUSETTS

Virginia wurde 1585 von England kolonisiert, weil man glaubte, dort Gold finden zu können. Zudem wollten die Engländer ihr Kolonialreich für eine eventuelle Konfrontation mit Spanien ausdehnen, das Anspruch auf die gesamte westliche Hemisphäre erhob. Die erste Besiedlung von Jamestown scheiterte vor allem deshalb, weil es den Siedlern an ausreichenden landwirtschaftlichen Kenntnissen und Fertigkeiten im Hausbau mangelte. Spätere Kolonisten brachten diese Fähigkeiten jedoch mit oder eigneten sie sich an. Bis 1625 errichtete man einen dreiseitigen Palisadenzaun, der eine Siedlung mit 15 Wohnhäusern, einer Kirche, einem Wachhaus und einem Speicherhaus schützte. Hier lebten etwa 100 Menschen, und jede Familie erhielt außerhalb der Palisade 8 Hektar Land, das sie bestellen konnte.

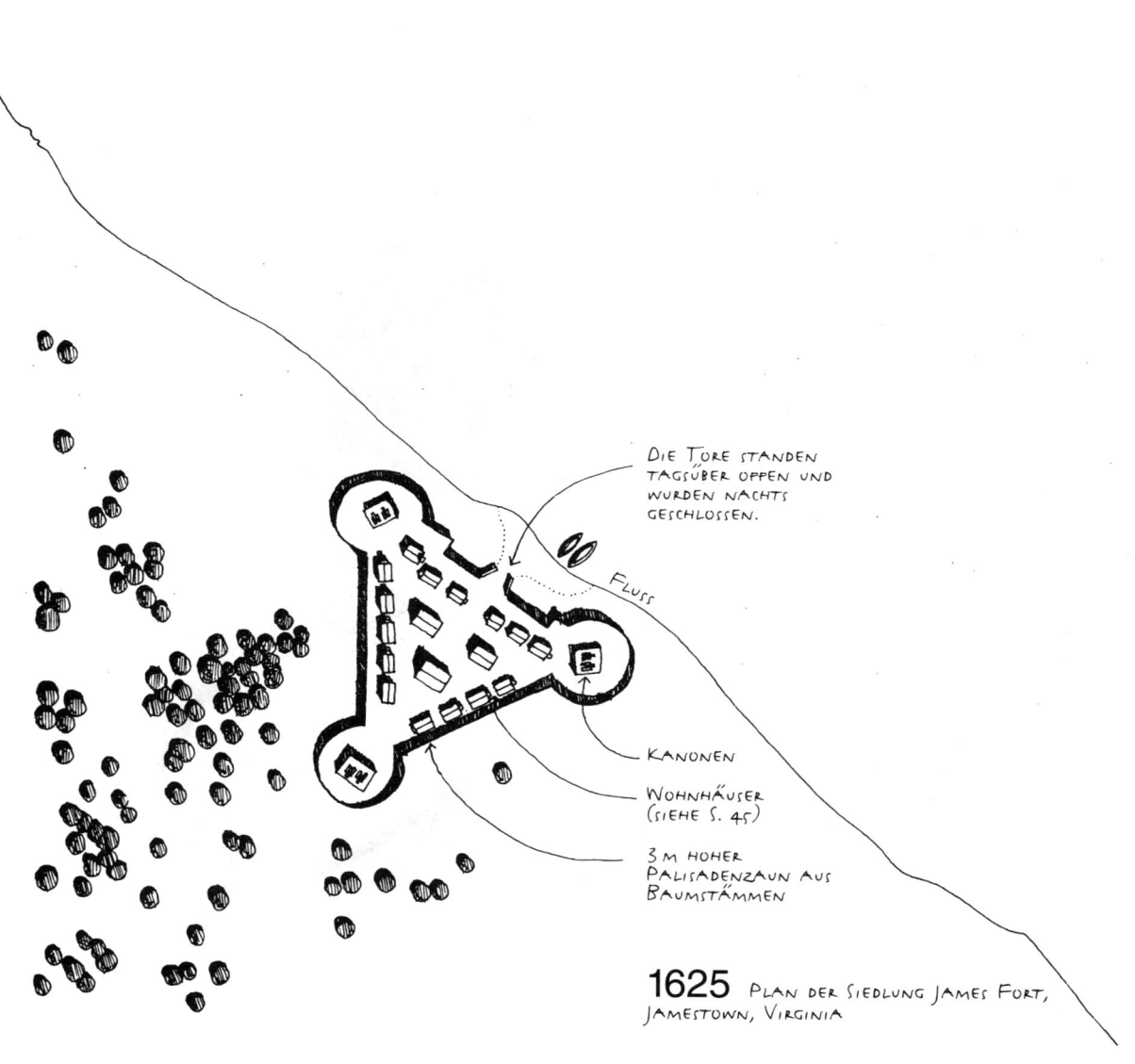

DIE TORE STANDEN TAGSÜBER OFFEN UND WURDEN NACHTS GESCHLOSSEN.

FLUSS

KANONEN

WOHNHÄUSER (SIEHE S. 45)

3 M HOHER PALISADENZAUN AUS BAUMSTÄMMEN

1625 PLAN DER SIEDLUNG JAMES FORT, JAMESTOWN, VIRGINIA

Die Wohnhäuser der Siedler in Virginia waren jenen in der Kolonie Plymouth recht ähnlich. Grundriß, durchschnittliche Größe und Bauweise waren praktisch gleich. Allerdings verwendeten die Siedler in Virginia für ihr Fachwerk durchgängig etwa gleich starke Balken, während die Pilgerväter in Plymouth ein Holzständerwerk aus schweren Eckpfosten und Rähmhölzern mit leichteren Wandstielen füllten. Außerdem wurde in Virginia das Fachwerk lediglich mit Flechtwerk und isolierendem Lehmbewurf ausgefacht, aber nicht weiter verschalt.

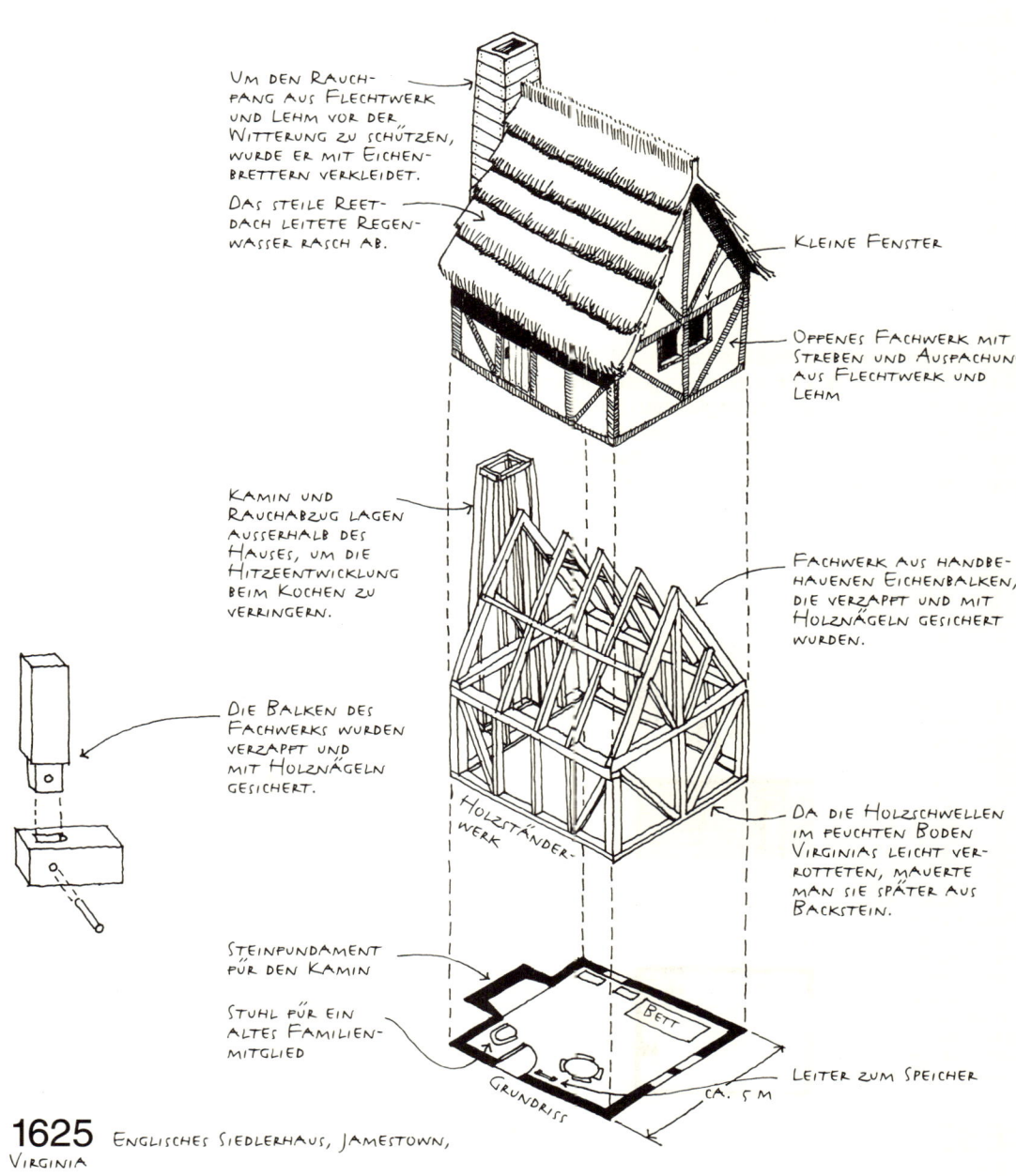

UM DEN RAUCH-
FANG AUS FLECHTWERK
UND LEHM VOR DER
WITTERUNG ZU SCHÜTZEN,
WURDE ER MIT EICHEN-
BRETTERN VERKLEIDET.

DAS STEILE REET-
DACH LEITETE REGEN-
WASSER RASCH AB.

KLEINE FENSTER

OFFENES FACHWERK MIT
STREBEN UND AUSFACHUNG
AUS FLECHTWERK UND
LEHM

KAMIN UND
RAUCHABZUG LAGEN
AUSSERHALB DES
HAUSES, UM DIE
HITZEENTWICKLUNG
BEIM KOCHEN ZU
VERRINGERN.

FACHWERK AUS HANDBE-
HAUENEN EICHENBALKEN,
DIE VERZAPFT UND MIT
HOLZNÄGELN GESICHERT
WURDEN.

DIE BALKEN DES
FACHWERKS WURDEN
VERZAPFT UND
MIT HOLZNÄGELN
GESICHERT.

HOLZSTÄNDER-
WERK

DA DIE HOLZSCHWELLEN
IM FEUCHTEN BODEN
VIRGINIAS LEICHT VER-
ROTTETEN, MAUERTE
MAN SIE SPÄTER AUS
BACKSTEIN.

STEINFUNDAMENT
FÜR DEN KAMIN

STUHL FÜR EIN
ALTES FAMILIEN-
MITGLIED

BETT

GRUNDRISS

CA. 5 M

LEITER ZUM SPEICHER

1625 ENGLISCHES SIEDLERHAUS, JAMESTOWN,
VIRGINIA

Mittelalterlicher Stil
Mittlere Atlantikküste   1635

Die ersten Siedler in der Umgebung der Chesapeake Bay lebten in ähnlich primitiven Hütten, wie sie zu Anfang dieses Kapitels beschrieben wurden. Bis 1635 entstanden jedoch feste Wohnbauten mit Holzständerwerk und Backsteinmauern. Die meisten Siedlungen in Maryland und Virginia wurden von Bauern, Händlern und Fischern gegründet, die nur über bescheidene Mittel verfügten und nicht mit den großartigen Bauten im Stil der italienischen Renaissance (zum Beispiel von Inigo Jones) vertraut waren, wie sie zur damaligen Zeit in England in Mode waren. Ihre Architektur blieb daher den mittelalterlichen Baustilen verhaftet und stützte sich auf die herkömmliche englische Gotik und den Tudorstil des 16. und 17. Jahrhunderts: steile Giebeldächer, hohe Backsteinschornsteine, gemauerte Stichbögen über Fenstern und Türen, offene Ständer und Deckenbalken in den Zimmern, Brettertüren und Flügelfenster mit Bleiverglasung (sofern Glas verfügbar war). Backsteine gab es reichlich, da Ton in hervorragender Qualität ebenso vorhanden war wie englische Handwerker, die Ziegel brennen konnten.

Das Siedlerhaus im mittelalterlichen Stil, das nur einen Raum besaß, der als Halle oder Diele bezeichnet wurde, hatte eine Grundfläche von etwa 5 x 6 m. Abgesehen von den Dachgauben, die das Dachgeschoß mit Licht versorgten, waren diese Häuser Kopien der ersten englischen Siedlerhäuser, die sich lediglich durch die massivere Bauweise in Backstein unterschieden. Wenn der Besitzer zu Geld kam oder für eine wachsende Familie mehr Platz brauchte, baute er ein weiteres Zimmer an und machte es so zu einem Zwei-Raum-Haus mit Wohnküche und Diele (siehe unten). Diese Zwei-Raum-Häuser waren im 17. Jahrhundert in Maryland und Virginia der am weitesten verbreitete Haustyp.

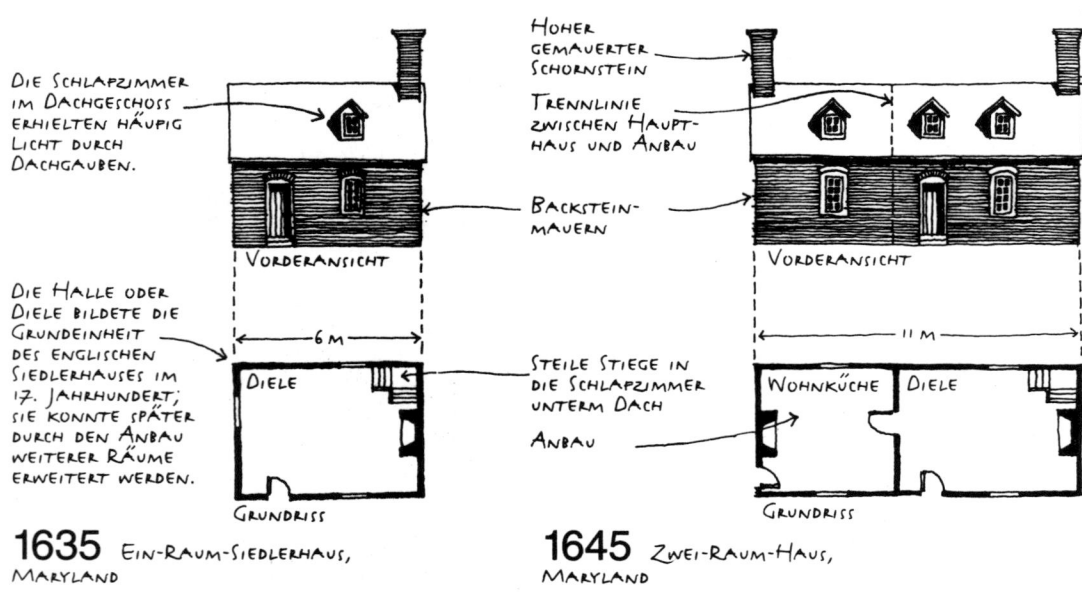

DIE SCHLAFZIMMER IM DACHGESCHOSS ERHIELTEN HÄUFIG LICHT DURCH DACHGAUBEN.

HOHER GEMAUERTER SCHORNSTEIN

TRENNLINIE ZWISCHEN HAUPTHAUS UND ANBAU

BACKSTEINMAUERN

VORDERANSICHT

DIE HALLE ODER DIELE BILDETE DIE GRUNDEINHEIT DES ENGLISCHEN SIEDLERHAUSES IM 17. JAHRHUNDERT; SIE KONNTE SPÄTER DURCH DEN ANBAU WEITERER RÄUME ERWEITERT WERDEN.

6 M

DIELE

STEILE STIEGE IN DIE SCHLAFZIMMER UNTERM DACH

ANBAU

VORDERANSICHT

11 M

WOHNKÜCHE   DIELE

GRUNDRISS

1635 EIN-RAUM-SIEDLERHAUS, MARYLAND

GRUNDRISS

1645 ZWEI-RAUM-HAUS, MARYLAND

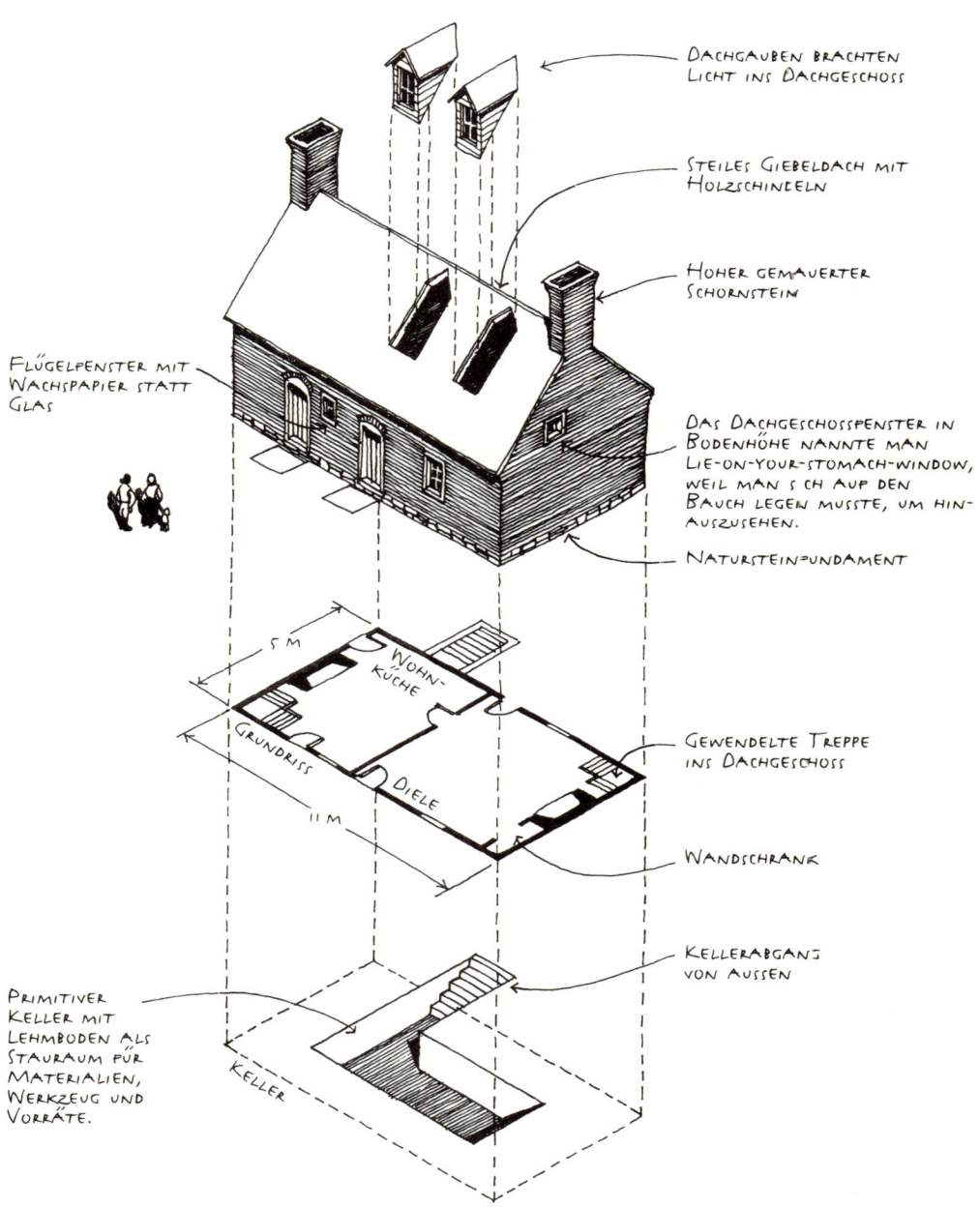

DACHGAUBEN BRACHTEN
LICHT INS DACHGESCHOSS

STEILES GIEBELDACH MIT
HOLZSCHINDELN

HOHER GEMAUERTER
SCHORNSTEIN

FLÜGELFENSTER MIT
WACHSPAPIER STATT
GLAS

DAS DACHGESCHOSSFENSTER IN
BODENHÖHE NANNTE MAN
LIE-ON-YOUR-STOMACH-WINDOW,
WEIL MAN SICH AUF DEN
BAUCH LEGEN MUSSTE, UM HIN-
AUSZUSEHEN.

NATURSTEINFUNDAMENT

5 M

WOHN-
KÜCHE

GRUNDRISS

DIELE

11 M

GEWENDELTE TREPPE
INS DACHGESCHOSS

WANDSCHRANK

KELLERABGANG
VON AUSSEN

PRIMITIVER
KELLER MIT
LEHMBODEN ALS
STAURAUM FÜR
MATERIALIEN,
WERKZEUG UND
VORRÄTE.

KELLER

1650 TYPISCHES ZWEI-RAUM-HAUS,
MARYLAND UND VIRGINIA

In dem Maße, wie die Bewohner der Siedlungen in der Chesapeake-Region wohlhabender wurden, spiegelten sich die zunehmende Familiengröße und die höheren Ansprüche an den Wohnstil auch in der Architektur wider. Um 1670 verlagerte man die Küche in ein separates Gebäude und kehrte damit zu der mittelalterlichen Sitte zurück, das zubereitete Essen über einen Hof von der Küche ins Eßzimmer zu tragen, um bei warmer Witterung die Hitzeentwicklung im Haus zu verringern. Da die größeren Familien mehr Schlafzimmer brauchten, erweiterte man das ursprüngliche Zwei-Raum-Haus nun häufig um einen weiteren Anbau, der diesmal an der hinteren Traufwand anschloß und mit einem Schleppdach versehen war. Dadurch bekam das Haus die Form einer mittelalterlichen Salzkiste (engl.: saltbox, siehe S. 68), wurde im Süden aber als *catslide* (Katzenrutsche) bezeichnet, weil selbst eine Katze auf dem steilen Dach den Halt verlieren würde.

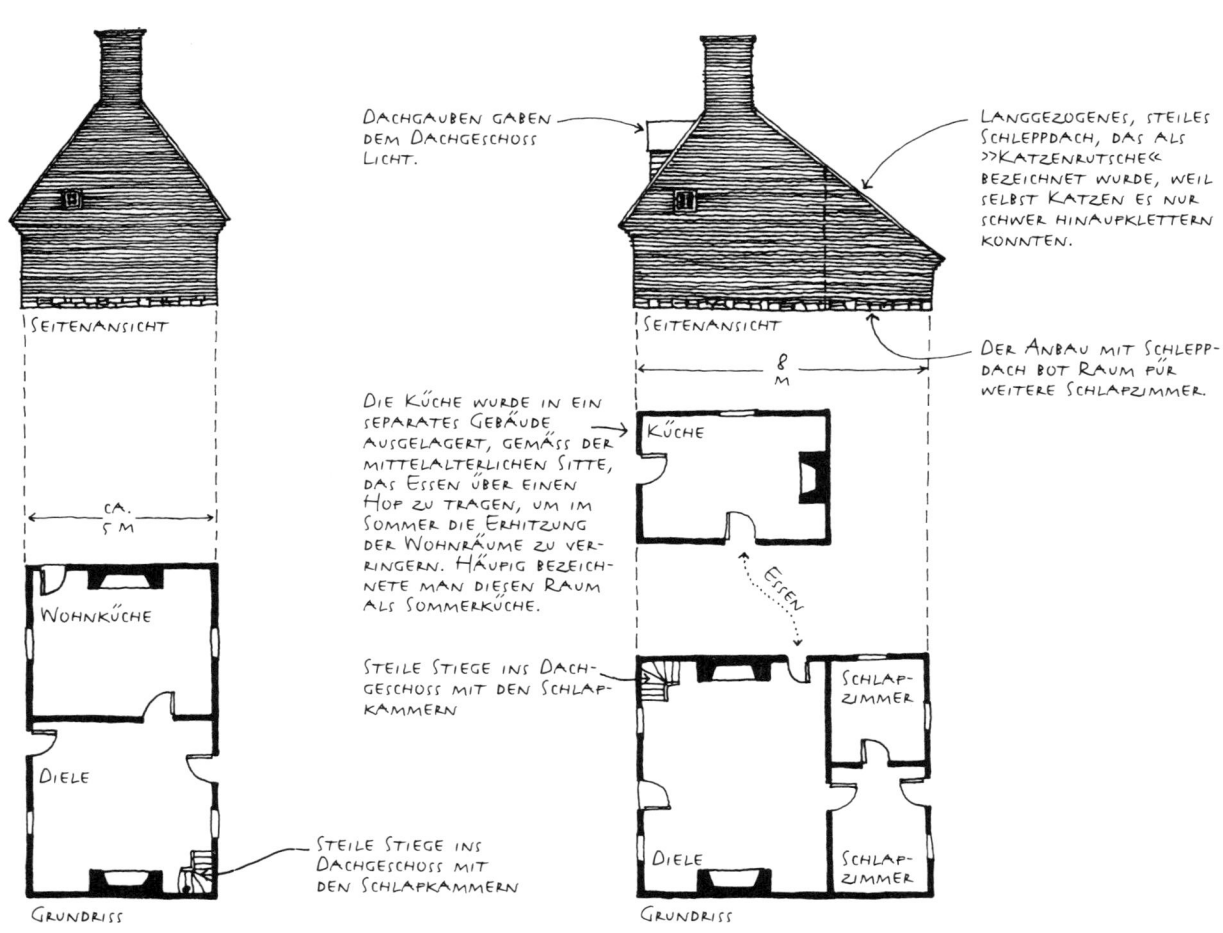

DACHGAUBEN GABEN DEM DACHGESCHOSS LICHT.

LANGGEZOGENES, STEILES SCHLEPPDACH, DAS ALS »KATZENRUTSCHE« BEZEICHNET WURDE, WEIL SELBST KATZEN ES NUR SCHWER HINAUFKLETTERN KONNTEN.

SEITENANSICHT

SEITENANSICHT

8 M

DER ANBAU MIT SCHLEPP-DACH BOT RAUM FÜR WEITERE SCHLAFZIMMER.

DIE KÜCHE WURDE IN EIN SEPARATES GEBÄUDE AUSGELAGERT, GEMÄSS DER MITTELALTERLICHEN SITTE, DAS ESSEN ÜBER EINEN HOF ZU TRAGEN, UM IM SOMMER DIE ERHITZUNG DER WOHNRÄUME ZU VER-RINGERN. HÄUFIG BEZEICH-NETE MAN DIESEN RAUM ALS SOMMERKÜCHE.

CA. 5 M

KÜCHE

WOHNKÜCHE

ESSEN

STEILE STIEGE INS DACH-GESCHOSS MIT DEN SCHLAF-KAMMERN

SCHLAF-ZIMMER

DIELE

DIELE

SCHLAF-ZIMMER

STEILE STIEGE INS DACHGESCHOSS MIT DEN SCHLAFKAMMERN

GRUNDRISS

GRUNDRISS

1645 ZWEI-RAUM-HAUS, MARYLAND UND VIRGINIA

1670 SCHLEPPDACHHAUS (CATSLIDE ROOF HOUSE), MARYLAND UND VIRGINIA

Bis 1700 vergrößerte sich das Haus im mittelalterlichen Stil beträchtlich. Aus den Schlafzimmern im Erdgeschoß wurden Wohn- und Schlafräume für die Alten. Die in allen Zimmern des Erdgeschosses vorhandenen Kamine dienten im Winter als hauptsächliche Wärme- und Lichtquelle, gelegentlich aber auch zum Kochen. Jedes Schlafzimmer besaß einen eigenen Eingang von draußen. Etwa ab 1735 wuchsen diese Häuser nicht mehr in die Breite und Länge, sondern in die Höhe. Alle Zimmer waren nun über einen Flur zu erreichen, der durch die Hausmitte führte. Hier sind die Anfänge des georgianischen Stils zu erkennen (siehe S. 94). Ziegelmuster, wie sie Anfang des 16. Jahrhunderts in England verbreitet waren, erfreuten sich großer Beliebtheit.

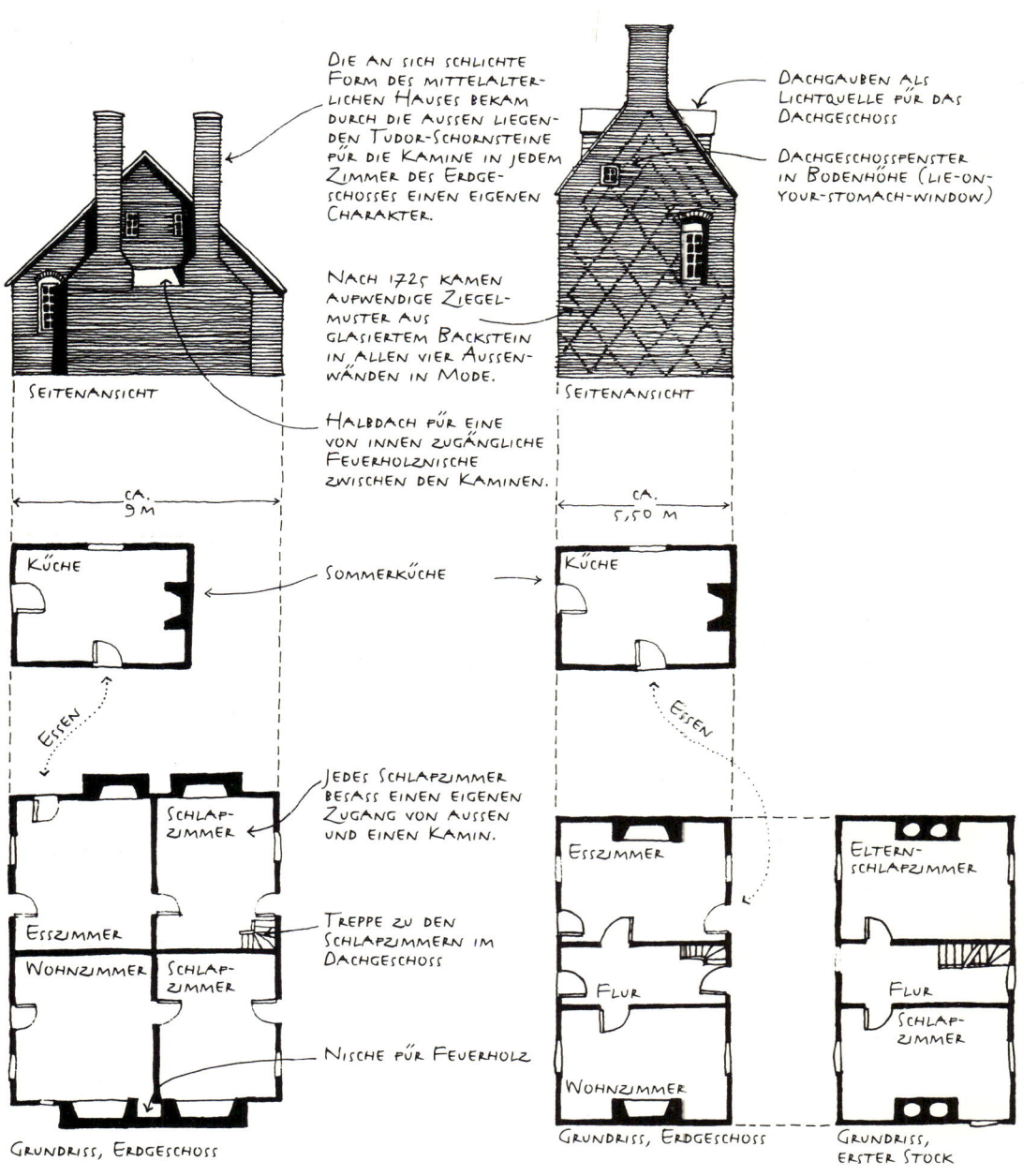

DIE AN SICH SCHLICHTE FORM DES MITTELALTERLICHEN HAUSES BEKAM DURCH DIE AUSSEN LIEGENDEN TUDOR-SCHORNSTEINE FÜR DIE KAMINE IN JEDEM ZIMMER DES ERDGESCHOSSES EINEN EIGENEN CHARAKTER.

NACH 1725 KAMEN AUFWENDIGE ZIEGELMUSTER AUS GLASIERTEM BACKSTEIN IN ALLEN VIER AUSSENWÄNDEN IN MODE.

HALBDACH FÜR EINE VON INNEN ZUGÄNGLICHE FEUERHOLZNISCHE ZWISCHEN DEN KAMINEN.

DACHGAUBEN ALS LICHTQUELLE FÜR DAS DACHGESCHOSS

DACHGESCHOSSFENSTER IN BODENHÖHE (LIE-ON-YOUR-STOMACH-WINDOW)

SEITENANSICHT

CA. 9 M

KÜCHE

SOMMERKÜCHE

KÜCHE

SEITENANSICHT

CA. 5,50 M

ESSEN

ESSEN

SCHLAF-ZIMMER

JEDES SCHLAFZIMMER BESASS EINEN EIGENEN ZUGANG VON AUSSEN UND EINEN KAMIN.

TREPPE ZU DEN SCHLAFZIMMERN IM DACHGESCHOSS

NISCHE FÜR FEUERHOLZ

ESSZIMMER

WOHNZIMMER

SCHLAF-ZIMMER

ESSZIMMER

FLUR

WOHNZIMMER

ELTERN-SCHLAFZIMMER

FLUR

SCHLAF-ZIMMER

GRUNDRISS, ERDGESCHOSS

GRUNDRISS, ERDGESCHOSS

GRUNDRISS, ERSTER STOCK

1700 HAUS MIT VIER FEUERSTELLEN, MARYLAND UND VIRGINIA

1735 ZWEIGESCHOSSIGES HAUS, MARYLAND UND VIRGINIA

Blockhaus

Delaware-Tal   1638

Die Schweden, die sich 1638 am Delaware niederließen, brachten das Blockhaus mit nach Amerika. Die Pelzhändler-Kolonie New Sweden, die sich über Teile der heutigen Bundesstaaten Pennsylvania, New Jersey und Delaware erstreckte, hielt sich zwar auf Dauer nicht, doch die Bauweise ihrer Wohnhäuser, das Blockhaus, hat überdauert und wird noch heute gebaut. Erst Anfang des 18. Jahrhunderts fingen auch Nichtschweden an, die Blockbauweise zu übernehmen; die ersten waren nach 1710 schottisch-irische und deutsche Siedler in Pennsylvania. Engländer und Schweden hatten über 60 Jahre nebeneinander gelebt, ohne ihre jeweiligen Bauweisen voneinander zu übernehmen. Bis zur amerikanischen Unabhängigkeitserklärung 1776 entwickelte sich das Blockhaus zur Standardunterkunft in allen Grenzgebieten, die von Siedlern unterschiedlicher Nationalitäten wie auch von nordamerikanischen Indianern bewohnt wurden.

Ursprünglich gab es Blockhäuser in drei Grundformen: die Ein-Raum-Hütte, das Saddlebag-Blockhaus und das Dogtrot-Blockhaus. Die Schweden im Tal des Delaware bauten anfangs nur die Ein-Raum-Blockhütte, die ursprünglich in Skandinavien und Norddeutschland entwickelt wurde. Das Saddlebag-Blockhaus trägt seinen Namen offenbar deshalb, weil es aus zwei Räumen besteht, die wie eine Satteltasche über einen gemeinsamen Rachfang »gehängt« sind. Viele dieser Saddlebag-Blockhäuser entstanden, indem man einer Ein-Raum-Hütte einen zweiten Raum anfügte. In den überdachten Nischen, die zwischen den beiden Räumen am Rauchfang entstanden, konnte man im Winter das wenige Vieh unterstellen. Beim Dogtrot-Blockhaus waren die beiden Räume durch einen überdachten Durchgang (engl.: breezeway oder dogtrot) getrennt und boten den Bewohnern auf diese Weise mehr Privatsphäre.

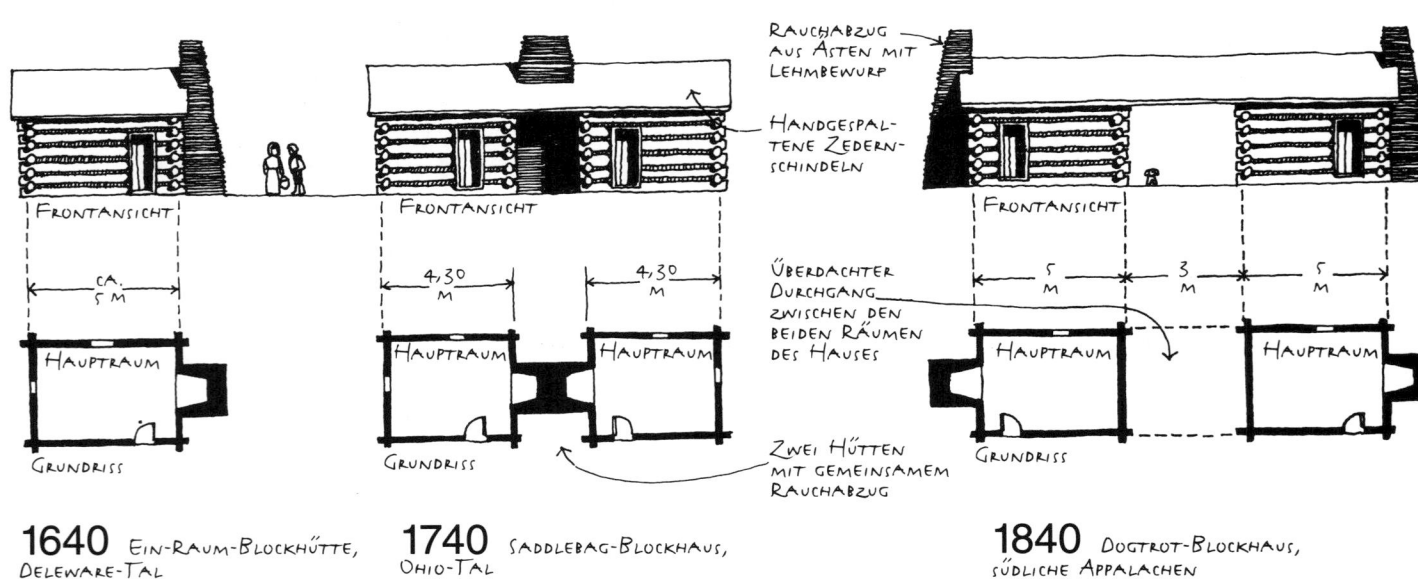

1640 EIN-RAUM-BLOCKHÜTTE, DELEWARE-TAL

1740 SADDLEBAG-BLOCKHAUS, OHIO-TAL

1840 DOGTROT-BLOCKHAUS, SÜDLICHE APPALACHEN

Das Blockhaus besaß für die Siedler und später für die Pioniere viele Vorzüge. Es ieß sich schnell aus vorhandenen Materialien, nämlich aus Bäumen und Steinen bauen, die bei der Urbarmachung von Ackerland anfielen. Da die dicken Holzwände isolierend wirkten, war das Blockhaus im Sommer kühl und im Winter warm. Es war einfach zu errichten, da es keine gesonderte tragende Konstruktion brauchte. Den Kamin baute man aus Steinen, den Rauchabzug aus Ästen, die mit Lehm beworfen wurden. Der Fußboden bestand aus gestampftem Lehm, das Dach wurde mit gespaltenen Zedernschindeln gedeckt. Die ersten Siedler errichteten ihre Blockhütten manchmal dicht beieinander und schützten die Siedlung mit einer Palisade.

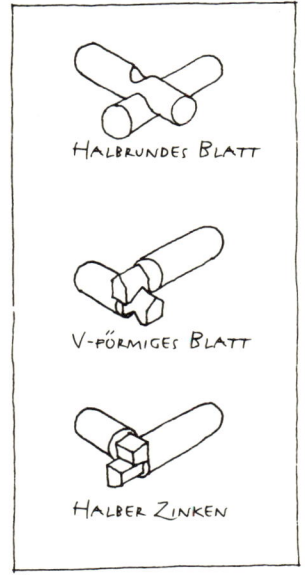

HALBRUNDES BLATT

V-FÖRMIGES BLATT

HALBER ZINKEN

ÜBERBLATTUNGEN IM BLOCKBAU

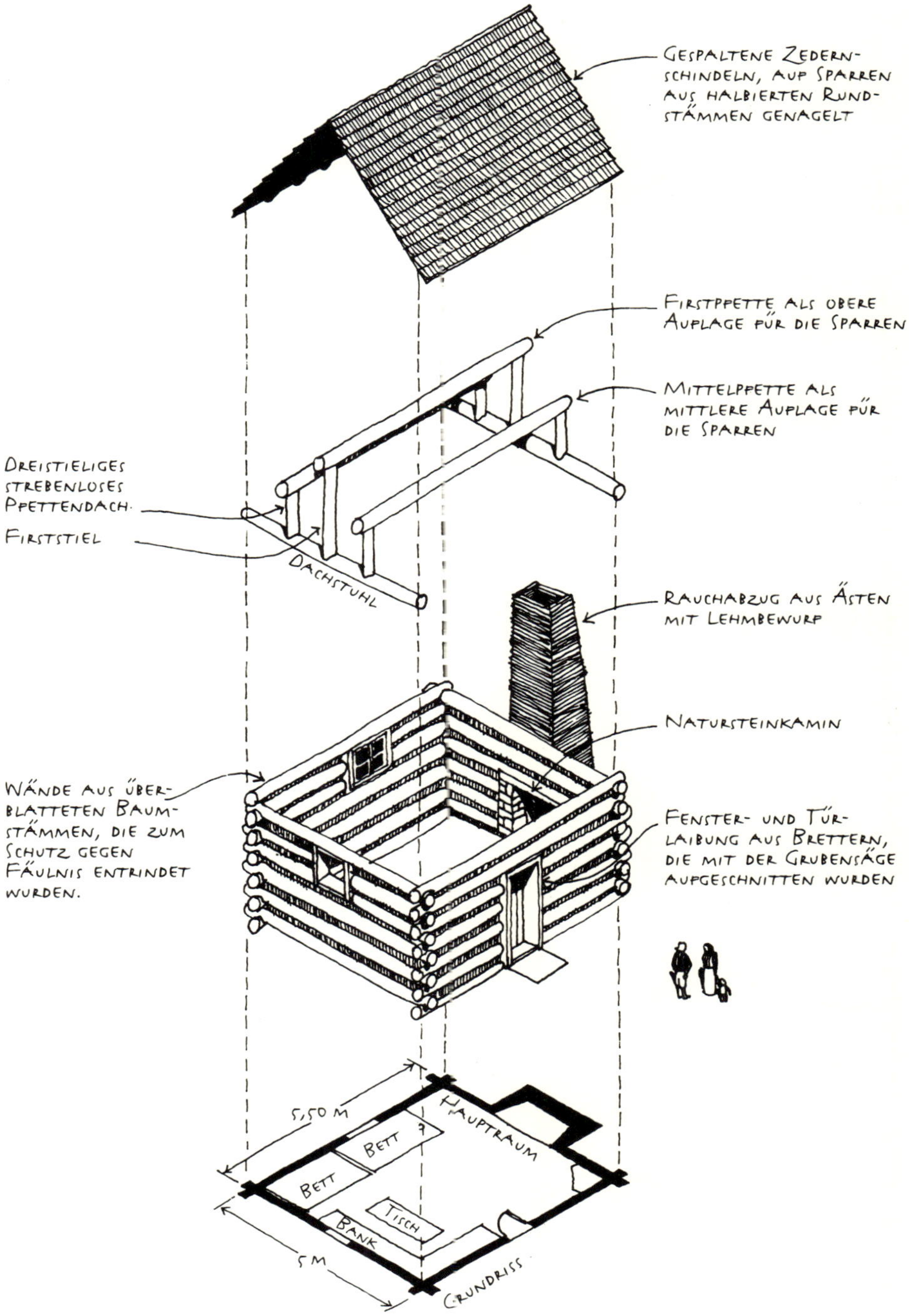

GESPALTENE ZEDERN-
SCHINDELN, AUF SPARREN
AUS HALBIERTEN RUND-
STÄMMEN GENAGELT

FIRSTPPETTE ALS OBERE
AUPLAGE PÜR DIE SPARREN

MITTELPPETTE ALS
MITTLERE AUPLAGE PÜR
DIE SPARREN

DREISTIELIGES
STREBENLOSES
PPETTENDACH

FIRSTSTIEL

DACHSTUHL

RAUCHABZUG AUS ÄSTEN
MIT LEHMBEWURP

NATURSTEINKAMIN

WÄNDE AUS ÜBER-
BLATTETEN BAUM-
STÄMMEN, DIE ZUM
SCHUTZ GEGEN
FÄULNIS ENTRINDET
WURDEN.

FENSTER- UND TÜR-
LAIBUNG AUS BRETTERN,
DIE MIT DER GRUBENSÄGE
AUFGESCHNITTEN WURDEN

5,50 M

HAUPTRAUM

BETT

BETT

BANK

TISCH

5 M

GRUNDRISS

1650 SCHWEDISCHE EIN-RAUM-BLOCKHÜTTE
DELAWARE-TAL

Blockhäuser gibt es in vielen Variationen, gemeinsam ist jedoch allen, daß für sie als Baumaterial Rundstämme verwendet werden. Die folgenden Seiten zeigen einige der interessanteren Beispiele des Blockhausbaus.

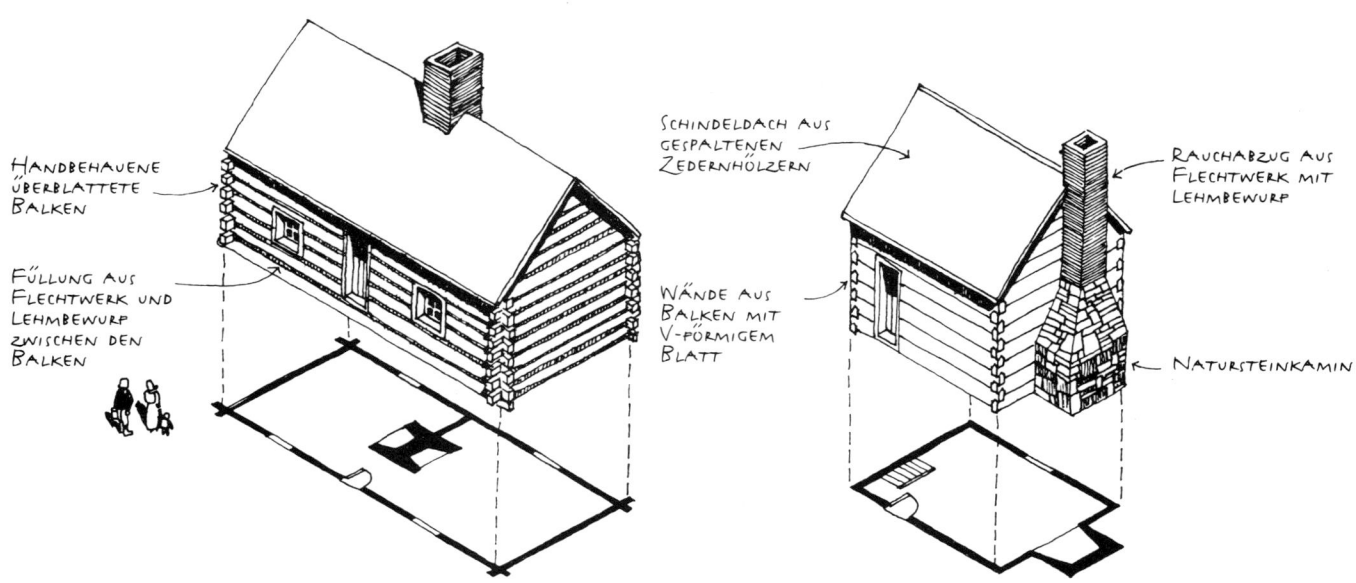

HANDBEHAUENE
ÜBERBLATTETE
BALKEN

FÜLLUNG AUS
FLECHTWERK UND
LEHMBEWURF
ZWISCHEN DEN
BALKEN

1680 SADDLEBAG-BLOCKHAUS MIT ZWEI ZIMMERN,
NEW HAMPSHIRE

SCHINDELDACH AUS
GESPALTENEN
ZEDERNHÖLZERN

RAUCHABZUG AUS
FLECHTWERK MIT
LEHMBEWURF

WÄNDE AUS
BALKEN MIT
V-FÖRMIGEM
BLATT

NATURSTEINKAMIN

1780 EIN-RAUM-BLOCKHÜTTE DER PIONIERE,
KENTUCKY

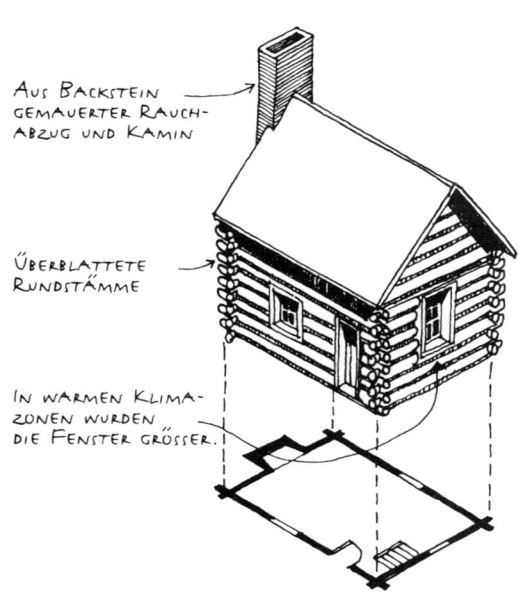

AUS BACKSTEIN
GEMAUERTER RAUCH-
ABZUG UND KAMIN

ÜBERBLATTETE
RUNDSTÄMME

IN WARMEN KLIMA-
ZONEN WURDEN
DIE FENSTER GRÖSSER.

1830 EIN-RAUM-BLOCKHÜTTE DER SKLAVEN,
VIRGINIA

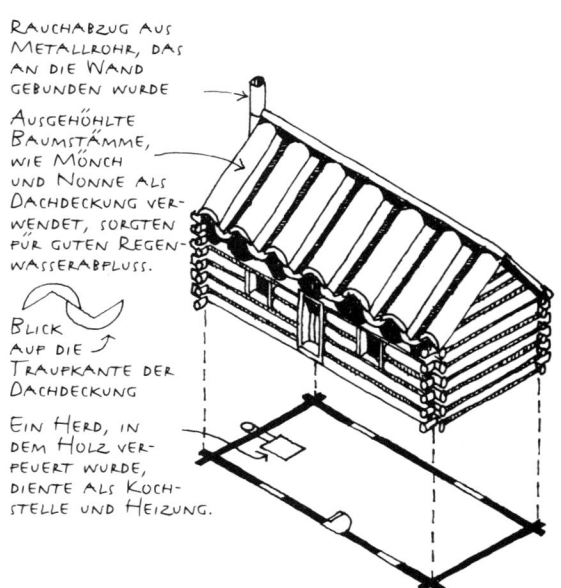

RAUCHABZUG AUS
METALLROHR, DAS
AN DIE WAND
GEBUNDEN WURDE

AUSGEHÖHLTE
BAUMSTÄMME,
WIE MÖNCH
UND NONNE ALS
DACHDECKUNG VER-
WENDET, SORGTEN
FÜR GUTEN REGEN-
WASSERABFLUSS.

BLICK
AUF DIE
TRAUFKANTE DER
DACHDECKUNG

EIN HERD, IN
DEM HOLZ VER-
FEUERT WURDE,
DIENTE ALS KOCH-
STELLE UND HEIZUNG.

1840 EIN-RAUM-BLOCKHÜTTE DER HOLZFÄLLER,
MICHIGAN

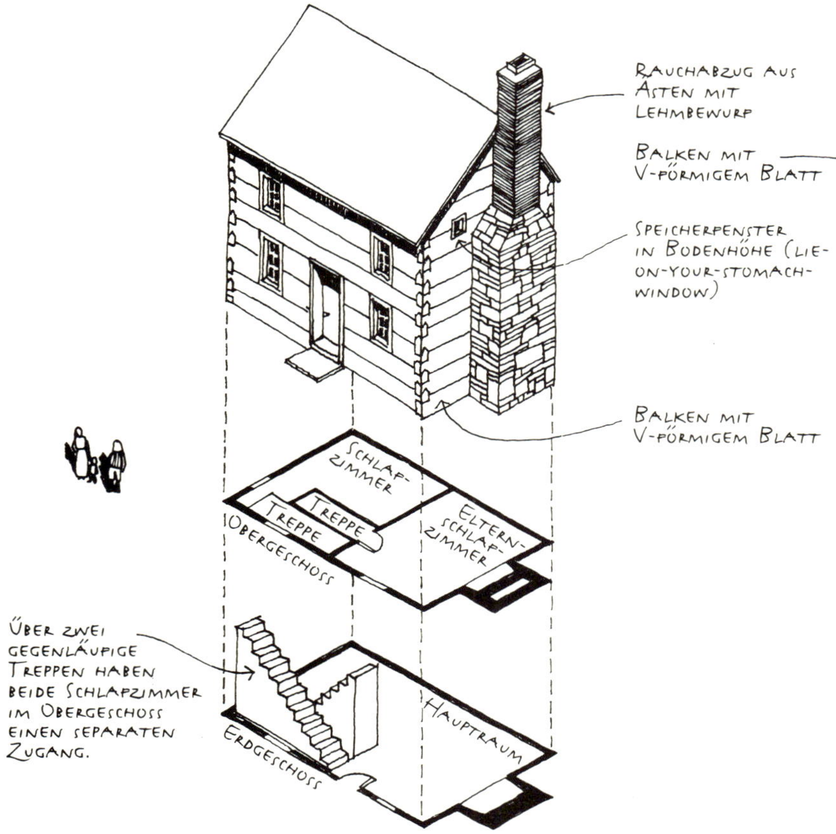

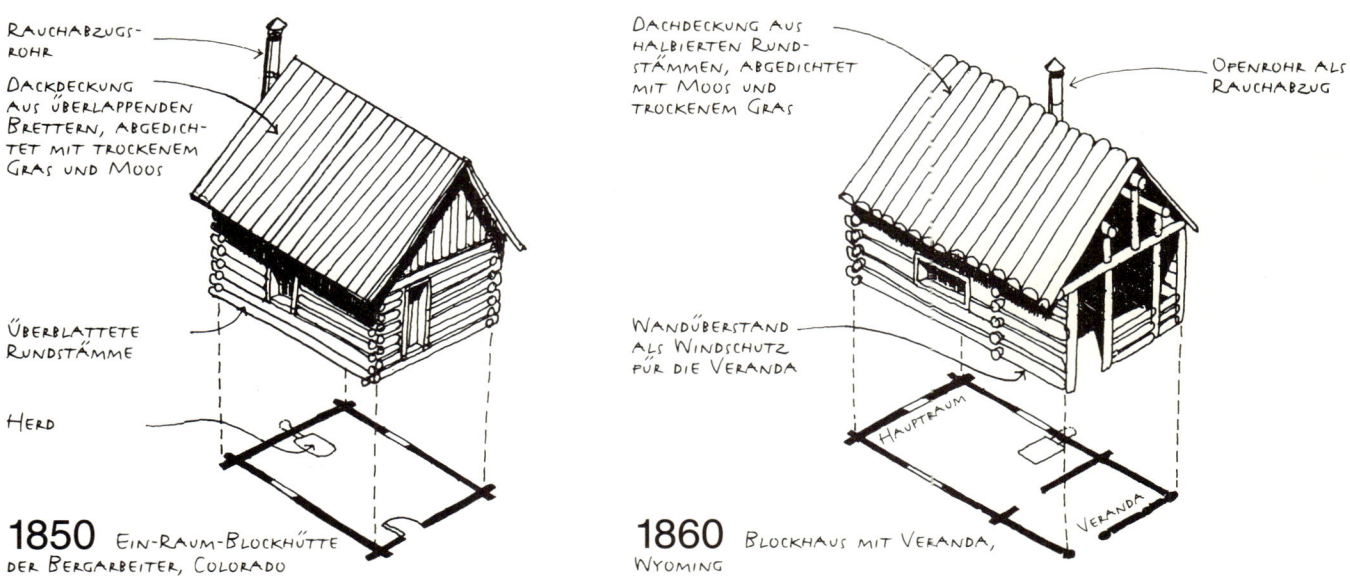

NATURSTEIN-
SCHORNSTEIN

RAUCHABZUG AUS
ÄSTEN MIT
LEHMBEWURF

BALKEN MIT
V-FÖRMIGEM BLATT

SPEICHERFENSTER
IN BODENHÖHE (LIE-
ON-YOUR-STOMACH-
WINDOW)

BALKEN MIT
V-FÖRMIGEM BLATT

AUSSENTREPPE INS
DACHGESCHOSS

KELLERTREPPE

SCHLAF-
ZIMMER

TREPPE

OBERGESCHOSS

ELTERN-
SCHLAF-
ZIMMER

ÜBER ZWEI
GEGENLÄUFIGE
TREPPEN HABEN
BEIDE SCHLAFZIMMER
IM OBERGESCHOSS
EINEN SEPARATEN
ZUGANG.

ERDGESCHOSS

HAUPTRAUM

SCHLAFZIMMER

DACHSEITEN

DACHGESCHOSS

ABGANG

HAUPTRAUM

ERDGESCHOSS

ABGANG

AUFGANG

KELLER

1790 ZWEIGESCHOSSIGES BLOCKHAUS DER PIONIERE,
KENTUCKY

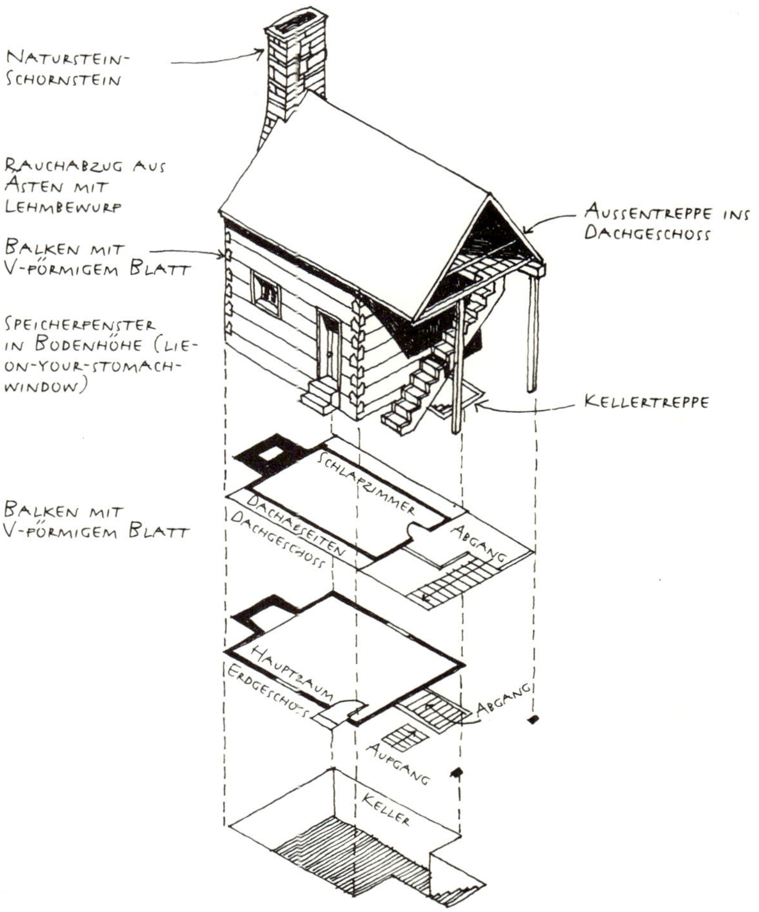

1800 UNTERKELLERTES, ZWEIGESCHOSSIGES BLOCKHAUS DER PIONIERE,
KENTUCKY

RAUCHABZUGS-
ROHR

DACKDECKUNG
AUS ÜBERLAPPENDEN
BRETTERN, ABGEDICH-
TET MIT TROCKENEM
GRAS UND MOOS

ÜBERBLATTETE
RUNDSTÄMME

HERD

DACHDECKUNG AUS
HALBIERTEN RUND-
STÄMMEN, ABGEDICHTET
MIT MOOS UND
TROCKENEM GRAS

OFENROHR ALS
RAUCHABZUG

WANDÜBERSTAND
ALS WINDSCHUTZ
FÜR DIE VERANDA

HAUPTRAUM

VERANDA

1850 EIN-RAUM-BLOCKHÜTTE
DER BERGARBEITER, COLORADO

1860 BLOCKHAUS MIT VERANDA,
WYOMING

Bis heute sind in den USA Blockhäuser zu Wohnzwecken beliebt, besonders als Ferienhäuser in der Wildnis. Viele Fertighausanbieter haben Bausätze für Blockhäuser entwickelt, die sich mit geringen handwerklichen Fertigkeiten aufbauen lassen. Ein Großteil dieser Fertigblockhäuser arbeitet jedoch mit halbierten Rundstämmen, um einem herkömmlichen isolierten Holzhaus das Aussehen eines Blockhauses zu geben (siehe Zeichnung unten).

Die Zeitschrift *Mother Earth News* veröffentlichte in ihrem Heft von Mai/Juni 1977 einen Artikel von Jack Henstridge über Wände, die in einer bestimmten Holzstapeltechnik errichtet waren. Wie es dort heißt, ist diese kostengünstige Methode so einfach wie Holz zu stapeln, und bietet durch die Wanddicke eine gute Schallisolierung. Ein Nachteil ist jedoch die fehlende isolierende Wirkung des Mörtels.

13-MM-SPERRHOLZ-PLATTE

STÜTZEN 5 X 15 CM

15 CM DÄMM-WOLLE

HERKÖMMLICHE HOLZWAND ZUR ISOLIERUNG DES BLOCKHAUSES

FENSTER-RAHMEN

TÜRRAHMEN

INNEN AUSSEN

STEIN-FUNDAMENT

HALBIERTE RUNDSTÄMME, DEREN RUNDUNG NACH AUSSEN WEIST, VERMITTELN DEN EINDRUCK EINES BLOCKHAUSES.

WANDAUFBAU MIT HALBIERTEN RUNDSTÄMMEN

FENSTER-RAHMEN

TÜRRAHMEN

ZERKNÜLLTE ZEITUNGEN ODER STYROPOR-STÜCKE WIRKEN DURCH LUFT-EINSCHLÜSSE IM MÖRTEL ISOLIEREND.

23-30 CM LANGE HOLZ-SCHEITE WERDEN IN EINEM MÖRTELBETT GESTAPELT.

BETONPLATTE

WAND AUS GESTAPELTEN HOLZSCHEITEN
(AUS: MOTHER EARTH NEWS)

1975 MODERNE ENTWICKLUNGEN IM BLOCKHAUSBAU

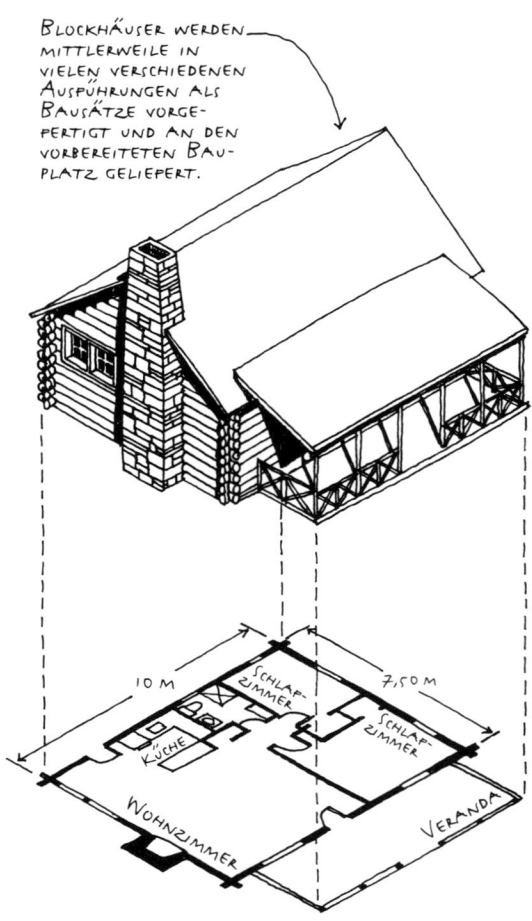

BLOCKHÄUSER WERDEN MITTLERWEILE IN VIELEN VERSCHIEDENEN AUSFÜHRUNGEN ALS BAUSÄTZE VORGEFERTIGT UND AN DEN VORBEREITETEN BAUPLATZ GELIEFERT.

10 M

7,50 M

SCHLAF-ZIMMER

SCHLAF-ZIMMER

KÜCHE

WOHNZIMMER

VERANDA

1977 FERTIGBLOCKHAUS »PATHFINDER«, WILDERNESS LOG HOMES INC.

Viele Leute, die ein Haus bauen, meinen nach wie vor, daß ein Blockhaus die sparsamste und handwerklich anspruchsloseste Bauform darstellt. Die Vorstellung, auf einem Stück Wildnis ein Haus aus den dort heimischen Materialien zu bauen, hat seit den Pionierzeiten nichts von ihrem Reiz eingebüßt. Die Blockbauweise eignet sich für vielfältige innovative Formen. Eine der beliebtesten ist das Achteck (das die Navajo-Indianer schon für ihren Hogan verwendeten; siehe S. 34), weil sich damit ein recht großer unverstellter Raum aus relativ kleinen, gut zu handhabenden Stämmen konstruieren läßt. Das unten abgebildete, 60 m² große Blockhaus baute sich ein tatkräftiges junges Paar für weniger als 700 US-Dollar.

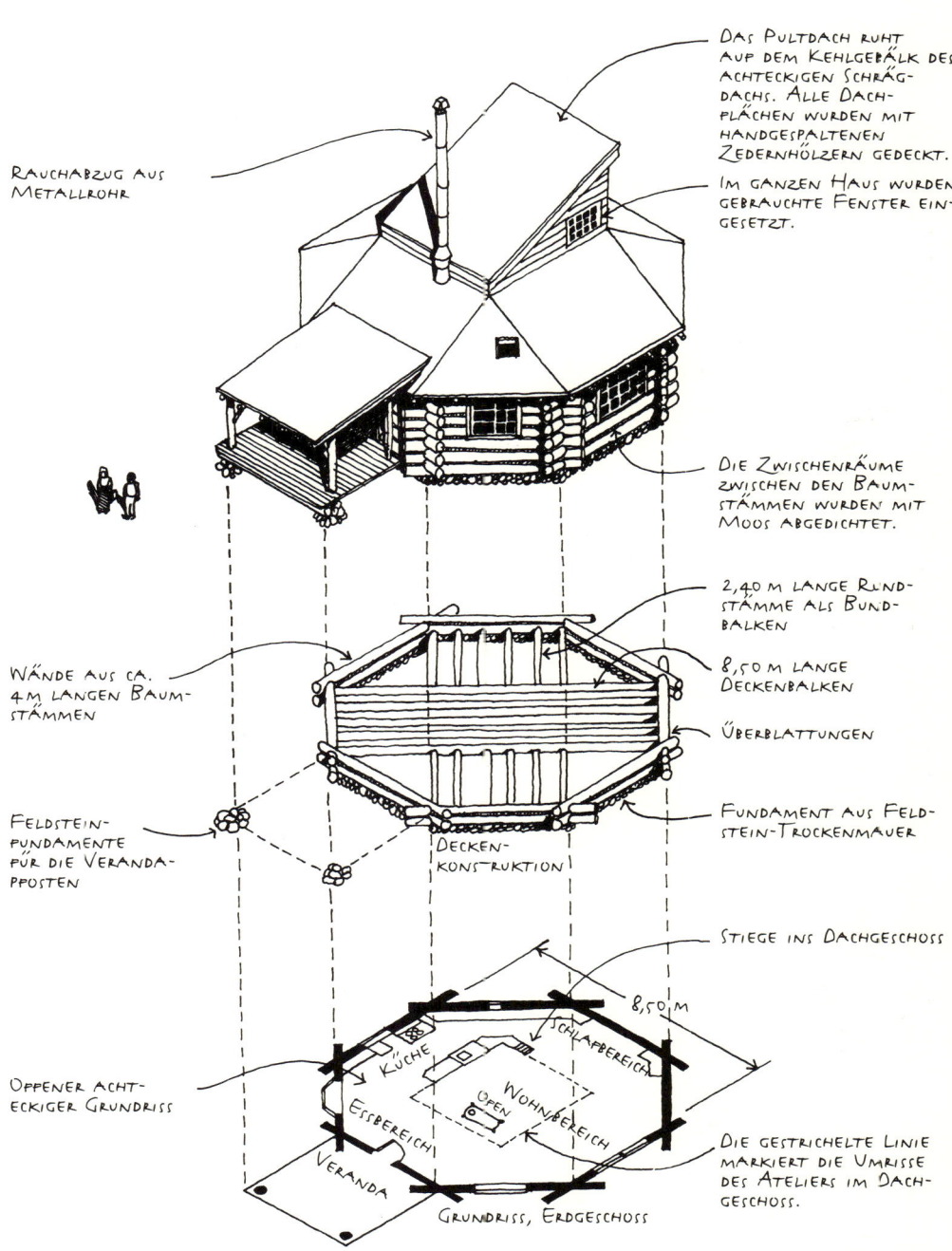

DAS PULTDACH RUHT AUF DEM KEHLGEBÄLK DES ACHTECKIGEN SCHRÄG-DACHS. ALLE DACH-FLÄCHEN WURDEN MIT HANDGESPALTENEN ZEDERNHÖLZERN GEDECKT.

RAUCHABZUG AUS METALLROHR

IM GANZEN HAUS WURDEN GEBRAUCHTE FENSTER EIN-GESETZT.

DIE ZWISCHENRÄUME ZWISCHEN DEN BAUM-STÄMMEN WURDEN MIT MOOS ABGEDICHTET.

2,40 M LANGE RUND-STÄMME ALS BUND-BALKEN

8,50 M LANGE DECKENBALKEN

WÄNDE AUS CA. 4M LANGEN BAUM-STÄMMEN

ÜBERBLATTUNGEN

FELDSTEIN-FUNDAMENTE FÜR DIE VERANDA-PFOSTEN

DECKEN-KONSTRUKTION

FUNDAMENT AUS FELD-STEIN-TROCKENMAUER

STIEGE INS DACHGESCHOSS

8,50 M

OFFENER ACHT-ECKIGER GRUNDRISS

KÜCHE
SCHLAFBEREICH
WOHNBEREICH
OFEN
ESSBEREICH
VERANDA

DIE GESTRICHELTE LINIE MARKIERT DIE UMRISSE DES ATELIERS IM DACH-GESCHOSS.

GRUNDRISS, ERDGESCHOSS

1977 ACHTECKIGES BLOCKHAUS, VON DEN BESITZERN GEPLANT UND AUSGEFÜHRT, DON UND JENNY GESINGER, WILLIAMS LAKE, B.C., KANADA

Stone Ender

Rhode Island   1640

Um 1640 bauten die Siedler in New England eine massivere Version des englischen Siedlerhauses, das als *Rhode Island stone ender* bezeichnet wird, weil der ausladende Kamin den größten Teil, manchmal auch die gesamte Schmalseite der Giebelwand einnahm. Offenbar konnten die Puritaner die Siedler davon überzeugen, sich im Winter mehr auf ein Feuer denn auf Geister als Wärmequelle zu verlassen.

Gegen Ende des 17. Jahrhunderts erfuhr das englische Siedlerhaus eine erste Abwandlung durch einen rückwärtigen Anbau mit Schleppdach, der Platz für eine große Küche bot. Daraus erwuchs eine Hausform, die der mittelalterlichen englischen Salzkiste ähnelte und daher den Namen »Saltbox« erhielt (siehe S. 68).

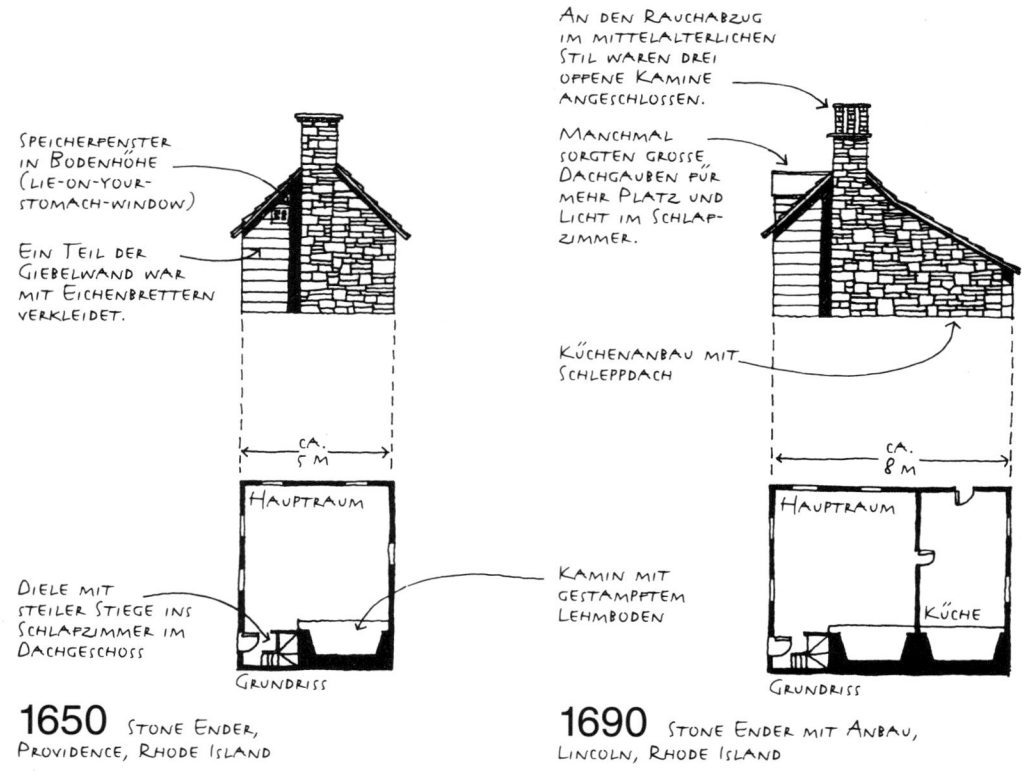

SPEICHERFENSTER IN BODENHÖHE (LIE-ON-YOUR-STOMACH-WINDOW)

EIN TEIL DER GIEBELWAND WAR MIT EICHENBRETTERN VERKLEIDET.

DIELE MIT STEILER STIEGE INS SCHLAFZIMMER IM DACHGESCHOSS

HAUPTRAUM

CA. 5 M

GRUNDRISS

1650 STONE ENDER, PROVIDENCE, RHODE ISLAND

AN DEN RAUCHABZUG IM MITTELALTERLICHEN STIL WAREN DREI OFFENE KAMINE ANGESCHLOSSEN.

MANCHMAL SORGTEN GROSSE DACHGAUBEN FÜR MEHR PLATZ UND LICHT IM SCHLAFZIMMER.

KÜCHENANBAU MIT SCHLEPPDACH

KAMIN MIT GESTAMPFTEM LEHMBODEN

HAUPTRAUM

KÜCHE

CA. 8 M

GRUNDRISS

1690 STONE ENDER MIT ANBAU, LINCOLN, RHODE ISLAND

56

Am Stone Ender zeigt sich, daß die Erbauer der Häuser allmählich einen gewissen Stolz auf ihr handwerkliches Geschick entwickelten. Die Fachwerkkonstruktion wurde einfacher und der Abstand zwischen den schwereren Ständern größer. Nach wie vor füllte man die Gefache zwischen den Ständern und Riegeln der Außenwände meist mit Flechtwerk und isolierendem Lehmbewurf. Die Fenster mit einer aus England importierten Bleiverglasung öffneten sich an schmiedeeisernen Angeln nach außen. Die Rahmentüren mit einer rautenförmigen Verbretterung hatten handgeschnitzte Holzriegel. Der riesige Kamin und der Schornstein an der Giebelwand wurden aus Naturstein gemauert und hatte einen Boden aus gestampftem Lehm. Er enthielt große Backöfen und Staunischen. Die Dielenbretter aus Eiche wurden mit Holznägeln auf den Deckenbalken des Kellers befestigt. Im Eingangsbereich neben dem Kamin führte die Treppe in das Schlafzimmer hinauf. Mit seiner geringen Deckenhöhe von etwa 2,15 m war der Stone Ender ein gut gebauter Haustyp, der im Winter warm war und im Gegensatz zu vielen der frühen englischen Siedlerhäuser nur selten niederbrannte.

BLEIVERGLASUNG AUS IMPORTIERTEM, IN ENGLAND GEBLASENEM GLAS, DAS RAUTENFÖRMIG GESCHNITTEN WURDE

SCHMIEDEEISERNE ANGELN

FENSTER AUS DEM 17. JAHRHUNDERT

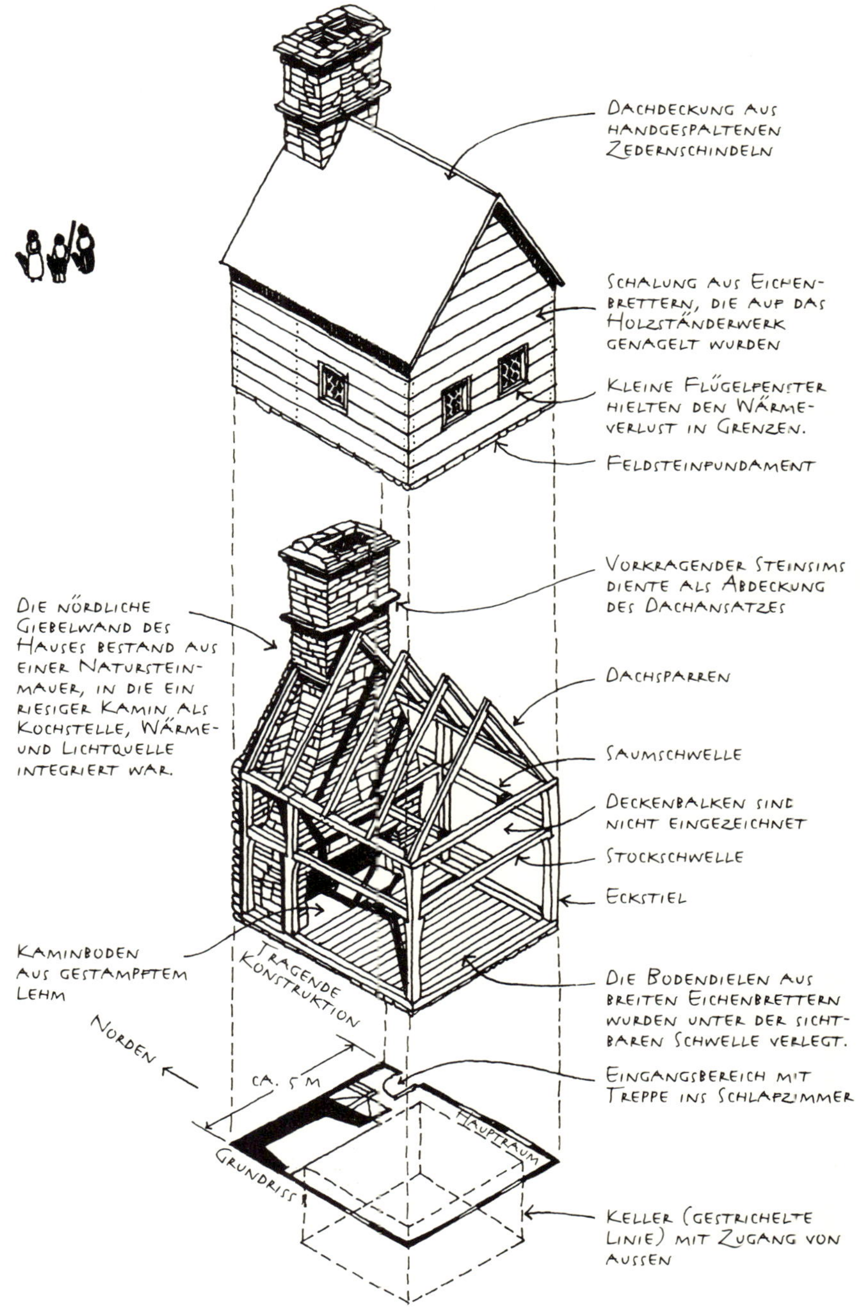

DACHDECKUNG AUS HANDGESPALTENEN ZEDERNSCHINDELN

SCHALUNG AUS EICHENBRETTERN, DIE AUF DAS HOLZSTÄNDERWERK GENAGELT WURDEN

KLEINE FLÜGELFENSTER HIELTEN DEN WÄRMEVERLUST IN GRENZEN.

FELDSTEINFUNDAMENT

DIE NÖRDLICHE GIEBELWAND DES HAUSES BESTAND AUS EINER NATURSTEINMAUER, IN DIE EIN RIESIGER KAMIN ALS KOCHSTELLE, WÄRME- UND LICHTQUELLE INTEGRIERT WAR.

VORKRAGENDER STEINSIMS DIENTE ALS ABDECKUNG DES DACHANSATZES

DACHSPARREN

SAUMSCHWELLE

DECKENBALKEN SIND NICHT EINGEZEICHNET

STOCKSCHWELLE

ECKSTIEL

DIE BODENDIELEN AUS BREITEN EICHENBRETTERN WURDEN UNTER DER SICHTBAREN SCHWELLE VERLEGT.

KAMINBODEN AUS GESTAMPFTEM LEHM

TRAGENDE KONSTRUKTION

NORDEN

CA. 5M

HAUPTRAUM

GRUNDRISS

EINGANGSBEREICH MIT TREPPE INS SCHLAFZIMMER

KELLER (GESTRICHELTE LINIE) MIT ZUGANG VON AUSSEN

1650 TYPISCHER STONE ENDER, RHODE ISLAND

Niederländischer Kolonialstil

Hudson-Tal   1650

Als die Niederländer um 1620 nach Nordamerika kamen, siedelten sie sich an den Ufern des Hudson an, am dichtesten in der Siedlung New Amsterdam, aus der später New York City hervorging. Ihre ersten Wohnstätten waren Erdhütten, Gruben oder Höhlen, die in den Boden gegraben und mit Rinde und Riedgras oder Grassoden abgedeckt waren. Außerdem bauten sie provisorische Unterkünfte, die ähnlich den Wigwams aus einem mit Rinde gedeckten Stangengerüst bestanden. Die ersten festen Häuser waren kleine, eingeschossige Hütten mit einem Raum, die aus Naturstein gebaut und mit Reet oder Holzschindeln gedeckt waren. Massivere Häuser mit Backsteinmauern und Ziegeldächern entstanden um Mitte des 17. Jahrhunderts in New Amsterdam und im Nordosten des heutigen Bundesstaates New York. In ihrer Ausgestaltung übernahmen die Siedler viele Details wie den Treppengiebel aus den Niederlanden. Nach und nach entwickelten sich jedoch in Nordamerika vielfältige Elemente eines niederländischen Kolonialstils, der keine europäischen Wurzeln besaß. In ländlichen Gebieten am gesamten Flußlauf des Hudson bauten die Niederländer ihre Häuser aus den örtlich vorkommenden Baustoffen in einem Stil, der mit den Backsteinhäusern der städtischen Regionen nichts gemein hatte. Diese Häuser boten eine schlichte Anwort auf die Notwendigkeit, Schutz und Obdach zu finden.

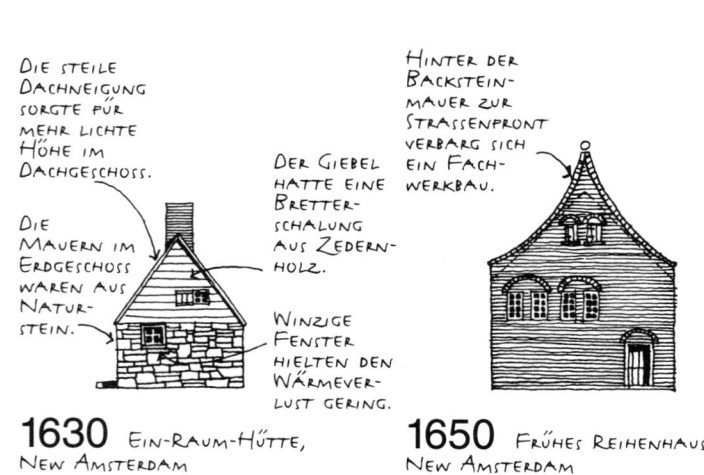

DIE STEILE DACHNEIGUNG SORGTE FÜR MEHR LICHTE HÖHE IM DACHGESCHOSS.

DIE MAUERN IM ERDGESCHOSS WAREN AUS NATURSTEIN.

DER GIEBEL HATTE EINE BRETTERSCHALUNG AUS ZEDERNHOLZ.

WINZIGE FENSTER HIELTEN DEN WÄRMEVERLUST GERING.

HINTER DER BACKSTEINMAUER ZUR STRASSENFRONT VERBARG SICH EIN FACHWERKBAU.

1630 EIN-RAUM-HÜTTE, NEW AMSTERDAM

1650 FRÜHES REIHENHAUS, NEW AMSTERDAM

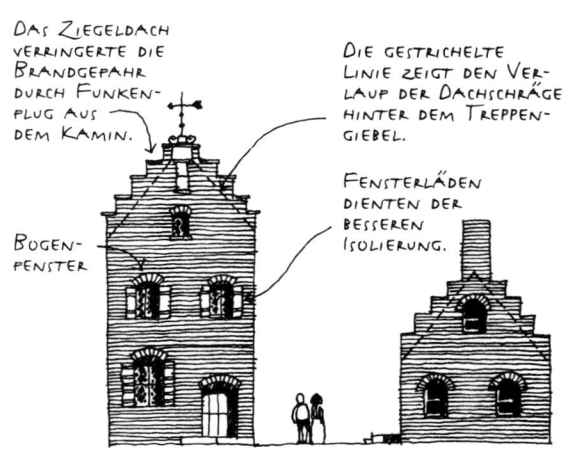

DAS ZIEGELDACH VERRINGERTE DIE BRANDGEFAHR DURCH FUNKENFLUG AUS DEM KAMIN.

DIE GESTRICHELTE LINIE ZEIGT DEN VERLAUF DER DACHSCHRÄGE HINTER DEM TREPPENGIEBEL.

FENSTERLÄDEN DIENTEN DER BESSEREN ISOLIERUNG.

BOGENFENSTER

1670 ZWEI HÄUSER MIT TREPPENGIEBELN, NEW AMSTERDAM

Die Entwicklung niederländischer Bauernhäuser in Nordamerika begann mit einer ländlichen Variante des Stadthauses. Der Treppengiebel wurde begradigt und der Hauseingang von der Giebelseite an die Traufseite des Hauses verlegt wie beim Haus im englischen mittelalterlichen Stil. Um 1700 tauchten die ersten ausgestellten Dachüberstände auf, die sich auf die vorgehängte Dachrinne an flämischen Landhäusern zurückführen lassen und zunächst von flämischen Siedlern, später auch von benachbarten niederländischen und französischen Hugenotten gebaut wurden. Das an beiden Traufseiten des Hauses überstehende Dach schützte die Eingänge, den Lehmmörtel der Natursteinmauern und die Fundamente vor Regen. Als das (um 1720 von den Engländern übernommene) Mansarddach ebenfalls diesen ausgestellten Dachüberstand erhielt, der an Vorder- und Rückseite des Hauses zum geschweiften Verandadach (übernommen von den Franzosen oder den Bewohnern der Westindischen Inseln) verlängert wurde, war der charakteristische und beliebte niederländische Kolonialstil geboren.

DER STÄDTISCHE TREPPENGIEBEL WURDE DURCH GERADE GIEBELSCHRÄGEN ERSETZT.

KREUZFÖRMIGE MAUERANKER AUS EISEN VERBANDEN DIE GIEBELMAUER MIT DEM BALKENWERK.

DIE MAUERN WAREN AUS LEICHT VERFÜGBAREM NIEDERLÄNDISCHEM BACKSTEIN.

HAUSEINGANG AN DER TRAUFSEITE

NATURSTEINFUNDAMENT

1680 SATTELDACH MIT GERADER GIEBELSCHRÄGE, NÖRDLICHES HUDSON-TAL

ZUR BESSEREN WÄRMEAUSBEUTE VERLEGTE MAN DEN KAMIN IN DIE HAUSMITTE.

DER DACHÜBERSTAND AN BEIDEN TRAUFSEITEN HIELT REGENWASSER VON DEN FUNDAMENTEN FERN UND SCHÜTZTE DIE EINGÄNGE.

1700 FLÄMISCHER DACHÜBERSTAND, UNTERES HUDSON-TAL

Nach 1720 hatten die meisten niederländischen Häuser einen ausgestellten Dachüberstand, der bei den frühen Bauten frei überstand, bei den späteren auf Stützen ruhte. Nach 1740 kamen gelegentlich Dachgauben hinzu, um die Schlafzimmer im Dachgeschoß geräumiger und heller zu machen.

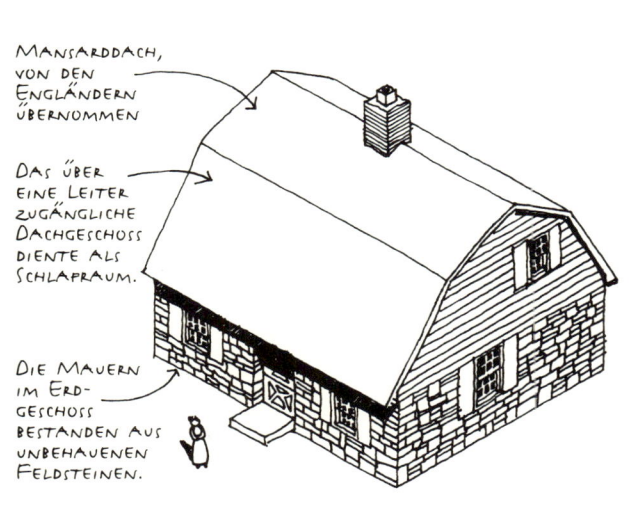

MANSARDDACH, VON DEN ENGLÄNDERN ÜBERNOMMEN

DAS ÜBER EINE LEITER ZUGÄNGLICHE DACHGESCHOSS DIENTE ALS SCHLAFRAUM.

DIE MAUERN IM ERDGESCHOSS BESTANDEN AUS UNBEHAUENEN FELDSTEINEN.

1720 BAUERNHAUS MIT MANSARDDACH, LONG ISLAND, NEW YORK

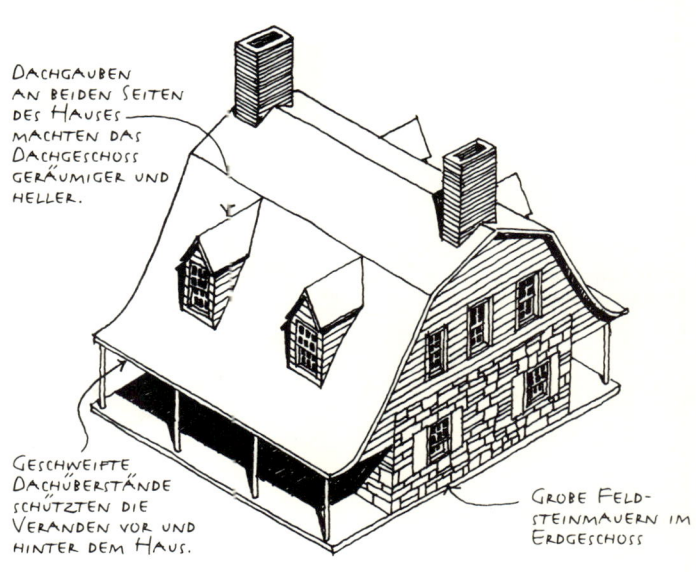

DACHGAUBEN AN BEIDEN SEITEN DES HAUSES MACHTEN DAS DACHGESCHOSS GERÄUMIGER UND HELLER.

GESCHWEIFTE DACHÜBERSTÄNDE SCHÜTZTEN DIE VERANDEN VOR UND HINTER DEM HAUS.

GROBE FELDSTEINMAUERN IM ERDGESCHOSS

1750 FLÄMISCHES BAUERNHAUS, NEW JERSEY

Unter den frühen, in Amerika heimischen Baustilen gehörte das von den Niederländern gebaute Bauernhaus aus Feldstein in Ulster County (mittleres Hudson-Tal) zu den innovativsten und ungewöhnlichsten Entwicklungen. Die gekonnte, umsichtige Verwendung verschiedener Baumaterialien und Techniken, die mit den im Heimatland der Siedler (in diesem Fall Holland) gängigen Vorstellungen vom Hausbau nur noch wenig gemein hatten, hob diese Häuser von anderen ab, die im kolonialen Amerika errichtet wurden. Feldsteinmauern boten Schutz sowohl vor feindlichen Indianern als auch vor Bränden. Die Schornsteine mauerte man aus Backstein, um die Brandgefahr zu verringern. Die Dachdeckung mit Zedernschindeln war einfach auszuführen, wasserdicht und brandsicherer im Vergleich zu den Reetdächern der ersten Hütten niederländischer Siedler.

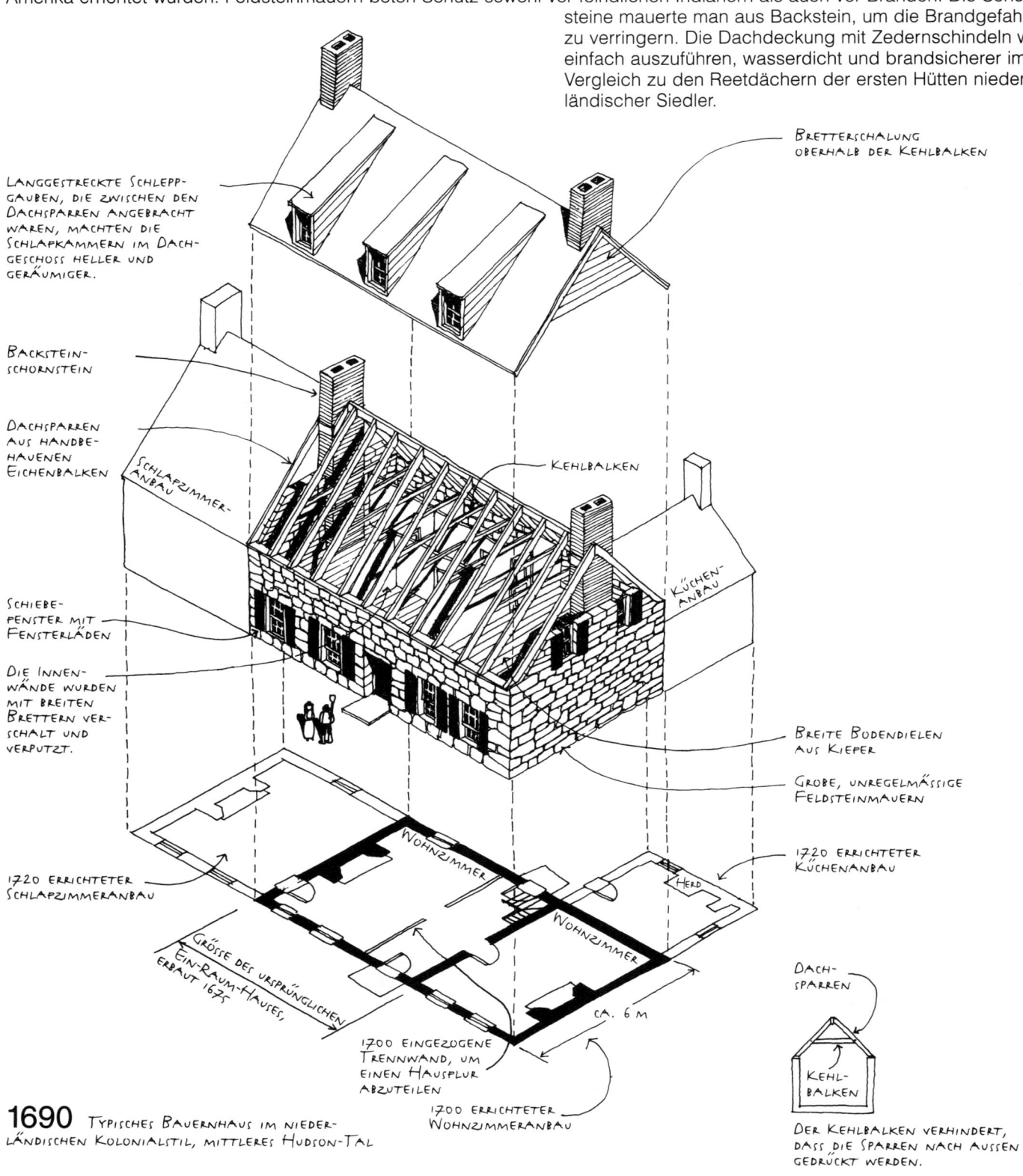

BRETTERSCHALUNG OBERHALB DER KEHLBALKEN

LANGGESTRECKTE SCHLEPP-GAUBEN, DIE ZWISCHEN DEN DACHSPARREN ANGEBRACHT WAREN, MACHTEN DIE SCHLAFKAMMERN IM DACH-GESCHOSS HELLER UND GERÄUMIGER.

BACKSTEIN-SCHORNSTEIN

DACHSPARREN AUS HANDBE-HAUENEN EICHENBALKEN

SCHLAFZIMMER-ANBAU

KEHLBALKEN

KÜCHEN-ANBAU

SCHIEBE-FENSTER MIT FENSTERLÄDEN

DIE INNEN-WÄNDE WURDEN MIT BREITEN BRETTERN VER-SCHALT UND VERPUTZT.

BREITE BODENDIELEN AUS KIEFER

GROBE, UNREGELMÄSSIGE FELDSTEINMAUERN

1720 ERRICHTETER KÜCHENANBAU

1720 ERRICHTETER SCHLAFZIMMERANBAU

WOHNZIMMER

HERD

WOHNZIMMER

DACH-SPARREN

GRÖSSE DES URSPRÜNGLICHEN EIN-RAUM-HAUSES, ERBAUT 1675

CA. 6 M

1700 EINGEZOGENE TRENNWAND, UM EINEN HAUSFLUR ABZUTEILEN

KEHL-BALKEN

1690 TYPISCHES BAUERNHAUS IM NIEDER-LÄNDISCHEN KOLONIALSTIL, MITTLERES HUDSON-TAL

1700 ERRICHTETER WOHNZIMMERANBAU

DER KEHLBALKEN VERHINDERT, DASS DIE SPARREN NACH AUSSEN GEDRÜCKT WERDEN.

60

Anfang des 17. Jahrhunderts war in New Jersey südlich und westlich der Hudson-Mündung ein Haustyp im niederländischen Kolonialstil besonders beliebt, der Natursteinmauern, ein Mansarddach und einen Korridor hatte, der durch die Hausmitte verlief. Häufig gilt diese Dachkonstruktion in anmutiger Glockenform als eine der schönsten. Sie verbindet den flämischen Dachüberstand, der das Regenwasser von den Mauern fernhält, mit dem englischen Mansarddach, das im Dachgeschoß eine größere Raumhöhe ermöglicht. Dieser Haustyp bildet den Vorläufer des im 20. Jahrhundert sehr beliebten niederländischen Neukolonialstils (siehe S. 201).

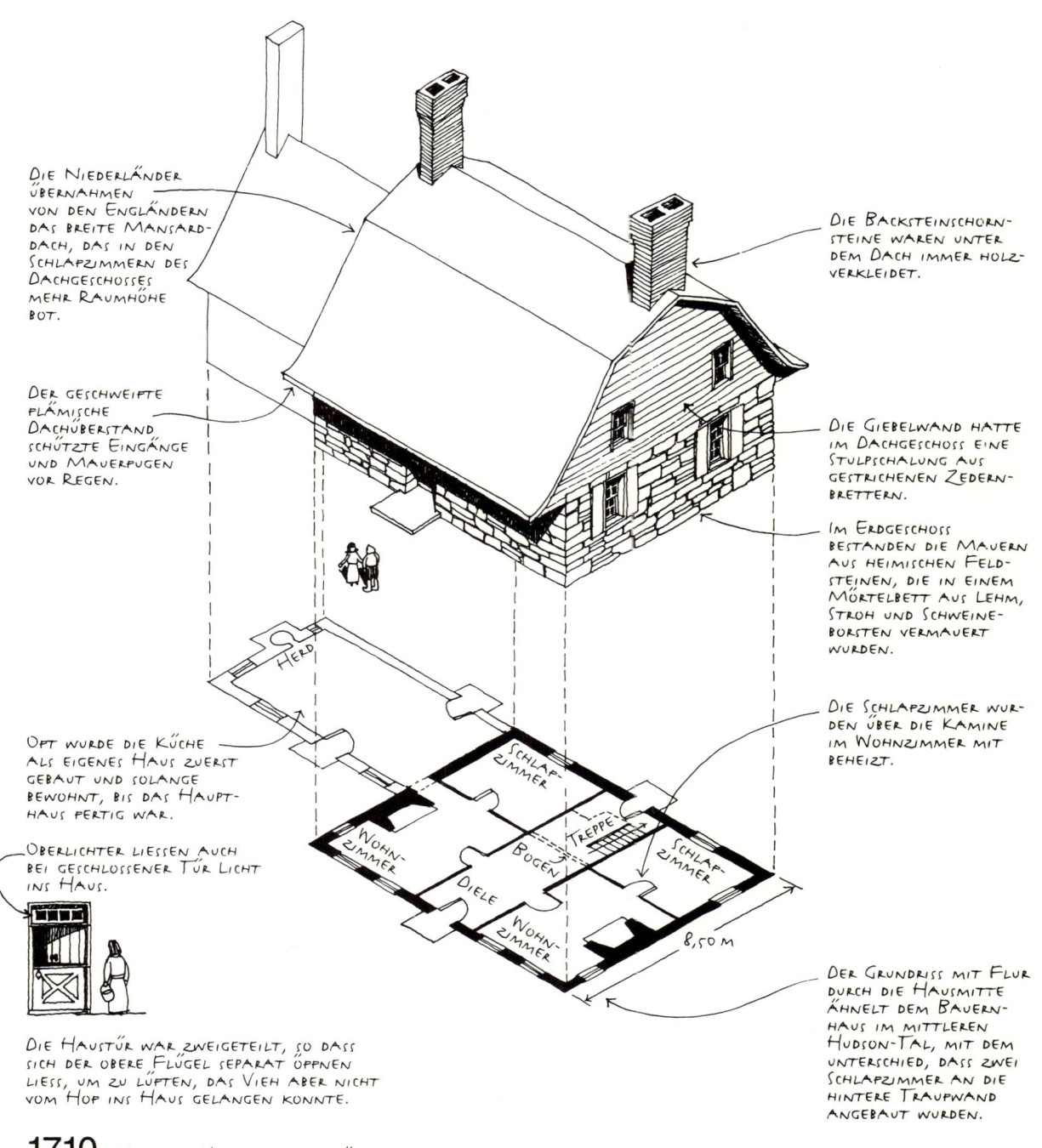

DIE NIEDERLÄNDER ÜBERNAHMEN VON DEN ENGLÄNDERN DAS BREITE MANSARDDACH, DAS IN DEN SCHLAFZIMMERN DES DACHGESCHOSSES MEHR RAUMHÖHE BOT.

DER GESCHWEIFTE FLÄMISCHE DACHÜBERSTAND SCHÜTZTE EINGÄNGE UND MAUERFUGEN VOR REGEN.

OFT WURDE DIE KÜCHE ALS EIGENES HAUS ZUERST GEBAUT UND SOLANGE BEWOHNT, BIS DAS HAUPTHAUS FERTIG WAR.

OBERLICHTER LIESSEN AUCH BEI GESCHLOSSENER TÜR LICHT INS HAUS.

DIE HAUSTÜR WAR ZWEIGETEILT, SO DASS SICH DER OBERE FLÜGEL SEPARAT ÖFFNEN LIESS, UM ZU LÜFTEN, DAS VIEH ABER NICHT VOM HOF INS HAUS GELANGEN KONNTE.

DIE BACKSTEINSCHORNSTEINE WAREN UNTER DEM DACH IMMER HOLZVERKLEIDET.

DIE GIEBELWAND HATTE IM DACHGESCHOSS EINE STULPSCHALUNG AUS GESTRICHENEN ZEDERNBRETTERN.

IM ERDGESCHOSS BESTANDEN DIE MAUERN AUS HEIMISCHEN FELDSTEINEN, DIE IN EINEM MÖRTELBETT AUS LEHM, STROH UND SCHWEINEBORSTEN VERMAUERT WURDEN.

DIE SCHLAFZIMMER WURDEN ÜBER DIE KAMINE IM WOHNZIMMER MIT BEHEIZT.

DER GRUNDRISS MIT FLUR DURCH DIE HAUSMITTE ÄHNELT DEM BAUERNHAUS IM MITTLEREN HUDSON-TAL, MIT DEM UNTERSCHIED, DASS ZWEI SCHLAFZIMMER AN DIE HINTERE TRAUFWAND ANGEBAUT WURDEN.

HERD

SCHLAFZIMMER

WOHNZIMMER

DIELE

BOGEN

TREPPE

SCHLAFZIMMER

WOHNZIMMER

8,50 M

1710 TYPISCHES HAUS IM NIEDERLÄNDISCHEN KOLONIALSTIL, HUDSON-MÜNDUNG, NEW JERSEY

Kreuzhaus

Mittlere Atlantikküste   1650

Das Kreuzhaus, eine Vorform des Herrenhauses der Südstaaten, war von den englischen Pfarrkirchen mit einem Grundriß in Form des griechischen Kreuzes abgeleitet, stellte aber auch eine folgerichtige Weiterentwicklung des Zwei-Raum-Hauses im mittelalterlichen Stil (siehe S. 46) dar, wie unten gezeigt. Um 1645 erhielt das Zwei-Raum-Haus einen Flur, der quer durch die Hausmitte verlief und die beiden Wohnräume im Erdgeschoß separat zugänglich machte. Später wurde diesem Flur an beiden Enden ein Vorbau vorgelagert, womit der Grundriß nun nicht mehr rechteckig war, sondern die Form eines griechischen Kreuzes erhielt. Die Treppe wurde in den rückwärtigen Anbau verlagert, den man nun als »Treppenhaus« bezeichnete. Der Vorbau an der Hausfront diente als Eingangsbereich und Windfang.

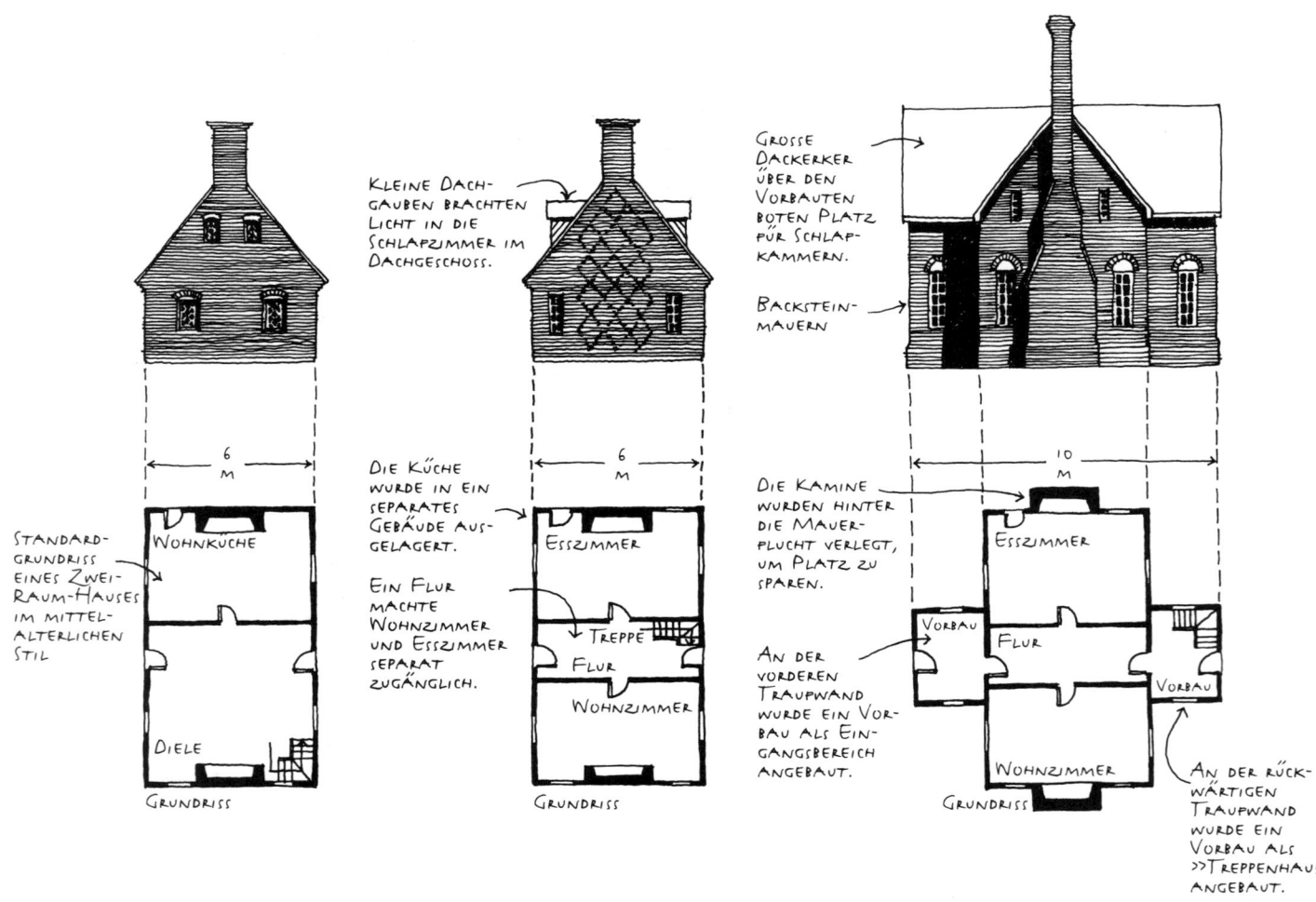

STANDARD-GRUNDRISS EINES ZWEI-RAUM-HAUSES IM MITTELALTERLICHEN STIL

WOHNKÜCHE

DIELE

GRUNDRISS

1635 ZWEI-RAUM-HAUS, MARYLAND UND VIRGINIA

KLEINE DACH-GAUBEN BRACHTEN LICHT IN DIE SCHLAFZIMMER IM DACHGESCHOSS.

DIE KÜCHE WURDE IN EIN SEPARATES GEBÄUDE AUS-GELAGERT.

EIN FLUR MACHTE WOHNZIMMER UND ESSZIMMER SEPARAT ZUGÄNGLICH.

ESSZIMMER

TREPPE

FLUR

WOHNZIMMER

GRUNDRISS

1645 ZWEI-RAUM-HAUS MIT MITTELFLUR, MARYLAND UND VIRGINIA

GROSSE DACKERKER ÜBER DEN VORBAUTEN BOTEN PLATZ FÜR SCHLAF-KAMMERN.

BACKSTEIN-MAUERN

DIE KAMINE WURDEN HINTER DIE MAUER-FLUCHT VERLEGT, UM PLATZ ZU SPAREN.

AN DER VORDEREN TRAUFWAND WURDE EIN VOR-BAU ALS EIN-GANGSBEREICH ANGEBAUT.

ESSZIMMER

VORBAU

FLUR

VORBAU

WOHNZIMMER

GRUNDRISS

AN DER RÜCK-WÄRTIGEN TRAUFWAND WURDE EIN VORBAU ALS »TREPPENHAUS« ANGEBAUT.

1650 KREUZHAUS, MARYLAND UND VIRGINIA

Die meisten Besitzer eines Kreuzhauses waren wohlhabend genug, um im Abstand von 3 m zum Haupthaus einen separaten Küchentrakt mit Sklavenquartieren im Dachgeschoß zu errichten. Dieses Gebäude war über einen geschlossenen Gang oder eine Kolonnade mit dem Wohnzimmer oder dem Eßzimmer verbunden.

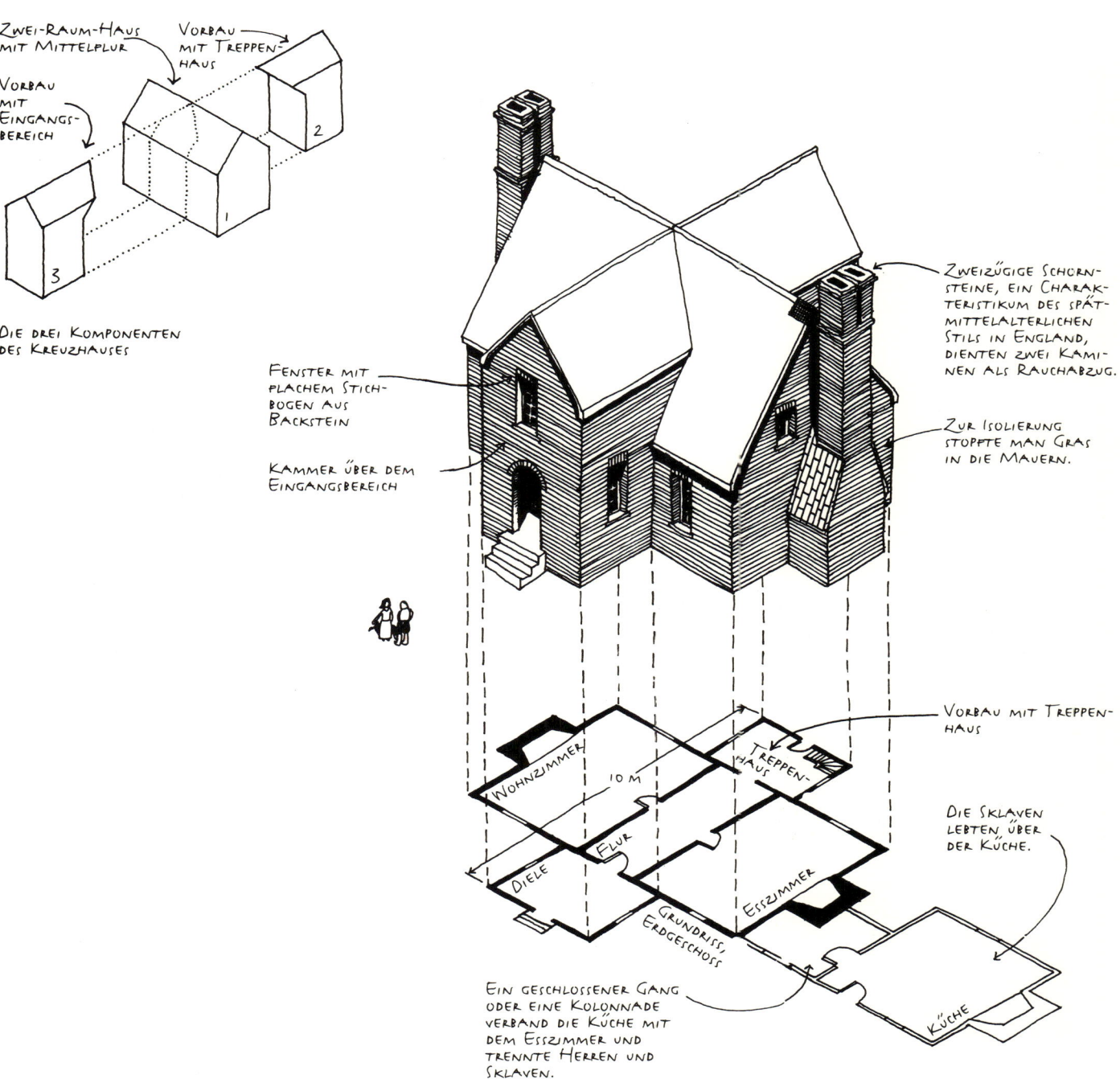

ZWEI-RAUM-HAUS MIT MITTELFLUR

VORBAU MIT TREPPEN-HAUS

VORBAU MIT EINGANGS-BEREICH

DIE DREI KOMPONENTEN DES KREUZHAUSES

FENSTER MIT FLACHEM STICH-BOGEN AUS BACKSTEIN

KAMMER ÜBER DEM EINGANGSBEREICH

ZWEIZÜGIGE SCHORN-STEINE, EIN CHARAK-TERISTIKUM DES SPÄT-MITTELALTERLICHEN STILS IN ENGLAND, DIENTEN ZWEI KAMI-NEN ALS RAUCHABZUG.

ZUR ISOLIERUNG STOPFTE MAN GRAS IN DIE MAUERN.

VORBAU MIT TREPPEN-HAUS

DIE SKLAVEN LEBTEN ÜBER DER KÜCHE.

WOHNZIMMER

10 M

TREPPEN-HAUS

DIELE

FLUR

ESSZIMMER

GRUNDRISS, ERDGESCHOSS

KÜCHE

EIN GESCHLOSSENER GANG ODER EINE KOLONNADE VERBAND DIE KÜCHE MIT DEM ESSZIMMER UND TRENNTE HERREN UND SKLAVEN.

1650 TYPISCHES KREUZHAUS, VIRGINIA

Jakobinischer Stil

Mittlere Atlantikküste   1655

Das Bauen der englischen Spätrenaissance, in der auch der jakobinische Stil (Jacobean Style) entstand, fußte auf architektonischen Vorbildern in den Niederlanden und Deutschland. In Amerika war der jakobinische Stil eine Strömung von untergeordneter Bedeutung, die auf den mittelalterlichen Stil aufgepfropft wurde. Nur die Reichen interessierten sich für die dekorativ geschweiften Giebelwände, Türbögen und Baluster, die mit diesem Stil einhergingen. Jakobinische Häuser wurden an der mittleren Atlantikküste gebaut, also in Maryland, Virginia, North Carolina und South Carolina.

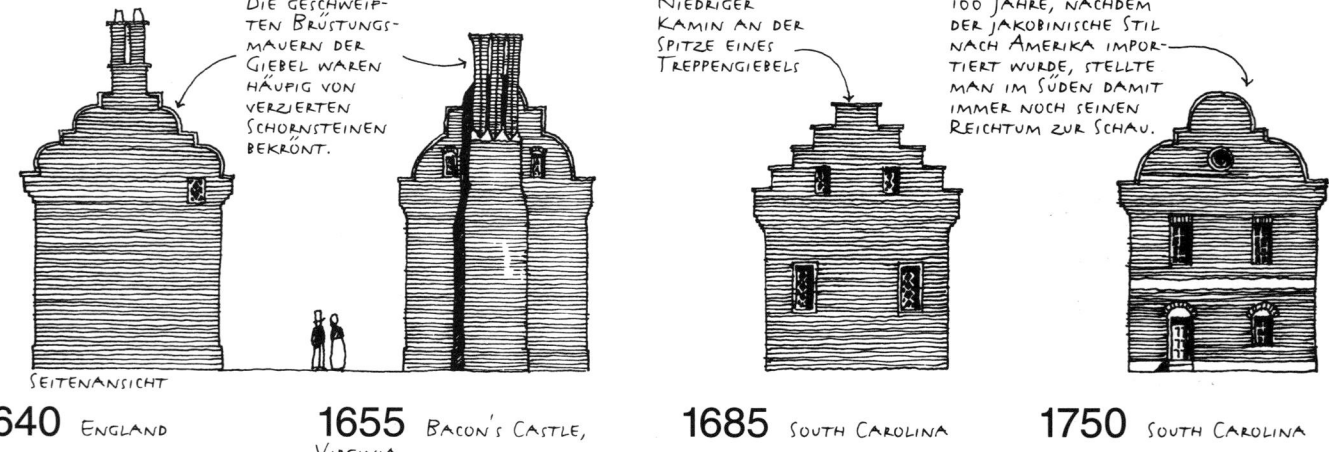

DIE GESCHWEIF-
TEN BRÜSTUNGS-
MAUERN DER
GIEBEL WAREN
HÄUFIG VON
VERZIERTEN
SCHORNSTEINEN
BEKRÖNT.

NIEDRIGER
KAMIN AN DER
SPITZE EINES
TREPPENGIEBELS

100 JAHRE, NACHDEM
DER JAKOBINISCHE STIL
NACH AMERIKA IMPOR-
TIERT WURDE, STELLTE
MAN IM SÜDEN DAMIT
IMMER NOCH SEINEN
REICHTUM ZUR SCHAU.

SEITENANSICHT

1640 ENGLAND   **1655** BACON'S CASTLE, VIRGINIA   **1685** SOUTH CAROLINA   **1750** SOUTH CAROLINA

Das schönste Beispiel für den jakobinischen Stil in Amerika ist Bacon's Castle in Surrey County, Virginia. Das Haus wurde 1655 von Arthur Allen erbaut, der sechs Jahre zuvor aus England gekommen war. Seinen Namen erhielt das Haus, als Nathaniel Bacon, der Führer des Bacon-Aufstandes von 1676 gegen den korrupten Gouverneur Virginias, Sir William Berkeley, seine Truppen dort einquartierte. Bacon's Castle hat wie das Kreuzhaus einen Grundriß in Form eines griechischen Kreuzes und entlehnt zahlreiche Details dem mittelalterlichen Stil, spiegelt jedoch in erster Linie den Wunsch seines Erbauers wider, seinen Reichtum mit einem Haus zur Schau zu stellen, das in einem Stil gehalten ist, der zur damaligen Zeit in England gerade in Mode kam. Die auffallendsten Merkmale sind die geschweiften Staffelgiebel, die über England aus den Niederlanden kamen, doch auch die Verzierung der Türen und die Treppe sind in jakobinischem Stil gehalten.

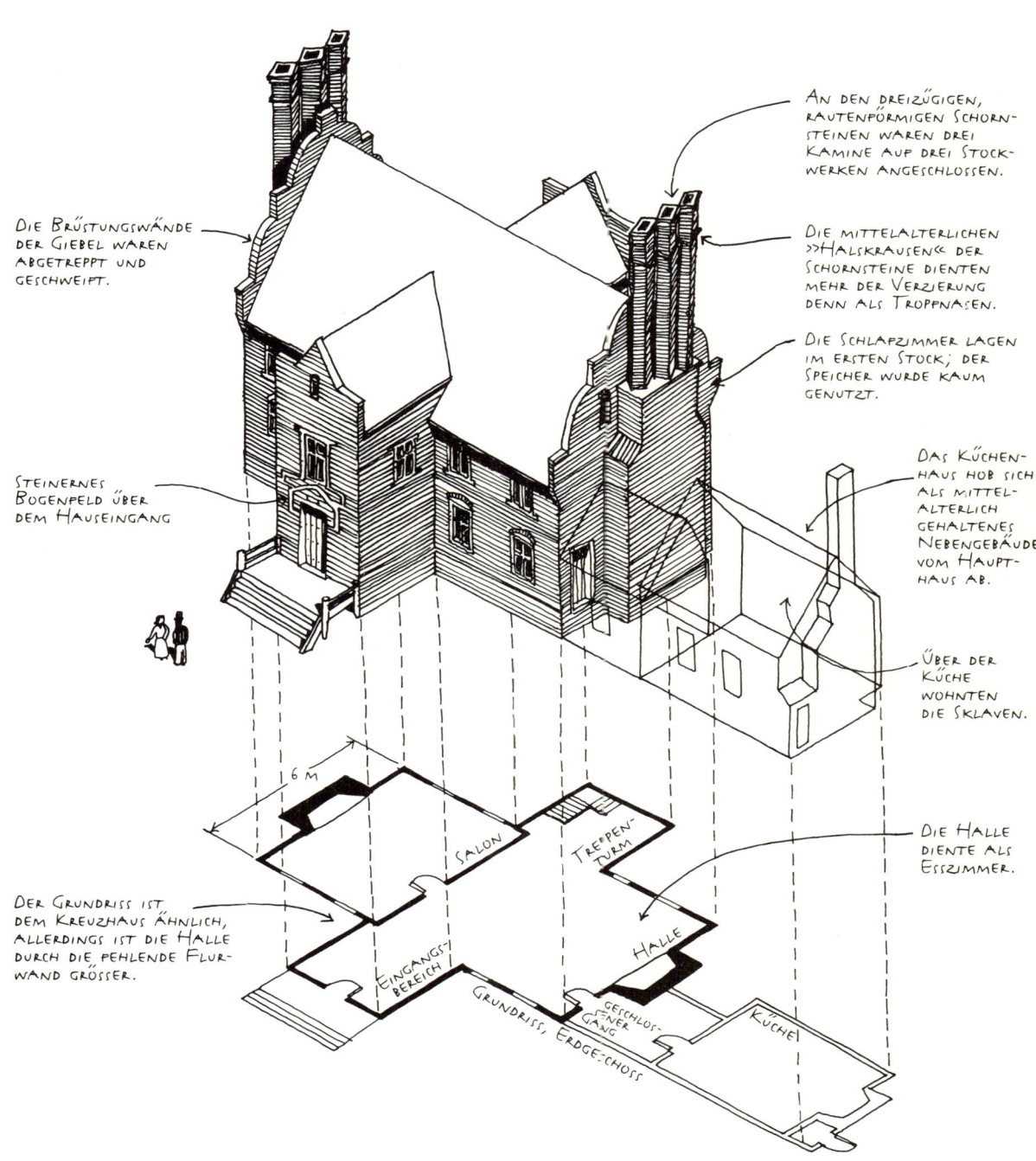

AN DEN DREIZÜGIGEN, RAUTENFÖRMIGEN SCHORNSTEINEN WAREN DREI KAMINE AUF DREI STOCKWERKEN ANGESCHLOSSEN.

DIE MITTELALTERLICHEN >>HALSKRAUSEN<< DER SCHORNSTEINE DIENTEN MEHR DER VERZIERUNG DENN ALS TROPFNASEN.

DIE SCHLAFZIMMER LAGEN IM ERSTEN STOCK; DER SPEICHER WURDE KAUM GENUTZT.

DAS KÜCHENHAUS HOB SICH ALS MITTELALTERLICH GEHALTENES NEBENGEBÄUDE VOM HAUPTHAUS AB.

ÜBER DER KÜCHE WOHNTEN DIE SKLAVEN.

DIE BRÜSTUNGSWÄNDE DER GIEBEL WAREN ABGETREPPT UND GESCHWEIFT.

STEINERNES BOGENFELD ÜBER DEM HAUSEINGANG

DIE HALLE DIENTE ALS ESSZIMMER.

DER GRUNDRISS IST DEM KREUZHAUS ÄHNLICH, ALLERDINGS IST DIE HALLE DURCH DIE FEHLENDE FLURWAND GRÖSSER.

6 M

SALON

TREPPENTURM

EINGANGSBEREICH

HALLE

GESCHLOSSENER GANG

GRUNDRISS, ERDGESCHOSS

KÜCHE

1655 BACON'S CASTLE, ARTHUR ALLEN HOUSE, SURREY COUNTY, VIRGINIA

Garnisonshaus

New England   1660

Das Garnisonshaus, eine zweistöckige Weiterentwicklung des Zwei-Raum-Siedlerhauses, kam um 1670 auf. Es war dem in Pennsylvania gebauten »I«-Haus (siehe S. 74) recht ähnlich, das sich unabhängig um die gleiche Zeit herausbildete. Allerdings hatte das Garnisonshaus einen ausgeprägten New-England-Charakter, der sich in der zentralen Lage des Kamins, dem vorkragenden ersten Stock und den vier geschnitzten Abhänglingen unter dem Überstand zeigte. Das Garnisonshaus blieb über 50 Jahre hinweg in Connecticut, Rhode Island und Massachusetts ein beliebter Bautyp.

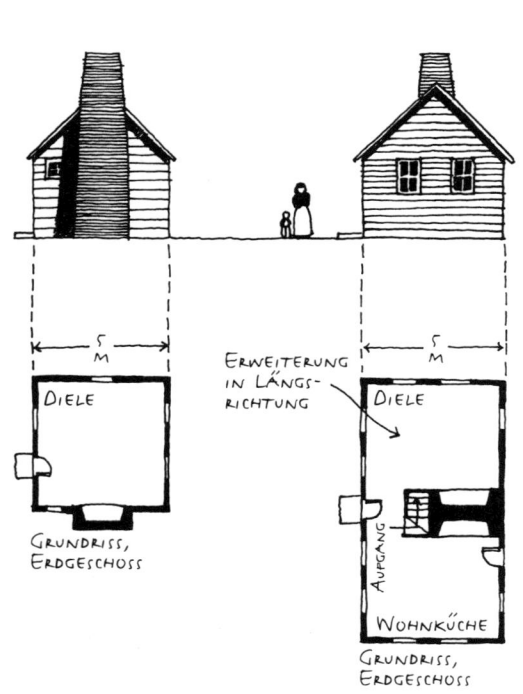

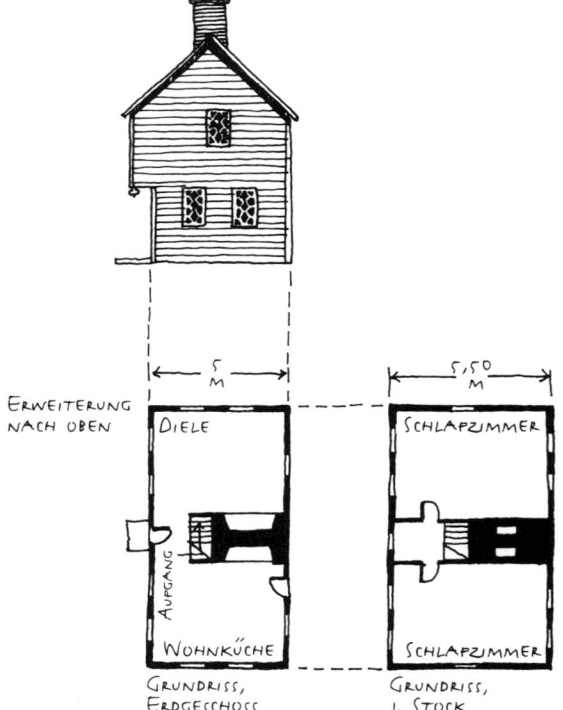

1630 Ein-Raum-Siedler-haus, New England

1650 Zwei-Raum-Siedlerhaus, New England

1670 Zweigeschossiges Garnisonshaus, New England

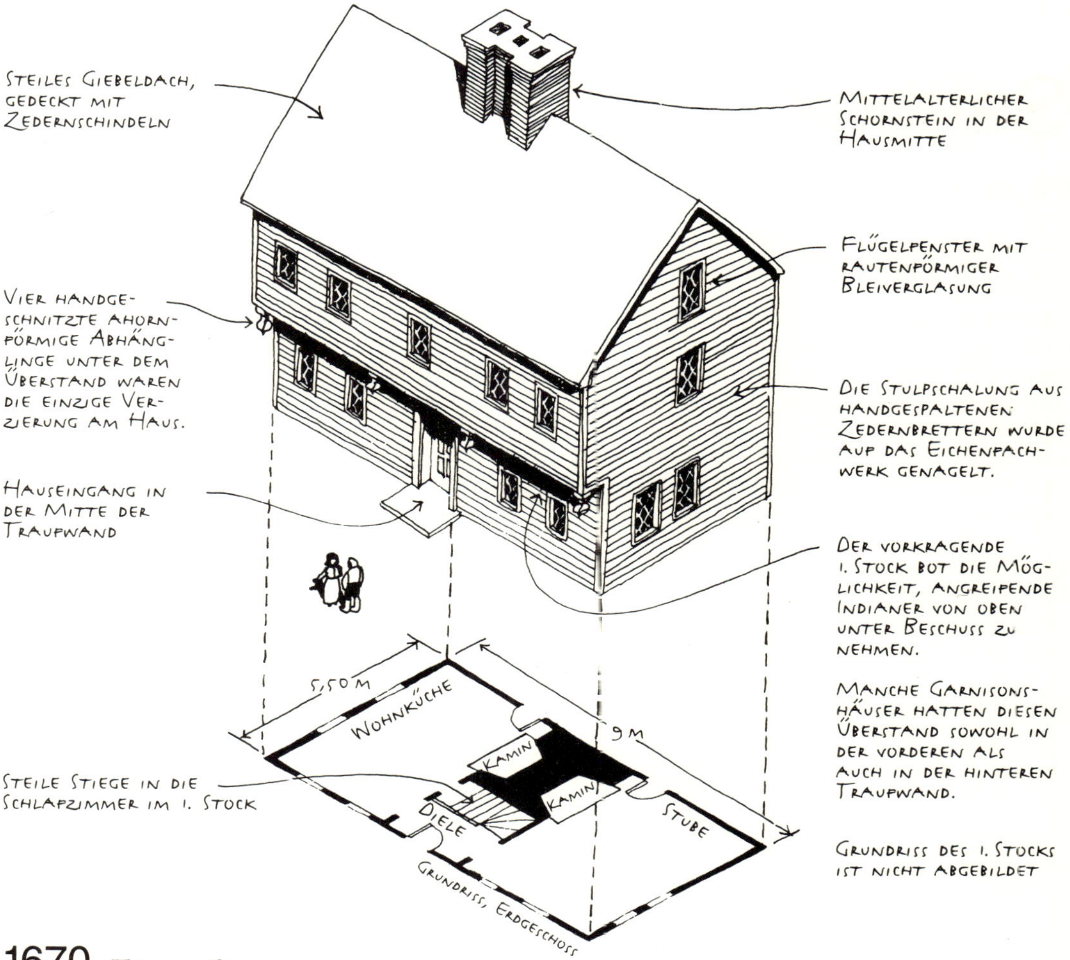

STEILES GIEBELDACH, GEDECKT MIT ZEDERNSCHINDELN

MITTELALTERLICHER SCHORNSTEIN IN DER HAUSMITTE

FLÜGELFENSTER MIT RAUTENFÖRMIGER BLEIVERGLASUNG

VIER HANDGESCHNITZTE AHORNFÖRMIGE ABHÄNGLINGE UNTER DEM ÜBERSTAND WAREN DIE EINZIGE VERZIERUNG AM HAUS.

HAUSEINGANG IN DER MITTE DER TRAUFWAND

DIE STULPSCHALUNG AUS HANDGESPALTENEN ZEDERNBRETTERN WURDE AUF DAS EICHENFACHWERK GENAGELT.

DER VORKRAGENDE 1. STOCK BOT DIE MÖGLICHKEIT, ANGREIFENDE INDIANER VON OBEN UNTER BESCHUSS ZU NEHMEN.

MANCHE GARNISONSHÄUSER HATTEN DIESEN ÜBERSTAND SOWOHL IN DER VORDEREN ALS AUCH IN DER HINTEREN TRAUFWAND.

STEILE STIEGE IN DIE SCHLAFZIMMER IM 1. STOCK

5,50 M

WOHNKÜCHE

9 M

KAMIN

KAMIN

DIELE

STUBE

GRUNDRISS, ERDGESCHOSS

GRUNDRISS DES 1. STOCKS IST NICHT ABGEBILDET

1670 TYPISCHES GARNISONSHAUS, MASSACHUSETTS

Das Garnisonshaus war in seiner Anlage von den kolonialen Blockhäusern beeinflußt, die man zum Schutz gegen Indianer baute. Manche Historiker behaupten, der vorkragende erste Stock habe eine günstige Verteidigungsposition geboten, um die Hausfront vor Eindringlingen zu schützen. Andere vertreten die Auffassung, der Überstand sei eine folgerichtige Entwicklung beliebter elisabethanischer Stadthäuser, wie sie in den übervölkerten Städten Englands errichtet wurden. Der vorkragende erste Stock habe im Obergeschoß mehr Wohnraum geschaffen.

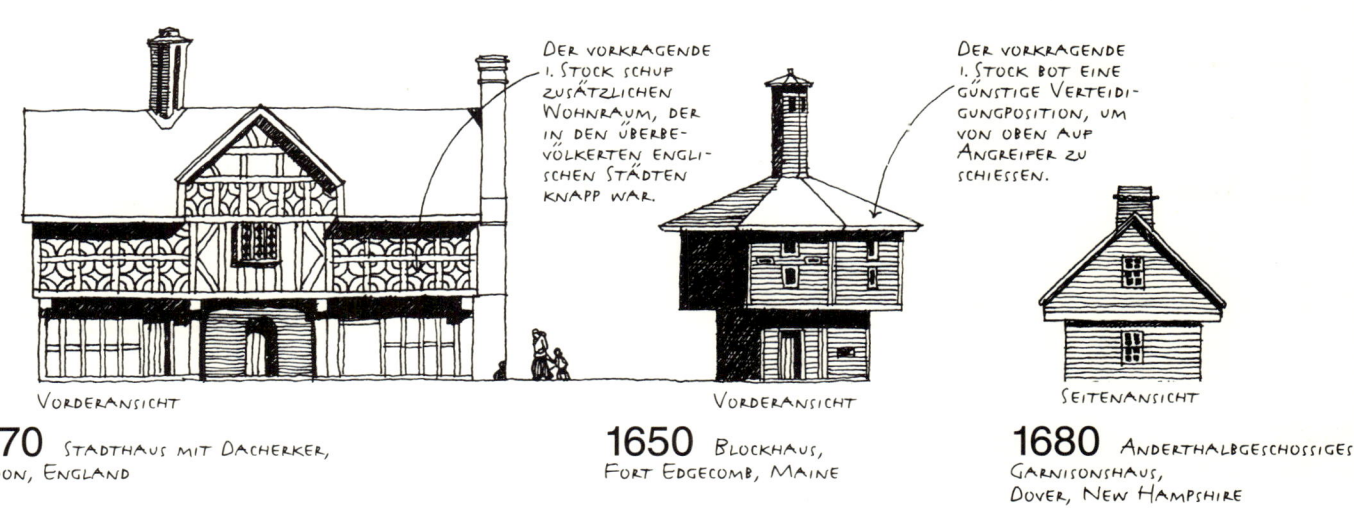

DER VORKRAGENDE 1. STOCK SCHUF ZUSÄTZLICHEN WOHNRAUM, DER IN DEN ÜBERVÖLKERTEN ENGLISCHEN STÄDTEN KNAPP WAR.

DER VORKRAGENDE 1. STOCK BOT EINE GÜNSTIGE VERTEIDIGUNGSPOSITION, UM VON OBEN AUF ANGREIFER ZU SCHIESSEN.

VORDERANSICHT

VORDERANSICHT

SEITENANSICHT

1570 STADTHAUS MIT DACHERKER, LONDON, ENGLAND

1650 BLOCKHAUS, FORT EDGECOMB, MAINE

1680 ANDERTHALBGESCHOSSIGES GARNISONSHAUS, DOVER, NEW HAMPSHIRE

Saltbox

New England   1670

Wenn man bereits ein anderthalbgeschossiges oder zweigeschossiges Haus von einem Raum Breite besaß, aber noch mehr Wohnraum benötigte, war es am praktischsten, an der rückwärtigen Traufwand einen eingeschossigen Anbau mit Schleppdach anzufügen. Da die Form dieses Hauses einer im Mittelalter in England gebräuchlichen Salzkiste ähnelte, bezeichnete man es als »Saltbox«. Bei den meisten Saltbox-Häusern war der rückwärtige Anbau in drei Räume unterteilt: In der Mitte befand sich eine Küche mit neuem Kamin und Backofen, daneben eine Speisekammer und ein Krankenzimmer, das Kranken und Gebärenden vorbehalten war. Manchmal führte eine Hintertreppe in der Nähe der Speisekammer auf einen niedrigen Speicher. Da der neue Herd mit Backofen immer an den vorhandenen Kamin angebaut wurde, der lediglich seitlich einen neuen Rauchfang erhielt, ergab sich ein T-förmiger Kamin.

Bis 1680 erfreute sich das Saltbox-Haus so großer Beliebtheit, daß der rückwärtige Anbau gleich mit dem Neubau errichtet wurde und die Dachschräge vom First bis zur hinteren Traufwand durchlief. So entwickelte sich aus dem frühen Stone Ender innerhalb von 30 Jahren ein komfortables Haus mit drei Schlafzimmern, Küche, zwei Wohnräumen und Nebenräumen: das Saltbox-Haus.

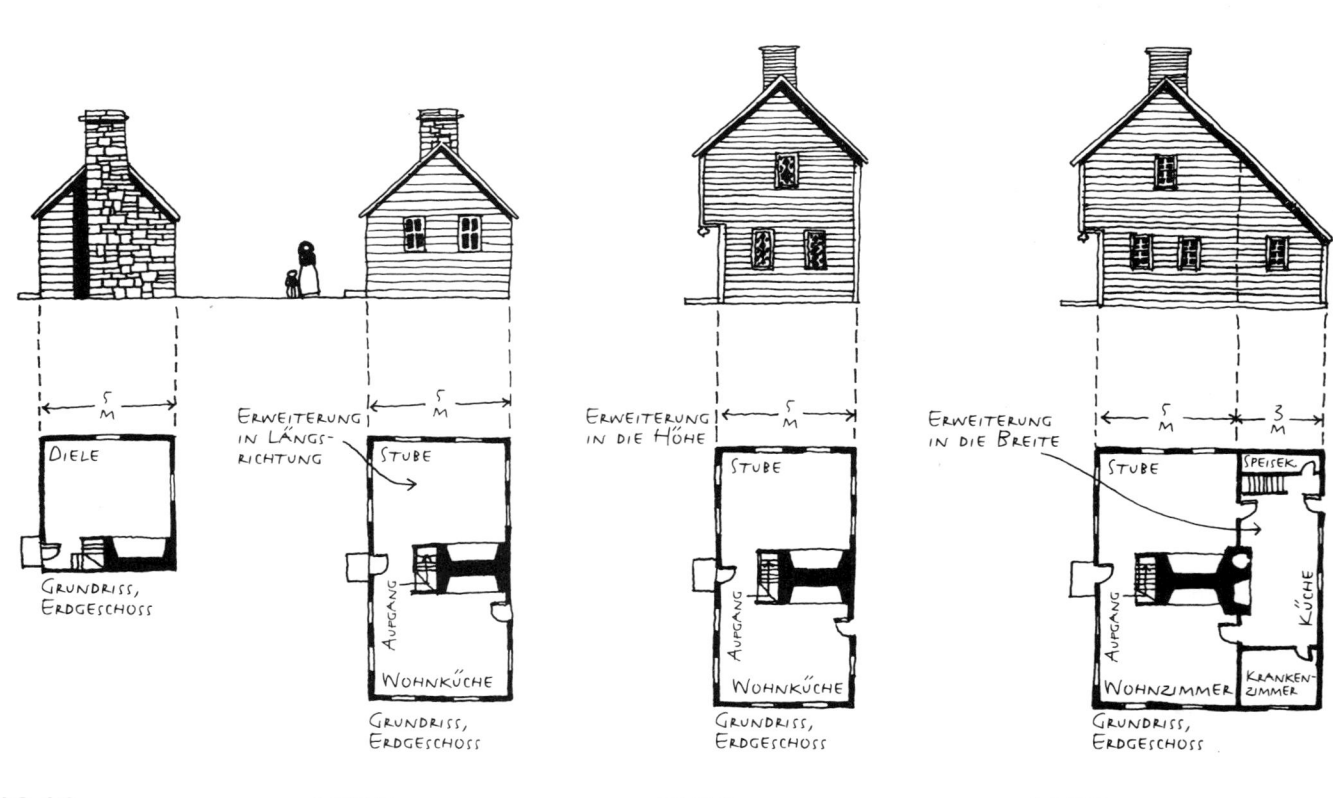

1640 Stone Ender,
Ein Ein-Raum-Siedlerhaus

1650 Zwei-Raum-Siedlerhaus

1660 Zweigeschossiges Garnisonshaus

1670 Saltbox, New England

Das Saltbox-Haus entstand urspünglich durch einen einfachen Anbau an der rückwärtigen Traufwand. Bis 1720 ging man jedoch dazu über, vom Vieh bis zu den Kindern alles in weiteren Anbauten unterzubringen.

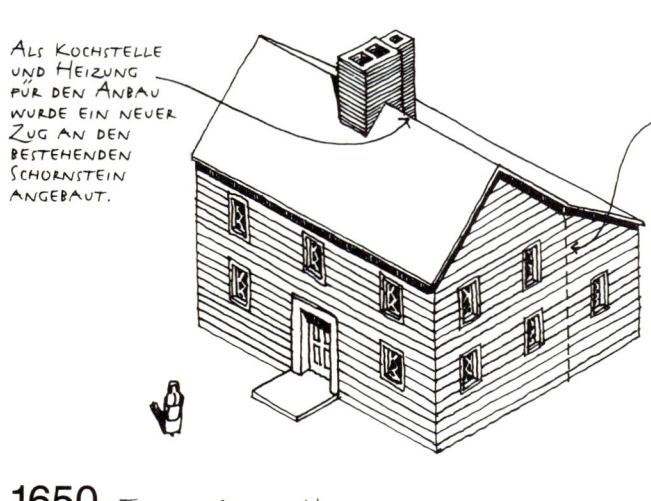

ALS KOCHSTELLE UND HEIZUNG FÜR DEN ANBAU WURDE EIN NEUER ZUG AN DEN BESTEHENDEN SCHORNSTEIN ANGEBAUT.

1650 TYPISCHES SALTBOX-HAUS, CONNECTICUT

ANSATZSTELLE ZWISCHEN HAUPT-HAUS UND ANBAU

OFT WURDEN WEITERE ANBAUTEN ANGEPÜGT, BIS DAS SCHLEPPDACH FAST AUF DEN BODEN REICHTE.

1670 SALTBOX MIT DOPPELANBAU, CONNECTICUT

WENN DIE FAMILIE WUCHS, SCHUPEN ANBAUTEN MEHR RAUM FÜR SCHLAF-KAMMERN.

1700 WALFÄNGER-HAUS, NANTUCKET ISLAND, MASSACHUSETTS

VERSCHACHTELTE ANBAUTEN, DIE NACH UND NACH MEHR WOHN-RAUM SCHUPEN.

DER ANBAU MIT GIEBELDACH FÜHRTE ZU EINEM L-FÖRMIGEN GRUNDRISS.

1720 SALTBOX MIT L-FÖRMIGEM ANBAU, HINGHAM, MASSACHUSETTS

Obwohl im Laufe der Zeit viele Baustile entstanden, hielt sich das Fachwerk als Grundkonstruktion über 200 Jahre lang. Das Holzgerüst bestand aus Eichenbalken, die am Bauplatz behauen und beim Richtfest von den Bewohnern des Ortes gemeinsam aufgestellt wurden. Die folgenden beiden Seiten zeigen in vier Schritten den Bau eines zweigeschossigen Hauses, das später zu einem Saltbox-Typ umgebaut wurde.

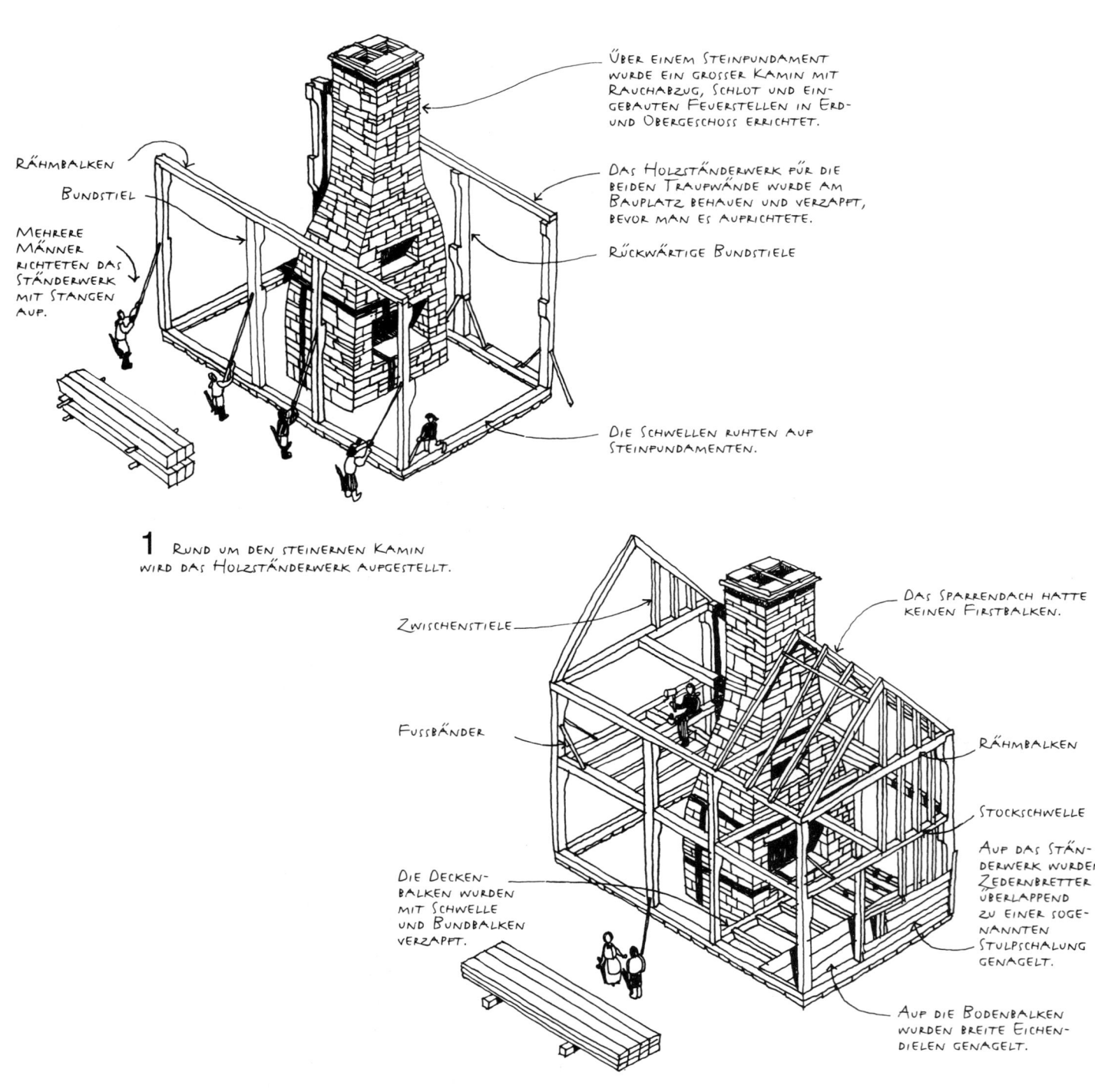

RÄHMBALKEN

BUNDSTIEL

MEHRERE MÄNNER RICHTETEN DAS STÄNDERWERK MIT STANGEN AUF.

ÜBER EINEM STEINFUNDAMENT WURDE EIN GROSSER KAMIN MIT RAUCHABZUG, SCHLOT UND EINGEBAUTEN FEUERSTELLEN IN ERD- UND OBERGESCHOSS ERRICHTET.

DAS HOLZSTÄNDERWERK FÜR DIE BEIDEN TRAUFWÄNDE WURDE AM BAUPLATZ BEHAUEN UND VERZAPFT, BEVOR MAN ES AUFRICHTETE.

RÜCKWÄRTIGE BUNDSTIELE

DIE SCHWELLEN RUHTEN AUF STEINFUNDAMENTEN.

1 RUND UM DEN STEINERNEN KAMIN WIRD DAS HOLZSTÄNDERWERK AUFGESTELLT.

ZWISCHENSTIELE

FUSSBÄNDER

DIE DECKENBALKEN WURDEN MIT SCHWELLE UND BUNDBALKEN VERZAPFT.

DAS SPARRENDACH HATTE KEINEN FIRSTBALKEN.

RÄHMBALKEN

STOCKSCHWELLE

AUF DAS STÄNDERWERK WURDEN ZEDERNBRETTER ÜBERLAPPEND ZU EINER SOGENANNTEN STULPSCHALUNG GENAGELT.

AUF DIE BODENBALKEN WURDEN BREITE EICHENDIELEN GENAGELT.

2 DAS FACHWERK WIRD FERTIGGESTELLT.

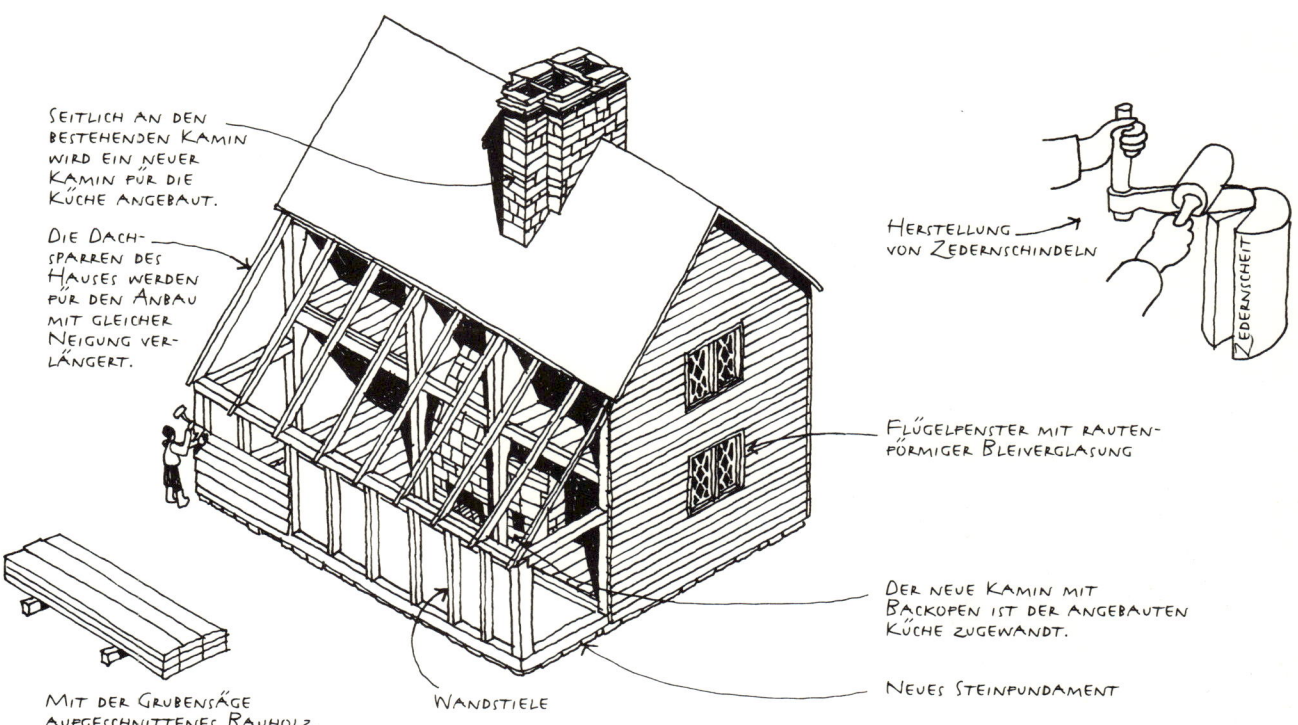

SEITLICH AN DEN
BESTEHENDEN KAMIN
WIRD EIN NEUER
KAMIN FÜR DIE
KÜCHE ANGEBAUT.

DIE DACH-
SPARREN DES
HAUSES WERDEN
FÜR DEN ANBAU
MIT GLEICHER
NEIGUNG VER-
LÄNGERT.

HERSTELLUNG
VON ZEDERNSCHINDELN

ZEDERNSCHEIT

FLÜGELFENSTER MIT RAUTEN-
FÖRMIGER BLEIVERGLASUNG

DER NEUE KAMIN MIT
BACKOFEN IST DER ANGEBAUTEN
KÜCHE ZUGEWANDT.

NEUES STEINFUNDAMENT

MIT DER GRUBENSÄGE
AUFGESCHNITTENES BAUHOLZ

WANDSTIELE

3 DER ANBAU MIT SCHLEPPDACH
WIRD ERRICHTET.

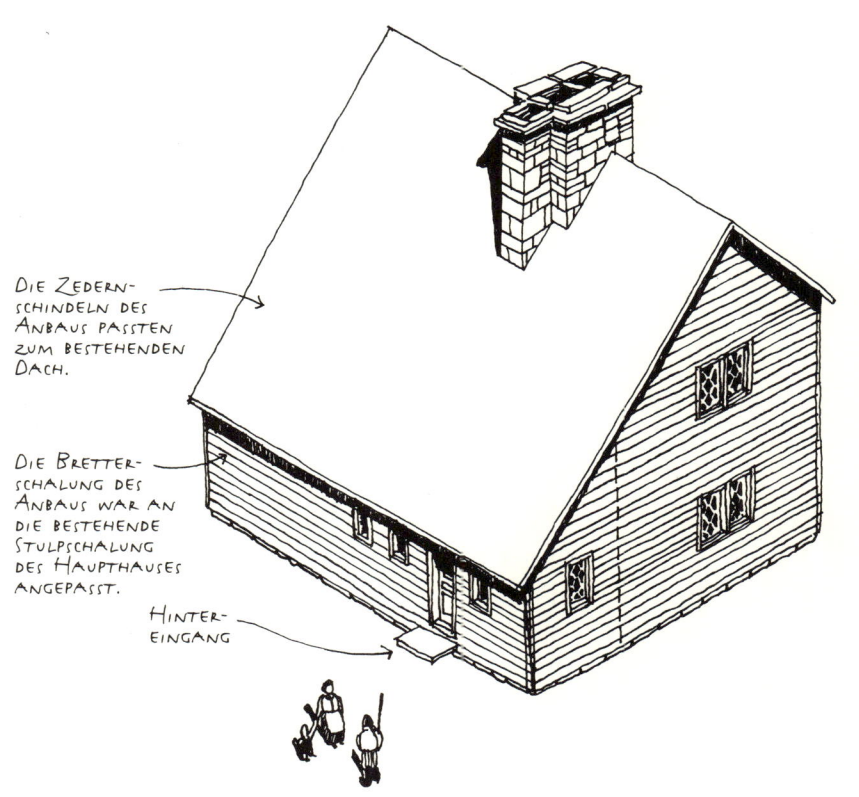

DIE ZEDERN-
SCHINDELN DES
ANBAUS PASSTEN
ZUM BESTEHENDEN
DACH.

DIE BRETTER-
SCHALUNG DES
ANBAUS WAR AN
DIE BESTEHENDE
STULPSCHALUNG
DES HAUPTHAUSES
ANGEPASST.

HINTER-
EINGANG

4 DAS SALTBOX-HAUS IST FERTIG.

Deutscher Kolonialstil

Delaware-Tal   1675

Im ausgehenden 17. Jahrhundert besiedelten Einwanderer aus Schweden, Finnland, der Schweiz, Schottland, Irland und England, vor allem aber aus Deutschland das Tal des Delaware. Damals war in Europa eine Bauweise verbreitet, bei der die Gefache einer Fachwerkkonstruktion mit Backstein ausgemauert wurden. Obwohl man erwarten dürfte, in Amerika zahlreiche Beispiele dieses ausgemauerten Fachwerks zu finden, kopierten die Siedler meist die wesentlich zweckmäßigere Blockbauweise der Schweden (siehe S. 50). Eine recht eigenwillige amerikanische Variante, die Stein- und Holzbau kombinierte, bestand im Erdgeschoß aus Natursteinmauern und im Obergeschoß aus Wänden in Blockbauweise (siehe unten).

In dem Maße, wie die Familien sich in ihrer neuen Umgebung einrichteten und vergrößerten, brauchten sie massivere Häuser. Als Baustoff wählten sie nun statt der Baumstämme die reichlich vorhandenen Feldsteine. Anfangs hatten ihre Steinhäuser nur einen Raum, vergrößerten sich aber schon recht bald zu zweigeschossigen Bauernhäusern mit vier bis acht Zimmern. Diese Natursteinbauten galten ihren Besitzern als ansprechender, komfortabler und haltbarer.

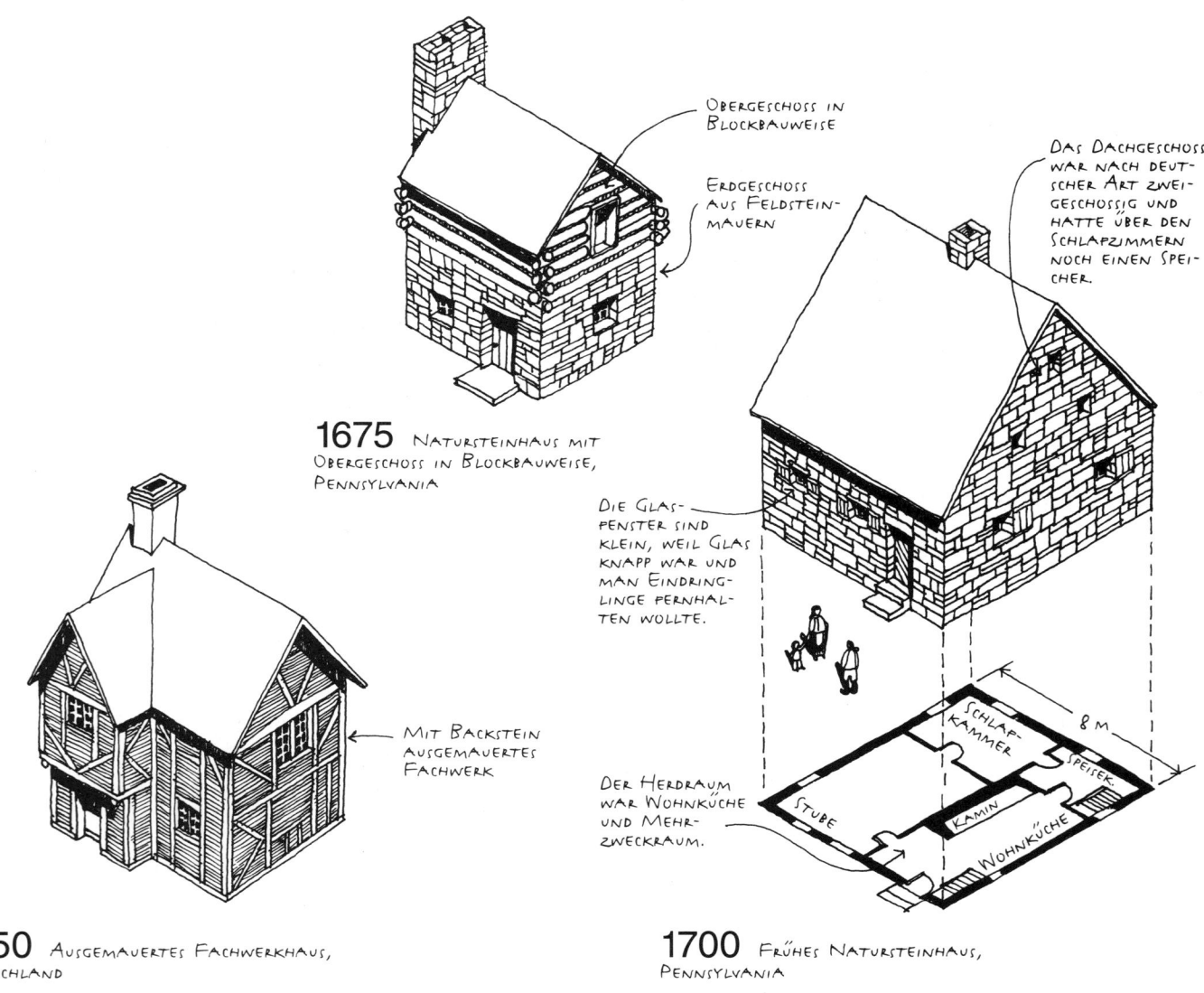

OBERGESCHOSS IN BLOCKBAUWEISE

ERDGESCHOSS AUS FELDSTEINMAUERN

DAS DACHGESCHOSS WAR NACH DEUTSCHER ART ZWEIGESCHOSSIG UND HATTE ÜBER DEN SCHLAFZIMMERN NOCH EINEN SPEICHER.

1675 NATURSTEINHAUS MIT OBERGESCHOSS IN BLOCKBAUWEISE, PENNSYLVANIA

DIE GLASFENSTER SIND KLEIN, WEIL GLAS KNAPP WAR UND MAN EINDRINGLINGE FERNHALTEN WOLLTE.

MIT BACKSTEIN AUSGEMAUERTES FACHWERK

DER HERDRAUM WAR WOHNKÜCHE UND MEHRZWECKRAUM.

SCHLAFKAMMER
8 M
SPEISEK.
STUBE
KAMIN
WOHNKÜCHE

1650 AUSGEMAUERTES FACHWERKHAUS, DEUTSCHLAND

1700 FRÜHES NATURSTEINHAUS, PENNSYLVANIA

Anfang des 18. Jahrhunderts waren im Osten Pennsylvanias zwei Haustypen verbreitet: Das Hanghaus, ein Bauernhaus, dessen Erdgeschoß teilweise in einen Hang gebaut war, um es im Winter warm unc im Sommer kühl zu halten; und das zweigeschossige Kleinstadthaus, das auch auf dem Land beliebt war.

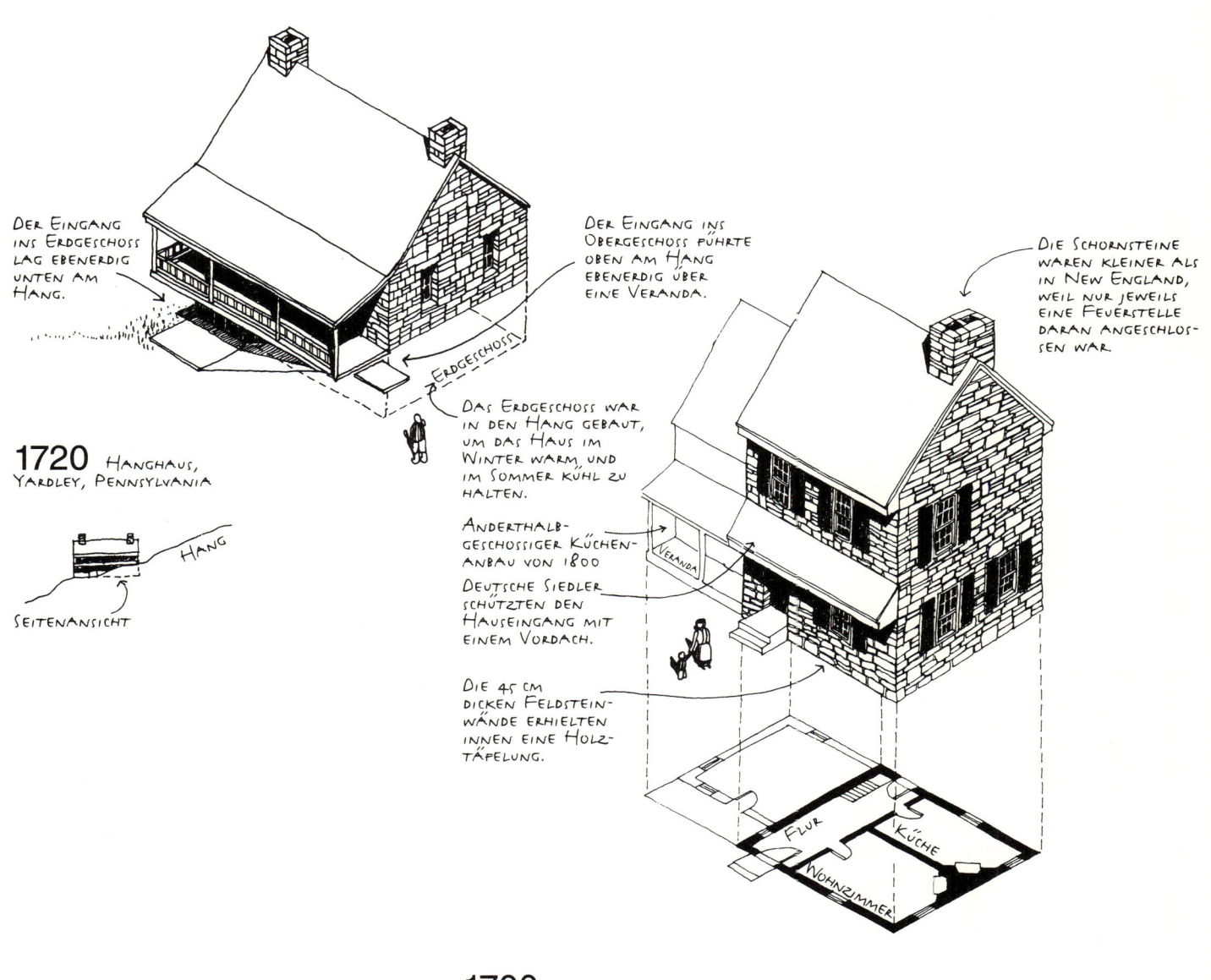

DER EINGANG INS ERDGESCHOSS LAG EBENERDIG UNTEN AM HANG.

DER EINGANG INS OBERGESCHOSS FÜHRTE OBEN AM HANG EBENERDIG ÜBER EINE VERANDA.

DIE SCHORNSTEINE WAREN KLEINER ALS IN NEW ENGLAND, WEIL NUR JEWEILS EINE FEUERSTELLE DARAN ANGESCHLOSSEN WAR.

ERDGESCHOSS

DAS ERDGESCHOSS WAR IN DEN HANG GEBAUT, UM DAS HAUS IM WINTER WARM, UND IM SOMMER KÜHL ZU HALTEN.

1720 HANGHAUS, YARDLEY, PENNSYLVANIA

HANG

SEITENANSICHT

ANDERTHALB-GESCHOSSIGER KÜCHEN-ANBAU VON 1800

DEUTSCHE SIEDLER SCHÜTZTEN DEN HAUSEINGANG MIT EINEM VORDACH.

VERANDA

DIE 45 CM DICKEN FELDSTEIN-WÄNDE ERHIELTEN INNEN EINE HOLZ-TÄFELUNG.

FLUR

KÜCHE

WOHNZIMMER

1700 KLEINSTADTHAUS, BUCKS COUNTY, PENNSYLVANIA

Die ersten Siedler in Pennsylvania lebten in schlichten eingeschossigen Ein-Raum-Hütten, die sie bald vergrößerten, indem sie sie um eine ganze Etage aufstockten. Als sich auch dieses Haus für die wachsende Familie als zu klein erwies, kam ein eingeschossiger Küchenanbau hinzu.

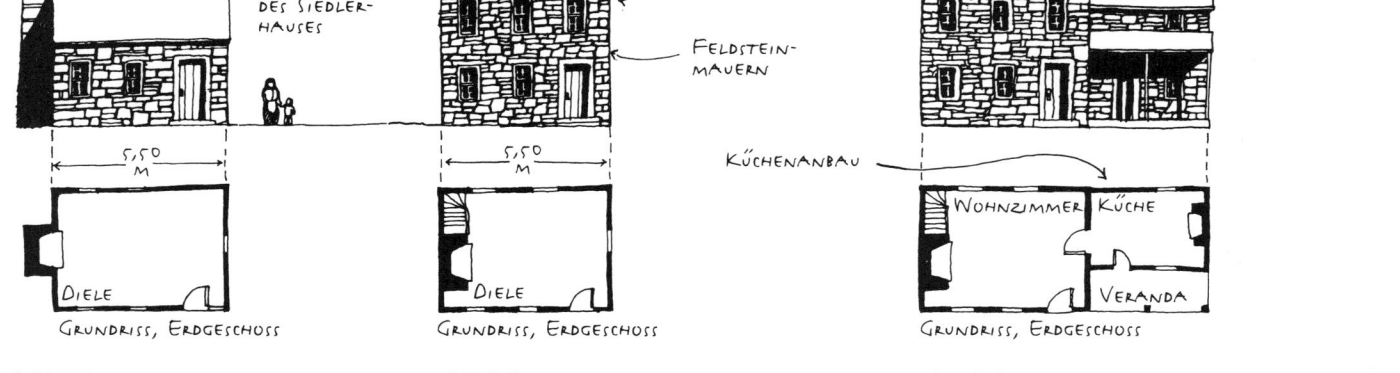

1675 EIN-RAUM-SIEDLERHAUS, PENNSYLVANIA

1700 ZWEIGESCHOSSIGES KLEINSTADTHAUS, JE EIN RAUM PRO ETAGE, PENNSYLVANIA

1730 ZWEIGESCHOSSIGES ZWEI-ZIMMER-HAUS MIT ANBAU, PENNSYLVANIA

Um 1730 wurde das zweigeschossige Haus mit je einem Raum pro Etage auf ganzer Höhe in Längsrichtung erweitert und hatte nun in der Fassade ein weiteres Fensterpaar neben der Haustür. Diese weit verbreitete Form der Erweiterung machte das Haus sehr wohnlich und wurde bald im gesamten Siedlungsgebiet der deutschen und schottisch-irischen Einwanderer sehr beliebt. Weil dieses Haus im ausgehenden 18. Jahrhundert in den Bundesstaaten Iowa, Illinois und Indiana allgemein Verbreitung fand, bezeichnete man diesen Bautyp als »I«-Haus.

Da die ersten »I«-Häuser neben der Haustür auf einer Seite zwei Fensterpaare, auf der anderen aber nur ein Fensterpaar hatten, wirkte die Fassade etwas unausgewogen. Um 1750 wurde dieses Ungleichgewicht durch eine symmetrische Fassade und den Einbau eines quer durch die Hausmitte verlaufenden Flures beseitigt. Das »I«-Haus, das Siedler aus Pennsylvania in Virginia entwickelten, ist ein anschauliches Beispiel für die zweite und dritte Generation der Kolonialarchitektur. Es war ganz ähnlich wie der Grundtyp des »I«-Hauses, hatte allerdings statt der Mauern eine Holzkonstruktion, an der Vorderseite drei statt fünf Fenster und nach außen verlagerte Kamine.

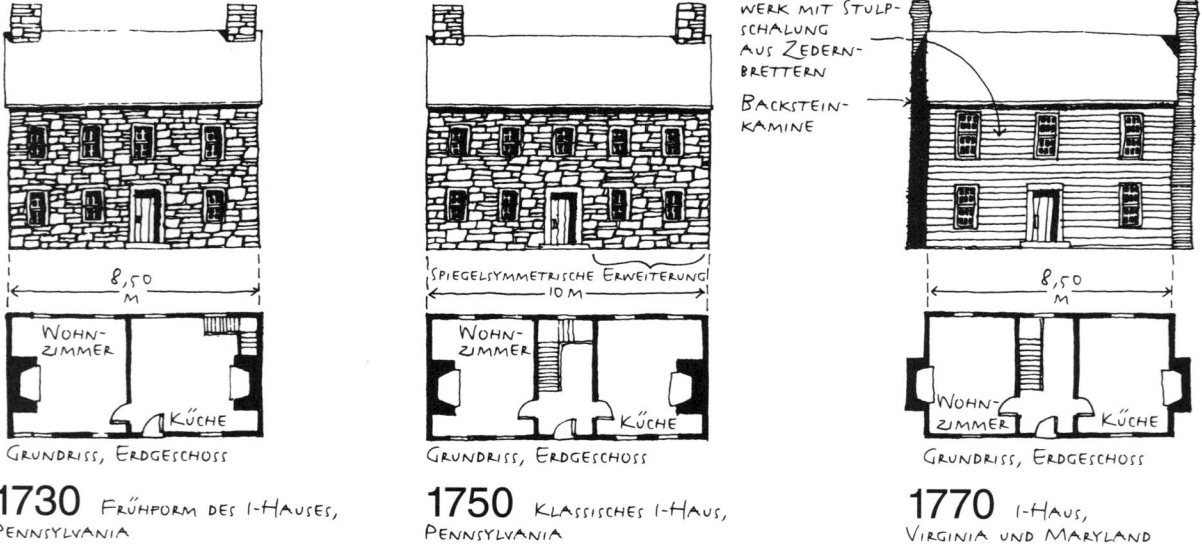

1730 FRÜHFORM DES I-HAUSES, PENNSYLVANIA

1750 KLASSISCHES I-HAUS, PENNSYLVANIA

1770 I-HAUS, VIRGINIA UND MARYLAND

Häuser mit einer Tiefe von zwei Räumen waren ebenso beliebt wie die Ein-Raum-Häuser, die auf der vorhergehenden Seite gezeigt wurden. Das älteste Haus dieses Typs, das Reihen- oder Stadthaus, das dem zweigeschossigen Ein-Raum-Haus sehr ähnlich war, hatte allerdings zwei Zimmer pro Etage. Dieser Haustyp war in allen größeren Kolonialstädten Amerikas zu finden, doch nur in Pennsylvania fand er auch in den Dörfern und auf dem Land Verbreitung.

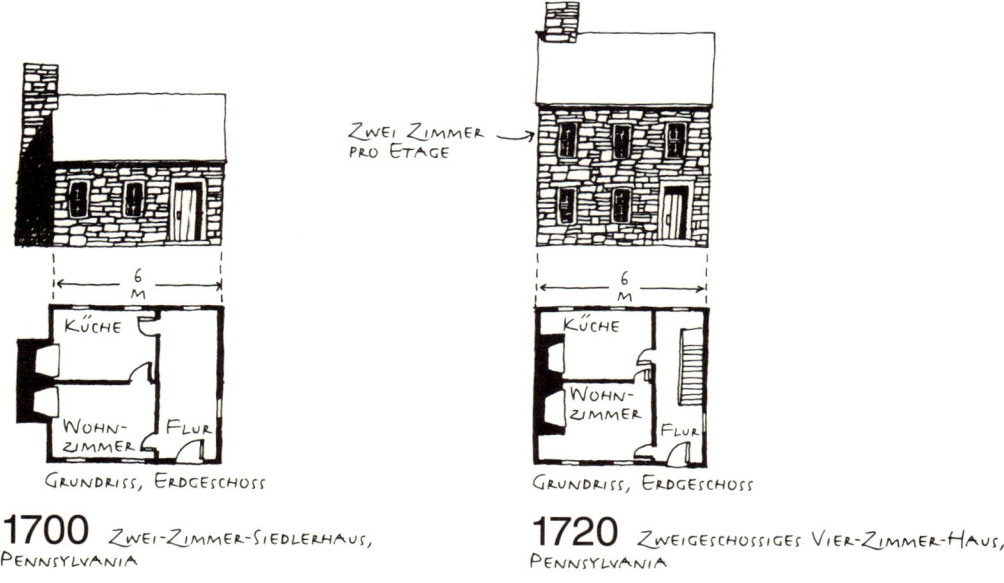

1700 Zwei-Zimmer-Siedlerhaus, Pennsylvania

1720 Zweigeschossiges Vier-Zimmer-Haus, Pennsylvania

Dieses Stadthaus, das auch in ländlichen Gegenden zu finden war, wurde häufig erweitert, indem man es an der dem Kamin gegenüberliegenden Giebelseite spiegelbildlich verlängerte. Damit hatte es auf jeder Etage vier Zimmer und wurde in Pennsylvania als »four-over-four« (vier-über-vier) bezeichnet. Ebenso wie das I-Haus hatte auch dieser Haustyp anfangs eine asymmetrische Fassade, die um 1760 durch ein zusätzliches Fenster und einen Flur durch die Hausmitte ausgeglichen wurde. Das Acht-Zimmer-Haus wirkte ähnlich massig und kastenförmig wie das große zweieinhalbgeschossige Bauernhaus aus New England (siehe S. 78) und wurde nie so beliebt wie die I-Häuser aus Pennsylvania oder Virginia, da sein Bau recht kostspielig war und das kompaktere I-Haus den Bedürfnissen der bäuerlichen Pioniersiedlungen durchaus genügte.

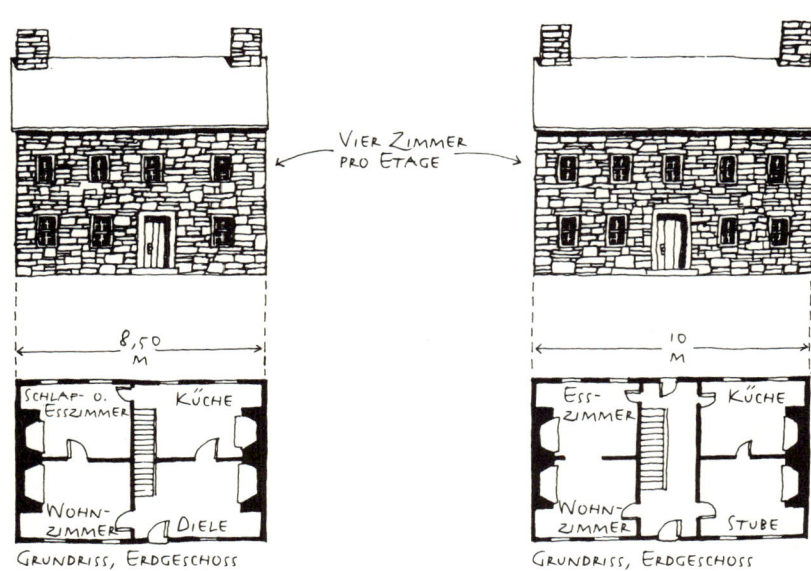

1740 Frühform des Acht-Zimmer-Hauses, Pennsylvania

1760 Klassisches Acht-Zimmer-Haus, Pennsylvania

Südlicher Kolonialstil

Südosten   1680

Da der Süden der nordamerikanischen Kolonie ursprünglich von wohlhabenden Einwanderern besiedelt wurde, waren viele Häuser von Anfang an als Herrenhäuser mit angebautem Küchen- und Gesindetrakt konzipiert. Der von den Engländern populär gemachte Zwei-Raum-Grundriß (siehe Mittelalterlicher Baustil, S. 46) wurde durch angebaute Flügel erweitert. Am beliebtesten waren der T-förmige (siehe unten) und der L-förmige Grundriß, aber auch H- und U-förmige Grundrisse waren zu finden. Das Wohnhaus wurde immer mit der Front zur im Sommer vorherrschenden Windrichtung gebaut, um an heißen Sommertagen eine gute Luftzirkulation zu erhalten. Der Küchenkamin lag an der entgegengesetzten Außenwand, um die Wärmeentwicklung beim Kochen zu verringern.

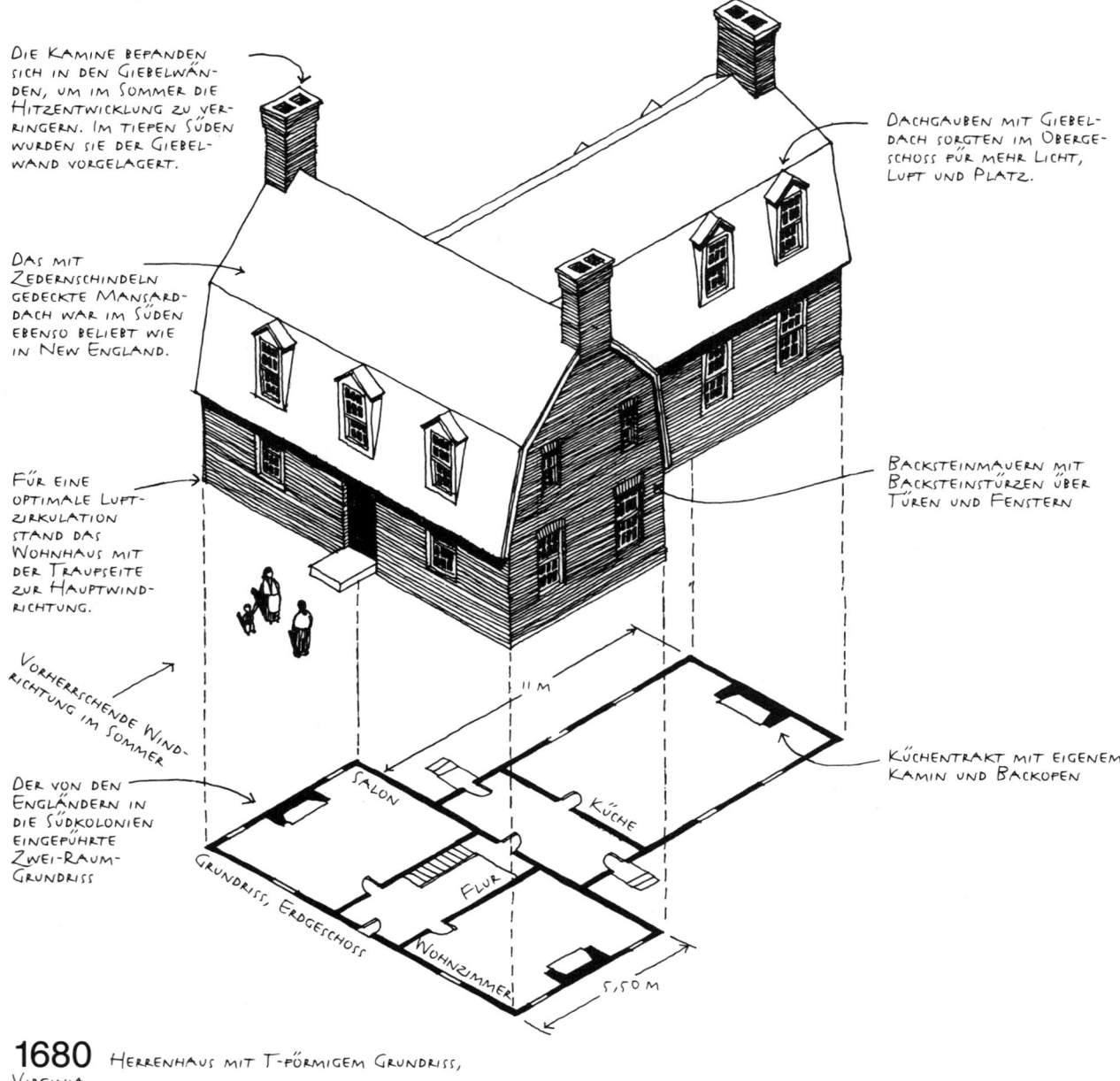

DIE KAMINE BEFANDEN SICH IN DEN GIEBELWÄN-DEN, UM IM SOMMER DIE HITZENTWICKLUNG ZU VER-RINGERN. IM TIEFEN SÜDEN WURDEN SIE DER GIEBEL-WAND VORGELAGERT.

DACHGAUBEN MIT GIEBEL-DACH SORGTEN IM OBERGE-SCHOSS FÜR MEHR LICHT, LUFT UND PLATZ.

DAS MIT ZEDERNSCHINDELN GEDECKTE MANSARD-DACH WAR IM SÜDEN EBENSO BELIEBT WIE IN NEW ENGLAND.

FÜR EINE OPTIMALE LUFT-ZIRKULATION STAND DAS WOHNHAUS MIT DER TRAUFSEITE ZUR HAUPTWIND-RICHTUNG.

BACKSTEINMAUERN MIT BACKSTEINSTÜRZEN ÜBER TÜREN UND FENSTERN

VORHERRSCHENDE WIND-RICHTUNG IM SOMMER

DER VON DEN ENGLÄNDERN IN DIE SÜDKOLONIEN EINGEFÜHRTE ZWEI-RAUM-GRUNDRISS

KÜCHENTRAKT MIT EIGENEM KAMIN UND BACKOFEN

SALON

KÜCHE

11 M

FLUR

GRUNDRISS, ERDGESCHOSS

WOHNZIMMER

5,50 M

1680 HERRENHAUS MIT T-FÖRMIGEM GRUNDRISS, VIRGINIA

Diese Häuser in den südlichen Kolonien wiesen in vielen Details die gleichen Merkmale auf wie Häuser, die zur gleichen Zeit in New England entstanden. Ihre Anlage war nach wie vor hauptsächlich von Siedlern geprägt, die erst kürzlich eingewandert waren und ihre Vorstellungen aus England mitbrachten. So erfreute sich zum Beispiel das aus England importierte Mansarddach in beiden Gebieten großer Beliebtheit.

Anfang des 18. Jahrhunderts strömte ein zweiter Siedlerschub unterschiedlicher Herkunft in viele Gebiete des Südens. Deutsche, Barbadier, Französische Hugenotten, Schweizer, Schotten, Iren und Eng änder wanderten aus dem Norden ab und siedelten sich in verschiedenen Teilen des Südens jenseits der Südgrenze Virginias an. Viele Einwanderer kamen über Philadelphia ins Land, drangen von dort über neue Wege nach Süden vor und brachten diverse Vorstellungen und Techniken des Hausbaus mit. So führten zum Beispiel Engländer das Zwei-Raum-Haus im mittelalterlichen Stil ein (siehe unten), das sehr bald die beengte Ein-Raum-Hütte verdrängte und den Ausgangspunkt zahlreicher Variationen bildete (je nach Kultur der Erbauer, verfügbaren Baustoffen und Klima), zu denen auch das malerische Küstenhaus in North Carolina gehörte (siehe unten). Deutsche und schottisch-irische Einwanderer, die aus Pennsylvania in den Süden kamen, brachten den (aus Deutschland stammenden) kontinentalen Grundriß mit, der dem I-Haus aus Pennsylvania (siehe S. 74) zugrunde lag. Und von den Westindischen Inseln kam die vorgebaute Veranda in den Süden und setzte sich schon bald als Standardelement bei allen Neubauten durch.

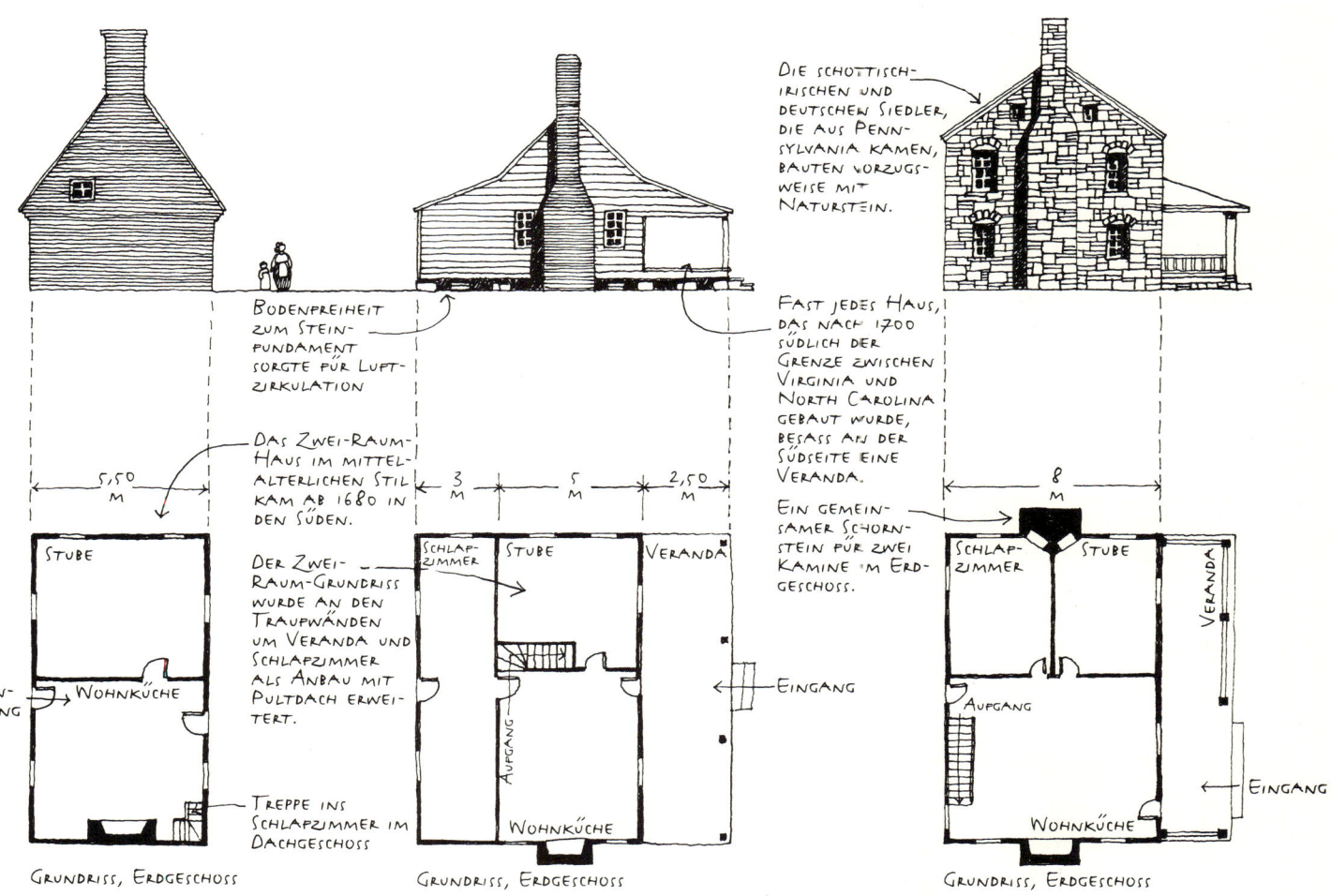

Die schottisch-irischen und deutschen Siedler, die aus Pennsylvania kamen, bauten vorzugsweise mit Naturstein.

Bodenfreiheit zum Steinfundament sorgte für Luftzirkulation

Fast jedes Haus, das nach 1700 südlich der Grenze zwischen Virginia und North Carolina gebaut wurde, besaß an der Südseite eine Veranda.

Das Zwei-Raum-Haus im mittelalterlichen Stil kam ab 1680 in den Süden.

Ein gemeinsamer Schornstein für zwei Kamine im Erdgeschoss.

Der Zwei-Raum-Grundriss wurde an den Traufwänden um Veranda und Schlafzimmer als Anbau mit Pultdach erweitert.

5,50 M

3 M   5 M   2,50 M

8 M

STUBE

SCHLAF-ZIMMER   STUBE   VERANDA

SCHLAF-ZIMMER   STUBE   VERANDA

EINGANG → WOHNKÜCHE

EINGANG

AUFGANG

EINGANG

AUFGANG

EINGANG

Treppe ins Schlafzimmer im Dachgeschoss

WOHNKÜCHE

WOHNKÜCHE

GRUNDRISS, ERDGESCHOSS

GRUNDRISS, ERDGESCHOSS

GRUNDRISS, ERDGESCHOSS

1680 TYPISCHES ZWEI-RAUM-HAUS

1700 KÜSTENHAUS, DUPLIN COUNTY, NORTH CAROLINA

1750 HAUS MIT KONTINENTALEM GRUNDRISS, NORTH CAROLINA

New-England-Bauernhaus

New England   1690

Ab 1690 erfreute sich in New England ein Bauernhaustyp besonderer Beliebtheit, der eingeschossig, anderthalbgeschossig, zweigeschossig oder zweieinhalbgeschossig gebaut wurde. In dieser Zeit hatten sich die Siedler bereits in ihrer neuen Heimat eingerichtet, es zu einem gewissen Wohlstand gebracht und konnten sich nun größere, bessere Häuser für ihre wachsenden Familien leisten. Die Decken wurden höher, die Fenster größer, und unter dem Einfluß der Handwerker aus England, wo die Renaissance-Ästhetik in Mode war, erhielten die Fassaden die ersten Verzierungen.

Diese Häuser markieren den Übergang von den frühen Kolonialhäusern zum georgianischen Stil (siehe S. 94). Ihr herausragendes Merkmal war der große zentrale Schornstein, an den ein Kamin in jedem Zimmer angeschlossen war. Die meisten Häuser waren ganz oder teilweise unterkellert und hatten ein schlichtes Satteldach ohne Gauben; aber auch Mansarddächer waren verbreitet.

Bis Mitte des 19. Jahrhunderts herrschte bei diesen Häusern die Fachwerkbauweise mit einem verstrebten Eichenständerwerk (siehe S. 70) aus 8 bis 12 Stielen vor, auf die sich die gesamte Last verteilte. Somit kam den eigentlichen Wänden außen wie innen keine tragende Funktion zu. Das Fachwerk wurde außen zunächst mit schweren Eichenbrettern verschalt und anschließend mit Zedernbrettern verkleidet. Die Innenwände wurden ohne weitere Isolierung über einer Holzverlattung verputzt.

Beim anderthalbgeschossigen Kolonialhaus New Englands bestand der erste Stock aus einem Dachgeschoß mit Kniestock. Licht erhielt er durch Fenster in den Giebelwänden und durch niedrige Halbfenster im Kniestock, die erst Anfang des 19. Jahrhunderts aufkamen.

Das zweigeschossige Haus bedeutete gegenüber dem anderthalbgeschossigen lediglich eine Erweiterung in die Höhe, die bei gleichem Grundriß mehr Kopffreiheit im ersten Stock brachte.

Das zweieinhalbgeschossige Haus, das als großes New-England-Bauernhaus bezeichnet wird, war gegenüber dem zweigeschossigen sowohl in die Höhe als auch in die Breite erweitert.

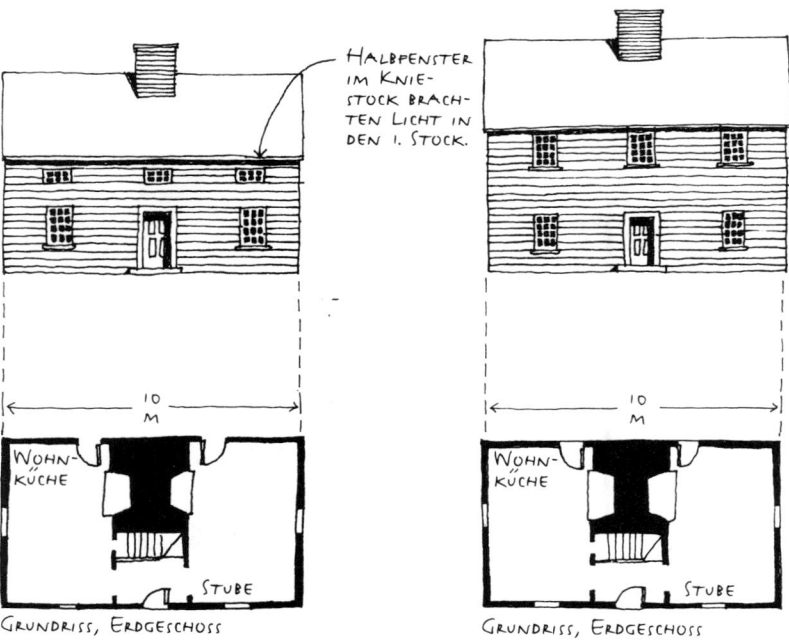

HALBFENSTER IM KNIESTOCK BRACHTEN LICHT IN DEN 1. STOCK.

1690 ANDERTHALBGESCHOSSIGES BAUERNHAUS **1720** ZWEIGESCHOSSIGES BAUERNHAUS **1730** ZWEIEINHALBGESCHOSSIGES BAUERNHAUS, SOGENANNTES GROSSES NEW-ENGLAND-BAUERNHAUS

Zwei der beliebtesten Haustypen der amerikanischen Geschichte sind das anderthalbgeschossige und das zweieinhalbgeschossige New-England-Bauernhaus (siehe unten). Wegen ihrer Schlichtheit wurden sie über 150 Jahre lang im gesamten Nordosten des Landes gebaut. Um die Mitte des 19. Jahrhunderts schmückte sich das große New-England-Bauernhaus dann mit einigen Verzierungen, vor allem um den Hauseingang. Die mit kunstvollen Füllungen versehene Rahmentür war von Pilastern flankiert, die ein barockes Giebelfeld krönte. Das verlieh dem Haus etwas »Gewichtiges« und kündigte das Ende eines New England eigenen Lokalstils und den Übergang zu dem aus England importierten georgianischen Stil an (siehe S. 94).

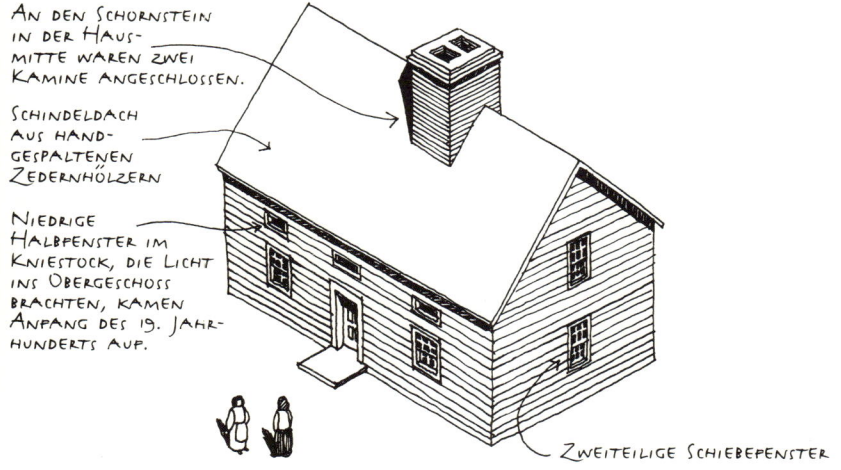

AN DEN SCHORNSTEIN IN DER HAUSMITTE WAREN ZWEI KAMINE ANGESCHLOSSEN.

SCHINDELDACH AUS HANDGESPALTENEN ZEDERNHÖLZERN

NIEDRIGE HALBFENSTER IM KNIESTOCK, DIE LICHT INS OBERGESCHOSS BRACHTEN, KAMEN ANFANG DES 19. JAHRHUNDERTS AUF.

ZWEITEILIGE SCHIEBEFENSTER

1720 ANDERTHALBGESCHOSSIGES BAUERNHAUS, NEW ENGLAND

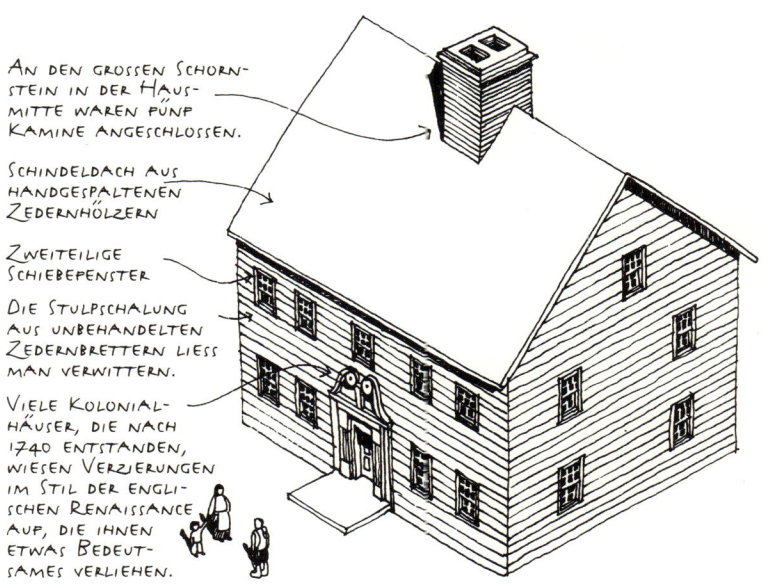

AN DEN GROSSEN SCHORNSTEIN IN DER HAUSMITTE WAREN FÜNF KAMINE ANGESCHLOSSEN.

SCHINDELDACH AUS HANDGESPALTENEN ZEDERNHÖLZERN

ZWEITEILIGE SCHIEBEFENSTER

DIE STULPSCHALUNG AUS UNBEHANDELTEN ZEDERNBRETTERN LIESS MAN VERWITTERN.

VIELE KOLONIALHÄUSER, DIE NACH 1740 ENTSTANDEN, WIESEN VERZIERUNGEN IM STIL DER ENGLISCHEN RENAISSANCE AUF, DIE IHNEN ETWAS BEDEUTSAMES VERLIEHEN.

1740 GROSSES NEW-ENGLAND-BAUERNHAUS

Die Erweiterung des Zwei-Raum-Hauses durch einen Anbau an der rückwärtigen Traufwand, die zum Saltbox-Haus führte (siehe S. 71), wurde um 1680 zum festen Bestandteil der Konstruktion, da der so gewonnene Wohnraum dringend benötigt wurde. Bis 1730 erwies sich auch die Saltbox für viele Familien als zu klein. Das zweieinhalbgeschossige große New-England-Bauernhaus stellte die letzte Weiterentwicklung des traditionellen frühamerikanischen Kolonial-Bauernhauses in New England dar. Wie unten gezeigt, wurde das Obergeschoß über dem rückwärtigen Anbau des Saltbox-Hauses zu einem vollständigen Stockwerk ausgebaut, so daß die erste Etage nun ebenso wie das Erdgeschoß eine Tiefe von zwei Zimmern hatte. In dem bis dahin ungenutzten Speicher über dem Anbau entstanden drei zusätzliche Schlafzimmer mit voller Raumhöhe. Das auffallendste Merkmal dieser Veränderung war, daß das langgezogene Schleppdach der Saltbox verschwand. Das New-England-Bauernhaus entwickelte sich zu einem rechteckigen Kasten mit zentralem Schornstein und symmetrischem Giebeldach, wie es zweckmäßiger nicht sein konnte.

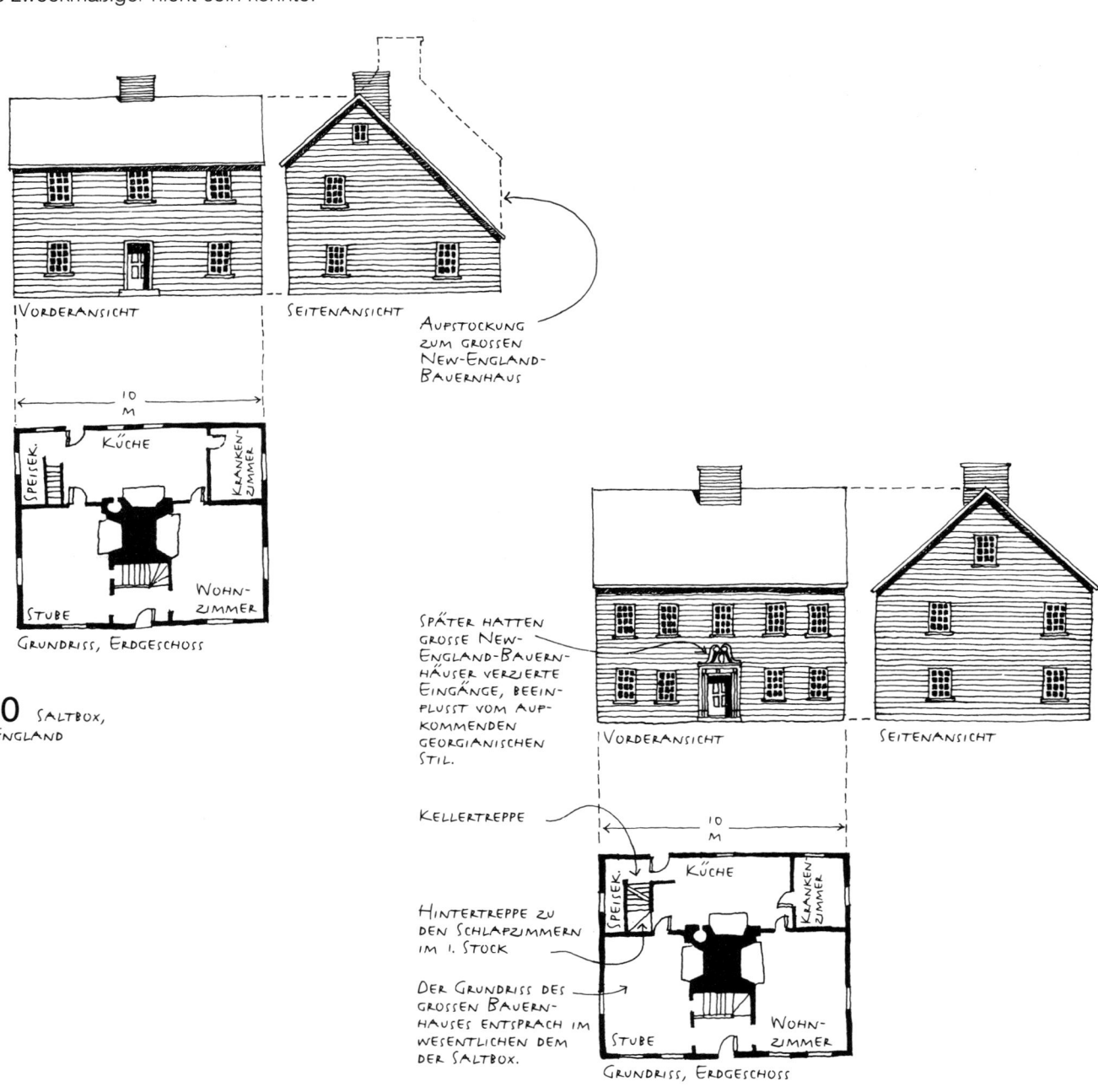

VORDERANSICHT

SEITENANSICHT

AUFSTOCKUNG ZUM GROSSEN NEW-ENGLAND-BAUERNHAUS

10 M

SPEISEK.   KÜCHE   KRANKEN-ZIMMER

STUBE   WOHN-ZIMMER

GRUNDRISS, ERDGESCHOSS

1680 SALTBOX, NEW ENGLAND

SPÄTER HATTEN GROSSE NEW-ENGLAND-BAUERN-HÄUSER VERZIERTE EINGÄNGE, BEEIN-FLUSST VOM AUF-KOMMENDEN GEORGIANISCHEN STIL.

KELLERTREPPE

HINTERTREPPE ZU DEN SCHLAFZIMMERN IM I. STOCK

DER GRUNDRISS DES GROSSEN BAUERN-HAUSES ENTSPRACH IM WESENTLICHEN DEM DER SALTBOX.

VORDERANSICHT

SEITENANSICHT

10 M

SPEISEK.   KÜCHE   KRANKEN-ZIMMER

STUBE   WOHN-ZIMMER

GRUNDRISS, ERDGESCHOSS

1740 GROSSES NEW-ENGLAND-BAUERNHAUS

Das große New-England-Bauernhaus eignete sich gut dazu, es in mehreren Etappen zu bauen, zunächst in halber, dann in dreiviertel und später in voller Größe. Kleine Familien mit beschränkten Mitteln, die später eine Erweiterung planten, bauten diesen Haustyp in halber oder dreiviertel Größe und erweiterten es je nach ihren Möglichkeiten. Heute würde eine Familie bei größerem Platzbedarf eher in ein größeres Haus ziehen oder ein neues bauen.

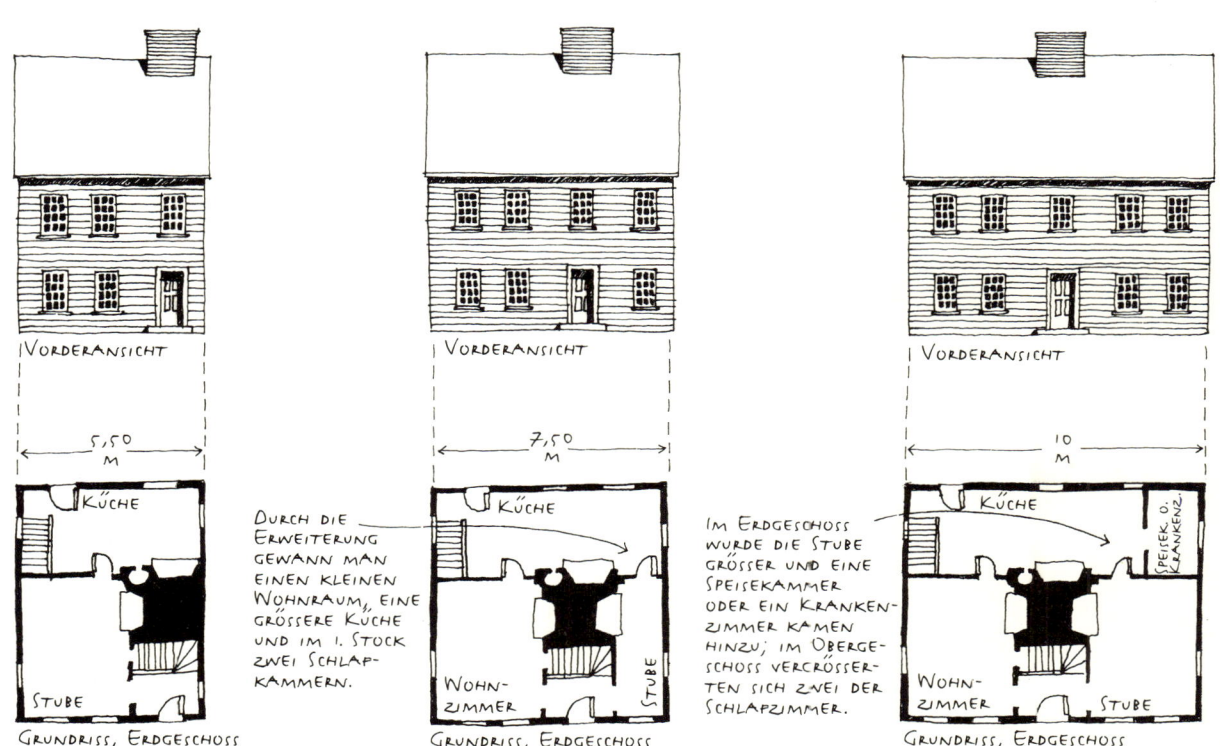

1720 GROSSES NEW-ENGLAND-BAUERNHAUS IN HALBER GRÖSSE

1730 GROSSES NEW-ENGLAND-BAUERN-HAUS IN DREIVIERTELGRÖSSE

1740 GROSSES NEW-ENGLAND-BAUERNHAUS IN VOLLER GRÖSSE

Viele dieser anderthalb-, zwei- und sogar zweieinhalbgeschossigen Bauernhäuser wurden im Laufe der Zeit noch weiter umgebaut. Um mehr Licht und Luft ins Dachgeschoß zu bringen, mußten manchmal Gauben eingebaut werden. Aus dem gleichen Grund wurden viele Giebeldächer später zu Mansarddächern umgebaut. In seltenen Fällen wurde ein anderthalbgeschossiges Haus mit Mansarddach in ein zweigeschossiges Haus mit Giebeldach umgebaut.

Kolonialer Plantagenstil
Süden   1700

Nach 1700 schossen an allen schiffbaren Wasserwegen des Südens Plantagen aus dem Boden. Tabak- und später Reisfelder brachten Wohlstand nach Virginia sowie North und South Carolina, wo die frühen Plantagenhäuser die europäischen Wurzeln der englischen, schottisch-irischen und hugenottischen Siedler widerspiegelten.

Das Plantagenhaus unterschied sich insofern vom typischen Kolonialhaus des Südens, als die Hausseite, die dem Fluß als Hauptverkehrsweg und manchmal einziger Verbindung zwischen den Plantagen zugewandt war, ebenso wichtig war wie die der Plantage zugewandte Seite. Daher hatte das Haus keine Vorder- und Rückseite im herkömmlichen Sinne.

Wo die landschaftlichen Gegebenheiten es zuließen, erhob sich das Plantagenhaus auf einem Hügel, um in alle Richtungen freie Aussicht zu bieten, und stand immer mit der Traufseite zur im Sommer vorherrschenden Windrichtung. Breite Verandadächer fingen den Wind ein und spendeten den Hauswänden Schatten, der im heißen Klima des Südens sehr willkommen war. Der Grundriß war gewöhnlich so angelegt, daß eine Durchlüftung des Hauses unterstützt wurde, auch wenn dies zuweilen auf Kosten der Privatsphäre ging.

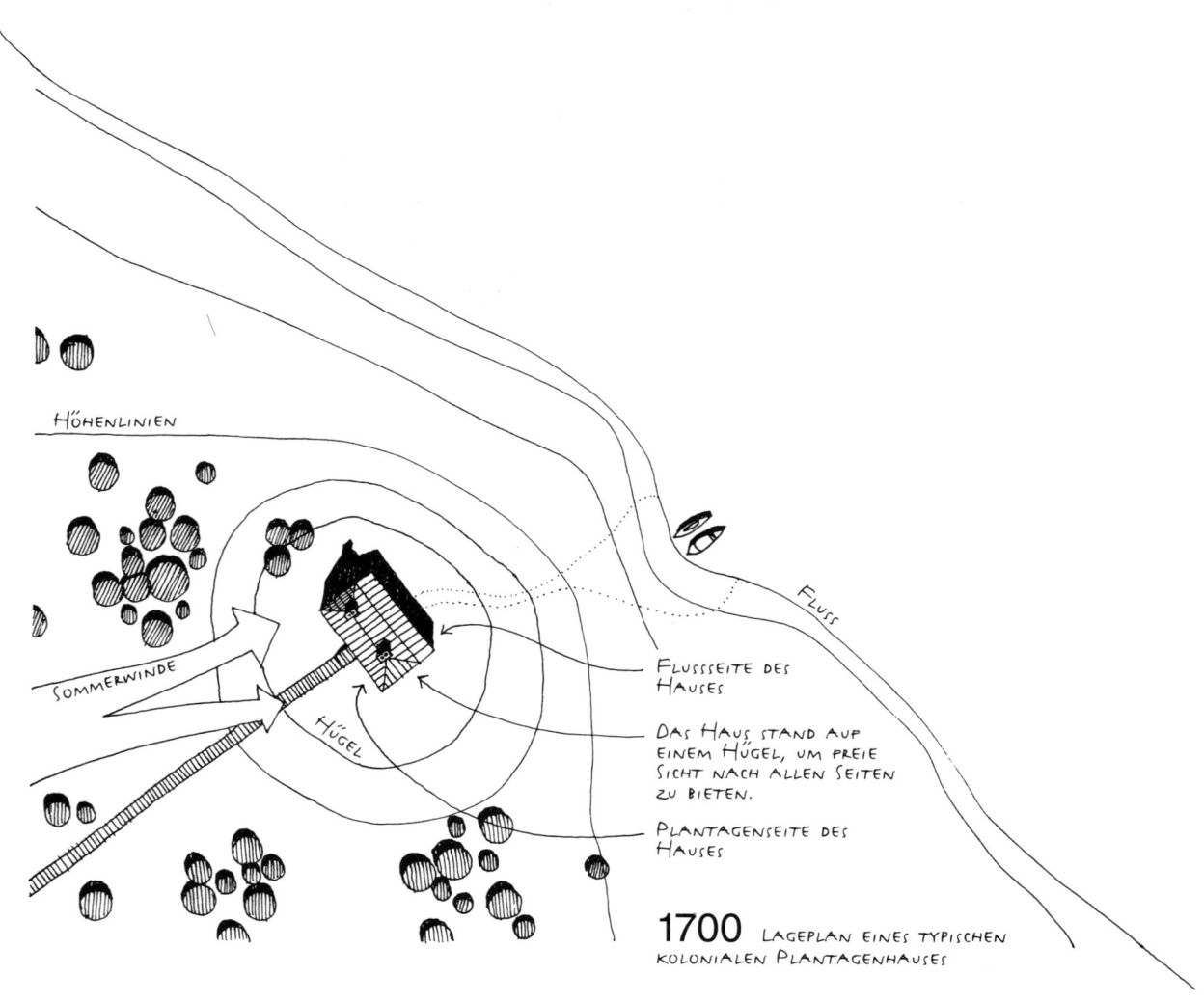

HÖHENLINIEN

SOMMERWINDE

HÜGEL

FLUSS

FLUSSSEITE DES HAUSES

DAS HAUS STAND AUF EINEM HÜGEL, UM FREIE SICHT NACH ALLEN SEITEN ZU BIETEN.

PLANTAGENSEITE DES HAUSES

1700 LAGEPLAN EINES TYPISCHEN KOLONIALEN PLANTAGENHAUSES

Entwickelt wurde das Plantagenhaus in South Carolina Ende des 17. Jahrhunderts von Hugenotten. Es war insofern ungewöhnlich, als es sowohl an der Flußseite als auch an der Plantagenseite einen Haupteingang hatte, also keine Vorder- und Rückseite im herkömmlichen Sinne besaß. Der Grundriß des Hauses legte das Schwergewicht auf eine gute Durchlüftung der Räume, die einreihig nebeneinander lagen. Beide Traufwände wurden von einer langen Piazza oder Veranda beschattet, eine Klimatisierungsmethode, die man von den Siedlern der Westindischen Inseln übernahm.

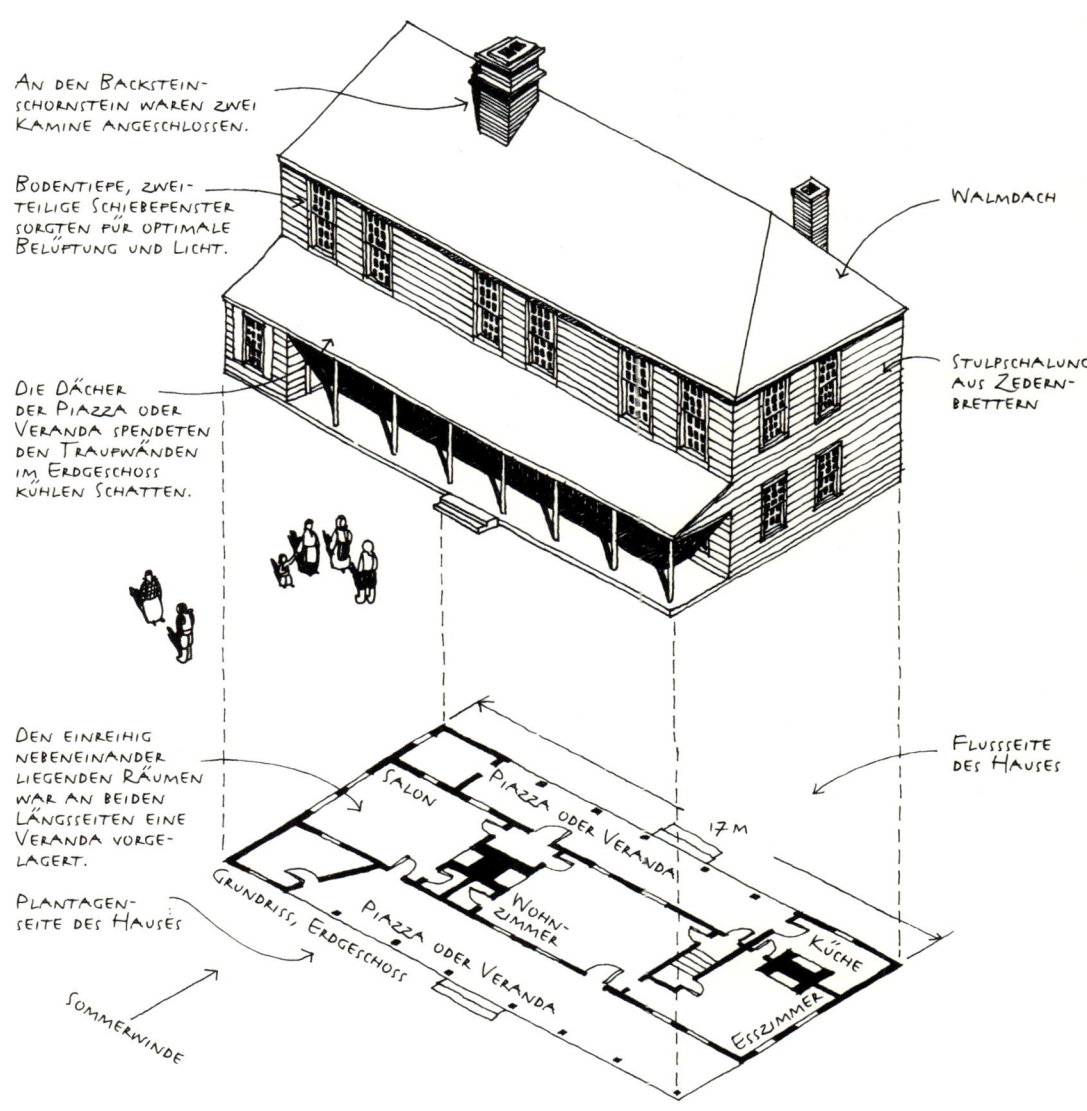

AN DEN BACKSTEIN-SCHORNSTEIN WAREN ZWEI KAMINE ANGESCHLOSSEN.

BODENTIEFE, ZWEI-TEILIGE SCHIEBEFENSTER SORGTEN FÜR OPTIMALE BELÜFTUNG UND LICHT.

DIE DÄCHER DER PIAZZA ODER VERANDA SPENDETEN DEN TRAUFWÄNDEN IM ERDGESCHOSS KÜHLEN SCHATTEN.

DEN EINREIHIG NEBENEINANDER LIEGENDEN RÄUMEN WAR AN BEIDEN LÄNGSSEITEN EINE VERANDA VORGELAGERT.

PLANTAGEN-SEITE DES HAUSES

SOMMERWINDE

WALMDACH

STULPSCHALUNG AUS ZEDERN-BRETTERN

FLUSSSEITE DES HAUSES

SALON

PIAZZA ODER VERANDA

17 M

WOHN-ZIMMER

KÜCHE

GRUNDRISS, ERDGESCHOSS

PIAZZA ODER VERANDA

ESSZIMMER

1690 HUGENOTTISCHES PLANTAGENHAUS, SOUTH CAROLINA

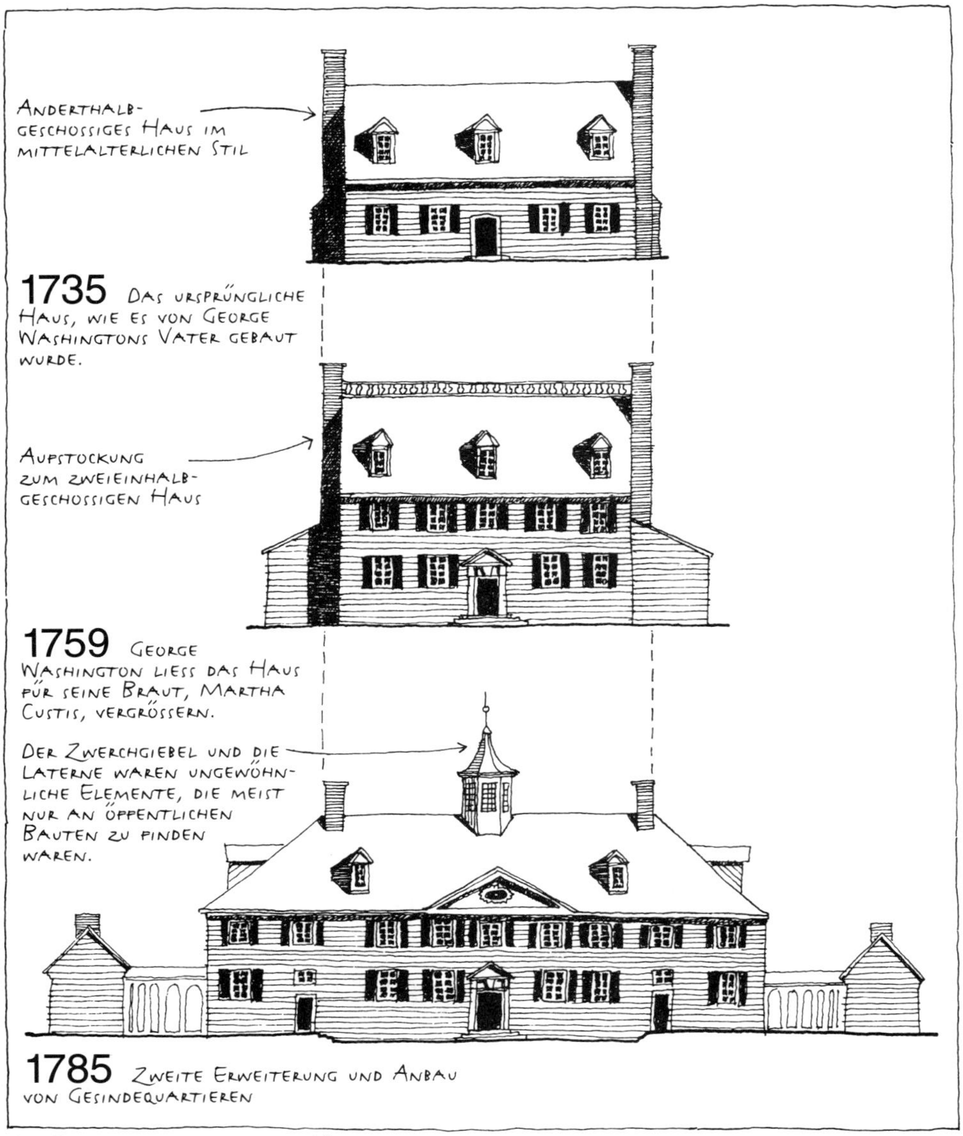

ANDERTHALB-
GESCHOSSIGES HAUS IM
MITTELALTERLICHEN STIL

1735 DAS URSPRÜNGLICHE
HAUS, WIE ES VON GEORGE
WASHINGTONS VATER GEBAUT
WURDE.

AUFSTOCKUNG
ZUM ZWEIEINHALB-
GESCHOSSIGEN HAUS

1759 GEORGE
WASHINGTON LIESS DAS HAUS
FÜR SEINE BRAUT, MARTHA
CUSTIS, VERGRÖSSERN.

DER ZWERCHGIEBEL UND DIE
LATERNE WAREN UNGEWÖHN-
LICHE ELEMENTE, DIE MEIST
NUR AN ÖFFENTLICHEN
BAUTEN ZU FINDEN
WAREN.

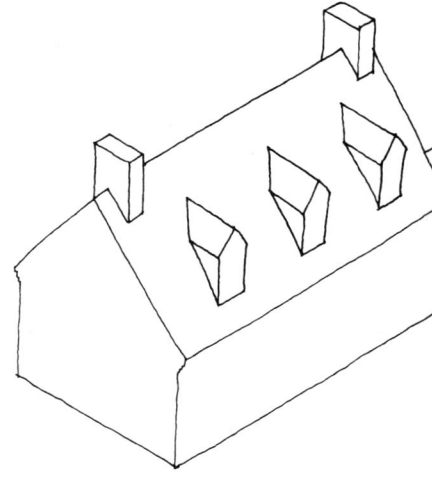

1785 ZWEITE ERWEITERUNG UND ANBAU
VON GESINDEQUARTIEREN

DIE ENTWICKLUNG VON MOUNT VERNON

Das wohl schönste amerikanische Plantagenhaus ist Mount Vernon, das Haus George Washingtons. Obwohl es in mehreren Etappen über 50 Jahre hinweg entstand und Anleihen beim georgianischen Stil (siehe S. 94) wie auch beim Klassizismus Adams (siehe S. 104) nahm, ist es eines der anschaulichsten Beispiele für den kolonialen Plantagenstil.

George Washingtons Vater erbaute auf einem sanften Hügel am Ufer des Potomac in Virginia das ursprüngliche Haus im mittelalterlichen Stil (siehe S. 46) unter dem Namen Little Hunting Creek Plantation. Washingtons Halbbruder, Lawrence, der das Haus 1743 übernahm, benannte es in Mount Vernon um, nach Admiral Vernon, unter dem er in der Armee gedient hatte. Als Lawrence 1752 starb, kaufte George das Anwesen und ließ das Haus sieben Jahre später für seine Braut, Martha Custis, zu einem zweieinhalbgeschossigen Bau aufstocken. 1774 begann er mit umfangreichen Umbauten und Erweiterungen, die erst nach 11 Jahren abgeschlossen waren. Noch heute steht Mount Vernon so, wie Washington es hat umbauen lassen.

Das Haus hat zwei völlig verschiedene Fassaden: Zur Flußseite liegt eine über zwei Stockwerke reichende Kolonnade, die der weiten Flußlandschaft entspricht. Die Plantagenseite bringt dagegen Fenster, Türen, Dachgauben, Arkaden und Nebengebäude zur Geltung. Dieses Bauwerk war eine äußerst gelungene Anwort auf seine Umgebung und die Kultur seiner Zeit.

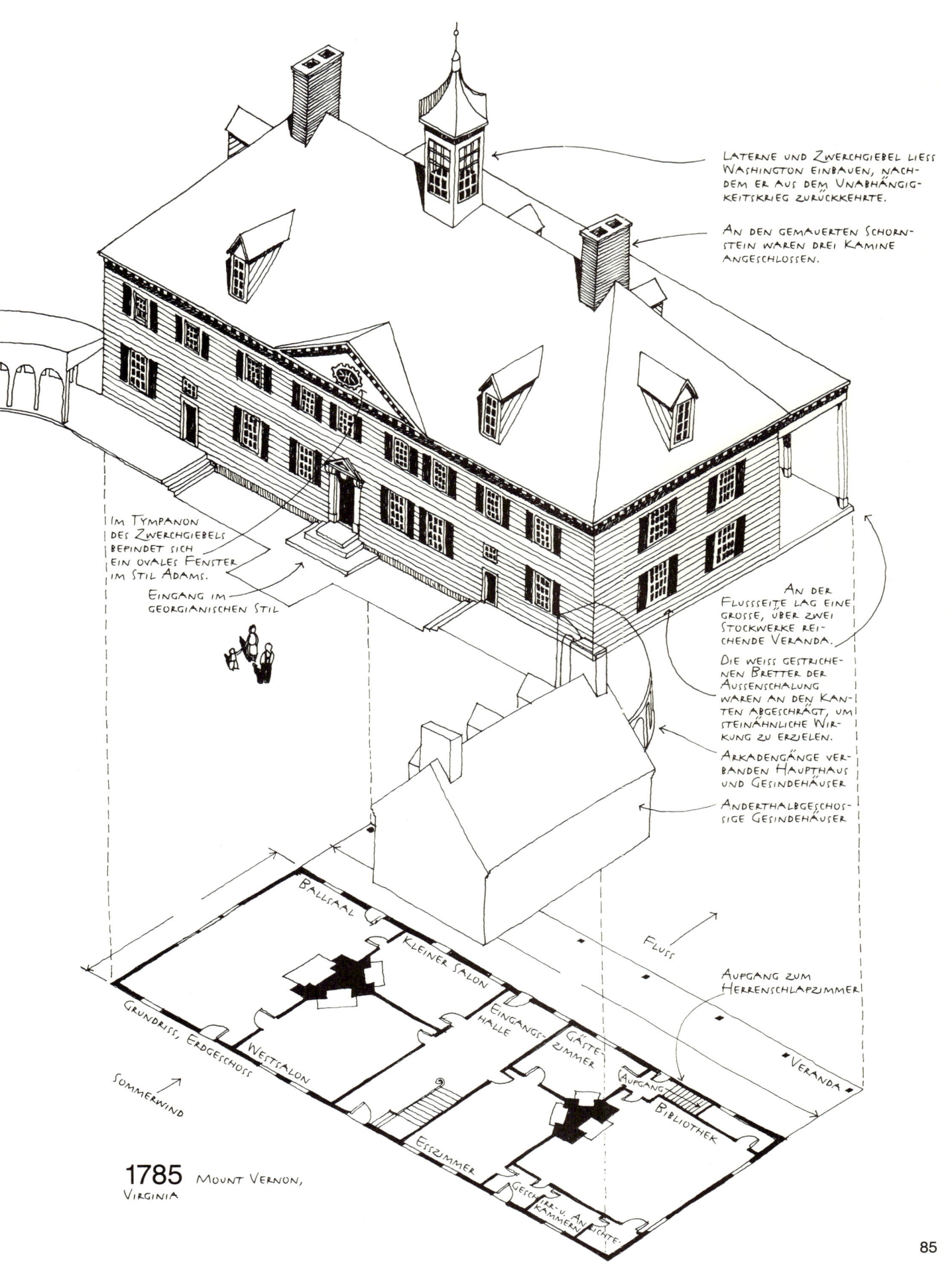

LATERNE UND ZWERCHGIEBEL LIESS
WASHINGTON EINBAUEN, NACH-
DEM ER AUS DEM UNABHÄNGIG-
KEITSKRIEG ZURÜCKKEHRTE.

AN DEN GEMAUERTEN SCHORN-
STEIN WAREN DREI KAMINE
ANGESCHLOSSEN.

IM TYMPANON
DES ZWERCHGIEBELS
BEFINDET SICH
EIN OVALES FENSTER
IM STIL ADAMS.

EINGANG IM
GEORGIANISCHEN STIL

AN DER
FLUSSEITE LAG EINE
GROSSE, ÜBER ZWEI
STOCKWERKE REI-
CHENDE VERANDA.

DIE WEISS GESTRICHE-
NEN BRETTER DER
AUSSENSCHALUNG
WAREN AN DEN KAN-
TEN ABGESCHRÄGT, UM
STEINÄHNLICHE WIR-
KUNG ZU ERZIELEN.

ARKADENGÄNGE VER-
BANDEN HAUPTHAUS
UND GESINDEHÄUSER

ANDERTHALBGESCHOSS-
SIGE GESINDEHÄUSER

BALLSAAL

KLEINER SALON

EINGANGS-
HALLE

GÄSTE-
ZIMMER

FLUSS

AUFGANG ZUM
HERRENSCHLAFZIMMER

GRUNDRISS, ERDGESCHOSS

WESTSALON

AUFGANG

BIBLIOTHEK

VERANDA

SOMMERWIND

ESSZIMMER

GESCHIRR- U. ANRICHTE-
KAMMERN

1785 MOUNT VERNON,
VIRGINIA

Um 1740 entwickelten vornehmlich französische Siedler in Louisiana und Mississippi einen einzigartigen Typ des Plantagenhauses, der an die spezifischen klimatischen Bedingungen des Südens angepaßt war. Diese Häuser waren eine Weiterentwicklung der Siedlerhäuser mit Hochparterre im französischen Kolonialstil (siehe S. 92), bei denen das eigentliche Wohnhaus auf einem Untergeschoß aus verputztem Mauerwerk ruhte und meist von einer umlaufenden Veranda oder Galerie umgeben war. Dies war ein Element, das Reisende von den Westindischen Inseln in den Süden gebracht hatten.

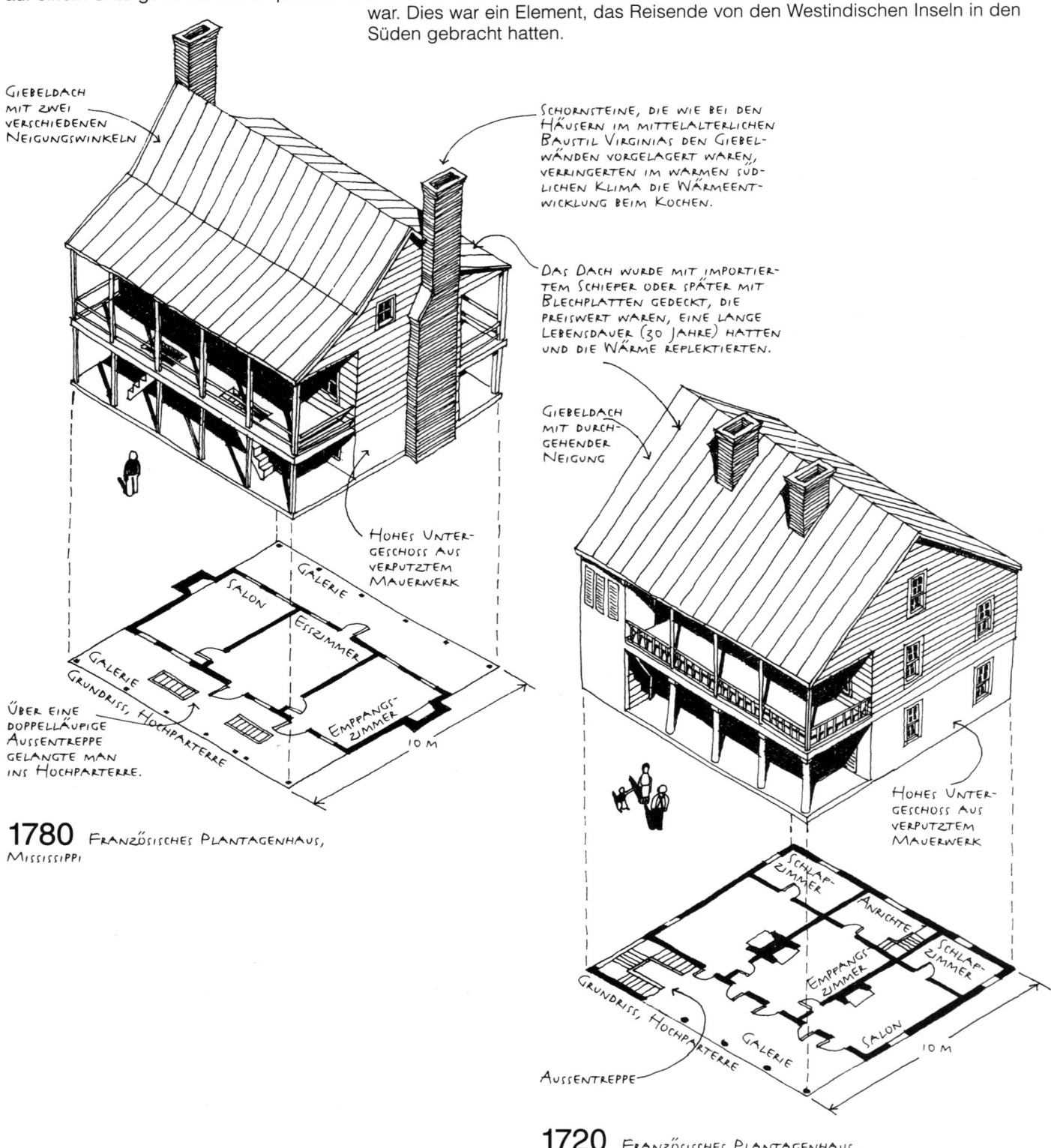

GIEBELDACH MIT ZWEI VERSCHIEDENEN NEIGUNGSWINKELN

SCHORNSTEINE, DIE WIE BEI DEN HÄUSERN IM MITTELALTERLICHEN BAUSTIL VIRGINIAS DEN GIEBELWÄNDEN VORGELAGERT WAREN, VERRINGERTEN IM WARMEN SÜDLICHEN KLIMA DIE WÄRMEENTWICKLUNG BEIM KOCHEN.

DAS DACH WURDE MIT IMPORTIERTEM SCHIEFER ODER SPÄTER MIT BLECHPLATTEN GEDECKT, DIE PREISWERT WAREN, EINE LANGE LEBENSDAUER (30 JAHRE) HATTEN UND DIE WÄRME REFLEKTIERTEN.

GIEBELDACH MIT DURCHGEHENDER NEIGUNG

HOHES UNTERGESCHOSS AUS VERPUTZTEM MAUERWERK

SALON

GALERIE

ESSZIMMER

GALERIE

GRUNDRISS, HOCHPARTERRE

EMPFANGSZIMMER

10 M

ÜBER EINE DOPPELLÄUFIGE AUSSENTREPPE GELANGTE MAN INS HOCHPARTERRE.

1780 FRANZÖSISCHES PLANTAGENHAUS, MISSISSIPPI

HOHES UNTERGESCHOSS AUS VERPUTZTEM MAUERWERK

SCHLAFZIMMER

ANRICHTE

SCHLAFZIMMER

EMPFANGSZIMMER

GRUNDRISS, HOCHPARTERRE

GALERIE

SALON

10 M

AUSSENTREPPE

1720 FRANZÖSISCHES PLANTAGENHAUS, LOUISIANA

Die Verbreitung des französischen Plantagenhauses (manchmal auch als Galeriehaus bezeichnet) blieb nicht auf Mississippi und Louisiana beschränkt. In Florida, Texas und Kalifornien tauchten spanische Varianten dieses Bautyps auf, und um 1800 hatten die meisten Siedler der Südstaaten es übernommen. Da es dem warmen Klima sehr gut angepaßt war, entwickelte es sich im gesamten Süden und Südwesten zu einer beliebten heimischen Bauform.

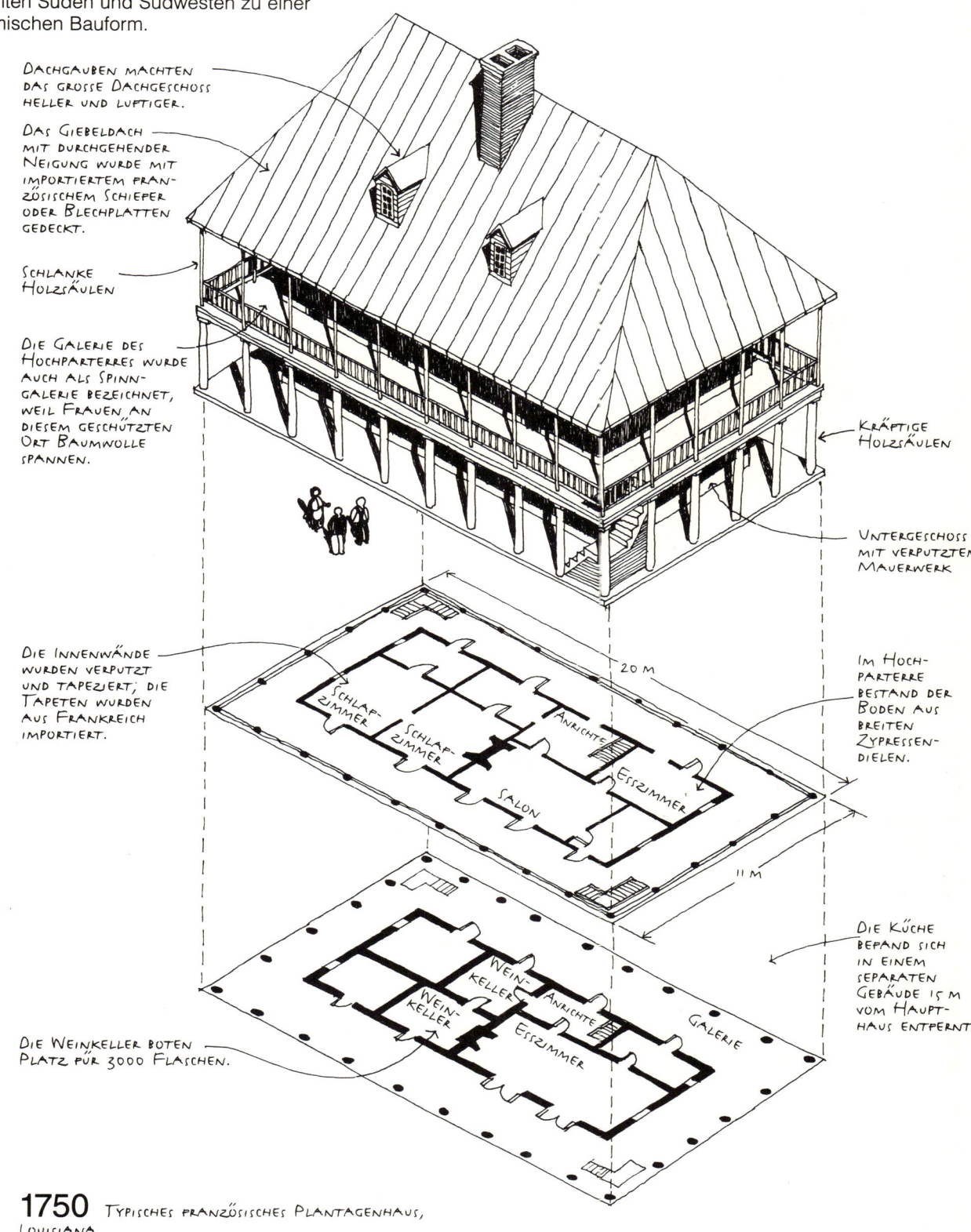

DACHGAUBEN MACHTEN DAS GROSSE DACHGESCHOSS HELLER UND LUFTIGER.

DAS GIEBELDACH MIT DURCHGEHENDER NEIGUNG WURDE MIT IMPORTIERTEM FRANZÖSISCHEM SCHIEFER ODER BLECHPLATTEN GEDECKT.

SCHLANKE HOLZSÄULEN

DIE GALERIE DES HOCHPARTERRES WURDE AUCH ALS SPINNGALERIE BEZEICHNET, WEIL FRAUEN AN DIESEM GESCHÜTZTEN ORT BAUMWOLLE SPANNEN.

DIE INNENWÄNDE WURDEN VERPUTZT UND TAPEZIERT; DIE TAPETEN WURDEN AUS FRANKREICH IMPORTIERT.

DIE WEINKELLER BOTEN PLATZ FÜR 3000 FLASCHEN.

KRÄFTIGE HOLZSÄULEN

UNTERGESCHOSS MIT VERPUTZTEM MAUERWERK

IM HOCHPARTERRE BESTAND DER BODEN AUS BREITEN ZYPRESSENDIELEN.

DIE KÜCHE BEFAND SICH IN EINEM SEPARATEN GEBÄUDE 15 M VOM HAUPTHAUS ENTFERNT.

SCHLAFZIMMER
SCHLAFZIMMER
SALON
ANRICHTE
ESSZIMMER
20 M
11 M

WEINKELLER
WEINKELLER
ANRICHTE
ESSZIMMER
GALERIE

1750 TYPISCHES FRANZÖSISCHES PLANTAGENHAUS, LOUISIANA

Cape-Cod-Haus

Massachusetts 1710

Das Siedlerhaus von Cape Cod stellte eine gelungene Lösung für ein Leben unter rauhen Bedingungen dar. Es gehört zu den rationalsten und funktionellsten Entwicklungen der amerikanischen Architektur.

Die ersten Cape-Cod-Häuser wurden von Schiffszimmerleuten so gebaut, als müßten sie wie »Landschiffe« Treibsand, Wind und Wetter trotzen. Mit Seitenlängen von durchschnittlich 7,50 m x 12 m waren sie niedrig und breit und hatten eine Deckenhöhe von nur 2,10 m. Die schweren, handbehauenen Eichenschwellen, auf denen sie ruhten, verliehen ihnen auf dem unebenen, lockeren Sandboden Stabilität. Da das Cape-Cod-Haus keinerlei Vorbauten oder äußere Verzierungen hatte, hielt es auch schweren Stürmen stand.

Im Inneren gruppierten sich die Räume um einen riesigen Schornstein, an den bis zu vier Kamine angeschlossen waren. Sie dienten als Kochstelle, Heizung und Lichtquelle. Das Dachgeschoß war in zahlreiche winzige Schlafkammern unterteilt, die jeweils über ein Fenster in der Giebelwand Licht erhielten. Im Erdgeschoß neben der Küche gab es ein Kranken- oder Wöchnerinnenzimmer, um Säuglinge oder Bettlägerige zu pflegen.

Viele der Siedlerhäuser auf Cape Cod waren so praktisch konzipiert, daß man zunächst nur eine Hälfte errichten konnte, die man nach und nach erweiterte, wenn die Familie wuchs. Das halbe Cape-Cod-Haus war die »Flitterwochenkate«. Das Dreiviertelhaus brauchte man, wenn die ersten Kinder kamen, und in voller Größe beherbergte das Cape-Cod-Haus die Großfamilie.

1700 CAPE-COD-HAUS, HALBE GRÖSSE (»FLITTERWOCHENKATE«)

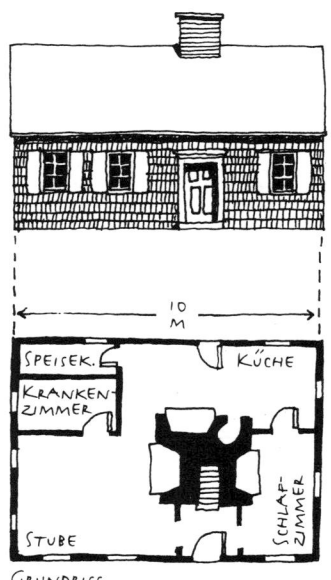

1710 CAPE-COD-HAUS, DREIVIERTELGRÖSSE

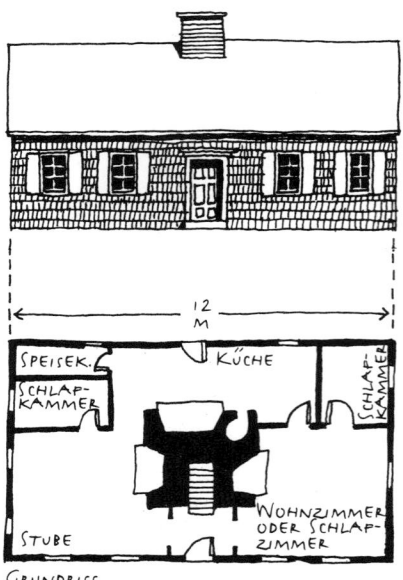

1720 CAPE-COD-HAUS, VOLLE GRÖSSE

Das Cape-Cod-Haus bestand aus einem Holzständerwerk mit Bretterschalung, das in seiner Konstruktion dem Plankenhaus der Indianer im Nordwesten (siehe S. 36) erstaunlich ähnlich war. Gut 45 cm breite Eichenbretter, die mit der Grubensäge aufgeschnitten wurden, nagelte man vertikal auf Pfetten auf das Sparrendach sowie an Schwelle und Rähmholz des Holzständerwerks. Sie verliehen dem Holzgerüst Stabilität und dienten als Schalung, die außen mit Schindeln gedeckt und innen verputzt wurde. Diese Konstruktion war so stabil, daß man sie mit Pferden über den Sand an einen geeigneteren Standort ziehen konnte.

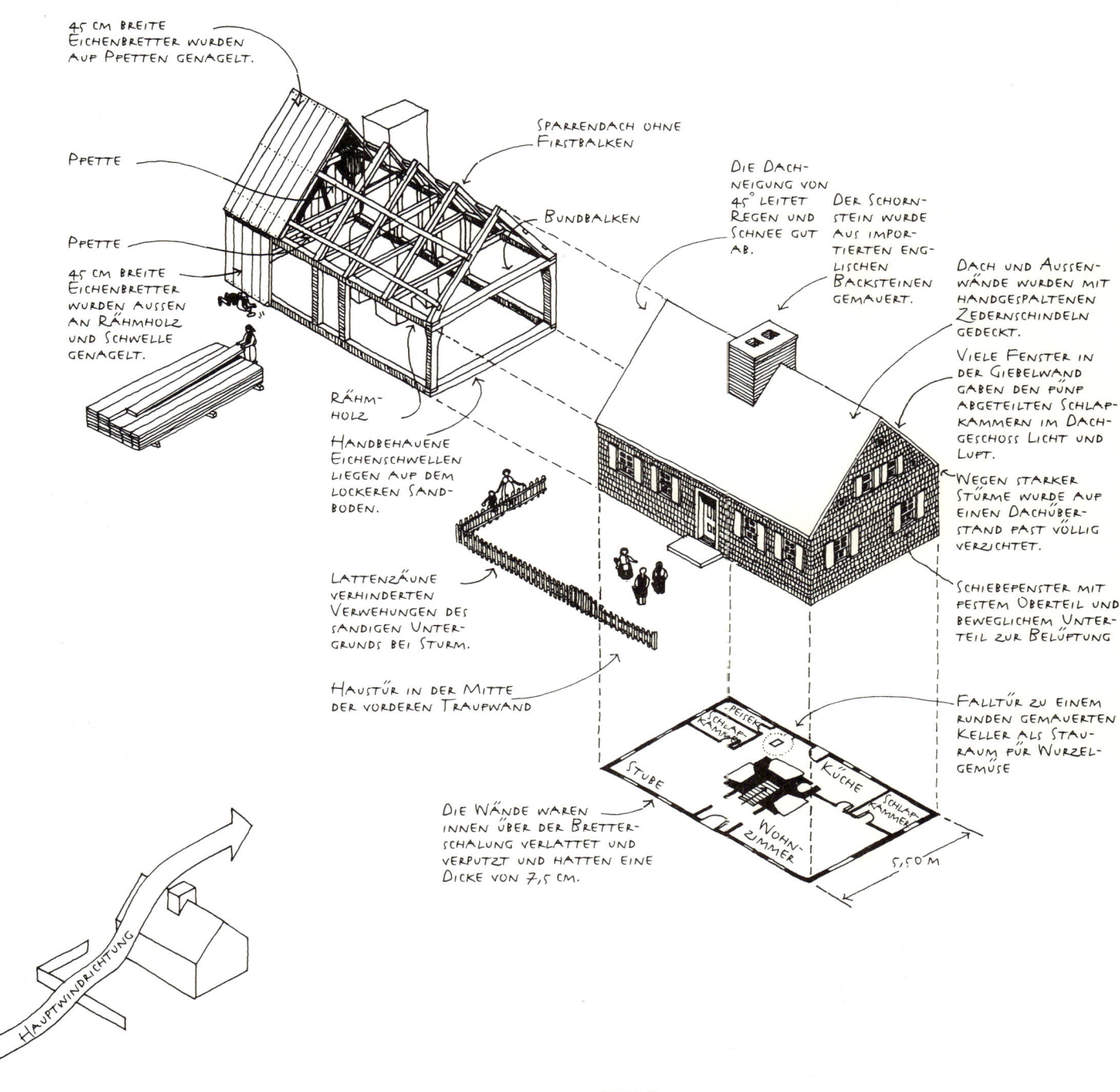

45 CM BREITE EICHENBRETTER WURDEN AUF PFETTEN GENAGELT.

PFETTE

PFETTE

45 CM BREITE EICHENBRETTER WURDEN AUSSEN AN RÄHMHOLZ UND SCHWELLE GENAGELT.

SPARRENDACH OHNE FIRSTBALKEN

BUNDBALKEN

DIE DACHNEIGUNG VON 45° LEITET REGEN UND SCHNEE GUT AB.

DER SCHORNSTEIN WURDE AUS IMPORTIERTEN ENGLISCHEN BACKSTEINEN GEMAUERT.

DACH UND AUSSENWÄNDE WURDEN MIT HANDGESPALTENEN ZEDERNSCHINDELN GEDECKT.

VIELE FENSTER IN DER GIEBELWAND GABEN DEN FÜNF ABGETEILTEN SCHLAFKAMMERN IM DACHGESCHOSS LICHT UND LUFT.

WEGEN STARKER STÜRME WURDE AUF EINEN DACHÜBERSTAND FAST VÖLLIG VERZICHTET.

RÄHMHOLZ

HANDBEHAUENE EICHENSCHWELLEN LIEGEN AUF DEM LOCKEREN SANDBODEN.

LATTENZÄUNE VERHINDERTEN VERWEHUNGEN DES SANDIGEN UNTERGRUNDS BEI STURM.

HAUSTÜR IN DER MITTE DER VORDEREN TRAUFWAND

SCHIEBEFENSTER MIT FESTEM OBERTEIL UND BEWEGLICHEM UNTERTEIL ZUR BELÜFTUNG

FALLTÜR ZU EINEM RUNDEN GEMAUERTEN KELLER ALS STAURAUM FÜR WURZELGEMÜSE

DIE WÄNDE WAREN INNEN ÜBER DER BRETTERSCHALUNG VERLATTET UND VERPUTZT UND HATTEN EINE DICKE VON 7,5 CM.

SCHLAFKAMMER · PEISEK · SCHLAFKAMMER · STUBE · KÜCHE · WOHNZIMMER · SCHLAFKAMMER

5,50 M

HAUPTWINDRICHTUNG

DAS CAPE-COD-HAUS WURDE SO KONSTRUIERT UND AUSGERICHTET, DASS AUCH STÜRME AUS DER VORHERRSCHENDEN WINDRICHTUNG IHM NICHTS ANHABEN KONNTEN.

1710 CAPE-COD-HAUS IN VOLLER GRÖSSE, MASSACHUSETTS

Bis 1850 blieb das Cape-Cod-Haus in seinen Grundzügen, abgesehen von kleineren Variation wie dem Einfluß des Greek Revival bei der Gestaltung der Haustür, unverändert. Im Grunde war es ein Fischerhaus, und während der Zeit, als dieser Bautyp über Cape Cod hinaus beliebt war, galt die Insel als wichtiges Fischereizentrum.

Hier einige der beliebtesten Typen des Cape-Cod-Hauses, die vor 1850 gebaut wurden:

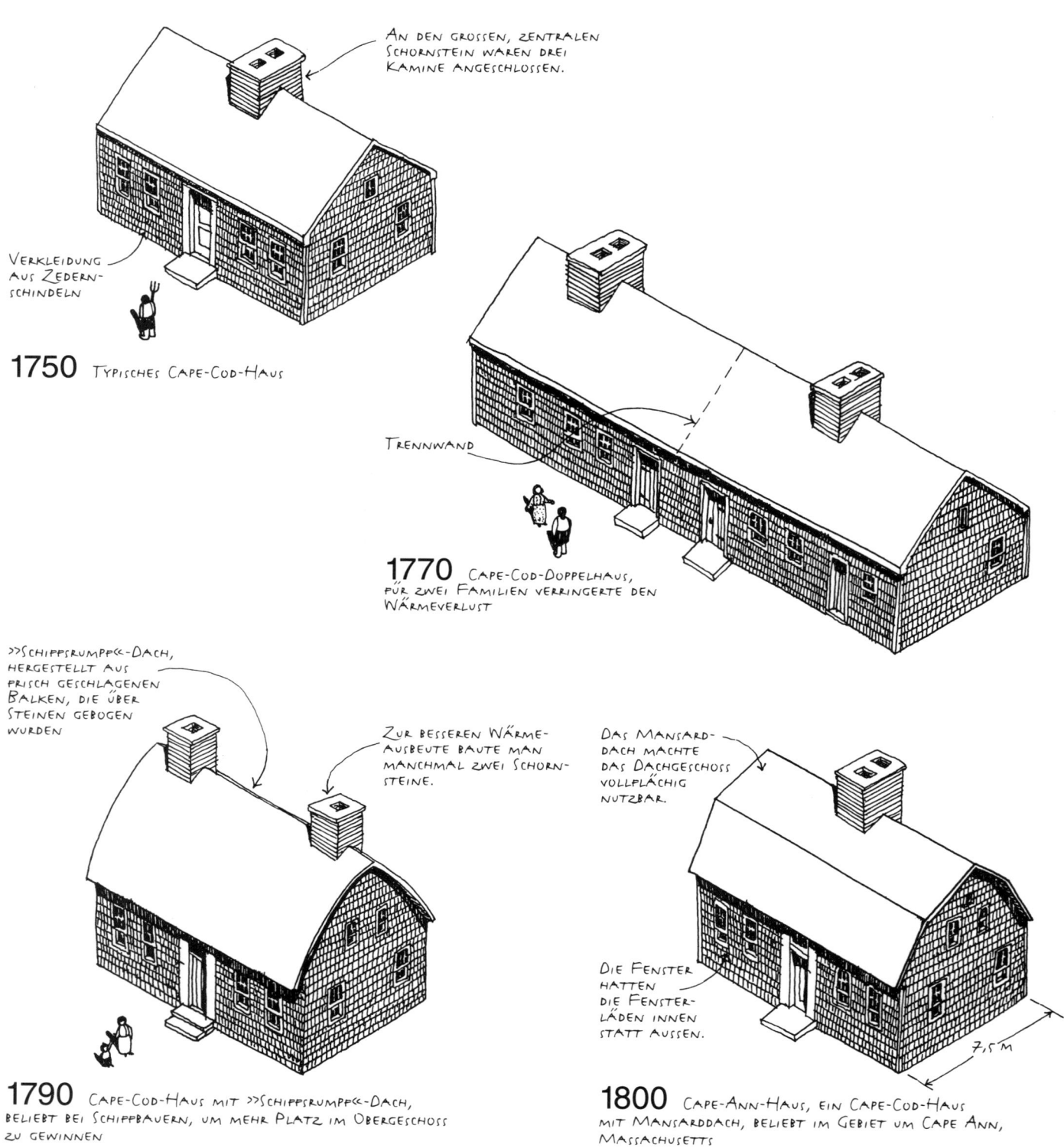

AN DEN GROSSEN, ZENTRALEN SCHORNSTEIN WAREN DREI KAMINE ANGESCHLOSSEN.

VERKLEIDUNG AUS ZEDERN-SCHINDELN

1750 TYPISCHES CAPE-COD-HAUS

TRENNWAND

1770 CAPE-COD-DOPPELHAUS, FÜR ZWEI FAMILIEN VERRINGERTE DEN WÄRMEVERLUST

>>SCHIFFSRUMPF<<-DACH, HERGESTELLT AUS FRISCH GESCHLAGENEN BALKEN, DIE ÜBER STEINEN GEBOGEN WURDEN

ZUR BESSEREN WÄRME-AUSBEUTE BAUTE MAN MANCHMAL ZWEI SCHORN-STEINE.

DAS MANSARD-DACH MACHTE DAS DACHGESCHOSS VOLLFLÄCHIG NUTZBAR.

DIE FENSTER HATTEN DIE FENSTER-LÄDEN INNEN STATT AUSSEN.

7,5 M

1790 CAPE-COD-HAUS MIT >>SCHIFFSRUMPF<<-DACH, BELIEBT BEI SCHIFFBAUERN, UM MEHR PLATZ IM OBERGESCHOSS ZU GEWINNEN

1800 CAPE-ANN-HAUS, EIN CAPE-COD-HAUS MIT MANSARDDACH, BELIEBT IM GEBIET UM CAPE ANN, MASSACHUSETTS

Als sich Mitte des 19. Jahrhunderts der mit Holz beheizte gußeiserne Ofen durchsetzte und den riesigen zentralen Schornstein mit den vielen angeschlossenen Kaminen überflüssig machte, ging die Blütezeit des traditionellen Cape-Cod-Hauses zu Ende. Nach 1930 tauchten jedoch in Zeitschriften moderne Versionen des Cape-Cod-Hauses auf, und bald wurde dieser Bautyp zu einem der bekanntesten des 20. Jahrhunderts. Wegen seiner schlichten Form und seiner romantischen Vergangenheit erfreute er sich bei der Fertighausindustrie besonderer Beliebtheit (siehe S 242).

Hier einige Beispiele, wie das Cape-Cod-Haus an den veränderten Geschmack und an neue Bautechniken angepaßt wurde:

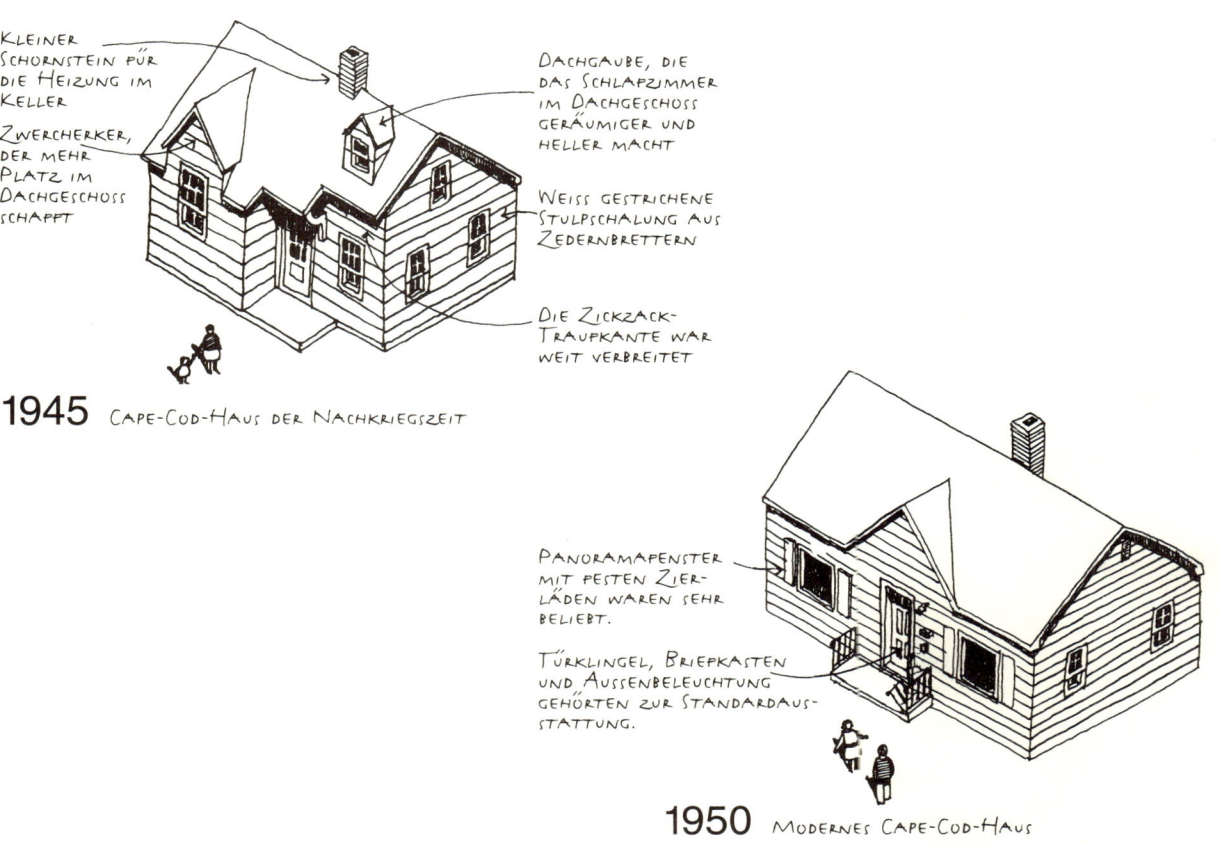

KLEINER SCHORNSTEIN FÜR DIE HEIZUNG IM KELLER

ZWERCHERKER, DER MEHR PLATZ IM DACHGESCHOSS SCHAFFT

DACHGAUBE, DIE DAS SCHLAFZIMMER IM DACHGESCHOSS GERÄUMIGER UND HELLER MACHT

WEISS GESTRICHENE STULPSCHALUNG AUS ZEDERNBRETTERN

DIE ZICKZACK-TRAUFKANTE WAR WEIT VERBREITET

1945 CAPE-COD-HAUS DER NACHKRIEGSZEIT

PANORAMAFENSTER MIT FESTEN ZIER-LÄDEN WAREN SEHR BELIEBT.

TÜRKLINGEL, BRIEFKASTEN UND AUSSENBELEUCHTUNG GEHÖRTEN ZUR STANDARDAUS-STATTUNG.

1950 MODERNES CAPE-COD-HAUS

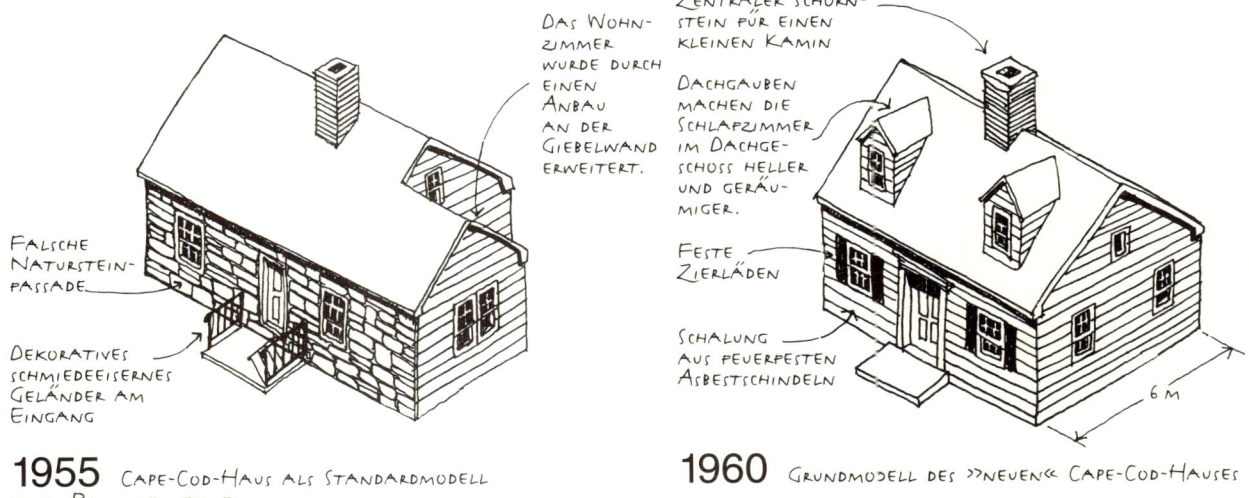

FALSCHE NATURSTEIN-FASSADE

DEKORATIVES SCHMIEDEEISERNES GELÄNDER AM EINGANG

DAS WOHN-ZIMMER WURDE DURCH EINEN ANBAU AN DER GIEBELWAND ERWEITERT.

ZENTRALER SCHORNSTEIN FÜR EINEN KLEINEN KAMIN

DACHGAUBEN MACHEN DIE SCHLAFZIMMER IM DACHGE-SCHOSS HELLER UND GERÄU-MIGER

FESTE ZIERLÄDEN

SCHALUNG AUS FEUERFESTEN ASBESTSCHINDELN

6 M

1955 CAPE-COD-HAUS ALS STANDARDMODELL EINES BAUUNTERNEHMERS

1960 GRUNDMODELL DES »NEUEN« CAPE-COD-HAUSES

Französischer Kolonialstil
Mississippi-Tal   1720

Das französische Kolonialgebiet in Nordamerika erstreckte sich, ausgehend vom Tal des Mississippi, von den Allgheny Mountains bis zu den Rocky Mountains, vom Golf von Mexiko bis nach Kanada. Allerdings gab es in diesem weiten Gebiet nur sehr wenige Städte oder seßhafte Siedler, da die Franzosen hauptsächlich Forts bauten und als wandernde Pelzhändler Handel mit den Indianern trieben.

Die wenigen Häuser, die im frühen 18. Jahrhundert vor allem in den Städten des Südens entstanden, wurden in einer ungewöhnlichen Variante des Pfahlbaus errichtet. Wie die einfachsten schwedischen Blockhütten bestanden auch sie aus Rundstämmen, die allerdings wie Palisaden senkrecht nebeneinander in die Erde (poteaux-en-terre) gesetzt wurden. Die Ein-Raum-Hütte mit Walmdach war von einer umlaufenden Galerie mit Pultdach umgeben, wie sie nur im Süden verbreitet war. Sie beschattete die Hauswände und nutzte im heißen Sommer eine kühlende Brise optimal aus. Da das Dach der Galerie eine andere Neigung hatte als das Dach des Wohnraums, ergab sich ein Knickwalmdach, das zum herausragendsten Merkmal des französischen Kolonialhauses wurde.

Um 1725 errichtete man in den sehr feuchten Niederungen viele Häuser zum Schutz gegen Hochwasser auf einem Untergeschoß mit 1,80 m bis 2,40 m hohen Backsteinmauern. Diese Bauweise des französischen Siedlerhauses mit Hochparterre hielt sich auch später noch, als das Hochwasser keine Bedrohung mehr darstellte. Das Untergeschoß blieb bei heißer Witterung kühl und wurde zum Kochen, als Kontor und für Wirtschaftszwecke genutzt.

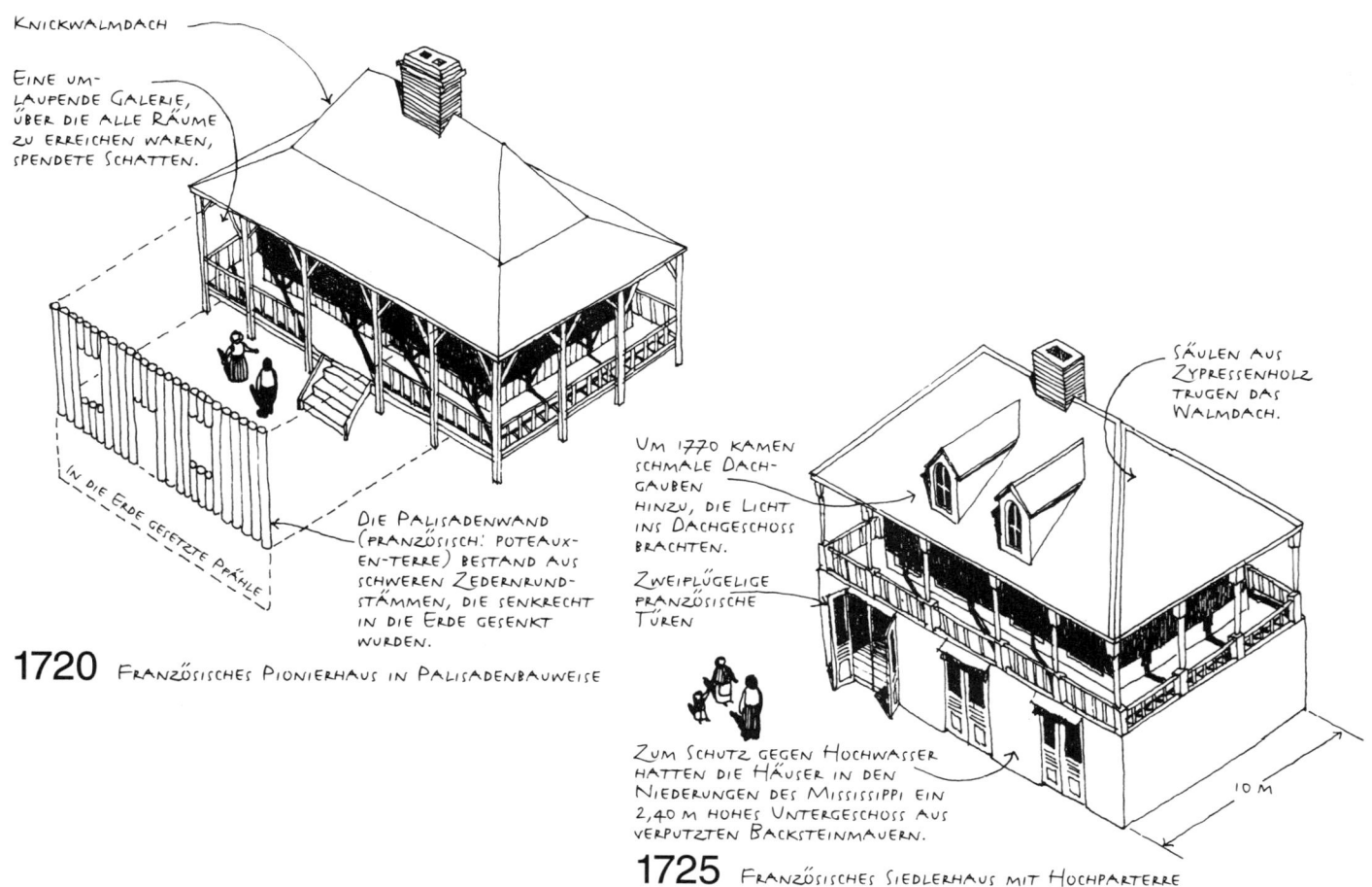

KNICKWALMDACH

EINE UM-
LAUFENDE GALERIE,
ÜBER DIE ALLE RÄUME
ZU ERREICHEN WAREN,
SPENDETE SCHATTEN.

IN DIE ERDE GESETZTE PFÄHLE

DIE PALISADENWAND
(FRANZÖSISCH: POTEAUX-
EN-TERRE) BESTAND AUS
SCHWEREN ZEDERNRUND-
STÄMMEN, DIE SENKRECHT
IN DIE ERDE GESENKT
WURDEN.

1720 FRANZÖSISCHES PIONIERHAUS IN PALISADENBAUWEISE

SÄULEN AUS
ZYPRESSENHOLZ
TRUGEN DAS
WALMDACH.

UM 1770 KAMEN
SCHMALE DACH-
GAUBEN
HINZU, DIE LICHT
INS DACHGESCHOSS
BRACHTEN.

ZWEIFLÜGELIGE
FRANZÖSISCHE
TÜREN

ZUM SCHUTZ GEGEN HOCHWASSER
HATTEN DIE HÄUSER IN DEN
NIEDERUNGEN DES MISSISSIPPI EIN
2,40 M HOHES UNTERGESCHOSS AUS
VERPUTZTEN BACKSTEINMAUERN.

10 M

1725 FRANZÖSISCHES SIEDLERHAUS MIT HOCHPARTERRE

Französiche Flüchtlinge aus Acadia (heute Nova Scotia) in Kanada gehörten im 18 Jahrhundert zu den ersten Siedlern in Louisiana. Anfangs lebten sie in kleinen Holzhäusern, den sogenannten Cajun-Hütten (»Cajun« ist eine Verballhornung von »Acadian«). Später führten sie die Plantagenhäuser mit umlaufender Galerie ein (siehe S. 86).

Bis etwa 1770 hatte sich der Grundtyp des französischen Kolonialhauses zu einem geradlinigen Bau ohne Galerien entwickelt. Als charakteristische Merkmale blieben das Walmdach und die französischen Flügeltüren erhalten. Die Palisadenwände, die leicht verrotteten, wurden durch ausgemauertes Fachwerk (französisch: briquette-entre-poteaux) ersetzt. Zweiflügelige Fenster- läden schützten die französischen Flügelfenster der Dachgauben vor Sonneneinstrahlung.

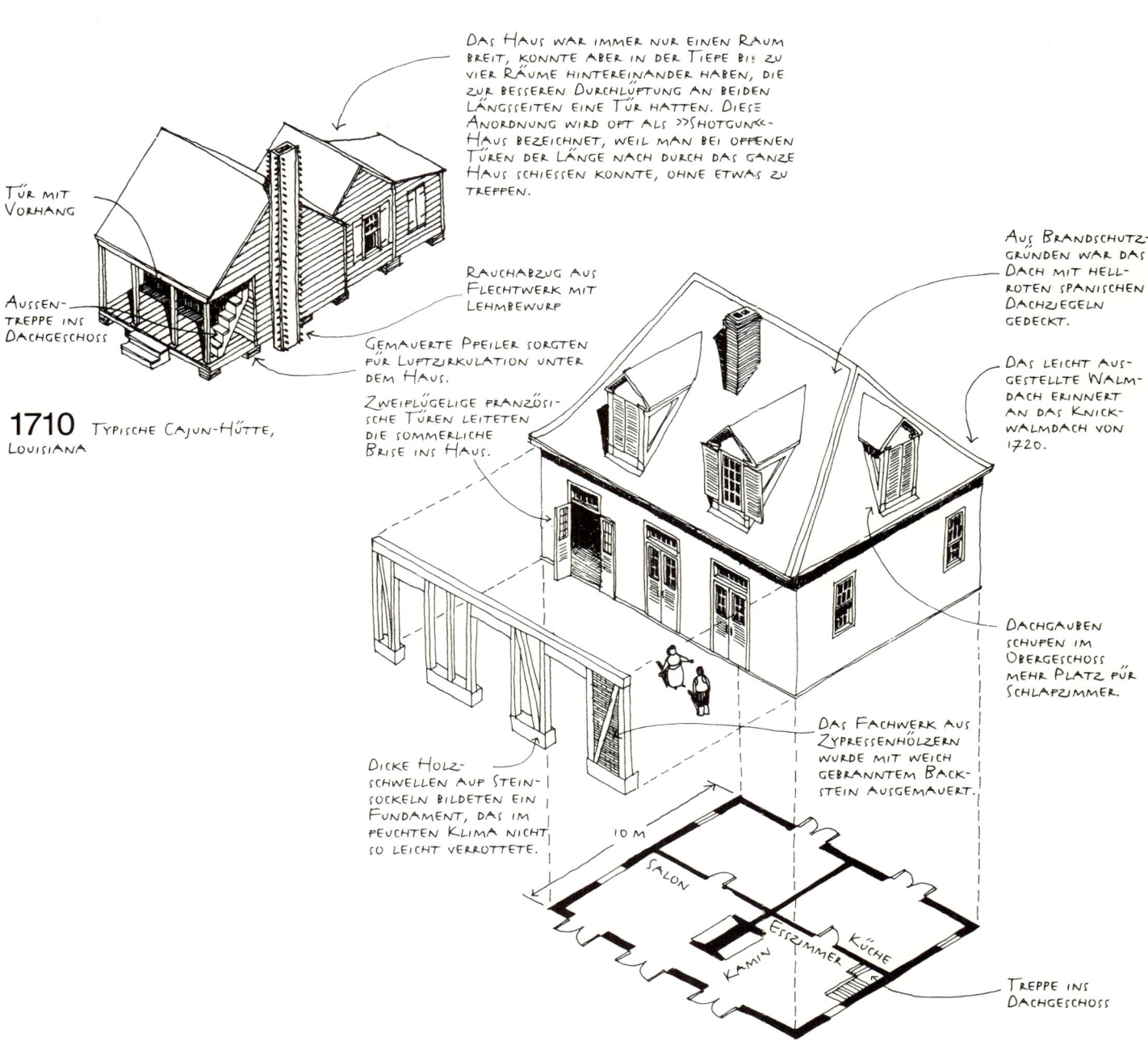

DAS HAUS WAR IMMER NUR EINEN RAUM BREIT, KONNTE ABER IN DER TIEFE BIS ZU VIER RÄUME HINTEREINANDER HABEN, DIE ZUR BESSEREN DURCHLÜFTUNG AN BEIDEN LÄNGSSEITEN EINE TÜR HATTEN. DIESE ANORDNUNG WIRD OFT ALS »SHOTGUN«- HAUS BEZEICHNET, WEIL MAN BEI OFFENEN TÜREN DER LÄNGE NACH DURCH DAS GANZE HAUS SCHIESSEN KONNTE, OHNE ETWAS ZU TREFFEN.

TÜR MIT VORHANG

AUSSEN- TREPPE INS DACHGESCHOSS

1710 TYPISCHE CAJUN-HÜTTE, LOUISIANA

RAUCHABZUG AUS FLECHTWERK MIT LEHMBEWURF

GEMAUERTE PFEILER SORGTEN FÜR LUFTZIRKULATION UNTER DEM HAUS.

ZWEIFLÜGELIGE FRANZÖSI- SCHE TÜREN LEITETEN DIE SOMMERLICHE BRISE INS HAUS.

AUS BRANDSCHUTZ- GRÜNDEN WAR DAS DACH MIT HELL- ROTEN SPANISCHEN DACHZIEGELN GEDECKT.

DAS LEICHT AUS- GESTELLTE WALM- DACH ERINNERT AN DAS KNICK- WALMDACH VON 1720.

DACHGAUBEN SCHUFEN IM OBERGESCHOSS MEHR PLATZ FÜR SCHLAFZIMMER.

DICKE HOLZ- SCHWELLEN AUF STEIN- SOCKELN BILDETEN EIN FUNDAMENT, DAS IM FEUCHTEN KLIMA NICHT SO LEICHT VERROTTETE.

DAS FACHWERK AUS ZYPRESSENHÖLZERN WURDE MIT WEICH GEBRANNTEM BACK- STEIN AUSGEMAUERT.

10 M

SALON

KAMIN

ESSZIMMER

KÜCHE

TREPPE INS DACHGESCHOSS

1770 TYPISCHES FRANZÖSISCHES FACHWERKHAUS MIT AUSGEMAUERTEN GEFACHEN, NEW ORLEANS

Georgianischer Stil
Nordamerika   1720

Bis Ende des 17. Jahrhunderts gab es zwölf große englische Kolonien an der Atlantikküste. Jede hatte ihre eigene Geschichte, ihren eigenen Charakter und stand in mancherlei Hinsicht England näher als ihren Nachbarkolonien. Die in London herrschende Mode setzte die Maßstäbe für Kleidung, bildende Kunst, Literatur und Architektur, und London wiederum wurde zur damaligen Zeit wie die gesamte westliche Welt noch immer von der italienischen Renaissance geprägt.

Als das mittelalterliche London bei dem großen Brand von 1666 fast völlig zerstört wurde, bot sich Gelegenheit für eine großflächige bauliche Modernisierung der Stadt. Unter dem Einfluß der italienischen Renaissance entwickelte sich in England der georgianische Stil (Georgian Style), benannt nach den Königen George I., II., III. und IV, die England von 1714 bis 1830 regierten.

Anfang des 18. Jahrhunderts bestand die wohlhabendste Gesellschaftsschicht Amerikas aus Kaufleuten in New England, Geschäftsleuten in Pennsylvania und Plantagenbesitzern in den Südkolonien. Diese Schicht gab das Geld ebenso schnell aus, wie sie es verdiente, und baute als sichtbare Symbole ihres Reichtums Herrenhäuser im modischen georgianischen Stil Englands.

Die georgianischen Häuser Amerikas waren geprägt durch Komfort, Bequemlichkeit und Privatheit. Für alle Funktionen wie Kochen, Essen, Schlafen sowie den Empfang von Besuchern gab es separate Räume. Die Häuser wurden größer, und um sie zu beheizen, baute man an beiden Giebelwänden große Kamine. Sie unterstützten zudem die symmetrische Wirkung dieser Häuser und steckten den Rahmen für das frühgeorgianische Haus ab. Hauptmerkmale des Hauses, das die Reichen bauten, um ihre Gäste zu beeindrucken, waren eine ausgewogene symmetrische Fassade und ein reichverzierter Hauseingang.

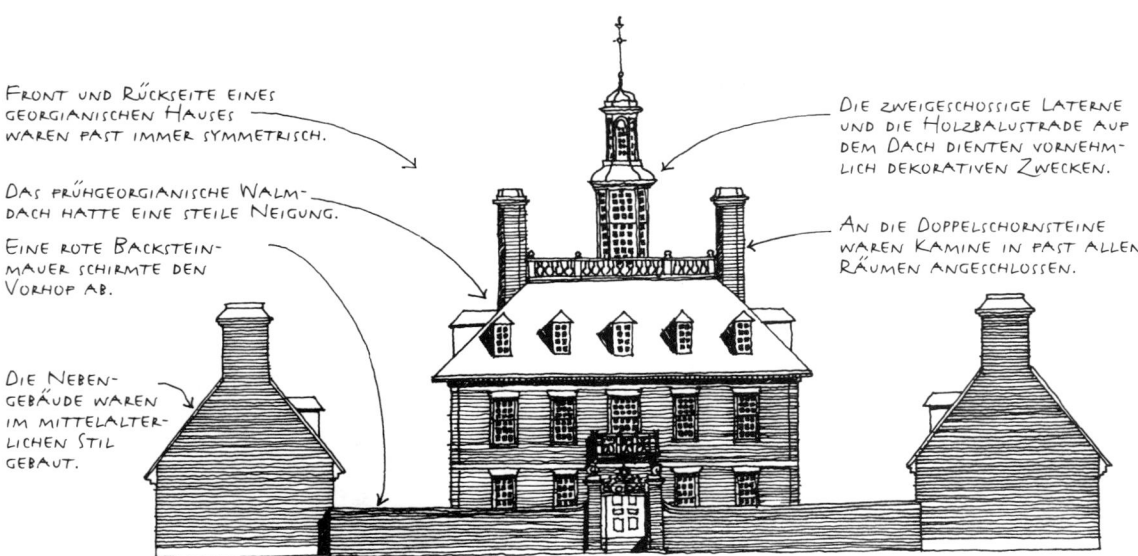

FRONT UND RÜCKSEITE EINES GEORGIANISCHEN HAUSES WAREN FAST IMMER SYMMETRISCH.

DAS FRÜHGEORGIANISCHE WALMDACH HATTE EINE STEILE NEIGUNG.

EINE ROTE BACKSTEINMAUER SCHIRMTE DEN VORHOF AB.

DIE NEBENGEBÄUDE WAREN IM MITTELALTERLICHEN STIL GEBAUT.

DIE ZWEIGESCHOSSIGE LATERNE UND DIE HOLZBALUSTRADE AUF DEM DACH DIENTEN VORNEHMLICH DEKORATIVEN ZWECKEN.

AN DIE DOPPELSCHORNSTEINE WAREN KAMINE IN FAST ALLEN RÄUMEN ANGESCHLOSSEN.

1720 GOUVERNEURSPALAST, WILLIAMSBURG, VIRGINIA

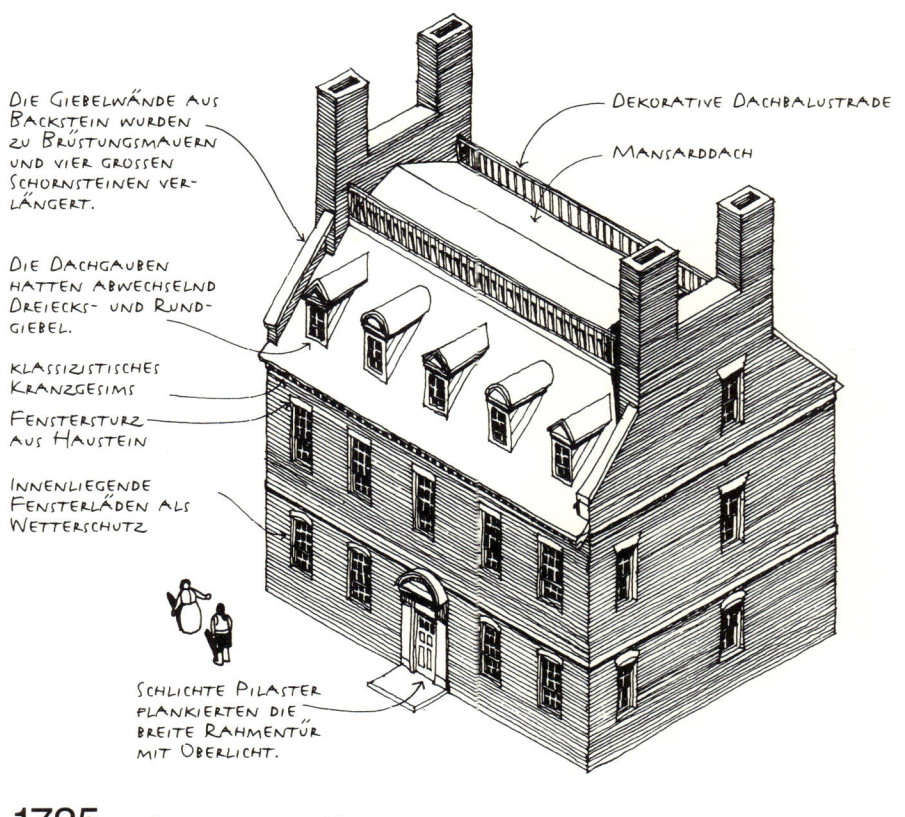

DIE GIEBELWÄNDE AUS BACKSTEIN WURDEN ZU BRÜSTUNGSMAUERN UND VIER GROSSEN SCHORNSTEINEN VERLÄNGERT.

DIE DACHGAUBEN HATTEN ABWECHSELND DREIECKS- UND RUNDGIEBEL.

KLASSIZISTISCHES KRANZGESIMS

FENSTERSTURZ AUS HAUSTEIN

INNENLIEGENDE FENSTERLÄDEN ALS WETTERSCHUTZ

DEKORATIVE DACHBALUSTRADE

MANSARDDACH

SCHLICHTE PILASTER FLANKIERTEN DIE BREITE RAHMENTÜR MIT OBERLICHT.

1725 FRÜHGEORGIANISCHES HAUS, VIRGINIA

Der georgianische Stil nahm in Nordamerika seinen Anfang in den Kolonien der mittleren Atlantikregion und im Süden. Nach New England gelangte dieser Stil erst recht spät, da sein Erfolg vor allem auf dem geschickten Einsatz von Hau- und Backstein beruhte und sich nur schwer in die Holzbauweise übersetzen ließ. Um 1750 fand er jedoch auch hier allmählich Eingang, besonders in den Hafenstädten. Im Gegensatz zum »volkstümlichen Stil« der früheren Bauten, die von ungeschulten Siedlern errichtet wurden, verbreitete sich der georgianische Stil durch Handbücher für Zimmerleute, architektonische Musterbücher und eingewanderte Bauhandwerker, Baumeister sowie einige wenige Architekten aus England.

WALMDÄCHER UND BACKSTEINMAUERN WAREN IN DEN KOLONIEN DER MITTLEREN ATLANTIKREGION UND DES SÜDENS RECHT VERBREITET.

KLASSIZISTISCHES KRANZGESIMS

AN DIE SCHORNSTEINE IN DEN GIEBELWÄNDEN WAREN KAMINE IN JEDEM RAUM ANGESCHLOSSEN.

FRÜHGEORGIANISCHE HÄUSER WAREN SEHR SCHLICHT, SCHMUCKLOS UND KASTENFÖRMIG.

DER BAUSCHMUCK DES HAUSEINGANGS UND DAS KRANZGESIMS BILDETEN MEIST DIE EINZIGEN DEKORATIVEN ELEMENTE DER FASSADE.

SATTELDACH

1730 FRÜHGEORGIANISCHES HAUS, PENNSYLVANIA

1740 FRÜHGEORGIANISCHES HAUS, NEW ENGLAND

Bis zur Mitte des 18. Jahrhunderts wuchs Englands Begeisterung für die italienische Renaissance und klassische Formen fast ins Fanatische. Eine Flut von Handbüchern und Zeitschriften verbreiteten die Werke des großen italienischen Architekten Andrea Palladio und seines englischen Schülers Inigo Jones. Da die amerikanischen Kolonien zu dieser Zeit einen wahren Bauboom erlebten, machte sich der Einfluß dieser Schriften deutlich bemerkbar.

Mit der Zeit wurde der georgianische Stil schmuckreicher und imposanter. Das Haus wurde höher und auch die Schornsteine wuchsen in die Höhe und wurden dicker. Türen waren nun von Pilastern flankiert und von einem kunstvollen Gesims oder Giebelfeld bekrönt. Der Flur im Erdgeschoß erhielt durch ein halbrundes Fächerfenster über der Haustür Licht. Der Flur des ersten Stockwerks hatte oft ein dreiteiliges Fenster mit Rundbogen, das nach dem italienischen Architekten Andrea Palladio (1508–1580) als Palladiomotiv oder Venezianisches Fenster bezeichnet wird. Die prunkvolleren Residenzen hatten über dem Mittelrisalit einen Zwerchgiebel, ein sogenanntes Frontispiz, sowie Zierverbände an den Mauerecken, die Eckquader aus Naturstein nachahmten, um die Illusion von Solidität zu vermitteln.

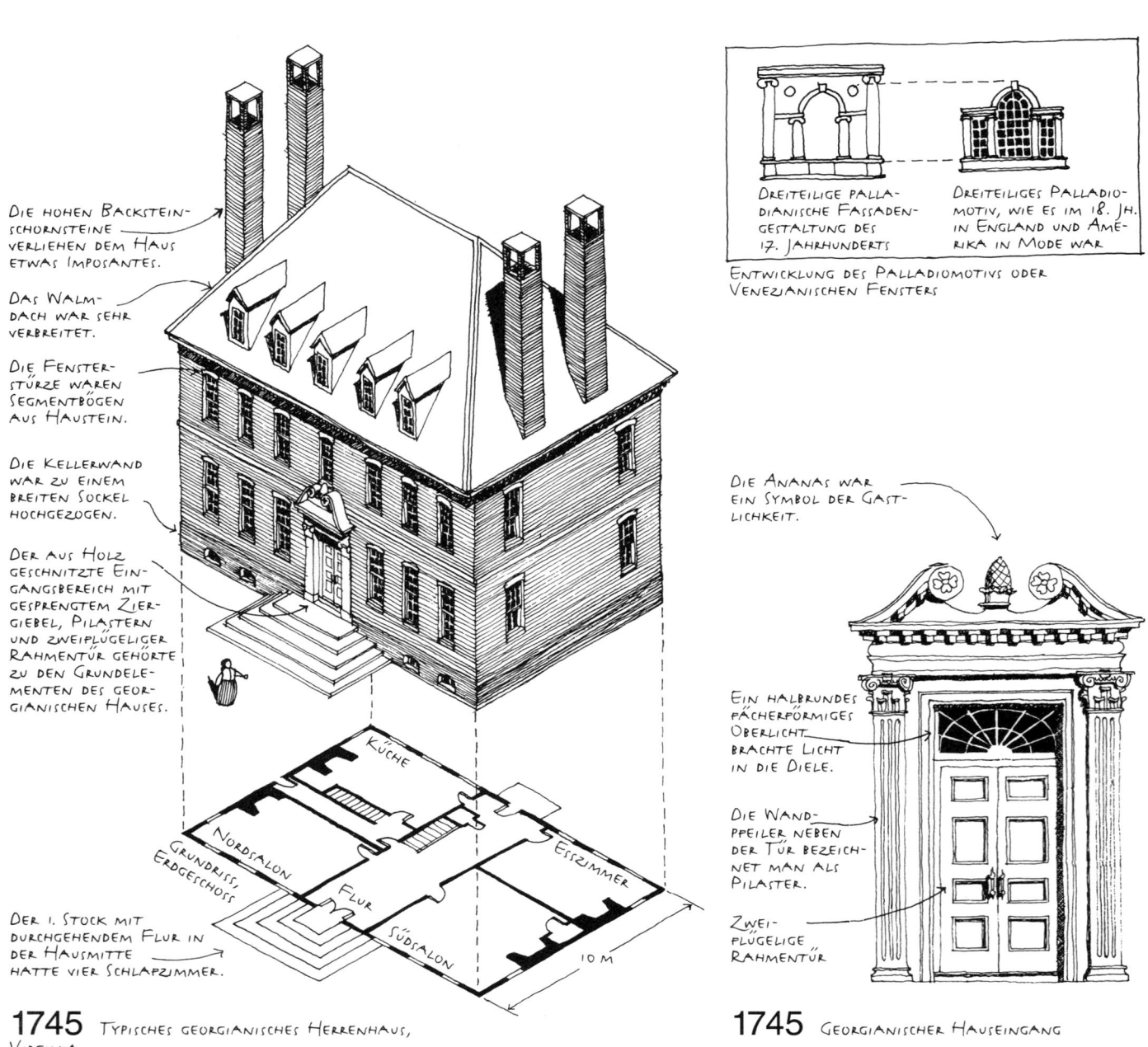

DREITEILIGE PALLA-DIANISCHE FASSADEN-GESTALTUNG DES 17. JAHRHUNDERTS

DREITEILIGES PALLADIO-MOTIV, WIE ES IM 18. JH. IN ENGLAND UND AME-RIKA IN MODE WAR

ENTWICKLUNG DES PALLADIOMOTIVS ODER VENEZIANISCHEN FENSTERS

DIE HOHEN BACKSTEIN-SCHORNSTEINE VERLIEHEN DEM HAUS ETWAS IMPOSANTES.

DAS WALM-DACH WAR SEHR VERBREITET.

DIE FENSTER-STÜRZE WAREN SEGMENTBÖGEN AUS HAUSTEIN.

DIE KELLERWAND WAR ZU EINEM BREITEN SOCKEL HOCHGEZOGEN.

DER AUS HOLZ GESCHNITZTE EIN-GANGSBEREICH MIT GESPRENGTEM ZIER-GIEBEL, PILASTERN UND ZWEIFLÜGELIGER RAHMENTÜR GEHÖRTE ZU DEN GRUNDELE-MENTEN DES GEOR-GIANISCHEN HAUSES.

DIE ANANAS WAR EIN SYMBOL DER GAST-LICHKEIT.

EIN HALBRUNDES FÄCHERFÖRMIGES OBERLICHT BRACHTE LICHT IN DIE DIELE.

DIE WAND-PFEILER NEBEN DER TÜR BEZEICH-NET MAN ALS PILASTER.

ZWEI-FLÜGELIGE RAHMENTÜR

KÜCHE

NORDSALON

GRUNDRISS, ERDGESCHOSS

FLUR

ESSZIMMER

SÜDSALON

10 M

DER 1. STOCK MIT DURCHGEHENDEM FLUR IN DER HAUSMITTE HATTE VIER SCHLAFZIMMER.

1745 TYPISCHES GEORGIANISCHES HERRENHAUS, VIRGINIA

1745 GEORGIANISCHER HAUSEINGANG

Regionale Unterschiede waren beim georgianischen Stil weitaus seltener als in den früheren Baustilen. Die wenigen Variationen lassen sich auf Unterschiede in den klimatischen Verhältnissen und den Lebensbedingungen zurückführen. In New England, wo Hau- und Backsteine teuer waren, baute man Häuser aus unbehandeltem Holz und griff die dekorative Gestaltung des Hauseingangs, die hohen, schmalen Schornsteine an den Giebelwänden und das klassizistische Kranzgesims auf. In den mittleren Kolonien bevorzugte man statt Sichtmauerwerk verputzte Wände, gestaltete den Eingangsbereich mit palladianischen Elementen, gekrönt von einem Venezianischen Flurfenster im ersten Stock; weitere Merkmale waren kräftige, hohe Schornsteine, hohe Räume und mitunter Fensterläden. Im Süden waren die Häuser vorwiegend aus rotem Backstein, hatten Walmdächer, hohe Schornsteine und weiß lackierte Dekorationen am Eingangsbereich. Im tiefen Süden wurden die Häuser farbig verputzt und mit anmutigen schmiedeeisernen Gittern und Toren verziert.

Das unten abgebildete Haus weist praktisch alle Stilmittel auf, die nach 1750 beim spätgeorgianischen Stil verbreitet waren: dekorativ gestalteter Hauseingang, Palladiomotiv im ersten Stock, Walmdach mit Zwerchgiebel und Balustrade, hohe Schornsteine, dekorative Ziegelverbände an den Mauerecken und ein als Sockel hochgezogenes Kellergeschoß.

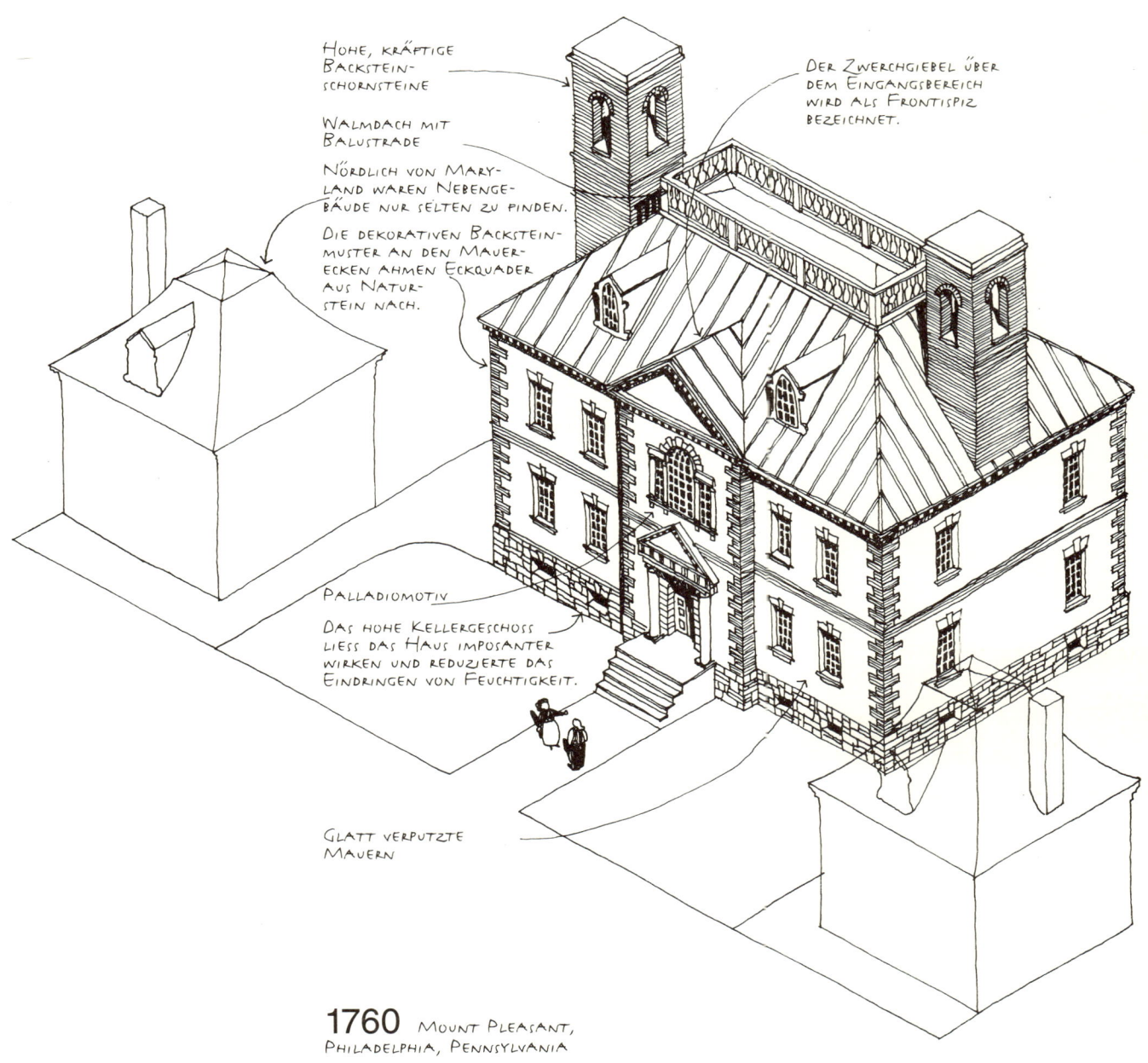

HOHE, KRÄFTIGE BACKSTEIN-SCHORNSTEINE

WALMDACH MIT BALUSTRADE

NÖRDLICH VON MARYLAND WAREN NEBENGEBÄUDE NUR SELTEN ZU FINDEN.

DIE DEKORATIVEN BACKSTEINMUSTER AN DEN MAUERECKEN AHMEN ECKQUADER AUS NATURSTEIN NACH.

DER ZWERCHGIEBEL ÜBER DEM EINGANGSBEREICH WIRD ALS FRONTISPIZ BEZEICHNET.

PALLADIOMOTIV

DAS HOHE KELLERGESCHOSS LIESS DAS HAUS IMPOSANTER WIRKEN UND REDUZIERTE DAS EINDRINGEN VON FEUCHTIGKEIT.

GLATT VERPUTZTE MAUERN

1760 MOUNT PLEASANT, PHILADELPHIA, PENNSYLVANIA

Federal Style
Alle nordamerikanischen Kolonien   1765

Vor der amerikanischen Revolution 1773 bildete sich allmählich ein neuer Baustil heraus, der die dekorativen Elemente des von England geprägten georgianischen Stils weitgehend ablehnte. Entsprechend erhielt er in Anlehnung an die neue Republik die Bezeichnung Federal Style, Föderalstil.

Nach den Unabhängigkeitskriegen war Amerika wie umgewandelt. Es wollte literarisch, künstlerisch und architektonisch ebenso unabhängig sein wie politisch. Doch so sehr seine Souveränität auch von Aufbruchstimmung geprägt sein mochte, ließ sich die Autorität europäischer Formen nicht so rasch abschütteln. Wer nicht nach Übersee reisen konnte, um die europäische Architektur persönlich zu erleben, dem bot der amerikanische Markt nach wie vor eine Fülle importierter Schriften zur Architektur.

Der englisch geprägten georgianischen Architektur war nur schwer etwas entgegenzusetzen. Die Häuser wurden von Architekten entworfen, die ihre Ausbildung in Großbritannien und Frankreich erhalten hatten und für die Wohlhabenden sowohl in ihrem Heimatland als auch in Amerika arbeiteten. Ganz allmählich faßte jedoch ein neuer Föderalstil Fuß, der unter dem Einfluß des Neopalladianismus Würde und Zurückhaltung betonte und wesentlich weniger ornamental war, die Symmetrie des spätgeorgianischen Stils aber beibehielt.

Im ganzen Land erschienen nun Architekturzeitschriften und Handbücher, die vollständige Anleitungen zur Planung und zum Bau von Häusern im Föderalstil verbreiteten. Die erste dieser Schriften war *The Country Builders Assistant: Containing a Collection of New Designs of Carpentry and Architecture* von Asher Benjamin, die 1796 in Greenfield, Massachusetts, erschien.

Es wurden nun völlig neue Standards in bezug auf Komfort, Bequemlichkeit und Privatheit eingeführt. Häuser im Föderalstil hatten Anrichten, Ankleidezimmer, Wandschränke und Kammern aller Art und sogar Innentoiletten. Die Architekten paßten die Raumaufteilung diesen spezifischeren Funktionen an, behielten aber die monumentale, klassizistisch symmetrische Fassade immer bei.

Die Föderalperiode dauerte von 1760 bis 1830 und umfaßte den schweren, massigen Klassizismus Jeffersons sowie den zierlich-leichten Klassizismus Adams und des Regency, die auf den folgenden Seiten behandelt werden.

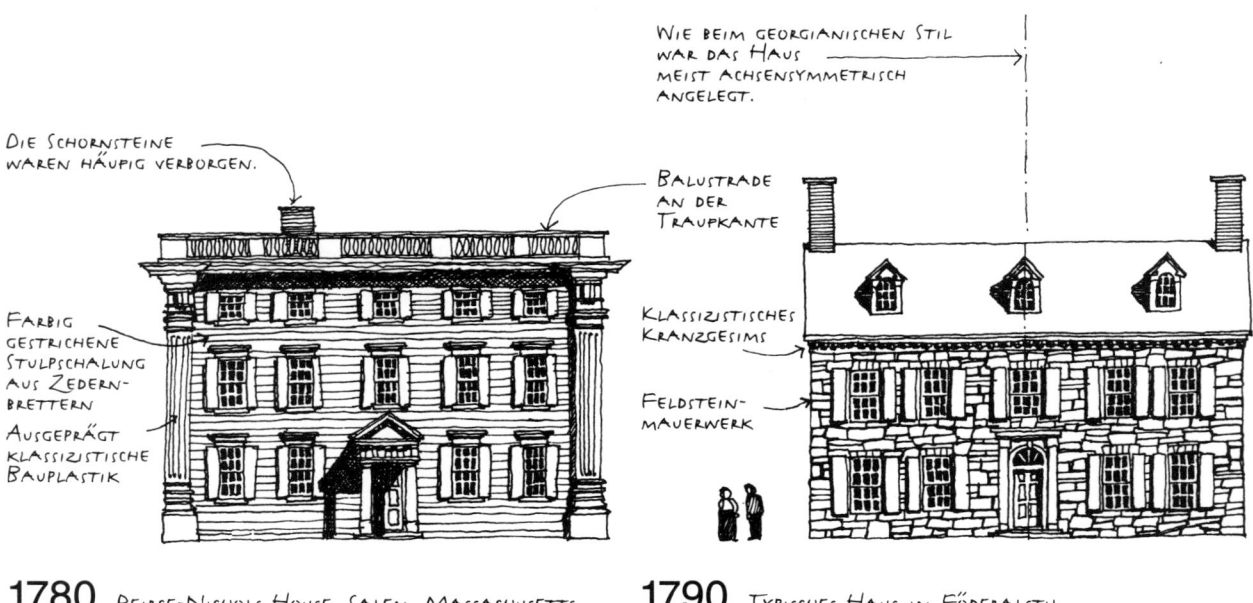

WIE BEIM GEORGIANISCHEN STIL WAR DAS HAUS MEIST ACHSENSYMMETRISCH ANGELEGT.

DIE SCHORNSTEINE WAREN HÄUFIG VERBORGEN.

BALUSTRADE AN DER TRAUFKANTE

FARBIG GESTRICHENE STULPSCHALUNG AUS ZEDERNBRETTERN

AUSGEPRÄGT KLASSIZISTISCHE BAUPLASTIK

KLASSIZISTISCHES KRANZGESIMS

FELDSTEINMAUERWERK

1780 PEIRCE-NICHOLS HOUSE, SALEM, MASSACHUSETTS, ARCHITEKT: SAMUEL MCINTIRE

1790 TYPISCHES HAUS IM FÖDERALSTIL, PENNSYLVANIA

Bis Anfang des 19. Jahrhunderts hatten die Architekten des Föderalstils sich aller georgianischer Verzierungen weitgehend entledigt und bauten schlichte kastenförmige Backsteinhäuser (manchmal auch Holzhäuser mit weiß gestrichener Bretterschalung), die sie außen und innen sparsam mit zierlichen, weißen Holzornamenten schmückten. Besondere Aufmerksamkeit galt immer dem Eingangsbereich: der Haustür und dem Flur durch die Hausmitte, der sein Licht durch ein kunstvoll geschnitztes elliptisches Fächerfenster über der Tür und durch schmale Seitenfenster neben der Tür erhielt. Schlanke Säulchen trugen ein halbrundes, klassizistisch gestaltetes Gebälk über dem Eingang. Die Innentreppen waren teilweise gewendelt und immer kunstvoll verziert.

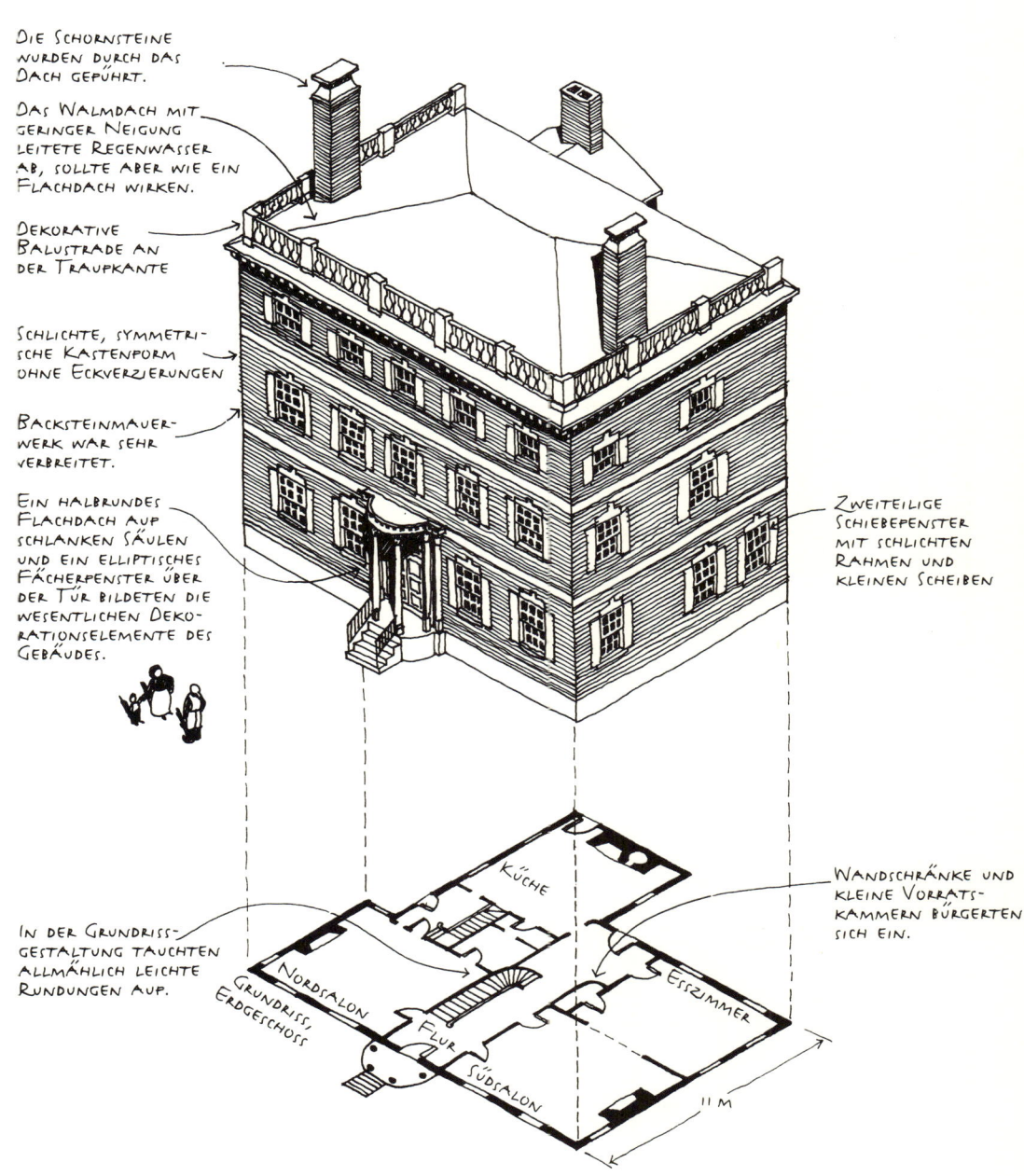

DIE SCHORNSTEINE WURDEN DURCH DAS DACH GEFÜHRT.

DAS WALMDACH MIT GERINGER NEIGUNG LEITETE REGENWASSER AB, SOLLTE ABER WIE EIN FLACHDACH WIRKEN.

DEKORATIVE BALUSTRADE AN DER TRAUFKANTE

SCHLICHTE, SYMMETRISCHE KASTENFORM OHNE ECKVERZIERUNGEN

BACKSTEINMAUERWERK WAR SEHR VERBREITET.

EIN HALBRUNDES FLACHDACH AUF SCHLANKEN SÄULEN UND EIN ELLIPTISCHES FÄCHERFENSTER ÜBER DER TÜR BILDETEN DIE WESENTLICHEN DEKORATIONSELEMENTE DES GEBÄUDES.

ZWEITEILIGE SCHIEBEFENSTER MIT SCHLICHTEN RAHMEN UND KLEINEN SCHEIBEN

IN DER GRUNDRISSGESTALTUNG TAUCHTEN ALLMÄHLICH LEICHTE RUNDUNGEN AUF.

WANDSCHRÄNKE UND KLEINE VORRATSKAMMERN BÜRGERTEN SICH EIN.

KÜCHE

NORDSALON

GRUNDRISS, ERDGESCHOSS

FLUR

SÜDSALON

ESSZIMMER

11 M

1804 PINGREE HOUSE, SALEM, MASSACHUSETTS, ARCHITEKT: SAMUEL MCINTIRE

Jefferson-Klassizismus

Virginia   1770

Thomas Jefferson war einer der originellsten und produktivsten Architekten Amerikas. Schon vor der amerikanischen Revolution befaßte er sich praktisch und theoretisch mit Architektur und führte diese Tätigkeit bis zu seinem Tod 1826 fort. Gegen den georgianischen Stil hegte er starke Vorbehalte, da er ihm so offenkundig »englisch« und, gemessen an klassischen Maßstäben, grobschlächtig erschien. Während seiner Europareisen (als amerikanischer Gesandter in Frankreich 1785–1789) lernte er die antike römische Architektur kennen und schätzen und gelangte zu der Überzeugung, daß die Römische Ordnung grundlegend für die Planung eines jeden Bauwerks sei. Von nun an stützten sich alle seine Bauten auf diese klassischen Prinzipien. Manchmal wird dieser Stil auch als Roman Revival bezeichnet, doch in Amerika war er so stark von Jefferson geprägt, daß wir ihn Jefferson-Klassizismus nennen müssen. Sein Baustil, der in Virginia aufkam, blieb vornehmlich auf die Südstaaten beschränkt, wenn auch seltene Beispiele im Westen zu finden sind.

Das typische Jefferson-Haus ist aus rotem Backstein und hat einen Portikus aus weiß gestrichenem Holz. Der Portikus, in dessen Giebelfeld häufig ein rundes oder halbrundes Fenster zu finden war, wirkte in seiner Gestaltung schwer und massig, erstreckte sich gewöhnlich über zwei Geschosse, flankiert von ein- bis zweigeschossigen Seitenflügeln, und bildete immer das zentrale Gestaltungselement des Gebäudes. Die Seitenflügel nutzte Jefferson, um den kastenförmigen Eindruck des georgianischen Hauses durch eine Reihe kleinerer geradliniger Quader aufzubrechen, die jeweils spezifische Funktionen erfüllten. Seine Vorliebe für Symmetrie ist offenkundig.

MAISON CARRÉE, 16 v. CHR., NÎMES, FRANKREICH

WÄHREND SEINER EUROPAREISEN SASS JEPPERSON VOR DIESEM AUGUSTEISCHEN TEMPEL »WIE EIN LIEBHABER VOR SEINER GELIEBTEN«.

VIRGINIA STATE CAPITOL, RICHMOND, VIRGINIA

1786 ENTWARF JEPPERSON DIESES GEBÄUDE NACH DEM VORBILD DES MAISON CARRÉE.

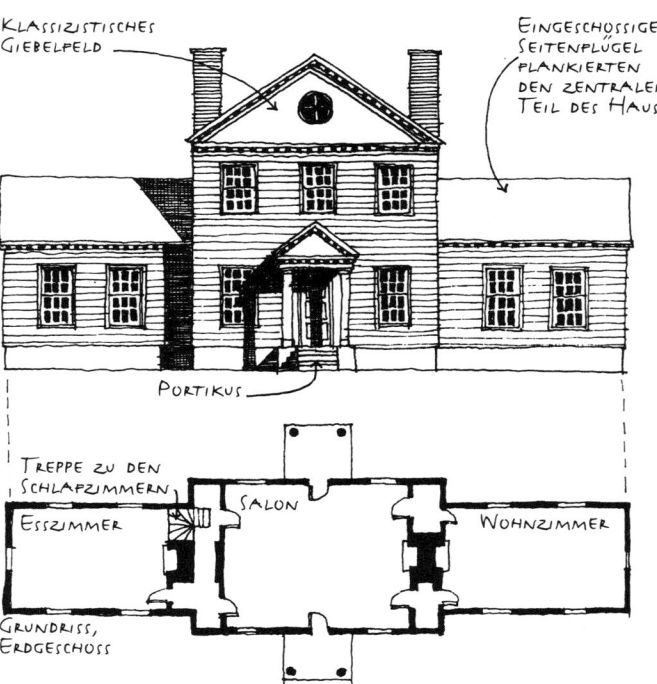

KLASSIZISTISCHES GIEBELFELD

EINGESCHOSSIGE SEITENFLÜGEL PLANKIERTEN DEN ZENTRALEN TEIL DES HAUSES

PORTIKUS

TREPPE ZU DEN SCHLAFZIMMERN

ESSZIMMER   SALON   WOHNZIMMER

GRUNDRISS, ERDGESCHOSS

DER STIL JEPPERSONS WAR VOM SPÄTGEORGIANISCHEN STIL BEEINFLUSST.

1760 SPÄTGEORGIANISCHES HAUS

1775 HAUS IM JEPPERSON-STIL, VIRGINIA, ARCHITEKT VERMUTLICH: THOMAS JEPPERSON

Eines der schlichtesten Häuser, die Jefferson entwarf, ist Barboursville, gebaut 1817 für den Gouverneur von Virginia, James Barbour. Die über zwei Geschosse reichenden Räume im Zentrum des Hauses sind von Seitenflügeln flankiert, die Arbeitszimmer, Wohnzimmer, Eßzimmer und Schlafzimmer enthalten. Gekocht wurde in einem separaten Nebengebäude. Im Erdgeschoß wies das Haus die üblichen Kamine auf, aber der erste Stock wurde mit Franklin-Öfen beheizt, gußeisernen Öfen für Holz- und Kohlefeuerung, die Jeffersons Freund Benjamin Franklin entwickelt hatte.

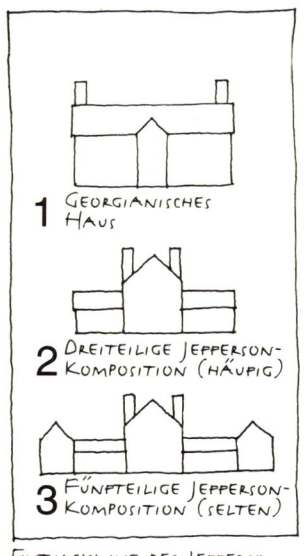

1 GEORGIANISCHES HAUS

2 DREITEILIGE JEFFERSON-KOMPOSITION (HÄUFIG)

3 FÜNFTEILIGE JEFFERSON-KOMPOSITION (SELTEN)

ENTWICKLUNG DES JEFFERSON-HAUSES

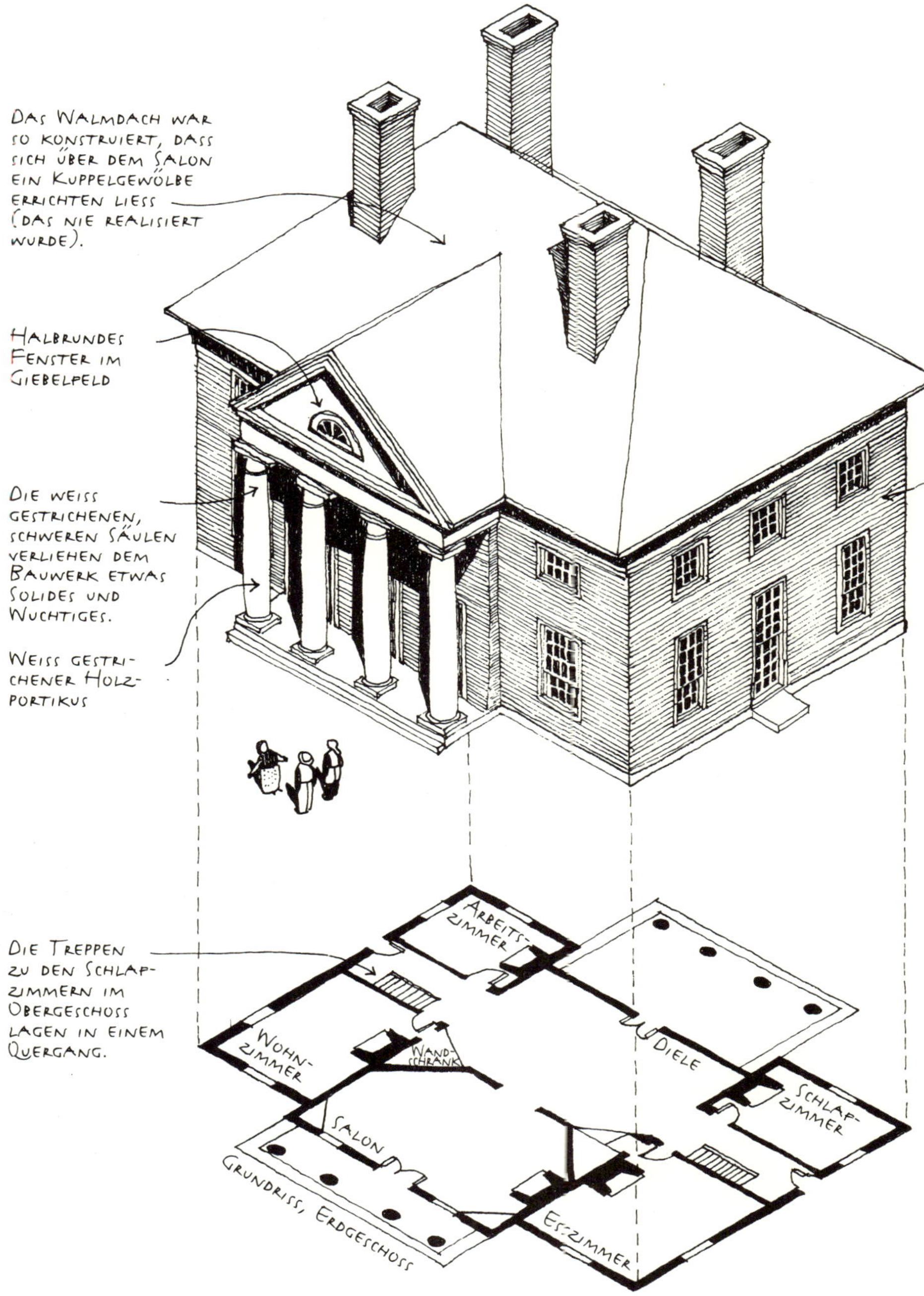

DAS WALMDACH WAR SO KONSTRUIERT, DASS SICH ÜBER DEM SALON EIN KUPPELGEWÖLBE ERRICHTEN LIESS (DAS NIE REALISIERT WURDE).

HALBRUNDES FENSTER IM GIEBELFELD

DIE WEISS GESTRICHENEN, SCHWEREN SÄULEN VERLIEHEN DEM BAUWERK ETWAS SOLIDES UND WUCHTIGES.

WEISS GESTRICHENER HOLZPORTIKUS

ROTE BACKSTEINMAUERN

DIE TREPPEN ZU DEN SCHLAFZIMMERN IM OBERGESCHOSS LAGEN IN EINEM QUERGANG.

ARBEITSZIMMER

DIELE

WOHNZIMMER

WANDSCHRANK

SCHLAFZIMMER

SALON

ESSZIMMER

GRUNDRISS, ERDGESCHOSS

1817 BARBOURSVILLE, VIRGINIA, ARCHITEKT: THOMAS JEFFERSON

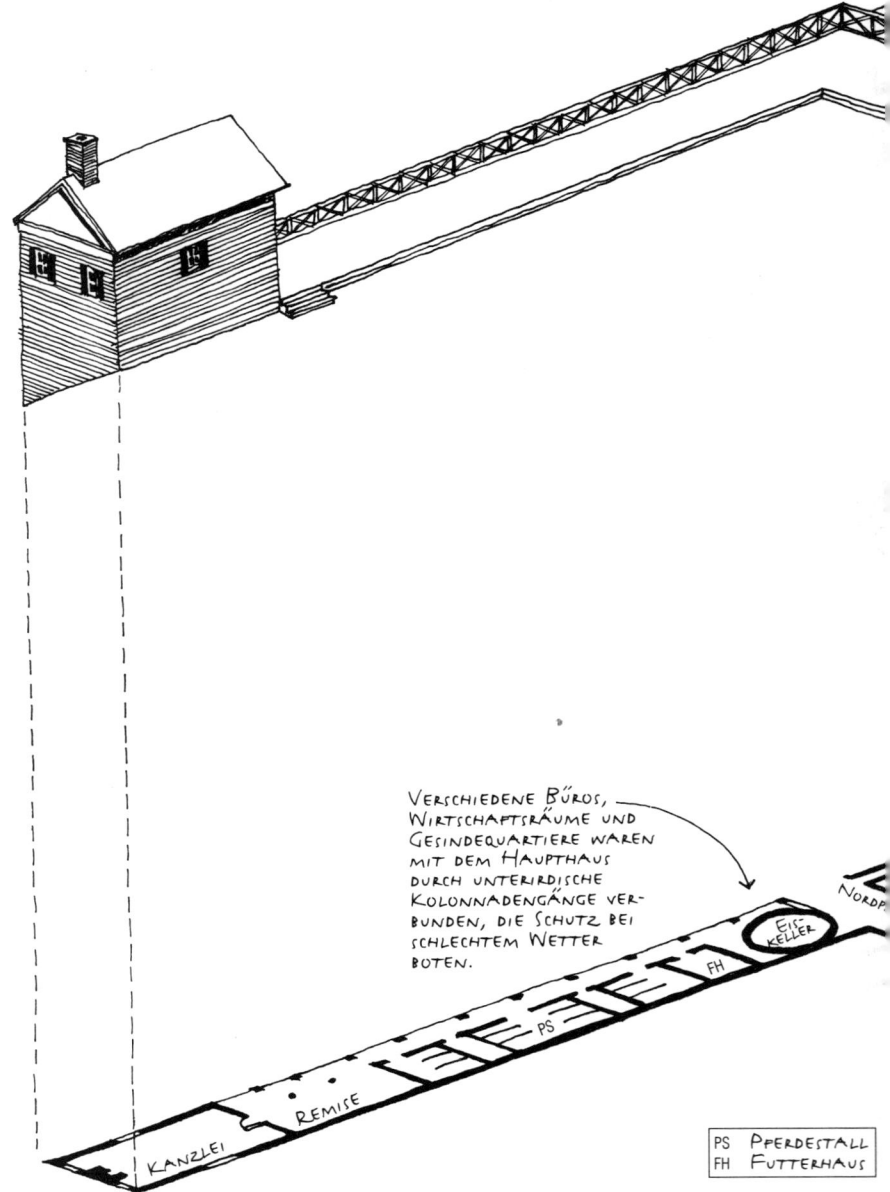

VERSCHIEDENE BÜROS, WIRTSCHAFTSRÄUME UND GESINDEQUARTIERE WAREN MIT DEM HAUPTHAUS DURCH UNTERIRDISCHE KOLONNADENGÄNGE VERBUNDEN, DIE SCHUTZ BEI SCHLECHTEM WETTER BOTEN.

EIS-KELLER

NORDP

FH

PS

REMISE

KANZLEI

| PS | PFERDESTALL |
| FH | FUTTERHAUS |

Für Jefferson war große Architektur über den Aspekt ihrer Zweckmäßigkeit hinaus vor allem eine zivilisatorische Leistung. Er riet amerikanischen Europareisenden: »Architektur verdient große Aufmerksamkeit. Da die Zahl unserer Bürger sich alle zwanzig Jahre verdoppelt, müssen wir die Zahl unserer Häuser verdoppeln ... Architektur gehört mit zu den wichtigsten Künsten, und es ist erstrebenswert, Geschmack in eine Kunst zu bringen, die so sichtbar ist ...«

Thomas Jeffersons leidenschaftliche Begeisterung, mit der er sein eigenes Haus, Monticello, plante, baute und verbesserte, begann 1767, als er 24 Jahre alt war, und währte 59 Jahre bis zu seinem Tod. Er gehörte zu den ersten Amerikanern, die eine Originalausgabe von Palladios großem Werk über Architektur besaßen (und keine englische Interpretation, wie es zur Zeit des georgianischen Stils üblich war). Dort fand er Pläne von italienischen Villen, die großen Einfluß auf die Gestaltung von Monticello hatten.

Jeffersons Wunsch, durch einen flexiblen Grundriß in den meisten Räumen eine gewisse Privatheit zu erreichen, wurde immer wieder durch sein Bestreben nach klassischer Symmetrie konterkariert. Beiden Ansprüchen suchte er gerecht zu werden, indem er verschiedene neue Elemente in die Architektur einbrachte. So verzichtete er auf das zentrale Treppenhaus und ersetzte es durch zwei Treppen in den Seitenfluren, und auf jedem Stockwerk baute er Innentoiletten ein. Für den Wein gab es einen eigenen Lastenaufzug vom Keller, und viele weitere Einrichtungen sorgten für »modernen« Komfort.

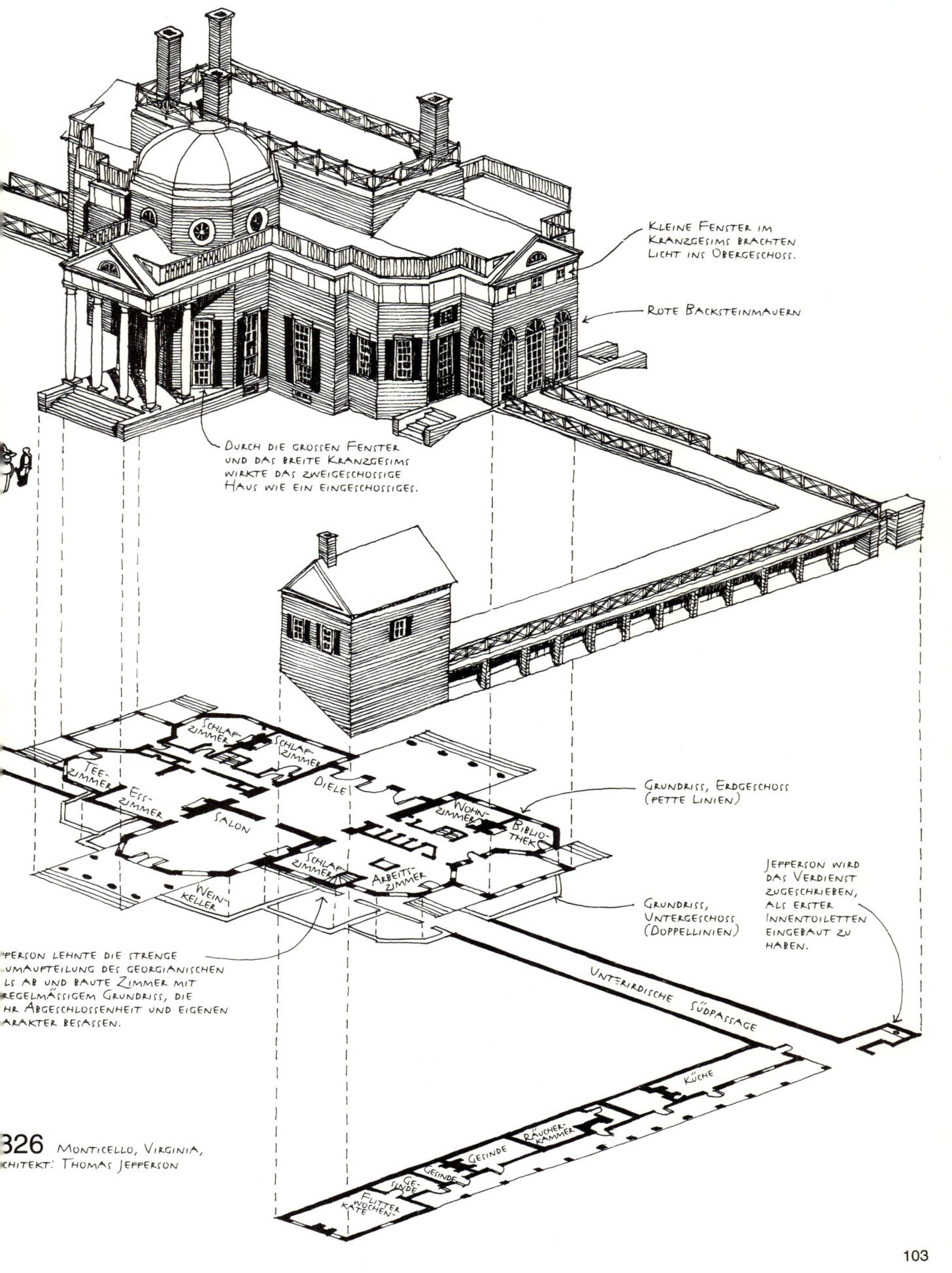

KLEINE FENSTER IM
KRANZGESIMS BRACHTEN
LICHT INS OBERGESCHOSS.

ROTE BACKSTEINMAUERN

DURCH DIE GROSSEN FENSTER
UND DAS BREITE KRANZGESIMS
WIRKTE DAS ZWEIGESCHOSSIGE
HAUS WIE EIN EINGESCHOSSIGES.

GRUNDRISS, ERDGESCHOSS
(FETTE LINIEN)

JEPFERSON WIRD
DAS VERDIENST
ZUGESCHRIEBEN,
ALS ERSTER
INNENTOILETTEN
EINGEBAUT ZU
HABEN.

GRUNDRISS,
UNTERGESCHOSS
(DOPPELLINIEN)

...PERSON LEHNTE DIE STRENGE
...UMAUFTEILUNG DES GEORGIANISCHEN
...LS AB UND BAUTE ZIMMER MIT
...REGELMÄSSIGEM GRUNDRISS, DIE
...HR ABGESCHLOSSENHEIT UND EIGENEN
...ARAKTER BESASSEN.

UNTERIRDISCHE SÜDPASSAGE

SCHLAF-
ZIMMER
SCHLAF-
ZIMMER
DIELE
TEE-
ZIMMER
ESS-
ZIMMER
SALON
WOHN-
ZIMMER
BIBLIO-
THEK
WEIN-
KELLER
SCHLAF-
ZIMMER
ARBEITS-
ZIMMER

KÜCHE
RÄUCHER-
KAMMER
GESINDE
GE-
SINDE
GE-
SINDE
FUTTER-
KAMMER
KNOCHEN-
...TE

326 MONTICELLO, VIRGINIA,
...CHITEKT: THOMAS JEFFERSON

Adam

Osten 1800

Der Adam-Stil ist nach drei aus Schottland stammenden Brüdern, Robert, James und William Adam, benannt, die von 1760 bis 1780 das größte Architekturbüro Englands führten. Zeitweise hatte ihre Firma zwischen 2000 und 3000 Beschäftigte und umfaßte mehrere Unternehmen, die Baustoffe lieferten. Sie ersetzten den »korrekten« britischen Palladianismus (georgianischen Stil) des 17. und 18. Jahrhunderts durch eine ganz eigene Mischung klassizistischer Elemente.

Der älteste und begabteste der Brüder, Robert Adam, unternahm in seiner Jugend ausgedehnte Reisen durch Italien und Dalmatien, wo er sich eingehend mit antiker römischer Architektur beschäftigte. Er studierte bei dem französischen Architekten Charles-Louis Clerisseau, einem engen Freund Thomas Jeffersons. Gemeinsam mit seinem Bruder veröffentlichte Robert 1771 *The Works in Architecture of Robert and James Adam, Esquires*, ein Buch, das weithin zu Nachahmungen und Abwandlungen ihres umfassenden dekorativen Vokabulars inspirierte. Durch dieses Werk fand der Adam-Stil erstmals auch Beachtung bei amerikanischen Bauherren.

Das erste Beispiel des Adam-Stils in Amerika war die Eßzimmerdecke in George Washingtons Haus, Mount Vernon (siehe S. 84), die 1775 ausgeführt wurde. An die Stelle der massiven Ornamente trat nun, um es mit den Worten von Robert Adam zu sagen, »eine schöne Variante leichter, anmutiger Formen, mit Geschmack und Können aufs feinste verziert«.

Der Hauptvertreter des Adam-Stils in Amerika war der Architekt Charles Bulfinch, der in Harvard studiert hatte. Ebenso wie Thomas Jefferson bereiste auch er Europa, um aus erster Hand Kenntnisse über die Geschichte der Baukunst zu erwerben. Jefferson, der damals als amerikanischer Gesandter in Frankreich tätig war, empfing Bulfinch 1785 in Paris und arrangierte für ihn zahlreiche Begegnungen. Doch London und die klassizistischen Entwürfe der Brüder Adam beeindruckten ihn am stärksten. Zu seinen Bauten gehören Beacon Hill und Indian Wharf in Boston sowie viele andere bedeutende Gebäude wie Krankenhäuser und Gefängnisse. 1818 trat er die Nachfolge des Architekten Benjamin Latrobe als Architekt des Capitols an, das 1828 fertiggestellt wurde.

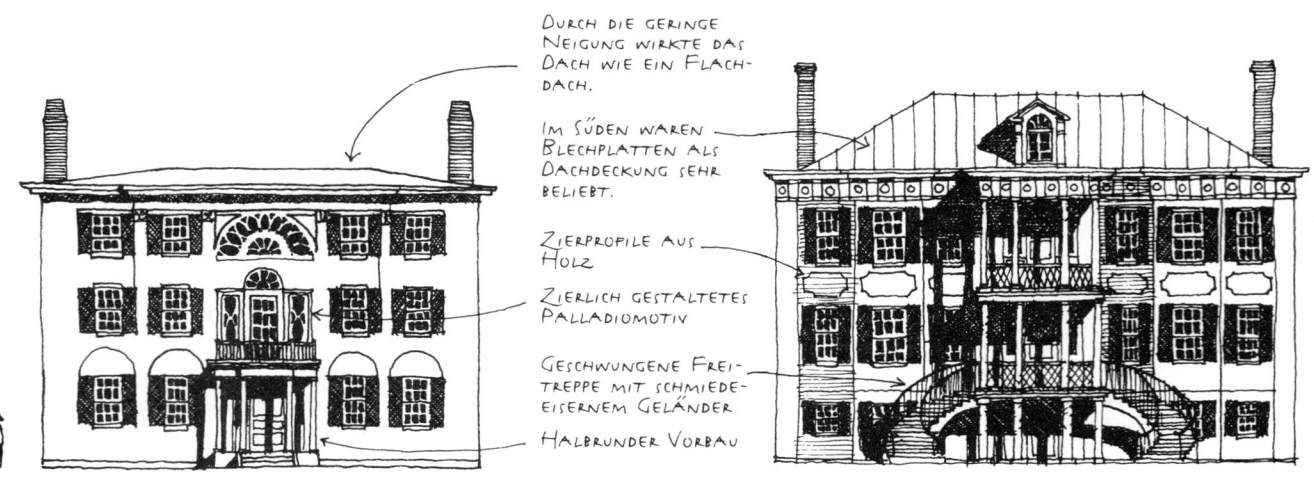

DURCH DIE GERINGE NEIGUNG WIRKTE DAS DACH WIE EIN FLACHDACH.

IM SÜDEN WAREN BLECHPLATTEN ALS DACHDECKUNG SEHR BELIEBT.

ZIERPROFILE AUS HOLZ

ZIERLICH GESTALTETES PALLADIOMOTIV

GESCHWUNGENE FREITREPPE MIT SCHMIEDEEISERNEM GELÄNDER

HALBRUNDER VORBAU

1812 NICKELS-SORTWELL HOUSE, WISCASSET, MAINE

1818 NICHOLAS WARE HOUSE, AUGUSTA, GEORGIA

Häuser im Adam-Stil wirkten immer leicht und zierlich und waren meist symmetrisch angelegt. Portiken und Veranden ruhten auf wenigen schlanken Säulen. Gesimse, Zierprofile und andere Ornamente waren zierlich und geometrisch. Schlanke eingestellte Mittelpfosten unterteilten die Fenster in schmale Flügel. Die geradlinige Kastenform wurde durch einen halbrunden Vorbau oder einen großen Portikus vor dem Eingang in der Mitte der Traufwand gemildert. Im Süden erfreuten sich geschwungene Freitreppen mit kunstvollen schmiedeeisernen Geländern großer Beliebtheit. Ein halbovales Fächerfenster diente häufig als Oberlicht über der Tür, die von Seitenfenstern flankiert war. Der Adam-Stil blieb im wesentlichen auf die Ostküste beschränkt. Jenseits der Appalachen breitete sich das Greek Revival aus, bevor der Adam-Stil auch nur ansatzweise dort Fuß fassen konnte.

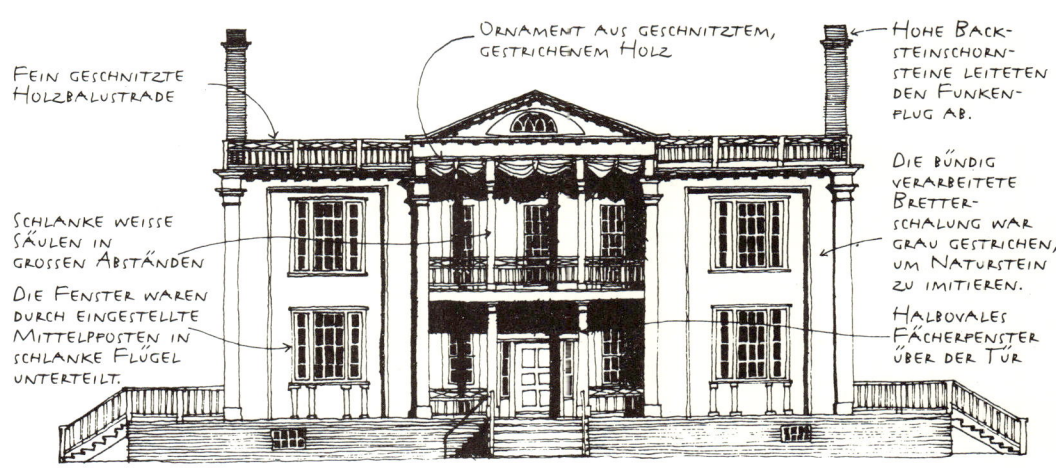

1804 Boscobel, Garrison, New York,
Erbauer: Morris Dyckman

FEIN GESCHNITZTE HOLZBALUSTRADE

ORNAMENT AUS GESCHNITZTEM, GESTRICHENEM HOLZ

HOHE BACKSTEINSCHORNSTEINE LEITETEN DEN FUNKENFLUG AB.

SCHLANKE WEISSE SÄULEN IN GROSSEN ABSTÄNDEN

DIE BÜNDIG VERARBEITETE BRETTERSCHALUNG WAR GRAU GESTRICHEN, UM NATURSTEIN ZU IMITIEREN.

DIE FENSTER WAREN DURCH EINGESTELLTE MITTELPFOSTEN IN SCHLANKE FLÜGEL UNTERTEILT.

HALBOVALES FÄCHERFENSTER ÜBER DER TÜR

1810 Seabrook-Plantage, Edisto Island, South Carolina,
Erbauer: William Seabrook

HOLZSCHINDELDACH

KLASSIZISTISCHES KRANZGESIMS

HELLGELB GESTRICHENE STULPSCHALUNG AUS ZEDERNBRETTERN

GERADLINIGE KASTENFORM MIT GROSSEM PORTIKUS

SCHMIEDEEISERNES GELÄNDER

ZIERLICH GEARBEITETES, HALBOVALES FÄCHERFENSTER IM GIEBELFELD

SCHLANKE FENSTER

WEISS GESTRICHENE FENSTERLÄDEN IN EINER RAHMENKONSTRUKTION

SCHLANKE WEISSE SÄULEN

HOCHGEZOGENES KELLERGESCHOSS MIT BACKSTEINMAUERN

Regency
Landesweit 1815

Der Regency-Stil entwickelte sich in England um die Jahrhundertwende von 1800 als letzte Variante des georgianischen Stils. In Amerika blieb er von untergeordneter Bedeutung, stellte jedoch einen wichtigen Übergang vom Adam-Stil zum Greek Revival dar. Mit seiner Eleganz, den klaren Flächen, geometrischen Räumen und klassizistischen Details hatte er großen Einfluß auf die Architektur in den Südstaaten.

Einer der kreativsten amerikanischen Architekten, die den Regency-Stil verwendeten, war William Jay, der viele schöne Wohnhäuser und mehrere öffentliche Gebäude in und um Savannah, Georgia, schuf. Beeinflußt wurde er von den Arbeiten des englischen Architekten Sir John Soane, der der Innenausstattung seiner Bauwerke ebenso viel Aufmerksamkeit widmete wie der Fassadengestaltung. Die Phantasie und Formenvielfalt, die Jay in seinen Häusern in Savannah an den Tag legte, bildeten den Höhepunkt klassizistischer Stadthaus-Architektur in Amerika. Er nahm Anleihen sowohl bei der Griechischen als auch bei der Römischen Ordnung und paßte sie seinem eigenen Vokabular im Adam-Stil an.

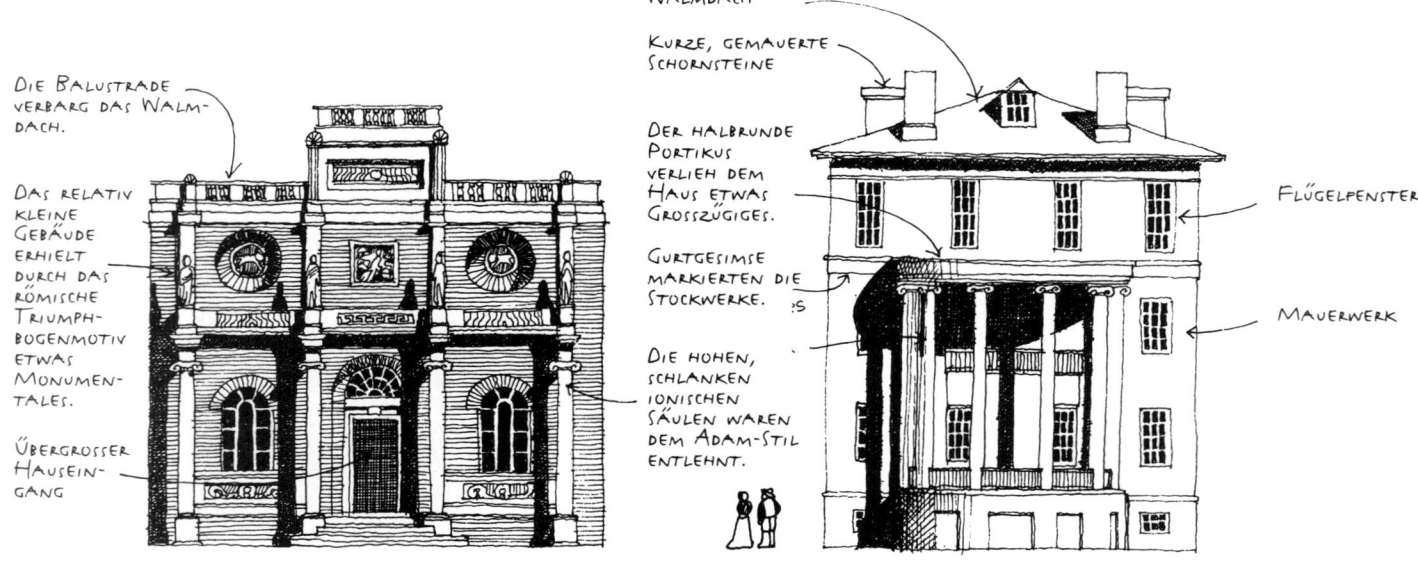

DIE BALUSTRADE VERBARG DAS WALMDACH.

DAS RELATIV KLEINE GEBÄUDE ERHIELT DURCH DAS RÖMISCHE TRIUMPHBOGENMOTIV ETWAS MONUMENTALES.

ÜBERGROSSER HAUSEINGANG

WALMDACH

KURZE, GEMAUERTE SCHORNSTEINE

DER HALBRUNDE PORTIKUS VERLIEH DEM HAUS ETWAS GROSSZÜGIGES.

GURTGESIMSE MARKIERTEN DIE STOCKWERKE.

DIE HOHEN, SCHLANKEN IONISCHEN SÄULEN WAREN DEM ADAM-STIL ENTLEHNT.

FLÜGELFENSTER

MAUERWERK

1802 PITZHANGER MANOR, LONDON, ENGLAND, ARCHITEKT: JOHN SOANE

1818 HULL-BARROW HOUSE, SAVANNAH, GEORGIA, ARCHITEKT: WILLIAM JAY

Mit dem Adam-Stil verbanden den Regency-Stil die Bogenfenster, die glatt verputzten Wandflächen, die großen Fenster, die halbrunden Wandnischen und die geschwungenen Treppen. Mit dem Greek Revival hatte er die glatten Flächen und die Schlichtheit gemeinsam, unterschied sich von ihm jedoch durch die schlanken Formen, die Anmut und die Verwendung des römischen Bogens.

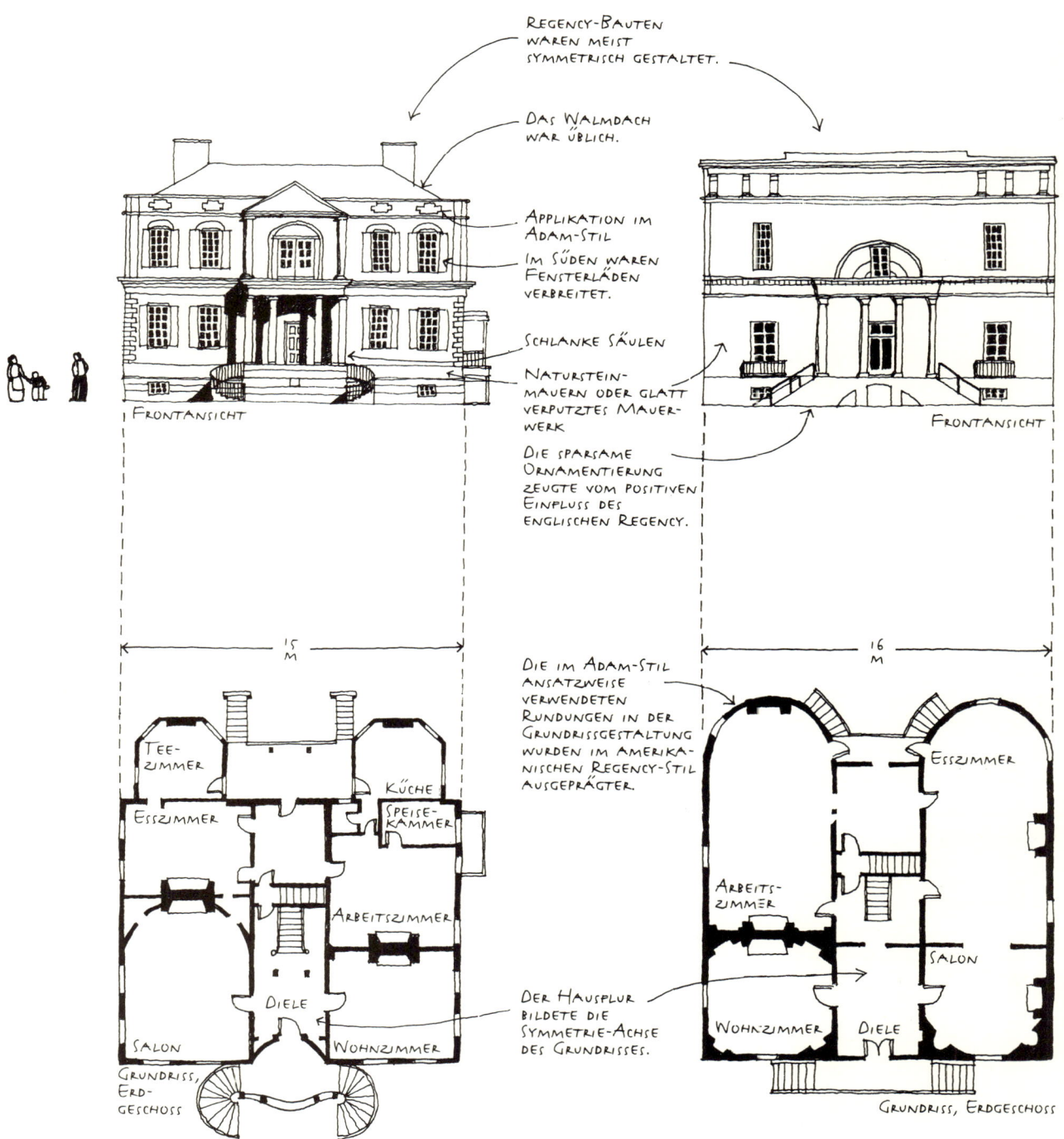

REGENCY-BAUTEN WAREN MEIST SYMMETRISCH GESTALTET.

DAS WALMDACH WAR ÜBLICH.

APPLIKATION IM ADAM-STIL

IM SÜDEN WAREN FENSTERLÄDEN VERBREITET.

SCHLANKE SÄULEN

NATURSTEIN-MAUERN ODER GLATT VERPUTZTES MAUERWERK

DIE SPARSAME ORNAMENTIERUNG ZEUGTE VOM POSITIVEN EINFLUSS DES ENGLISCHEN REGENCY.

FRONTANSICHT

FRONTANSICHT

DIE IM ADAM-STIL ANSATZWEISE VERWENDETEN RUNDUNGEN IN DER GRUNDRISSGESTALTUNG WURDEN IM AMERIKANISCHEN REGENCY-STIL AUSGEPRÄGTER.

TEE-ZIMMER

ESSZIMMER

KÜCHE

SPEISE-KAMMER

ARBEITSZIMMER

DIELE

SALON

WOHNZIMMER

DER HAUSFLUR BILDETE DIE SYMMETRIE-ACHSE DES GRUNDRISSES.

GRUNDRISS, ERDGESCHOSS

ESSZIMMER

ARBEITS-ZIMMER

SALON

WOHNZIMMER

DIELE

GRUNDRISS, ERDGESCHOSS

1818 RICHARDSON-OWENS-THOMAS HOUSE, SAVANNAH, GEORGIA, ARCHITEKT: WILLIAM JAY

1820 TELFAIRE HOUSE, SAVANNAH, GEORGIA, ARCHITEKT: WILLIAM JAY

Greek Revival
Landesweit　　　　1820

Das Greek Revival war einer der beliebtesten und langlebigsten Baustile in Amerika, weil man in ihm die Ideale der Demokratie verkörpert sah. Amerika setzte seine neu gewonnenen bürgerlichen und politischen Tugenden mit jenen der griechischen Antike gleich. Bis etwa 1830 übernahm fast jedes private oder öffentliche Bauwerk, das einen gewissen Anspruch an sich stellte, diesen neuen Baustil.

Wohnhäuser im Stil des Greek Revival deckten die gesamte Bandbreite vom griechischen Tempel mit Fenstern bis zum schlichten Kolonialhaus mit massigem Säulenportikus vor dem Eingang ab. Die Architekten hielten sich bei der Planung eines Hauses streng an die griechische Säulenordnung und strichen alles weiß, um griechische Tempel nachzuahmen.

Das erste amerikanische Bauwerk im Stil des Greek Revival war die Bank of Pennsylvania in Philadelphia, entworfen von Benjamin Latrobe. Ihren Durchbruch erreichte diese Stilrichtung jedoch erst mit den Herrenhäusern und öffentlichen Bauten in Washington, D. C. Schon bald breitete sie sich von dort in die umliegenden Gebiete aus. Dies geschah teilweise unterstützt durch einige amerikanische Publikationen, die illustrierte Bauanleitungen für diesen neuen Stil lieferten. Einige der konservativeren Städte im Süden hielten zwar noch längere Zeit am georgianischen Stil und am Federal Style fest, doch bis 1840 hatten alle das Greek Revival übernommen. In dem Maße, wie sich dieser Baustil ausbreitete, gab ihm jeder Landesteil seine eigene lokale Prägung, die meist auf die Klimaverhältnisse, manchmal aber auch auf kulturelle Unterschiede zurückzuführen war. Die Herrnhuter und Quäker in Winston-Salem bauten Häuser von strenger Schlichtheit, in deren Fassade ein Portikus im Stil des Greek Revival eine kunstvoll gestaltete Haustür schützte. Ähnliches fand sich auch beim New-England-Haus des 18. Jahrhunderts. In South Carolina und Georgia stattete man das Haus im Stil des Greek Revival wegen des feucht-heißen Klimas mit langgestreckten Veranden aus.

Zu Anfang des 19. Jahrhunderts wurden die meisten Greek-Revival-Bauten von Architekten entworfen. Da es schwierig war, einem kleinen Holzhaus die Wirkung eines großen steinernen griechischen Tempels zu verleihen, bewältigten Architekten mit abgeschlossenem Studium diese Aufgabe besser als Bauhandwerker und Zimmerleute.

Die griechischen Säulenordnungen bestanden aus Schaft, Kapitell, Gebälk und meist einer Basis, deren Gestaltung den Grundtypen der dorischen, ionischen oder korinthischen Ordnung entsprach. Die dorische Ordnung entstand vermutlich Ende des 7. Jahrhunderts v. Chr. und wurde später von den Römern weiterentwickelt. Von der römischen Variante, der tuskischen Ordnung, unterschied sie sich durch die fehlende Basis. Die ionische Ordnung entstand Mitte des 6. Jahrhunderts v. Chr. in Kleinasien und hat ein Kapitell mit größeren Voluten als ihre römische Variante. Die korinthische Ordnung wurde im 5. Jahrhundert v. Chr. in Athen entwickelt und später ebenfalls von den Römern kopiert.

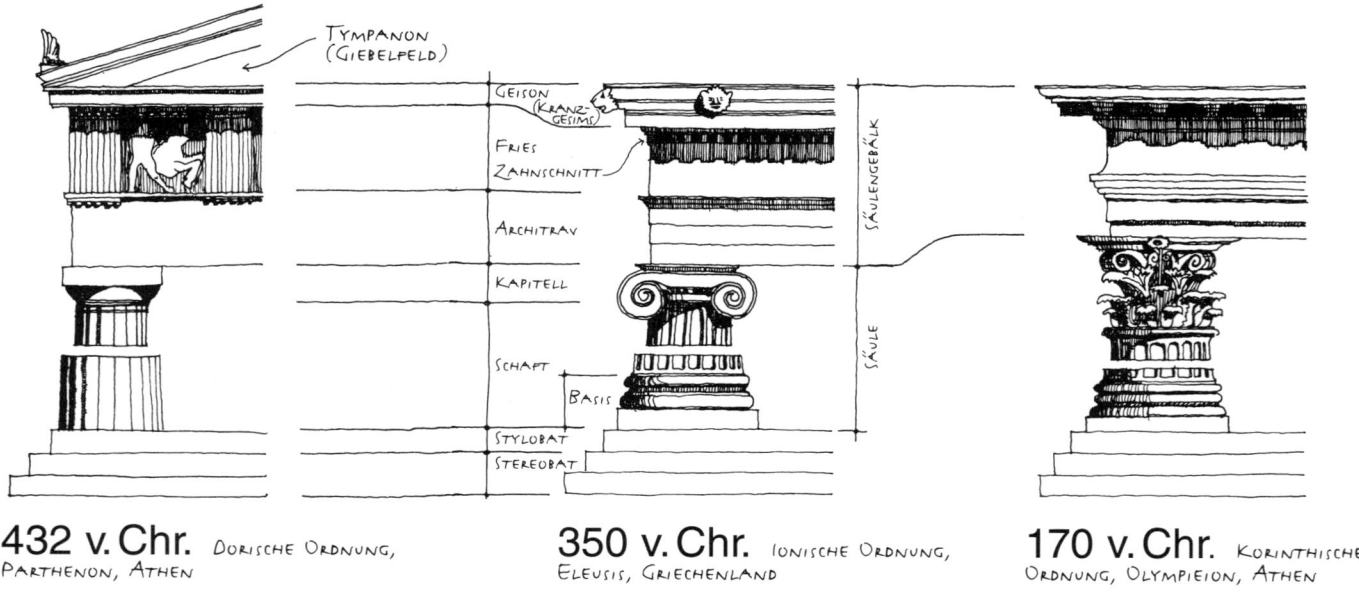

432 v. Chr. Dorische Ordnung, Parthenon, Athen

350 v. Chr. Ionische Ordnung, Eleusis, Griechenland

170 v. Chr. Korinthische Ordnung, Olympieion, Athen

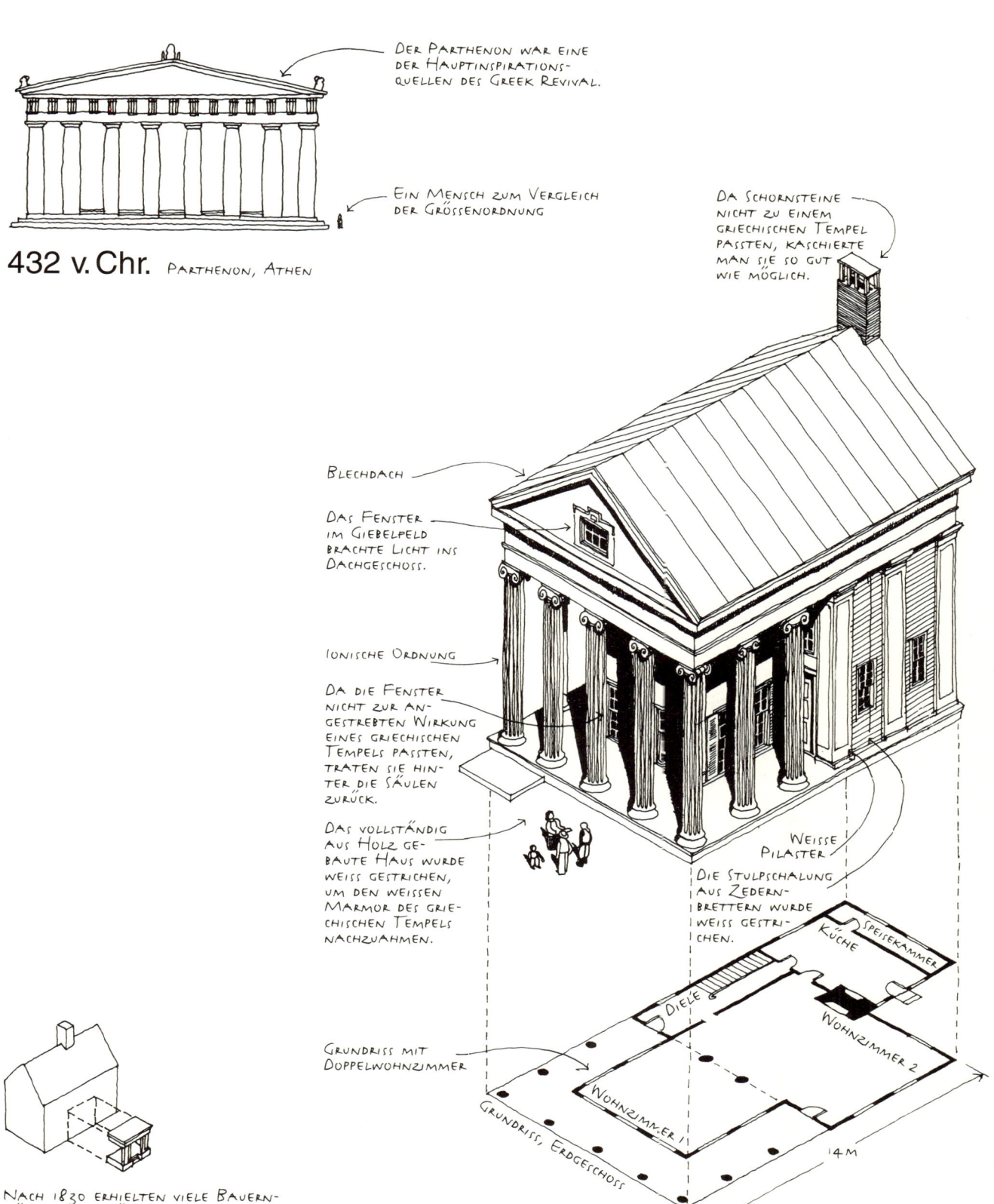

DER PARTHENON WAR EINE DER HAUPTINSPIRATIONS-QUELLEN DES GREEK REVIVAL.

EIN MENSCH ZUM VERGLEICH DER GRÖSSENORDNUNG

432 v. Chr. PARTHENON, ATHEN

DA SCHORNSTEINE NICHT ZU EINEM GRIECHISCHEN TEMPEL PASSTEN, KASCHIERTE MAN SIE SO GUT WIE MÖGLICH.

BLECHDACH

DAS FENSTER IM GIEBELFELD BRACHTE LICHT INS DACHGESCHOSS.

IONISCHE ORDNUNG

DA DIE FENSTER NICHT ZUR AN-GESTREBTEN WIRKUNG EINES GRIECHISCHEN TEMPELS PASSTEN, TRATEN SIE HIN-TER DIE SÄULEN ZURÜCK.

DAS VOLLSTÄNDIG AUS HOLZ GE-BAUTE HAUS WURDE WEISS GESTRICHEN, UM DEN WEISSEN MARMOR DES GRIE-CHISCHEN TEMPELS NACHZUAHMEN.

WEISSE PILASTER

DIE STULPSCHALUNG AUS ZEDERN-BRETTERN WURDE WEISS GESTRI-CHEN.

SPEISEKAMMER

KÜCHE

DIELE

WOHNZIMMER 2

GRUNDRISS MIT DOPPELWOHNZIMMER

WOHNZIMMER 1

GRUNDRISS, ERDGESCHOSS

14 M

NACH 1830 ERHIELTEN VIELE BAUERN-HÄUSER NACHTRÄGLICH EINEN KLASSI-ZISTISCHEN PORTIKUS IM STIL DES GREEK REVIVAL.

1825 TYPISCHES HAUS IM STIL DES GREEK REVIVAL, NEW ENGLAND

Vor 1830 wurden in New England nur wenige Häuser im Greek Revival gebaut. Es dauerte lange, bis der Übergang vom zierlichen Fachwerkhaus im Föderalstil zum klassizistischen Monumentalbau vollzogen war. Anfangs herrschte die Neigung vor, das Haus mit wenigen verhaltenen griechischen Details auszustatten, um mit der Mode zu gehen. Als dieser Baustil sich schließlich durchsetzte, ließ sich der Grundtyp des Kolonialhauses am einfachsten in einen griechischen Tempel verwandeln, indem man die Giebelwand der Straße zukehrte, den Eingang dorthin verlegte und griechisch gestaltete. Der Giebel wurde zum imposanten Tympanon, der entweder mit der Giebelwand fluchtete oder vorkragte und auf einer Säulenreihe ruhte. Diese Anlage erforderte eine revolutionär neue Grundrißgestaltung, bei der die Diele an einer Traufseite des Hauses und die Wohnräume in einer Reihe an der gegenüberliegenden Seite lagen.

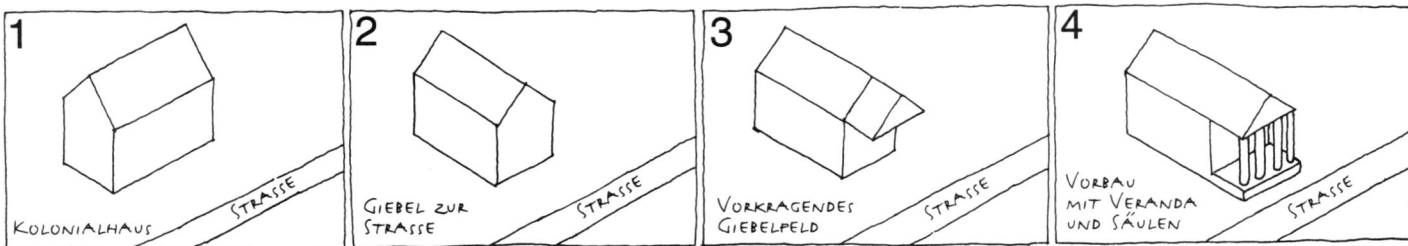

1	2	3	4
KOLONIALHAUS	GIEBEL ZUR STRASSE	VORKRAGENDES GIEBELFELD	VORBAU MIT VERANDA UND SÄULEN

DIE ENTWICKLUNG VOM KOLONIALHAUS ZUM GREEK-REVIVAL-HAUS

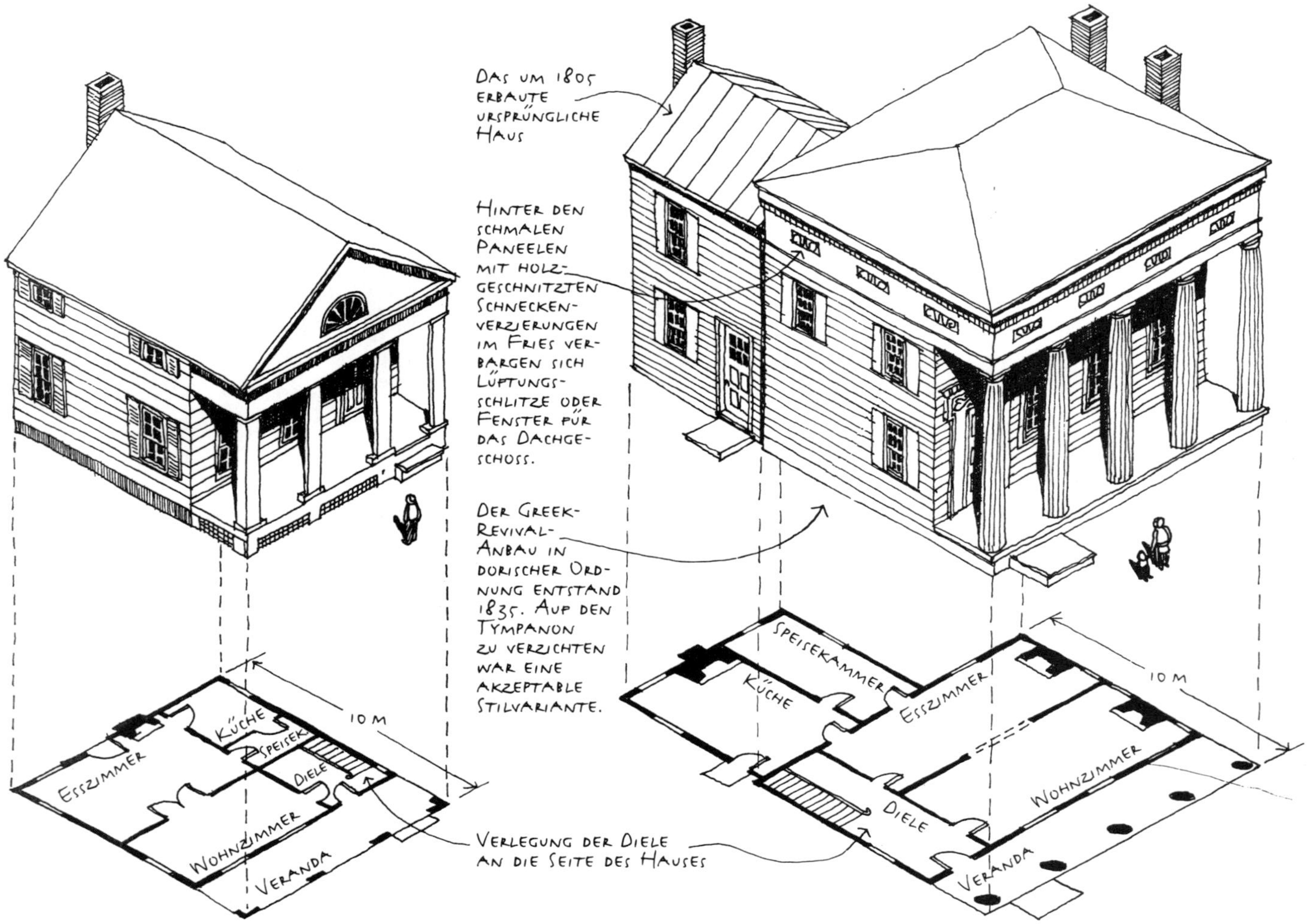

DAS UM 1805 ERBAUTE URSPRÜNGLICHE HAUS

HINTER DEN SCHMALEN PANEELEN MIT HOLZGESCHNITZTEN SCHNECKENVERZIERUNGEN IM FRIES VERBARGEN SICH LÜFTUNGSSCHLITZE ODER FENSTER FÜR DAS DACHGESCHOSS.

DER GREEK-REVIVAL-ANBAU IN DORISCHER ORDNUNG ENTSTAND 1835. AUF DEN TYMPANON ZU VERZICHTEN WAR EINE AKZEPTABLE STILVARIANTE.

ESSZIMMER · KÜCHE · SPEISEK. · DIELE · WOHNZIMMER · VERANDA · 10 M

VERLEGUNG DER DIELE AN DIE SEITE DES HAUSES

SPEISEKAMMER · KÜCHE · ESSZIMMER · DIELE · WOHNZIMMER · VERANDA · 10 M

1830 LÄNDLICHES GREEK-REVIVAL-HAUS, NEW ENGLAND

1835 GREEK-REVIVAL-STADTHAUS, NEW ENGLAND

Schon vor der amerikanischen Revolution drangen die ersten Siedler und Abenteurer allmählich durch den natürlichen Paß der Cumberland Gap nach Tennessee und im Tal des Ohio von Pittsburgh nach Ohio sowie in das heutige West Virginia und Kentucky vor. Um 1820 zogen bereits Tausende gen Westen und bauten Häuser und Städte. Bis 1840 hatten die Siedler Michigan, Wisconsin und Illinois erreicht, und es herrschte ein wahrer Bauboom. Der Goldrausch brachte 1849 das Greek Revival bis an die Westküste.

In New York, Illinois und Michigan war ein Haustyp beliebt, der aus einem zweigeschossigen Mittelblock mit Portikus und Giebelfeld, flankiert von anderthalbgeschossigen Seitenflügeln (ähnlich der dreiflügeligen Anlage von Thomas Jefferson; siehe S. 101) bestand. In Ohio und Kentucky waren schlichte Häuser mit Veranden verbreitet, die hinter die Wandflucht zurücktraten, während besonders die Plantagenbesitzer im tiefen Süden aufgrund des Klimas zweigeschossige Veranden vorzogen.

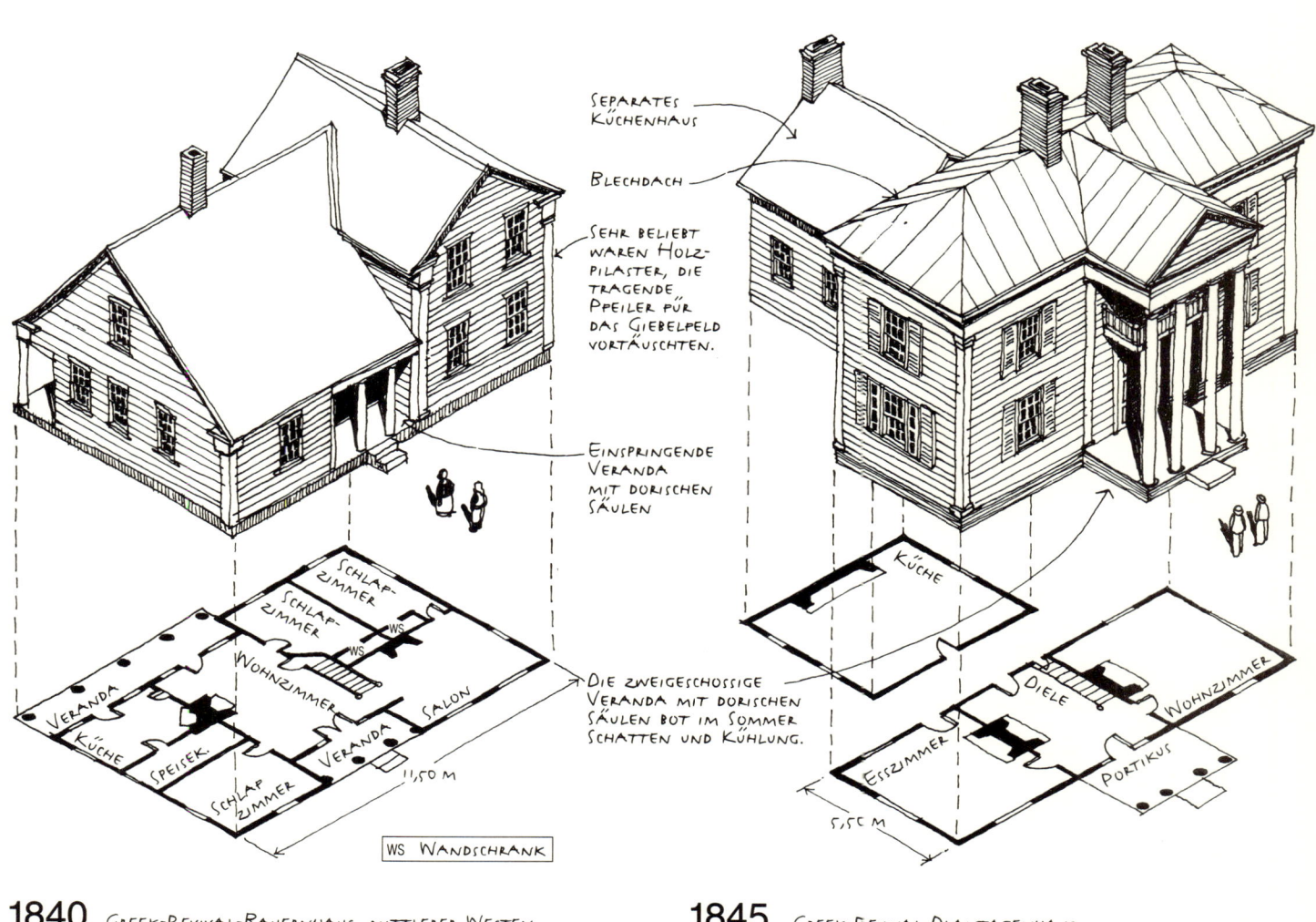

SEPARATES KÜCHENHAUS

BLECHDACH

SEHR BELIEBT WAREN HOLZPILASTER, DIE TRAGENDE PFEILER FÜR DAS GIEBELFELD VORTÄUSCHTEN.

EINSPRINGENDE VERANDA MIT DORISCHEN SÄULEN

DIE ZWEIGESCHOSSIGE VERANDA MIT DORISCHEN SÄULEN BOT IM SOMMER SCHATTEN UND KÜHLUNG.

SCHLAFZIMMER
SCHLAFZIMMER
WS
WS
WOHNZIMMER
VERANDA
KÜCHE
SPEISEK.
SCHLAFZIMMER
VERANDA
SALON
11,50 M

WS WANDSCHRANK

KÜCHE
ESSZIMMER
DIELE
WOHNZIMMER
PORTIKUS
5,55 M

1840 GREEK-REVIVAL-BAUERNHAUS, MITTLERER WESTEN

1845 GREEK-REVIVAL-PLANTAGENHAUS, SÜDSTAATEN

Spanischer Kolonialstil
Kalifornien   1825

Kalifornien wurde Ende des 17. Jahrhunderts von spanischen und mexikanischen Missionaren besiedelt, die kleine Missionsstationen mit winzigen Barockkirchen gründeten. Ihr Ziel war es, die nordamerikanischen Indianer zum spanischen Katholizismus zu bekehren und sie zu »zivilisieren«. Ende des 18. Jahrhunderts entstanden sogenannte »Presidios«, große festungs-
artige Garnisonsbauten für spanische und mexikanische Soldaten, die das Netz der Missionen schützen und die Verwaltung
dieser Gebiete übernehmen sollten. Um diese Zeit gab es über hundert Missionsstationen, aber nur vier Presidios, und zwar
in den heutigen Städten San Diego (1769), Monterey (1770), San Francisco (1776) und Santa Barbara (1782). Gegen Ende
des 18. Jahrhunderts gründete der Gouverneur von Kalifornien drei zivile Siedlungen, sogenannte Pueblos, um neben der
christlichen auch eine weltliche Kolonisierung zu fördern. Diese Versuche blieben jedoch erfolglos.

Nach der mexikanischen Revolution von 1821 sah die neue Regierung den ausgedehnten Landbesitz der Missionsstationen
mit Argwohn und förderte die Ansiedlung von Bauern und Viehzüchtern, indem sie einzelnen Personen, Familien und Unter-
nehmern große Ländereien übertrug. Auf den Weideflächen im Inland grasten nun große Vieh- und Schafherden, und in den
Hafenstädten herrschte ein reger Handel mit Talg und Tierhäuten, die die Segelschiffe der Yankees um Kap Hoorn an die
Ostküste brachten. Die Garnisonsstädte erlebten bis 1840 einen gewaltigen Aufschwung und entwickelten sich zu blühenden
Handelszentren.

Das Bauernhaus nannte man casa de campo, also Landhaus, und das dazugehörige Land hazienda, wenn es der Viehzucht
diente. Ein Stadthaus bezeichnete man als casa de pueblo. Die verwendeten Baustoffe und Bauweisen waren ähnlich denen,
wie sie bei den Missionen und Presidios verwendet wurden – Lehm, Holz und Ziegel –, die Ausführung war jedoch schlichter.
Drei Gebäudeflügel schlossen schützend einen Innenhof mit Garten ein, der so Schatten erhielt. An der vierten Seite nach
Norden bildete eine 1,80 m bis 2,40 m hohe Mauer den Abschluß der Anlage. An der dem Hof zugewandten Seite lief eine
überdachte Veranda, der sogenannte Korridor, an den drei Gebäudeflügeln entlang. Jeder Raum hatte einen Zugang zu diesem kühlen, schattigen Korridor, auf dem sich große Teile des Lebens abspielten. Fast jedes Haus besaß einen Weinkeller,
eine Bibliothek und üppige Gärten als Zeichen der Kultiviertheit seiner Bewohner.

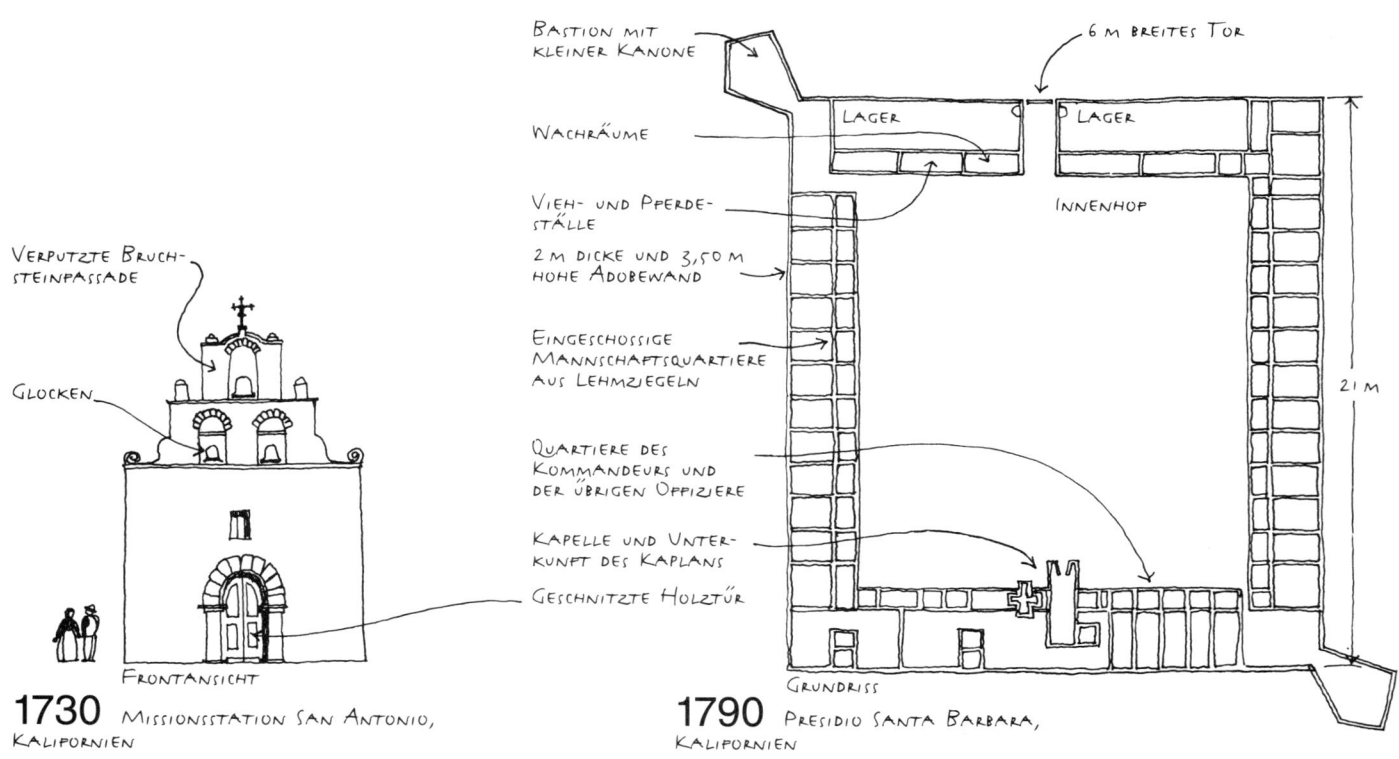

VERPUTZTE BRUCH-
STEINFASSADE

GLOCKEN

FRONTANSICHT

1730 MISSIONSSTATION SAN ANTONIO,
KALIFORNIEN

BASTION MIT
KLEINER KANONE

6 M BREITES TOR

WACHRÄUME

LAGER   LAGER

VIEH- UND PFERDE-
STÄLLE

INNENHOF

2 M DICKE UND 3,50 M
HOHE ADOBEWAND

EINGESCHOSSIGE
MANNSCHAFTSQUARTIERE
AUS LEHMZIEGELN

21 M

QUARTIERE DES
KOMMANDEURS UND
DER ÜBRIGEN OFFIZIERE

KAPELLE UND UNTER-
KUNFT DES KAPLANS

GESCHNITZTE HOLZTÜR

GRUNDRISS

1790 PRESIDIO SANTA BARBARA,
KALIFORNIEN

Der spanische Kolonialstil bildete den Vorläufer des kalifornischen Ranch-Stils (siehe S. 234). Die Gebäude waren einge-schossig und niedrig, um einen stufenlosen, ungehinderten Übergang zwischen Innen und Außen zu ermöglichen, da sich das Leben gleichermaßen im Freien wie im Haus abspielte. Die langgestreckte Veranda verband als Korridor alle Räume miteinander und diente als Wohnraum im Freien. Der geschlossene Innenhof hielt beim Stadthaus ebenso wie beim Land-haus Vieh oder Wild fern und bot Schutz vor Sonne und Wind.

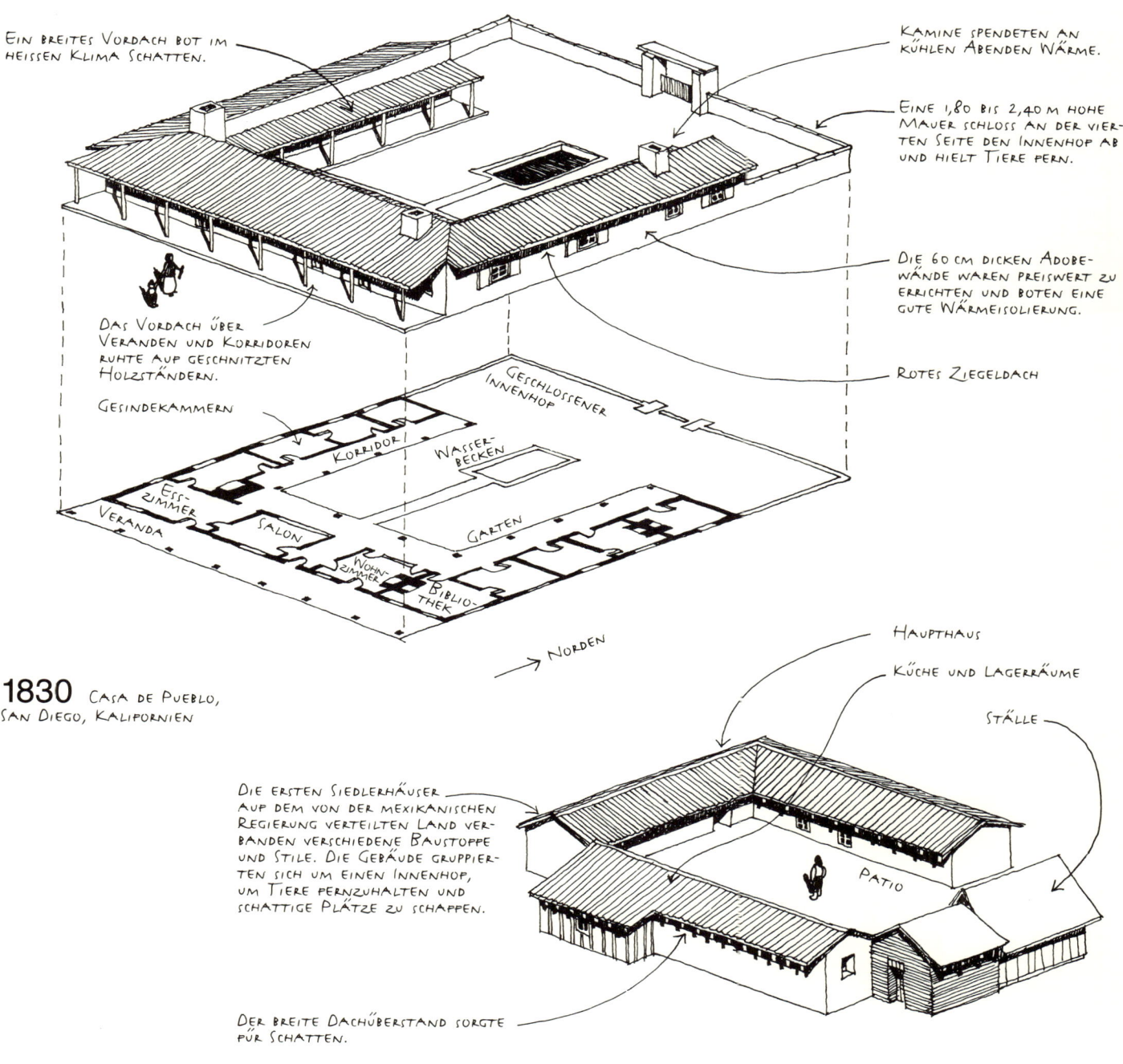

EIN BREITES VORDACH BOT IM HEISSEN KLIMA SCHATTEN.

KAMINE SPENDETEN AN KÜHLEN ABENDEN WÄRME.

EINE 1,80 BIS 2,40 M HOHE MAUER SCHLOSS AN DER VIER-TEN SEITE DEN INNENHOF AB UND HIELT TIERE FERN.

DAS VORDACH ÜBER VERANDEN UND KORRIDOREN RUHTE AUF GESCHNITZTEN HOLZSTÄNDERN.

DIE 60 CM DICKEN ADOBE-WÄNDE WAREN PREISWERT ZU ERRICHTEN UND BOTEN EINE GUTE WÄRMEISOLIERUNG.

GESINDEKAMMERN

GESCHLOSSENER INNENHOF

ROTES ZIEGELDACH

KORRIDOR

WASSER-BECKEN

ESS-ZIMMER

VERANDA

SALON

GARTEN

WOHN-ZIMMER

BIBLIO-THEK

NORDEN

1830 CASA DE PUEBLO, SAN DIEGO, KALIFORNIEN

HAUPTHAUS

KÜCHE UND LAGERRÄUME

STÄLLE

DIE ERSTEN SIEDLERHÄUSER AUF DEM VON DER MEXIKANISCHEN REGIERUNG VERTEILTEN LAND VER-BANDEN VERSCHIEDENE BAUSTOFFE UND STILE. DIE GEBÄUDE GRUPPIER-TEN SICH UM EINEN INNENHOF, UM TIERE FERNZUHALTEN UND SCHATTIGE PLÄTZE ZU SCHAFFEN.

PATIO

DER BREITE DACHÜBERSTAND SORGTE FÜR SCHATTEN.

1825 CASA DE CAMPO, SAN DIEGO, KALIFORNIEN

Shaker

Nordosten   1830

Von allen Religionsgemeinschaften, die sich im Laufe des 19. Jahrhunderts in Amerika herausbildeten, entwickelten die Shaker als einzige einen eigenen Baustil. Sie wandten sich von der nach ihrer Ansicht verderbten Welt ab und praktizierten in abgeschiedenen landwirtschaftlich geprägten Siedlungen, die über den Nordosten der Vereinigten Staaten verstreut lagen, eine Art christlichen Kommunismus. Durch Landwirtschaft und handwerkliche Tätigkeiten sicherten die Shaker sich ihre Autarkie und machten sich durch die Qualität ihrer Produkte wie Saatgut, Heilkräuter, Besen, ovale Schachteln und Körbe bald weltweit einen Namen.

Die Shaker-Gemeinschaften (die meist aus vier »Familien« mit 30 bis 100 Personen bestanden) lebten nach strengen Regeln, die sie als Tausendjährige Gesetze bezeichneten. Unter anderem verboten diese Regeln auch »sonderbare oder wunderliche Baustile«. Jede Familie lebte in einem großen Gebäude, das sich stilistisch an den schlichten Häusern New Englands orientierte. Die Shaker-Häuser waren einfach, gut proportioniert und schmucklos. Sie spiegelten in ihrer gesamten Anlage innen wie außen die Lebensweise der Shaker wider.

In den Wohnhäusern gab es neben Schlafzimmern (»Ruheräume«), Küche, Backstube, Vorratsräumen und Eßzimmern einen großen Versammlungsraum für die abendlichen Gottesdienste und Zusammenkünfte der Familie. Die Schlafzimmer reichten für drei bis vier Einzelbetten und hatten jeweils eingebaute Kommoden für die Habseligkeiten ihrer Bewohner. In einer angrenzenden Ankleidekammer gab es mehrere Waschtische mit Schüsseln und Wasserkrügen, Handtuchständer und Kleiderhaken.

Die Shaker trafen ausgefeilte Vorkehrungen, die Begegnungen zwischen den Geschlechtern auf ein Minimum zu reduzieren, da sie den Geschlechtsakt für sündig hielten. Die Männer (Brüder) und Frauen (Schwestern) betraten das Eßzimmer durch separate Eingänge, hatten getrennte Eßtische und getrennte Treppen zu den getrennten Schlafzimmern.

Die Stühle und Bänke der Shaker sind ein Sinnbild für ihre schlichte Lebensweise und, trotz ihrer gegenteiligen Bemühungen, ein Ausdruck von Schönheit. Die Shaker entwarfen und bauten ihre Möbel (wie alle anderen Gebrauchsgegenstände) ausschließlich unter dem Aspekt der Funktionalität, da die Tausendjährigen Gesetze jegliche Schönheit um ihrer selbst willen untersagten.

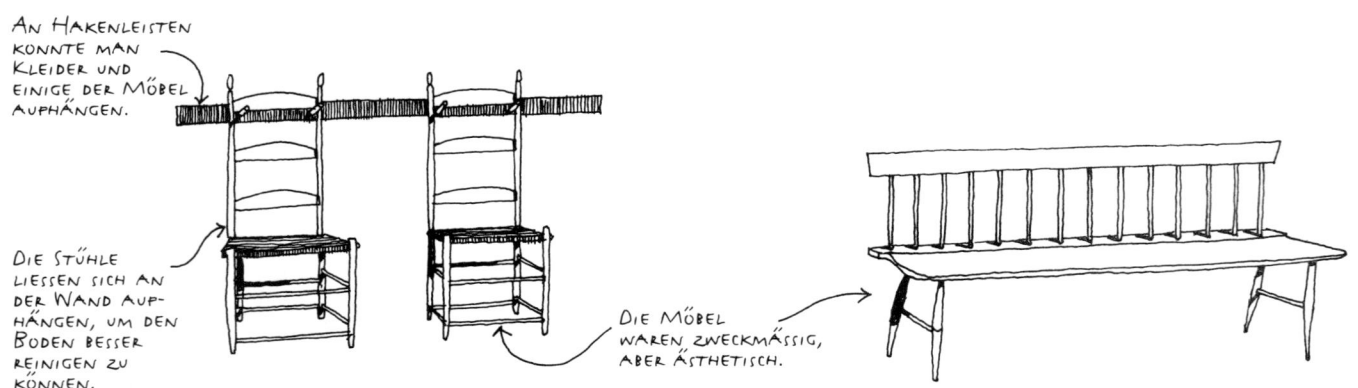

AN HAKENLEISTEN KONNTE MAN KLEIDER UND EINIGE DER MÖBEL AUFHÄNGEN.

DIE STÜHLE LIESSEN SICH AN DER WAND AUFHÄNGEN, UM DEN BODEN BESSER REINIGEN ZU KÖNNEN.

DIE MÖBEL WAREN ZWECKMÄSSIG, ABER ÄSTHETISCH.

1830 SHAKER-STÜHLE, RICHMOND, MASSACHUSETTS

1856 GEDRECHSELTE BANK, ENFIELD, NEW HAMPSHIRE

114

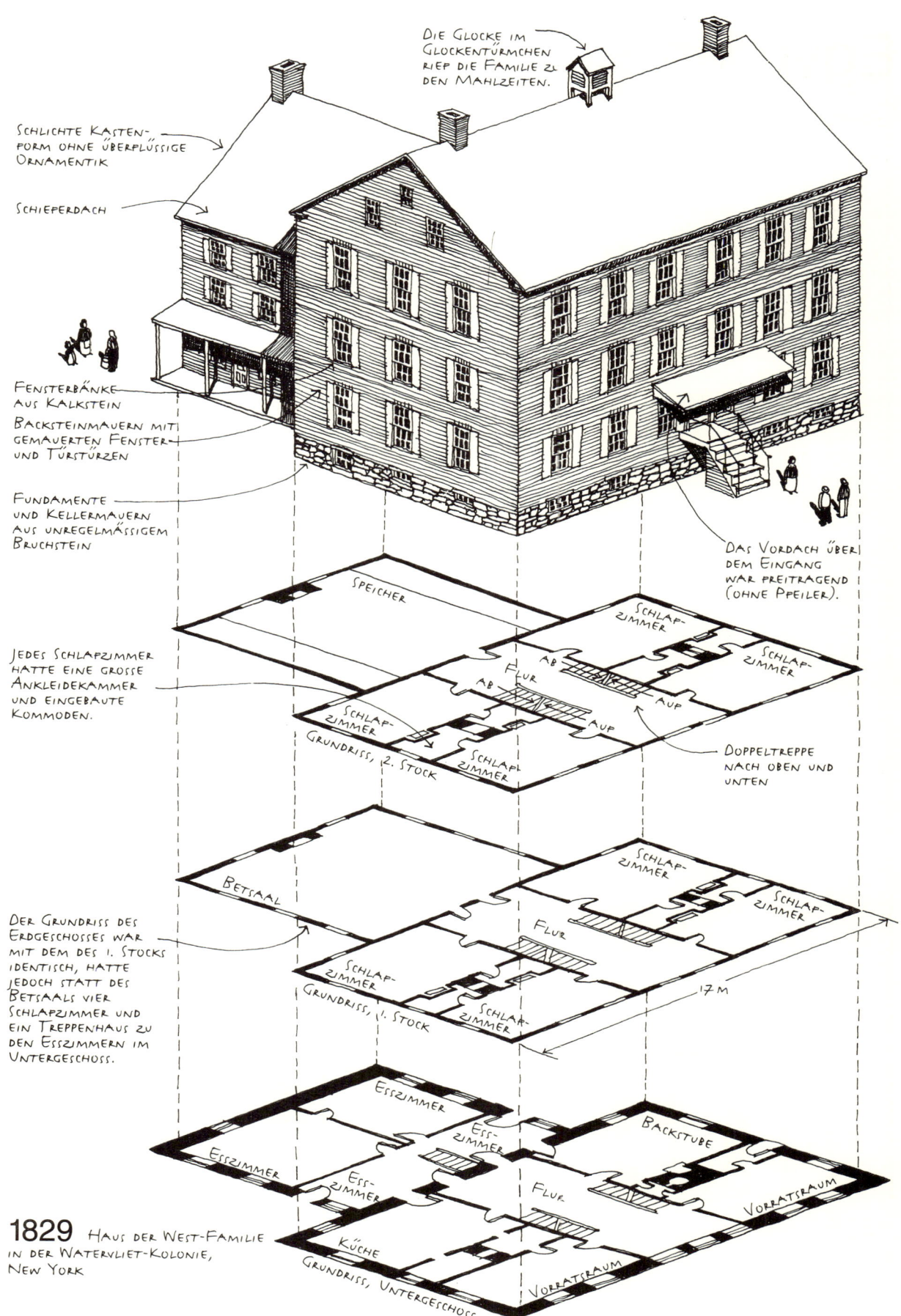

DIE GLOCKE IM
GLOCKENTÜRMCHEN
RIEF DIE FAMILIE ZU
DEN MAHLZEITEN.

SCHLICHTE KASTEN-
FORM OHNE ÜBERFLÜSSIGE
ORNAMENTIK

SCHIEFERDACH

FENSTERBÄNKE
AUS KALKSTEIN

BACKSTEINMAUERN MIT
GEMAUERTEN FENSTER-
UND TÜRSTÜRZEN

FUNDAMENTE
UND KELLERMAUERN
AUS UNREGELMÄSSIGEM
BRUCHSTEIN

DAS VORDACH ÜBER
DEM EINGANG
WAR FREITRAGEND
(OHNE PFEILER).

SPEICHER

SCHLAF-
ZIMMER

AB

SCHLAF-
ZIMMER

JEDES SCHLAFZIMMER
HATTE EINE GROSSE
ANKLEIDEKAMMER
UND EINGEBAUTE
KOMMODEN.

AB

FLUR

AUF

SCHLAF-
ZIMMER

AUF

SCHLAF-
ZIMMER

GRUNDRISS, 2. STOCK

DOPPELTREPPE
NACH OBEN UND
UNTEN

BETSAAL

SCHLAF-
ZIMMER

SCHLAF-
ZIMMER

DER GRUNDRISS DES
ERDGESCHOSSES WAR
MIT DEM DES 1. STOCKS
IDENTISCH, HATTE
JEDOCH STATT DES
BETSAALS VIER
SCHLAFZIMMER UND
EIN TREPPENHAUS ZU
DEN ESSZIMMERN IM
UNTERGESCHOSS.

SCHLAF-
ZIMMER

FLUR

SCHLAF-
ZIMMER

GRUNDRISS, 1. STOCK

17 M

ESSZIMMER

ESS-
ZIMMER

BACKSTUBE

ESSZIMMER

ESS-
ZIMMER

FLUR

VORRATSRAUM

1829 HAUS DER WEST-FAMILIE
IN DER WATERVLIET-KOLONIE,
NEW YORK

KÜCHE

GRUNDRISS, UNTERGESCHOSS

VORRATSRAUM

Egyptian Revival
Osten und mittlerer Westen   1835

Das Egyptian Revival war einer der vielen Baustile, die um 1830 vorübergehend modern waren, als der Einfluß ausländischer Architektur in Amerika seinen Höhepunkt erreichte. Einer der bedeutendsten Architekten des Landes, Alexander Jackson Davis, hielt in seinem Tagebuch fest, daß er bis 1845 Bauten in 14 verschiedenen Stilrichtungen geschaffen habe, unter anderem im etruskischen, griechischen, orientalischen und ägyptischen Stil. Die Zeitschrift *American Quartely Review* brachte 1830 in einer ihrer Ausgaben auf 40 Seiten einen Überblick über ägyptische Architektur, der wesentlich dazu beitrug, das Egyptian Revival in Mode zu bringen.

Die ersten drei Bauten, die in Amerika im ägyptisierenden Stil errichtet wurden, waren ein Gefängnis in Philadelphia, ein Gerichtsgebäude in Newark und ein Zuchthaus in New York City (das später den Namen »The Tombs« erhielt). Für diesen Baustil entschied man sich, weil er exotisch wirkte und in seiner imposanten Massigkeit ein Gefühl von Sicherheit vermittelte. Anfang der dreißiger Jahre des 19. Jahrhunderts war das Egyptian Revival für die Gestaltung von Friedhofsportalen sehr beliebt. Im Zuge dieser Modewelle erhielten zahlreiche Städte am Ufer des Mississippi ägyptische Namen wie Cairo, Karnak, Memphis und Thebes.

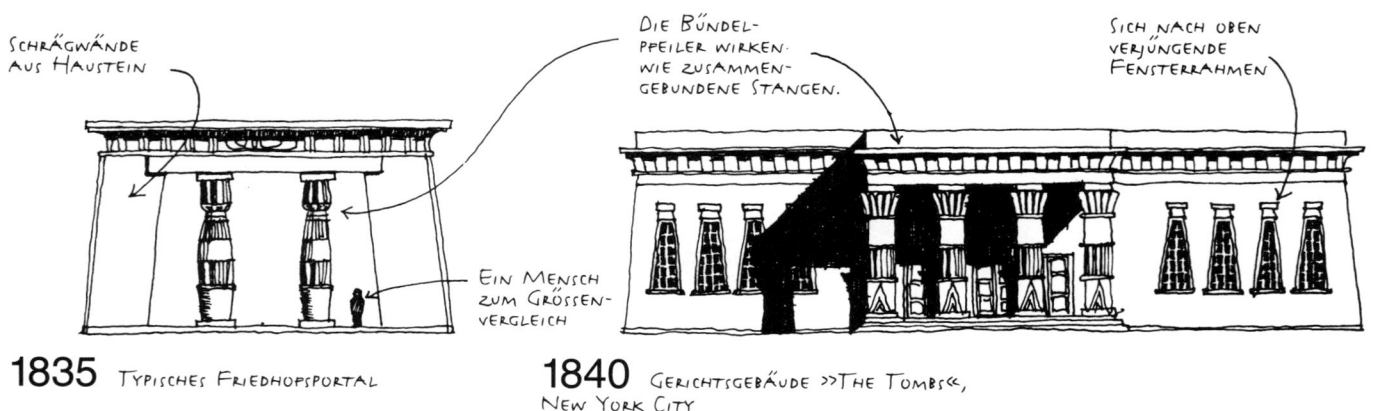

SCHRÄGWÄNDE AUS HAUSTEIN

DIE BÜNDEL-PPEILER WIRKEN WIE ZUSAMMEN-GEBUNDENE STANGEN.

SICH NACH OBEN VERJÜNGENDE FENSTERRAHMEN

EIN MENSCH ZUM GRÖSSEN-VERGLEICH

1835 TYPISCHES FRIEDHOFSPORTAL

1840 GERICHTSGEBÄUDE »THE TOMBS«, NEW YORK CITY

Das Egyptian Revival ist wohl eine der Stilrichtungen, die am leichtesten zu erkennen ist. Jedes Bauwerk weist mindestens eines der folgenden Merkmale auf: (1) Schrägwände; (2) sich nach oben verjüngende Fensterrahmen; (3) Säulen mit stark gebauchter Entasis. Die Säulen wurden mitunter als Bündelpfeiler wie Stangen gestaltet, die unterhalb des Kapitells zusammengebunden sind. Die bauchigen Säulenschäfte waren die einzigen Merkmale im ägyptisierenden Stil, die auch an Wohnhäusern verwendet wurden. Die sich nach oben verjüngenden Fenster waren für die Durchlüftung ungünstig, und die Schrägwände erwiesen sich im Hausinneren als unzweckmäßig.

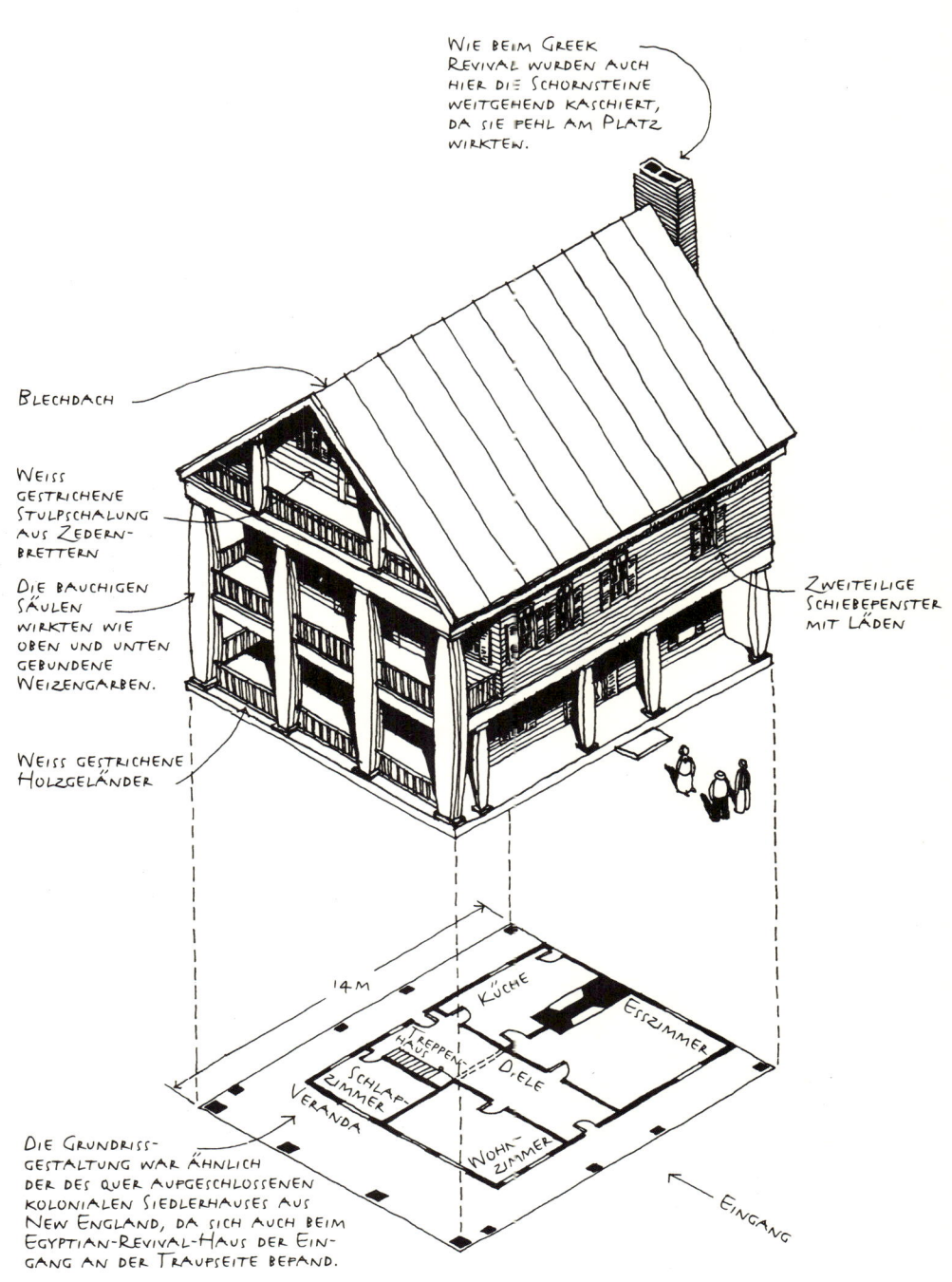

WIE BEIM GREEK REVIVAL WURDEN AUCH HIER DIE SCHORNSTEINE WEITGEHEND KASCHIERT, DA SIE FEHL AM PLATZ WIRKTEN.

BLECHDACH

WEISS GESTRICHENE STULPSCHALUNG AUS ZEDERNBRETTERN

DIE BAUCHIGEN SÄULEN WIRKTEN WIE OBEN UND UNTEN GEBUNDENE WEIZENGARBEN.

WEISS GESTRICHENE HOLZGELÄNDER

ZWEITEILIGE SCHIEBEFENSTER MIT LÄDEN

14 M · KÜCHE · ESSZIMMER · TREPPENHAUS · DIELE · SCHLAFZIMMER · VERANDA · WOHNZIMMER · EINGANG

DIE GRUNDRISSGESTALTUNG WAR ÄHNLICH DER DES QUER AUFGESCHLOSSENEN KOLONIALEN SIEDLERHAUSES AUS NEW ENGLAND, DA SICH AUCH BEIM EGYPTIAN-REVIVAL-HAUS DER EINGANG AN DER TRAUFSEITE BEFAND.

1845 HAUS IM STIL DES EGYPTIAN REVIVAL, MASSACHUSETTS

Monterey

Kalifornien   1835

Bis ins frühe 19. Jahrhundert wurde der amerikanische Südwesten fast ausschließlich von spanischen und mexikanischen Siedlern erschlossen, die von Mexiko aus nordwärts nach Kalifornien, Arizona, New Mexico und Texas vordrangen. Das erste amerikanische Schiff, das an der Westküste eintraf, war die »Otter«, die 1796 in Monterey, Kalifornien, vor Anker ging. Bald folgten ihr weitere Schiffe, und bis 1820 kamen immer mehr Amerikaner mit dem Segelschiff aus dem Osten, um Kap Hoorn, um Land zu erwerben und zu bewirtschaften. Doch erst in den dreißiger Jahren des Jahrhunderts erreichte der Zustrom amerikanischer Siedler ein beträchtliches Ausmaß.

Thomas O. Larkin, der 1832 aus Boston nach Monterey kam, beeinflußte die Entwicklung der Stadt und bald auch des gesamten Umlandes maßgeblich. Er eröffnete das erste Groß- und Einzelhandelsgeschäft, baute die erste Werft Montereys, gründete das erste zivile Krankenhaus, siedelte die erste amerikanische Frau auf Dauer in der Stadt an und bekam das erste in Kalifornien geborene »Yankee-Kind«. Als er 1835 für seine Familie ein Haus errichtete, erregte es so viel Aufsehen, daß es den Anstoß zu einem neuen Baustil gab, der nach seinem Standort als Monterey-Stil bezeichnet wird. Bis zu dieser Zeit hatten die Spanier und Mexikaner nur eingeschossige, rechteckige Adobehäuser mit Ziegeldächern errichtet. In Erinnerung an die Architektur seiner Heimat, New England, ließ Larkin ein zweigeschossiges Adobehaus mit Walmdach und zweigeschossigem Balkon an der Frontseite und den Schmalseiten bauen. Nachbarn, die es sich leisten konnten, ahmten sein Beispiel unverzüglich nach.

Bald erstreckte sich der »Yankee-Einfluß« auf fast jedes Detail des Monterey-Stils. So ersetzten zierliche Holztreppen im Inneren schon bald die Aufgänge aus Lehmziegeln, die außen auf die Balkone führten.

Die Bauten im Monterey-Stil und ihre eingeschossigen Gegenstücke blieben über lange Zeit hinweg beliebt und hatten in den dreißiger und vierziger Jahren des 20. Jahrhunderts großen Einfluß auf die Entwicklung der modernen Architektur in Kalifornien.

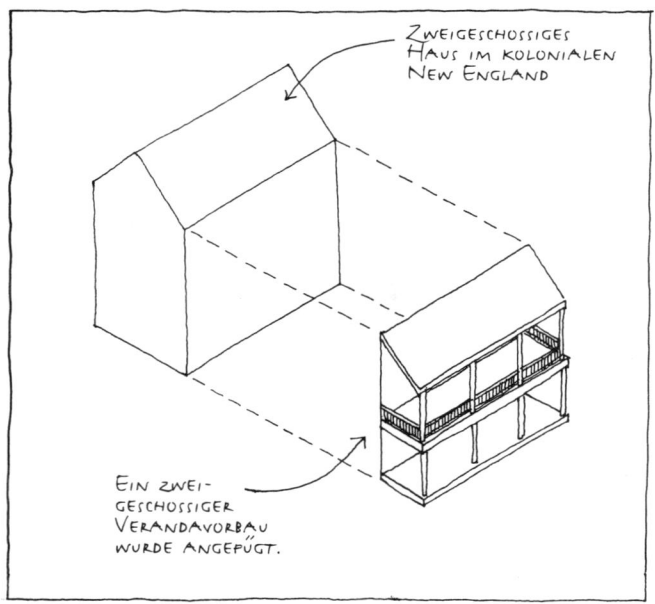

DIE ANFÄNGE DES MONTEREY-STILS

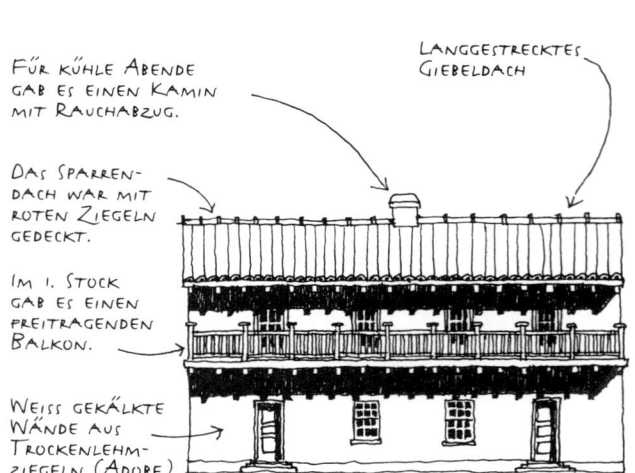

1840 TYPISCHES FRÜHES MONTEREY-HAUS, MONTEREY, KALIFORNIEN

Das Walmdach, mit dem Larkin sein Haus ausstattete, verwirrte seine Nachbarn, die schlichte, langgestreckte Giebeldächer bevorzugten, wie sie im spanischen Kolonialstil häufig verwendet wurden. Der Balkon des Monterey-Hauses war oft freitragend und von einem breiten Dachüberstand geschützt, der die gesamte Traufseite beschattete.

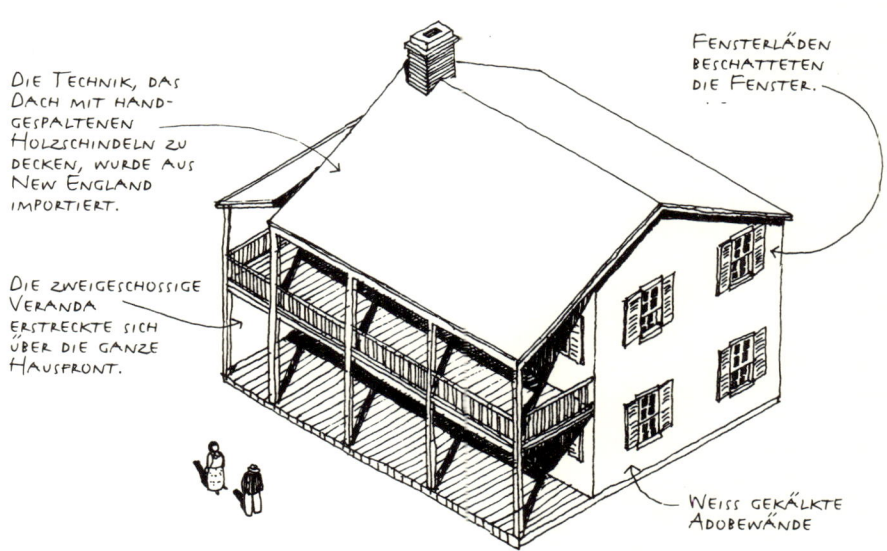

DIE TECHNIK, DAS DACH MIT HAND-GESPALTENEN HOLZSCHINDELN ZU DECKEN, WURDE AUS NEW ENGLAND IMPORTIERT.

DIE ZWEIGESCHOSSIGE VERANDA ERSTRECKTE SICH ÜBER DIE GANZE HAUSFRONT.

FENSTERLÄDEN BESCHATTETEN DIE FENSTER.

WEISS GEKÄLKTE ADOBEWÄNDE

1840 TYPISCHES MONTEREY-HAUS, MONTEREY, KALIFORNIEN

DAS MIT HANDGESPALTENEN HOLZ-SCHINDELN GEDECKTE WALMDACH HATTE EINEN BREITEN ÜBERSTAND, DER DEN NOTWENDIGEN SCHATTEN SPENDETE.

DIE VERANDA UND DER BALKON AUS SCHLICHTEN, SCHMUCKLOSEN HOLZ-STÄNDERN UND GELÄNDERN REICHTE ÜBER BEIDE SCHMALSEITEN UND DIE FRONT DES HAUSES.

DIE WEISS GEKÄLKTEN ADOBEWÄNDE WAREN 30 BIS 60 CM DICK.

1835 WOHNHAUS DES THOMAS LARKIN, MONTEREY, KALIFORNIEN, ERBAUER: THOMAS LARKIN

Hütten und Baracken

Landesweit   1840

Hütten und Baracken waren kleine, provisorische, grob gezimmerte und eingerichtete Behausungen, die meist aus kräftigen Ästen, alten Brettern und Teerpappe errichtet waren. All jene, die sich kein festes Haus leisten konnten, errichteten solche Hütten: fahrende Händler, Fuhrleute, Trapper, Regierungsbeauftragte für Indianerfragen, Soldaten, Forscher, Bergarbeiter, Mormonen, Reisende, Eisenbahner, Abenteurer, Siedler und Jäger. Seit den Anfängen amerikanischer Besiedlung baute man solche Behausungen, um sich vor Kälte und Regen zu schützen, ohne dabei sonderlich auf Baustile zu achten. Die Konstruktion einer Hütte oder Baracke erforderte eher das Können eines Holzfällers als das eines Architekten oder Zimmermanns. Hütten und Baracken gab es in unzähligen Bauweisen, die meist von den vorhandenen Baustoffen abhingen (in diese Kategorie fallen auch viele Blockhütten, siehe S. 50).

Noch heute werden Hütten und Baracken gebaut, obwohl die Teerpappe inzwischen oft durch Kunststoff ersetzt wird und leichte Zelte die kleinen Schutzhütten aus Astwerk verdrängt haben.

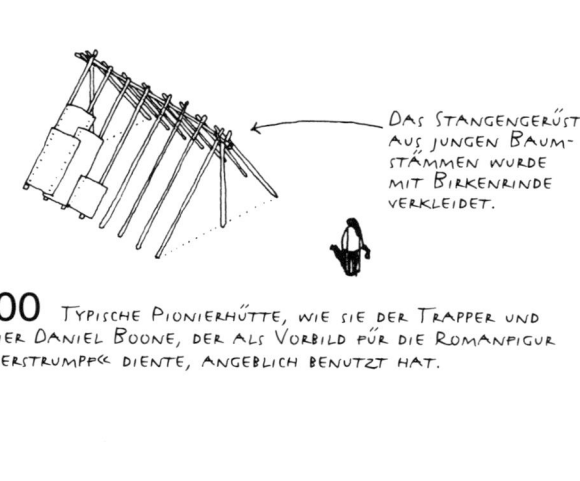

DAS STANGENGERÜST AUS JUNGEN BAUMSTÄMMEN WURDE MIT BIRKENRINDE VERKLEIDET.

1800 TYPISCHE PIONIERHÜTTE, WIE SIE DER TRAPPER UND PIONIER DANIEL BOONE, DER ALS VORBILD FÜR DIE ROMANFIGUR >>LEDERSTRUMPF<< DIENTE, ANGEBLICH BENUTZT HAT.

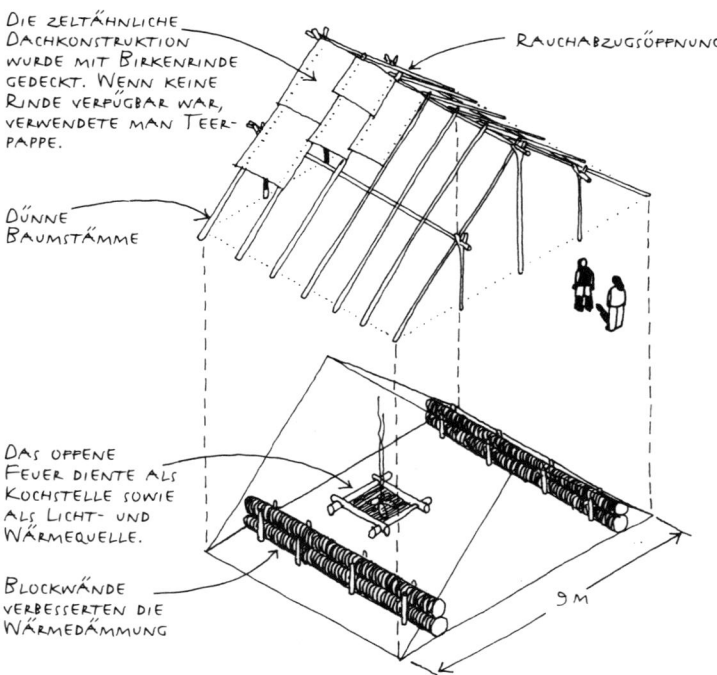

DIE ZELTÄHNLICHE DACHKONSTRUKTION WURDE MIT BIRKENRINDE GEDECKT. WENN KEINE RINDE VERFÜGBAR WAR, VERWENDETE MAN TEERPAPPE.

RAUCHABZUGSÖFFNUNG

DÜNNE BAUMSTÄMME

DAS OFFENE FEUER DIENTE ALS KOCHSTELLE SOWIE ALS LICHT- UND WÄRMEQUELLE.

BLOCKWÄNDE VERBESSERTEN DIE WÄRMEDÄMMUNG

9 M

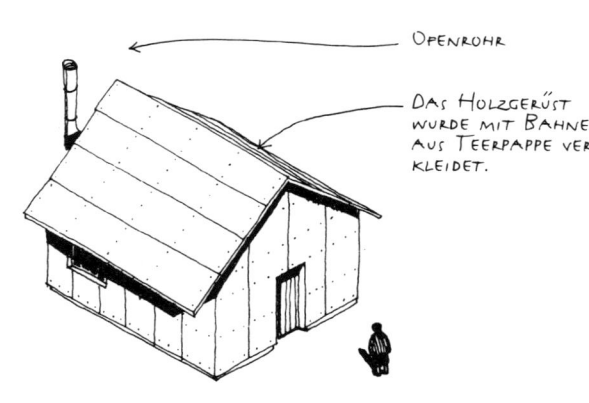

OFENROHR

DAS HOLZGERÜST WURDE MIT BAHNEN AUS TEERPAPPE VERKLEIDET.

1840 TEERPAPPE-HÜTTE

1920 HÜTTE MIT DACH AUS BIRKENRINDE, ENTWORFEN VON D. C. BEARD FÜR PROVISORISCHE LAGER

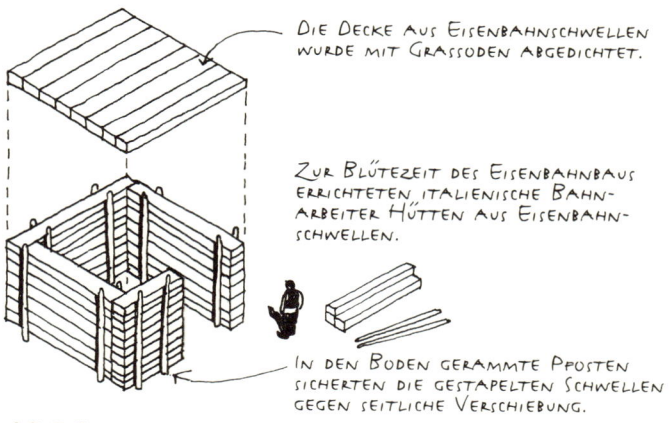

DIE DECKE AUS EISENBAHNSCHWELLEN
WURDE MIT GRASSODEN ABGEDICHTET.

ZUR BLÜTEZEIT DES EISENBAHNBAUS
ERRICHTETEN ITALIENISCHE BAHN-
ARBEITER HÜTTEN AUS EISENBAHN-
SCHWELLEN.

IN DEN BODEN GERAMMTE PFOSTEN
SICHERTEN DIE GESTAPELTEN SCHWELLEN
GEGEN SEITLICHE VERSCHIEBUNG.

1900 HÜTTE AUS EISENBAHNSCHWELLEN

In diese Kategorie fallen die Schutzhütten im Gebirge, die Hütten der Sklaven in der Südstaaten sowie die Hütten der Pioniere im mittleren Westen und der Goldgräber im Westen, weil sie als vorübergehende Unterkünfte grob gezimmert waren.
Gemeinsam ist ihnen ihr verwittertes Aussehen, weil sie teilweise aus gebrauchten Materialien wie alten Brettern, Blechplatten
oder Türen errichtet wurden.

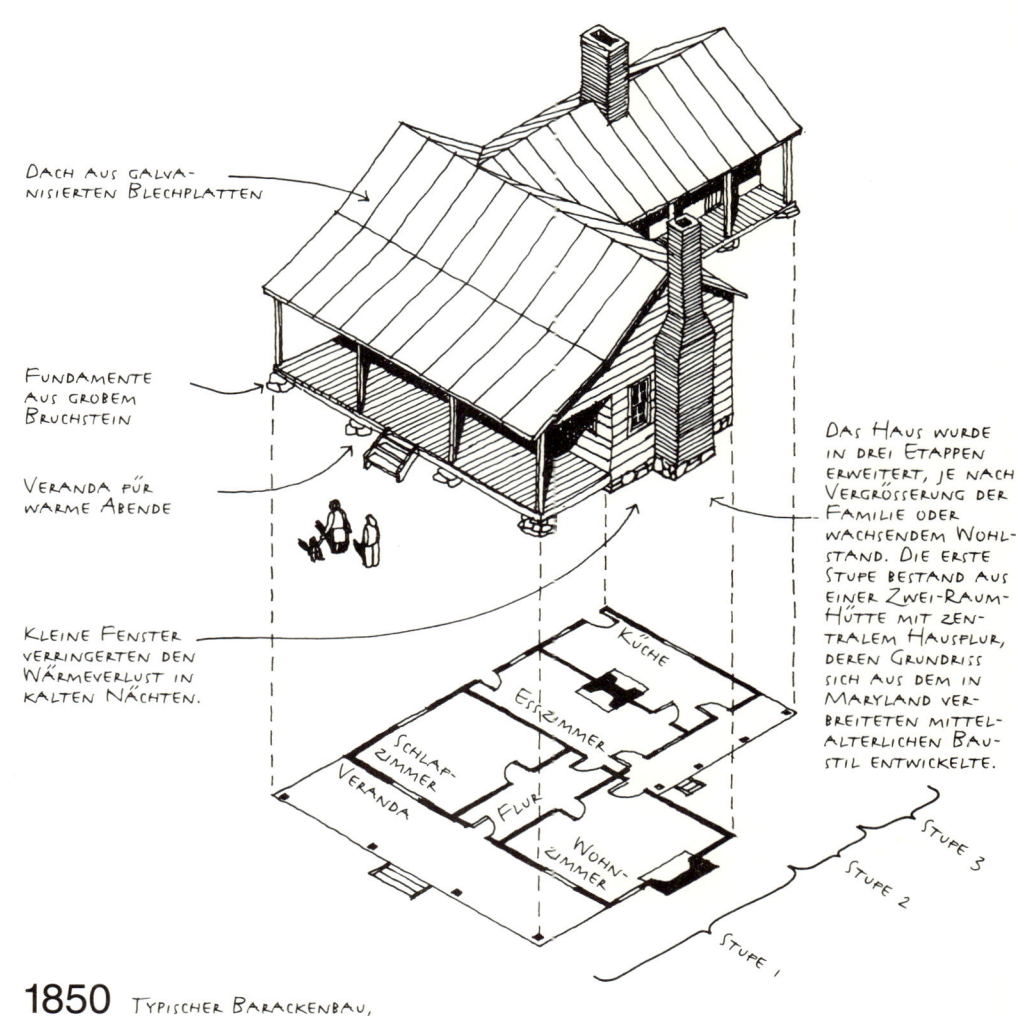

DACH AUS GALVA-
NISIERTEN BLECHPLATTEN

FUNDAMENTE
AUS GROBEM
BRUCHSTEIN

VERANDA FÜR
WARME ABENDE

KLEINE FENSTER
VERRINGERTEN DEN
WÄRMEVERLUST IN
KALTEN NÄCHTEN.

DAS HAUS WURDE
IN DREI ETAPPEN
ERWEITERT, JE NACH
VERGRÖSSERUNG DER
FAMILIE ODER
WACHSENDEM WOHL-
STAND. DIE ERSTE
STUFE BESTAND AUS
EINER ZWEI-RAUM-
HÜTTE MIT ZEN-
TRALEM HAUSFLUR,
DEREN GRUNDRISS
SICH AUS DEM IN
MARYLAND VER-
BREITETEN MITTEL-
ALTERLICHEN BAU-
STIL ENTWICKELTE.

KÜCHE

ESSZIMMER

SCHLAF-
ZIMMER

VERANDA

FLUR

WOHN-
ZIMMER

STUFE 3

STUFE 2

STUFE 1

1850 TYPISCHER BARACKENBAU,
NORTH GEORGIA

Frühes Gothic Revival

Osten   1840

Das Gothic Revival, eine englische Spielart der Neugotik, die man auch als Rokokogotik bezeichnet, setzte in England Ende des 18. Jahrhunderts als Revolte gegen die Strenge klassizistischer Formen ein. Ihre Hauptvertreter in Amerika waren der Architekt Alexander Jackson Davis und sein Freund, der Landschaftsarchitekt und Schriftsteller Adrew Jackson Downing. Beide waren stark von den Arbeiten John Ruskins und Augustus Northmore Pugins, den Haupttheoretikern der englischen Neugotik, beeinflußt. Downings Bücher, *Cottage Residences* von 1842 und *The Architecture of Country Houses* von 1850, erzielten hohe Auflagen und beeinflußten stark die neugotische Strömung in Amerika.

Um 1840 nahm die Beliebtheit des Greek Revival, die in England bereits verebbt war, auch in Amerika ab. Die unmittelbarste und wohl faszinierendste Veränderung vollzog sich in der Gestaltung des Grundrisses, der über 175 Jahre lang regelmäßig und manchmal sogar symmetrisch angelegt war und nun zu verschachtelten Formen überging. Die Architekten des Greek Revival hatten die Räume in einen meist kubischen Umriß gezwängt. Dagegen ließen die Architekten der Neugotik den Grundriß natürlich von innen nach außen wachsen und gelangten schließlich zu einer Form, die den Bedürfnissen des Hausbesitzers und den Gegebenheiten des Grundstücks angepaßt war.

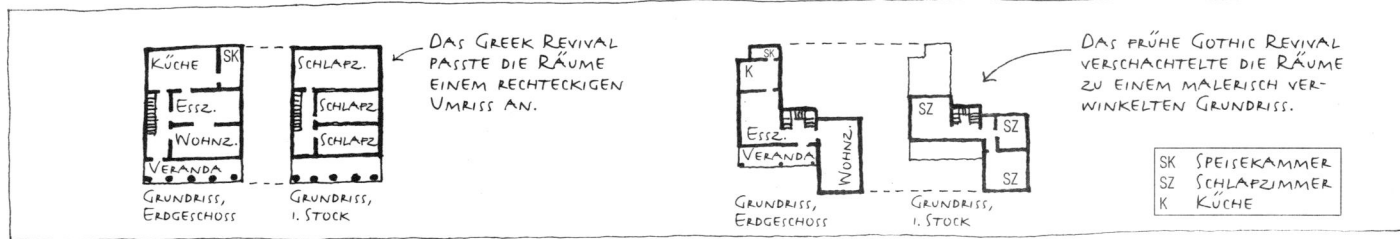

GRUNDRISSENTWICKLUNG DER FRÜHEN NEUGOTIK

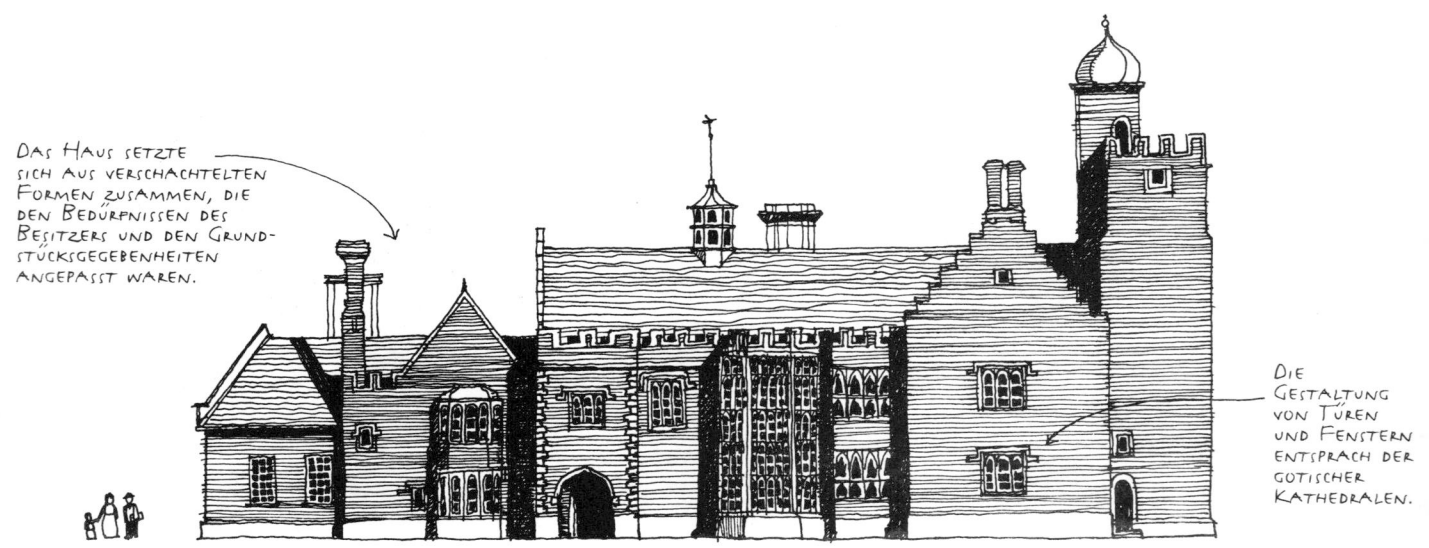

1502 HORHAM HOUSE, EIN SPÄTGOTISCHES ENGLISCHES HERRENHAUS, ESSEX, ENGLAND

STEINPIALEN

ZINNEN

DIE ERSTEN NEUGOTISCHEN BAUTEN GRIFFEN IN IHRER GLIEDERUNG DER BAUMASSE AUF ENGLISCHE HERRENHÄUSER DES 16. UND 17. JAHRHUNDERTS UND IN DER DETAILGESTALTUNG AUF GOTISCHE KATHEDRALEN UND BURGEN ZURÜCK.

MAUERN AUS BÜNDIG VERARBEITETEM HAUSTEIN

1840 LINDHURST, EIN AMERIKANISCHES HERRENHAUS IM STIL DES FRÜHEN GOTHIC REVIVAL, TARRYTOWN, NEW YORK, ARCHITEKT: A. J. DAVIS

Die ersten amerikanischen Häuser im Stil des Gothic Revival waren vorwiegend aus Haustein. Solche Bauten konnten sich jedoch nur die Reichen leisten, da sie hochqualifizierte Steinmetze erforderten. Schon bald übersetzte man den kostspieligen Baustil jedoch auch in eine Holzbauweise. Die Außenschalung aus schmalen, bündig verarbeiteten Brettern ließ kaum eine Fuge erkennen, und aus dem steinernen Maßwerk wurde ein »Zuckerbäckerwerk« aus Holz.

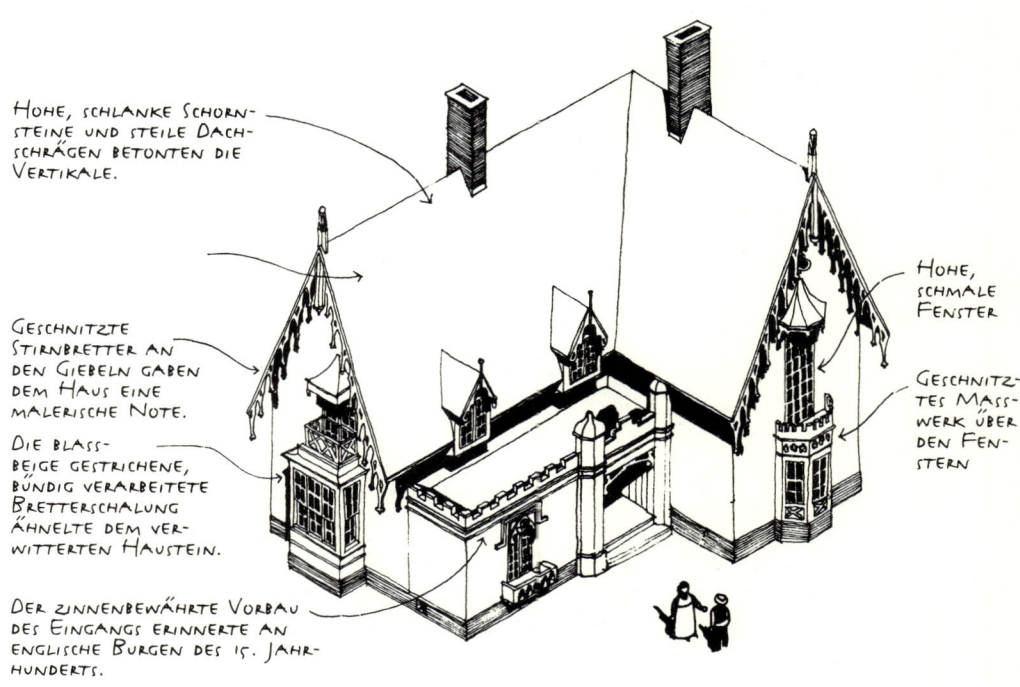

HOHE, SCHLANKE SCHORNSTEINE UND STEILE DACHSCHRÄGEN BETONTEN DIE VERTIKALE.

GESCHNITZTE STIRNBRETTER AN DEN GIEBELN GABEN DEM HAUS EINE MALERISCHE NOTE.

DIE BLASSBEIGE GESTRICHENE, BÜNDIG VERARBEITETE BRETTERSCHALUNG ÄHNELTE DEM VERWITTERTEN HAUSTEIN.

DER ZINNENBEWÄHRTE VORBAU DES EINGANGS ERINNERTE AN ENGLISCHE BURGEN DES 15. JAHRHUNDERTS.

HOHE, SCHMALE FENSTER

GESCHNITZTES MASSWERK ÜBER DEN FENSTERN

1850 JUSTIN SMITH MORRILL HOUSE, EIN COTTAGE IM STIL DER FRÜHEN NEUGOTIK, VERMONT

Um 1845 entwickelte sich eine radikal neue Holzbauweise, das sogenannte balloon framing. Bei dieser Skelettbauweise bestand die tragende Konstruktion aus leichten, durchgehenden Kanthölzern, die nicht wie das frühere Fachwerk verzapft und mit Holznägeln gesichert, sondern nur noch mit preiswerten, industriell gefertigten Nägeln zusammengehalten wurden. Diese Methode war so leicht zu erlernen, so kostengünstig, schnell und stabil, daß sie sich sofort durchsetzte. Manche Städte im amerikanischen Westen entstanden in dieser Bauweise fast über Nacht.

Viele Musterbücher griffen die neue Holzbauweise auf und widmeten ihr manchmal sogar ein ganzes Kapitel. Die unten abgebildeten Konstruktionspläne für ein kleines Cottage könnten aus einem solchen Musterbuch stammen.

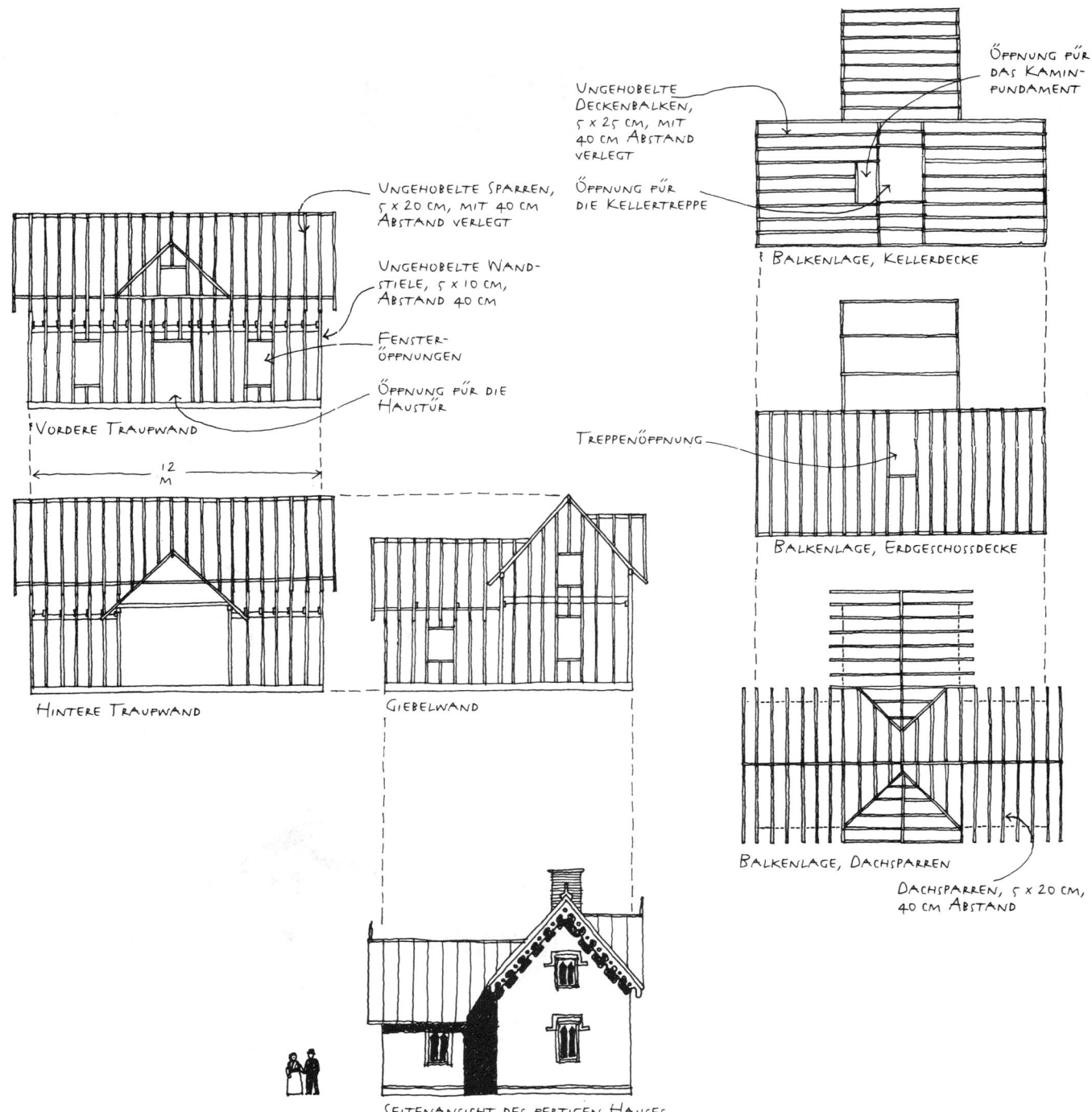

ÖFFNUNG FÜR DAS KAMINFUNDAMENT

UNGEHOBELTE DECKENBALKEN, 5 x 25 CM, MIT 40 CM ABSTAND VERLEGT

ÖFFNUNG FÜR DIE KELLERTREPPE

BALKENLAGE, KELLERDECKE

UNGEHOBELTE SPARREN, 5 x 20 CM, MIT 40 CM ABSTAND VERLEGT

UNGEHOBELTE WANDSTIELE, 5 x 10 CM, ABSTAND 40 CM

FENSTERÖFFNUNGEN

ÖFFNUNG FÜR DIE HAUSTÜR

VORDERE TRAUFWAND

12 M

TREPPENÖFFNUNG

BALKENLAGE, ERDGESCHOSSDECKE

HINTERE TRAUFWAND

GIEBELWAND

BALKENLAGE, DACHSPARREN

DACHSPARREN, 5 x 20 CM, 40 CM ABSTAND

SEITENANSICHT DES FERTIGEN HAUSES

1845 KONSTRUKTIONSPLÄNE FÜR DAS >>BALLOON FRAMING<<, EINES TYPISCHEN COTTAGE IM STIL DES FRÜHEN GOTHIC REVIVAL

In seinem einflußreichen Werk *The Architecture of Country Houses* stellte A. J. Downing eine Reihe von Entwürfen für verschiedene malerische Häuser vor, unter denen der Leser wählen konnte. Der unten abgebildete Entwurf für eine »ländliche Villa im gotischen Stil« stammt von A. J. Davis. Der schlichte, eher konservative Grundriß weist nur einen Hauch von Unregelmäßigkeit auf. Dagegen lassen das Dach und die Ornamentik eindeutig die Anfänge des neugotischen Stils erkennen, der auf gotische Kathedralen und Burgen im England des 11. bis 15. Jahrhunderts zurückgreift.

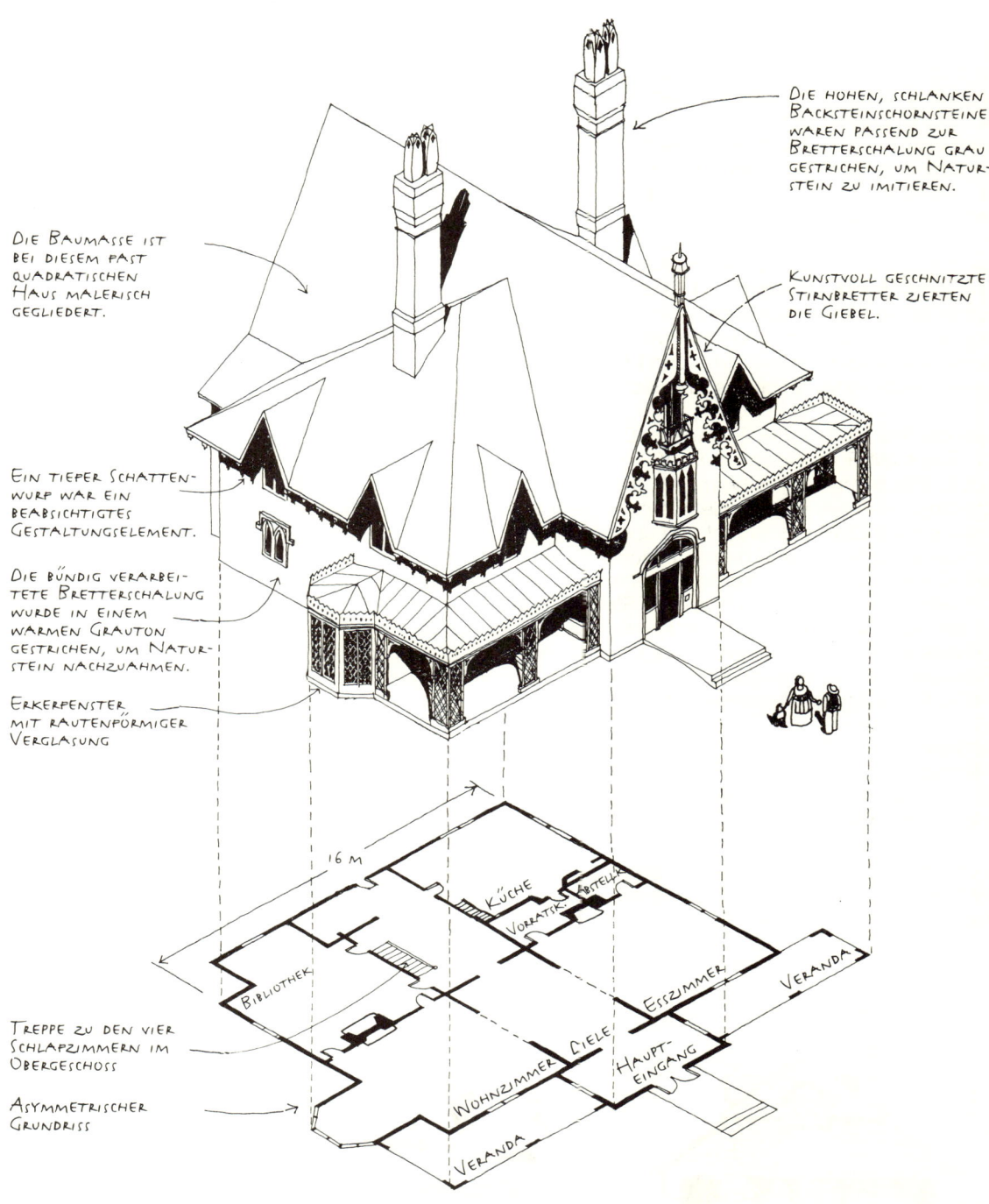

DIE HOHEN, SCHLANKEN BACKSTEINSCHORNSTEINE WAREN PASSEND ZUR BRETTERSCHALUNG GRAU GESTRICHEN, UM NATURSTEIN ZU IMITIEREN.

DIE BAUMASSE IST BEI DIESEM FAST QUADRATISCHEN HAUS MALERISCH GEGLIEDERT.

KUNSTVOLL GESCHNITZTE STIRNBRETTER ZIERTEN DIE GIEBEL.

EIN TIEFER SCHATTENWURF WAR EIN BEABSICHTIGTES GESTALTUNGSELEMENT.

DIE BÜNDIG VERARBEITETE BRETTERSCHALUNG WURDE IN EINEM WARMEN GRAUTON GESTRICHEN, UM NATURSTEIN NACHZUAHMEN.

ERKERFENSTER MIT RAUTENFÖRMIGER VERGLASUNG

16 M

KÜCHE

VORRATSK. ABSTELLK.

BIBLIOTHEK

ESSZIMMER

VERANDA

TREPPE ZU DEN VIER SCHLAFZIMMERN IM OBERGESCHOSS

WOHNZIMMER   DIELE

HAUPT-EINGANG

ASYMMETRISCHER GRUNDRISS

VERANDA

1846 WILLIAM ROTCH HOUSE, NEW BEDFORD, MASSACHUSETTS, ARCHITEKT: A. J. DAVIS

Cottage Style
Landesweit   1845

Die erstmals von A. J. Downing in *The Architecture of Country Houses* vorgestellten Entwürfe für Landhäuser und Bauernhäuser hatten tiefgreifende Auswirkungen im ganzen Land. Sie markierten den Beginn einer heimischen Architektur, die sich über lange Zeit halten sollte. Seine ersten beiden Entwürfe, die einfachsten, sind auf der folgenden Seite abgebildet. Downings Häuser zeichneten sich durch steile Dachschrägen, Balkone, Windfänge vor den Türen, Vordächer über den Fenstern und einen tiefen Schattenwurf durch Dachüberstände aus. Sein Bestreben galt dem idealen Haus, das den Bedürfnissen seines Besitzers und den Gegebenheiten des Grundstücks am besten angepaßt war. Für ihn bildete das Pittoreske einen natürlichen Stil, der eine »wahre, aufrichtige und funktionelle« Architektur hervorbringen und sich dennoch romantisch in die Landschaft einfügen konnte.

Der Cottage Style nahm zwar Anleihen beim frühen Gothic Revival auf, entwickelte aber auch neue Regeln, die bald von amerikanischen Architekten und Bauherren befolgt wurden. Das Haus sollte den unregelmäßigen Formen der Natur folgen, sich so in die Landschaft schmiegen, daß es aus verschiedenen Blickwinkeln malerisch wirkte, und gleichzeitig romantische Ausblicke von Fenstern und Veranden bieten. Es sollte aus natürlichen Materialien gebaut oder aber braun, grau oder grün gestrichen werden, um mit Erde und Pflanzen zu harmonieren. Es war also das Gegenteil des symmetrischen, kantigen, weißen Greek-Revival-Hauses, das sich deutlich von der Landschaft abheben sollte.

Viele der Architekten, die Beiträge zu Downings Buch lieferten, veröffentlichten auch eigene Musterbücher, zum Beispiel A. J. Davis mit *Rural Residences* (1837), Gervase Wheeler mit *Rural Homes* (1851) und Calvert Vaux mit *Villas and Cottages* (1857). Alle betonten gleichermaßen die Verwendung natürlicher Baustoffe. Die auffallendste Veränderung betraf die Bretterschalung der Außenwände, die nun nicht mehr bündig verarbeitet und als Imitation von Haustein farbig gestrichen, sondern senkrecht auf Stoß angebracht und über den Fugen mit Latten versehen wurde. Diese Art der Schalung, die Downing als aufrichtige, ehrliche Variante begrüßte, schuf zudem einen tiefen vertikalen Schattenwurf, wie er durchaus der Gotik entsprach. Neue Entwicklungen wie die dampfgetriebene Dekupiersäge und das balloon framing machten den Holzbau zu einer unumgänglichen Alternative zum massiven Steinbau, da Holz in großen Mengen vorhanden, preiswerter und leichter zu bearbeiten war als Stein. Mitte des 19. Jahrhunderts boten unzählige von Downing inspirierte Musterbücher einem wachsenden Mittelstand detaillierte Pläne für erschwingliche Cottages an. Der damals aufkommende Bauboom speiste sich nicht nur aus dem amerikanischen Wirtschaftsaufschwung, sondern auch aus der Tatsache, daß solide, einfach zu bauende, kostengünstige und komfortable Haustypen verfügbar waren.

Mit dem Cottage-Stil wurde auch die amerikanische Veranda vor dem Haus eingeführt. Mit dem überdachten Hauseingang entstand ein halbprivater Platz, an dem man, vor Sonne oder schlechtem Wetter geschützt, im Freien sitzen konnte. Meist war die Veranda mit Geißblatt oder anderen blühenden Ranken bewachsen, die an lauen Sommerabenden ihren angenehmen Duft verströmten.

Downing, Davis und andere amerikanische Architekten waren stark vom englischen pittoresken Stil beeinflußt. Eine kleine Auswahl der für diese Zeit typischen Häuser ist unten vorgestellt. Charakteristisch sind die Verwendung natürlicher Baustoffe mit grober Textur, die unregelmäßige Gliederung der Baumasse und die breiten Dachüberstände mit ihrem tiefen Schattenwurf.

1820 DREI ENGLISCHE COTTAGES IM PITTORESKEN STIL, BLAZE HAMLET, BRISTOL, ENGLAND, ARCHITEKT: JOHN NASH

(Bildbeschriftungen:) HOLZ-SCHINDEL-DACH · BRUCH-STEIN-MAUERN · REET-DACH · RAUTEN-FÖRMIGE VERGLASUNG · BACKSTEIN-SCHORNSTEIN

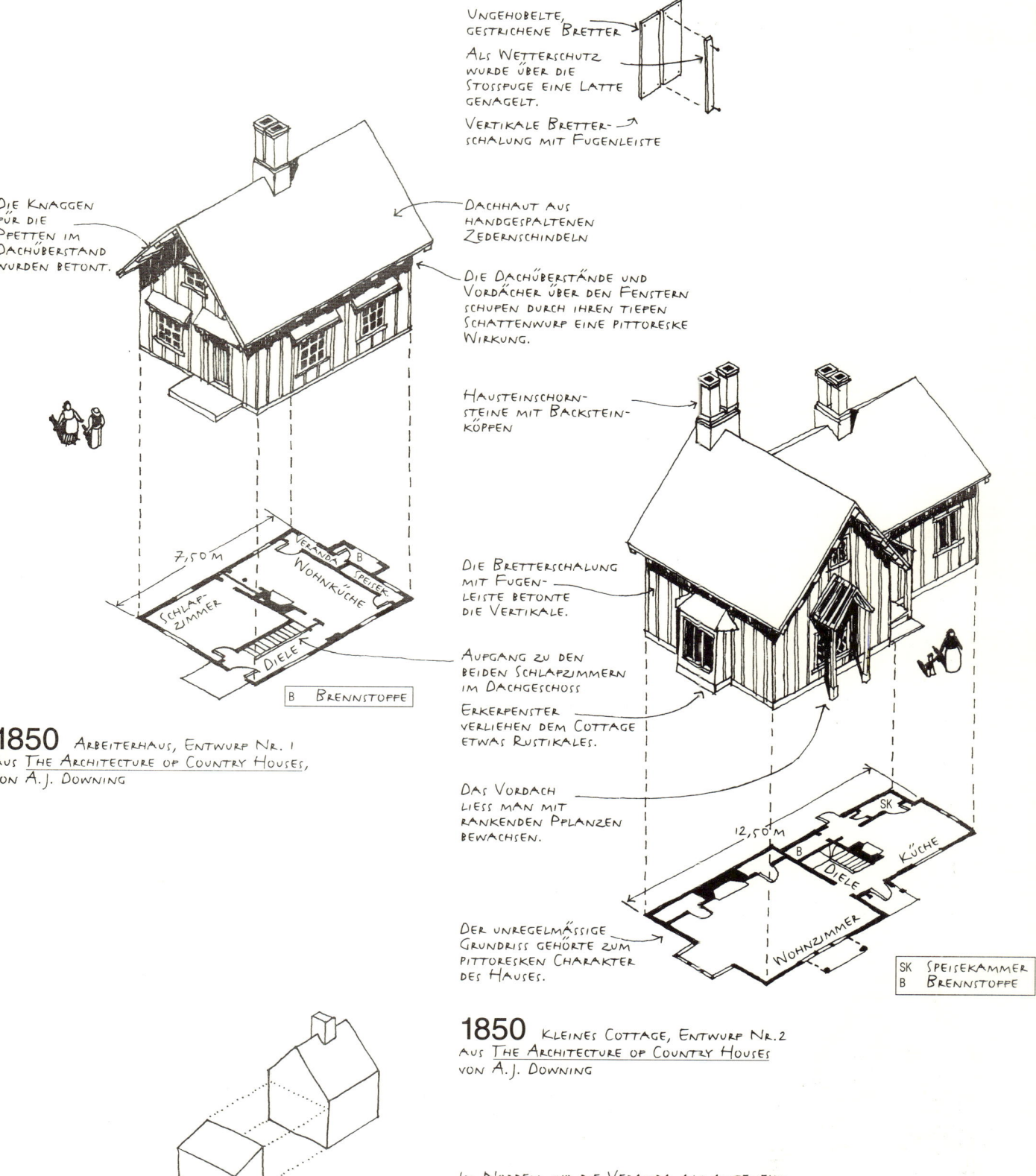

UNGEHOBELTE,
GESTRICHENE BRETTER

ALS WETTERSCHUTZ
WURDE ÜBER DIE
STOSSFUGE EINE LATTE
GENAGELT.

VERTIKALE BRETTER-
SCHALUNG MIT FUGENLEISTE

DIE KNAGGEN
FÜR DIE
PFETTEN IM
DACHÜBERSTAND
WURDEN BETONT.

DACHHAUT AUS
HANDGESPALTENEN
ZEDERNSCHINDELN

DIE DACHÜBERSTÄNDE UND
VORDÄCHER ÜBER DEN FENSTERN
SCHUFEN DURCH IHREN TIEFEN
SCHATTENWURF EINE PITTORESKE
WIRKUNG.

HAUSTEINSCHORN-
STEINE MIT BACKSTEIN-
KÖPFEN

DIE BRETTERSCHALUNG
MIT FUGEN-
LEISTE BETONTE
DIE VERTIKALE.

AUFGANG ZU DEN
BEIDEN SCHLAFZIMMERN
IM DACHGESCHOSS

ERKERFENSTER
VERLIEHEN DEM COTTAGE
ETWAS RUSTIKALES.

DAS VORDACH
LIESS MAN MIT
RANKENDEN PFLANZEN
BEWACHSEN.

DER UNREGELMÄSSIGE
GRUNDRISS GEHÖRTE ZUM
PITTORESKEN CHARAKTER
DES HAUSES.

7,50 M

VERANDA

WOHNKÜCHE

B SPEISEK.

SCHLAF-
ZIMMER

DIELE

B BRENNSTOFFE

1850 ARBEITERHAUS, ENTWURF NR. 1
AUS THE ARCHITECTURE OF COUNTRY HOUSES,
VON A.J. DOWNING

12,50 M

SK

B

DIELE

KÜCHE

WOHNZIMMER

SK SPEISEKAMMER
B BRENNSTOFFE

1850 KLEINES COTTAGE, ENTWURF NR. 2
AUS THE ARCHITECTURE OF COUNTRY HOUSES
VON A.J. DOWNING

IM NORDEN, WO DIE VERANDA ALS ANGENEHM
KÜHLER SITZPLATZ NICHT SO NOTWENDIG WAR WIE
IM SÜDEN, WURDE SIE 1845 ERSTMALS AN DAS
HAUS ANGEBAUT.

Carpenter Gothic

Landesweit 1850

Die Veröffentlichung zahlreicher Musterbücher, die mit dem Cottage Style einherging, die Erfindung maschinell betriebener Sägen und die Verbreitung des balloon framing als neuer Skelettbauweise gaben dem amerikanischen Zimmermann die notwendigen Mittel an die Hand, um seinen Beruf besser und autarker ausüben zu können. Das Ergebnis war ein architektonisches Phänomen, das einzigartig für Amerika war. Die ausgeprägte Tradition des Holzbaus, die Nachfrage nach schnell zu errichtenden Wohnhäusern und die im Überfluß vorhandenen guten Bauhölzer trugen dazu bei, daß sich in Nordamerika fast wie von selbst eine »Holzgotik«, die sogenannte Zimmermannsgotik oder Carpenter Gothic, herausbildete.

Charakteristisch für die Zimmermannsgotik ist vor allem die Überfülle an ausgesägten Holzverzierungen (manchmal auch »Lebkuchenverzierungen«, englisch: gingerbread). Daß die meisten dieser plastischen Bauornamente ursprünglich für die Ausführung in Naturstein gedacht waren, hielt die amerikanischen Zimmerleute nicht davon ab, sie in Holz umzusetzen. Ein Zimmermann, der mit einer dampfgetriebenen Dekupiersäge und einem Musterbuch mit Grundrissen, Aufrissen, Konstruktionsplänen und mitunter auch Vorschlägen für Verzierungen ausgerüstet war, konnte mit nur wenigen Gesellen innerhalb einiger Monate ein relativ großes, aufwendig gestaltetes Haus bauen.

In England erlebte das Gothic Revival seine Blüte, weil Handwerker seit dem Mittelalter ihr Können von Generation zu Generation weitergegeben hatten und auch Architekten sich dafür interessierten. In Amerika wurde die Neugotik von Architekten wie Isthiel Town, A. J. Davis und George E. Woodward angeregt und von Zimmerleuten vorangetrieben, die Entwürfe dieser Architekten aus Musterbüchern kopierten. Davis war einer der wenigen, die auf beiden Ebenen arbeiteten. Er war für reiche Kunden tätig und veröffentlichte auch Entwürfe. Allgemein schreibt man ihm gemeinsam mit A. J. Downing das Verdienst zu, mit dem Cottage Style und der Carpenter Gothic richtungsweisend die frühe Entwicklung der Neugotik in Amerika gewesen zu sein.

Mitte des 19. Jahrhunderts entstanden im ganzen Land Lebkuchenhäuser im Stil der Zimmermannsgotik. Manche Städte wie Cape May in New Jersey, Oak Bluffs, Martha's Vineyard in Massachusetts oder San Francisco wurden für die ausgefallenen Verzierungen ihrer Häuser berühmt. Sie gehören bis heute zu den schönsten Beispielen amerikanischer Handwerkskunst.

1855 LAKE CITY, COLORADO

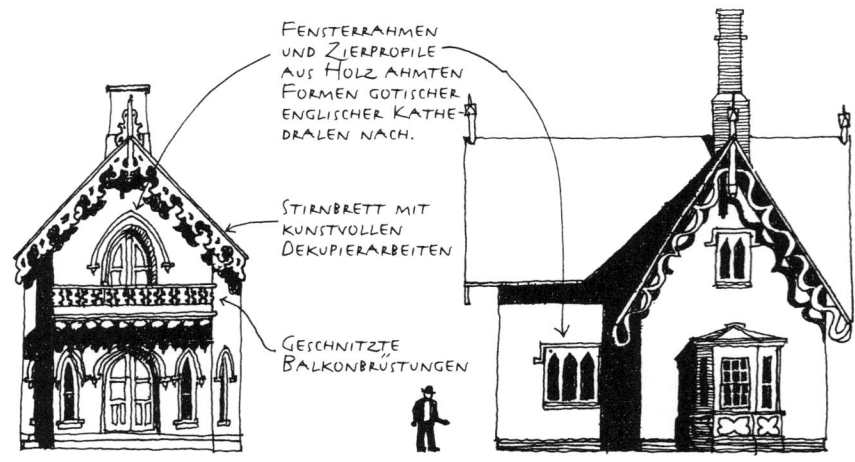

FENSTERRAHMEN UND ZIERPROFILE AUS HOLZ AHMTEN FORMEN GOTISCHER ENGLISCHER KATHEDRALEN NACH.

STIRNBRETT MIT KUNSTVOLLEN DEKUPIERARBEITEN

GESCHNITZTE BALKONBRÜSTUNGEN

1860 OAK BLUFFS, MARTHA'S VINEYARD, MASSACHUSETTS

1840 DAVID SIKES HOUSE, SUFFIELD, CONNECTICUT

Das typische Haus im Stil der Carpenter Gothic hatte einen konservativen rechteckigen Grundriß und erzielte seine pittoreske Wirkung durch ein steiles Satteldach und aufwendige Verzierungen. In dem Maße, wie dieser Stil sich weiterentwickelte, gestaltete sich der Grundriß freier und komplexer. Bei der Planung des Hauses paßte man die Größe der einzelnen Räume den Wünschen des Bauherrn an und gelangte schließlich zu einem asymmetrischen Grundriß.

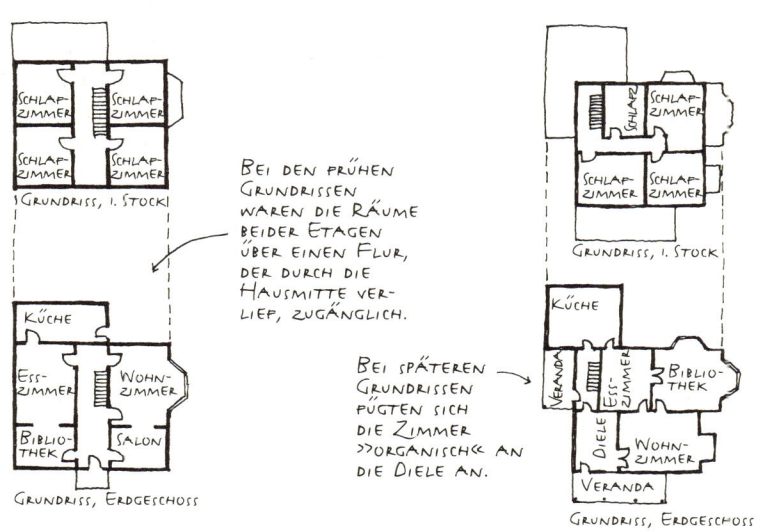

BEI DEN FRÜHEN GRUNDRISSEN WAREN DIE RÄUME BEIDER ETAGEN ÜBER EINEN FLUR, DER DURCH DIE HAUSMITTE VERLIEF, ZUGÄNGLICH.

BEI SPÄTEREN GRUNDRISSEN FÜGTEN SICH DIE ZIMMER »ORGANISCH« AN DIE DIELE AN.

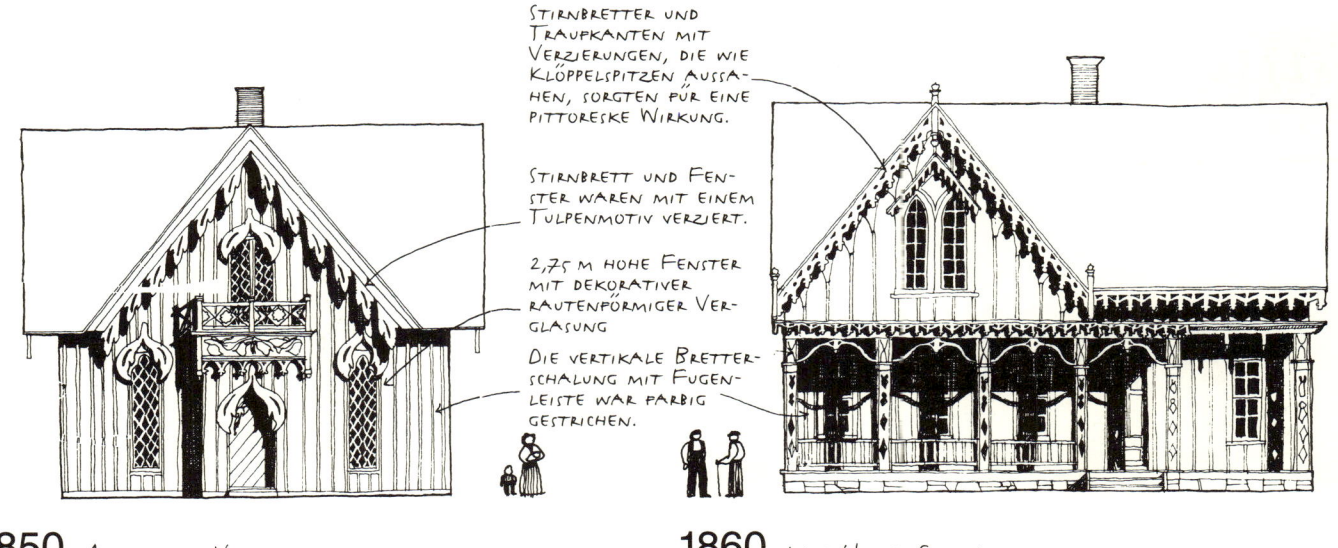

STIRNBRETTER UND TRAUFKANTEN MIT VERZIERUNGEN, DIE WIE KLÖPPELSPITZEN AUSSAHEN, SORGTEN FÜR EINE PITTORESKE WIRKUNG.

STIRNBRETT UND FENSTER WAREN MIT EINEM TULPENMOTIV VERZIERT.

2,75 M HOHE FENSTER MIT DEKORATIVER RAUTENFÖRMIGER VERGLASUNG

DIE VERTIKALE BRETTERSCHALUNG MIT FUGENLEISTE WAR FARBIG GESTRICHEN.

1850 ATHENWOOD, VERMONT

1860 LACE HOUSE, COLORADO

Die Erfindung der dampfgetriebenen Dekupiersäge machte Holzornamente in verschiedenen Formen möglich, wie sie unten abgebildet sind. Ihre Anregungen bezogen die Zimmerleute aus der Natur.

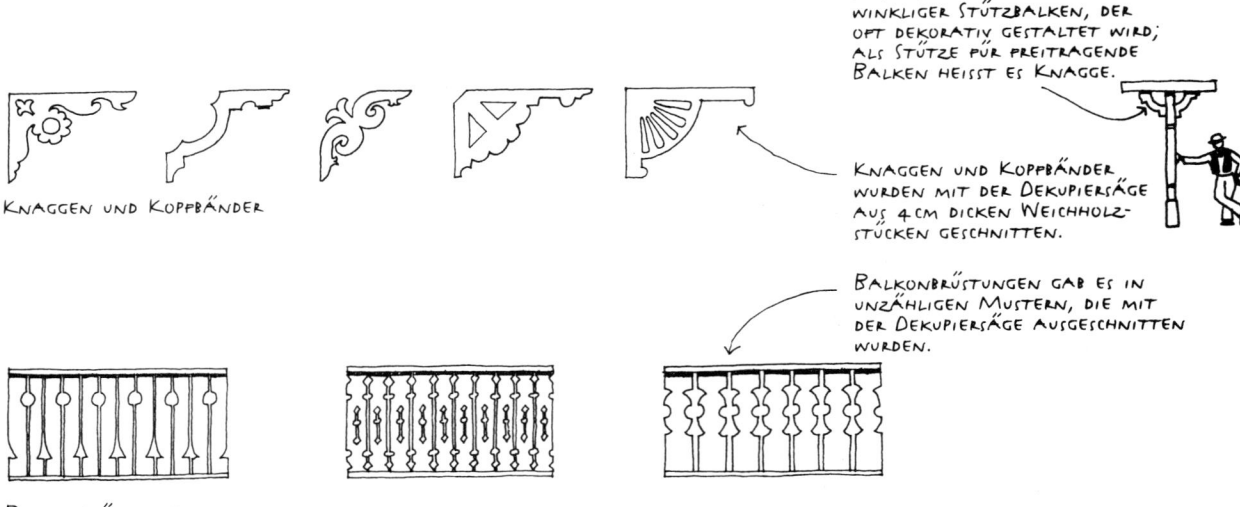

DAS KOPPBAND IST EIN RECHT-WINKLIGER STÜTZBALKEN, DER OFT DEKORATIV GESTALTET WIRD; ALS STÜTZE FÜR FREITRAGENDE BALKEN HEISST ES KNAGGE.

KNAGGEN UND KOPPBÄNDER WURDEN MIT DER DEKUPIERSÄGE AUS 4 CM DICKEN WEICHHOLZ-STÜCKEN GESCHNITTEN.

KNAGGEN UND KOPPBÄNDER

BALKONBRÜSTUNGEN GAB ES IN UNZÄHLIGEN MUSTERN, DIE MIT DER DEKUPIERSÄGE AUSGESCHNITTEN WURDEN.

BALKONBRÜSTUNGEN

DAS BELIEBTE MOTIV DES SONNENAUFGANGS UND SONNENUNTER-GANGS WURDE AUS SCHMALEN LEISTEN GESCHNITTEN UND AN DIE FASSADE GENAGELT.

APPLIQUES

APPLIQUES LIESSEN SICH ZIERLICHER GESTALTEN, DA SIE AUF EINEM FESTEN UNTERGRUND ANGEBRACHT WURDEN.

HOLZSCHINDELN VERSCHIEDENER FORMEN WURDEN IN MASSENFERTIGUNG AUS ZEDERNHÖLZERN HERGESTELLT UND ÜBERLAPPEND SO AN DIE WAND GENAGELT, DASS VERSCHIEDENE SCHATTENMUSTER ENTSTANDEN.

 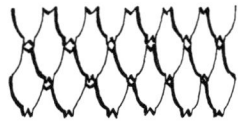 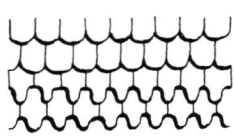

SCHINDELN

GIEBELORNAMENTE WURDEN HÄUFIG AUS LEISTEN ZUSAMMEN-GESETZT, ANSTATT SIE MIT DER DEKUPIERSÄGE AUSZU-SCHNEIDEN.

BELIEBTE VERZIERUNGEN WAREN 4 CM DICKE GEHOBELTE STIRNBRETTER, IN DIE MIT DER DEKUPIERSÄGE DEKORATIVE MUSTER GESCHNITTEN WAREN.

GIEBELSCHMUCK

Da das Haus im Stil der Carpenter Gothic ohnehin eine große Formenvielfalt aufwies, ließ es sich jederzeit erweitern, ohne an Schönheit zu verlieren. In den meisten Fällen erhöhte ein Anbau den Charme des Hauses.

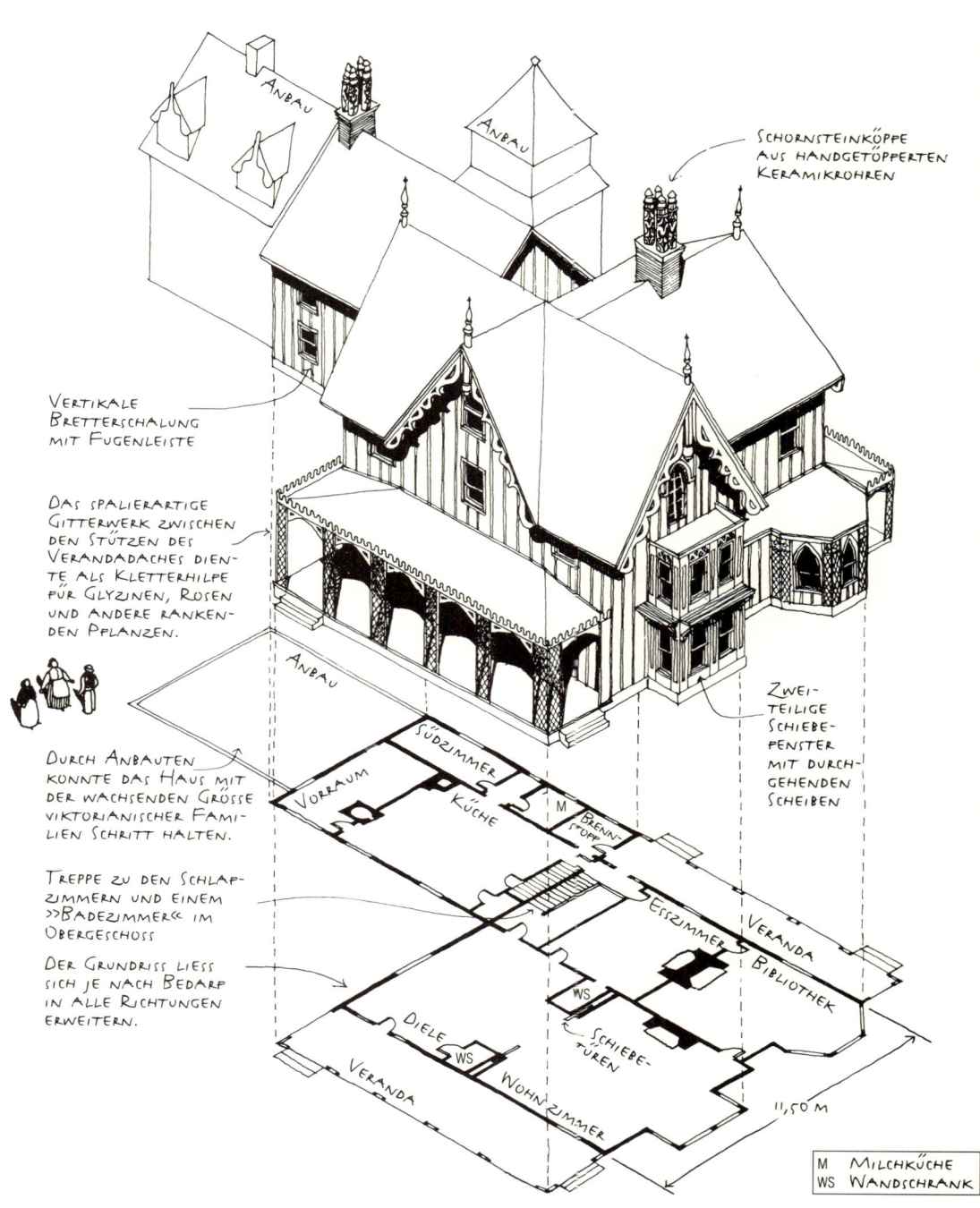

ANBAU

ANBAU

SCHORNSTEINKÖPFE
AUS HANDGETÖPFERTEN
KERAMIKROHREN

VERTIKALE
BRETTERSCHALUNG
MIT FUGENLEISTE

DAS SPALIERARTIGE
GITTERWERK ZWISCHEN
DEN STÜTZEN DES
VERANDADACHES DIEN-
TE ALS KLETTERHILFE
FÜR GLYZINEN, ROSEN
UND ANDERE RANKEN-
DEN PFLANZEN.

ANBAU

ZWEI-
TEILIGE
SCHIEBE-
FENSTER
MIT DURCH-
GEHENDEN
SCHEIBEN

DURCH ANBAUTEN
KONNTE DAS HAUS MIT
DER WACHSENDEN GRÖSSE
VIKTORIANISCHER FAMI-
LIEN SCHRITT HALTEN.

TREPPE ZU DEN SCHLAF-
ZIMMERN UND EINEM
>>BADEZIMMER<< IM
OBERGESCHOSS

DER GRUNDRISS LIESS
SICH JE NACH BEDARF
IN ALLE RICHTUNGEN
ERWEITERN.

VORRAUM

SÜDZIMMER

KÜCHE

M BRENN-
STOFF

ESSZIMMER

VERANDA

BIBLIOTHEK

WS

SCHIEBE-
TÜREN

DIELE

WS

VERANDA

WOHNZIMMER

11,50 M

| M | MILCHKÜCHE |
| WS | WANDSCHRANK |

1840 THE COTTAGE,
FAIRFIELD, CONNECTICUT, ARCHITEKT: JOSEPH WELLS

Steamboat Gothic

Landesweit   1855

Steamboat Gothic, also Dampfschiffgotik, war eine hochentwickelte Form der Carpenter Gothic mit einer extremen Fülle an Holzverzierungen. Man bezeichnet sie auch als Wedding Cake Gothic, also als Hochzeitskuchengotik, treffender wäre jedoch Flamboyant Carpenter Gothic oder Zimmermannsspätgotik.

Manche der faszinierendsten Beispiele der Steamboat Gothic entstanden als Umbauten bestehender Häuser. Die Neugotik hatte sich zu einem derart beliebten Modestil entwickelt, daß viele Bauten im Greek Revival, georgianischen oder föderalen Stil und sogar im frühkolonialen Stil umgebaut wurden und nun Dachüberstände, Spaliere an der Veranda, kunstvoll verzierte Stirnbretter und verschiedene Umrahmungen an Fenstern und Türen erhielten.

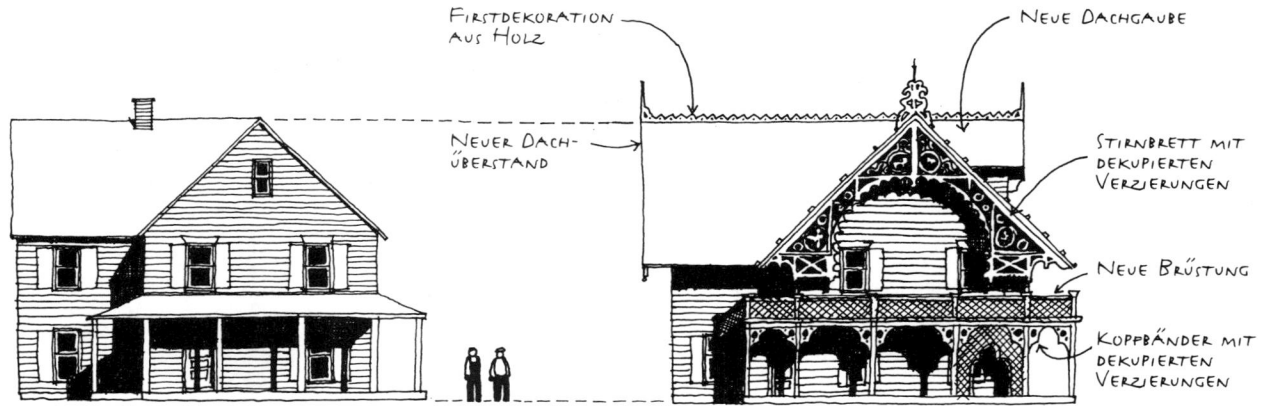

1860   Umbau eines Küstenhauses in ein Cottage im Stil der Steamboat Gothic, New Jersey

Dampfschiffe gehörten mit zu den ersten Objekten, die »renoviert« und mit Holzbrüstungen sowie maschinell gedrechselten Säulen, dekupierten Kopfbändern und anderen Holzverzierungen ausgestattet wurden. Selbst technische Einrichtungen wie Schaufelräder und Schornsteine versah man mit Ornamenten.

1850   The Delta Queen, Mississippi

Das wohl auffallendste Beispiel für die Popularität der Neugotik befand sich in Kennebunkport, Maine, wo ein gediegenes rotes Backsteinhaus im Föderalstil durch eine neue Hülle in ein weiß gestrichenes Schlößchen verwandelt wurde. Das Haus, das nach seiner Renovierung nicht ohne Grund den Namen »Wedding Cake House« erhielt, ist mit seinen verschwenderischen Dekorationen, die von englischen Kathedralen und Burgen entlehnt wurden, unten abgebildet.

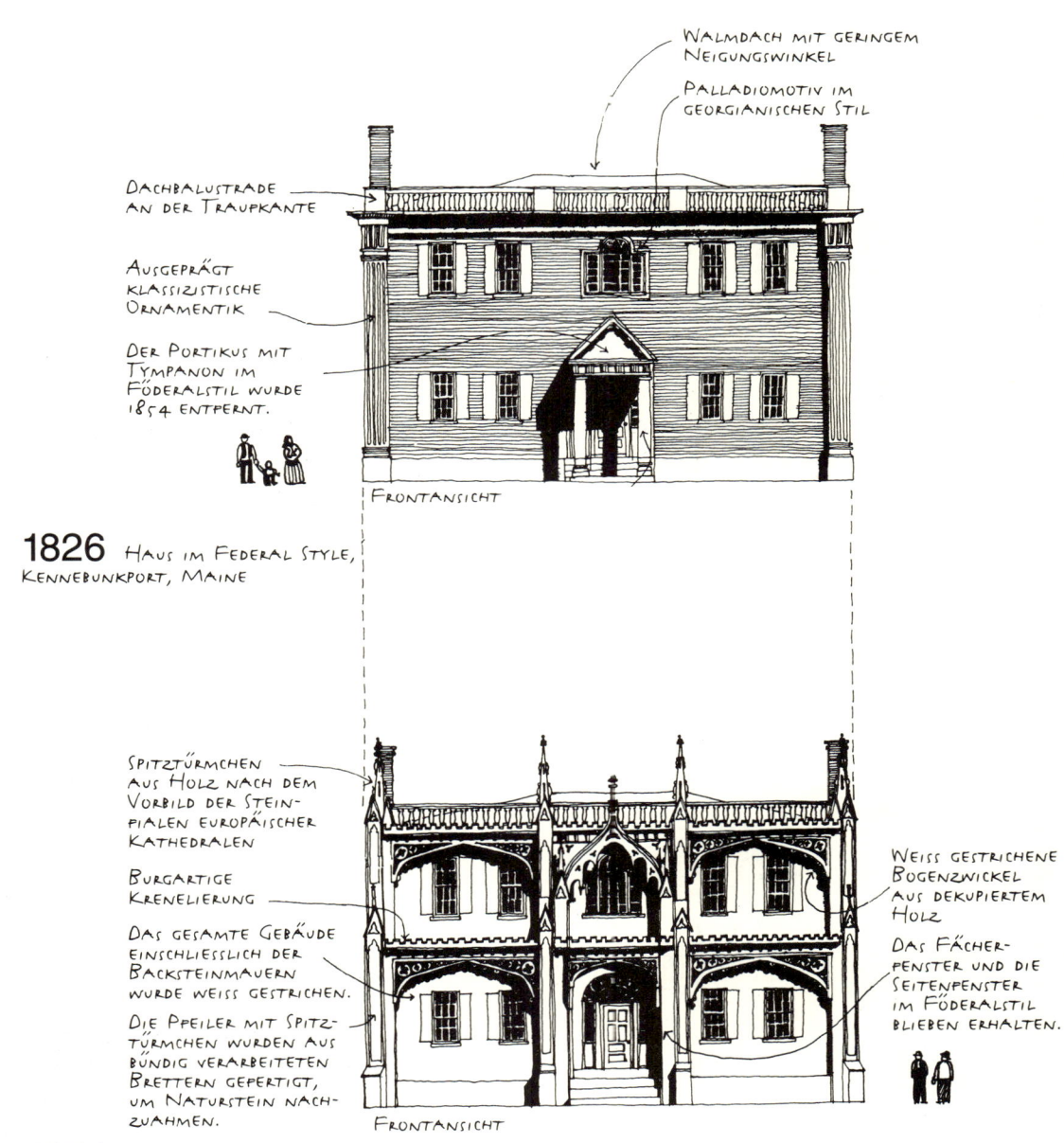

WALMDACH MIT GERINGEM NEIGUNGSWINKEL

PALLADIOMOTIV IM GEORGIANISCHEN STIL

DACHBALUSTRADE AN DER TRAUFKANTE

AUSGEPRÄGT KLASSIZISTISCHE ORNAMENTIK

DER PORTIKUS MIT TYMPANON IM FÖDERALSTIL WURDE 1854 ENTFERNT.

FRONTANSICHT

1826 HAUS IM FEDERAL STYLE, KENNEBUNKPORT, MAINE

SPITZTÜRMCHEN AUS HOLZ NACH DEM VORBILD DER STEINFIALEN EUROPÄISCHER KATHEDRALEN

BURGARTIGE KRENELIERUNG

DAS GESAMTE GEBÄUDE EINSCHLIESSLICH DER BACKSTEINMAUERN WURDE WEISS GESTRICHEN.

DIE PFEILER MIT SPITZTÜRMCHEN WURDEN AUS BÜNDIG VERARBEITETEN BRETTERN GEFERTIGT, UM NATURSTEIN NACHZUAHMEN.

WEISS GESTRICHENE BOGENZWICKEL AUS DEKUPIERTEM HOLZ

DAS FÄCHERFENSTER UND DIE SEITENFENSTER IM FÖDERALSTIL BLIEBEN ERHALTEN.

FRONTANSICHT

1854 WEDDING CAKE HOUSE, KENNEBUNKPORT, MAINE

Italienischer Villenstil
Landesweit   1855

Der asymmetrische Stil italienischer Villen kam in England nach 1800 in Mode. Inspiriert war er von der ländlichen Architektur Italiens. Bis 1830 erfreuten sich italienische Villen in englischen Musterbüchern ebensolcher Beliebtheit wie Häuser im neugotischen oder griechischen Stil.

In Amerika hielt dieser Baustil Einzug, als der Architekt John Notman 1837 eine italienische Villa für Bischof Doane in Burlington, New Jersey, baute. A. J. Downing veröffentlichte 1842 die Entwürfe zu diesem Haus in *Treatise on the Theory and Practice of Landscape Gardening, Adapted to North America* und machte den Stil populär, indem er zahlreiche Entwürfe von A. J. Davis für Villen im italienischen Stil in *Cottage Residences* (1842) und in *The Architecture of Country Houses* (1850) aufnahm. Downing empfahl diesen Stil, weil »die Unregelmäßigkeit in der Gliederung der Baumassen und der Dachform die Umrisse eines Gebäudes überaus pittoresk« mache. Dieser Baustil ermöglichte eine ungewöhnlich freie Gestaltung von Neubauten, aber auch von Anbauten, und wirkte zugleich charmant, attraktiv und praktisch.

Der italienische Villenstil wurde auch als Tuscan Revival, Hudson River Bracketed, römischer oder toskanischer Villenstil, lombardischer, italienischer, vitruvischer, etruskischer, normannischer oder griechisch-vorstädtischer Stil bezeichnet. A. J. Davis nannte ihn schlicht den amerikanischen Stil, denn während der gesamten viktorianischen Zeit blieb er der einflußreichste Stil in Amerika. Fast alle späteren amerikanischen Häuser übernahmen einige seiner Merkmale. Da Symmetrie nicht mehr als erstrebenswert galt, ordnete man die Räume nach ihrer Funktion an und gelangte zu einer Vielfalt unregelmäßiger Grundrisse.

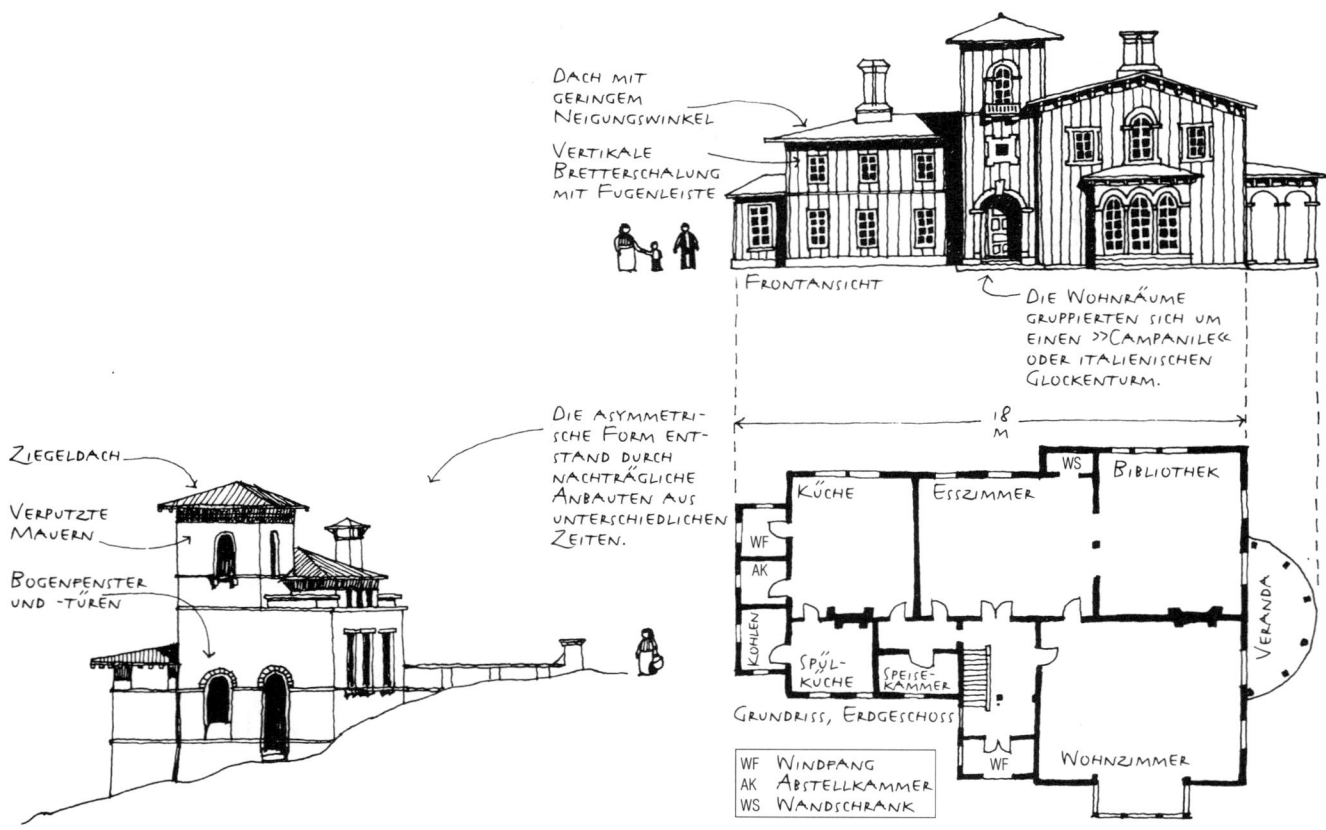

DACH MIT GERINGEM NEIGUNGSWINKEL

VERTIKALE BRETTERSCHALUNG MIT FUGENLEISTE

FRONTANSICHT

DIE WOHNRÄUME GRUPPIERTEN SICH UM EINEN »CAMPANILE« ODER ITALIENISCHEN GLOCKENTURM.

DIE ASYMMETRISCHE FORM ENTSTAND DURCH NACHTRÄGLICHE ANBAUTEN AUS UNTERSCHIEDLICHEN ZEITEN.

ZIEGELDACH

VERPUTZTE MAUERN

BOGENFENSTER UND -TÜREN

18 M

WS   BIBLIOTHEK
KÜCHE   ESSZIMMER
WF
AK
KOHLEN
SPÜL-KÜCHE   SPEISE-KAMMER
VERANDA

GRUNDRISS, ERDGESCHOSS

WF   WOHNZIMMER

WF   WINDFANG
AK   ABSTELLKAMMER
WS   WANDSCHRANK

1800 ITALIENISCHES LANDHAUS IM HEIMISCHEN STIL, FLORENZ, ITALIEN

1845 VILLA IM ITALIENISCHEN STIL, ARCHITEKT: A. J. DAVIS, ENTWURF NR. 22 AUS *THE ARCHITECTURE OF COUNTRY HOUSES* VON A. J. DOWNING

Anders als beim förmlichen georgianischen Stil und beim Greek Revival entwickelte sich beim italienischen Villenstil ein asymmetrischer Klassizismus, in dem die Architekten die Volumina veränderten, bis sie eine (meist unregelmäßige) Komposition erreichten, die dem Bauherrn gefiel. Die flachen Walm- oder Satteldächer hatten große Knaggen unter der Traufe. Da die ideale Villa im italienischen Stil größtmögliche Ähnlichkeit mit einem originalen italienischen Bauernhaus haben sollte, deckte man die Dächer mit roten Ziegeln und schuf, so man es sich leisten konnte, glatte Wandflächen durch verputzten oder gestrichenen Backstein. Andernfalls empfahl sich die vertikale Bretterschalung mit Fugenleiste.

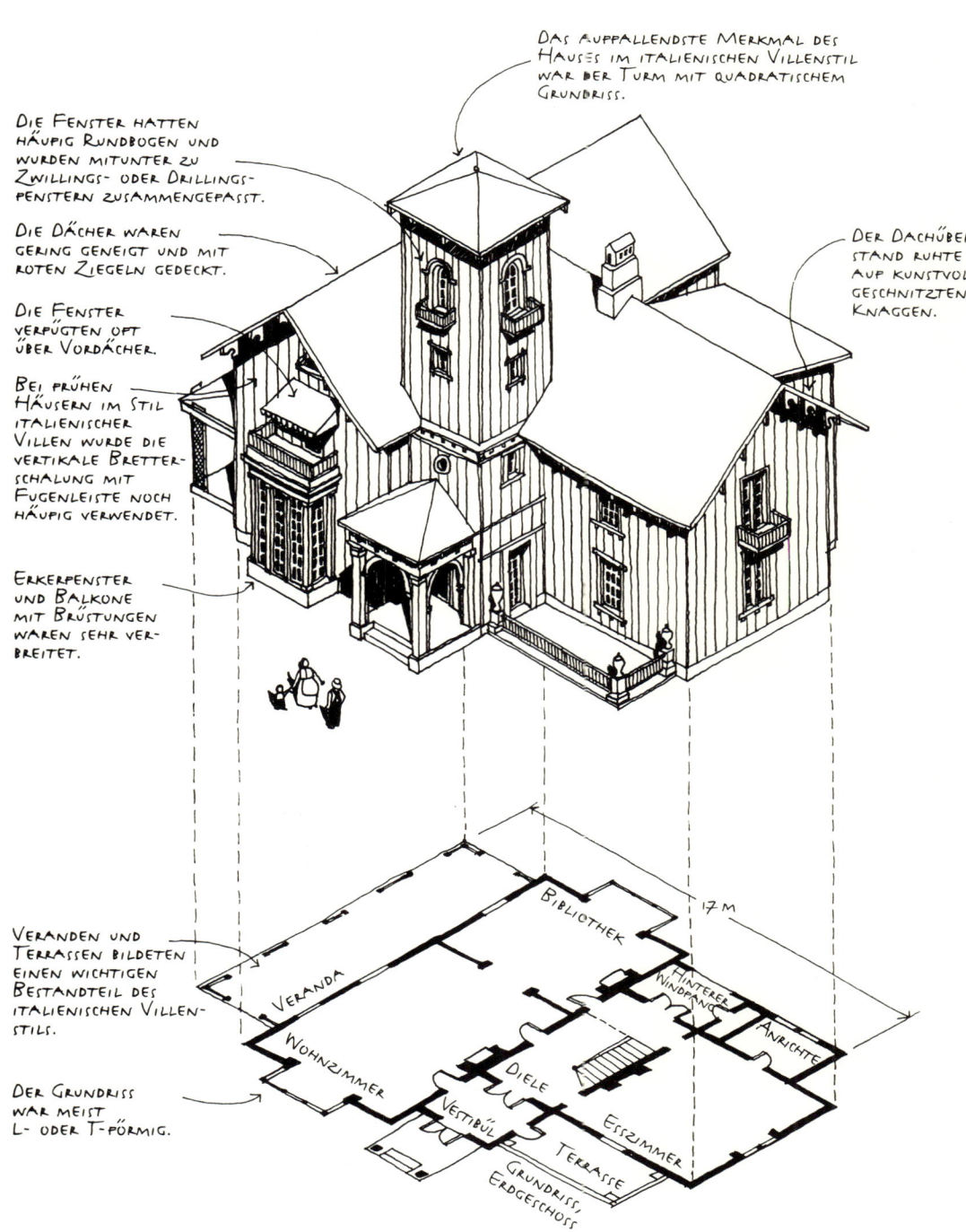

DAS AUFFALLENDSTE MERKMAL DES HAUSES IM ITALIENISCHEN VILLENSTIL WAR DER TURM MIT QUADRATISCHEM GRUNDRISS.

DIE FENSTER HATTEN HÄUFIG RUNDBOGEN UND WURDEN MITUNTER ZU ZWILLINGS- ODER DRILLINGSFENSTERN ZUSAMMENGEFASST.

DIE DÄCHER WAREN GERING GENEIGT UND MIT ROTEN ZIEGELN GEDECKT.

DIE FENSTER VERFÜGTEN OFT ÜBER VORDÄCHER.

BEI FRÜHEN HÄUSERN IM STIL ITALIENISCHER VILLEN WURDE DIE VERTIKALE BRETTERSCHALUNG MIT FUGENLEISTE NOCH HÄUFIG VERWENDET.

ERKERFENSTER UND BALKONE MIT BRÜSTUNGEN WAREN SEHR VERBREITET.

DER DACHÜBERSTAND RUHTE AUF KUNSTVOLL GESCHNITZTEN KNAGGEN.

VERANDEN UND TERRASSEN BILDETEN EINEN WICHTIGEN BESTANDTEIL DES ITALIENISCHEN VILLENSTILS.

DER GRUNDRISS WAR MEIST L- ODER T-FÖRMIG.

BIBLIOTHEK
17 M
VERANDA
HINTERER WINDFANG
ANRICHTE
WOHNZIMMER
DIELE
VESTIBÜL
ESSZIMMER
TERRASSE
GRUNDRISS, ERDGESCHOSS

1850 VILLA IM ITALIENISCHEN STIL, ENTWURF NR. 6 IN <u>COTTAGE RESIDENCES</u> VON A. J. DOWNING

Schweizer Haus
Landesweit   1855

Mitte des 19. Jahrhunderts gehörte das echte Schweizer Haus oder Chalet wohl zu den ansprechendsten Holzhäusern. Durch seine grobe Bauweise und die oft wild romantische Umgebung erhielt der Stil des Schweizer Hauses eine rustikale, aber malerische Ästhetik, die vor allem im Norden Amerikas Anklang fand, wo im Winter Schnee lag.

Bei der amerikanischen Variante beschwerte man natürlich das Dach nicht mit großen Steinen und überließ auch das Erdgeschoß nicht dem Vieh. Aber der Grundcharakter des Originals blieb erhalten: viele Galerien, Balkone, große Fenster und ungehobeltes Holz als Hauptmaterial. Die Dächer hatten rundum einen breiten Dachüberstand, der für tiefen Schattenwurf sorgte. Das Bruchsteinfundament wurde zu einem rustikalen Sockel hochgezogen. Die Außenschalung bestand aus 2,5 cm dicken, ungehobelten Brettern, die so auf eine Unterkonstruktion genagelt wurden, daß sie wie das offene Fachwerk echter Schweizer Häuser wirkten (das amerikanische Schweizer Haus hatte als tragende Konstruktion das übliche balloon framing). Da das Skelett sichtbar blieb, bezeichnete man diese Bauweise als schalungslos.

Musterbücher wie A. J. Downings *The Architecture of Country Houses* (1850) betonten, daß die Auswahl des Standorts für das amerikanische Schweizer Haus von entscheidender Bedeutung sei. Es sollte, wenn möglich, in bergiger Landschaft an einem steilen, dicht bewaldeten Hang oder in einem wild romantischen Tal liegen, da sonst der Geist des Hauses verlorenginge.

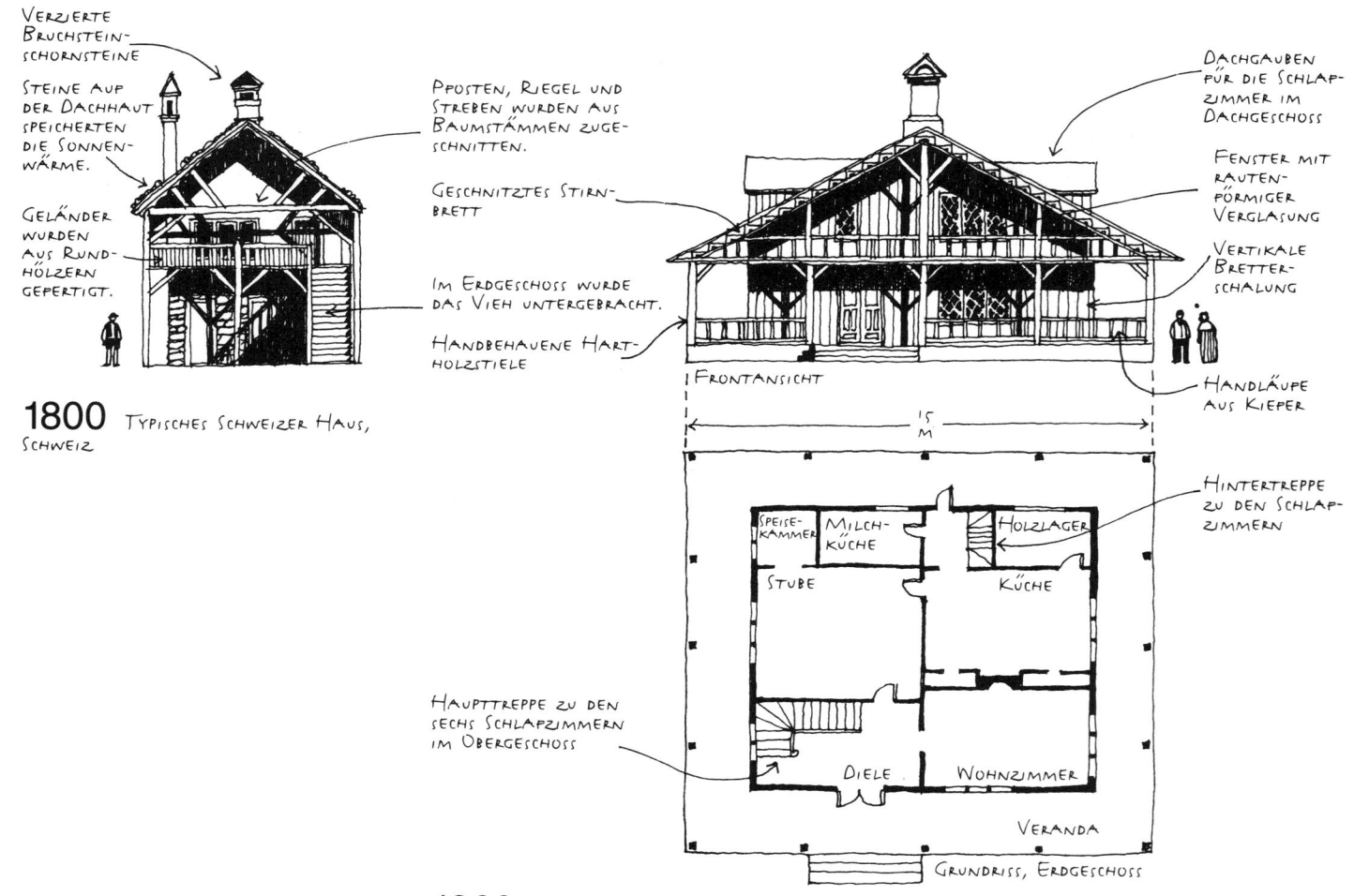

VERZIERTE BRUCHSTEIN-SCHORNSTEINE

STEINE AUF DER DACHHAUT SPEICHERTEN DIE SONNEN-WÄRME.

GELÄNDER WURDEN AUS RUND-HÖLZERN GEFERTIGT.

PFOSTEN, RIEGEL UND STREBEN WURDEN AUS BAUMSTÄMMEN ZUGESCHNITTEN.

GESCHNITZTES STIRN-BRETT

IM ERDGESCHOSS WURDE DAS VIEH UNTERGEBRACHT.

HANDBEHAUENE HART-HOLZSTIELE

1800 TYPISCHES SCHWEIZER HAUS, SCHWEIZ

DACHGAUBEN FÜR DIE SCHLAF-ZIMMER IM DACHGESCHOSS

FENSTER MIT RAUTEN-FÖRMIGER VERGLASUNG

VERTIKALE BRETTER-SCHALUNG

FRONTANSICHT

HANDLÄUFE AUS KIEFER

HINTERTREPPE ZU DEN SCHLAF-ZIMMERN

15 M

SPEISE-KAMMER   MILCH-KÜCHE   HOLZLAGER

STUBE   KÜCHE

HAUPTTREPPE ZU DEN SECHS SCHLAFZIMMERN IM OBERGESCHOSS

DIELE   WOHNZIMMER

VERANDA

GRUNDRISS, ERDGESCHOSS

1860 EIN BAUERNHAUS IM SCHWEIZER STIL VON A. J. DOWNING IN *THE ARCHITECTURE OF COUNTRY HOUSES*

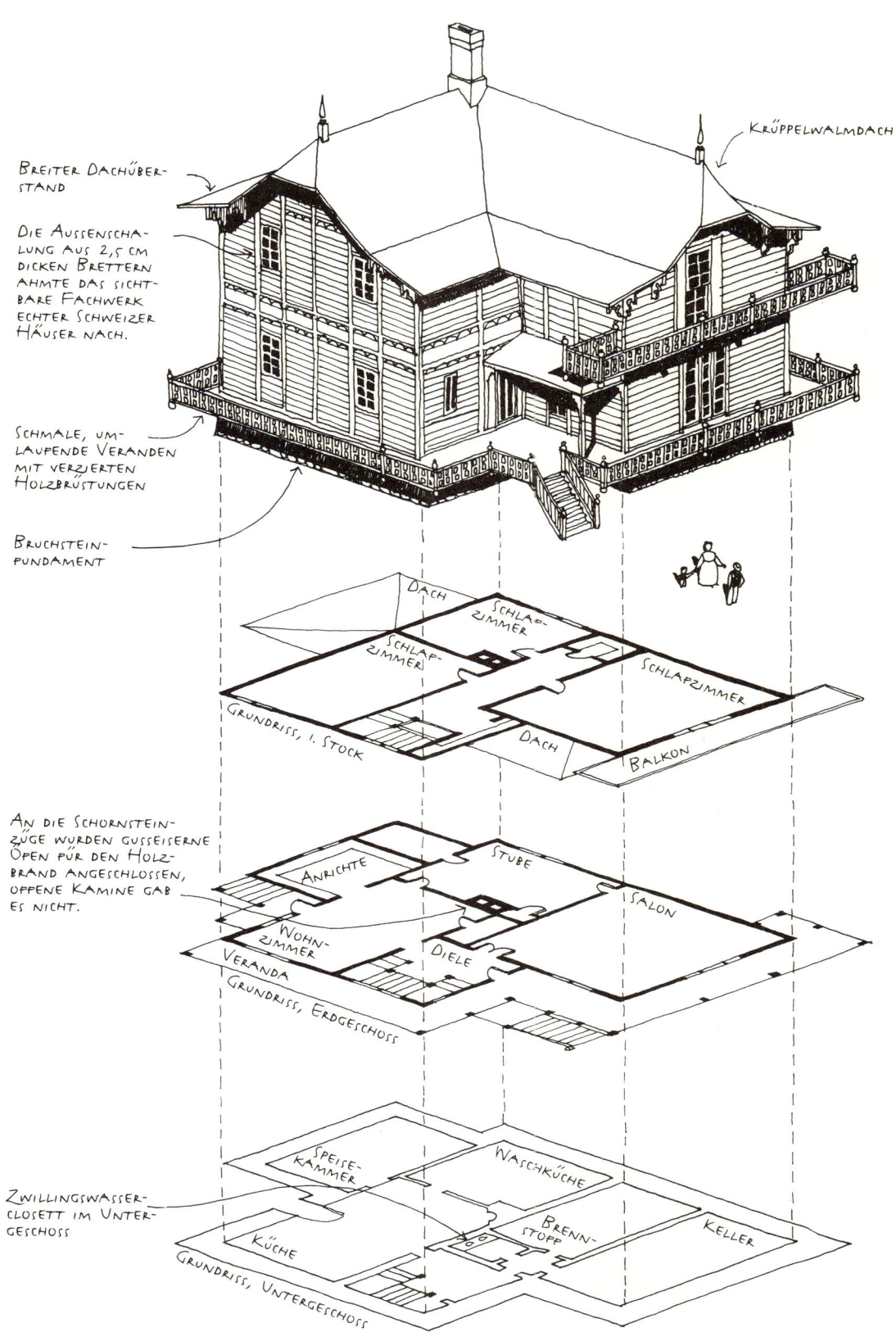

KRÜPPELWALMDACH

BREITER DACHÜBER-
STAND

DIE AUSSENSCHA-
LUNG AUS 2,5 CM
DICKEN BRETTERN
AHMTE DAS SICHT-
BARE FACHWERK
ECHTER SCHWEIZER
HÄUSER NACH.

SCHMALE, UM-
LAUFENDE VERANDEN
MIT VERZIERTEN
HOLZBRÜSTUNGEN

BRUCHSTEIN-
FUNDAMENT

DACH

SCHLAF-
ZIMMER

SCHLAF-
ZIMMER

SCHLAFZIMMER

GRUNDRISS, 1. STOCK

DACH

BALKON

AN DIE SCHORNSTEIN-
ZÜGE WURDEN GUSSEISERNE
ÖFEN FÜR DEN HOLZ-
BRAND ANGESCHLOSSEN,
OFFENE KAMINE GAB
ES NICHT.

ANRICHTE

STUBE

SALON

WOHN-
ZIMMER

DIELE

VERANDA

GRUNDRISS, ERDGESCHOSS

ZWILLINGSWASSER-
CLOSETT IM UNTER-
GESCHOSS

SPEISE-
KAMMER

WASCHKÜCHE

KÜCHE

BRENN-
STOFF

KELLER

GRUNDRISS, UNTERGESCHOSS

1860 EIN SCHWEIZER HAUS,
ARCHITEKT: G. J. PENCHARD, ESQ., AUS A. J. DOWNING, THE ARCHITECUTRE OF COUNTRY HOUSES

Italianisierender Stil
Landesweit   1855

Da es sich nur wenige amerikanische Architekten um die Mitte des 19. Jahrhunderts leisten konnten, nach Italien zu reisen, gelangten die meisten Einflüsse des italienisch geprägten Historismus über englische Bauwerke und Musterbücher nach Amerika. Von den drei an Italien orientierten Baustilen, die in Amerika verbreitet waren (italienischer Villenstil, siehe S. 134, italienisierender Stil und städtische Sandsteinbauten), erfreute sich der italienisierende Stil der größten Beliebtheit.

Häuser im italienisierenden Stil waren zwei- bis dreigeschossig, kubisch oder kastenförmig und hatten sehr breite Dachüberstände, die auf großen Knaggen ruhten. Da sie ein herausragendes Merkmal bildeten, bezeichnete man diese Stilrichtung (gemeinsam mit dem italienischen Villenstil) auch als Knaggenstil.

Um 1860 setzte sich Gußeisen, das sich in alle erdenklichen Formen gießen ließ, als Baustoff so weit durch, daß man es für fast alle Zwecke einsetzte. Gußformen, die sich immer wieder verwenden ließen, senkten die Kosten. Gußeiserne Säulen und Pfeiler kamen vorwiegend bei Industriebauten zum Einsatz, doch auch Wohnhäuser in ganz Amerika wurden mit einer Fülle gußeiserner Elemente an Veranden, Balkonen, Brüstungen und Zäunen dekoriert. New Orleans ist berühmt für seine filigranen gußeisernen Ornamente.

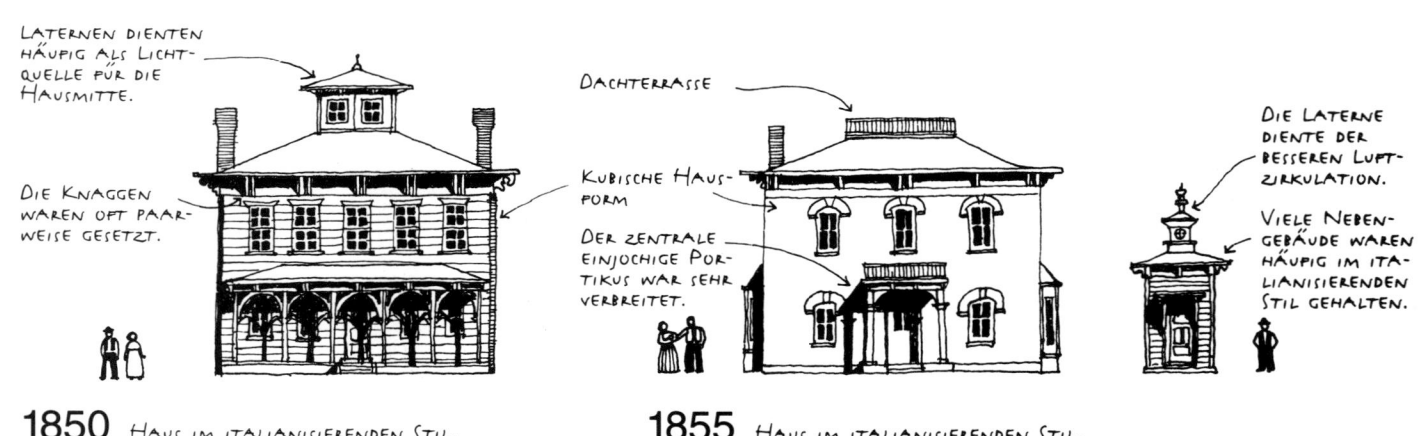

LATERNEN DIENTEN HÄUFIG ALS LICHTQUELLE FÜR DIE HAUSMITTE.

DIE KNAGGEN WAREN OFT PAARWEISE GESETZT.

1850 HAUS IM ITALIANISIERENDEN STIL, GREENVILLE, NEW YORK

DACHTERRASSE

KUBISCHE HAUSFORM

DER ZENTRALE EINJOCHIGE PORTIKUS WAR SEHR VERBREITET.

1855 HAUS IM ITALIANISIERENDEN STIL, GEORGETOWN, COLORADO

DIE LATERNE DIENTE DER BESSEREN LUFTZIRKULATION.

VIELE NEBENGEBÄUDE WAREN HÄUFIG IM ITALIANISIERENDEN STIL GEHALTEN.

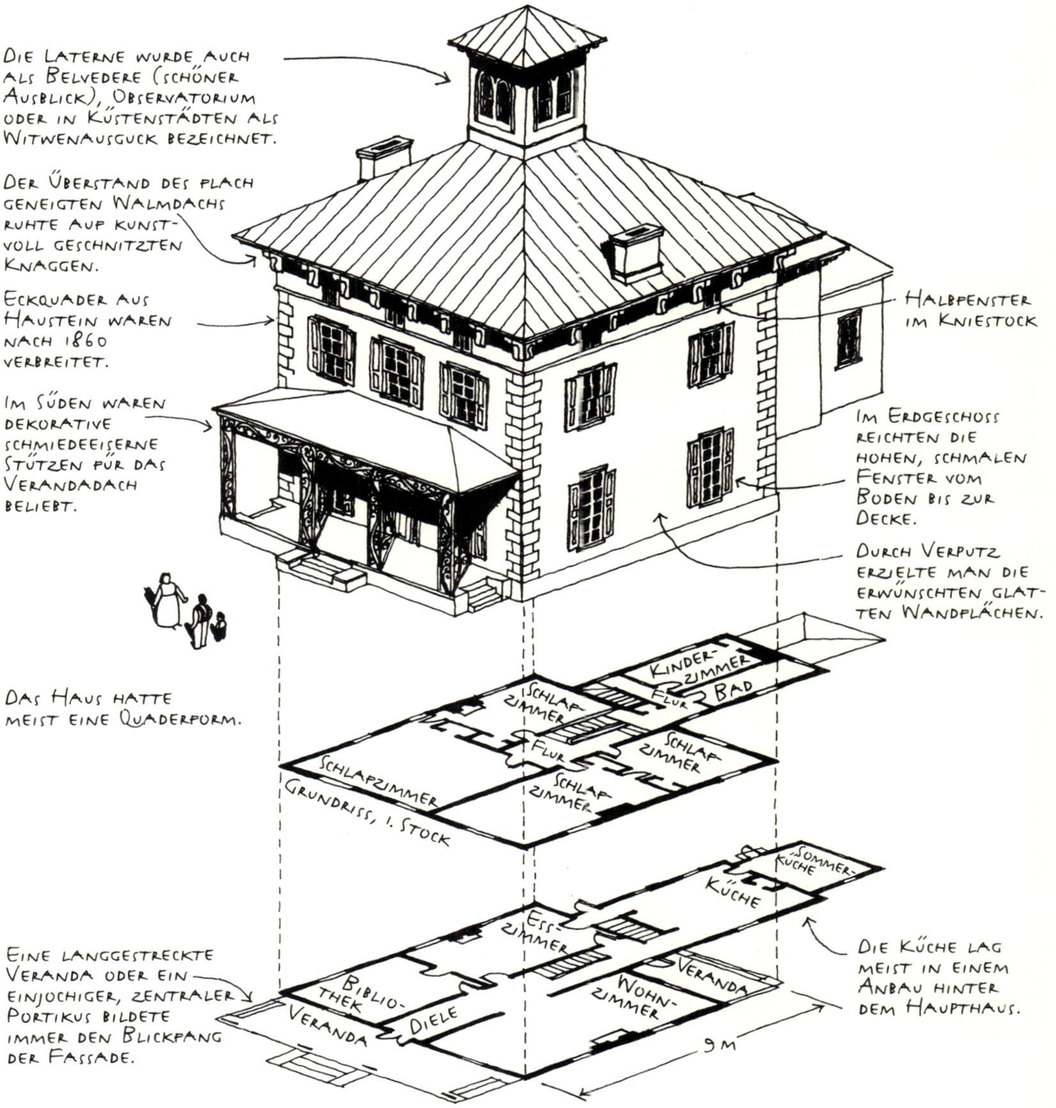

DIE LATERNE WURDE AUCH ALS BELVEDERE (SCHÖNER AUSBLICK), OBSERVATORIUM ODER IN KÜSTENSTÄDTEN ALS WITWENAUSGUCK BEZEICHNET.

DER ÜBERSTAND DES FLACH GENEIGTEN WALMDACHS RUHTE AUF KUNSTVOLL GESCHNITZTEN KNAGGEN.

ECKQUADER AUS HAUSTEIN WAREN NACH 1860 VERBREITET.

IM SÜDEN WAREN DEKORATIVE SCHMIEDEEISERNE STÜTZEN FÜR DAS VERANDADACH BELIEBT.

HALBFENSTER IM KNIESTOCK

IM ERDGESCHOSS REICHTEN DIE HOHEN, SCHMALEN FENSTER VOM BODEN BIS ZUR DECKE.

DURCH VERPUTZ ERZIELTE MAN DIE ERWÜNSCHTEN GLATTEN WANDFLÄCHEN.

DAS HAUS HATTE MEIST EINE QUADERFORM.

KINDER-ZIMMER
FLUR
BAD
SCHLAF-ZIMMER
FLUR
SCHLAF-ZIMMER
SCHLAFZIMMER
SCHLAF-ZIMMER
GRUNDRISS, 1. STOCK

SOMMER-KÜCHE
KÜCHE
ESS-ZIMMER
VERANDA
BIBLIO-THEK
DIELE
WOHN-ZIMMER
VERANDA
9M

EINE LANGGESTRECKTE VERANDA ODER EIN EINJOCHIGER, ZENTRALER PORTIKUS BILDETE IMMER DEN BLICKFANG DER FASSADE.

DIE KÜCHE LAG MEIST IN EINEM ANBAU HINTER DEM HAUPTHAUS.

1864 TYPISCHES HAUS IM ITALIANISIERENDEN STIL, ARCHITEKT: JOHN RIDDEL

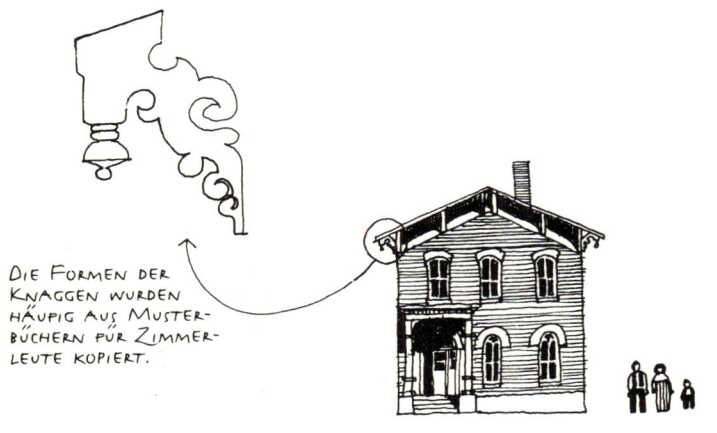

DIE FORMEN DER KNAGGEN WURDEN HÄUFIG AUS MUSTERBÜCHERN FÜR ZIMMERLEUTE KOPIERT.

1864 VOLKSTÜMLICHE VARIANTE EINES HAUSES IM ITALIANISIERENDEN STIL, FREDONIA, NEW YORK

GROSSE KNAGGEN TRUGEN DEN BREITEN DACHÜBERSTAND.

BEI HÄUSERN IM SPÄTEN ITALIANISIERENDEN STIL VERWENDETE MAN HÄUFIG ECKQUADER.

1870 HAUS IM SPÄTEN ITALIANISIERENDEN STIL, IONA, MICHIGAN

Oktogon

Landesweit   1860

Achteckige Gebäude gab es schon seit Tausenden Jahren in vielen Ländern, doch das Wohnhaus in Form eines Oktogons war eine Erfindung des Amerikaners Orson Squire Fowler. Die Idee zu seinem Oktogon veröffentlichte er erstmals 1849 in seinem Buch *A Home for All, or the Gravel Wall and Octagon Mode of Building*. Nach seiner Auffassung umschlossen acht Wände bei gleichem Umfang mehr Rauminhalt als vier Wände, ließen mehr Tageslicht ins Haus, waren einfacher zu heizen und zu klimatisieren (über eine Laterne), ersparten Treppen und boten bessere Ausblicke.

Fowler gehörte zu den ersten Architekten, die in ihre Häuser fließend kaltes und warmes Wasser, Filteranlagen für Trinkwasser, Speisenaufzüge, Sprachrohre und Innentoiletten mit Wasserspülung einbauten. Sein eigenes Haus in Form eines Oktogons baute er 1850 in Fishkill, New York, und stattete es mit diesem modernen Komfort aus.

In *A Home For All* und anderen populären Architektur-Handbüchern erschienen Anleitungen zum Bau von Oktogonen. In ganz Amerika wurden Tausende solcher Achteck-Häuser gebaut, obwohl die Gewohnheit, in rechteckigen Räumen zu leben, nur schwer zu durchbrechen war.

Von außen konnte das Oktogon jeden Stil annehmen: georgianisch, gotisch, italienisch, französisch und sogar maurisch wie im Fall von Longwood (siehe folgende Seite) in Natchez, Mississippi. Als das Oktogon zu einer gewissen Beliebtheit gelangt war, experimentierte man auch mit Grundrissen in anderen geometrischen Formen, etwa mit runden und sechseckigen Grundrissen, die sich jedoch nie durchsetzen konnten.

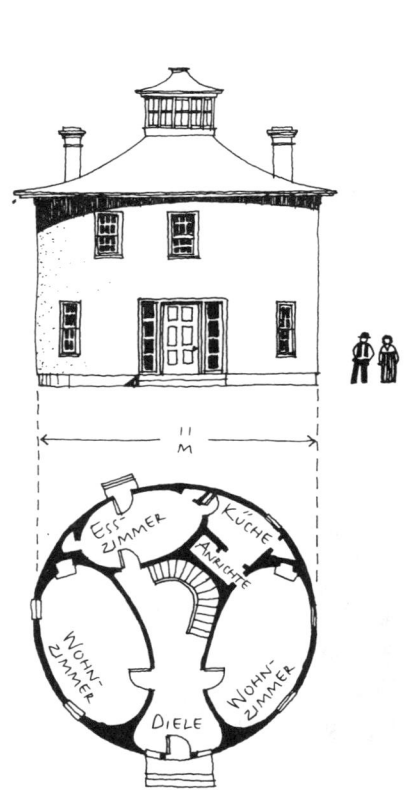

1870 RUNDHAUS, MIDDLETOWN, RHODE ISLAND

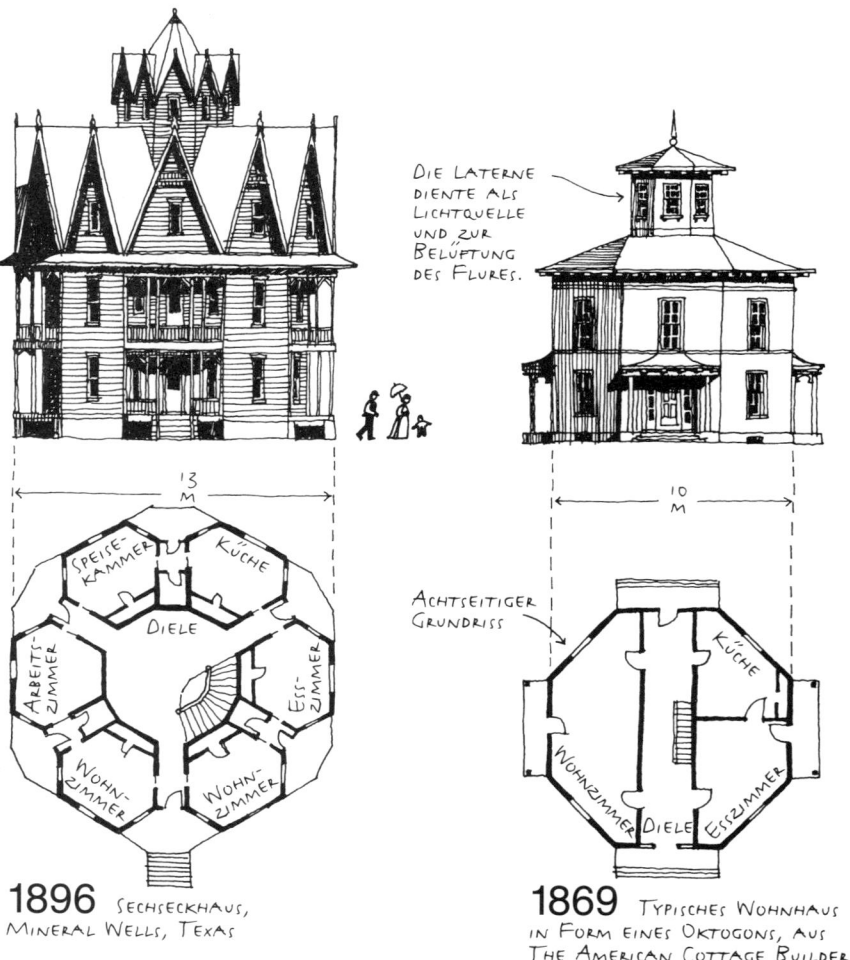

DIE LATERNE DIENTE ALS LICHTQUELLE UND ZUR BELÜFTUNG DES FLURES.

ACHTSEITIGER GRUNDRISS

1896 SECHSECKHAUS, MINERAL WELLS, TEXAS

1869 TYPISCHES WOHNHAUS IN FORM EINES OKTOGONS, AUS *THE AMERICAN COTTAGE BUILDER*

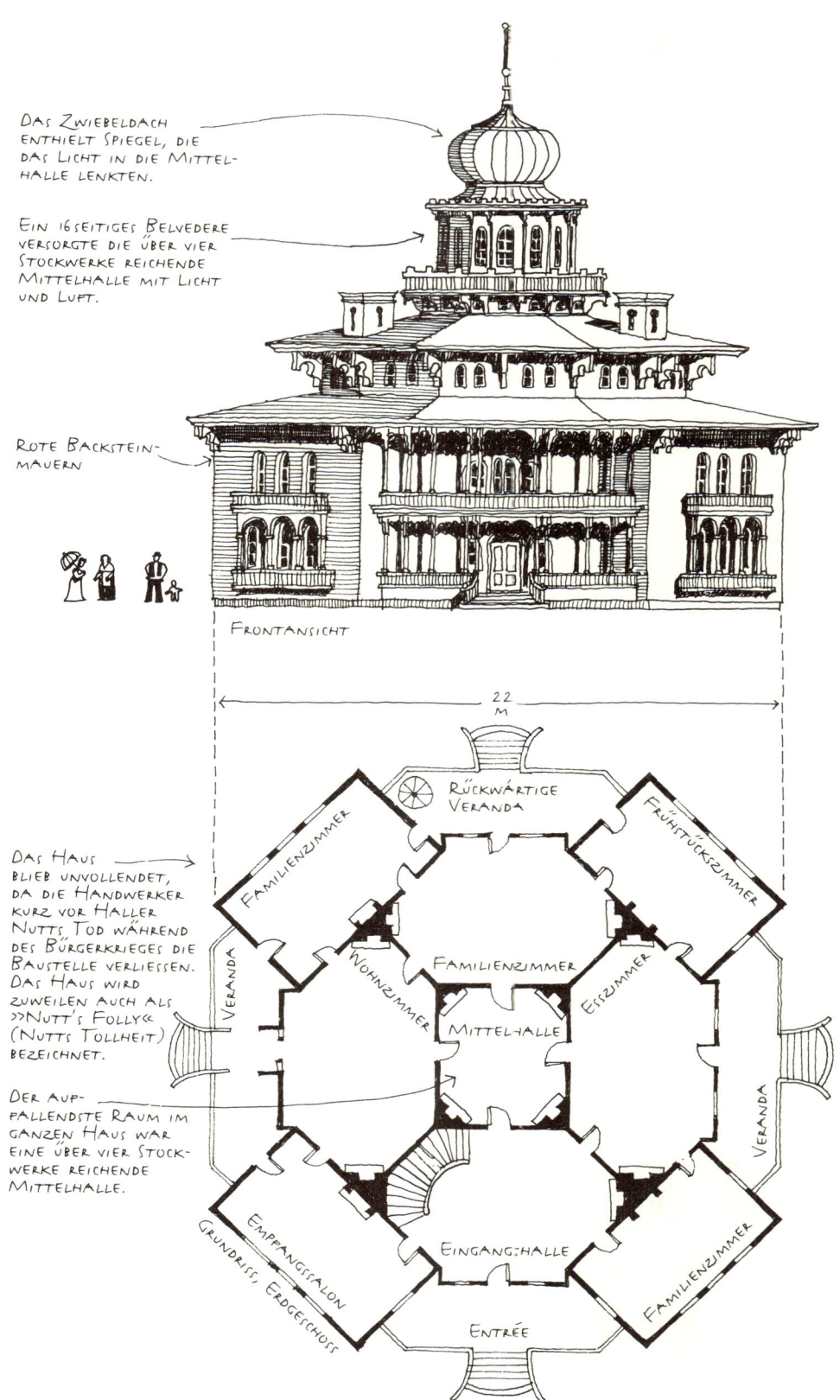

DAS ZWIEBELDACH
ENTHIELT SPIEGEL, DIE
DAS LICHT IN DIE MITTEL-
HALLE LENKTEN.

EIN 16 SEITIGES BELVEDERE
VERSORGTE DIE ÜBER VIER
STOCKWERKE REICHENDE
MITTELHALLE MIT LICHT
UND LUFT.

ROTE BACKSTEIN-
MAUERN

FRONTANSICHT

22
M

DAS HAUS
BLIEB UNVOLLENDET,
DA DIE HANDWERKER
KURZ VOR HALLER
NUTTS TOD WÄHREND
DES BÜRGERKRIEGES DIE
BAUSTELLE VERLIESSEN.
DAS HAUS WIRD
ZUWEILEN AUCH ALS
»NUTT'S FOLLY«
(NUTTS TOLLHEIT)
BEZEICHNET.

DER AUF-
FALLENDSTE RAUM IM
GANZEN HAUS WAR
EINE ÜBER VIER STOCK-
WERKE REICHENDE
MITTELHALLE.

FAMILIENZIMMER

FRÜHSTÜCKZIMMER

RÜCKWÄRTIGE
VERANDA

WOHNZIMMER

FAMILIENZIMMER

ESSZIMMER

VERANDA

MITTELHALLE

VERANDA

EMPFANGSSALON

GRUNDRISS, ERDGESCHOSS

EINGANGSHALLE

FAMILIENZIMMER

ENTRÉE

1860 LONGWOOD, OKTOGONALES WOHNHAUS VON HALLER NUTTS,
NATCHEZ, MISSISSIPPI, ARCHITEKT: SAMUEL SLOAN

Blendfassade

Landesweit   1860

Häuser mit Blendfassaden tauchten in Amerika erstmals im Gefolge des kalifornischen Goldrauschs von 1849 in größerer Zahl auf, da die Kaufleute in den kleinen Grenzstädten auf diese Weise versuchten, ihre schlichten Satteldach- und Pultdachhäuser größer erscheinen zu lassen und ihnen die Wirkung der Flachdachbauten östlicher Städte zu verleihen. Die Kaufleute wollten, daß die Kunden ihre (meist an der Blendfassade angebrachten) Ladenschilder und nicht die schneebedeckten Berge hinter ihren Häusern sahen. So versperrten die Blendfassaden die Aussicht und beherrschten das Straßenbild.

Als die Städte reicher wurden, brauchte man die Blendfassaden nicht mehr, um eine urbane Atmosphäre zu schaffen. Dennoch blieben sie landesweit besonders in den älteren, unbedeutenderen Städten wichtiges Attribut für Geschäftshäuser. An Wohnhäusern waren Blendfassaden selten zu finden. Meist lagen diese Gebäude an der Hauptstraße und paßten sich dadurch dem Straßenbild an.

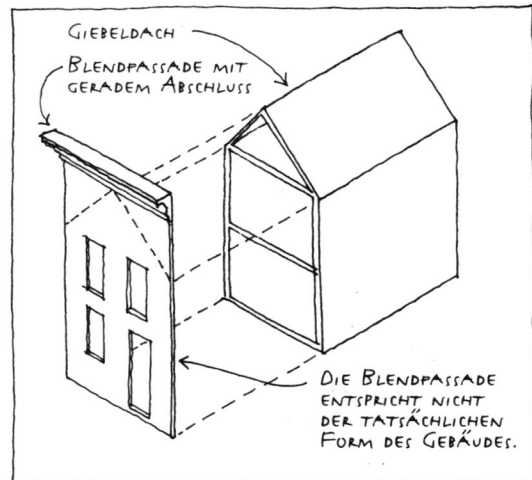

GIEBELDACH

BLENDFASSADE MIT GERADEM ABSCHLUSS

DIE BLENDFASSADE ENTSPRICHT NICHT DER TATSÄCHLICHEN FORM DES GEBÄUDES.

BLENDFASSADE

VERLAUF DES GIEBELDACHS HINTER DER BLENDFASSADE

POOL HALL   SHOP

1860 BLENDFASSADEN AN DER HAUPTSTRASSE VON EUREKA, COLORADO

Viele Blendfassaden griffen den jakobinischen Stil (siehe S. 64) und die Treppengiebel des frühen niederländischen Kolonialstils (siehe S. 58) auf. Manche Historiker sind allerdings der Ansicht, daß die Blendfassaden generell auf den niederländischen
Kolonialstil zurückgehen.

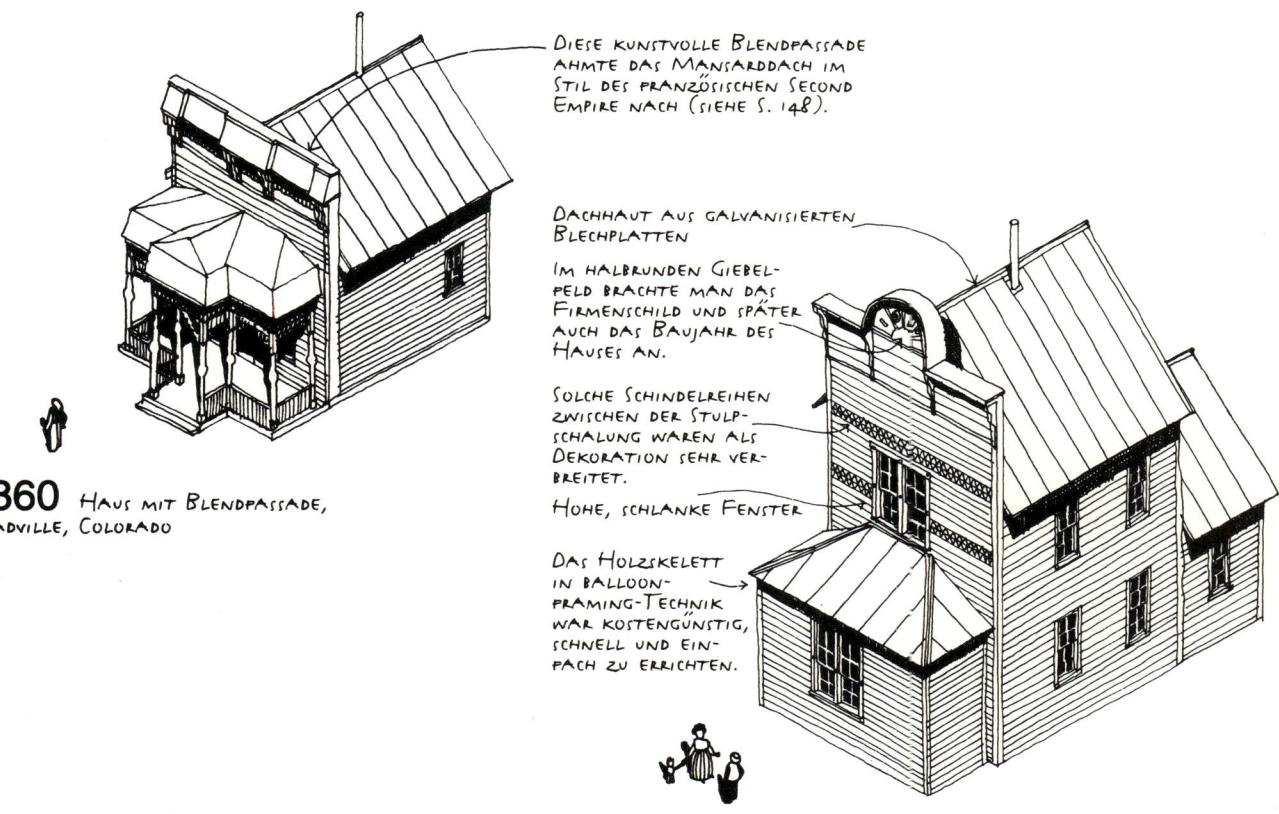

DIESE KUNSTVOLLE BLENDFASSADE
AHMTE DAS MANSARDDACH IM
STIL DES FRANZÖSISCHEN SECOND
EMPIRE NACH (SIEHE S. 148).

DACHHAUT AUS GALVANISIERTEN
BLECHPLATTEN

IM HALBRUNDEN GIEBEL-
FELD BRACHTE MAN DAS
FIRMENSCHILD UND SPÄTER
AUCH DAS BAUJAHR DES
HAUSES AN.

SOLCHE SCHINDELREIHEN
ZWISCHEN DER STULP-
SCHALUNG WAREN ALS
DEKORATION SEHR VER-
BREITET.

HOHE, SCHLANKE FENSTER

DAS HOLZSKELETT
IN BALLOON-
FRAMING-TECHNIK
WAR KOSTENGÜNSTIG,
SCHNELL UND EIN-
FACH ZU ERRICHTEN.

1860 HAUS MIT BLENDFASSADE,
LEADVILLE, COLORADO

1874 HAUS MIT BLENDFASSADE,
CRESTED BUTTE, COLORADO

BLENDFASSADE
MIT HÖLZERNEM
TREPPENGIEBEL

HÖLZERNE BLENDFASSADE
IM JAKOBINISCHEN STIL

DIE GESTRI-
CHELTE LINIE
ZEIGT DEN
VERLAUF DER
DACHLINIE
HINTER DER
BLEND-
FASSADE.

1864 RATHAUS,
GENOA, NEVADA

GEMISCHTWARENLADEN,
WOLF POINT, MONTANA

Neurenaissance

Landesweit   1860

Die Rückbesinnung auf den italienischen Renaissancepalast in Städten wie Rom und Florenz setzte 1829 in England mit Charles Barry ein. Nach Amerika gelangte die Neurenaissance 1845 mit dem Bau des Athenaeums in Philadelphia durch den Architekten John Notman. Ein weiteres bedeutendes frühes Bauwerk im Stil der Neurenaissance war das Geschäftshaus von A.T. Stewart, entworfen von einem italienischen Marmorsteinmetz namens Ottavian Gori. Dieser fünfstöckige Marmorpalast erregte damals großes Aufsehen. In den fünfziger Jahren des Jahrhunderts baute der Architekt Ammi B. Young einige Bundesgebäude im Stil der Neurenaissance, darunter das Zollamt in Georgetown, D.C. (siehe folgende Seite).

Die Neurenaissance war ein recht akademischer Stil und besaß weder die Wärme noch die verspielte Unregelmäßigkeit der italienischen Villen und des italienisierenden Stils. Bei Wohnhäusern war er wenig beliebt und konnte sich gegen die malerischen viktorianischen Baustile aus der Mitte des 19. Jahrhunderts nicht durchsetzen.

Gebäude im Stil der Neurenaissance präsentierten sich in bewußt nüchterner Förmlichkeit. Das gedrungen kastenförmige Gebäude hatte zu beiden Seiten des zentralen Eingangs symmetrisch angeordnete, dichte Fensterreihen, wie man sie im 16. Jahrhundert in Italien verwendete. Mauervor- oder -rücksprünge in der Fassade beschränkten sich auf ein Minimum. Die Bauten der Neurenaissance waren aus glattem Haustein, meist durch Buckelquader an den Gebäudeecken akzentuiert. Die Gestaltung der Fensterumrahmung variierte von Stockwerk zu Stockwerk, und die Tür war meist von Säulen oder Pfeilern flankiert, die ein »korrektes« Gebälk im Stil der italienischen Renaissance trugen. Auch ohne aufwendige Säulen und komplexe Fassadengestaltung strahlte dieser Stil »Würde« aus. Obwohl er eine gewisse Pracht entfalten konnte, vermochte er in dieser Hinsicht nie mit den anderen italienisch geprägten Stilrichtungen zu konkurrieren.

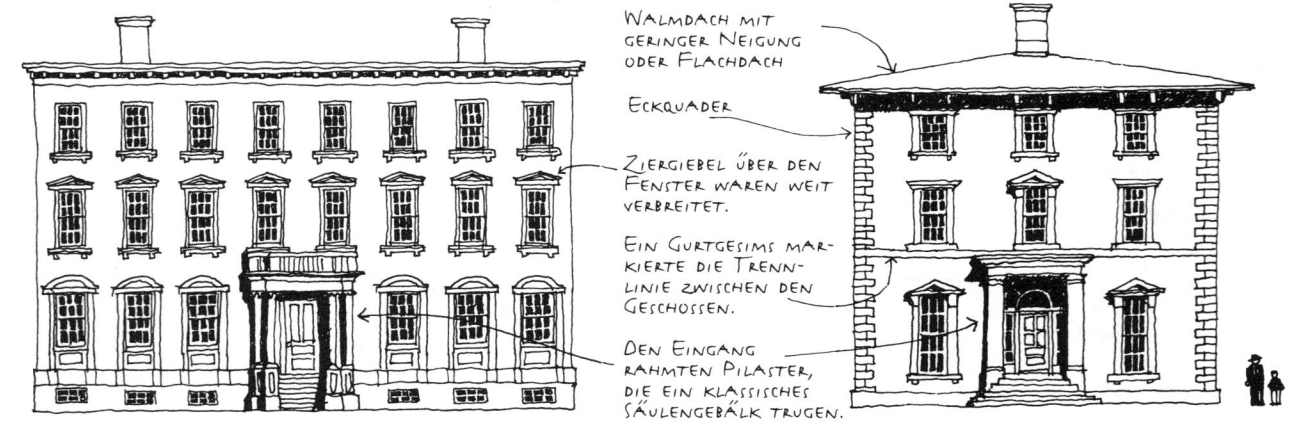

WALMDACH MIT GERINGER NEIGUNG ODER FLACHDACH

ECKQUADER

ZIERGIEBEL ÜBER DEN FENSTER WAREN WEIT VERBREITET.

EIN GURTGESIMS MARKIERTE DIE TRENNLINIE ZWISCHEN DEN GESCHOSSEN.

DEN EINGANG RAHMTEN PILASTER, DIE EIN KLASSISCHES SÄULENGEBÄLK TRUGEN.

1855 INDIA HOUSE, HANOVER SQUARE, NEW YORK

1860 TULLY BOWEN HOUSE, PROVIDENCE, RHODE ISLAND

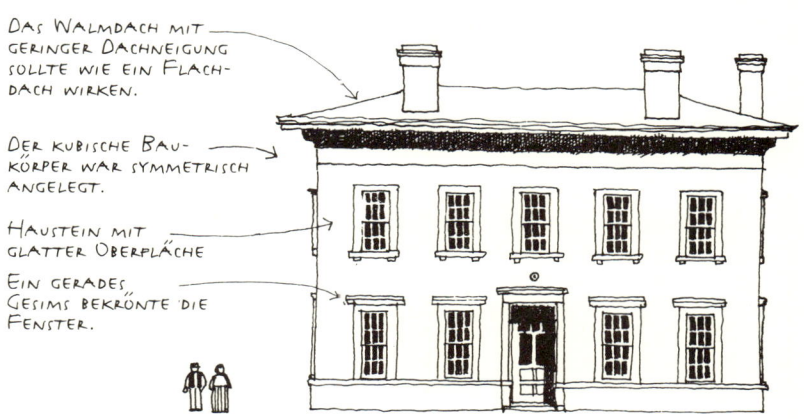

DAS WALMDACH MIT GERINGER DACHNEIGUNG SOLLTE WIE EIN FLACH-DACH WIRKEN.

DER KUBISCHE BAU-KÖRPER WAR SYMMETRISCH ANGELEGT.

HAUSTEIN MIT GLATTER OBERFLÄCHE

EIN GERADES GESIMS BEKRÖNTE DIE FENSTER.

1860 ZOLLAMT, GEORGETOWN, D.C., ARCHITEKT: AMMI B. YOUNG

Zu den prachtvollsten Wohnhäusern, die in Amerika im Stil der Neurenaissance gebaut wurden, zählt The Breakers, das der Architekt Richard Morris Hunt nach dem Vorbild eines italienischen Palastes entwarf und als Sommerresidenz für Cornelius Vanderbilt in nur zwei Jahren mit Tausenden Handwerkern aus Europa und Amerika errichtete.

SCHORNSTEINE AUS PLASTISCH VERZIERTEM NATURSTEIN

SCHIEFERDACH MIT GERINGER NEIGUNG

KRAGSTEINE

RUSTIZIERTE ECKQUADER (BUCKELQUADER)

DIE FENSTER SIND VON VERZIERTEN STEINPILASTERN GERAHMT, DIE DAS SÄULEN-GEBÄLK TRAGEN.

HAUSTEIN-MAUERN MIT GLATTER OBERFLÄCHE

1896 THE BREAKERS, SOMMERRESIDENZ VON CORNELIUS VANDERBILT, NEWPORT, RHODE ISLAND, ARCHITEKT: RICHARD MORRIS HUNT

Stick Style
Osten   1865

Der Stick Style, wie der Architekturhistoriker Vincent Scully ihn nannte, geht zurück auf A. J. Downing und den Cottage Style (siehe S. 126) sowie auf das Schweizer Haus (siehe S. 136) aus der Mitte des 19. Jahrhunderts. Downings nachdrücklicher Einsatz für die »Wahrhaftigkeit« von Holzbauten hatte viele Architekten und Bauherren dazu bewogen, wichtige Teile des balloon framing in der Fassade ihrer Häuser sichtbar zu lassen.

Diese Tendenz ging so weit, daß Architekten wie Gervase Wheeler und Richard Morris Hunt um 1865 Häuser entwarfen, bei denen (um Vincent Scully zu zitieren) »das Skelett zu einem wahren Korbgeflecht aus Stäben (engl.: sticks) wird und das Haus wie ein Gewebe ist, durchdrungen vom leeren Raum der Veranden, die durch die tragenden Teile definiert werden«. Bretterschalung mit Fugenleiste, vertikale Bretterschalung, horizontale Stulpschalung, diagonale und gekreuzte Streben, stockige Ständer für Dach und Geländer der Veranda, all diese Merkmale schufen gemeinsam den einzigartigen Charakter dieser Holzhäuser, die wie aus Streichhölzern gebaut wirkten.

Die Häuser im Stick Style hatten aufstrebende Proportionen, steile Dächer und eine asymmetrische Silhouette. Der breite Dachüberstand ruhte meist auf kräftigen Knaggen. Die Veranden und Portiken hatten breite Dächer, getragen von Stützen mit Kopfbändern. Das auffallendste Merkmal des Stick Style waren diagonale Leisten, die ein verstrebtes Fachwerk oder das sichtbare Skelett des balloon framing nachahmten.

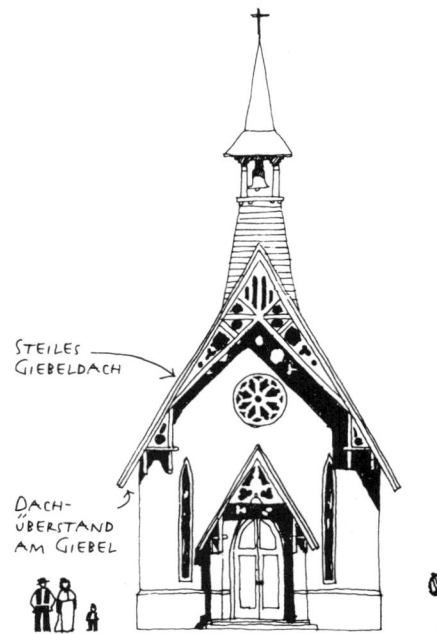

STEILES
GIEBELDACH

DACH-
ÜBERSTAND
AM GIEBEL

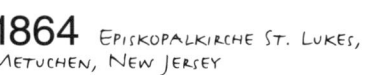

1864 EPISKOPALKIRCHE ST. LUKES,
METUCHEN, NEW JERSEY

DIE STIRN-
BRETTER MIT
ÜPPIGEN VERZIE-
RUNGEN WAREN
EINES DER AUGEN-
FÄLLIGSTEN MERK-
MALE DES STICK
STYLE.

EIN ZIERSTREIFEN
MIT VERTIKALER
VERBRETTERUNG
WAR SEHR BELIEBT.

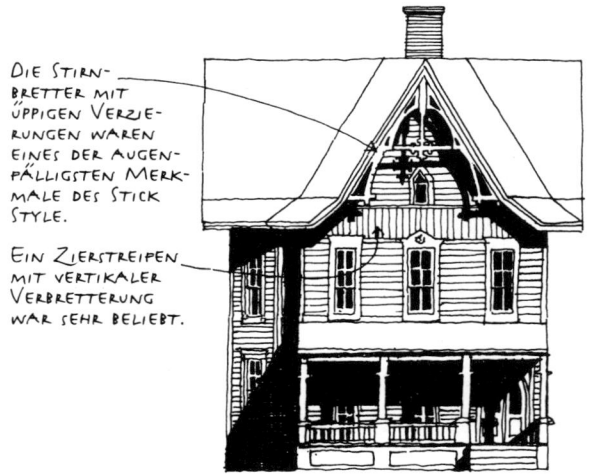

1880 NATHAN PUTNAM HOUSE,
FREDONIA, NEW YORK, ARCHITEKT: ENOCH CURTIS

STEILES GIEBELDACH

EINIGE STÄNDER UND RIEGEL
DES HOLZSKELETTS BLIEBEN
SICHTBAR.

VERTIKALE BRETTER-
SCHALUNG MIT FUGENLEISTE

PANEEL MIT
GEKREUZTEN
STREBEN

1868 HAUS IM STICK STYLE,
ENTWURF NR. 6 AUS GEORGE WOODWARD, <u>NATIONAL ARCHITECT</u>

Eines der schönsten Beispiele für den Stick Style ist Griswold House in Newport, Rhode Island, das 1862 erbaut wurde (siehe unten). Es zeigt eine Mischung verschiedenartigster Einflüsse, die vom Fachwerk des englischen mittelalterlichen Baustils über die frühe Neugotik und die Carpenter Gothic bis hin zum Schweizer Haus reichen. Die Verwendung vertikaler, horizontaler und diagonaler Stabmuster bringt die tragende Konstruktion des balloon framing gut zur Geltung.

STEILES
GIEBELDACH

DIE DIAGONALEN
STREBEN WAREN
SICHTBARE TEILE
DER TRAGENDEN
KONSTRUKTION.

DIE SICHTBAREN
VERTIKALEN TEILE
BEZEICHNET MAN
ALS STÄNDER ODER
STIELE.

DIE VOR-
KRAGENDEN
PFETTEN
RUHTEN AUF
KNAGGEN.

DIE GEFACHE
WAREN MIT
EINER HORIZON-
TALEN VER-
BRETTERUNG
GEFÜLLT.

DIE SPARREN
DES VORDACHS
ÜBER DER
VERANDA
LAGEN MEIST
OFFEN.

DIE VERANDA-
BRÜSTUNG
BESTAND AUS
DÜNNEN
KANTHÖLZERN.

1862 GRISWOLD HOUSE, NEWPORT, RHODE ISLAND,
ARCHITEKT: RICHARD MORRIS HUNT

Second Empire
Landesweit   1870

Diese Stilrichtung ist nach dem Zweiten Kaiserreich (Second Empire) in Frankreich unter der Herrschaft Napoleons III. (1852–1870) benannt. In dieser Periode wurde Paris großflächig umgestaltet und erhielt breite Boulevards und repräsentative Gebäude. Die Stadt entwickelte sich damals zu einem bedeutenden Zentrum der Kunst und der Mode und lockte mit zwei erfolgreichen Weltausstellungen 1855 und 1867 Tausende Besucher an. In der gesamten westlichen Welt entstanden anschließend Bauten im Stil des französischen Second Empire, doch nirgendwo war der französische Einfluß stärker als in Amerika.

Von 1860 bis 1875 nahm das französische Second Empire in den Vereinigten Staaten bei öffentlichen wie privaten Bauten eine dominierende Stellung ein. Als Frankreich mit dem Niedergang des Zweiten Kaiserreichs nach dem Deutsch-Französischen Krieg (1870–1871) auch kulturell an Bedeutung verlor, verebbte die Begeisterung für das Second Empire.

Ein besonderes Kennzeichen dieses Stils war das Mansarddach, benannt nach seinem Erfinder, dem französischen Architekten François Mansart. Diese Dachform war vor allem deshalb beliebt, weil sie den ansonsten ungenutzten Speicher fast vollständig nutzbar machte und gleichzeitig eine elegante Bedachung darstellte. In manchen europäischen Großstädten wie London nutzte man das Mansarddach, um Beschränkungen der Bauhöhe zu umgehen. Wenn die Vorschriften lediglich eine viergeschossige Bebauung erlaubten, schuf ein Mansarddach ein fünftes Geschoß, das sich vermieten ließ.

In Amerika erfuhr das Mansarddach verschiedene Abwandlungen. Die steilen Seiten des Mansarddachs konnten gerade, konkav, konvex oder zu einer anmutigen S-Kurve kombiniert konkav und konvex sein. An der oberen und unteren Kante des Mansardenteils befanden sich kräftige, massive Kranzgesimse (sogenannter »französischer Kranz«); das Gesims an der Traufkante ruhte auf relativ kleinen, aber ausgeprägten Knaggen, während das obere Gesims von einer schmiedeeisernen Einfassung bekrönt war. Viele Wohnhäuser hatten im Erdgeschoß bodentiefe französische Fenstertüren, die sich wie zweiflügelige Türen nach außen öffneten und von Fensterläden mit Lamellen flankiert waren.

Abgesehen von dem Mansarddach und den französischen Fenstern unterschieden sich Häuser im Stil des Second Empire nicht wesentlich von früheren viktorianischen Baustilen und wirkten wie neugotische Bauten (siehe S. 122) oder italienische Villen (siehe S. 134) mit Mansarddach. Viele vorviktorianische Häuser wurden modernisiert, indem man sie mit einem modernen Mansarddach oder einer Laterne ausstattete.

BELVEDERE

DAS MANSARD-
DACH ALS AUF-
FALLENDSTES
STILMERKMAL
SCHUF ZUSÄTZ-
LICHEN WOHN-
RAUM IM DACH-
GESCHOSS.

1864 EDWARD PENNIMAN HOUSE,
EASTHAM, MASSACHUSETTS

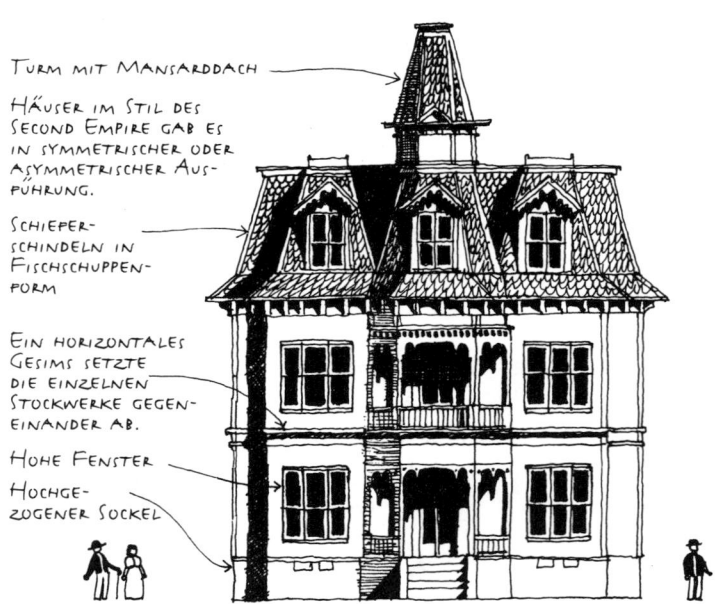

TURM MIT MANSARDDACH

HÄUSER IM STIL DES
SECOND EMPIRE GAB ES
IN SYMMETRISCHER ODER
ASYMMETRISCHER AUS-
FÜHRUNG.

SCHIEFER-
SCHINDELN IN
FISCHSCHUPPEN-
FORM

EIN HORIZONTALES
GESIMS SETZTE
DIE EINZELNEN
STOCKWERKE GEGEN-
EINANDER AB.

HOHE FENSTER

HOCHGE-
ZOGENER SOCKEL

1886 RUFUS HERRICK DORN HOUSE,
LOS ANGELES, KALIFORNIEN, ARCHITEKT: R. H. DORN

Das Second Empire existierte in reiner Ausprägung nur relativ kurze Zeit. Seine formale Struktur schränkte die im 19. Jahrhundert übliche Lebensweise zu sehr ein, denn die beliebten Veranden, Erkerfenster und Laternen als Stilelemente der italienischen Villa und der Carpenter Gothic waren bei diesem Stil verpönt. Nach 1874 entwickelte sich das Second Empire-Haus zu einer Mischform aus italienischer Villa mit Mansarddach und Verzierung der Fenster, Türen und Veranden im Stil der Carpenter Gothic.

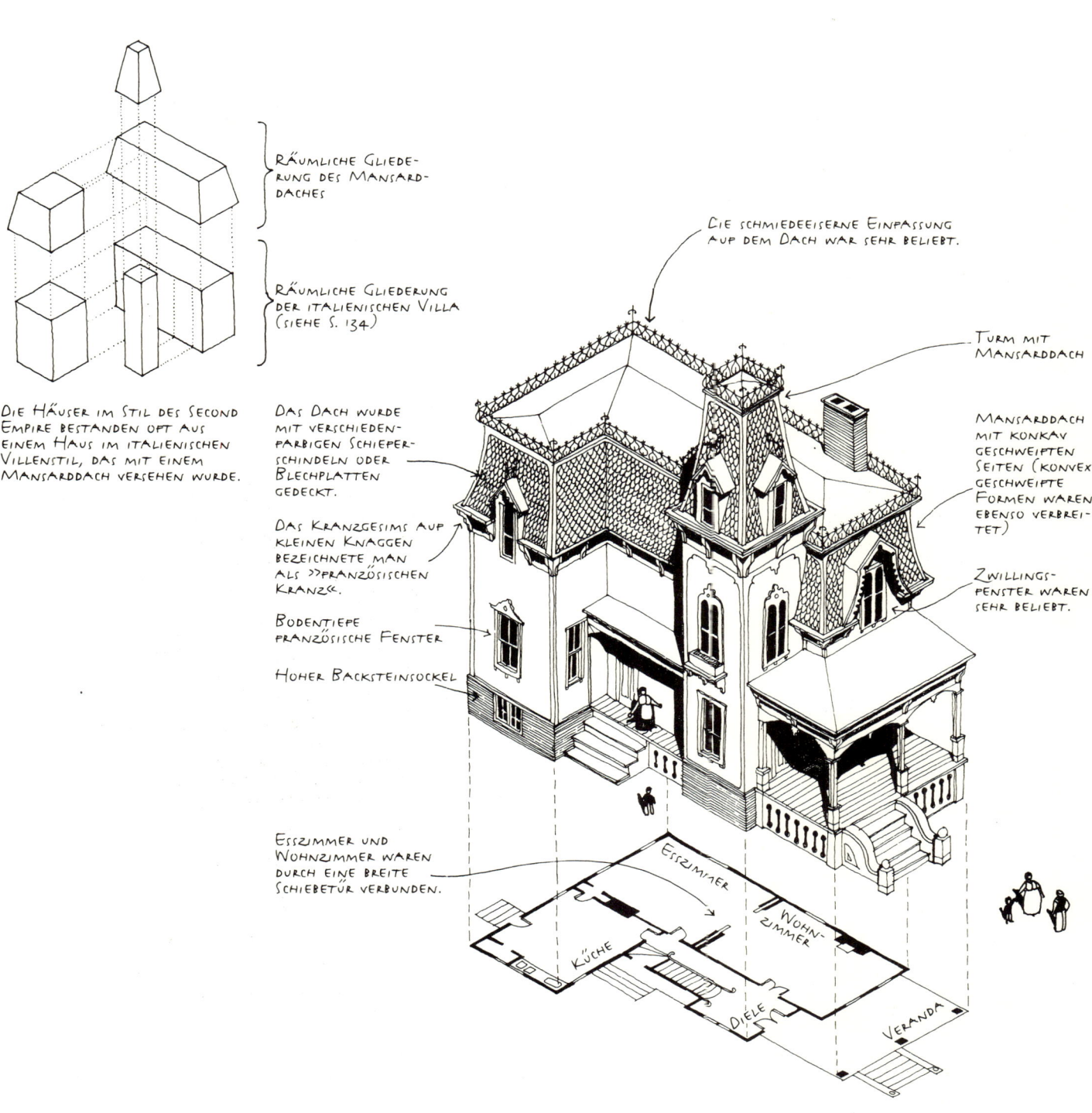

RÄUMLICHE GLIEDE-
RUNG DES MANSARD-
DACHES

RÄUMLICHE GLIEDERUNG
DER ITALIENISCHEN VILLA
(SIEHE S. 134)

DIE HÄUSER IM STIL DES SECOND
EMPIRE BESTANDEN OFT AUS
EINEM HAUS IM ITALIENISCHEN
VILLENSTIL, DAS MIT EINEM
MANSARDDACH VERSEHEN WURDE.

DAS DACH WURDE
MIT VERSCHIEDEN-
FARBIGEN SCHIEFER-
SCHINDELN ODER
BLECHPLATTEN
GEDECKT.

DAS KRANZGESIMS AUF
KLEINEN KNAGGEN
BEZEICHNETE MAN
ALS >>FRANZÖSISCHEN
KRANZ<<.

BODENTIEFE
FRANZÖSISCHE FENSTER

HOHER BACKSTEINSOCKEL

ESSZIMMER UND
WOHNZIMMER WAREN
DURCH EINE BREITE
SCHIEBETÜR VERBUNDEN.

DIE SCHMIEDEEISERNE EINFASSUNG
AUF DEM DACH WAR SEHR BELIEBT.

TURM MIT
MANSARDDACH

MANSARDDACH
MIT KONKAV
GESCHWEIFTEN
SEITEN (KONVEX
GESCHWEIFTE
FORMEN WAREN
EBENSO VERBREI-
TET)

ZWILLINGS-
FENSTER WAREN
SEHR BELIEBT.

ESSZIMMER

WOHN-
ZIMMER

KÜCHE

DIELE

VERANDA

1874 TYPISCHES HAUS IM STIL DES SECOND EMPIRE

Hochviktorianische Gotik

Landesweit   1875

Als »viktorianisch« werden gemeinhin alle Stilrichtungen des Historismus von der frühen Neugotik (1840) bis zum Ende des Eastlake-Stils (1880) bezeichnet. In England entwickelte sich der viktorianische Stil unter der Regierung Königin Victorias und gelangte Ende der dreißiger Jahre des 19. Jahrhunderts nach Amerika, wo er eine Hochblüte erlebte. Dieser Stil ließ sich den Bedürfnissen einer neu entstehenden Bergbaustadt ebensogut anpassen wie dem Wunsch der Reichen nach Monumentalität.

Das frühe Gothic Revival (siehe S. 122) war in Amerika von der mittelalterlichen englischen Architektur beeinflußt. Dagegen basierte die hochviktorianische Gotik weitgehend auf der norditalienischen Gotik. Seine Beliebtheit in Europa und Amerika verdankte dieser Baustil dem 1849 veröffentlichten Werk *The Seven Lamps of Architekture* von John Ruskin. Der Einfluß dieses Buches war so groß, daß man diesen Stil auch als Ruskin-Gotik bezeichnete.

In seinem Werk *The Seven Lamps of Architecture* stellte Ruskin unter anderem Regeln für die Verwendung von Farbe an Bauwerken auf: Die Farbigkeit der Architektur sollte nicht durch Anstriche erreicht werden, sondern Bestandteil der verwendeten Baustoffe sein. Diese Forderung war der Hintergrund für die Verwendung vielgestaltiger Hausteinmauern und Muster aus verschiedenfarbigem Backstein und Schiefer, die man als »konstruktive Farbigkeit« oder »permanente Polychromie« bezeichnete.

Die hochviktorianische Gotik kam vorwiegend bei öffentlichen Gebäuden wie Bibliotheken, Rathäusern, Banken und Kirchen zum Einsatz; auf die Gestaltung von Wohnhäusern hatte sie in den siebziger und achtziger Jahren des Jahrhunderts dagegen kaum Einfluß. Ihre Hauptmerkmale waren dekorative Muster aus Materialien unterschiedlicher Farben und Texturen, die Mauerecken, Bögen und Arkaden betonten; Backsteine mit eingeprägten Mustern, behauene Steine und Schieferkacheln zur Dekoration glatter Wand- und Dachflächen sowie eine ausgeprägte, massive Ornamentik an Giebeln, Vordächern und Traufkanten.

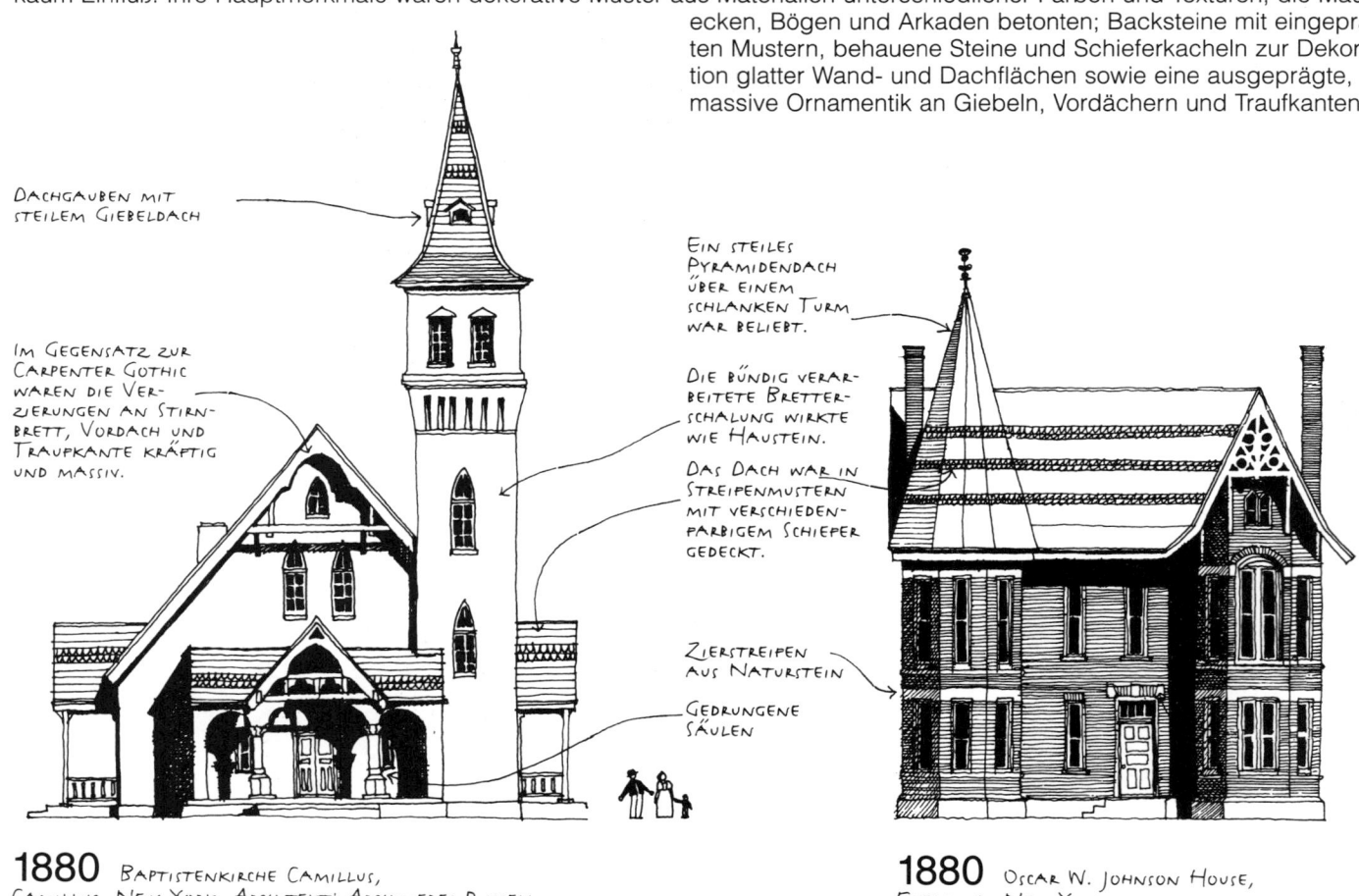

DACHGAUBEN MIT STEILEM GIEBELDACH

IM GEGENSATZ ZUR CARPENTER GOTHIC WAREN DIE VERZIERUNGEN AN STIRNBRETT, VORDACH UND TRAUFKANTE KRÄFTIG UND MASSIV.

EIN STEILES PYRAMIDENDACH ÜBER EINEM SCHLANKEN TURM WAR BELIEBT.

DIE BÜNDIG VERARBEITETE BRETTERSCHALUNG WIRKTE WIE HAUSTEIN.

DAS DACH WAR IN STREIFENMUSTERN MIT VERSCHIEDENFARBIGEM SCHIEFER GEDECKT.

ZIERSTREIFEN AUS NATURSTEIN

GEDRUNGENE SÄULEN

1880 BAPTISTENKIRCHE CAMILLUS, CAMILLUS, NEW YORK, ARCHITEKT: ARCHIMEDES RUSSELL

1880 OSCAR W. JOHNSON HOUSE, FREDONIA, NEW YORK

150

Viele Historiker sind der Ansicht, daß es kaum Häuser gibt, die im Ruskinschen Sinne mehr Charakter besitzen als die Bauten des Architekten Frank Furness. Am besten kam die hochviktorianische Gotik dort zur Geltung, wo Backstein, Haustein und Schiefer unterschiedlicher Farbe und Textur in der Fassadengestaltung des Hauses zu Mustern und plastischen Ornamenten verarbeitet wurden. Furness war ein Meister der hochviktorianischen Gotik, wie seine Gestaltung eines Fensters der Pennsylvania Academy of Fine Arts beispielhaft zeigt.

Bei vielen Häusern im Stil der hochviktorianischen Gotik gab es Versuche von Zimmerleuten, die Formensprache eines in Stein entwickelten Stils in Holz zu übersetzen, wie das unten abgebildete Converse House zeigt. Die glatte Bretterschalung sollte wie Haustein wirken, und die schweren, massiven Holzverzierungen an Giebeln und Vordächern ahmten Steinmetzarbeiten nach.

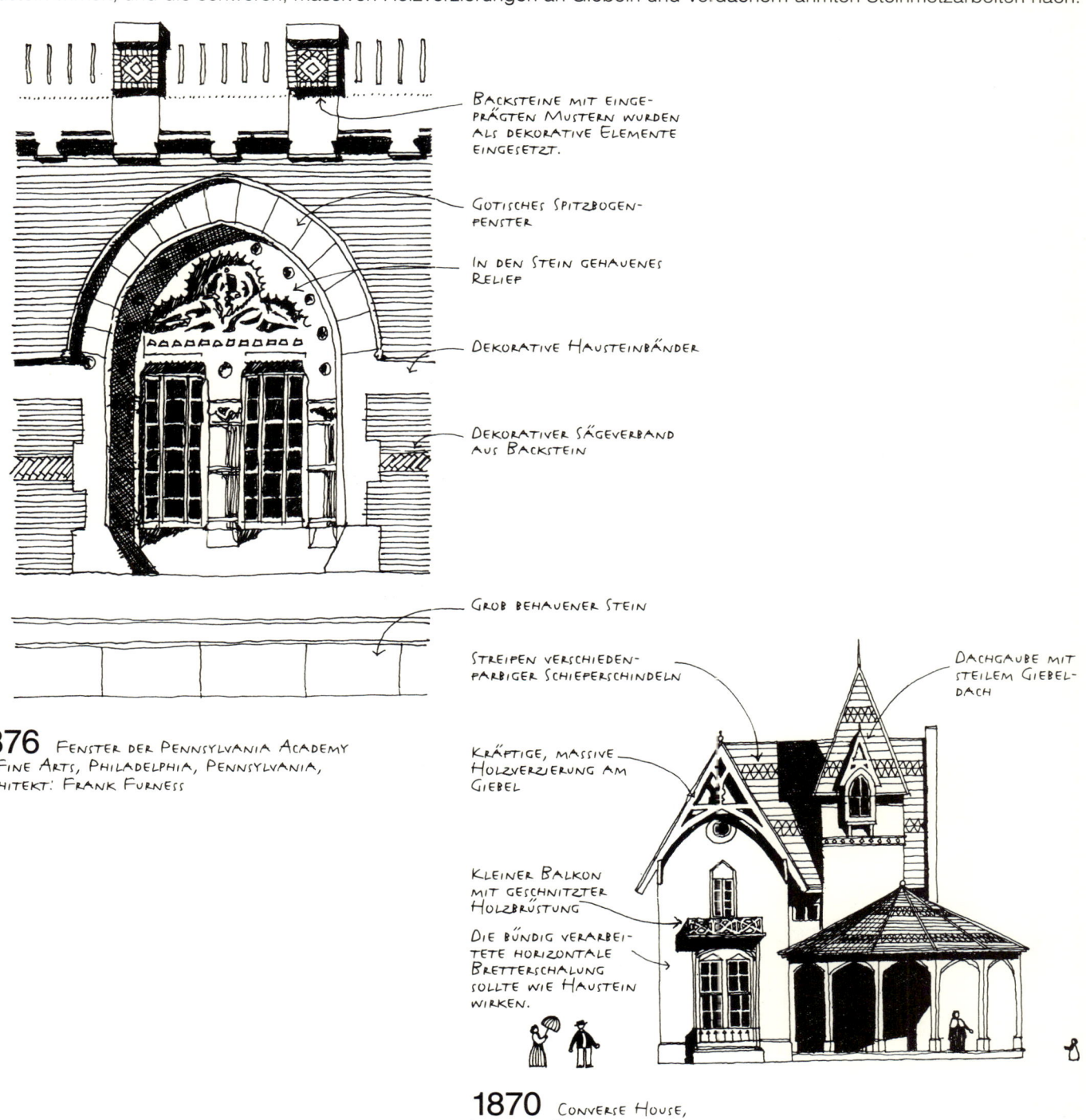

BACKSTEINE MIT EINGE-
PRÄGTEN MUSTERN WURDEN
ALS DEKORATIVE ELEMENTE
EINGESETZT.

GOTISCHES SPITZBOGEN-
FENSTER

IN DEN STEIN GEHAUENES
RELIEF

DEKORATIVE HAUSTEINBÄNDER

DEKORATIVER SÄGEVERBAND
AUS BACKSTEIN

GROB BEHAUENER STEIN

STREIFEN VERSCHIEDEN-
FARBIGER SCHIEFERSCHINDELN

KRÄFTIGE, MASSIVE
HOLZVERZIERUNG AM
GIEBEL

KLEINER BALKON
MIT GESCHNITZTER
HOLZBRÜSTUNG

DIE BÜNDIG VERARBEI-
TETE HORIZONTALE
BRETTERSCHALUNG
SOLLTE WIE HAUSTEIN
WIRKEN.

DACHGAUBE MIT
STEILEM GIEBEL-
DACH

1876 FENSTER DER PENNSYLVANIA ACADEMY
OF FINE ARTS, PHILADELPHIA, PENNSYLVANIA,
ARCHITEKT: FRANK FURNESS

1870 CONVERSE HOUSE,
NORWICH, CONNECTICUT

Queen Anne
Landesweit   1880

Der Queen-Anne-Stil lebte mit dem Frühwerk Richard Norman Shaws in England erneut auf. Er griff auf schlichte, solide Bauweisen aus der Zeit Queen Annes (etwa 150 Jahre zuvor) zurück, als die Handwerkskunst im Mittelpunkt des Interesses stand. Amerika wurde mit diesem Stil erstmals 1876 auf der Weltausstellung in Philadelphia konfrontiert, die das Land zur Hundertjahrfeier seiner Unabhängigkeit ausrichtete. Sehr bald löste der Queen-Anne-Stil das französische Second Empire und die Neugotik ab und wurde in Amerika zum populärsten Baustil aller Zeiten. Die Gebäude im Stil der Neuromanik, die den Bauten im Queen-Anne-Stil stilistisch die schärfste Konkurrenz machten, wurden in Stein errichtet und waren daher für die meisten Amerikaner unerschwinglich. Ein Queen-Anne-Haus jedoch konnte jeder Zimmermann mit seinem Gesellen aus Holz preiswert und schnell errichten.

Das Queen-Anne-Haus bildete den Höhepunkt der viktorianischen Baustile. Vom italienischen Villenstil (siehe S. 134) übernahm es weitgehend die Asymmetrie der verschachtelten Flügel, Veranden, Giebel und Türme. Vom frühen Gothic Revival (siehe S. 122) entlehnte es den Grundriß, der ein organisches Ausbreiten des Hauses von innen nach außen ermöglichte. In der Carpenter Gothic (siehe S. 128) fand es interessante Möglichkeiten der Ornamentierung. Das Fundament und der Sockel waren aus Backstein, das Erdgeschoß erhielt meist eine horizontale Stulpschalung, und für den Giebel verwendete man häufig ein sichtbares Fachwerk in der Art des Stick Style (siehe S. 146). Dach und Hauswände waren mit Schindeln in verschiedenen Mustern gedeckt, und an verschiedenen Stellen gab es geschnitzte und gedrechselte Verzierungen und Appliques. Besonders beliebt waren stilisierte Sonnenauf- oder -untergänge an den Giebeln. Für die Stützen der Verandadächer und für Brüstungen verwendete man gern gedrechselte Pfosten und Baluster im Eastlake-Stil (siehe S. 156). Auch Verzierungen im Stil des römischen und griechischen Klassizismus, zum Beispiel Girlanden und Blumenkränze, waren sehr verbreitet.

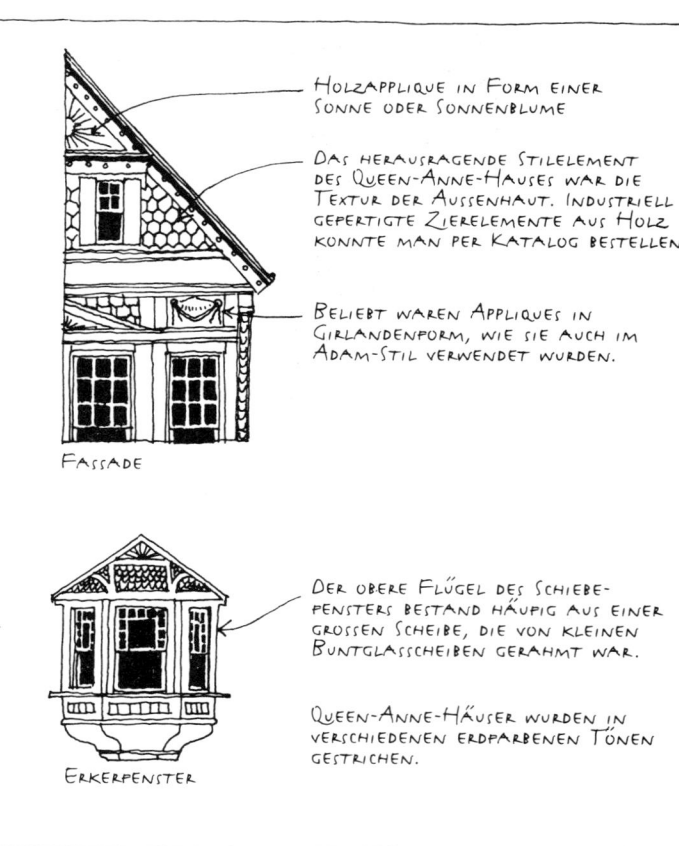

HOLZAPPLIQUE IN FORM EINER SONNE ODER SONNENBLUME

DAS HERAUSRAGENDE STILELEMENT DES QUEEN-ANNE-HAUSES WAR DIE TEXTUR DER AUSSENHAUT. INDUSTRIELL GEFERTIGTE ZIERELEMENTE AUS HOLZ KONNTE MAN PER KATALOG BESTELLEN.

BELIEBT WAREN APPLIQUES IN GIRLANDENFORM, WIE SIE AUCH IM ADAM-STIL VERWENDET WURDEN.

FASSADE

DER OBERE FLÜGEL DES SCHIEBEFENSTERS BESTAND HÄUFIG AUS EINER GROSSEN SCHEIBE, DIE VON KLEINEN BUNTGLASSCHEIBEN GERAHMT WAR.

QUEEN-ANNE-HÄUSER WURDEN IN VERSCHIEDENEN ERDFARBENEN TÖNEN GESTRICHEN.

ERKERFENSTER

JEDE FLÄCHE WURDE BEIM QUEEN-ANNE-HAUS DURCH EINE TEXTUR ODER EINE APPLIQUE BETONT.

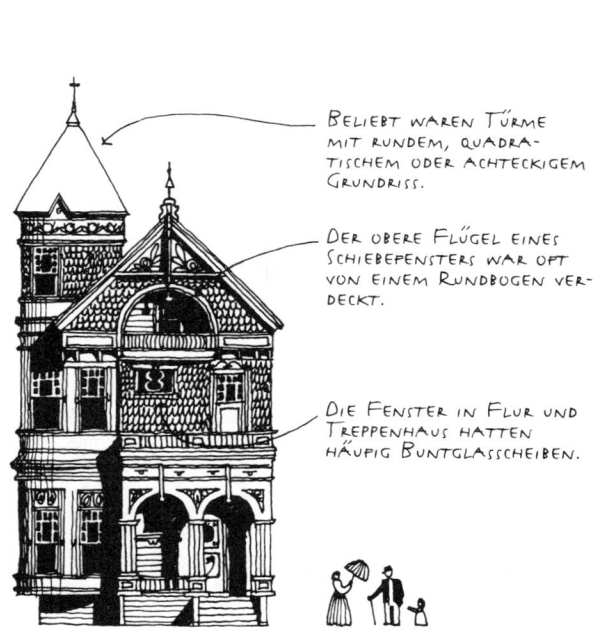

BELIEBT WAREN TÜRME MIT RUNDEM, QUADRATISCHEM ODER ACHTECKIGEM GRUNDRISS.

DER OBERE FLÜGEL EINES SCHIEBEFENSTERS WAR OFT VON EINEM RUNDBOGEN VERDECKT.

DIE FENSTER IN FLUR UND TREPPENHAUS HATTEN HÄUFIG BUNTGLASSCHEIBEN.

1875 EIN TYPISCHES QUEEN-ANNE-HAUS, SAN FRANCISCO, KALIFORNIEN

Im Erdgeschoß wurde der Grundriß nun wesentlich offener und ließ von allen Seiten Licht und Luft in die Räume. Große Schiebetüren verbanden die Zimmer miteinander, die sich nun wie ein einziger großer Raum oder als kleine geschlossene Einheiten nutzen ließen. Dies war jedoch erst mit Einführung der Zentralheizung möglich. Mehr als ein Badezimmer gab es im Queen-Anne-Haus nur selten, und Innentoiletten galten selbst 1880 noch als Luxus.

Ende des 19. und Anfang des 20. Jahrhunderts entstanden Queen-Anne-Häuser mit allen nur erdenklichen Verzierungen überall in amerikanischen Städten. Regionale Unterschiede gab es jedoch selten, da man die Entwürfe aus den weit verbreiteten Musterbüchern kopierte. Neben den Bauplänen für das Haus fand man in diesen Büchern auch Pläne für Gartenanlagen, Innenausstattung und Möblierung, die nur wenig Spielraum für die eigene Phantasie zuließen.

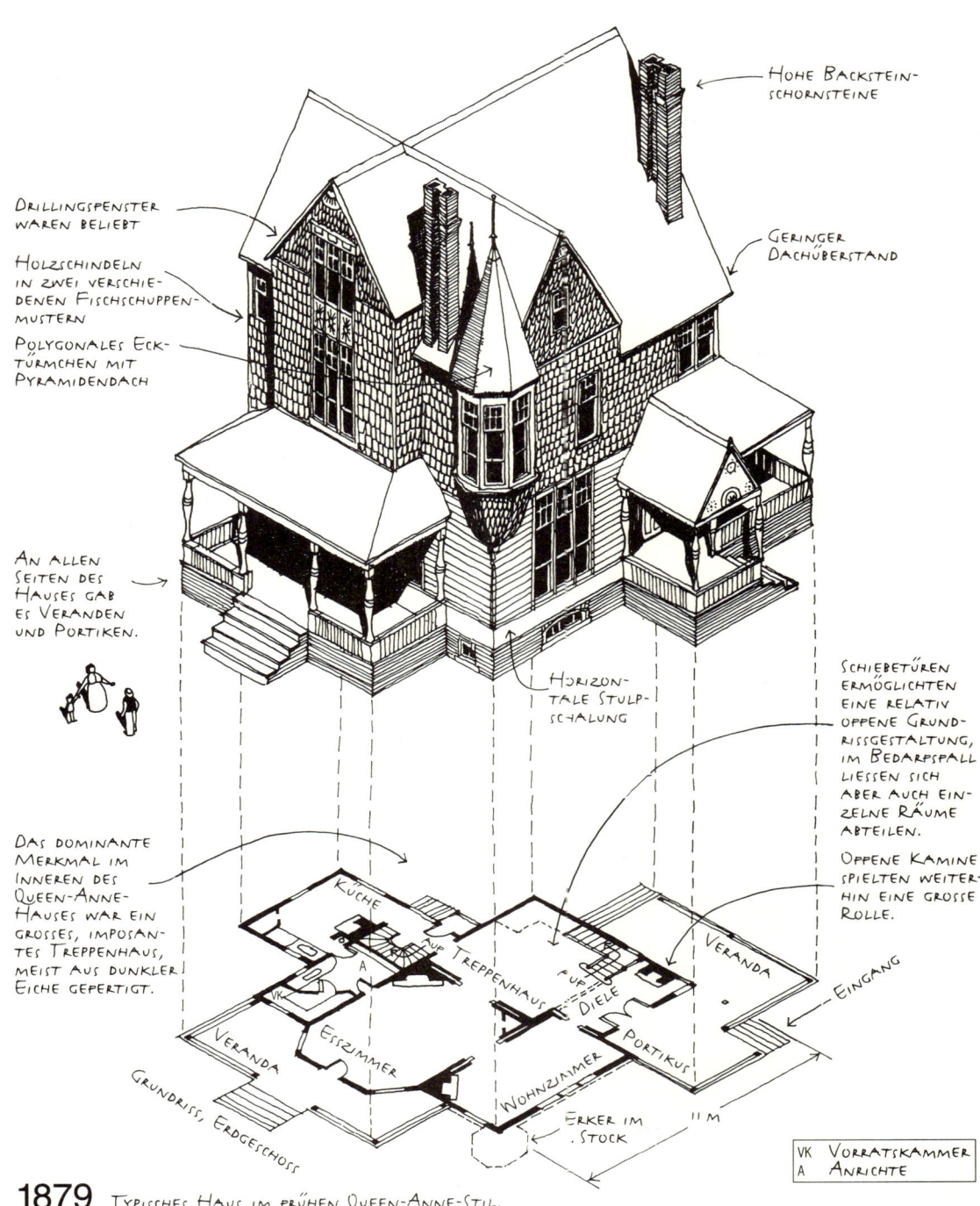

HOHE BACKSTEIN-SCHORNSTEINE

DRILLINGSFENSTER WAREN BELIEBT

HOLZSCHINDELN IN ZWEI VERSCHIEDENEN FISCHSCHUPPENMUSTERN

POLYGONALES ECKTÜRMCHEN MIT PYRAMIDENDACH

GERINGER DACHÜBERSTAND

AN ALLEN SEITEN DES HAUSES GAB ES VERANDEN UND PORTIKEN.

HORIZONTALE STULPSCHALUNG

SCHIEBETÜREN ERMÖGLICHTEN EINE RELATIV OFFENE GRUNDRISSGESTALTUNG, IM BEDARFSFALL LIESSEN SICH ABER AUCH EINZELNE RÄUME ABTEILEN.

DAS DOMINANTE MERKMAL IM INNEREN DES QUEEN-ANNE-HAUSES WAR EIN GROSSES, IMPOSANTES TREPPENHAUS, MEIST AUS DUNKLER EICHE GEFERTIGT.

OFFENE KAMINE SPIELTEN WEITERHIN EINE GROSSE ROLLE.

KÜCHE

AUF TREPPENHAUS

VERANDA

DIELE

EINGANG

VK

VERANDA

ESSZIMMER

WOHNZIMMER

PORTIKUS

GRUNDRISS, ERDGESCHOSS

ERKER IM . STOCK

11 M

VK VORRATSKAMMER
A ANRICHTE

1879 TYPISCHES HAUS IM FRÜHEN QUEEN-ANNE-STIL, SHORT HILLS, NEW JERSEY, ARCHITEKTEN: LAMBS UND WHEELER

Der Queen-Anne-Stil entlehnte viele Details aus der islamischen (maurischen oder türkischen) Baukunst und kam dabei zu exotischen Ergebnissen. Immer wieder fanden sich an Queen-Anne-Bauten Kielbögen, Zwiebeldächer und Kioske, also jene runden offenen Pavillions oder erkerartigen Vorbauten, die in der islamischen Architektur so beliebt waren. Andere exotische Details wie die ovalen, runden oder halbrunden Maueröffnungen stammten ebenfalls aus dem Orient.

Obwohl sich der Queen-Anne-Stil nur etwa 20 Jahre lang hielt, hatte er in Amerika großen Einfluß auf den Wohnhausbau. Das rasche Wirtschaftswachstum in der Zeit seiner Popularität bewirkte, daß Hunderttausende Queen-Anne-Häuser errichtet wurden. Dieser Baustil war eine Reaktion auf die hochviktorianische »Realität« und demonstrierte ein wiedererwachendes Interesse am Malerischen.

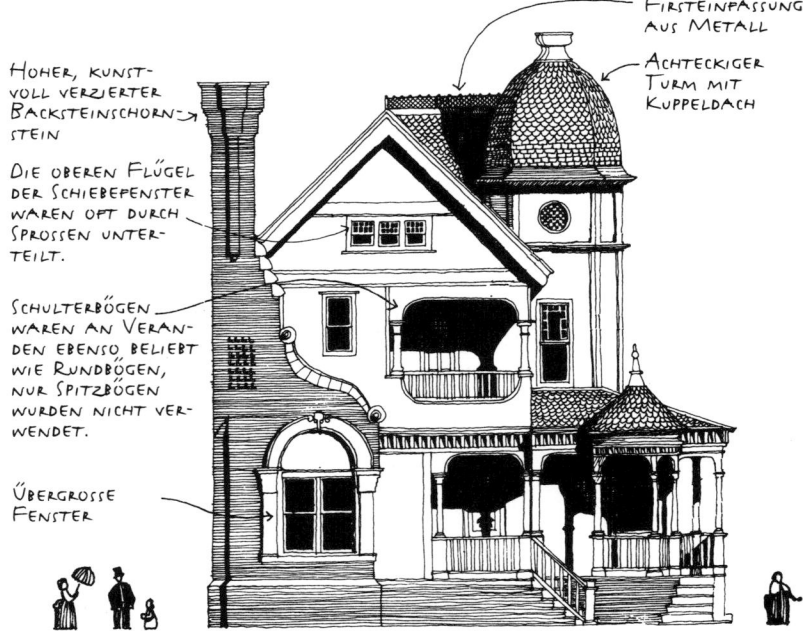

FIRSTEINFASSUNG AUS METALL

ACHTECKIGER TURM MIT KUPPELDACH

HOHER, KUNSTVOLL VERZIERTER BACKSTEINSCHORNSTEIN

DIE OBEREN FLÜGEL DER SCHIEBEFENSTER WAREN OFT DURCH SPROSSEN UNTERTEILT.

SCHULTERBÖGEN WAREN AN VERANDEN EBENSO BELIEBT WIE RUNDBÖGEN, NUR SPITZBÖGEN WURDEN NICHT VERWENDET.

ÜBERGROSSE FENSTER

1890 QUEEN-ANNE-HAUS, CALVERT, TEXAS, ARCHITEKT UNBEKANNT

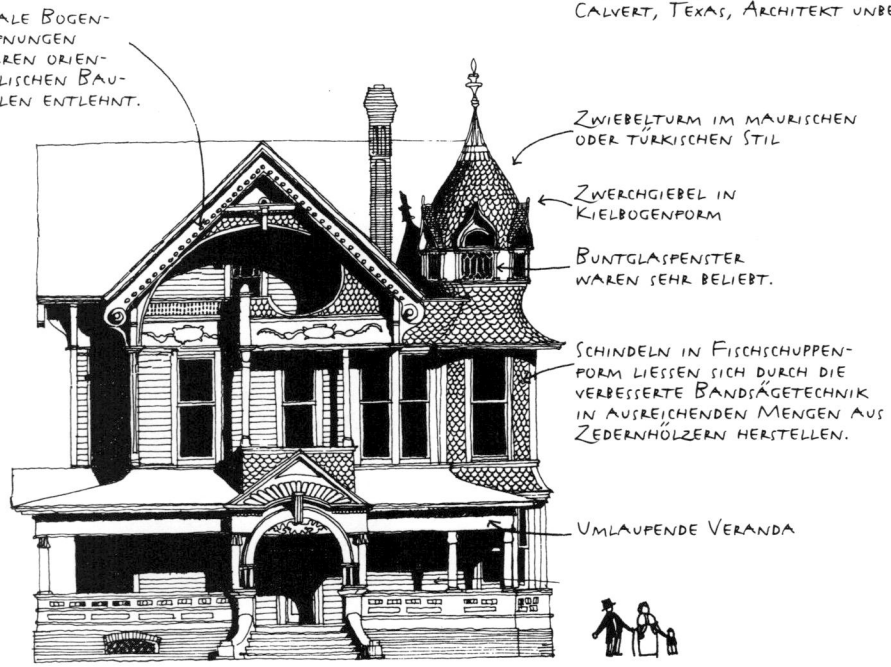

OVALE BOGENÖFFNUNGEN WAREN ORIENTALISCHEN BAUSTILEN ENTLEHNT.

ZWIEBELTURM IM MAURISCHEN ODER TÜRKISCHEN STIL

ZWERCHGIEBEL IN KIELBOGENFORM

BUNTGLASFENSTER WAREN SEHR BELIEBT.

SCHINDELN IN FISCHSCHUPPENFORM LIESSEN SICH DURCH DIE VERBESSERTE BANDSÄGETECHNIK IN AUSREICHENDEN MENGEN AUS ZEDERNHÖLZERN HERSTELLEN.

UMLAUFENDE VERANDA

1884 FREDERICK MITCHELL HOUSE, LOS ANGELES, KALIFORNIEN, ARCHITEKT UNBEKANNT

Spätere Queen-Anne-Häuser standen stilistisch in Wechselwirkung mit der neu aufkommenden Richardson-Romanik, dem Shingle Style und dem Neunormannischen Stil (siehe S. 158 und 167). Das unten abgebildete Beispiel kombiniert Elemente dieser vier in Amerika bedeutenden Baustile. Das Ergebnis ist wie bei vielen Häusern des ausgehenden 19. Jahrhunderts nur schwer einzuordnen.

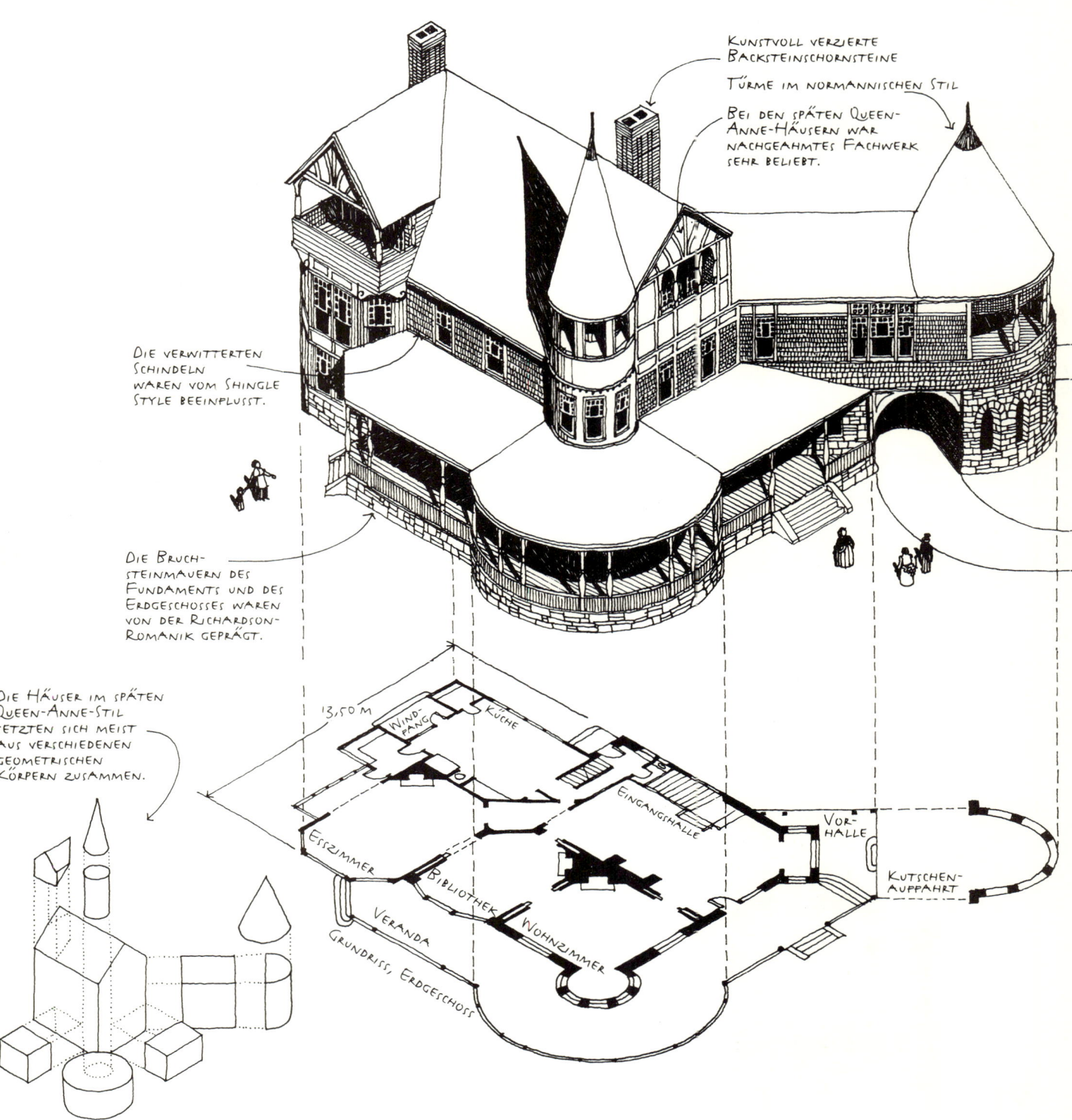

KUNSTVOLL VERZIERTE BACKSTEINSCHORNSTEINE

TÜRME IM NORMANNISCHEN STIL

BEI DEN SPÄTEN QUEEN-ANNE-HÄUSERN WAR NACHGEAHMTES FACHWERK SEHR BELIEBT.

DIE VERWITTERTEN SCHINDELN WAREN VOM SHINGLE STYLE BEEINFLUSST.

DIE BRUCH-STEINMAUERN DES FUNDAMENTS UND DES ERDGESCHOSSES WAREN VON DER RICHARDSON-ROMANIK GEPRÄGT.

DIE HÄUSER IM SPÄTEN QUEEN-ANNE-STIL SETZTEN SICH MEIST AUS VERSCHIEDENEN GEOMETRISCHEN KÖRPERN ZUSAMMEN.

13,50 M

WINDFANG
KÜCHE
EINGANGSHALLE
VOR-HALLE
KUTSCHEN-AUFFAHRT
ESSZIMMER
BIBLIOTHEK
WOHNZIMMER
VERANDA
GRUNDRISS, ERDGESCHOSS

1892 HAUS IM SPÄTEN QUEEN-ANNE-STIL, ENTWURF NR. 420 AUS MODERN HOUSES VON R.W. SHOPPELL

Eastlake
Landesweit   1880

Der Eastlake-Stil war in erster Linie ein Möbelstil, der sich jedoch auch in der äußeren Ornamentierung von Häusern verschiedener viktorianischer Baustile niederschlug, hauptsächlich im Queen-Anne-Stil und im Stick Style. Benannt wurde er nach dem englischen Architekten Charles L. Eastlake, der 1868 *Hints on Household Taste in Furniture, Upholstery and other Details* veröffentlichte. In Amerika erschien dieses Buch 1872 und war hier so erfolgreich, daß es innerhalb von elf Jahren sechs Auflagen erreichte.

Eastlake trat in seinem Buch für einen eigenwilligen Dekorationsstil ein, der sich mit Ecken, Kanten und Kerben bewußt von den geschwungenen Formen des französischen Neubarocks etwa im Second Empire abhob. Traditionell imitierten Möbelbauer architektonische Formen, doch Eastlake kehrte diesen Prozeß um. Die Häuser im Eastlake-Stil kopierten in ihrer Ornamentierung die Möbel im Hausinneren.

Amerikanische Architekten und Bauherren entwickelten eigene Interpretationen des Eastlake-Stils, was Eastlake selbst sehr mißfiel. Verandastützen, Brüstungen und Balustraden waren zwar von massiver, übergroßer und robuster Prägung im Stile Eastlakes, wurden aber im Laufe der Jahre zunehmend geschwungener und barocker. Das war nicht nur eine Folge der geistigen Unabhängigkeit amerikanischer Architekten und Bauherren, sondern erwuchs auch aus der Notwendigkeit, diese Bauteile maschinell herstellen zu lassen.

Bauhandwerker und Architekten, die vom Queen-Anne-Stil beeinflußt waren, setzten sich beim Formenspiel und bei der Ornamentierung der Außengestalt des Eastlake-Hauses keine Grenzen. Viele Bauteile mußten per Katalog bestellt und wie ein übergroßes Möbelstück an der Baustelle zusammengesetzt werden.

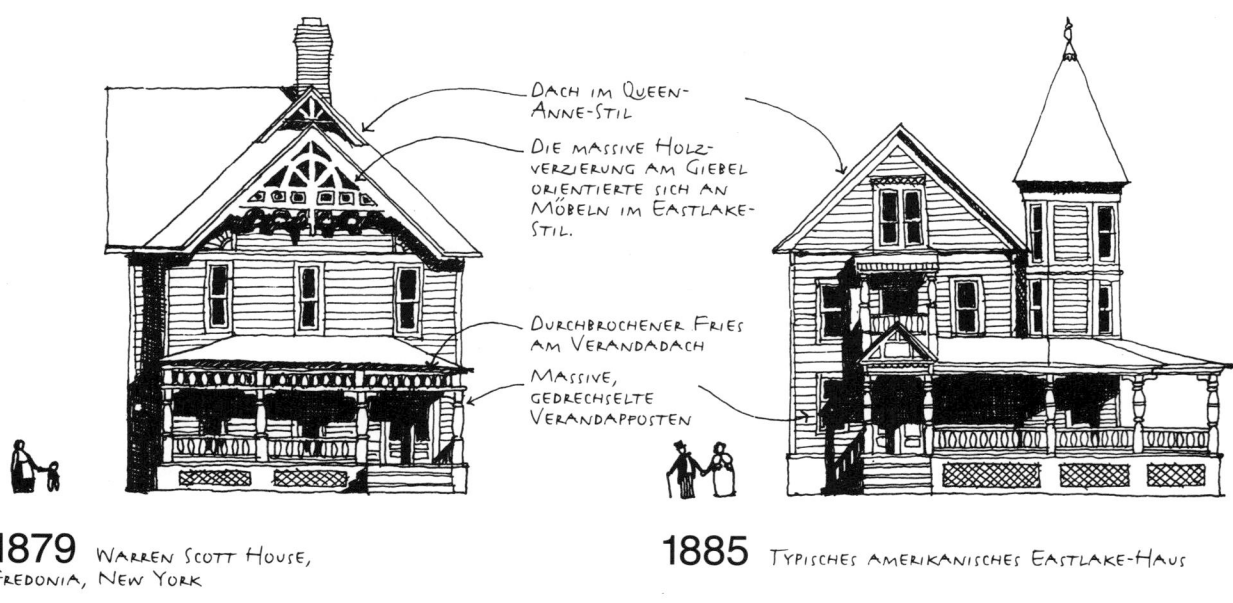

DACH IM QUEEN-ANNE-STIL

DIE MASSIVE HOLZ-VERZIERUNG AM GIEBEL ORIENTIERTE SICH AN MÖBELN IM EASTLAKE-STIL.

DURCHBROCHENER FRIES AM VERANDADACH

MASSIVE, GEDRECHSELTE VERANDAPFOSTEN

1879 WARREN SCOTT HOUSE, FREDONIA, NEW YORK

1885 TYPISCHES AMERIKANISCHES EASTLAKE-HAUS

Das wohl berühmteste viktorianische Haus in Amerika ist das Herrenhaus von William McKendrie Carson in Eureka, Kalifornien (siehe unten). Carson besaß Sequoia-Wälder in Nordkalifornien und soll beim Bau seines Hauses angeblich jede Holzart verwendet haben, die auf dem Weltmarkt gehandelt wurde. Über 100 Zimmerleute und Holzhandwerker arbeiteten mehr als zwei Jahre lang an den handgefertigten Ornamenten für das Eastlake-Herrenhaus mit seinen 18 Zimmern.

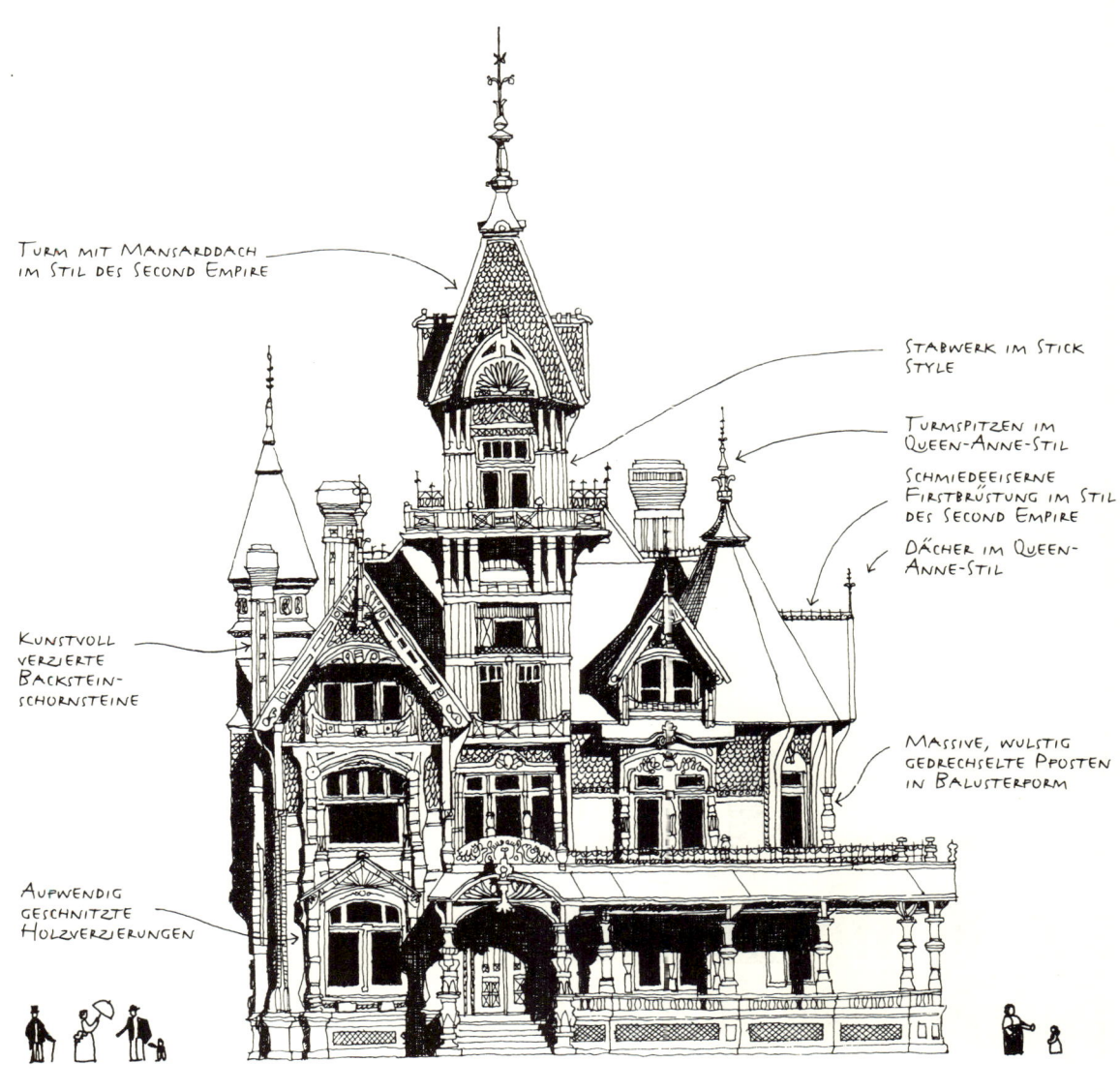

TURM MIT MANSARDDACH IM STIL DES SECOND EMPIRE

STABWERK IM STICK STYLE

TURMSPITZEN IM QUEEN-ANNE-STIL

SCHMIEDEEISERNE FIRSTBRÜSTUNG IM STIL DES SECOND EMPIRE

DÄCHER IM QUEEN-ANNE-STIL

KUNSTVOLL VERZIERTE BACKSTEIN-SCHORNSTEINE

MASSIVE, WULSTIG GEDRECHSELTE PFOSTEN IN BALUSTERFORM

AUFWENDIG GESCHNITZTE HOLZVERZIERUNGEN

1885 WILLIAM McKENDRIE CARSON HOUSE, EUREKA, KALIFORNIEN, ARCHITEKTEN: SAMUEL UND JOSEPH NEWSOM

Richardson-Romanik

Landesweit   1885

Neuromanische Häuser im Stile des amerikanischen Architekten Henry Hobson Richardson (1838–1886) zeichneten sich durch unverputztes Natursteinmauerwerk mit stark betonten Bögen, Stürzen und anderen Konstruktionselementen aus. Sie vermittelten den Eindruck von Schwere, Masse und Solidität und markierten so eine Abkehr von der zierlichen, dekorativen Gestaltung des Queen-Anne-Stils.

Amerikanische Architekten hatten bereits in den vierziger und fünfziger Jahren des 19. Jahrhunderts, ausgehend von der vorgotischen Architektur Europas, mit der Romanik experimentiert (da dieser Stil vorwiegend bei öffentlichen Bauten verwendet wurde, ist er in diesem Buch nicht behandelt). Die Neuromanik, wie Richardson sie dann in den siebziger und achtziger Jahren des Jahrhunderts auslegte, entwickelte sich völlig anders. Sie war wesentlich kühner und führte zu einem ausschließlich amerikanischen Baustil. Die Häuser waren schwerer, in ihrer Anlage stärker horizontal ausgeprägt und gröber in ihrer Textur. Robuste Pfeiler, tiefe Fensterlaibungen, höhlenartige Türöffnungen und bossierte Natursteinmauern betonten die Schwere.

H. H. Richardson gilt allgemein als einer der drei größten in Amerika geborenen Architekten (neben Louis Sullivan und Frank Lloyd Wright). Im Anschluß an sein Studium in Harvard setzte er 1859 als zweiter amerikanischer Architekt (nach Richard M. Hunt) seine Ausbildung an der École des Beaux-Arts in Paris fort. Nach seiner Rückkehr nach Amerika eröffnete er 1865 ein Architekturbüro in New York City und gewann 1872 den Wettbewerb und damit auch den Auftrag für den Bau der Trinity Church in Boston. Dieses Bauwerk machte Richardson mit einem Schlag berühmt und gab den ersten Anstoß dazu, das amerikanische Bild der Neuromanik in Richtung Richardson-Romanik zu verändern.

Bis 1885 entstanden im ganzen Land Rathäuser, Schulen, Bahnhöfe, Gerichtsgebäude, Bibliotheken, Gefängnisse und andere öffentliche Bauten im Stil der Richardson-Romanik. Richardson selbst baute nur sehr wenige Häuser in diesem Stil, doch sein Werk inspirierte zahlreiche andere Architekten. Stilmerkmale wie die breiten Rundbögen, gedrungenen Schornsteine und Pfeiler sowie das behauene, zu floralen Mustern verflochtete Mauerwerk fanden Eingang in das Vokabular zahlreicher örtlicher Bauhandwerker, und so wurde sein Stil überaus populär, auch wenn er sich nur kurze Zeit hielt.

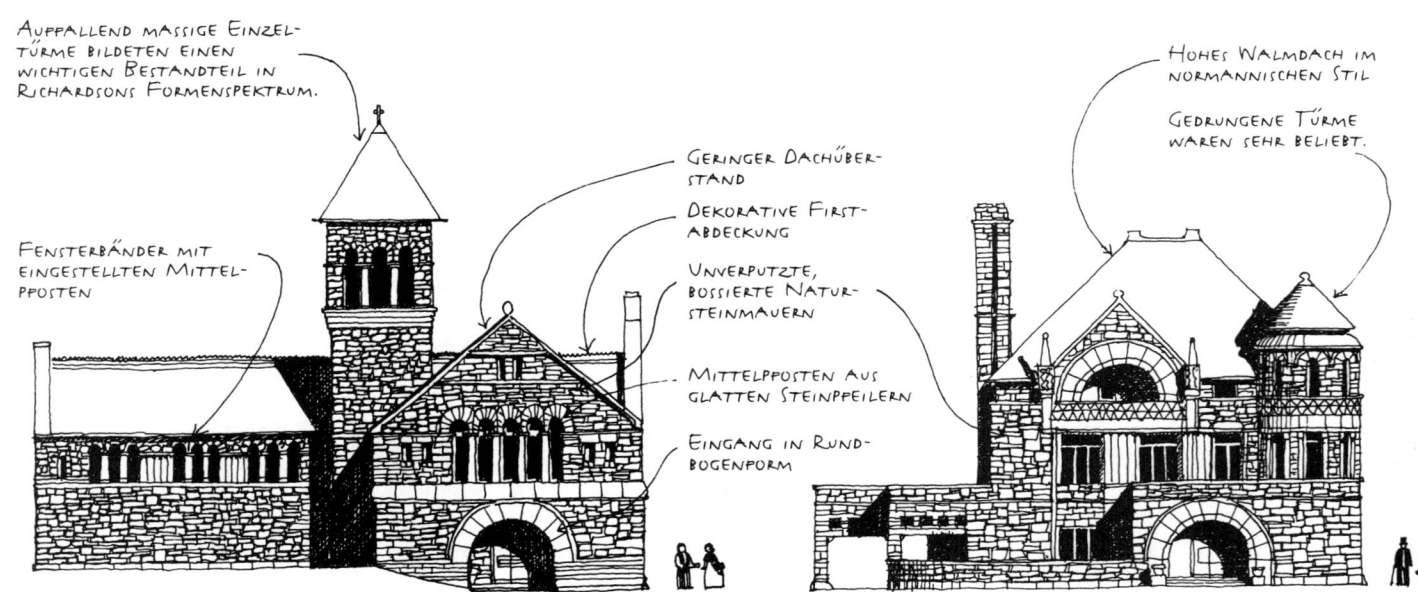

AUFFALLEND MASSIGE EINZEL-TÜRME BILDETEN EINEN WICHTIGEN BESTANDTEIL IN RICHARDSONS FORMENSPEKTRUM.

FENSTERBÄNDER MIT EINGESTELLTEN MITTEL-PPOSTEN

GERINGER DACHÜBER-STAND

DEKORATIVE FIRST-ABDECKUNG

UNVERPUTZTE, BOSSIERTE NATUR-STEINMAUERN

MITTELPPOSTEN AUS GLATTEN STEINPFEILERN

EINGANG IN RUND-BOGENFORM

HOHES WALMDACH IM NORMANNISCHEN STIL

GEDRUNGENE TÜRME WAREN SEHR BELIEBT.

1879 AMES MEMORIAL LIBRARY, NORTH EASTON, MASSACHUSETTS, ARCHITEKT: H. H. RICHARDSON

1886 JOHN L. MERRIAM HOUSE, ST. PAUL, MINNESOTA, ARCHITEKTEN: MOULD UND McNICHOL

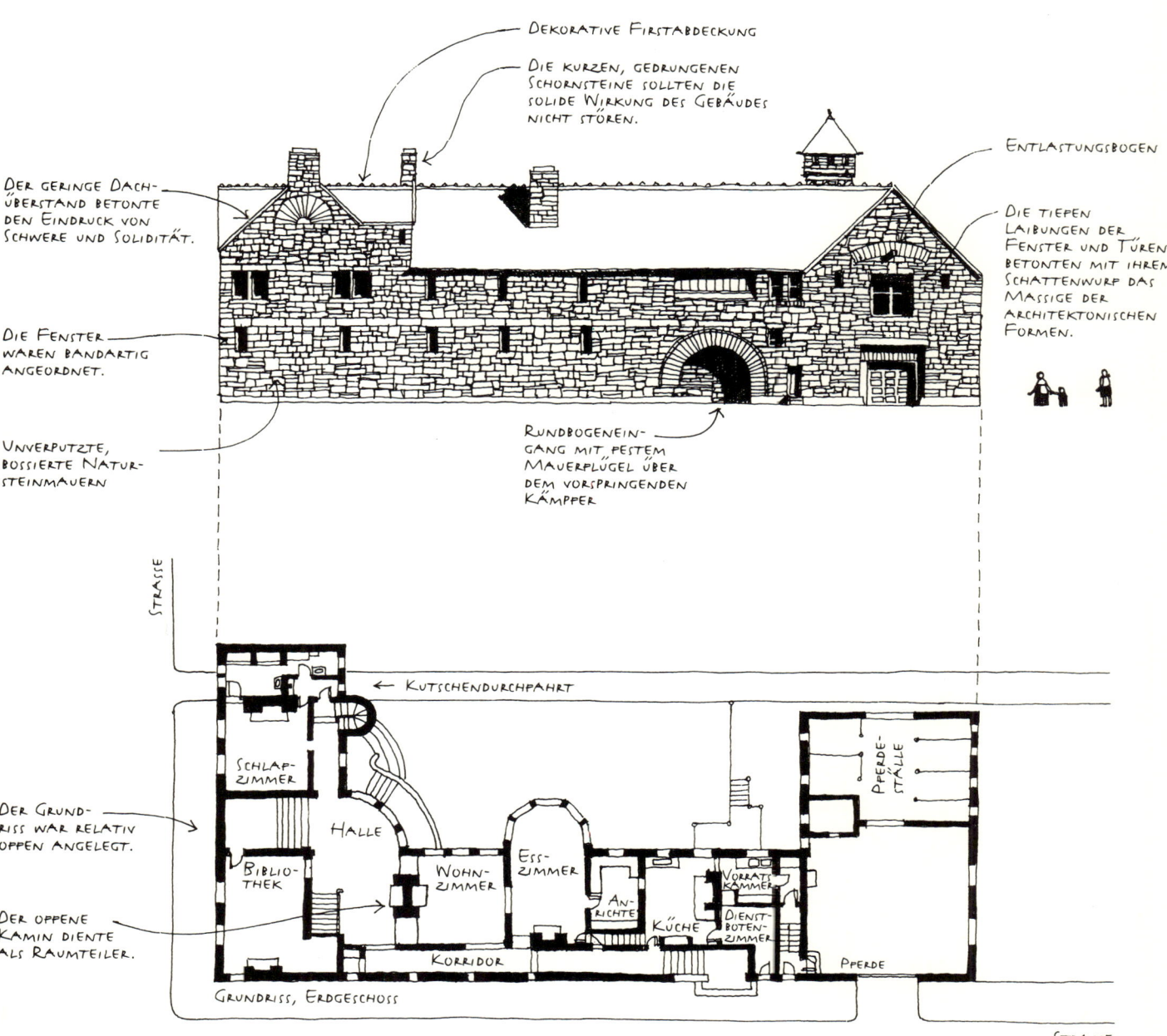

DER GROSSE RUND-
BOGENEINGANG ZEIGT
BEISPIELHAFT, WIE
H. H. RICHARDSON
ROMANISCHE STIL-
ELEMENTE ÜBERTRIEB.

DEKORATIVE FIRSTABDECKUNG

DIE KURZEN, GEDRUNGENEN
SCHORNSTEINE SOLLTEN DIE
SOLIDE WIRKUNG DES GEBÄUDES
NICHT STÖREN.

ENTLASTUNGSBOGEN

DER GERINGE DACH-
ÜBERSTAND BETONTE
DEN EINDRUCK VON
SCHWERE UND SOLIDITÄT.

DIE TIEFEN
LAIBUNGEN DER
FENSTER UND TÜREN
BETONTEN MIT IHREM
SCHATTENWURF DAS
MASSIGE DER
ARCHITEKTONISCHEN
FORMEN.

DIE FENSTER
WAREN BANDARTIG
ANGEORDNET.

UNVERPUTZTE,
BOSSIERTE NATUR-
STEINMAUERN

RUNDBOGENEIN-
GANG MIT FESTEM
MAUERFLÜGEL ÜBER
DEM VORSPRINGENDEN
KÄMPFER

STRASSE

← KUTSCHENDURCHFAHRT

DER GRUND-
RISS WAR RELATIV
OFFEN ANGELEGT.

DER OFFENE
KAMIN DIENTE
ALS RAUMTEILER.

SCHLAF-
ZIMMER

HALLE

BIBLIO-
THEK

WOHN-
ZIMMER

ESS-
ZIMMER

AN-
RICHTE

KÜCHE

VORRATS-
KAMMER

DIENST-
BOTEN-
ZIMMER

PFERDE-
STÄLLE

PFERDE

KORRIDOR

GRUNDRISS, ERDGESCHOSS

STRASSE

1885 JOHN J. GLESSNER HOUSE,
CHICAGO, ILLINOIS,
ARCHITEKT: H. H. RICHARDSON

Neunormannischer Stil

Osten   1885

Der neunormannische Stil blieb in Amerika eine verhältnismäßig unbedeutende Strömung, die auf der Landhausarchitektur der französischen Normandie fußte. Viele Historiker bezeichnen ihn als Übergangsstil zwischen Queen-Anne-Stil und Shingle Style. Offenkundig ist er jedoch eher ein Vorbote des Period Style, der in den dreißiger Jahren des 20. Jahrhunderts aufkam (siehe S. 212).

Um 1885 schwand die Beliebtheit viktorianischer Stilrichtungen, insbesondere des Queen-Anne-Stils. Architekten, die an schlichteren, einfacheren Konstruktionen interessiert waren, kehrten in Bauweise und Gestaltung zum amerikanischen Kolonialstil zurück. Dennoch lag ihnen daran, Grundriß und Gliederung des Baukörpers sehr frei und organisch zu gestalten. Die Gebäudeformen wurden kühner, massiger, wuchtiger und schwerer. Die Ornamentierung verschwand fast völlig.

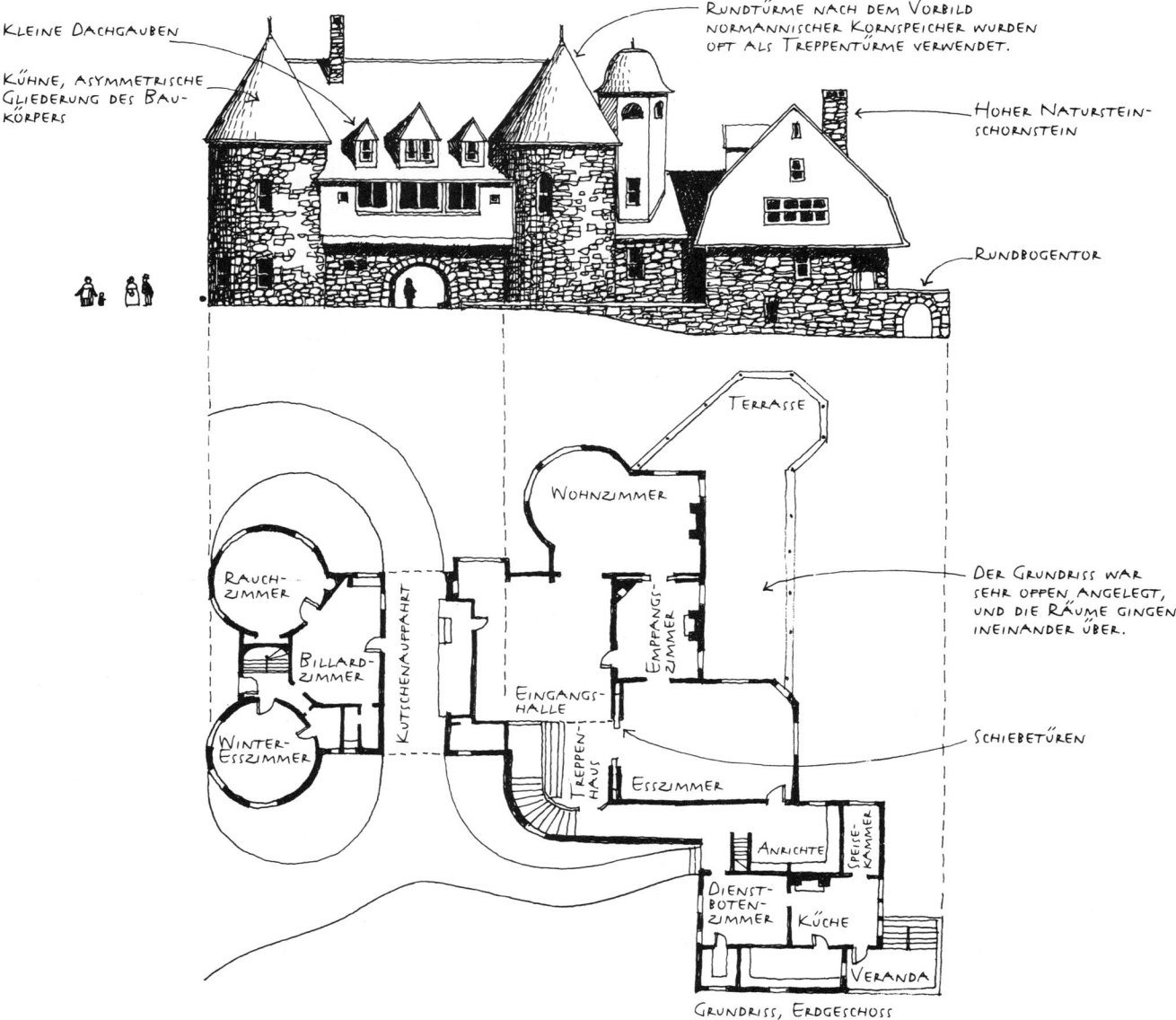

KLEINE DACHGAUBEN

KÜHNE, ASYMMETRISCHE GLIEDERUNG DES BAUKÖRPERS

RUNDTÜRME NACH DEM VORBILD NORMANNISCHER KORNSPEICHER WURDEN OFT ALS TREPPENTÜRME VERWENDET.

HOHER NATURSTEINSCHORNSTEIN

RUNDBOGENTOR

TERRASSE

WOHNZIMMER

DER GRUNDRISS WAR SEHR OFFEN ANGELEGT, UND DIE RÄUME GINGEN INEINANDER ÜBER.

RAUCHZIMMER

BILLARDZIMMER

KUTSCHENAUFFAHRT

WINTERESSZIMMER

EMPFANGSZIMMER

EINGANGSHALLE

TREPPENHAUS

ESSZIMMER

SCHIEBETÜREN

ANRICHTE

SPEISEKAMMER

DIENSTBOTENZIMMER

KÜCHE

VERANDA

GRUNDRISS, ERDGESCHOSS

1885 CHARLES J. OSBORN HOUSE, MAMARONECK, NEW YORK, ARCHITEKTEN: MCKIM, MEAD UND WHITE

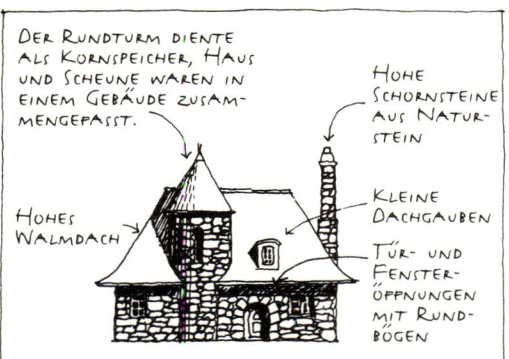

DER RUNDTURM DIENTE ALS KORNSPEICHER, HAUS UND SCHEUNE WAREN IN EINEM GEBÄUDE ZUSAMMENGEPASST.

HOHE SCHORNSTEINE AUS NATURSTEIN

HOHES WALMDACH

KLEINE DACHGAUBEN

TÜR- UND FENSTERÖFFNUNGEN MIT RUNDBÖGEN

1600 DAS NORMANNISCHE LANDHAUS NORDFRANKREICHS WAR DIE HAUPTINSPIRATIONSQUELLE FÜR DEN AMERIKANISCHEN NEUNORMANNISCHEN STIL.

KLEINE DACHGAUBEN

DIE VERANDA WAR ZUM MEER HIN AUSGERICHTET.

HOHE SCHORNSTEINE

HOHE PYRAMIDENDÄCHER ÜBER GROSSEN ERKERN ERINNERTEN AN DIE NORMANNISCHEN SPEICHERTÜRME.

ZEDERNSCHINDELN

DIE VERANDABRÜSTUNG IST MIT SCHINDELN VERKLEIDET UND SCHMUCKLOS, UM DIE »SCHWERE« DES GEBÄUDES NICHT ZU STÖREN.

VERANDA

WASCHKÜCHE

KÜCHE

ANRICHTE

FLUR

WINDFANG

BILLARDZIMMER

DIE RÄUME LIESSEN SICH DURCH SCHIEBETÜREN ABTRENNEN.

ESSZIMMER

DER GRUNDRISS WURDE IMMER SEHR FREI, ASYMMETRISCH UND OFFEN ANGELEGT.

EINGANGSHALLE

WOHNZIMMER

VERANDA

GRUNDRISS, ERDGESCHOSS

SEEBLICK

1885 CHARLES T. COOK HOUSE, ELBERON, NEW JERSEY, ARCHITEKTEN: McKIM, MEAD UND WHITE

Shingle Style
Ostküste   1885

Anfang der achtziger Jahre des 19. Jahrhunderts errichteten sich viele wohlhabende Amerikaner abseits der Städte komfortable, elegante Häuser, vornehmlich an der unberührten Atlantikküste, wo sie die Sommerfrische verbringen konnten. Anfangs baute man, ausgehend von den jakobinischen Landhäusern, die der Architekt Richard Norman Shaw in England populär gemacht hatte, Häuser im Queen-Anne-Stil und im Stick Style. Nach einigen Jahren bildete sich jedoch ein stärker amerikanisch geprägter Baustil heraus, der in der Kolonialarchitektur New Englands und der Richardson-Romanik wurzelte. Amerikanische Architekten besannen sich auf die Schlichtheit von Holzhäusern der Kolonialzeit und die Stärken der Richardson-Romanik und deckten Dach und Außenwände vorwiegend mit unbehandelten Holzschindeln. Die Schindeln ersetzten die unpraktischen hängenden Flachziegel Shaws, den teuren Naturstein der Richardson-Romanik und die dekorativen Holzarbeiten der Queen-Anne-Wand. Der Shingle Style oder Schindelstil, wie der Architekturhistoriker Vincent Scully ihn nannte, konnte sich über ein Jahrzehnt halten.

Der wichtigste Vertreter des frühen Schindelstils war wiederum H. H. Richardson, der den eigenen Stil in ein kostengünstigeres, mit Schindeln verkleidetes Haus übersetzte und dabei die Stärke und Kühnheit seiner früheren Arbeiten bewahrte. Die ungehobelte Schindeln, die auf natürliche Weise verwitterten, waren durchaus mit den manchmal felsbrockengroßen Bruchsteinen vergleichbar, durch die er seinen Bauten Schwere und Charakter verlieh. Ames Gate Lodge (siehe unten) stellte den Gipfelpunkt der Richardson-Romanik dar und demonstrierte lebhaft die vielfältigen Möglichkeiten, mit Bruchstein zu bauen. Dieses und ähnliche Häuser hatten großen Einfluß auf Architekten des Shingle Style. So ahmten zum Beispiel viele der Architekten den großen Rundbogen in Stein oder Holz nach.

Der Shingle Style griff bestimmte Elemente aus dem amerikanischen Kolonialstil des 17. Jahrhunderts, vor allem aus den Küsten- und Inselstädten um Nantucket, Massachusetts, wieder auf. Das Mansarddach, das horizontale, an den Boden gekauerte Profil und schlichte Baustoffe wurden teilweise im Kontext der Hundertjahrfeiern und der Weltausstellung von 1876 in Philadelphia wiederentdeckt. Der Shingle Style besaß eine solche Kraft und Faszination, daß er den Queen-Anne-Stil und die Richardson-Romanik zur bloßen Grundlage für einen reifen, wahrhaft amerikanischen Stil werden ließ.

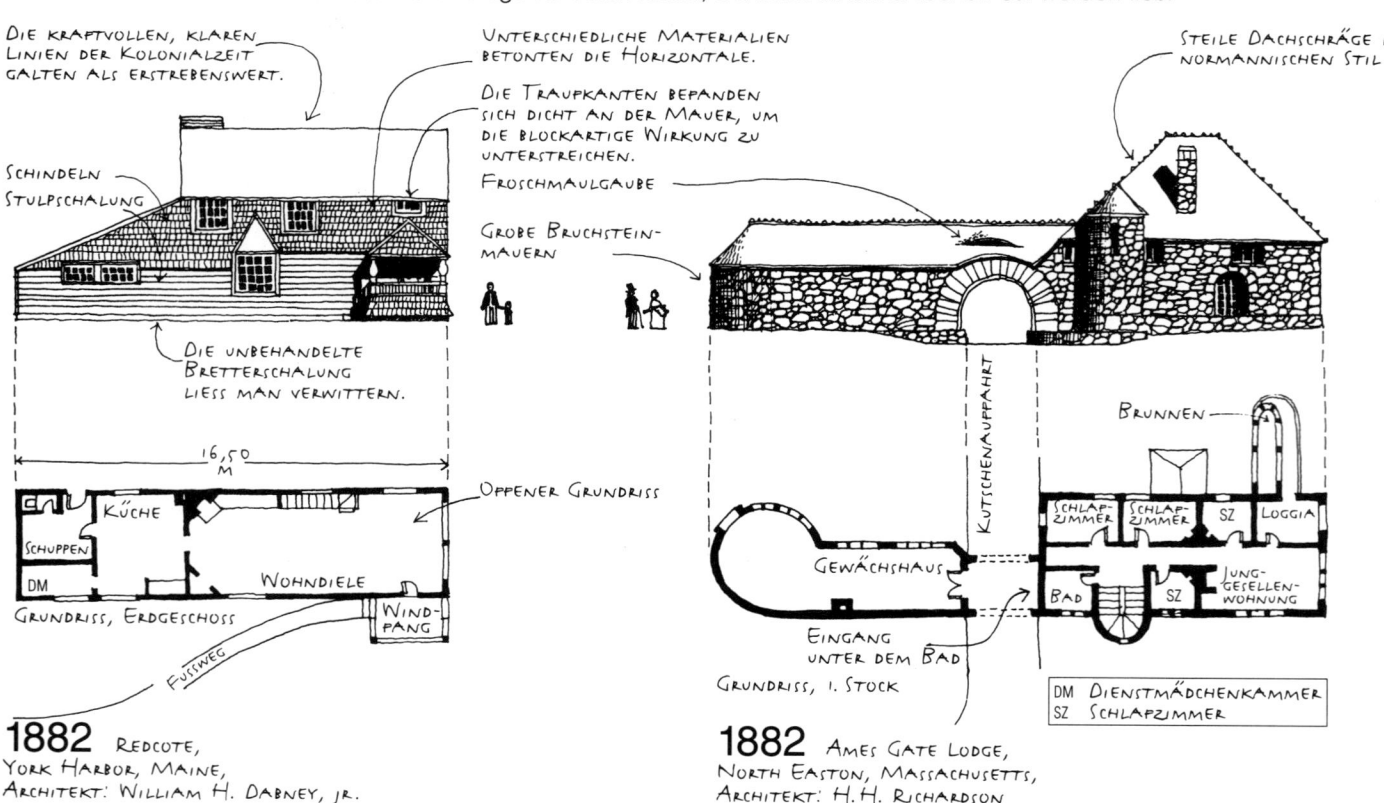

DIE KRAFTVOLLEN, KLAREN LINIEN DER KOLONIALZEIT GALTEN ALS ERSTREBENSWERT.

UNTERSCHIEDLICHE MATERIALIEN BETONTEN DIE HORIZONTALE.

STEILE DACHSCHRÄGE IM NORMANNISCHEN STIL

DIE TRAUFKANTEN BEFANDEN SICH DICHT AN DER MAUER, UM DIE BLOCKARTIGE WIRKUNG ZU UNTERSTREICHEN.

SCHINDELN STULPSCHALUNG

FROSCHMAULGAUBE

GROBE BRUCHSTEIN-MAUERN

DIE UNBEHANDELTE BRETTERSCHALUNG LIESS MAN VERWITTERN.

16,50 M

BRUNNEN

KUTSCHENAUFFAHRT

OPPENER GRUNDRISS

KÜCHE

SCHUPPEN

DM

WOHNDIELE

GRUNDRISS, ERDGESCHOSS

WIND-PANG

FUSSWEG

GEWÄCHSHAUS

EINGANG UNTER DEM BAD

GRUNDRISS, 1. STOCK

SCHLAF-ZIMMER | SCHLAF-ZIMMER | SZ | LOGGIA

BAD | SZ | JUNG-GESELLEN-WOHNUNG

DM DIENSTMÄDCHENKAMMER
SZ SCHLAFZIMMER

1882 REDCOTE,
YORK HARBOR, MAINE,
ARCHITEKT: WILLIAM H. DABNEY, JR.

1882 AMES GATE LODGE,
NORTH EASTON, MASSACHUSETTS,
ARCHITEKT: H. H. RICHARDSON

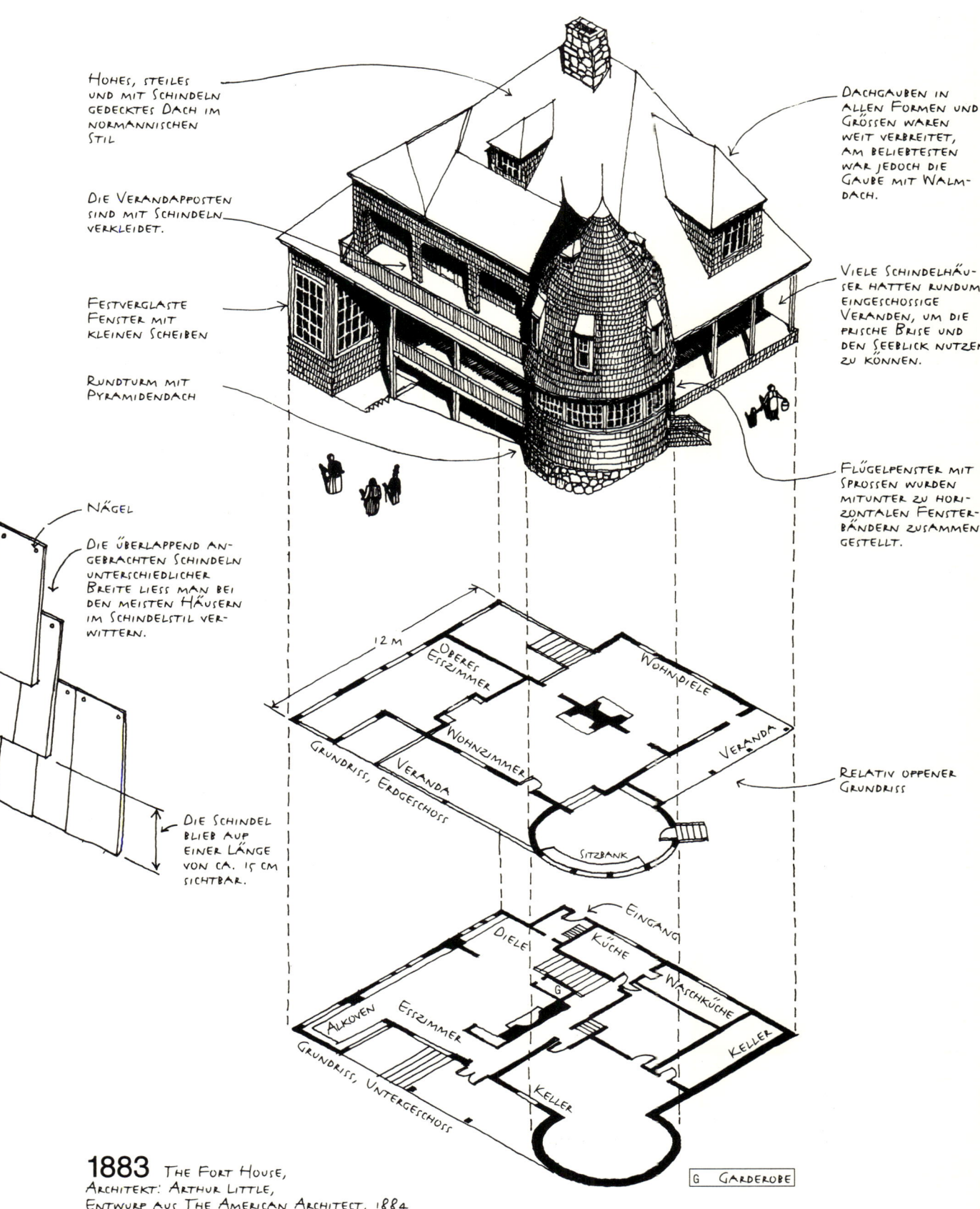

HOHES, STEILES
UND MIT SCHINDELN
GEDECKTES DACH IM
NORMANNISCHEN
STIL

DACHGAUBEN IN
ALLEN FORMEN UND
GRÖSSEN WAREN
WEIT VERBREITET,
AM BELIEBTESTEN
WAR JEDOCH DIE
GAUBE MIT WALM-
DACH.

DIE VERANDAPPOSTEN
SIND MIT SCHINDELN
VERKLEIDET.

FESTVERGLASTE
FENSTER MIT
KLEINEN SCHEIBEN

VIELE SCHINDELHÄU-
SER HATTEN RUNDUM
EINGESCHOSSIGE
VERANDEN, UM DIE
FRISCHE BRISE UND
DEN SEEBLICK NUTZEN
ZU KÖNNEN.

RUNDTURM MIT
PYRAMIDENDACH

FLÜGELFENSTER MIT
SPROSSEN WURDEN
MITUNTER ZU HORI-
ZONTALEN FENSTER-
BÄNDERN ZUSAMMEN-
GESTELLT.

NÄGEL

DIE ÜBERLAPPEND AN-
GEBRACHTEN SCHINDELN
UNTERSCHIEDLICHER
BREITE LIESS MAN BEI
DEN MEISTEN HÄUSERN
IM SCHINDELSTIL VER-
WITTERN.

12 M

OBERES
ESSZIMMER

WOHNDIELE

WOHNZIMMER

VERANDA

GRUNDRISS, ERDGESCHOSS

VERANDA

RELATIV OFFENER
GRUNDRISS

DIE SCHINDEL
BLIEB AUF
EINER LÄNGE
VON CA. 15 CM
SICHTBAR.

SITZBANK

EINGANG

DIELE

KÜCHE

WASCHKÜCHE

G

ALKOVEN

ESSZIMMER

KELLER

GRUNDRISS, UNTERGESCHOSS

KELLER

G GARDEROBE

1883 THE FORT HOUSE,
ARCHITEKT: ARTHUR LITTLE,
ENTWURF AUS THE AMERICAN ARCHITECT, 1884

So eklektisch manche der größeren Häuser an der See auch sein mochten, blieben sie in ihrer Gesamtkonzeption und Wirkung doch dem Shingle Style treu. Mansarddächer, Veranden, Erker und Gauben verbanden sich zu einem durchgehenden Geflecht aus Innen- und Außenräumen. Die Eingänge waren meist durch übergroße Öffnungen, wie etwa den Torbogen von Kragsyde (siehe unten) oder die Halbkuppel über dem Eingang von Grasshead (siehe folgende Seite), klar definiert. Natürlich war die gesamte Anlage mit verwitterten graubraunen Schindeln verkleidet.

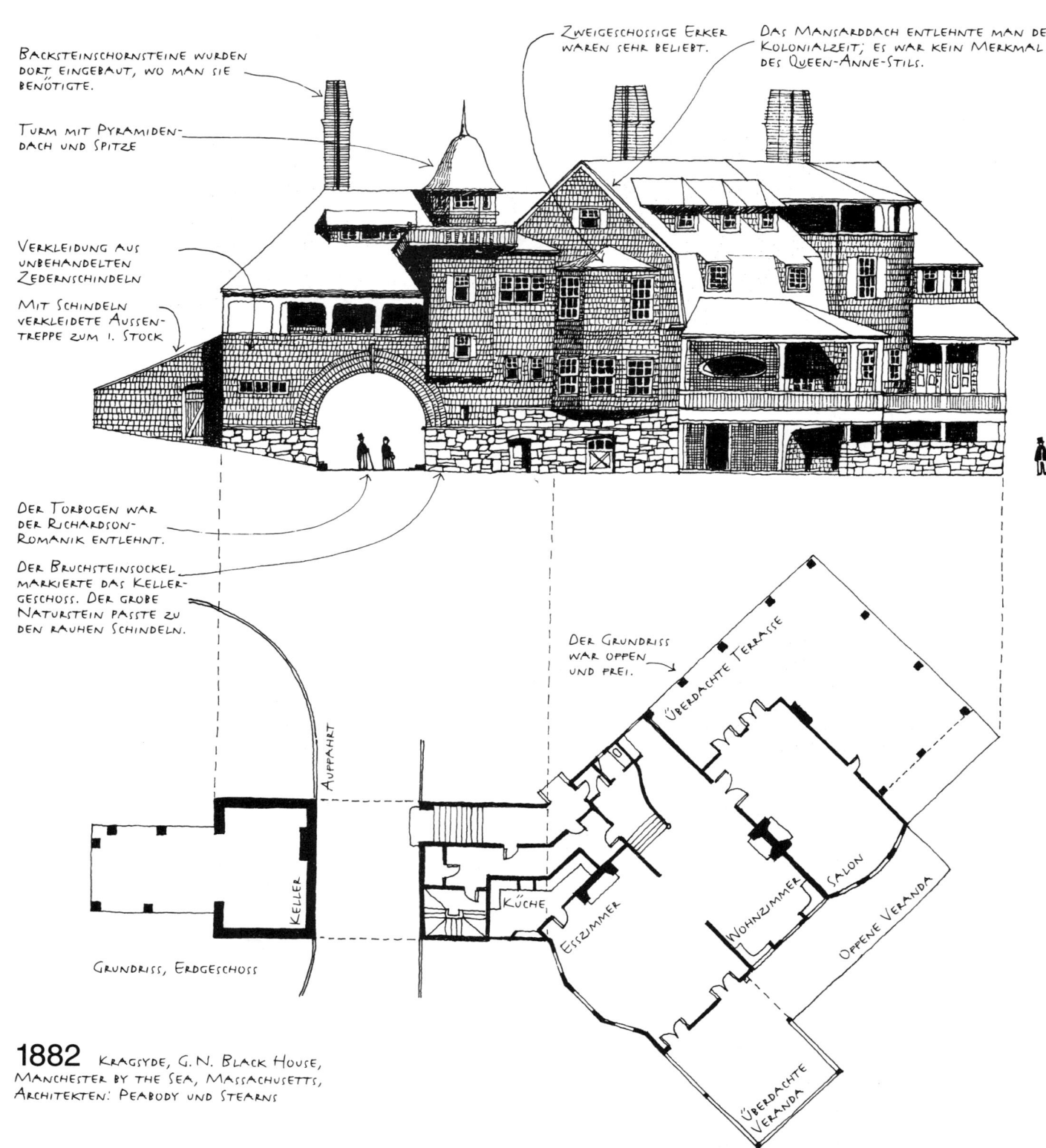

BACKSTEINSCHORNSTEINE WURDEN DORT EINGEBAUT, WO MAN SIE BENÖTIGTE.

ZWEIGESCHOSSIGE ERKER WAREN SEHR BELIEBT.

DAS MANSARDDACH ENTLEHNTE MAN DER KOLONIALZEIT; ES WAR KEIN MERKMAL DES QUEEN-ANNE-STILS.

TURM MIT PYRAMIDEN-DACH UND SPITZE

VERKLEIDUNG AUS UNBEHANDELTEN ZEDERNSCHINDELN

MIT SCHINDELN VERKLEIDETE AUSSEN-TREPPE ZUM 1. STOCK

DER TORBOGEN WAR DER RICHARDSON-ROMANIK ENTLEHNT.

DER BRUCHSTEINSOCKEL MARKIERTE DAS KELLER-GESCHOSS. DER GROBE NATURSTEIN PASSTE ZU DEN RAUHEN SCHINDELN.

DER GRUNDRISS WAR OFFEN UND FREI.

ÜBERDACHTE TERRASSE

KELLER

AUFFAHRT

KÜCHE

ESSZIMMER

WOHNZIMMER

SALON

OFFENE VERANDA

ÜBERDACHTE VERANDA

GRUNDRISS, ERDGESCHOSS

1882 KRAGSYDE, G.N. BLACK HOUSE, MANCHESTER BY THE SEA, MASSACHUSETTS, ARCHITEKTEN: PEABODY UND STEARNS

Der Shingle Style war insofern eine Art Wiederbelebung des Colonial Style, als die tragende Konstruktion vollständig verkleidet war und Wände und Dach als dünne Außenhaut (aus Schindeln) angesehen wurde, deren Form durch den umschlossenen Wohnraum geprägt war. Damit bildete er das Gegenteil des Stick Style (siehe S. 146). Dieser Baustil brachte neue Freiheit und Offenheit in die Grundrißgestaltung des amerikanischen Wohnhauses. Nach Erfindung der Zentralheizung öffneten sich selbst in kalten Regionen die Innenräume, und es entstand ein neues Gefühl der Geräumigkeit. Die Diele wurde zu einem großen Wohnraum erweitert, der sich bald zum Mittelpunkt des häuslichen Lebens entwickelte. Die offenen Räume im Erdgeschoß gruppierten sich um einen Kamin – eine Idee, die Frank Lloyd Wright später weiterentwickeln sollte.

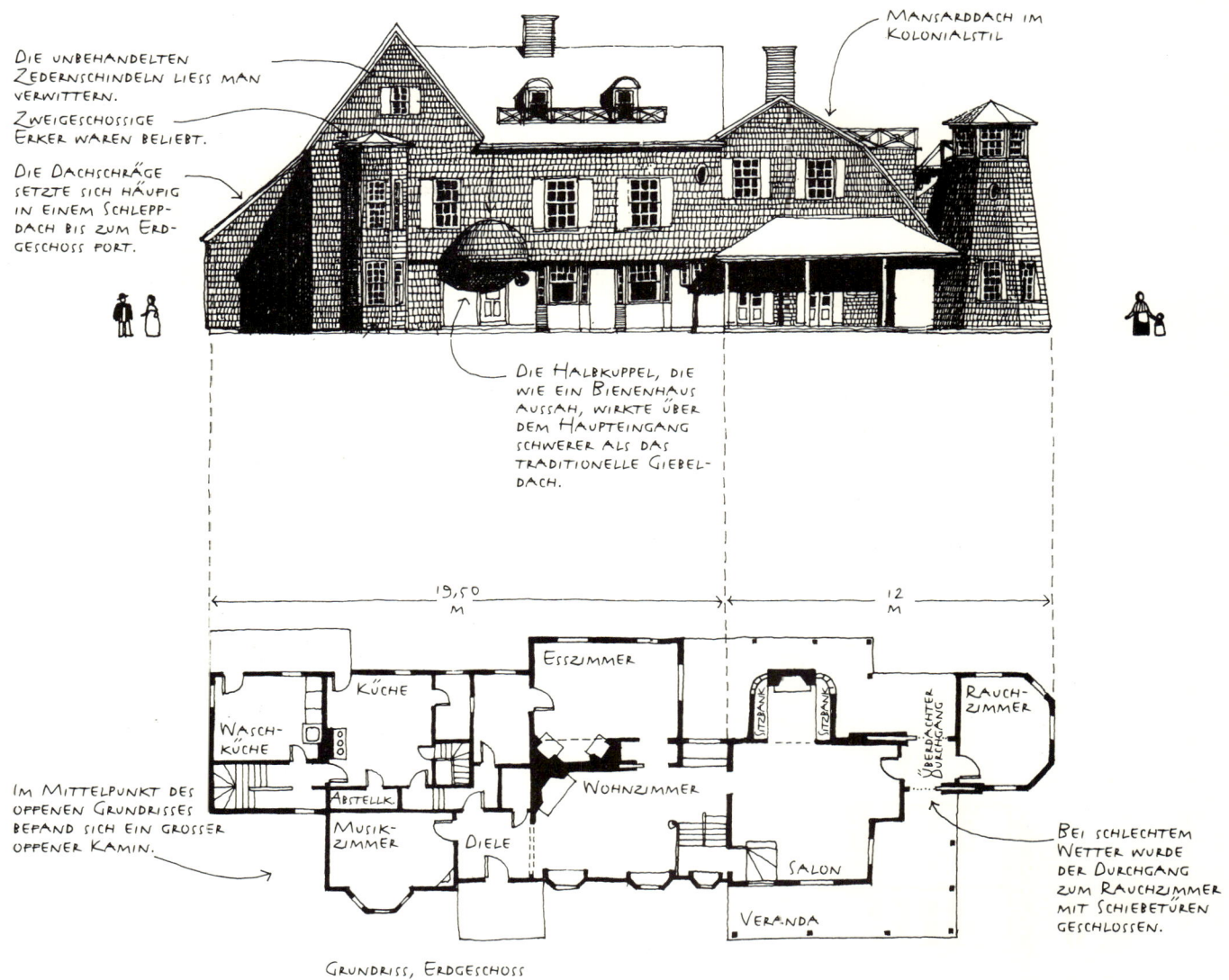

DIE UNBEHANDELTEN ZEDERNSCHINDELN LIESS MAN VERWITTERN.

ZWEIGESCHOSSIGE ERKER WAREN BELIEBT.

DIE DACHSCHRÄGE SETZTE SICH HÄUFIG IN EINEM SCHLEPPDACH BIS ZUM ERDGESCHOSS FORT.

MANSARDDACH IM KOLONIALSTIL

DIE HALBKUPPEL, DIE WIE EIN BIENENHAUS AUSSAH, WIRKTE ÜBER DEM HAUPTEINGANG SCHWERER ALS DAS TRADITIONELLE GIEBELDACH.

19,50 M

12 M

ESSZIMMER

KÜCHE

WASCHKÜCHE

ABSTELLK.

MUSIKZIMMER

DIELE

WOHNZIMMER

SITZBANK

SITZBANK

ÜBERDACHTER DURCHGANG

RAUCHZIMMER

SALON

VERANDA

IM MITTELPUNKT DES OFFENEN GRUNDRISSES BEFAND SICH EIN GROSSER OFFENER KAMIN.

BEI SCHLECHTEM WETTER WURDE DER DURCHGANG ZUM RAUCHZIMMER MIT SCHIEBETÜREN GESCHLOSSEN.

GRUNDRISS, ERDGESCHOSS

1882 GRASSHEAD, WOHNHAUS VON MR. UND MRS. JAMES LITTLE, SWAMPSCOTT, MASSACHUSETTS, ARCHITEKT: ARTHUR LITTLE

In den achtziger Jahren des 19. Jahrhunderts arbeiteten viele Architekturbüros im Shingle Style. Die konservativeren Architekten stützten sich stärker auf den Queen-Anne-Stil (siehe unten), während die mutigeren neue Ideen und Formen entwickelten (siehe folgende Seite).

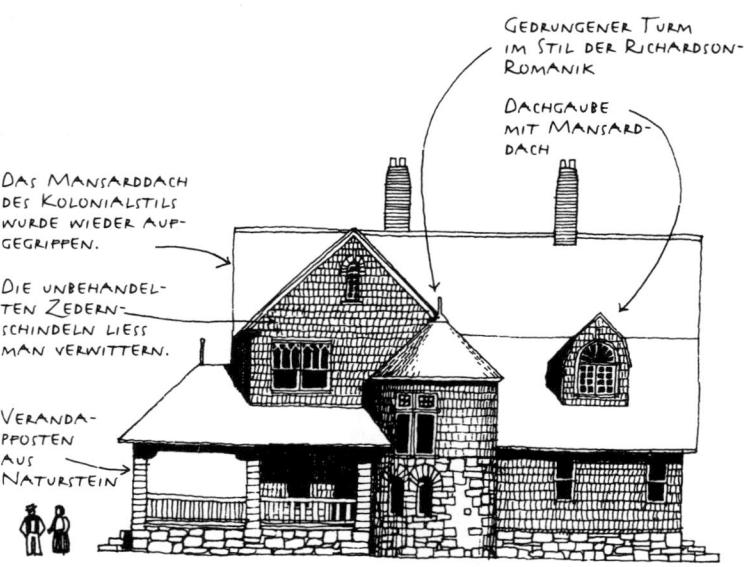

GEDRUNGENER TURM IM STIL DER RICHARDSON-ROMANIK

DACHGAUBE MIT MANSARD-DACH

DAS MANSARDDACH DES KOLONIALSTILS WURDE WIEDER AUF-GEGRIFFEN.

DIE UNBEHANDEL-TEN ZEDERN-SCHINDELN LIESS MAN VERWITTERN.

VERANDA-PFOSTEN AUS NATURSTEIN

1890 HAUS IM SCHINDELSTIL, NORTH PARK, ILLINOIS, ARCHITEKT: E. G. W. DIETRICH

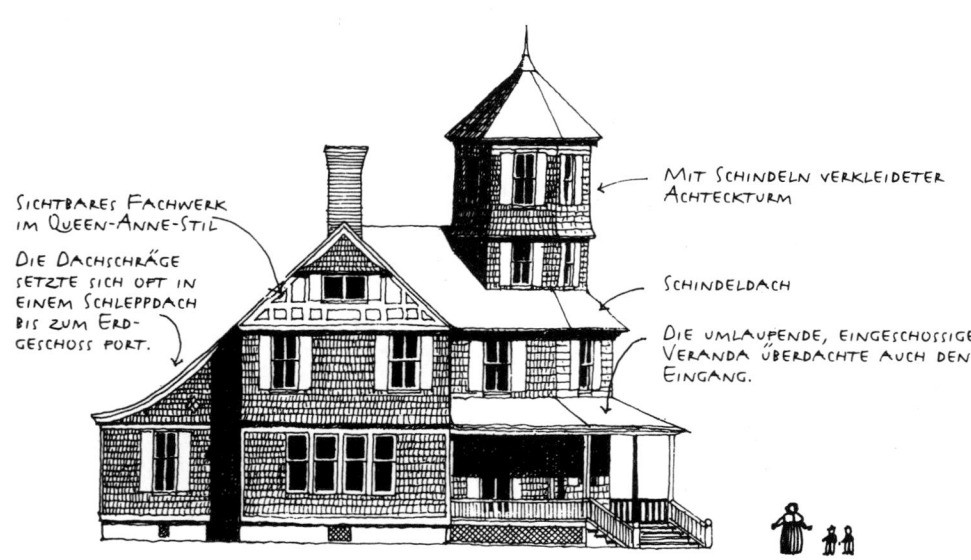

SICHTBARES FACHWERK IM QUEEN-ANNE-STIL

DIE DACHSCHRÄGE SETZTE SICH OFT IN EINEM SCHLEPPDACH BIS ZUM ERD-GESCHOSS FORT.

MIT SCHINDELN VERKLEIDETER ACHTECKTURM

SCHINDELDACH

DIE UMLAUFENDE, EINGESCHOSSIGE VERANDA ÜBERDACHTE AUCH DEN EINGANG.

1886 WARREN WESTON HOUSE, CHAPPAQUIDDICK ISLAND, MASSACHUSETTS

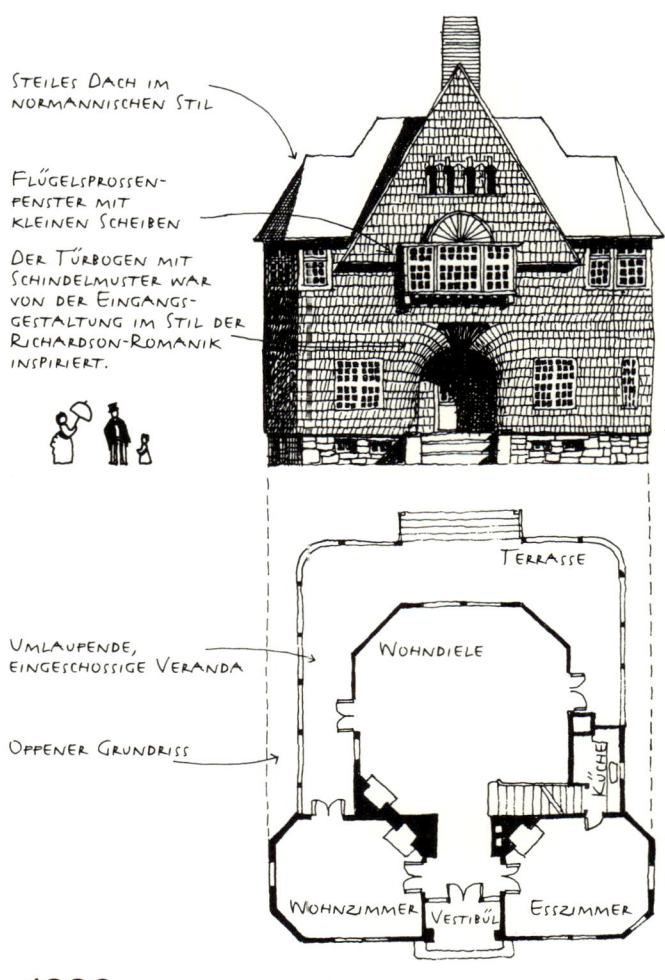

STEILES DACH IM NORMANNISCHEN STIL

FLÜGELSPROSSEN-FENSTER MIT KLEINEN SCHEIBEN

DER TÜRBOGEN MIT SCHINDELMUSTER WAR VON DER EINGANGS-GESTALTUNG IM STIL DER RICHARDSON-ROMANIK INSPIRIERT.

UMLAUFENDE, EINGESCHOSSIGE VERANDA

OFFENER GRUNDRISS

TERRASSE

WOHNDIELE

KÜCHE

WOHNZIMMER   VESTIBÜL   ESSZIMMER

1886 TRAVIS C. VANBUREN HOUSE, TUXEDO PARK, NEW YORK, ARCHITEKT: BRUCE PRICE

Mit dem Shingle Style verbinden sich die Namen einiger der bekanntesten Architekten Amerikas wie H. H. Richardson, McKim, Mead und White, Ralph Emerson und Bruce Price. Ihr Schaffen, das in den beiden auf dieser Seite gezeigten Beispielen gipfelte, war nicht nur für sich genommen überaus erfolgreich, sondern schuf zudem eine solide Grundlage für spätere architektonische Leistungen.

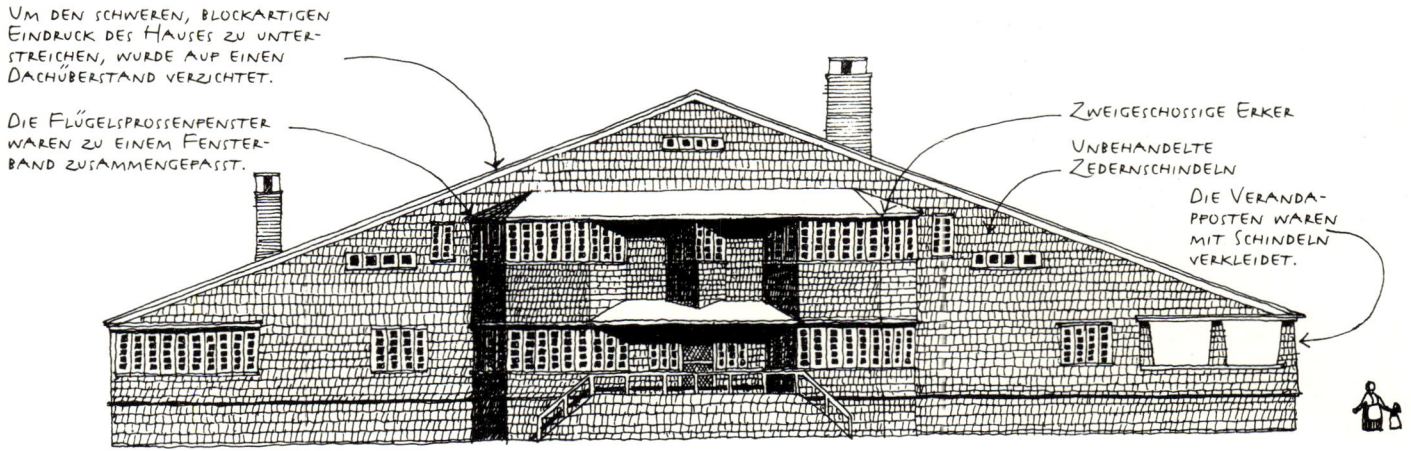

UM DEN SCHWEREN, BLOCKARTIGEN EINDRUCK DES HAUSES ZU UNTERSTREICHEN, WURDE AUF EINEN DACHÜBERSTAND VERZICHTET.

DIE FLÜGELSPROSSENFENSTER WAREN ZU EINEM FENSTERBAND ZUSAMMENGEFASST.

ZWEIGESCHOSSIGE ERKER

UNBEHANDELTE ZEDERNSCHINDELN

DIE VERANDA-PFOSTEN WAREN MIT SCHINDELN VERKLEIDET.

1887 W. G. LOW RESIDENCE, BRISTOL, RHODE ISLAND, ARCHITEKTEN: McKIM, MEAD UND WHITE

Heuballen und Rasenziegel
Nebraska   1890

In der Prärie von Nebraska gab es weder Bäume, Naturstein oder Brennstoffe, um Ziegel zu brennen. Es gab nichts außer flachem Grasland. Ebenso wie die Indianer verwendeten auch die Pioniere für den Bau ihrer Häuser jene Baustoffe, die sich in ihrer Umgebung fanden. So preßten sie Wildgräser und Heu zu großen Ballen von 60 x 60 x 20 cm Seitenlänge, schnitten Rasenziegel (Nebraska-Marmor) aus dem Boden und bauten daraus stabile, gut isolierte Häuser.

Die ersten Siedler lebten in Erdhöhlen, die sie in kleinen Schluchten oder an Südhängen aushoben, um die Sonnenwärme zu nutzen und sich vor den Winterwinden zu schützen. Die Höhlenöffnung verschlossen sie meist mit Rasenziegeln und sparten Fenster und Türöffnungen aus. Sobald eine Familie dazu imstande war, baute sie sich ein festeres Haus aus Heuballen oder Rasenziegeln.

Mitte des 19. Jahrhunderts gelangten die ersten Heupressen nach Nebraska, und um 1890 nutzten die Siedler die Heuballen als Baumaterial für Häuser und Scheunen. Sie kosteten so gut wie nichts und ließen sich so einfach verarbeiten wie die Bauklötze von Kindern (siehe unten). Aus ihnen Haus oder eine Scheune zu bauen, dauerte oft nicht länger als eine Woche.

Da ein Haus aus Heuballen extrem feuergefährdet war und Kochen und Heizen besondere Vorsicht erforderte, verwendete man meist gußeiserne Herde. Ein weiterer Nachteil der unverputzten Heuballenhäuser (dies galt für etwa die Hälfte der Häuser) war, daß sie eine hervorragende Brutstätte für Flöhe bildeten.

Ihre Blütezeit hatten die Heuballenhäuser von 1900 bis 1935, das letzte Haus dieser Art entstand 1939. Heuballen waren als Baustoff jedoch nie so beliebt wie Rasenziegel.

DIE HEUBALLEN WURDEN WIE BACKSTEINE MIT VERSETZTEN FUGEN GESTAPELT.

TÜR- UND FENSTERRAHMEN WURDEN WÄHREND DES BAUS EINGESETZT UND MIT 90 CM LANGEN RUNDHÖLZERN IN DEN BALLEN VERANKERT.

DER HÖLZERNE DACHSTUHL RUHTE AUF DEN HEUBALLEN- WÄNDEN UND WURDE MIT SCHINDELN GEDECKT. BEI EINEM WALMDACH KONNTEN ALLE VIER WÄNDE DIE GLEICHE HÖHE HABEN.

WENN DIE HEUBALLEN GUT DURCHGETROCKNET WAREN, VERKLEIDETE MAN SIE OFT MIT MASCHENDRAHT UND PUTZ, UM SIE VOR FÄULNIS UND FLÖHEN ZU SCHÜTZEN.

1,20 M BIS 1,50 M LANGE RUNDHÖLZER WURDEN DURCH DIE BALLEN GETRIEBEN, UM SIE MITEINANDER ZU VERBINDEN.

DIE MEISTEN BALLEN HATTEN EINE GRÖSSE VON 60 x 60 x 120 CM.

BETONFUNDAMENTE UND BETON- ODER HOLZBODEN

BAUWEISE DES HEUBALLENHAUSES, NEBRASKA

1905 HEUBALLENHAUS, SIMONTON PURDUM, NEBRASKA

Häuser aus Grassoden- oder Rasenziegeln bezeichnete man als Nebraska soddies (engl.: sod, Grassoden). Für die Rasen-ziegel teilte man den Boden in 30 bis 35 cm breite Streifen, die man in 60 cm langen Stücke schnitt und mit dem Gras nach unten im Läuferverband zu einer 60 cm dicken Mauer aufschichtete. Nach einigen Lagen wurden die Ziegel quer zur Mauer zu einer Binderschicht gestapelt, um die Festigkeit der Mauer zu erhöhen. Wenn die Mauern die gewünschte Höhe erreicht hatten, setzte man ein Sparrendach mit durchgehendem Firstbalken aus Zeder auf, das mit einem Weidenrutengeflecht und Grassoden gedeckt wurde. Unter die ständig auftretenden undichten Stellen stellte man Töpfe, um das herabtropfende Wasser aufzufan-gen. Siedler, die es sich leisten konnten, deckten das Dach mit einer Bretterschalung und Teerpappe unter den Grassoden. Die Teerpappe dichtete das Dach ab, und die Grassoden sorgten für die notwendige Wärmedämmung. Die Fensterrahmen wurden meist weiß gekälkt, um mehr Licht in die dunklen Räume zu bringen und die Verschmutzung in Grenzen zu halten. Topfpflanzen in Blechdosen auf den Fensterbänken sollten die finsteren Innenräume etwas freundlicher aussehen lassen.

Häuser aus Rasenziegeln waren im Winter warm und im Sommer kühl, weil die dicken Erdmauern hervorragende Wärmedämm-eigenschaften besaßen. Die größten Probleme dieser Häuser waren undichte Stellen, Schmutz und Ungeziefer, aber sie konnten dem rauhen Klima von Nebraska durchschnittlich sieben Jahre lang standhalten. Nach einer solchen Zeit konnten sich die Fami-lien oft ein neues Haus in Holzbauweise leisten. Obwohl die Blütezeit der Rasenziegel gegen 1910 zu Ende ging, gibt es noch heute in Nebraska einige bewohnte Häuser in dieser Bauweise.

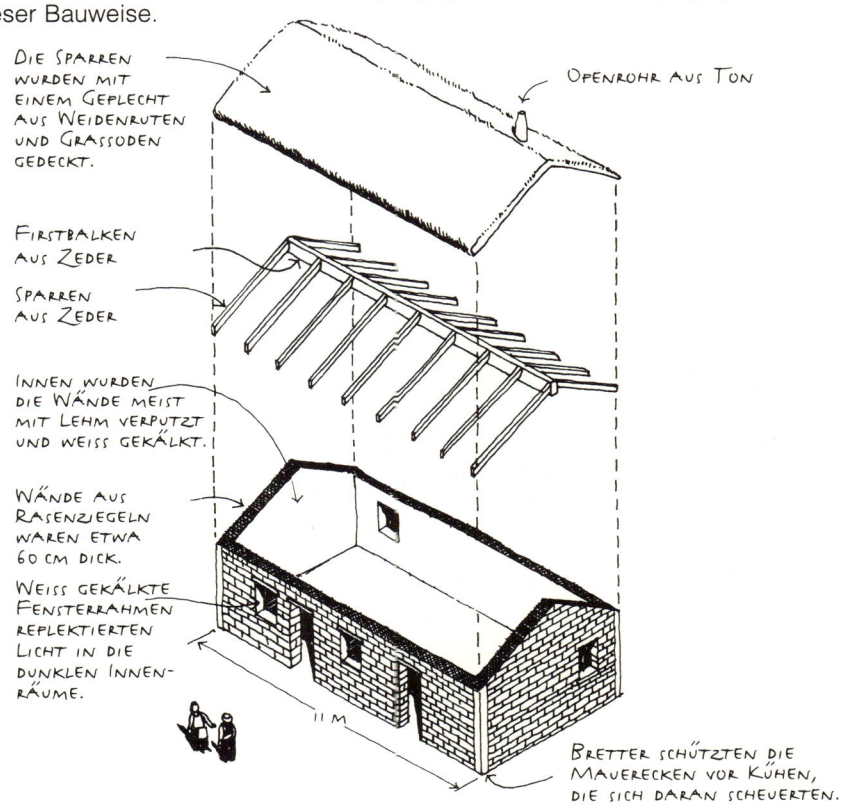

DIE SPARREN WURDEN MIT EINEM GEFLECHT AUS WEIDENRUTEN UND GRASSODEN GEDECKT.

OFENROHR AUS TON

FIRSTBALKEN AUS ZEDER

SPARREN AUS ZEDER

INNEN WURDEN DIE WÄNDE MEIST MIT LEHM VERPUTZT UND WEISS GEKÄLKT.

WÄNDE AUS RASENZIEGELN WAREN ETWA 60 CM DICK.

WEISS GEKÄLKTE FENSTERRAHMEN REFLEKTIERTEN LICHT IN DIE DUNKLEN INNEN-RÄUME.

11 M

BRETTER SCHÜTZTEN DIE MAUERECKEN VOR KÜHEN, DIE SICH DARAN SCHEUERTEN.

1890 KONSTRUKTION EINES TYPISCHEN RASENZIEGELHAUSES, NEBRASKA

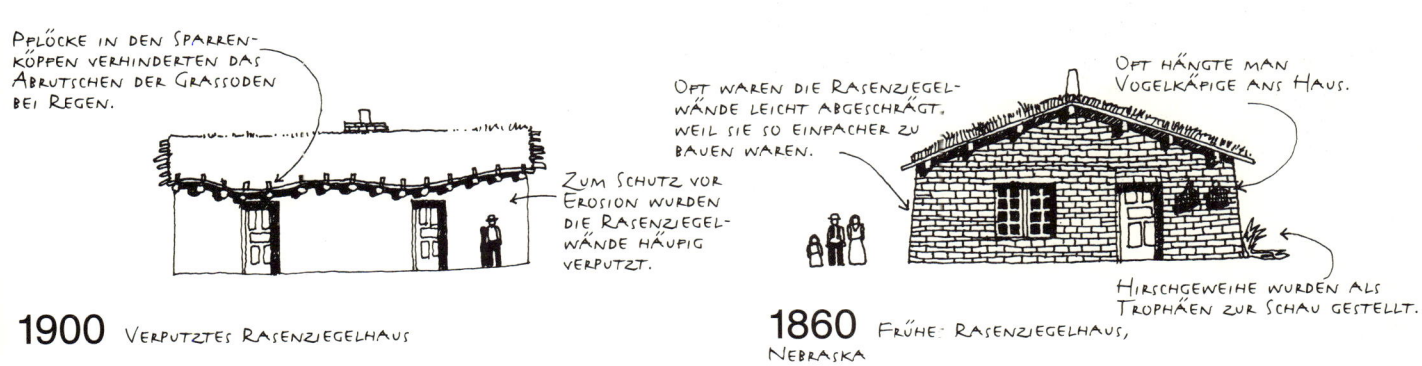

PFLÖCKE IN DEN SPARREN-KÖPFEN VERHINDERTEN DAS ABRUTSCHEN DER GRASSODEN BEI REGEN.

ZUM SCHUTZ VOR EROSION WURDEN DIE RASENZIEGEL-WÄNDE HÄUFIG VERPUTZT.

OFT WAREN DIE RASENZIEGEL-WÄNDE LEICHT ABGESCHRÄGT, WEIL SIE SO EINFACHER ZU BAUEN WAREN.

OFT HÄNGTE MAN VOGELKÄFIGE ANS HAUS.

HIRSCHGEWEIHE WURDEN ALS TROPHÄEN ZUR SCHAU GESTELLT.

1900 VERPUTZTES RASENZIEGELHAUS

1860 FRÜHES RASENZIEGELHAUS, NEBRASKA

Château-Stil

Landesweit   1890

Der Château-Stil ging auf die französischen Schlösser zurück, die unter der Herrschaft Franz I. zwischen 1515 und 1547 entstanden. Dieser Baustil entlehnte Formen der italienischen Renaissance und verband sie mit Elementen der französischen Gotik.

Sehr reiche Amerikaner waren vom Château-Stil sofort begeistert, als Zeitschriften für Architektur und Innenausstattung in den achtziger Jahren des 19. Jahrhunderts Bilder von den französischen Schlössern veröffentlichten. Einer der Vertreter dieses Stils war Richard Morris Hunt, der als erster Amerikaner an der École des Beaux-Arts in Paris studiert hatte und für einen ehrgeizigen Eklektizismus stand. Das Haus, das er für W. K. Vanderbilt baute, bezeichnete Montgomery Schuyler als »einen Versuch, die Geschichte eines überaus aktiven und fruchtbaren Jahrhunderts der Architekturgeschichte in einem einzigen Gebäude zusammenzufassen, das die Spätgotik des 15. Jahrhunderts und die Frührenaissance des 16. Jahrhunderts vereinte«.

Die erfolgreiche Synthese dieser beiden Stilrichtungen war eine schwierige Leistung für jeden, der nicht zu den gelehrtesten und einfühlsamsten Architekten gehörte. Weniger risikoreich und für Häuser von durchschnittlicher Größe besser geeignet war der beliebte Queen-Anne-Stil. Doch eine kleine Zahl wohlhabender Amerikaner, die ein imposantes Haus bauen wollten, ließen sich von Architekten wie Hunt im Osten, Solon Spencer Beman im mittleren Westen und Nicholas J. Clayton im Südwesten solche kunstvollen Gebilde errichten.

DÄCHER MIT STEILER NEIGUNG

HOHE, KUNSTVOLL GESTALTETE SCHORNSTEINE

1547 Château de Chambord, Loire, Frankreich, Architekt: Domenico da Cortona

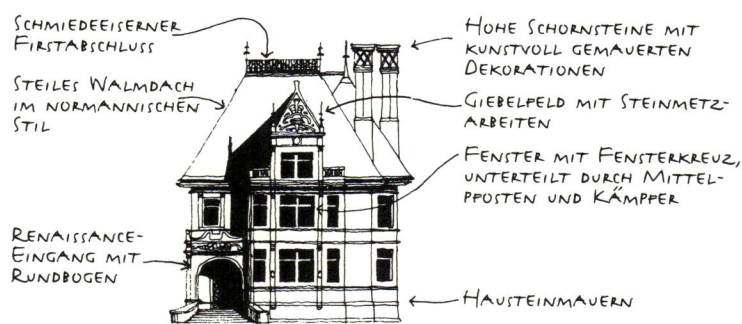

SCHMIEDEEISERNER FIRSTABSCHLUSS

HOHE SCHORNSTEINE MIT KUNSTVOLL GEMAUERTEN DEKORATIONEN

STEILES WALMDACH IM NORMANNISCHEN STIL

GIEBELFELD MIT STEINMETZ-ARBEITEN

FENSTER MIT FENSTERKREUZ, UNTERTEILT DURCH MITTEL-PFOSTEN UND KÄMPFER

RENAISSANCE-EINGANG MIT RUNDBOGEN

HAUSTEINMAUERN

1890 KIMBALL HOUSE, CHICAGO, ILLINOIS, ARCHITEKT: SOLON SPENCER BEMAN

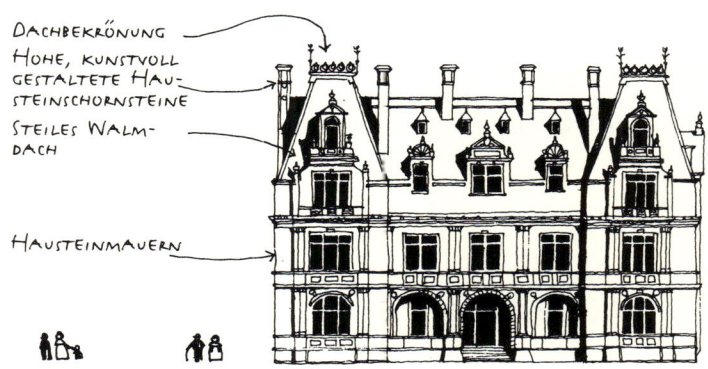

DACHBEKRÖNUNG

HOHE, KUNSTVOLL GESTALTETE HAU-STEINSCHORNSTEINE

STEILES WALM-DACH

HAUSTEINMAUERN

1890 MRS. WILLIAM ASTOR RESIDENCE, NEW YORK CITY, ARCHITEKT: RICHARD MORRIS HUNT

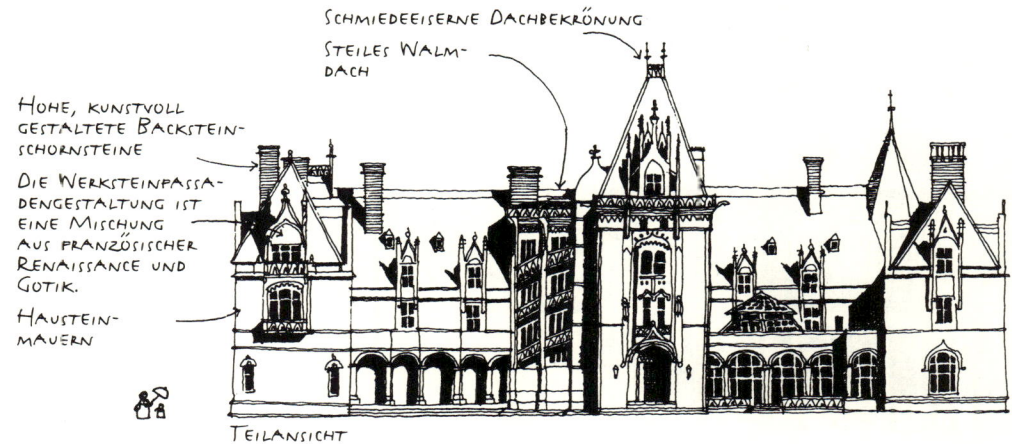

SCHMIEDEEISERNE DACHBEKRÖNUNG

STEILES WALM-DACH

HOHE, KUNSTVOLL GESTALTETE BACKSTEIN-SCHORNSTEINE

DIE WERKSTEINFASSA-DENGESTALTUNG IST EINE MISCHUNG AUS FRANZÖSISCHER RENAISSANCE UND GOTIK.

HAUSTEIN-MAUERN

TEILANSICHT

1890 BILTMORE, WOHNHAUS VON GEORGE W. VANDERBILT, ASHEVILLE, NORTH CAROLINA, ARCHITEKT: RICHARD MORRIS HUNT

Georgian Revival
Landesweit   1895

Das Haus im Stil des Georgian Revival war eine modernisierte Version des georgianischen Hauses der Kolonialzeit. Allerdings stellte es keine getreue Kopie dar, sondern bildete einen eigenen Stil aus, da es im allgemeinen größer war als sein ursprüngliches koloniales Gegenstück und viele Stilelemente in Übergröße oder übertriebener Form aufgriff. So waren beispielsweise Dachgauben und Portikus wesentlich größer als bei den georgianischen Häusern der Kolonialzeit, da der Platzbedarf inzwischen gestiegen war und diese Bauteile sich unter dem Einfluß des Queen-Anne-Stils zu wichtigen Elementen bei der Gestaltung des Hauses entwickelt hatten. Historisierende Details wie der Volutengiebel, das Palladiomotiv, klassizistische Eckpilaster aus Holz im georgianischen Stil, Portiken im Föderalstil und Schiebefenster im Queen-Anne-Stil mit kleinen Scheiben im oberen Flügel waren an Häusern zu finden, die dem viktorianischen Stil entlehnte Buntglasscheiben oder Backsteinmauerwerk im flämischen Verband aufwiesen. Im Kern blieb diese Architektur jedoch der kolonialen Tradition der Schlichtheit so treu wie möglich. Häuser im Stil des Georgian Revival waren streng rechteckig, hatten nur wenige vorkragende Elemente und symmetrische Fassaden.

Die Beliebtheit des Georgian Revival war dem Wunsch geschuldet, wieder Ordnung in die architektonische Landschaft zu bringen. Initiiert wurde dieser Baustil vom berühmten Architekturbüro McKim, Mead und White, das seine Führungsstellung auf diesem Gebiet über ein Jahrzehnt behaupten konnte.

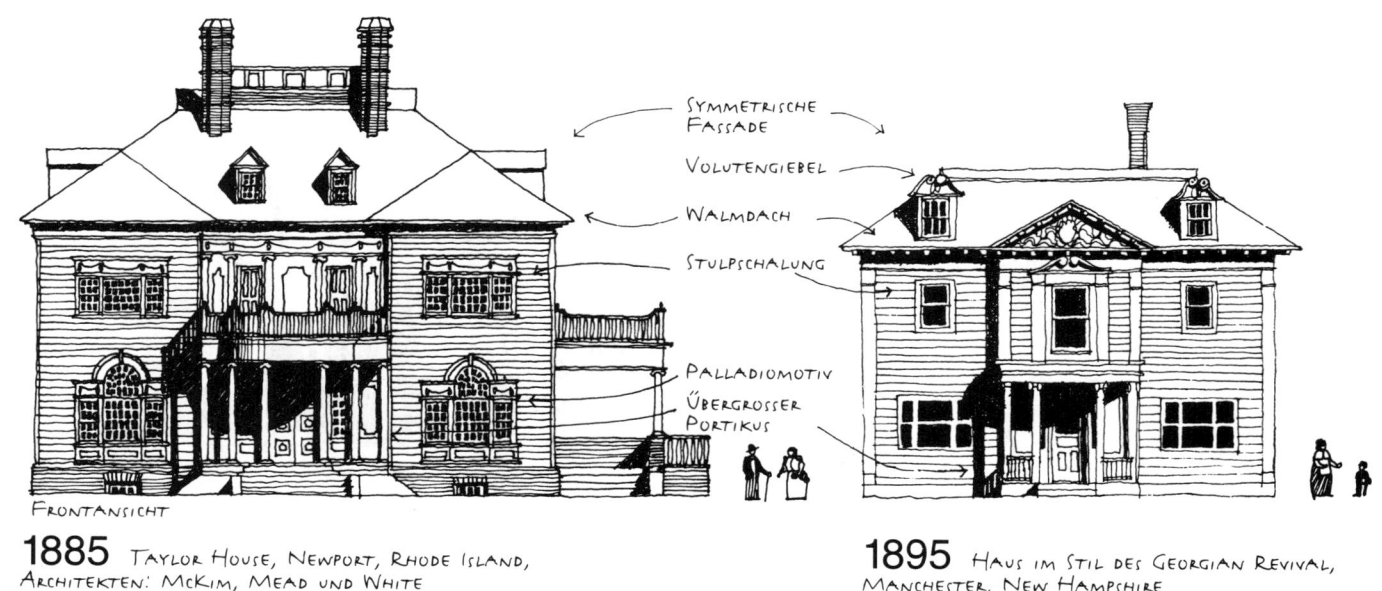

SYMMETRISCHE FASSADE

VOLUTENGIEBEL

WALMDACH

STULPSCHALUNG

PALLADIOMOTIV

ÜBERGROSSER PORTIKUS

FRONTANSICHT

1885 TAYLOR HOUSE, NEWPORT, RHODE ISLAND, ARCHITEKTEN: McKIM, MEAD UND WHITE

1895 HAUS IM STIL DES GEORGIAN REVIVAL, MANCHESTER, NEW HAMPSHIRE

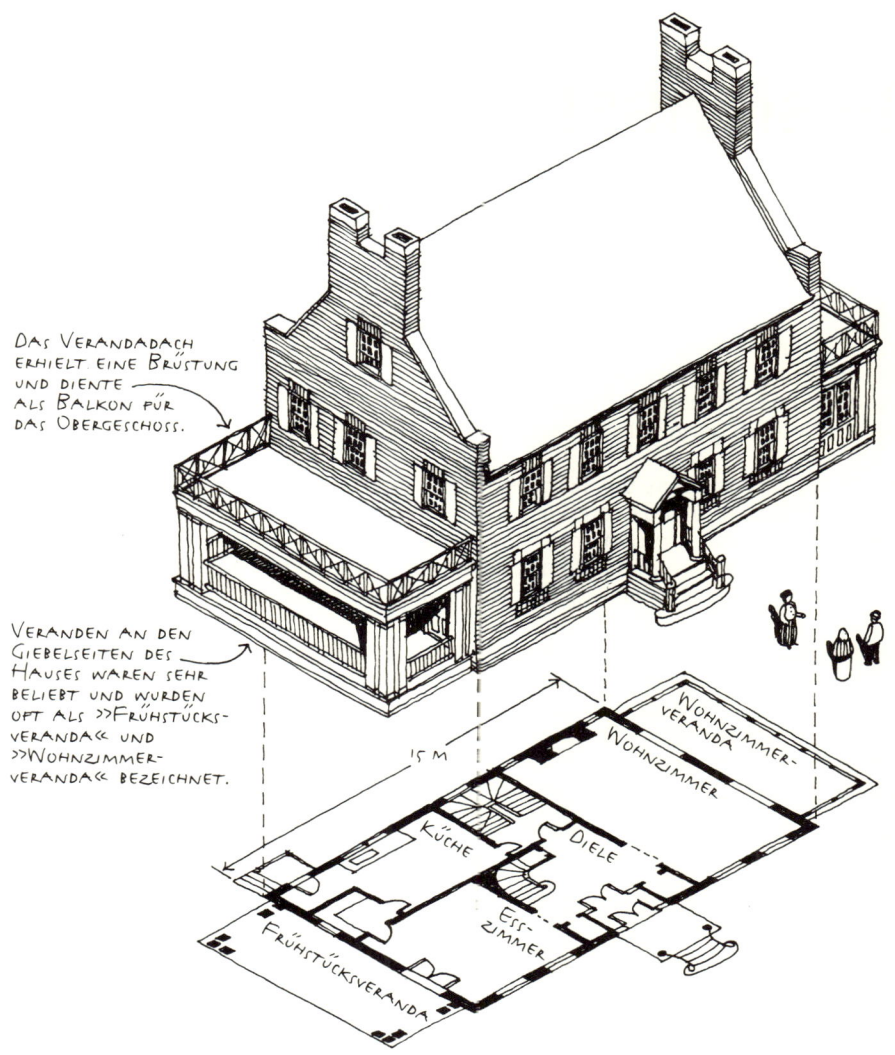

DAS VERANDADACH
ERHIELT EINE BRÜSTUNG
UND DIENTE
ALS BALKON FÜR
DAS OBERGESCHOSS.

VERANDEN AN DEN
GIEBELSEITEN DES
HAUSES WAREN SEHR
BELIEBT UND WURDEN
OFT ALS >>FRÜHSTÜCKS-
VERANDA<< UND
>>WOHNZIMMER-
VERANDA<< BEZEICHNET.

WOHNZIMMER-
VERANDA

WOHNZIMMER

15 M

KÜCHE

DIELE

ESS-
ZIMMER

FRÜHSTÜCKSVERANDA

1915 A.W. FINLAY HOUSE, BROOKLINE, MASSACHUSETTS,
ARCHITEKT: C.T. McFARLAND

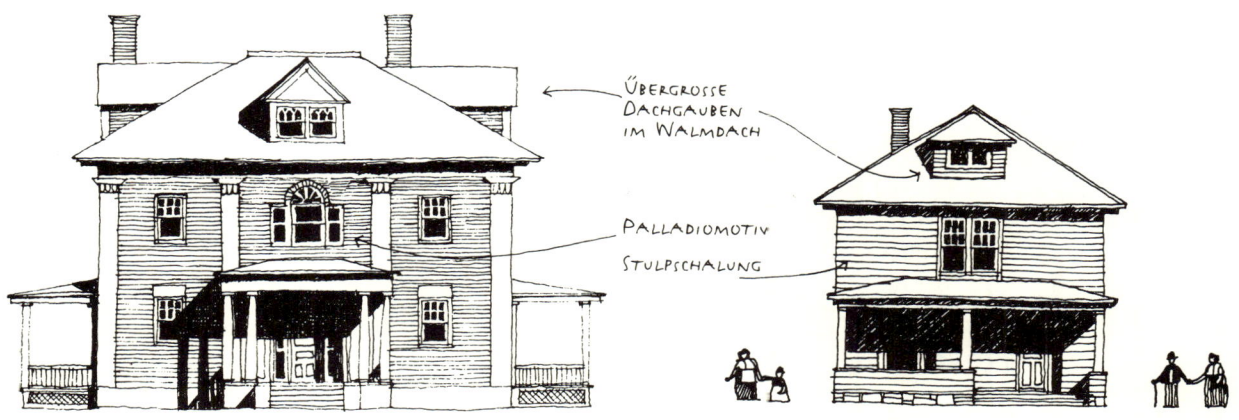

ÜBERGROSSE
DACHGAUBEN
IM WALMDACH

PALLADIOMOTIV

STULPSCHALUNG

1900 HENRY CARD HOUSE,
FREDONIA, NEW YORK

1910 HAUS IM LOKALEN GEORGIAN REVIVAL,
VOM BESITZER ERBAUT

Missionsstil

Südwesten   1895

Der Missionsstil oder besser der Neomissionsstil eroberte den amerikanischen Südwesten und vor allem Südkalifornien im Sturm. Er bildete das kalifornische Gegenstück zum Neukolonialstil, der später den Osten überschwemmte (siehe S. 200). Die Wiederbelebung dieser beiden Baustile beruhte auf einer gewissen Ernüchterung, die gegenüber der vorherrschenden Architektur des ausgehenden 19. Jahrhunderts einsetzte. Entscheidend war jedoch, daß Kalifornien damit endlich einen Architekturstil fand, der nicht von den Baustilen des Ostens geprägt war.

Der Missionsstil war bereits um 1885 akzeptiert, wurde aber erst populär, als sich der Kalifornien-Pavillon 1893 auf der Weltausstellung in Chicago in diesem Stil präsentierte. Ihm folgte das Manufacturers and Liberal Arts Building bei der California Midwinter Fair von 1894 in San Francisco. Entworfen wurden beide Pavillons von dem Architekten A. Page Brown, der zu den erfolgreichsten Vertretern des Missionsstils im 19. Jahrhundert gehörte. Das Verdienst, als erster die Möglichkeiten dieser Stilrichtung erkannt und gewürdigt zu haben, wird jedoch allgemein Lester S. Moore zugeschrieben.

Wegen seiner Schlichtheit eignete sich der Missionsstil für verschiedene Bauweisen, sei es als Betonbau, Adobehaus oder verputztes Holzhaus. Da seine wesentlichen Stilelemente weite Bogenöffnungen und große, glatte Wandflächen mit schmucklosem Putz waren, und handwerklich anspruchsvolle Ornamente keine Rolle spielten, konnten nicht nur Architekten, sondern auch Bauhandwerker Häuser in diesem Stil entwerfen. Ebenso wie beim Arts and Crafts Style und beim späteren Bungalowstil gab es eine Verbindung zu der amerikanischen Arts-and-Crafts-Bewegung, die den Schwerpunkt auf die Rückkehr zum Einfachen, Authentischen und Harmonischen legte.

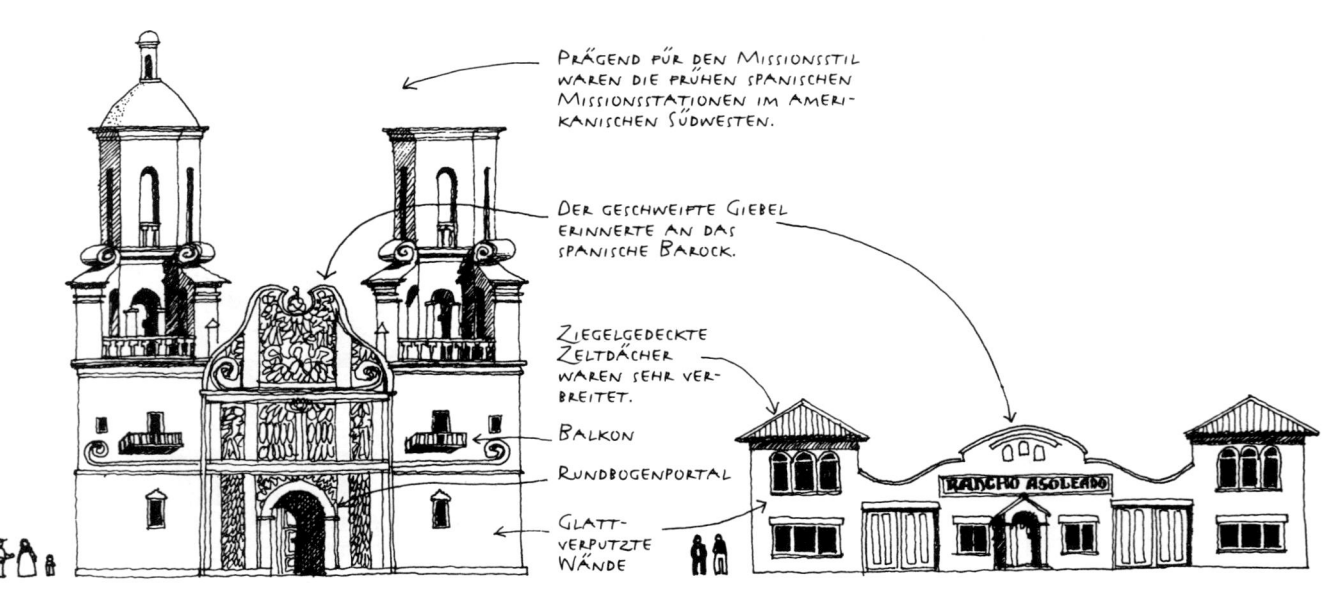

PRÄGEND FÜR DEN MISSIONSSTIL WAREN DIE FRÜHEN SPANISCHEN MISSIONSSTATIONEN IM AMERIKANISCHEN SÜDWESTEN.

DER GESCHWEIFTE GIEBEL ERINNERTE AN DAS SPANISCHE BAROCK.

ZIEGELGEDECKTE ZELTDÄCHER WAREN SEHR VERBREITET.

BALKON

RUNDBOGENPORTAL

GLATTVERPUTZTE WÄNDE

1797 MISSIONSSTATION SAN XAVIER DEL BAC, TUSCON, ARIZONA

1925 PFERDESTÄLLE RANCHO ASOLEADO, SANTA BARBARA, KALIFORNIEN

1905 Haus an der Hauptstrasse von Tuscon, Arizona,
Architekt: Henry Trost

Um 1915 baute man bereits jedes erdenkliche Gebäude von großen Hotels bis hin zu Lichtspieltheatern im Missionsstil. Besonders beliebt war er beim Bau von Bahnhöfen in Nevada, New Mexico, Arizona und Kalifornien. Städte wie Riverside, Kalifornien, gestalteten ihr gesamtes Zentrum im Missionsstil um. Kleinstädte wie Ojai, Kalifornien, wechselten von den bis dahin vorherrschenden Blendfassaden zu den ruhigen, gelassenen Formen des Missionsstils. In Kalifornien entstanden neue Städte wie Planada und Naples vollständig im Missionsstil.

Einer der kreativsten amerikanischen Architekten, die in diesem Stil arbeiteten, war Irving Gill. Sein Frühwerk (1907–1912) wirkte zwar recht kastenförmig und schlicht, war aber offenkundig vom traditionellen Missionsstil geprägt. Als er später stärker »kubistisch« arbeitete, war der Einfluß des Missionsstils nicht mehr zu erkennen (wie beim Dodge House, siehe unten), obwohl er nach wie vor dessen traditionelle Materialien und Gestaltungselemente verwendete. Wegen seiner Strenge bezeichnete man den Baustil Gills als kargen Missionsstil. Seine Häuser hatten in den dreißiger Jahren einigen Einfluß auf die Entwicklung des Internationalen Stils (siehe S. 216) in Amerika.

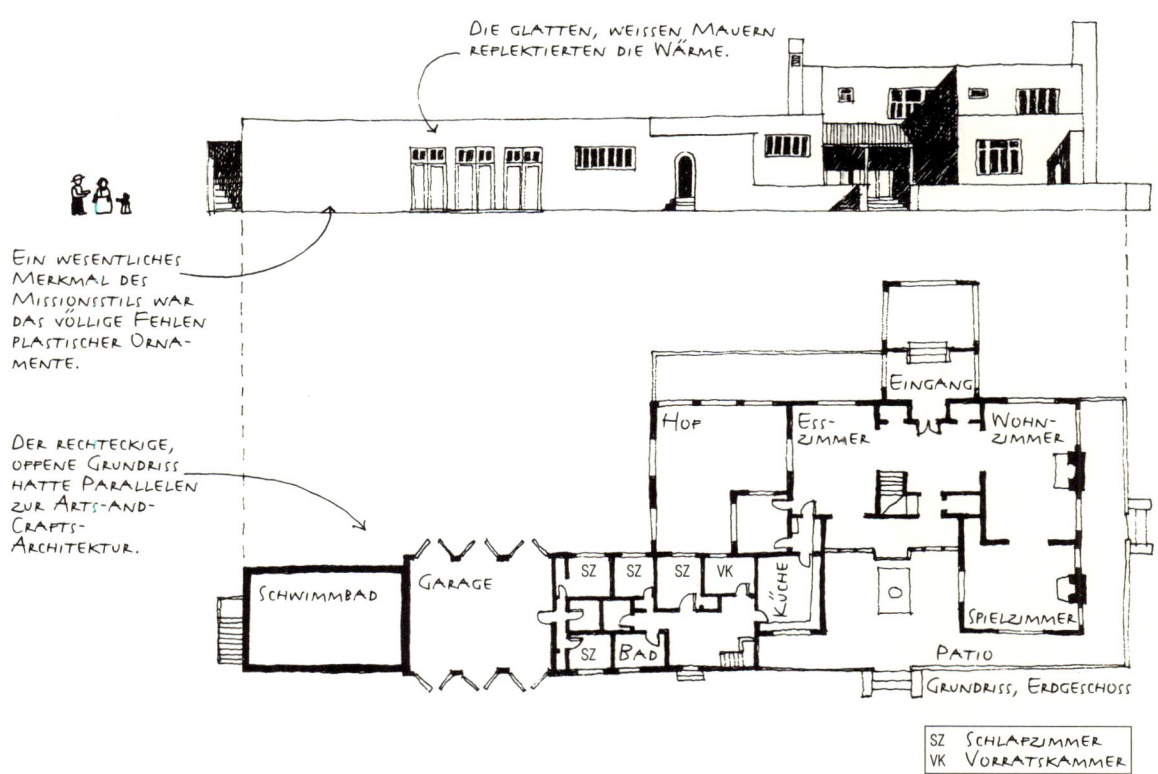

1916 Dodge House, Los Angeles, Kalifornien,
Architekt: Irving Gill

Neotudor
Landesweit   1900

Viele der frühen amerikanischen Siedler, unter anderem die Puritaner und die Deutschen (siehe S. 72) brachten die Fachwerkbauweise nach Amerika. Wegen des rauhen Klimas in New England wich ihr Aussehen jedoch bald von den europäischen Vorbildern ab. Der Neotudorstil ist der vierte von sechs nachviktorianischen Stilrichtungen (neben dem normannischen Stil, Château-Stil, Colonial Revival, Missionsstil und Classic Revival), der historische Bauweisen und Formen wiederbelebte.

Von 1890 bis 1910 bezeichnete man diesen Stil als neuelisabethanisch, weil er auf englischen Cottages der Regierungszeit Königin Elisabeths (1558–1603) fußte, die der englische Architekt Richard Norman Shaw in den achtziger Jahren des Jahrhunderts wieder aufgegriffen hatte. In Amerika setzte der Neotudorstil sofort als mittelalterlich historisierender Stil ein, der sich gleichermaßen an elisabethanischen wie an jakobinischen Vorbildern in England orientierte (daher schlagen viele Historiker für ihn die Bezeichnung »jakobethanisch« vor), die er zunächst dem Queen-Anne-Haus anpaßte. Im Laufe der Zeit imitierte er den historischen englischen Stil vorlagengetreuer und erhielt den Namen Neotudorstil. Um 1920 bezeichnete man den Stil der vorherrschenden Tudor-Herrenhäuser als »Börsenmakler-Tudor«, und selbst in den Vorstädten errichteten Bauunternehmer kleinere Tudor-Häuser, die auf das englische Cotswold Cottage aus Naturstein zurückgingen.

Das am häufigsten vorkommende gemeinsame Merkmal des Tudor-Hauses war ein Fachwerk, bei dem die tragende Holzkonstruktion sichtbar blieb und die Gefache mit Backstein ausgemauert und oft verputzt und weiß gekälkt wurden. Wegen seiner kontrastreichen Konturierung nannte man diese Häuser auch »Schwarzweiß-Häuser«. In fast jedem Vorort Nordamerikas gibt es noch heute ein Viertel im Neotudorstil.

MASSIGE, DEKORATIV GESTALTETE SCHORNSTEINE

DIE FRÜHEN NEOTUDOR-HÄUSER WAREN QUEEN-ANNE-HÄUSER IN FACHWERKBAUWEISE.

FRONTANSICHT   SEITENANSICHT

1881 NEOTUDORHAUS, VERÖFFENTLICHT MIT BAUPLÄNEN UND DETAILS IN EINEM MUSTERBUCH FÜR HANDWERKER

1902 TYPISCHES CAMPUSGEBÄUDE IM STIL DER »COLLEGE-GOTIK«

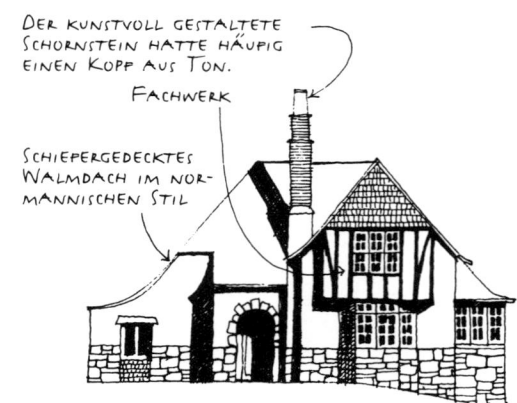

DER KUNSTVOLL GESTALTETE SCHORNSTEIN HATTE HÄUFIG EINEN KOPF AUS TON.

FACHWERK

SCHIEFERGEDECKTES WALMDACH IM NORMANNISCHEN STIL

1925 TYPISCHES NEOTUDOR-HAUS AUF DER GRUNDLAGE EINES ENGLISCHEN COTSWOLD COTTAGE

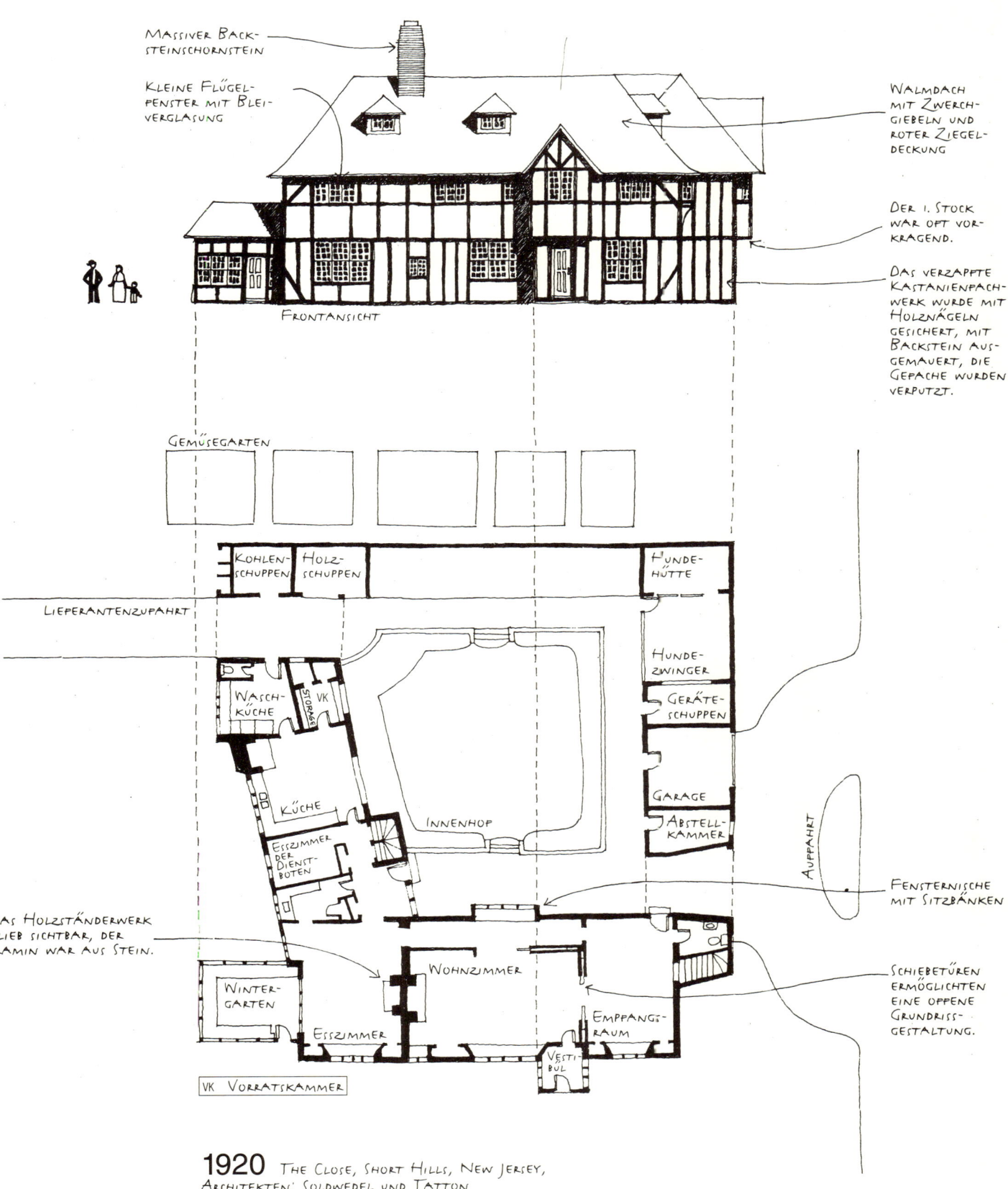

MASSIVER BACK-
STEINSCHORNSTEIN

KLEINE FLÜGEL-
FENSTER MIT BLEI-
VERGLASUNG

WALMDACH
MIT ZWERCH-
GIEBELN UND
ROTER ZIEGEL-
DECKUNG

DER 1. STOCK
WAR OFT VOR-
KRAGEND.

DAS VERZAPFTE
KASTANIENFACH-
WERK WURDE MIT
HOLZNÄGELN
GESICHERT, MIT
BACKSTEIN AUS-
GEMAUERT, DIE
GEFACHE WURDEN
VERPUTZT.

FRONTANSICHT

GEMÜSEGARTEN

KOHLEN-
SCHUPPEN

HOLZ-
SCHUPPEN

HUNDE-
HÜTTE

LIEFERANTENZUFAHRT

HUNDE-
ZWINGER

WASCH-
KÜCHE

STORAGE

VK

GERÄTE-
SCHUPPEN

KÜCHE

INNENHOF

GARAGE

ABSTELL-
KAMMER

ESSZIMMER
DER
DIENST-
BOTEN

AUFFAHRT

FENSTERNISCHE
MIT SITZBÄNKEN

DAS HOLZSTÄNDERWERK
BLIEB SICHTBAR, DER
KAMIN WAR AUS STEIN.

WINTER-
GARTEN

WOHNZIMMER

ESSZIMMER

EMPFANGS-
RAUM

SCHIEBETÜREN
ERMÖGLICHTEN
EINE OFFENE
GRUNDRISS-
GESTALTUNG.

VESTI-
BÜL

VK VORRATSKAMMER

1920 THE CLOSE, SHORT HILLS, NEW JERSEY,
ARCHITEKTEN: SOLDWEDEL UND TATTON

Classic Revival

Landesweit 1905

Den klassischen Stil, der sich an der französischen École des Beaux-Arts orientierte, findet man in Amerika vornehmlich bei öffentlichen Bauten (siehe unten). An der École des Beaux-Arts hatten so berühmte amerikanische Architekten wie Richard Morris Hunt, Louis Sullivan, H. H. Richardson, John Stewardson und Bernard Maybeck studiert und sich die klassischen Gestaltungslehren dieser Schule angeeignet, die den Schwerpunkt auf das Studium griechischer und römischer Bauwerke, die symmetrische Komposition und nicht zuletzt auf kunstvolle Aquarelle legte, die zur Präsentation von Architekturentwürfen dienten. Das Monumentale in den Bauten im Stil der École des Beaux-Arts mit ihren schweren Natursteinsockeln, den großartigen Freitreppen, Medaillons, imposanten Bogenöffnungen, reichen Profilierungen und freistehenden Statuen wich gegen Ende des 19. Jahrhunderts ruhigeren, weniger dominanten Formen. Das Ergebnis war ein Stil, den man besser als neuklassisch oder Classic Revival bezeichnen sollte.

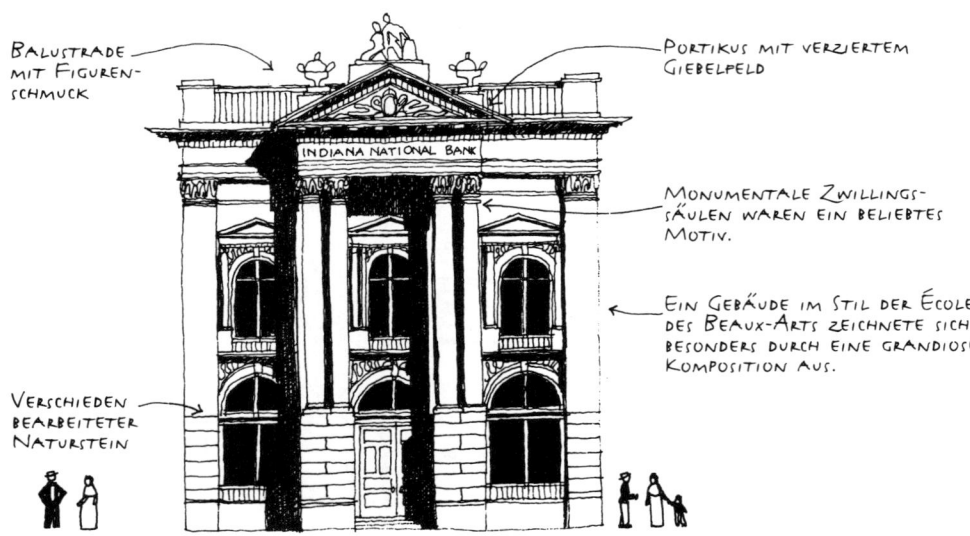

BALUSTRADE MIT FIGURENSCHMUCK

PORTIKUS MIT VERZIERTEM GIEBELFELD

INDIANA NATIONAL BANK

MONUMENTALE ZWILLINGSSÄULEN WAREN EIN BELIEBTES MOTIV.

EIN GEBÄUDE IM STIL DER ÉCOLE DES BEAUX-ARTS ZEICHNETE SICH BESONDERS DURCH EINE GRANDIOSE KOMPOSITION AUS.

VERSCHIEDEN BEARBEITETER NATURSTEIN

1900 GEBÄUDE DER INDIANA NATIONAL BANK, INDIANAPOLIS, INDIANA

In verfeinerter Form wurde das Classic Revival vorwiegend bei Stadthäusern, Landhäusern und Sommerhäusern der Reichen verwendet. Dieser Stil basierte in erster Linie auf der Griechischen und in geringerem Maße auf der Römischen Ordnung, und zeichnete sich durch symmetrische Anordnung der Formen sowie glatte oder polierte Mauerflächen aus. Beliebt waren große Fenster, Attikageschosse und Mauerbrüstungen. Da die griechische Ordnung Vorrang hatte, wurden Bögen, starke Profilierungen und freistehende Bauplastiken anders als beim Stil der École des Beaux-Arts nur selten verwendet. Dieser Baustil eignete sich hervorragend für große Herrenhäuser in Vorortlage, findet sich nach 1910 aber auch bei Monumentalbauten.

KOLONNADE IN
DORISCHER ORDNUNG

BRÜSTUNGSMAUER
MIT KAPPE

GLATTER, WEISS
GEKÄLKTER PUTZ

DIE MONUMENTALE
FREITREPPE
SPIEGELTE SICH IN
EINEM WASSERBECKEN.

1906 EL FUREIDIS, GILLISPIE HOUSE, SANTA BARBARA, KALIFORNIEN,
ARCHITEKT: BERTRAM GOODHUE

In Südkalifornien erhielt das Classic Revival mitunter ein mediterranes Flair. Dies drückte sich in reflektierenden Wasserbecken, glattverputzten Wandflächen und übergroßen Fenstern aus. Wurden rote Ziegeldächer und Bögen verwendet, entwickelte das Classic Revival sich oft zu einer Mischform aus Missionsstil und anderen Spielarten des wiederauflebenden spanischen Kolonialstils. Das oben abgebildete Haus vom Anfang des 20. Jahrhunderts ist eine klassische Interpretation der römischen Villa mit Atrium.

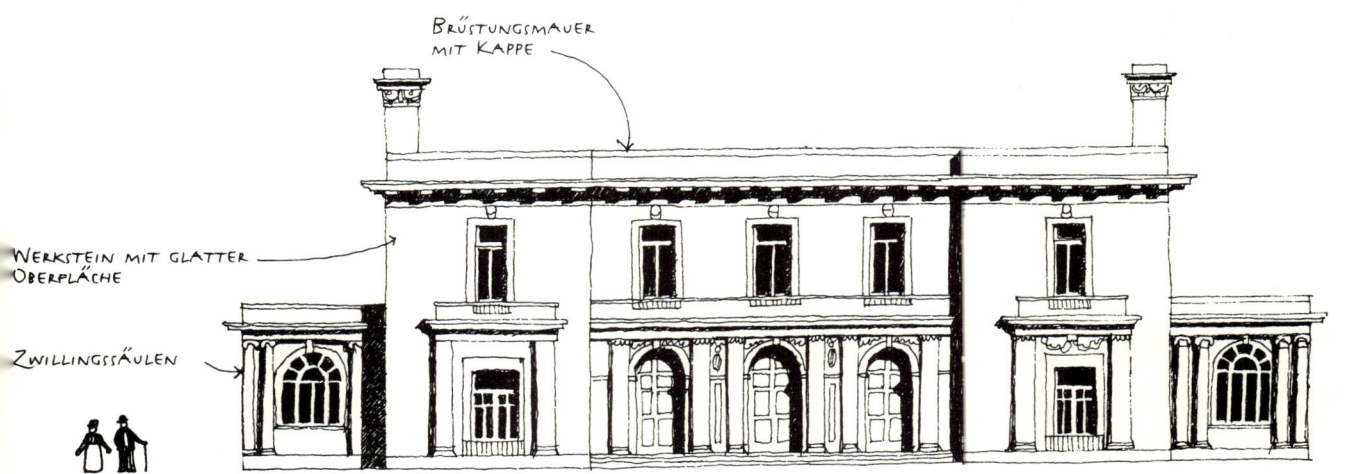

BRÜSTUNGSMAUER
MIT KAPPE

WERKSTEIN MIT GLATTER
OBERFLÄCHE

ZWILLINGSSÄULEN

1914 TREMAINE-GALLAGHER HOUSE, CLEVELAND HEIGHTS, OHIO,
ARCHITEKT: F. W. STRIEBINGER

179

Arts and Crafts Style

Kalifornien   1905

Der Arts and Crafts Style, auch Craftsmen Style genannt, basierte ebenso wie der westliche Stick Style und der Craft Movement Style auf der europäischen Arts-and-Crafts-Bewegung unter der Führung des englischen Architekten William Morris und der 1888 gegründeten Arts and Crafts Exhibition Society. Diese Gesellschaft veröffentlichte Artikel und organisierte Ausstellungen, die für eine vollwertige Anerkennung des Kunsthandwerks eintraten und sich gegen maschinelle Fertigung richteten. Diese Publikationen hatten einen großen Einfluß auf die jungen Architekten Amerikas, wo Frank Lloyd Wright, Bernard Maybeck, Gustave Stickley und die Gebrüder Greene gerade ihre illustren Karrieren begannen. Die Arts-and-Crafts-Bewegung wandte sich gegen die englischen und deutschen Funktionalisten, die das Maschinenzeitalter begrüßten, und verachtete die französische Art-Nouveau-Gruppe als Dekorateure (obwohl sie mit ihnen eine Reihe dekorativer Elemente gemeinsam hatte). Gegen die Maschinenästhetik, die als unpersönlich galt, setzte sie eine Bauweise, bei der allen Elementen des Hauses innen wie außen künstlerische Aufmerksamkeit geschenkt wurde.

Da sich der Arts and Crafts Style eingehend um alle Details bemühte, entstand ein geplantes »Dekor« aus Einbaumöbeln, Treppen, Fenstern, Türen, Wänden, Decken und Böden, das sich an der Ästhetik kunsthandwerklich verarbeiteten Holzes orientierte. Verwendet wurden natürliche Materialien wie Sequoia, Keramik, Naturstein und Erdfarben. Anfang des 20. Jahrhunderts hatten die Vertreter dieser Stilrichtung erheblichen Einfluß auf die Gestaltung kleiner Wohnhäuser, die nun insgesamt eine natürliche, warme und behagliche Ausstrahlung erhielten.

DAS WERK VON C.F.A. VOYSEY, EINEM FÜHRENDEN VERTRETER DER ENGLISCHEN ARTS AND CRAFTS MOVEMENT, HATTE GROSSEN EINFLUSS AUF AMERIKANISCHE ARCHITEKTEN DES ARTS AND CRAFTS STYLE.

1901 THE ORCHARD, CHORLEYWOOD, HERTFORDSHIRE, ENGLAND, ARCHITEKT: C.F.A. VOYSEY

VIELE KLEINE HÄUSER IM ARTS-AND-CRAFTS-STIL WAREN VOM KALIFORNISCHEN BUNGALOW BEEINFLUSST.

GIEBELDACH MIT GERINGER NEIGUNG UND BREITEM ÜBERSTAND

DIE OFFENEN SPARRENKÖPFE DES DACHÜBERSTANDES WURDEN ABGERUNDET UND GESCHLIFFEN.

VERANDA MIT OFFENER HOLZKONSTRUKTION

1912 HAUS NACH ENTWÜRFEN EINES BAUUNTERNEHMERS, VERÖFFENTLICHT IN DER ZEITSCHRIFT CRAFTSMEN, SANTA BARBARA, KALIFORNIEN

1908 GAMBLE HOUSE, PASADENA, KALIFORNIEN, ARCHITEKTEN: GREENE UND GREENE

Die berühmtesten Vertreter des amerikanischen Arts and Crafts Style waren die Architekten Charles und Henry Greene, die an der kalifornischen Küste wirkten. Am bekanntesten sind ihre »elementaren Bungalows« wie Pratt House (siehe unten), die sie in der ersten Dekade des 20. Jahrhunderts bauten. Sie entwickelten einen Stil für Holzhäuser, der vollständig auf handwerklichen Prinzipien beruhte. Ihre Handwerker, meist japanische Zimmerleute, hielten sie dazu an, das Holzständerwerk ihrer vorwiegend aus Sequoia gebauten Häuser zu verzapfen und mit Holznägeln zu verbinden. Den größten Teil der Metallbeschläge stellten sie selbst her, entwarfen und verglasten die Fenster mit Bleiverglasung im Art-Nouveau-Stil, stellten dekorative Fliesen und Kacheln her und entwarfen und bauten eigene Möbel und Einbaumöbel.

Die Weigerung der Gebrüder Greene, bei ihren Entwürfen Kompromisse einzugeher, und ihr ungewöhnliches persönliches Engagement für jedes Detail führte zu einer ansprechenden Architektur mit natürlichen Baumaterialien, die sowohl bei preiswerten Bungalows als auch bei großen Landhäusern zum Einsatz kam. Die Greenes verliehen mit ihren Entwürfen auch kleinen Wohnhäusern Würde und trugen erheblich dazu bei, den Bungalowstil (siehe S. 186) in den Vereinigten Staaten populär zu machen.

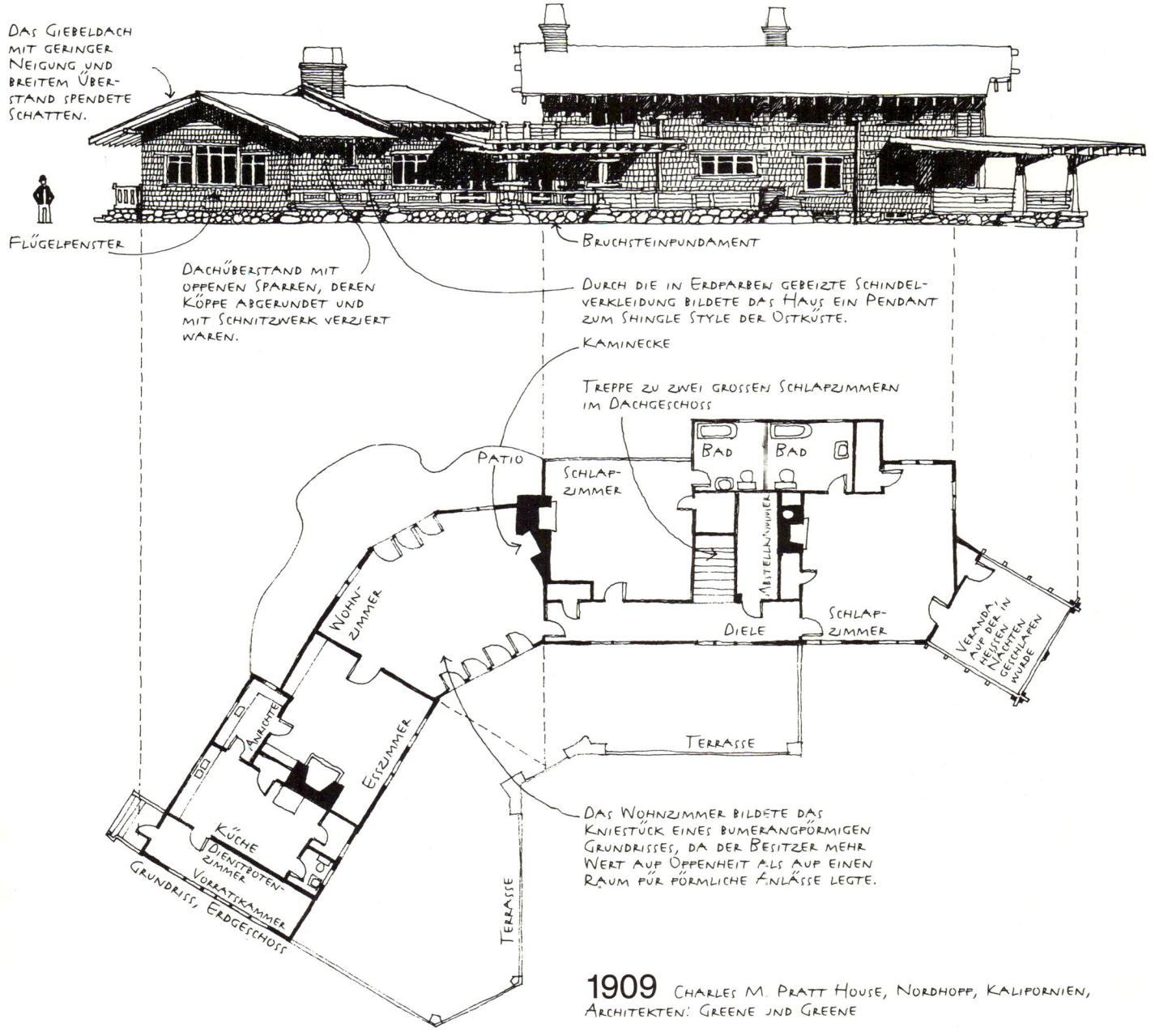

DAS GIEBELDACH MIT GERINGER NEIGUNG UND BREITEM ÜBERSTAND SPENDETE SCHATTEN.

FLÜGELFENSTER

DACHÜBERSTAND MIT OFFENEN SPARREN, DEREN KÖPFE ABGERUNDET UND MIT SCHNITZWERK VERZIERT WAREN.

BRUCHSTEINFUNDAMENT

DURCH DIE IN ERDFARBEN GEBEIZTE SCHINDEL-VERKLEIDUNG BILDETE DAS HAUS EIN PENDANT ZUM SHINGLE STYLE DER OSTKÜSTE.

KAMINECKE

TREPPE ZU ZWEI GROSSEN SCHLAFZIMMERN IM DACHGESCHOSS

PATIO

SCHLAF-ZIMMER

BAD

BAD

ABSTELLZIMMER

WOHN-ZIMMER

DIELE

SCHLAF-ZIMMER

VERANDA AUF DER IN HEISSEN NÄCHTEN GESCHLAFEN WURDE

ANRICHTE

ESSZIMMER

TERRASSE

KÜCHE

DIENSTBOTEN-ZIMMER

VORRATSKAMMER

GRUNDRISS, ERDGESCHOSS

TERRASSE

DAS WOHNZIMMER BILDETE DAS KNIESTÜCK EINES BUMERANGFÖRMIGEN GRUNDRISSES, DA DER BESITZER MEHR WERT AUF OFFENHEIT ALS AUF EINEN RAUM FÜR FÖRMLICHE ANLÄSSE LEGTE.

1909 CHARLES M. PRATT HOUSE, NORDHOFF, KALIFORNIEN, ARCHITEKTEN: GREENE UND GREENE

Wright
Mittlerer Westen   1905

Das Schaffen des Architekten Frank Lloyd Wright umfaßte mehrere Perioden von 1893 bis 1959, und er errang einen internationalen Ruf wie kein anderer amerikanischer Architekt zuvor. Wright galt zwar als Begründer und führender Vertreter des Prärie-Stils (siehe S. 196), sein Werk war jedoch so einzigartig, daß man ihn keiner Stilrichtung zuordnen kann.

Im Prinzip stimmte er Louis Sullivans These zu, die besagte, daß »die Form der Funktion folgt«, doch im Grunde seines Herzens war er ein Romantiker und schien sich in seiner Arbeit eher an der These zu orientieren, daß »die Form der angestrebten ästhetischen Wirkung folgt«. Für den Arts and Crafts Style (siehe S. 180) hegte er Sympathien, denn ihm gefiel der aufmerksame Umgang mit Details der Inneneinrichtung und der Textur der Materialien. Für ihn mußte Architektur lebendig und organisch sein. Er bedauerte die Abkehr von den absoluten Formen bei den historisierenden Baustilen der 2. und 3. Dekade des 20. Jahrhunderts und in den eklektischen Spielarten des Period Style (siehe S. 212) der dreißiger Jahre und trat auch dafür ein, Architekturbibliotheken abzuschaffen.

Für Wright bedeutete jedes Projekt eine neue Herausforderung. Seine Theorien über offene Grundrißgestaltung, die fließende Anlage eines Hauses und seine organische Gestaltung waren durchweg originell. Er war auch der Ansicht, daß sich ein Bau seiner natürliche Umgebung, beispielsweise der Prärie, Bergen, Wiesen oder der Wüste, anpassen und die Umgebung unterstreichen solle. Er müsse zwar seine Funktion erfüllen, daneben aber auch Charakter, Lebendigkeit, Seele und Schönheit besitzen und eine kraftvolle Umgebung schaffen. Die meisten unserer Städte fand er häßlich und wert, abgerissen zu werden.

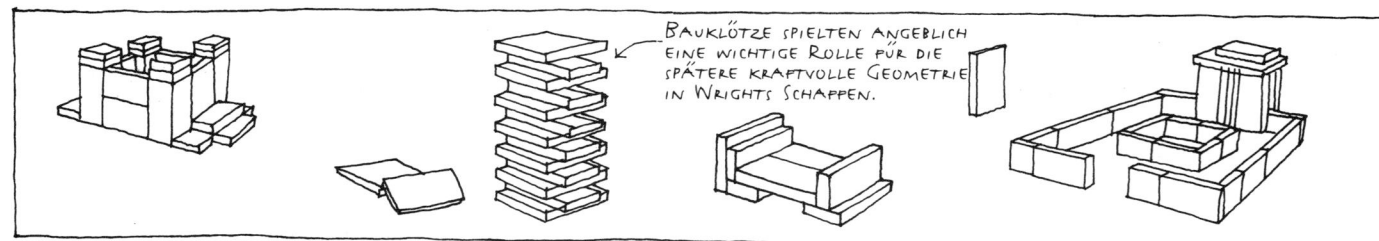

1873 SCHON IN SEINER KINDHEIT REGTEN FRÖBEL-BAUKÄSTEN, DIE SEINE MUTTER IHM ZUM SPIELEN GAB, WRIGHT AN.

BAUKLÖTZE SPIELTEN ANGEBLICH EINE WICHTIGE ROLLE FÜR DIE SPÄTERE KRAFTVOLLE GEOMETRIE IN WRIGHTS SCHAFFEN.

In der Zeit von 1892 bis 1910 entstanden Wrights wichtigste Arbeiten, die einen großen Einfluß auf die internationale Architekturentwicklung hatten. Im Kontext seiner Prärie-Häuser (wie er sie selbst nannte) entstanden viele neue Ideen wie die Betonung der Horizontalen, der kreuzförmige Grundriß, der von einem offenen Kamin im Zentrum des Hauses ausging und fließende Übergänge zwischen den einzelnen Räumen zuließ, ohne die Privatsphäre zu beeinträchtigen, oder Räume, die sich zu ummauerten Terrassen hin öffneten und das Haus wesentlich größer wirken ließen, als es tatsächlich war. Diese Konzepte hatten großen Einfluß auf eine Reihe von europäischen Architekten, die später den Internationalen Stil herausbildeten.

SEITENFLÜGEL

WALMDACH MIT GERINGER NEIGUNG UND BREITEM ÜBERSTAND

DER HOCHGEZOGENE MITTELBLOCK BILDETE EINEN ANKERPUNKT FÜR DIE ÜBRIGEN FORMEN DES HAUSES.

BACKSTEIN-MAUERN MIT VERPUTZTEM GESIMS

FENSTERBÄNDER

1897 ROLLIN FURBECK HOUSE, OAK PARK, ILLINOIS, ARCHITEKT: FRANK L. WRIGHT

1900 ROBERT ECKART HOUSE, RIVER FOREST, ILLINOIS, ARCHITEKT: FRANK L. WRIGHT

Der Herausgeber der Frauenzeitschrift *Ladies Home Journal*, Edward William Bok, startete 1895 eine Kampagne, um die »erbärmliche« Architektur kleiner Wohnhäuser in Amerika zu verbessern. Er veröffentlichte Entwürfe für Häuser, die zwischen 1000 und 5000 Dollar kosten sollten, und stellte dafür sämtliche wichtigen Daten für gut geplante Wohnungen in verschiedenen Stilrichtungen zur Verfügung. Die Kampagne war ein Erfolg. Die Zeitschrift erhöhte ihre Auflage, und im ganzen Land entstanden Tausende Häuser nach den Vorlagen des *Ladies Home Journal*. Frank Lloyd Wright machte für diese Kampagne einen Entwurf, der 1901 veröffentlicht wurde. Das Haus, das nur 5800 U.S.-Dollar kosten sollte, ist deshalb interessant, weil es einen Vorläufer seines Prärie-Hauses darstellt. Wright schrieb dazu: »Der Grundriß überschreitet die ökonomischen Grenzen der kompakten Planung, um Licht, Luft und Aussicht zu nutzen ... Das Eßzimmer ist so mit dem Wohnzimmer verbunden, daß eines natürlich in das andere übergeht, ohne die Privatheit beider Räume zu stören.«

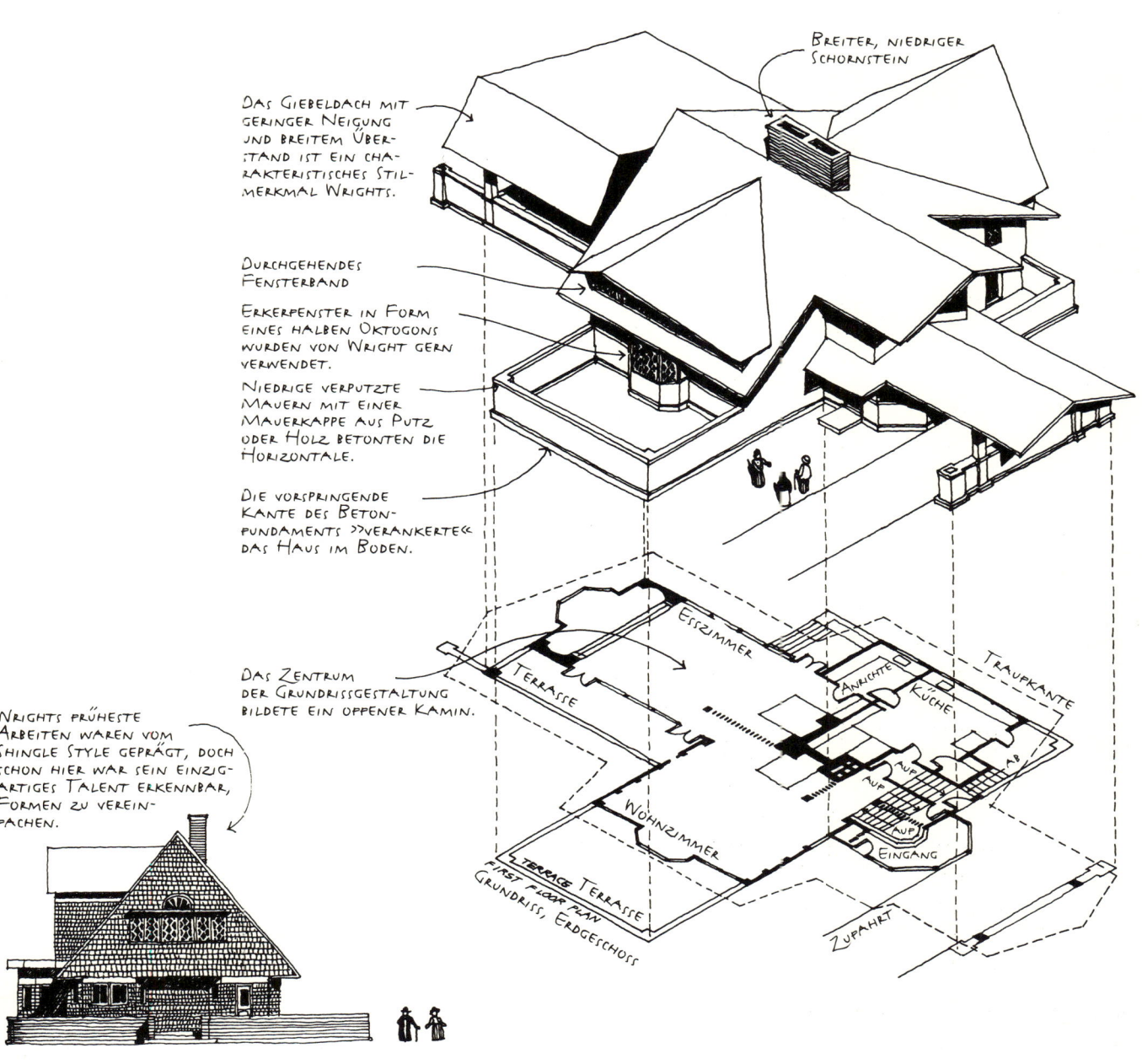

BREITER, NIEDRIGER SCHORNSTEIN

DAS GIEBELDACH MIT GERINGER NEIGUNG UND BREITEM ÜBERSTAND IST EIN CHARAKTERISTISCHES STILMERKMAL WRIGHTS.

DURCHGEHENDES FENSTERBAND

ERKERFENSTER IN FORM EINES HALBEN OKTOGONS WURDEN VON WRIGHT GERN VERWENDET.

NIEDRIGE VERPUTZTE MAUERN MIT EINER MAUERKAPPE AUS PUTZ ODER HOLZ BETONTEN DIE HORIZONTALE.

DIE VORSPRINGENDE KANTE DES BETONFUNDAMENTS »VERANKERTE« DAS HAUS IM BODEN.

DAS ZENTRUM DER GRUNDRISSGESTALTUNG BILDETE EIN OFFENER KAMIN.

WRIGHTS FRÜHESTE ARBEITEN WAREN VOM SHINGLE STYLE GEPRÄGT, DOCH SCHON HIER WAR SEIN EINZIGARTIGES TALENT ERKENNBAR, FORMEN ZU VEREINFACHEN.

ESSZIMMER

TERRASSE

ANRICHTE KÜCHE

TRAUFKANTE

WOHNZIMMER

AUF

AUF

AUF

EINGANG

TERRASSE

ZUFAHRT

FIRST FLOOR PLAN GRUNDRISS, ERDGESCHOSS

1889 WOHNHAUS VON FRANK LLOYD WRIGHT, OAK PARK, ILLINOIS, ARCHITEKT: FRANK LLOYD WRIGHT

1900 »EIN KLEINES HAUS MIT VIEL PLATZ«, ARCHITEKT: FRANK LLOYD WRIGHT, ENTWURF FÜR DAS *LADIES HOME JOURNAL*, 1900

Bei Entwürfen für mehrere Häuser, die im Ward Willets House (siehe unten) gipfelten, lernte Wright, den von Shingle-Style-Architekten entwickelten offenen, kreuzförmigen Grundriß zu nutzen, sich von traditionellen Formen zu lösen und sein eigenes Formenvokabular zu entfalten. Er verzichtete auf die Schindelverkleidung, das Giebeldach, palladianische Einflüsse und den Schornstein als vertikales Gestaltungselement. Sein Entwurf für das Ward Willets House, den er 1911 in Berlin veröffentlichte, hatte großen Einfluß auf die Entwicklung des Internationalen Stils (siehe S. 216), der in Europa durch die niederländische Gruppe De Stijl, den deutschen Architekten Mies van der Rohe und den französischen Architekten Le Corbusier vorangetrieben wurde.

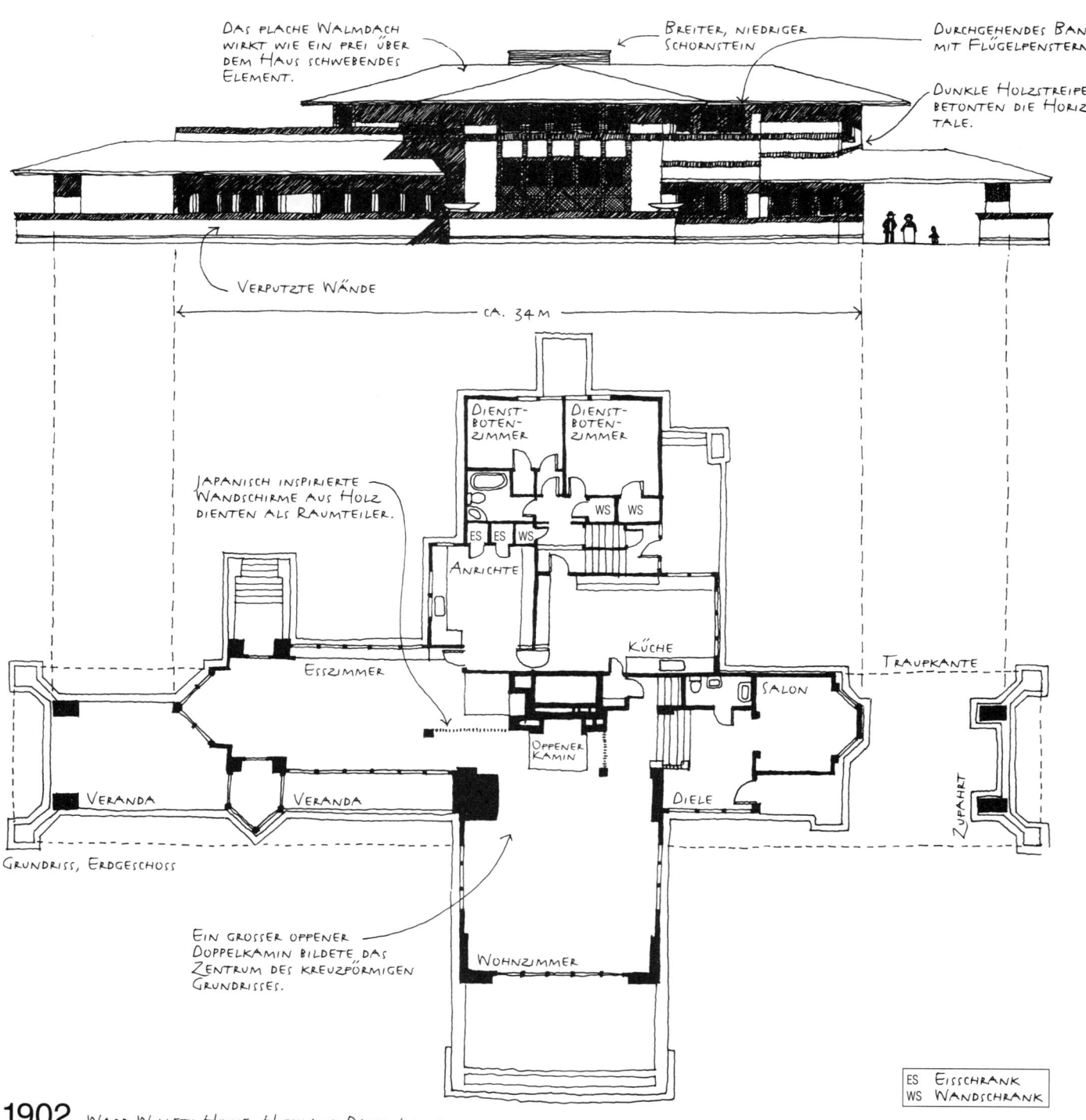

DAS FLACHE WALMDACH WIRKT WIE EIN FREI ÜBER DEM HAUS SCHWEBENDES ELEMENT.

BREITER, NIEDRIGER SCHORNSTEIN

DURCHGEHENDES BAND MIT FLÜGELFENSTERN

DUNKLE HOLZSTREIFEN BETONTEN DIE HORIZONTALE.

VERPUTZTE WÄNDE

CA. 34 M

DIENSTBOTENZIMMER

DIENSTBOTENZIMMER

WS   WS

ES ES WS

ANRICHTE

JAPANISCH INSPIRIERTE WANDSCHIRME AUS HOLZ DIENTEN ALS RAUMTEILER.

KÜCHE

SALON

TRAUFKANTE

ESSZIMMER

OFFENER KAMIN

DIELE

ZUFAHRT

VERANDA

VERANDA

GRUNDRISS, ERDGESCHOSS

EIN GROSSER OFFENER DOPPELKAMIN BILDETE DAS ZENTRUM DES KREUZFÖRMIGEN GRUNDRISSES.

WOHNZIMMER

ES EISSCHRANK
WS WANDSCHRANK

1902 WARD WILLETS HOUSE, HIGHLAND PARK, ILLINOIS,
ARCHITEKT: FRANK LLOYD WRIGHT

Mitte der dreißiger Jahre wurden in Wrights Schaffen Einflüsse des Internationalen Stils erkennbar. Die Europäer, die zwanzig Jahre zuvor so viel von ihm gelernt hatten, regten ihn nun zu einer neuen Formensprache in seinen Entwürfen an. Falling Water (siehe unten) ist das beste Beispiel für Wrights reifen Stil, wie die Historiker ihn nennen. Dieses Haus, das Wright für eine wohlhabende Familie aus Pittsburgh baute, faßt praktisch seine gesamten Vorstellungen von Architektur zusammen.

Obwohl Wright zu den Mitbegründern des Internationalen Stils gehört, hielten seine Originalität und sein Unabhängigkeitsstreben ihn davon ab, sich dieser Bewegung anzuschließen. Mit Ausnahme von Mies van der Rohe und Richard Neutra, die sich beide zu Wrights Einfluß bekannten, begegneten die europäischen Architekten, die nach Amerika kamen, vor allem jene aus dem Kreis von Walter Gropius, dem Schaffen Wrights kritisch. Nach dem Zweiten Weltkrieg verbrachte Wright die meiste Zeit bei seinen Studenten in seinen beiden Architekturschulen Taliesin West und Ost und widmete sich Entwürfen für große öffentliche Gebäude.

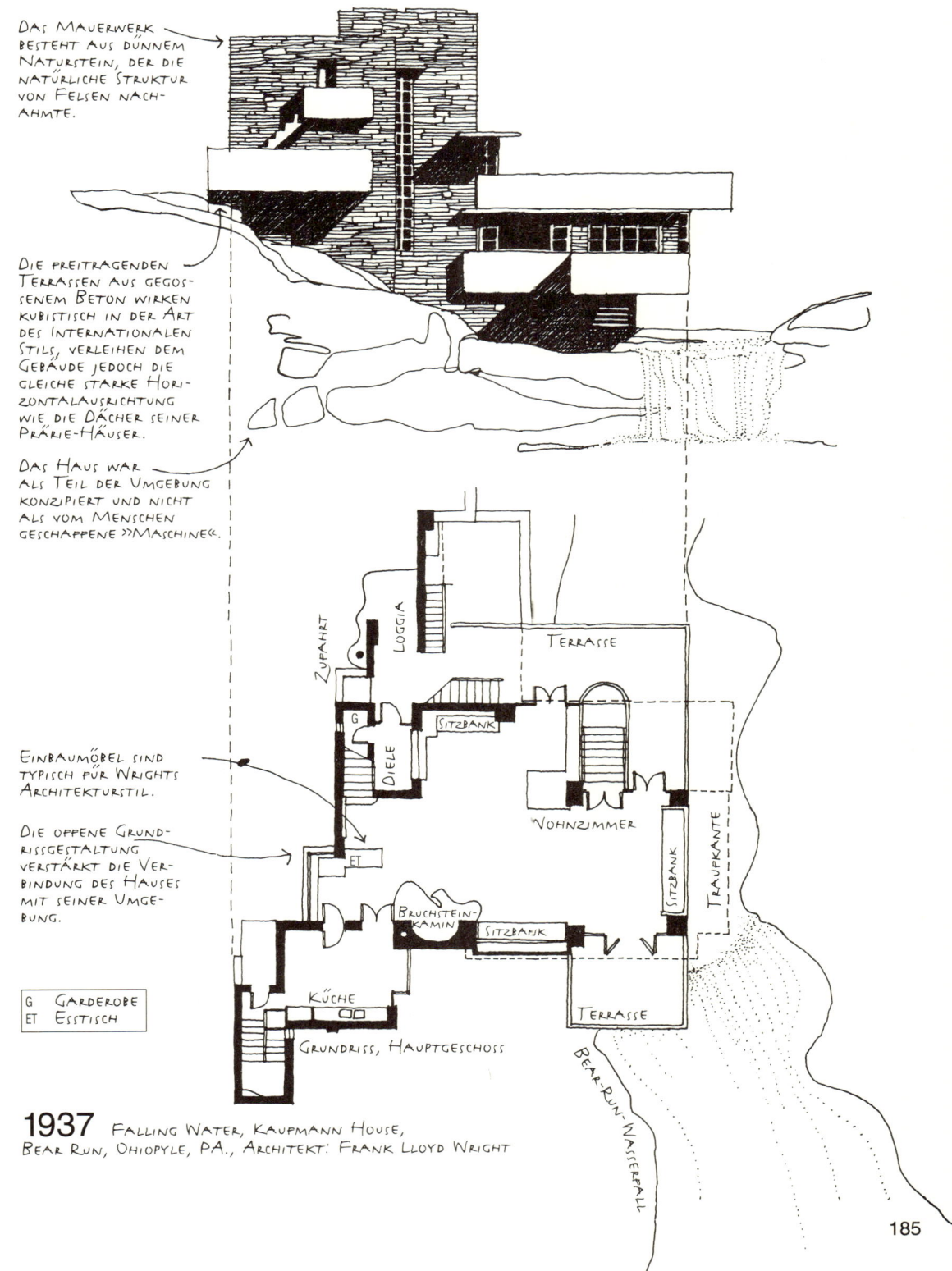

DAS MAUERWERK BESTEHT AUS DÜNNEM NATURSTEIN, DER DIE NATÜRLICHE STRUKTUR VON FELSEN NACHAHMTE.

DIE FREITRAGENDEN TERRASSEN AUS GEGOSSENEM BETON WIRKEN KUBISTISCH IN DER ART DES INTERNATIONALEN STILS, VERLEIHEN DEM GEBÄUDE JEDOCH DIE GLEICHE STARKE HORIZONTALAUSRICHTUNG WIE DIE DÄCHER SEINER PRÄRIE-HÄUSER.

DAS HAUS WAR ALS TEIL DER UMGEBUNG KONZIPIERT UND NICHT ALS VOM MENSCHEN GESCHAFFENE »MASCHINE«.

EINBAUMÖBEL SIND TYPISCH FÜR WRIGHTS ARCHITEKTURSTIL.

DIE OFFENE GRUNDRISSGESTALTUNG VERSTÄRKT DIE VERBINDUNG DES HAUSES MIT SEINER UMGEBUNG.

ZUFAHRT
LOGGIA
TERRASSE
G
DIELE
SITZBANK
WOHNZIMMER
ET
TRAUFKANTE
SITZBANK
BRUCHSTEINKAMIN
SITZBANK
KÜCHE
TERRASSE
GRUNDRISS, HAUPTGESCHOSS
BEAR-RUN-WASSERFALL

G   GARDEROBE
ET ESSTISCH

1937 FALLING WATER, KAUFMANN HOUSE, BEAR RUN, OHIOPYLE, PA., ARCHITEKT: FRANK LLOYD WRIGHT

185

Bungalow

Landesweit   1910

Der Bungalowstil läßt sich auf vielfältige Einflüsse zurückführen: auf den Arts-and-Crafts-Stil, die japanische Architektur, die niedrigen Adobehäuser im spanischen Kolonialstil des Südwestens, die zwanglose, offene Grundrißgestaltung des Shingle Style im amerikanischen Osten, die barackenartigen Landhäuser, das Schweizer Haus und die Blockbauweise. Bungalows, wie sie vorwiegend von 1890 bis 1920 gebaut wurden, lassen sich grob als ländliche Wohnbauten mit formal nicht festgelegtem Grundriß und Aufriß charakterisieren. Die rasche Verbreitung dieser Bauten war auch eine Folge der wirtschaftlichen Rezession zu Ende des 19. Jahrhunderts. Der Bungalowstil entwickelte sich zunächst in Kalifornien aus dem Ideengut des Arts-and-Crafts-Stils und breitete sich schnell in anderen Teiles des Landes aus, wo man ihn an verschiedene Stilrichtungen anpaßte. Trotz dieser Variationen behielt der Bungalow gewisse Grundmerkmale bei. Er war niedrig und schlicht und hatte breite Dachüberstände. Meist war er nur eingeschossig, höchstens jedoch zweigeschossig, hatte große Veranden und war aus Materialien gebaut, die eine gewisse Behaglichkeit ausstrahlten. Viele Leute behaupteten, daß man beim Bungalow »am wenigsten Haus für sein Geld bekäme«, denn obwohl kostengünstige Baustoffe verwendet wurden, war diese Bauweise tatsächlich nicht preiswert, da sie wegen der großen Grundfläche hohe Kosten für Fundamente, Außenwände und Dachflächen mit sich brachte.

Der Bungalowstil war nach 1905 so populär, daß er zum ersten Haustyp wurde, den Bauunternehmer in Massen schlüsselfertig anboten. Um 1910 säumten in Kalifornien und den meisten anderen Bundesstaaten unzählige Bungalows, die in verschiedenen Ausführungen als Spekulationsobjekte errichtet wurden, die Straßen. Bücher und Monatszeitschriften, die Baupläne veröffentlichten, ermöglichten es jedem Bauunternehmer oder zukünftigen Hausbesitzer, irgendwo im Land einen Bungalow zu errichten. Trotz seiner hochfliegenden Ambitionen und seiner exotischen Herkunft endete der Bungalowstil schließlich in Form Tausender schäbiger Kästen und steht so inzwischen für die beste und die schlechteste Form amerikanischer Architektur.

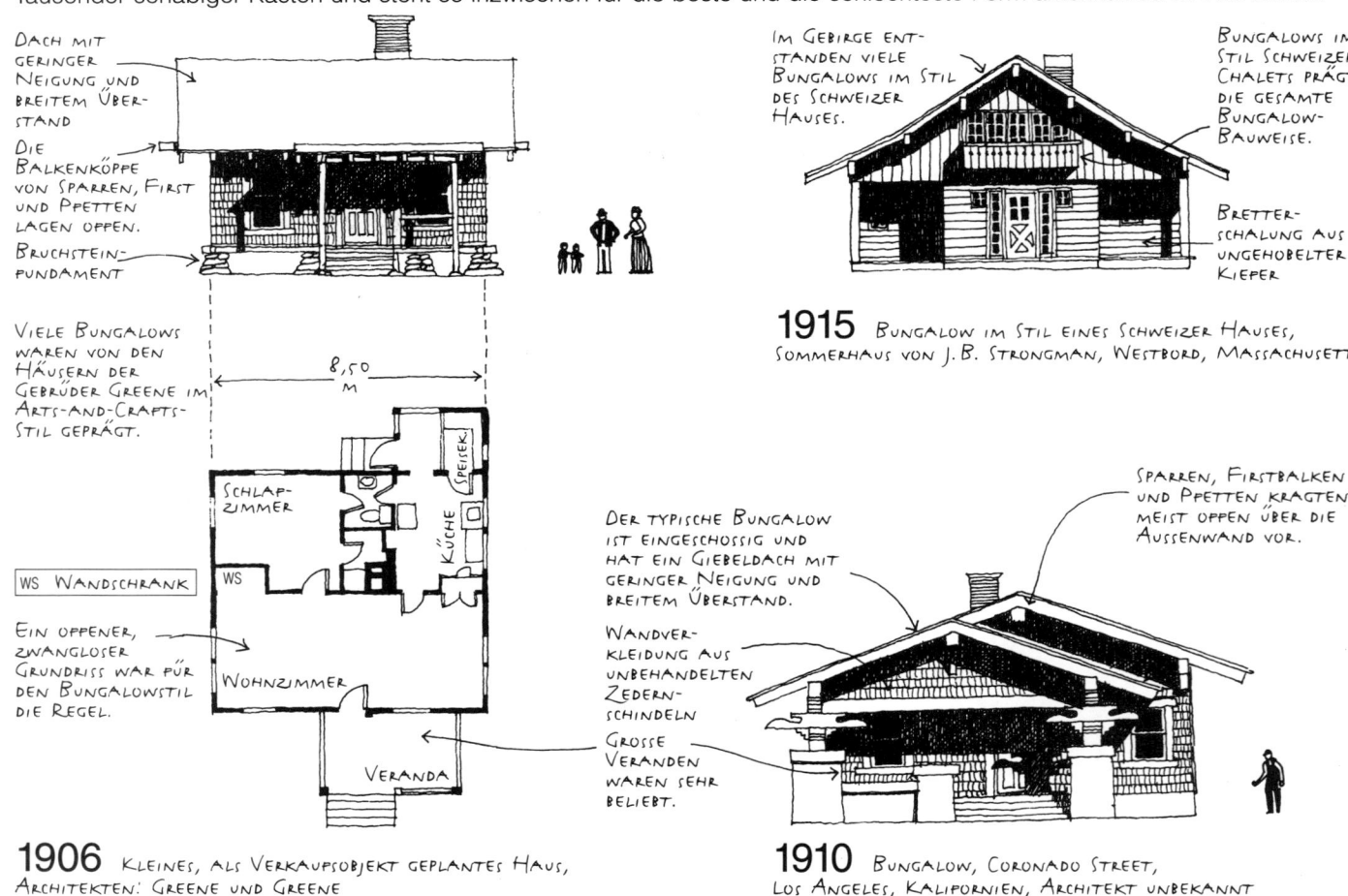

DACH MIT GERINGER NEIGUNG UND BREITEM ÜBERSTAND

DIE BALKENKÖPFE VON SPARREN, FIRST UND PFETTEN LAGEN OFFEN.

BRUCHSTEINFUNDAMENT

VIELE BUNGALOWS WAREN VON DEN HÄUSERN DER GEBRÜDER GREENE IM ARTS-AND-CRAFTS-STIL GEPRÄGT.

8,50 M

WS WANDSCHRANK

EIN OFFENER, ZWANGLOSER GRUNDRISS WAR FÜR DEN BUNGALOWSTIL DIE REGEL.

SCHLAFZIMMER

KÜCHE

SPEISEK.

WS

WOHNZIMMER

VERANDA

1906 KLEINES, ALS VERKAUFSOBJEKT GEPLANTES HAUS, ARCHITEKTEN: GREENE UND GREENE

IM GEBIRGE ENTSTANDEN VIELE BUNGALOWS IM STIL DES SCHWEIZER HAUSES.

BUNGALOWS IM STIL SCHWEIZER CHALETS PRÄGTEN DIE GESAMTE BUNGALOW-BAUWEISE.

BRETTERSCHALUNG AUS UNGEHOBELTER KIEFER

1915 BUNGALOW IM STIL EINES SCHWEIZER HAUSES, SOMMERHAUS VON J.B. STRONGMAN, WESTBORD, MASSACHUSETTS

DER TYPISCHE BUNGALOW IST EINGESCHOSSIG UND HAT EIN GIEBELDACH MIT GERINGER NEIGUNG UND BREITEM ÜBERSTAND.

WANDVERKLEIDUNG AUS UNBEHANDELTEN ZEDERNSCHINDELN

GROSSE VERANDEN WAREN SEHR BELIEBT.

SPARREN, FIRSTBALKEN UND PFETTEN KRAGTEN MEIST OFFEN ÜBER DIE AUSSENWAND VOR.

1910 BUNGALOW, CORONADO STREET, LOS ANGELES, KALIFORNIEN, ARCHITEKT UNBEKANNT

Kommt dem Cottage Style das Verdienst zu, die Veranda populär gemacht zu haben, so schreibt man dem Bungalowstil zu, den kleinen Treppenaufgang vor dem amerikanischen Haus eingeführt zu haben. Diese Vortreppe wurde zum charakteristischen Stilmerkmal des Vorstadtbungalows und bildete einen halb öffentlichen Übergang von der Veranda oder dem Weg zum Bürgersteig oder zur Straße. Die Vortreppe war ein Ort, auf dem man saß und sich unterhielt, die Kinder spielen ließ oder einen Moment verweilte, bevor man sich in die Privatsphäre von Veranda und Haus zurückzog.

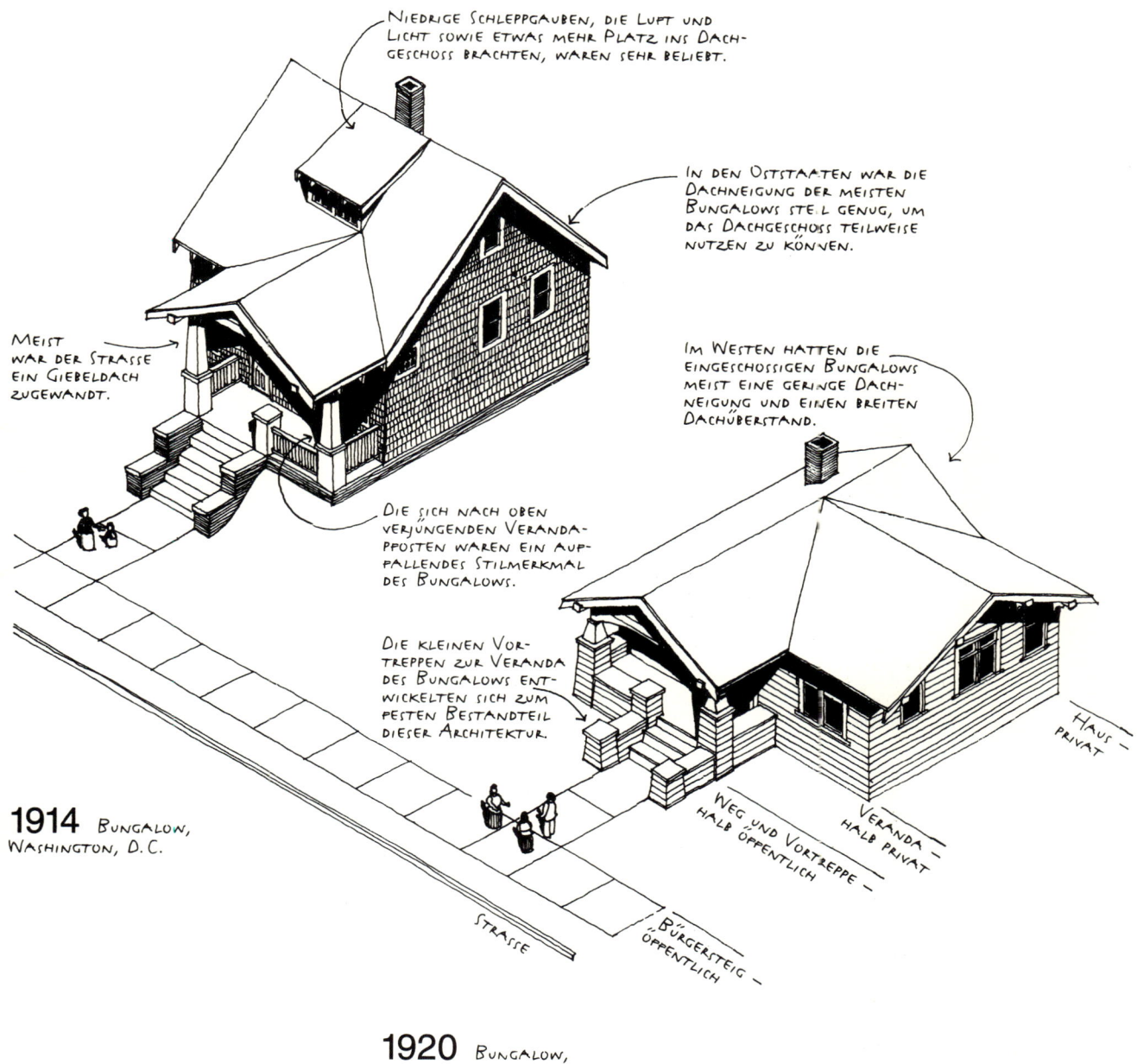

NIEDRIGE SCHLEPPGAUBEN, DIE LUFT UND LICHT SOWIE ETWAS MEHR PLATZ INS DACH-GESCHOSS BRACHTEN, WAREN SEHR BELIEBT.

IN DEN OSTSTAATEN WAR DIE DACHNEIGUNG DER MEISTEN BUNGALOWS STEIL GENUG, UM DAS DACHGESCHOSS TEILWEISE NUTZEN ZU KÖNNEN.

MEIST WAR DER STRASSE EIN GIEBELDACH ZUGEWANDT.

IM WESTEN HATTEN DIE EINGESCHOSSIGEN BUNGALOWS MEIST EINE GERINGE DACH-NEIGUNG UND EINEN BREITEN DACHÜBERSTAND.

DIE SICH NACH OBEN VERJÜNGENDEN VERANDA-PFOSTEN WAREN EIN AUF-FALLENDES STILMERKMAL DES BUNGALOWS.

DIE KLEINEN VOR-TREPPEN ZUR VERANDA DES BUNGALOWS ENT-WICKELTEN SICH ZUM FESTEN BESTANDTEIL DIESER ARCHITEKTUR.

HAUS - PRIVAT

1914 BUNGALOW, WASHINGTON, D.C.

WEG UND VORTREPPE HALB ÖFFENTLICH

VERANDA HALB PRIVAT

1920 BUNGALOW, SANTA BARBARA, KALIFORNIEN

STRASSE

BÜRGERSTEIG ÖFFENTLICH

Sämtliche Variationen des Bungalowstils aufzuführen wäre unmöglich. Offenbar paßte jede Region diese Bauweise dem dort vorherrschenden Landhausstil an. In der Umgebung von Chicago war es der Prärie-Stil, und in Kalifornien waren es der Arts and Crafts Style und die spanischen Kolonialstile. In den Catskill und Adirondack Mountains im Osten bildete sich dagegen ein ganz eigener malerischer Camp-Stil heraus. Einige der Spielarten des Bungalowstils werden auf den folgenden vier Seiten vorgestellt.

Die Bezeichnung Bungalow (abgeleitet aus dem Hindustani-Wort Bangla, das ein niedriges Haus mit umlaufenden Veranden bezeichnet) wurde in Amerika für jedes bescheidene, niedrige, malerische, ländliche Häuschen verwendet. Zwei der charakteristischeren Varianten des Bungalows (siehe unten) sind der Chicago-Bungalow, der auf dem Prärie-Haus des mittleren Westens fußt, und der Bungalow des Südwestens, der während der Hochblüte des Spanish Colonial Revival (siehe S. 210) entstand. Obwohl beide Bungalow-Typen sich sehr unterschiedlichen Regionalstilen anpaßten, vermittelten sie doch ein Gefühl der Behaglichkeit und Wohnlichkeit.

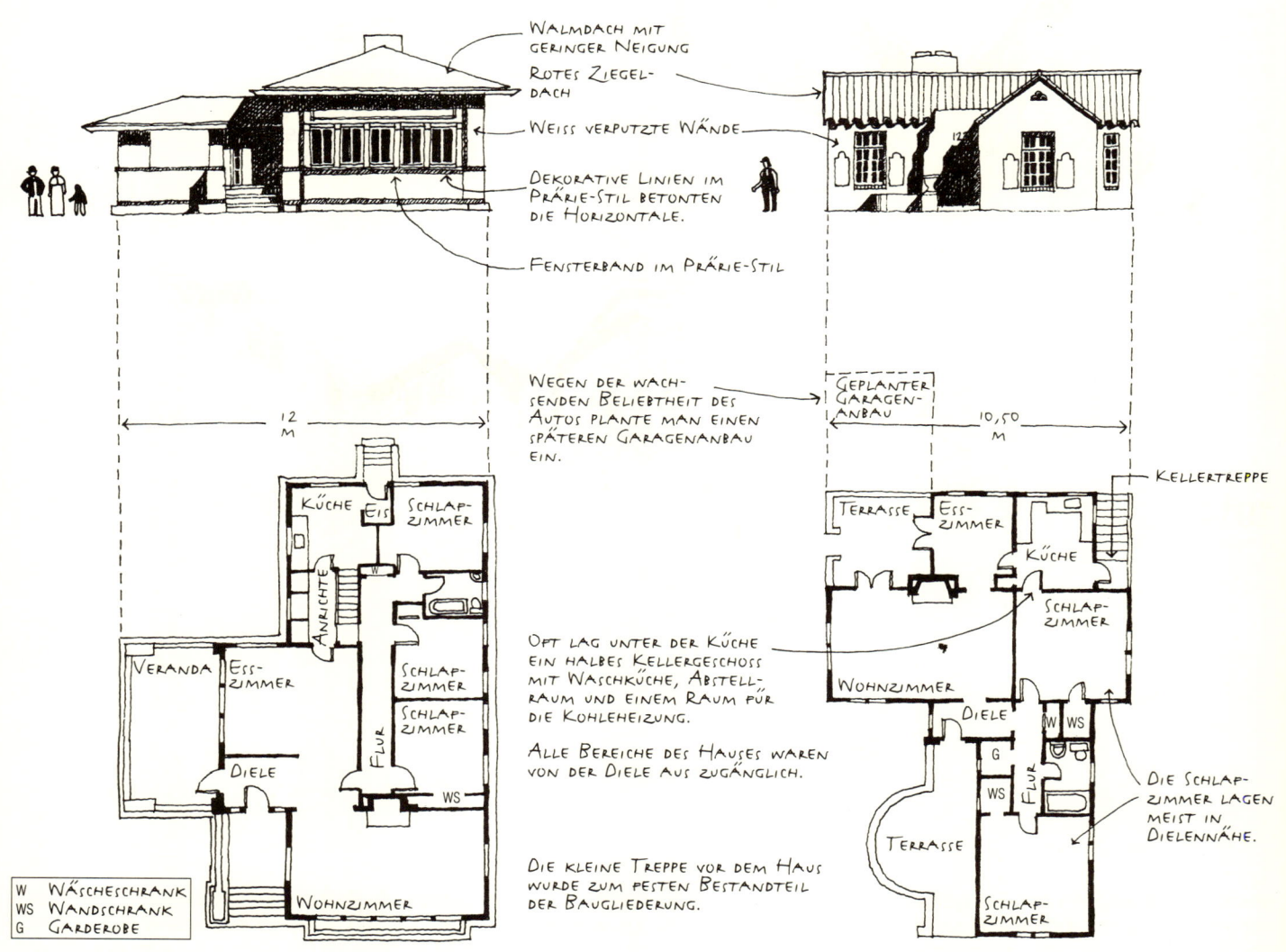

WALMDACH MIT GERINGER NEIGUNG

ROTES ZIEGEL-DACH

WEISS VERPUTZTE WÄNDE

DEKORATIVE LINIEN IM PRÄRIE-STIL BETONTEN DIE HORIZONTALE.

FENSTERBAND IM PRÄRIE-STIL

WEGEN DER WACHSENDEN BELIEBTHEIT DES AUTOS PLANTE MAN EINEN SPÄTEREN GARAGENANBAU EIN.

OFT LAG UNTER DER KÜCHE EIN HALBES KELLERGESCHOSS MIT WASCHKÜCHE, ABSTELL-RAUM UND EINEM RAUM FÜR DIE KOHLEHEIZUNG.

ALLE BEREICHE DES HAUSES WAREN VON DER DIELE AUS ZUGÄNGLICH.

DIE KLEINE TREPPE VOR DEM HAUS WURDE ZUM FESTEN BESTANDTEIL DER BAUGLIEDERUNG.

KELLERTREPPE

DIE SCHLAF-ZIMMER LAGEN MEIST IN DIELENNÄHE.

GEPLANTER GARAGEN-ANBAU

12 M

10,50 M

KÜCHE · EIS · SCHLAF-ZIMMER · ANRICHTE · W · VERANDA · ESS-ZIMMER · SCHLAF-ZIMMER · SCHLAF-ZIMMER · FLUR · DIELE · WS · WOHNZIMMER

TERRASSE · ESS-ZIMMER · KÜCHE · SCHLAF-ZIMMER · WOHNZIMMER · DIELE · W · WS · G · WS · FLUR · TERRASSE · SCHLAF-ZIMMER

W	WÄSCHESCHRANK
WS	WANDSCHRANK
G	GARDEROBE

1919 CHICAGO-BUNGALOW VON MR. UND MRS. AITKEN, MAYWOOD, ILLINOIS

1927 BUNGALOW IM STIL DES SPANISH COLONIAL REVIVAL SAN DIEGO, KALIFORNIEN

Der Bungalow mit Patio, der vorwiegend in Südkalifornien zu Hause war, basierte auf dem Arts and Crafts Style, übernahm die Grundrißgestaltung jedoch vom spanischen Kolonialstil (siehe S. 112). Der Innenhof oder Patio war ein kühler Wohnbereich im Freien mit Pflanzen, Wasserbecken und Springbrunnen.

Die ersten Bungalows mit Patio kopierten den Grundriß des spanischen Kolonialstils, indem sie das Haus rund um den Innenhof bauten oder den Patio mit einer Außenmauer abschirmten. Spätere Varianten legten den Patio je nach Grundstücksgegebenheiten an die Vorder- oder Rückseite des Hauses.

Zwei verbreitete Bungalow-Grundrisse werden unten vorgestellt: der H-förmige Grundriß mit zentralem Wohnzimmer und der O-förmige Grundriß mit umschlossenem Innenhof. Der eingeschossige H-Grundriß regte zur Einteilung in »Flügel« an. Der Schlafzimmerflügel war ein privater Ruhebereich, während sich die lauteren, gemeinschaftlichen Aktivitäten im Küchen-Eßzimmer-Flügel abspielten. Beim O-förmigen Grundriß gruppierten sich die Zimmer rund um den Innenhof, der so einen schattigen Bereich im Freien bot.

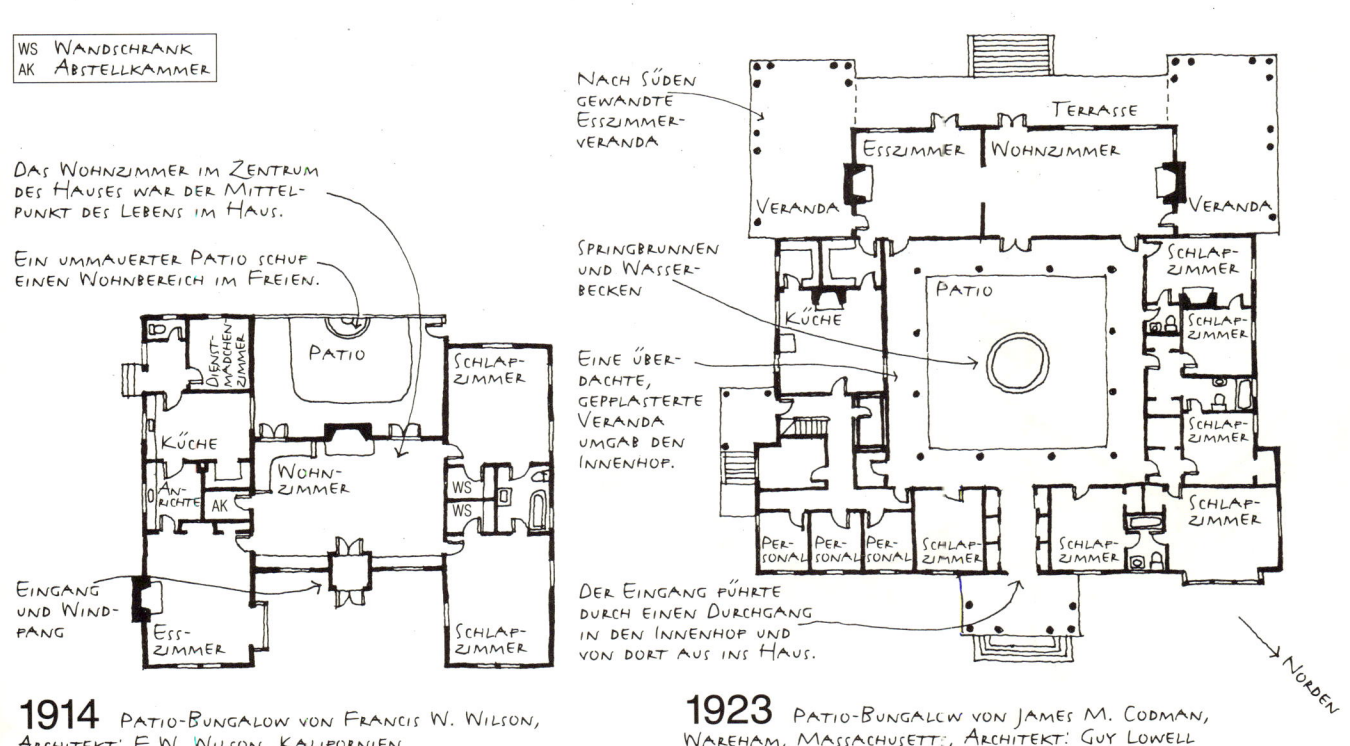

WS WANDSCHRANK
AK ABSTELLKAMMER

DAS WOHNZIMMER IM ZENTRUM
DES HAUSES WAR DER MITTEL-
PUNKT DES LEBENS IM HAUS.

EIN UMMAUERTER PATIO SCHUF
EINEN WOHNBEREICH IM FREIEN.

DIENST-
MÄDCHEN-
ZIMMER
PATIO
SCHLAF-
ZIMMER

KÜCHE
WOHN-
ZIMMER
WS
WS

AN-
RICHTE
AK

EINGANG
UND WIND-
FANG
ESS-
ZIMMER
SCHLAF-
ZIMMER

1914 PATIO-BUNGALOW VON FRANCIS W. WILSON,
ARCHITEKT: F. W. WILSON, KALIFORNIEN

NACH SÜDEN
GEWANDTE
ESSZIMMER-
VERANDA

TERRASSE
ESSZIMMER   WOHNZIMMER

VERANDA
VERANDA

SPRINGBRUNNEN
UND WASSER-
BECKEN
SCHLAF-
ZIMMER

PATIO
SCHLAF-
ZIMMER

KÜCHE

EINE ÜBER-
DACHTE,
GEPFLASTERTE
VERANDA
UMGAB DEN
INNENHOF.
SCHLAF-
ZIMMER

PER-
SONAL
PER-
SONAL
PER-
SONAL
SCHLAF-
ZIMMER
SCHLAF-
ZIMMER
SCHLAF-
ZIMMER

DER EINGANG FÜHRTE
DURCH EINEN DURCHGANG
IN DEN INNENHOF UND
VON DORT AUS INS HAUS.
NORDEN

1923 PATIO-BUNGALOW VON JAMES M. CODMAN,
WAREHAM, MASSACHUSETTS, ARCHITEKT: GUY LOWELL

In Kalifornien gab es viele barackenartige Bungalows, die nur als Übergangswohnungen gedacht waren. Beim südkalifornischen Zeltbungalow bestanden die Wände aus Holzrahmen, die mit Leinwand bespannt und an Scharnieren aufgehängt waren. So ließ sich das Haus im heißen Klima gut kühl halten und bot einen hervorragenden Schlafplatz im Freien. Der Übergangsbungalow diente vielen Menschen, die in diese Gegend zogen, als Behelfswohnung, bis sie eine feste Bleibe gefunden hatten.

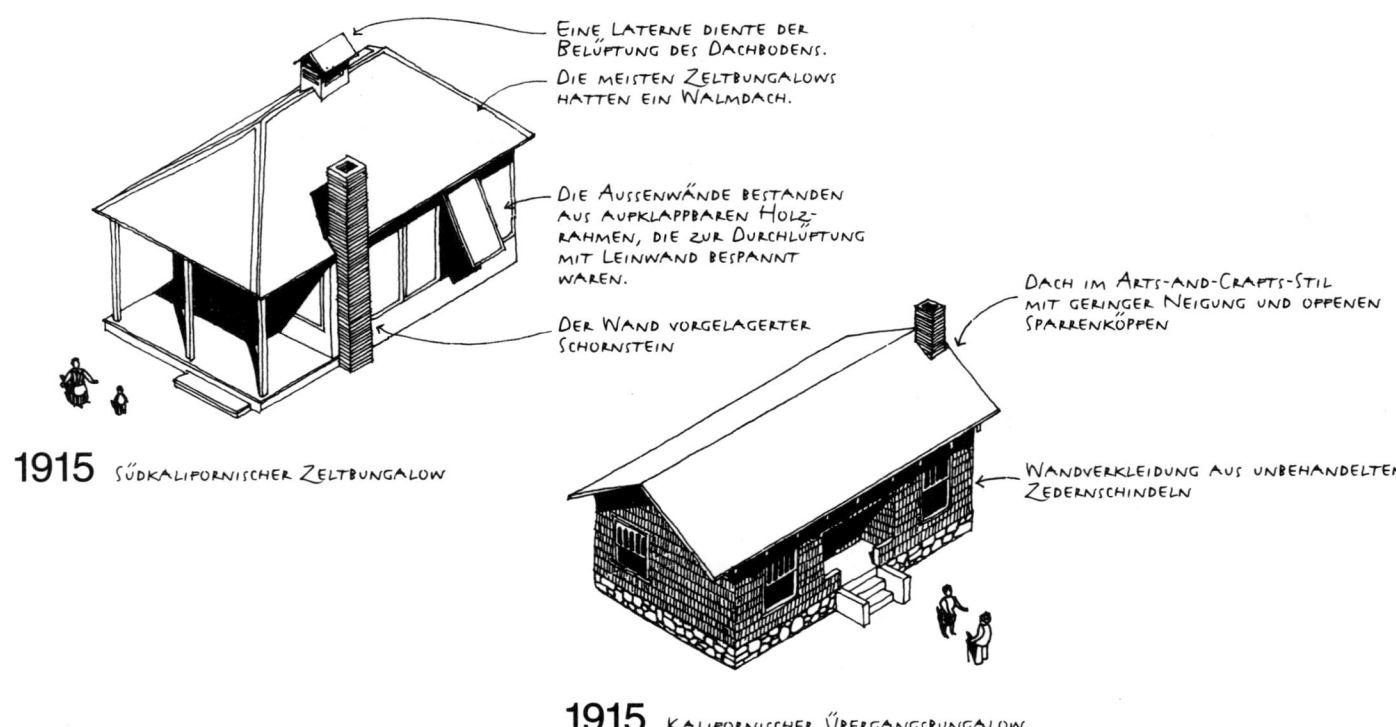

EINE LATERNE DIENTE DER BELÜFTUNG DES DACHBODENS.

DIE MEISTEN ZELTBUNGALOWS HATTEN EIN WALMDACH.

DIE AUSSENWÄNDE BESTANDEN AUS AUFKLAPPBAREN HOLZRAHMEN, DIE ZUR DURCHLÜFTUNG MIT LEINWAND BESPANNT WAREN.

DER WAND VORGELAGERTER SCHORNSTEIN

1915 SÜDKALIFORNISCHER ZELTBUNGALOW

DACH IM ARTS-AND-CRAFTS-STIL MIT GERINGER NEIGUNG UND OFFENEN SPARRENKÖPFEN

WANDVERKLEIDUNG AUS UNBEHANDELTEN ZEDERNSCHINDELN

1915 KALIFORNISCHER ÜBERGANGSBUNGALOW, LOS ANGELES, KALIFORNIEN

An der gesamten Atlantikküste gab es Badeorte mit Hunderten von Bungalows, die in erster Linie zum Schlafen konzipiert waren, da die meisten Urlaubsaktivitäten sich im Freien abspielten. Diese Ferienhäuser im Bungalowstil waren meist schmal und langgestreckt, damit jedes Zimmer hell und gut zu lüften war. In ihrem Baustil griffen sie stark auf die Kolonialarchitektur von New England zurück.

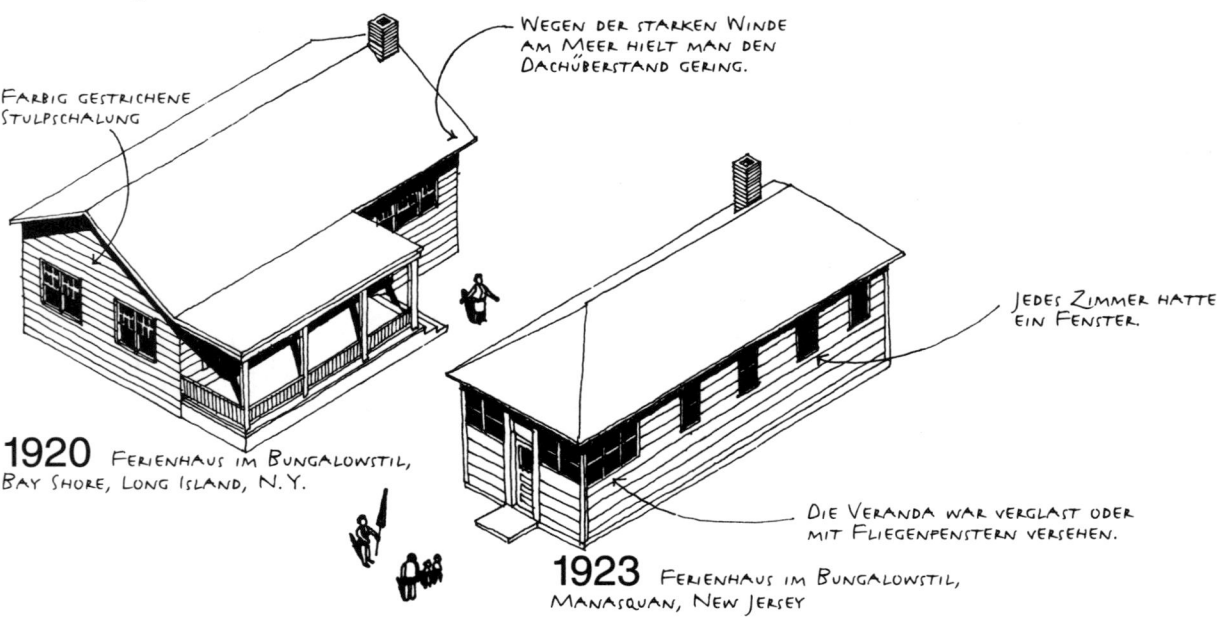

FARBIG GESTRICHENE STULPSCHALUNG

WEGEN DER STARKEN WINDE AM MEER HIELT MAN DEN DACHÜBERSTAND GERING.

JEDES ZIMMER HATTE EIN FENSTER.

1920 FERIENHAUS IM BUNGALOWSTIL, BAY SHORE, LONG ISLAND, N.Y.

DIE VERANDA WAR VERGLAST ODER MIT FLIEGENFENSTERN VERSEHEN.

1923 FERIENHAUS IM BUNGALOWSTIL, MANASQUAN, NEW JERSEY

Bungalows im Camp-Stil oder im malerischen Sommerhausstil, wie sie vornehmlich in den Gebirgsregionen der Adirondack, Catskill und Pocono Mountains gebaut wurden, gab es in so vielen Variationen, daß sie sich gar nicht klassifizieren lassen. Alle verwendeten jedoch grobe, natürliche Baumaterialien wie Bruchstein, Baumstämme, ungehobelte Kiefernbretter und Zedernschindeln und orientierten sich am Arts and Crafts Style und dem Schweizer Haus, das in allen gebirgigen Urlaubsregionen des Landes sehr beliebt war.

Die beiden unten vorgestellten Beispiele stammen aus den Catskill Mountains: Der Sadler-Bungalow wurde im Camp Style errichtet und war in kleineren Urlaubsorten für Kinder aus New York sehr beliebt. Das Haus von Ralph Whitehead steht in Byrdcliffe, einem idyllischen Ortsteil von Woodstock, New York, den Künstler und Kunsthandwerker zwischen 1902 und 1910 für sich errichteten. Beide Bauten zeigen, wie die Häuser im Laufe der Zeit durch Anbauten erweitert wurden, und erinnern durch die dünne Traufkante des Dachüberstandes an Bastelbogenhäuser.

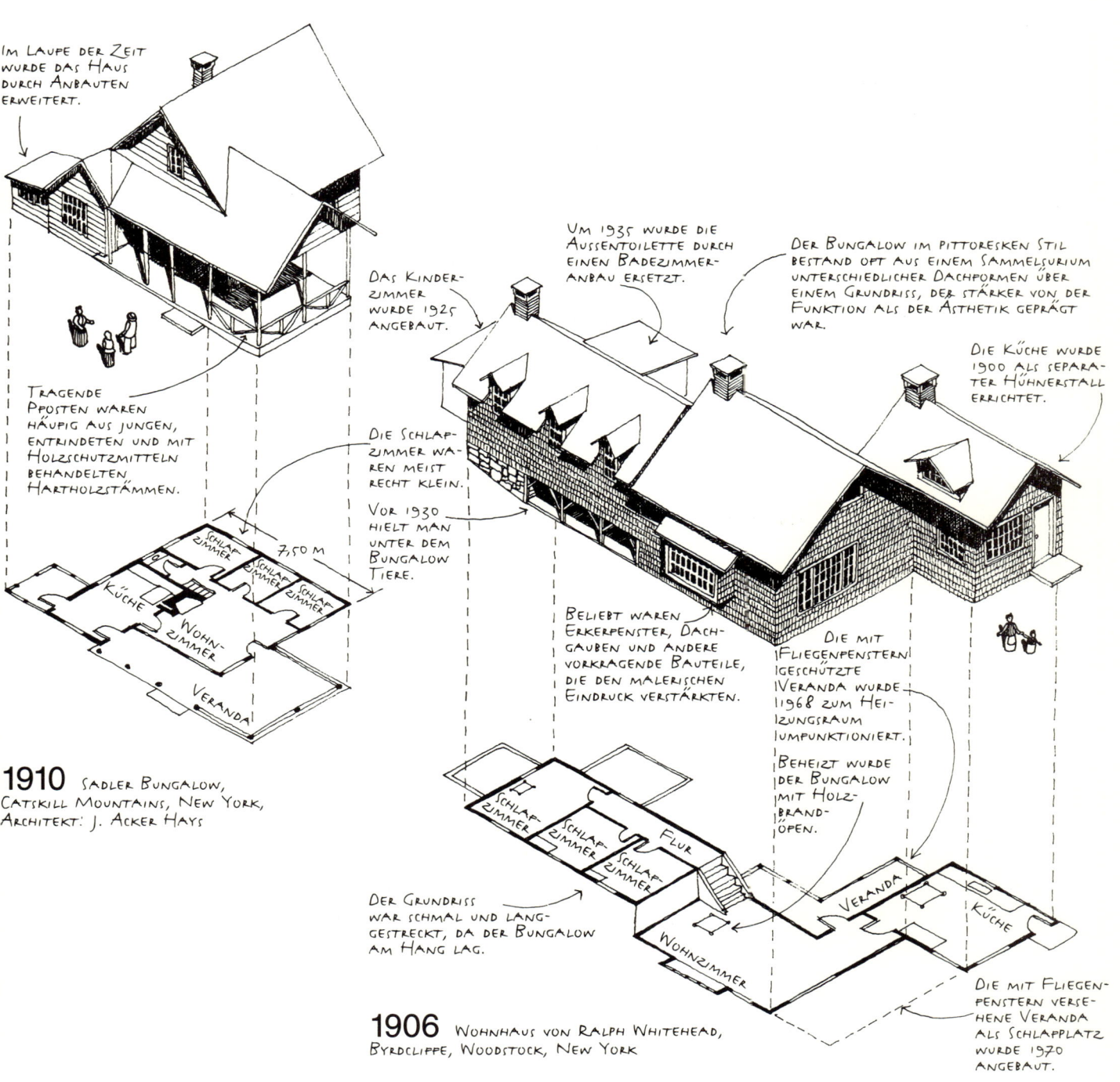

IM LAUFE DER ZEIT WURDE DAS HAUS DURCH ANBAUTEN ERWEITERT.

TRAGENDE PFOSTEN WAREN HÄUFIG AUS JUNGEN, ENTRINDETEN UND MIT HOLZSCHUTZMITTELN BEHANDELTEN HARTHOLZSTÄMMEN.

UM 1935 WURDE DIE AUSSENTOILETTE DURCH EINEN BADEZIMMER-ANBAU ERSETZT.

DAS KINDER-ZIMMER WURDE 1925 ANGEBAUT.

DIE SCHLAF-ZIMMER WAREN MEIST RECHT KLEIN.

VOR 1930 HIELT MAN UNTER DEM BUNGALOW TIERE.

7,50 M

SCHLAF-ZIMMER
SCHLAF-ZIMMER
SCHLAF-ZIMMER
KÜCHE
WOHN-ZIMMER
VERANDA

1910 SADLER BUNGALOW, CATSKILL MOUNTAINS, NEW YORK, ARCHITEKT: J. ACKER HAYS

DER BUNGALOW IM PITTORESKEN STIL BESTAND OFT AUS EINEM SAMMELSURIUM UNTERSCHIEDLICHER DACHFORMEN ÜBER EINEM GRUNDRISS, DER STÄRKER VON DER FUNKTION ALS DER ÄSTHETIK GEPRÄGT WAR.

DIE KÜCHE WURDE 1900 ALS SEPARATER HÜHNERSTALL ERRICHTET.

BELIEBT WAREN ERKERFENSTER, DACH-GAUBEN UND ANDERE VORKRAGENDE BAUTEILE, DIE DEN MALERISCHEN EINDRUCK VERSTÄRKTEN.

DIE MIT FLIEGENFENSTERN GESCHÜTZTE VERANDA WURDE 1968 ZUM HEI-ZUNGSRAUM UMFUNKTIONIERT.

BEHEIZT WURDE DER BUNGALOW MIT HOLZ-BRAND-ÖFEN.

DER GRUNDRISS WAR SCHMAL UND LANG-GESTRECKT, DA DER BUNGALOW AM HANG LAG.

SCHLAF-ZIMMER
SCHLAF-ZIMMER
SCHLAF-ZIMMER
FLUR
WOHNZIMMER
VERANDA
KÜCHE

DIE MIT FLIEGEN-FENSTER VERSE-HENE VERANDA ALS SCHLAFPLATZ WURDE 1970 ANGEBAUT.

1906 WOHNHAUS VON RALPH WHITEHEAD, BYRDCLIFFE, WOODSTOCK, NEW YORK

Bay Region Style

San Francisco   1910, 1930, 1960

Seit der Jahrhundertwende ins 20. Jahrhundert bauten Architekten an der Bucht von San Francisco bescheidene, aber charakteristische Häuser, die weder vom eigenen Schöpferdrang noch dem gesellschaftlichen Ehrgeiz der Auftraggeber geprägt waren, sondern nur als Orte der Entspannung und des Rückzugs vom Alltag dienten.

Die Bezeichnung Bay Region Style hat sich als Oberbegriff eingebürgert, obwohl es drei große Perioden gab, in denen er die Architektur Amerikas beeinflußte. Um 1910 waren für die Häuser in der Bucht von San Francisco die Schindelverkleidung aus naturbelassenem Sequoia und das offene Balkenwerk im Innenbereich typisch. Sie waren inspiriert vom Arts and Crafts Style, dem Schweizer Haus und dem Shingle Style der Oststaaten. Um 1930 entstanden unter dem Einfluß des Internationalen Stils niedrige, eingeschossige Häuser mit großen Glasflächen, die in lokalen Bauweisen ausgeführt waren und als typisch kalifornische »Ranch-Häuser« bezeichnet werden. In den sechziger Jahren des 20. Jahrhunderts entwickelten innovative Architekten eine Synthese beider Stilarten und schufen aus Sequoiaschindeln und anderen natürlichen Baumaterialien rustikale Holzhäuser, die sich in ihrer Gestaltung an die Form kalifornischer Scheunen und Schuppen anlehnten.

Erster Bay-Region-Stil

Basis des ersten Bay-Region-Stils war der Shingle Style der Oststaaten mit seinen großzügigen Wohnräumen und den breiten Verbindungstüren zwischen den Zimmern. Er wurde mit dem Arts and Crafts Style, Queen-Anne- und Art-Noveau-Elementen sowie japanisch beeinflußten Details vermengt. Einige Spätwerke der Gebrüder Greene, Bernard Maybecks sowie das frühe Schaffen von Ernest Coxhead und Willis Polk trugen der Architektur der Bay Region den Ruf ein, wild expressionistisch und kreativ zu sein.

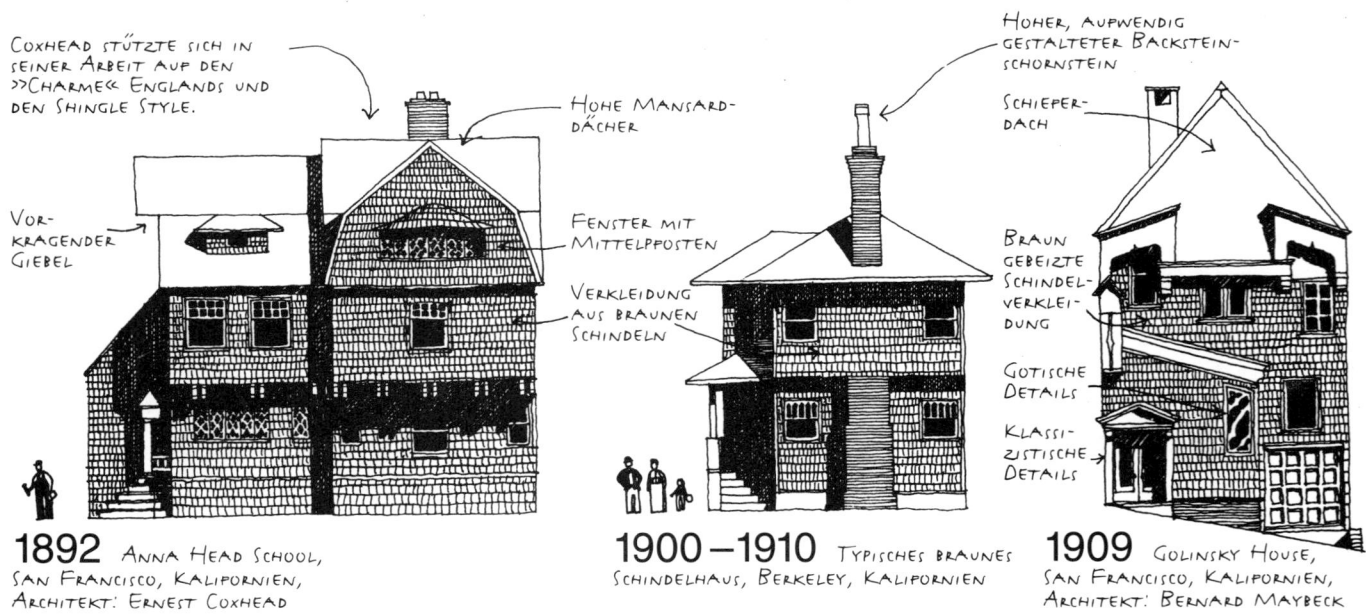

COXHEAD STÜTZTE SICH IN SEINER ARBEIT AUF DEN »CHARME« ENGLANDS UND DEN SHINGLE STYLE.

HOHE MANSARD-DÄCHER

HOHER, AUFWENDIG GESTALTETER BACKSTEIN-SCHORNSTEIN

SCHIEFER-DACH

VOR-KRAGENDER GIEBEL

FENSTER MIT MITTELPFOSTEN

VERKLEIDUNG AUS BRAUNEN SCHINDELN

BRAUN GEBEIZTE SCHINDEL-VERKLEI-DUNG

GOTISCHE DETAILS

KLASSI-ZISTISCHE DETAILS

1892 ANNA HEAD SCHOOL, SAN FRANCISCO, KALIFORNIEN, ARCHITEKT: ERNEST COXHEAD

1900–1910 TYPISCHES BRAUNES SCHINDELHAUS, BERKELEY, KALIFORNIEN

1909 GOLINSKY HOUSE, SAN FRANCISCO, KALIFORNIEN, ARCHITEKT: BERNARD MAYBECK

Zweiter Bay-Region-Stil

Der zweite Bay Region Style ist eine einzigartige Mischung aus dem »Weniger-ist-mehr-Diktum« des Internationalen Stils und der holzbetonten heimischen Architektur der Ranches, Scheunen und Billighäuser an der Bucht von San Francisco. Im Grunde schlug er eine Brücke zwischen dem lebendigen ersten Bay Region Style Maybecks und dem Internationalen Stil.

Lokale Bauweisen wie die Sequoia-Bretterschalung mit Fugenleiste (manchmal auch ohne Fugenleiste oder weiß gekälkt), die offenliegenden Dachsparren und Sequoiapaneele im Inneren sowie das Dach mit geringer Neigung vermengten sich mit Elementen des Internationalen Stils: Flachdach, klare, kubistische Formen, große Glasflächen und offene Grundrisse. Das Ergebnis wurde unter der Bezeichnung Kalifornisches Haus oder Kalifornischer Ranch-Stil bekannt (siehe S. 234) und war von den vierziger bis in die sechziger Jahre des 20. Jahrhunderts in ganz Nordamerika verbreitet.

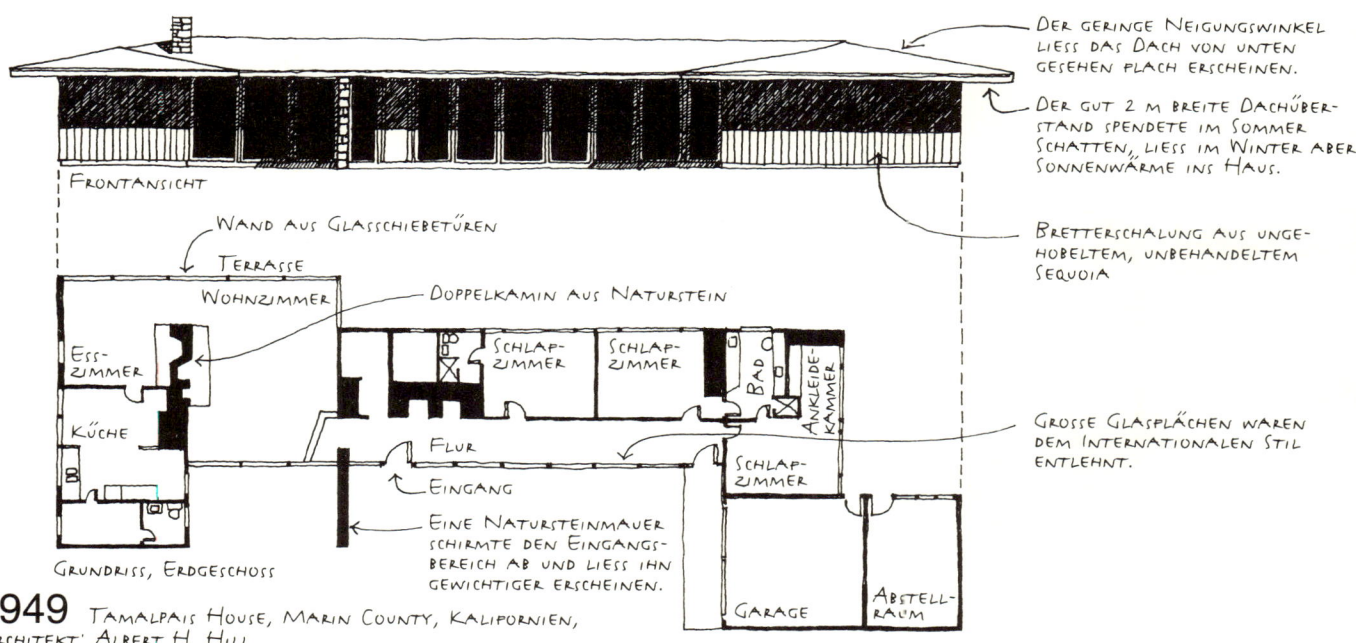

DER GERINGE NEIGUNGSWINKEL LIESS DAS DACH VON UNTEN GESEHEN FLACH ERSCHEINEN.

DER GUT 2 M BREITE DACHÜBERSTAND SPENDETE IM SOMMER SCHATTEN, LIESS IM WINTER ABER SONNENWÄRME INS HAUS.

BRETTERSCHALUNG AUS UNGEHOBELTEM, UNBEHANDELTEM SEQUOIA

FRONTANSICHT

WAND AUS GLASSCHIEBETÜREN

TERRASSE

WOHNZIMMER

DOPPELKAMIN AUS NATURSTEIN

ESS-ZIMMER

KÜCHE

SCHLAF-ZIMMER

SCHLAF-ZIMMER

BAD

ANKLEIDE-KAMMER

SCHLAF-ZIMMER

FLUR

EINGANG

GARAGE

ABSTELL-RAUM

GROSSE GLASFLÄCHEN WAREN DEM INTERNATIONALEN STIL ENTLEHNT.

EINE NATURSTEINMAUER SCHIRMTE DEN EINGANGSBEREICH AB UND LIESS IHN GEWICHTIGER ERSCHEINEN.

GRUNDRISS, ERDGESCHOSS

1949 TAMALPAIS HOUSE, MARIN COUNTY, KALIFORNIEN, ARCHITEKT: ALBERT H. HILL

Die meisten Historiker schreiben dem kalifornischen Architekten Cliff May das Verdienst zu, den kalifornischen Ranch-Stil entwickelt zu haben, doch William Wurster und seine Kollegen gelten allgemein als Begründer und Hauptvertreter des zweiten Bay Region Style.

DAS HAUS WAR U-FÖRMIG UM EINEN INNENHOF ERRICHTET.

WEISS GEKÄLKTE UNGLEICHMÄSSIGE BRETTERSCHALUNG, BÜNDIG VERARBEITET

UM 1940 ÜBTEN DIE IM INTERNATIONALEN STIL OFT VERWENDETEN KUBISTISCHEN FORMEN GROSSEN EINFLUSS AUF DIE ARCHITEKTUR DER BAY REGION AUS.

GROSSE GLASFLÄCHEN

DER SCHORNSTEIN WAR MIT EINER BRETTERSCHALUNG AUS SEQUOIA VERKLEIDET.

DIE HORIZONTALE BRETTERSCHALUNG AUS SEQUOIA BLIEB UNBEHANDELT UND VERWITTERTE.

1927 GREGORY RANCH HOUSE, SANTA CRUZ MOUNTAINS, KALIFORNIEN, ARCHITEKT: WILLIAM W. WURSTER

1941 STEVENS HOUSE, SAN FRANCISCO, KALIFORNIEN, ARCHITEKTEN: WURSTER, BERNARDI UND EMMONS

Dritter Bay-Region-Stil

Während der fünfziger Jahre wurden weiterhin Häuser im Bay Region Style gebaut, die von traditionellen bis rustikalen, von niedrigen, kubischen Ranch-Häusern bis zu hohen, vertikal ausgerichteten Hanghäusern reichten. Doch eine Orientierung an den früheren Bautraditionen der Bay Region war durchgehend erkennbar. Anfang der sechziger Jahre wirkten Charles Moore und sein Architekturbüro, Moore, Lyndon, Turnbull und Whitaker, sowie Joseph Esherick und sein Architekturbüro, Esherick, Homsey und Dodge, entscheidend bei der Wiederbelebung des Bay Region Style mit. Auch sie ließen sich durch die regionale Alltagsarchitektur, vornehmlich Scheunen und landwirtschaftlich genutzte Schuppen ihrer Umgebung, inspirieren, so wie es Maybeck, Coxhead und Wurster zu ihrer Zeit getan hatten.

Die Architekten der Bay Region bevorzugten schlichte Holzschalungen, industriell gefertigte Bauteile, offene Dachkonstruktionen und heimische Materialien gegenüber Baustoffen, die man gemeinhin als »hochwertig« bezeichnet. In Nordkalifornien entwickelte sich aus dem Bay Region Style der beliebte Kalifornische Rustikalstil, in dem Tausende Skihütten in den Wäldern des Nordwestens erbaut wurden. Er bildete wiederum die Grundlage für den New Shingle Style (siehe S. 284).

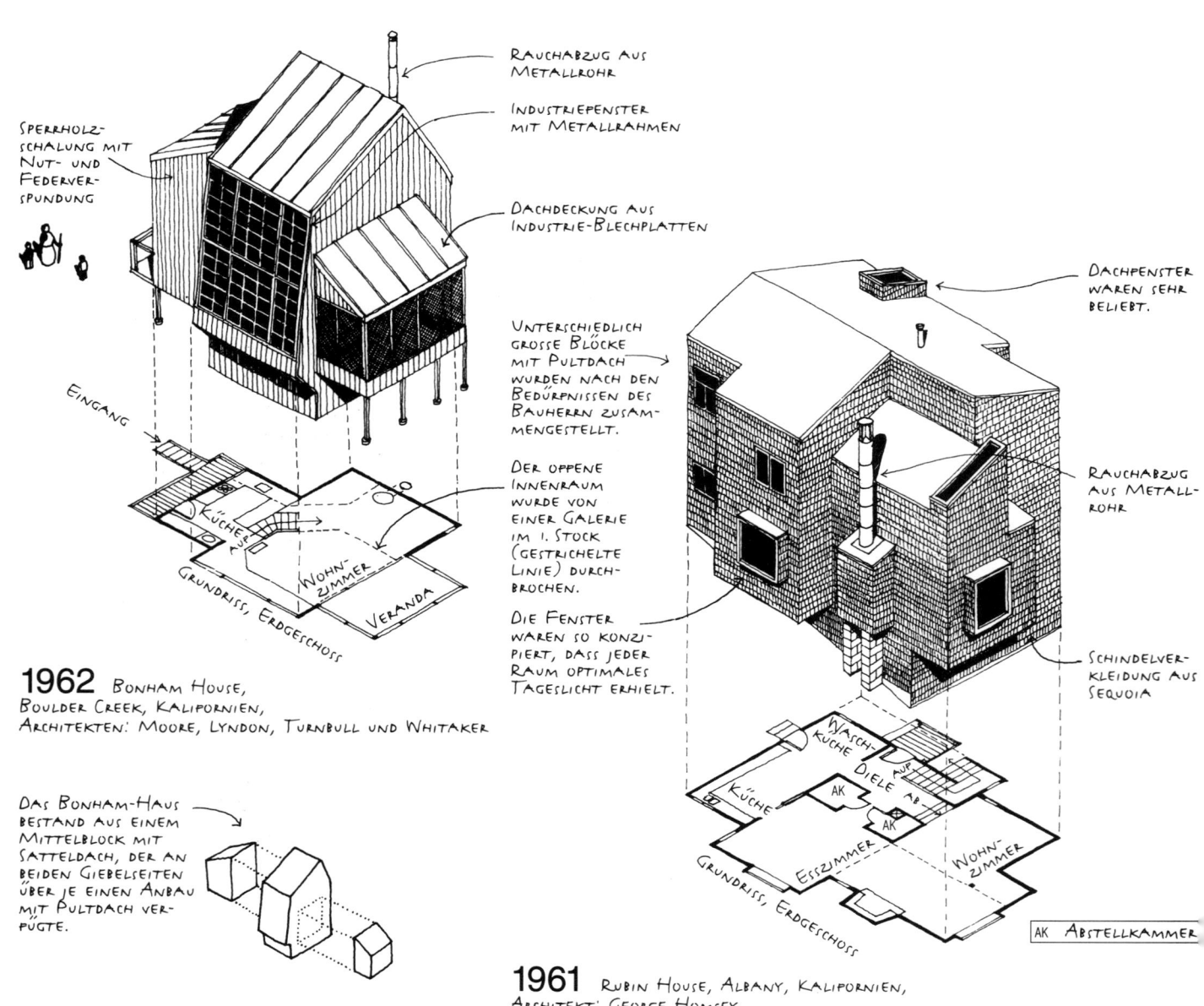

RAUCHABZUG AUS METALLROHR

INDUSTRIEFENSTER MIT METALLRAHMEN

DACHDECKUNG AUS INDUSTRIE-BLECHPLATTEN

SPERRHOLZ-SCHALUNG MIT NUT- UND FEDERVERSPUNDUNG

EINGANG

KÜCHE

WOHN-ZIMMER

VERANDA

GRUNDRISS, ERDGESCHOSS

UNTERSCHIEDLICH GROSSE BLÖCKE MIT PULTDACH WURDEN NACH DEN BEDÜRFNISSEN DES BAUHERRN ZUSAMMENGESTELLT.

DER OFFENE INNENRAUM WURDE VON EINER GALERIE IM 1. STOCK (GESTRICHELTE LINIE) DURCHBROCHEN.

DIE FENSTER WAREN SO KONZIPIERT, DASS JEDER RAUM OPTIMALES TAGESLICHT ERHIELT.

DACHFENSTER WAREN SEHR BELIEBT.

RAUCHABZUG AUS METALLROHR

SCHINDELVERKLEIDUNG AUS SEQUOIA

1962 BONHAM HOUSE, BOULDER CREEK, KALIFORNIEN, ARCHITEKTEN: MOORE, LYNDON, TURNBULL UND WHITAKER

DAS BONHAM-HAUS BESTAND AUS EINEM MITTELBLOCK MIT SATTELDACH, DER AN BEIDEN GIEBELSEITEN ÜBER JE EINEN ANBAU MIT PULTDACH VERFÜGTE.

WASCH-KÜCHE

DIELE

KÜCHE

AK

ESSZIMMER

WOHN-ZIMMER

GRUNDRISS, ERDGESCHOSS

AK ABSTELLKAMMER

1961 RUBIN HOUSE, ALBANY, KALIFORNIEN, ARCHITEKT: GEORGE HOMSEY

In ihrem Buch *The Place of Houses* stellten Charles Moore und Gerald Allen drei interessante Methoden vor, ein Haus zu planen. Die meisten Häuser in der Bay Region wurden nach einer dieser Methoden oder einer Kombination aus ihnen entworfen.

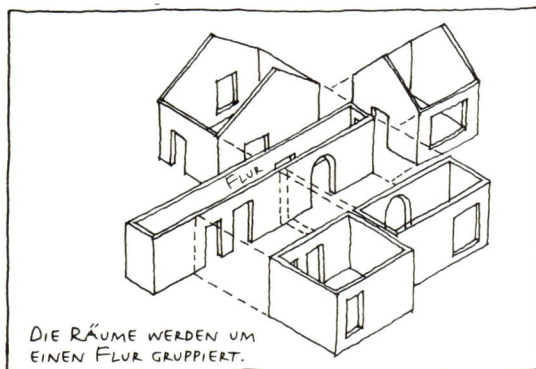

DIE RÄUME WERDEN UM EINEN FLUR GRUPPIERT.

1 RÄUME UNTERSCHIEDLICHER FORM WERDEN UM EINEN KORRIDOR GRUPPIERT.

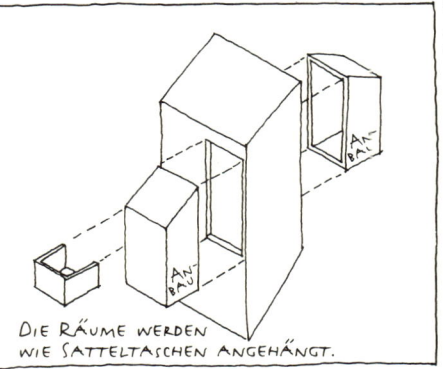

DIE RÄUME WERDEN WIE SATTELTASCHEN ANGEHÄNGT.

2 DIE ANBAUTEN WERDEN WIE SATTELTASCHEN AN DAS HAUPTHAUS »ANGEHÄNGT«.

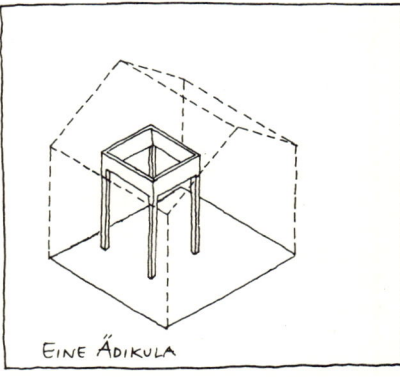

EINE ÄDIKULA

3 EIN OFFENER, RAUMGREIFENDER RAHMEN, EINE SOGENANNTE ÄDIKULA AUS VIER SÄULEN MIT GEBÄLK, SCHAFFT EIN SYMBOLISCHES ZENTRUM INNERHALB DES GESAMTGEFÜGES DES HAUSES.

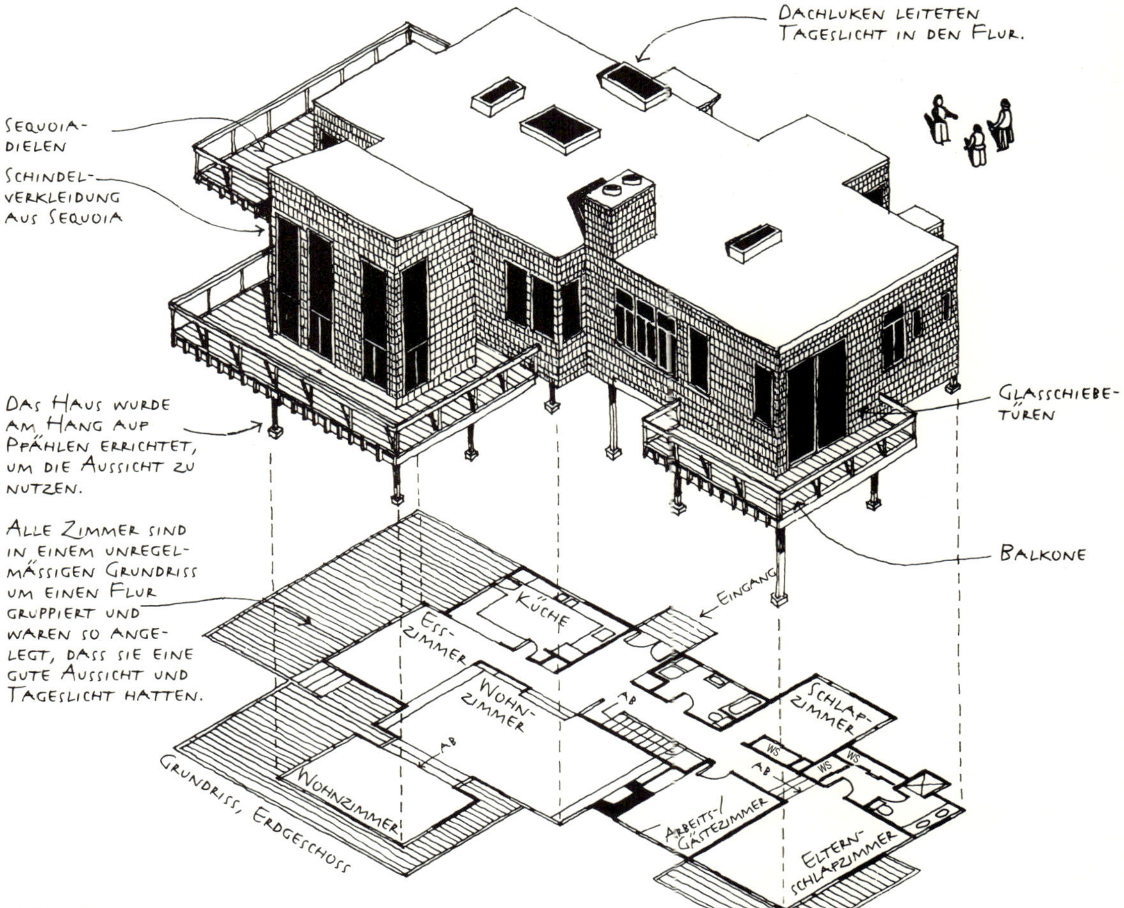

DACHLUKEN LEITETEN TAGESLICHT IN DEN FLUR.

SEQUOIA-DIELEN

SCHINDEL-VERKLEIDUNG AUS SEQUOIA

DAS HAUS WURDE AM HANG AUF PFÄHLEN ERRICHTET, UM DIE AUSSICHT ZU NUTZEN.

ALLE ZIMMER SIND IN EINEM UNREGEL-MÄSSIGEN GRUNDRISS UM EINEN FLUR GRUPPIERT UND WAREN SO ANGE-LEGT, DASS SIE EINE GUTE AUSSICHT UND TAGESLICHT HATTEN.

GLASSCHIEBE-TÜREN

BALKONE

EINGANG

GRUNDRISS, ERDGESCHOSS

ESS-ZIMMER

KÜCHE

WOHN-ZIMMER

WOHNZIMMER

AB

SCHLAF-ZIMMER

WS AB WS

ARBEITS-/GÄSTEZIMMER

ELTERN-SCHLAFZIMMER

1962 McLEOD HOUSE, BELVEDERE, KALIFORNIEN, ARCHITEKTEN: JOSEPH ESHERICK UND PARTNER

WS WANDSCHRANK

Prärie-Stil

Mittlerer Westen   1915

Die Architekten des Prärie-Stils wirkten in den Prärien des mittleren Westen, vorwiegend in der Umgebung von Chicago und in den ländlichen Gegenden von Minnesota, Iowa und Winsoncin; sie schufen dort einige der originellsten und einflußreichsten Bauten Amerikas. Sie suchten nach neuen Wegen, Häuser mit der Landschaft zu verbinden, verwendeten schmucklose Naturmaterialien und entwickelten vor allem neue Innenraumkonzepte. Beeinflußt war der Prärie-Stil vom Shingle Style, den Geschäftsbauten in Chicago und der englischen Arts and Crafts Movement. In den zwanziger Jahren des 20. Jahrhunderts wirkte der Prärie-Stil stark auf den europäischen und später auch auf den amerikanischen Internationalen Stil ein.

Die Anfänge des Prärie-Stils entwickelte um 1897 in Chicago eine Gruppe von Architekten, die neue, besonders für den mittleren Westen Amerikas geeignete Architekturformen anstrebten und sich zu einem Architekturbüro in Steinway Hall zusammenschlossen. Frank Lloyd Wright, ein Schüler des Architekten Louis Sullivan, entwickelte als erster dieser Gruppe eine neue, originelle Formensprache und übernahm bald ihre Führung. Er schrieb: »Wir im Mittleren Westen leben in der Prärie. Die Prärie besitzt ihre eigene Schönheit, und diese natürliche Schönheit und ihre Ruhe sollten wir respektieren und akzentuieren. Aus dieser Haltung resultieren die sanft geneigten Dächer, die niedrigen Proportionen, die ruhigen Dachlinien, die gedrungenen, schweren Schornsteine und schützenden Dachüberstände, die flachen Terrassen und langgestreckten Mauern, die die Privatgärten umgeben.«

Das aktive Zentrum des Prärie-Stils verlagerte sich 1899 von Steinway Hall in Wrights Atelier in Oak Park, wo er mehrere junge Architekten ausbildete, darunter auch Walter Burley Griffin und Walter Drummond. Andere berühmte Architekten des Prärie-Stils wie George Elmslie und William Steele arbeiteten für Louis Sullivan, während William Purcell, George Maher und Robert Spencer in anderen Architekturbüros tätig waren, bevor sie ihr eigenes Büro eröffneten. Diese Männer waren die Hauptvertreter des später als Prärie-Stil bezeichneten Baustils.

Die beiden unten abgebildeten Häuser sind typisch für den frühen Prärie-Stil.

1900 »Ein südliches Farmhaus«, Architekt: Robert Spencer, veröffentlicht 1901 in The Ladies Home Journal

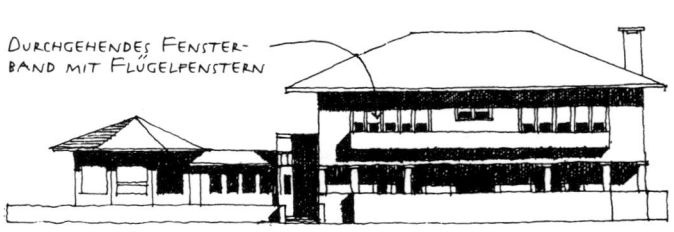

1902 Nettie F. McCormick House, Lake Forest, Illinois, Architekten: Louis Sullivan und George Elmslie

Der Prärie-Stil reichte von 1900 bis 1919, hatte aber seinen Höhepunkt schon 1915 erreicht. Zu diesem Zeitpunkt beherrschte Frank Lloyd Wright diesen Baustil bereits meisterhaft. Sein wohl berühmtestes Präriehaus, Robie House (siehe unten), hat wie die meisten seiner Wohnhäuser einen offenen Kamin als Mittelpunkt des Gebäudes (siehe S. 182). Hier bildet der Kamin mit der Treppe einen Block, der Wohnzimmer, Eßzimmer und Flur voneinander trennt. Wright verstand es genial, durch die Anordnung der Wohnbereiche einen äußerst wirkungsvollen Innenraum zu schaffen.

Wichtige Beiträge zur Entwicklung des Prärie-Stils kamen zwar auch von anderen Architekten, doch Wrights Schaffen war so kraftvoll, daß man ihn meist als Begründer dieses Stils bezeichnet. Allerdings wurde Wright seinerseits von Walter Burley Griffin beeinflußt, der seine Wohnhäuser in vertikal versetzte Geschosse gliederte und beim Bau Ortbeton und Betonplatten einsetzte. William Drummond wird die Verwendung von klaren, geometrischen Formen, rechten Winkel und Plattendächern zugeschrieben. Purcell und Elmslie entwickelten in ihren späteren Arbeiten eine Technik, bei der im weißen Putz glatte Flächen mit grobporigen kontrastiert werden konnten.

Das historische Interesse am Prärie-Stil unterlag im Laufe der Zeit starken Schwankungen. Der Stil fand bereits früh Anerkennung und erregte landesweit Aufmerksamkeit, bis das im Ersten Weltkrieg wachsende Interesse an neuen Technologien ihn fast in Vergessenheit geraten ließ. In den fünfziger Jahren erfuhr er eine gewisse Renaissance und wurde zur Inspirationsquelle für das Haus mit versetzten Ebenen sowie für das Ranch-Haus. In den sechziger Jahren schlugen sich Einflüsse des Prärie-Stils im kalifornischen Bay Region Style und im New Shingle Style der Ostküste nieder.

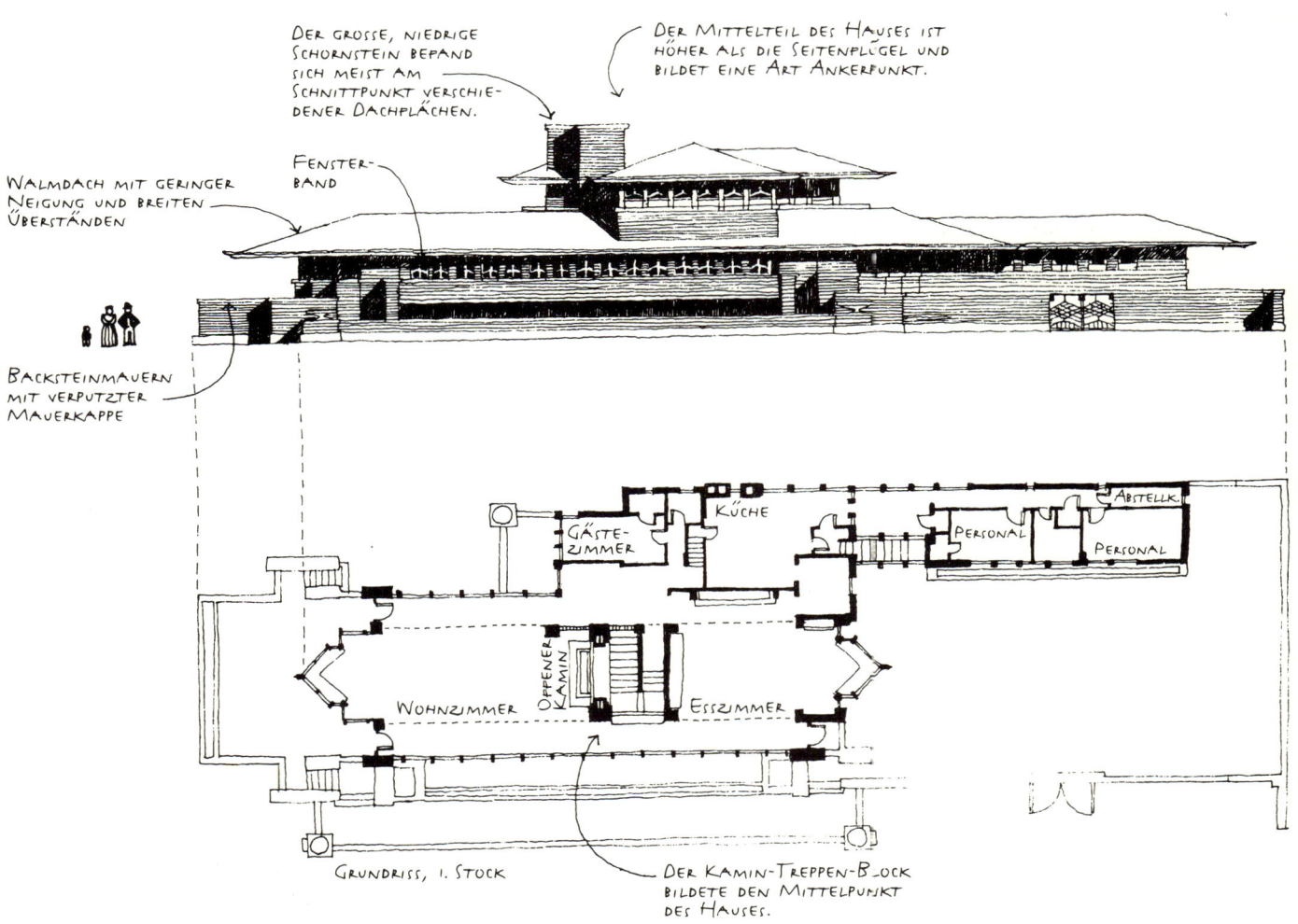

DER GROSSE, NIEDRIGE SCHORNSTEIN BEFAND SICH MEIST AM SCHNITTPUNKT VERSCHIEDENER DACHFLÄCHEN.

DER MITTELTEIL DES HAUSES IST HÖHER ALS DIE SEITENFLÜGEL UND BILDET EINE ART ANKERPUNKT.

FENSTERBAND

WALMDACH MIT GERINGER NEIGUNG UND BREITEN ÜBERSTÄNDEN

BACKSTEINMAUERN MIT VERPUTZTER MAUERKAPPE

GÄSTEZIMMER

KÜCHE

PERSONAL

PERSONAL

ABSTELLK.

OFFENER KAMIN

WOHNZIMMER

ESSZIMMER

GRUNDRISS, 1. STOCK

DER KAMIN-TREPPEN-BLOCK BILDETE DEN MITTELPUNKT DES HAUSES.

1909 FREDERICK C. ROBIE HOUSE, CHICAGO, ILLINOIS, ARCHITEKT: FRANK LLOYD WRIGHT

Pueblo Revival

Südwesten   1920

Das Pueblo Revival ist nach den Flachdach-Pueblos (siehe S. 24) benannt, die die Hopi- und Puebolo-Indianer in New Mexiko und Nordarizona bauten. In Kalifornien führte der Bostoner Architekt A. C. Schweinfurth 1894 diesen Baustil mit einem Hotelgebäude in Montalvo ein. Später entwarf er in diesem Stil verschiedene Häuser, unter anderem die Hearst Ranch in Pleasanton. Um 1915 wurde das Pueblo Revival in New Mexico und Arizona häufig für Hotels, College-Gebäude, Kirchen und andere öffentliche Gebäude verwendet. Es galt als Verbindung von archaischem Denken und modernem Zeitgeist.

Pueblo-Revival-Häuser zeichnen sich ebenso wie die ursprünglichen Pueblos durch massig wirkende Schrägmauern mit abgerundeten Ecken und Kanten aus. Diese Gebäude haben immer Flachdächer, die häufig von Brüstungsmauern umgeben sind. Das auffallendste Stilelement sind die überstehenden, abgerundeten Köpfe der Deckenbalken, die man als Viga bezeichnet. Wie bei den Pueblos der Indianer sind die Obergeschosse meist terrassenförmig angelegt. Auch wenn das Pueblo Revival nicht mit Trockenlehmziegeln arbeitete, gab es seinen Bauten das Aussehen von Adebohäusern: Sie wurden verputzt und wirkten schwer und rundlich.

Dieser Stil wird auch als Southwest Indian Revival, Hopi- oder Pueblo-Indianerstil bezeichnet.

BRÜSTUNGSMAUER MIT WASSERSPEIERN, SOGENANNTEN CANALES

FLACHDACH
VIGAS

DIE ABGERUNDETEN KÖPFE DER ÜBERSTEHENDEN DECKENBALKEN NENNT MAN VIGAS.

DIE ADOBEMAUERN ODER VERPUTZTEN WÄNDE WURDEN WEISS GESTRICHEN.

ABGESCHRÄGTE MAUERFLÄCHEN

1700 KIRCHE UND PUEBLO VON LAGUNA BEI ALBUQUERQUE, NEW MEXICO

1935 KIRCHE OUR LADY OF MT. CARMEL, EAST VALLEY, MONTECITO, KALIFORNIEN, ARCHITEKTEN: ROSS MONTGOMERY UND WILLIAM MULLARY

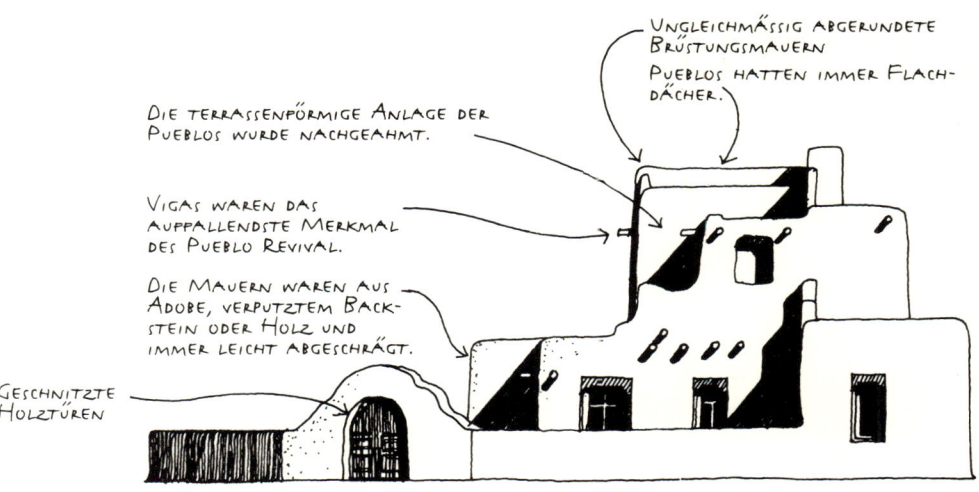

DIE TERRASSENFÖRMIGE ANLAGE DER PUEBLOS WURDE NACHGEAHMT.

UNGLEICHMÄSSIG ABGERUNDETE BRÜSTUNGSMAUERN

PUEBLOS HATTEN IMMER FLACH-DÄCHER.

VIGAS WAREN DAS AUFFALLENDSTE MERKMAL DES PUEBLO REVIVAL.

DIE MAUERN WAREN AUS ADOBE, VERPUTZTEM BACK-STEIN ODER HOLZ UND IMMER LEICHT ABGESCHRÄGT.

GESCHNITZTE HOLZTÜREN

1930 ZIMMERMAN HOUSE, ALBUQUERQUE, NEW MEXICO, ARCHITEKT: W. MILES BRITELLE

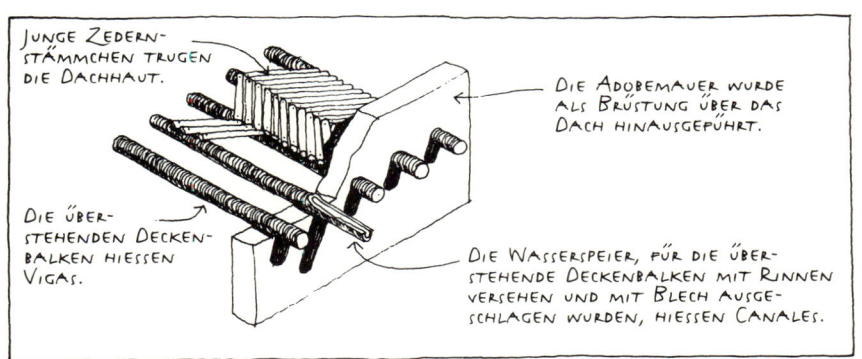

JUNGE ZEDERN-STÄMMCHEN TRUGEN DIE DACHHAUT.

DIE ADOBEMAUER WURDE ALS BRÜSTUNG ÜBER DAS DACH HINAUSGEFÜHRT.

DIE ÜBER-STEHENDEN DECKEN-BALKEN HIESSEN VIGAS.

DIE WASSERSPEIER, FÜR DIE ÜBER-STEHENDE DECKENBALKEN MIT RINNEN VERSEHEN UND MIT BLECH AUSGE-SCHLAGEN WURDEN, HIESSEN CANALES.

FLACHDACHKONSTRUKTION DES PUEBLOS

Die Architektur des Pueblo Revival mit Elementen des Spanish Colonial Revival (siehe S. 210) zu vermengen, war in den zwanziger Jahren des 20. Jahrhunderts in Los Angeles und anderen südkalifornischen Städten sehr beliebt und entwickelte sich zu einem lokalen Baustil, der vornehmlich bei kleinen verputzten Wohnhäusern eingesetzt wurde.

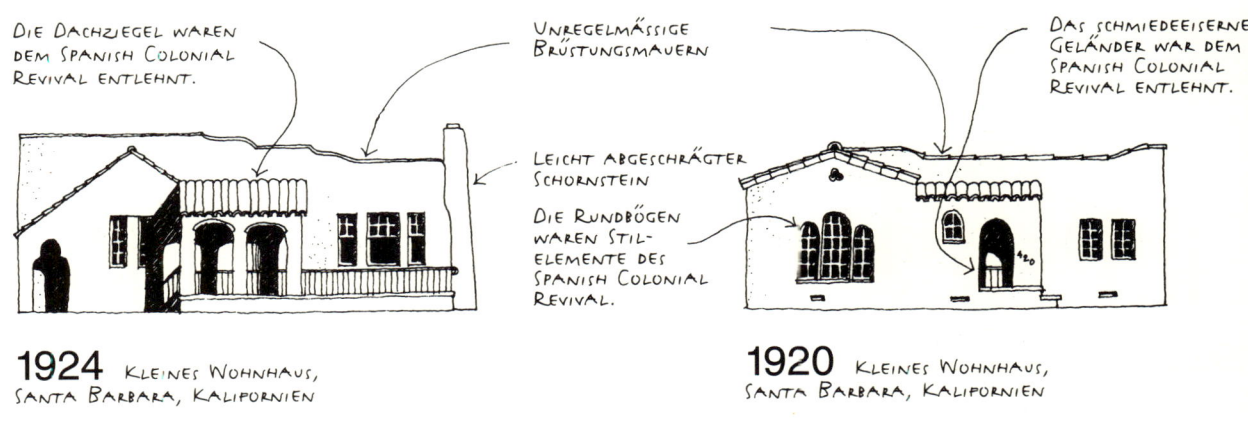

DIE DACHZIEGEL WAREN DEM SPANISH COLONIAL REVIVAL ENTLEHNT.

UNREGELMÄSSIGE BRÜSTUNGSMAUERN

DAS SCHMIEDEEISERNE GELÄNDER WAR DEM SPANISH COLONIAL REVIVAL ENTLEHNT.

LEICHT ABGESCHRÄGTER SCHORNSTEIN

DIE RUNDBÖGEN WAREN STIL-ELEMENTE DES SPANISH COLONIAL REVIVAL.

1924 KLEINES WOHNHAUS, SANTA BARBARA, KALIFORNIEN

1920 KLEINES WOHNHAUS, SANTA BARBARA, KALIFORNIEN

Colonial Revival
Landesweit   1925

In den Jahren von 1920 bis 1929 brachten es große Teile der US-Bevölkerung zu beträchtlichem Wohlstand. Die Nachfrage nach neuen Häusern stieg in einem noch nie dagewesenen Ausmaß und führte zu einem Bauboom, bei dem Häuser in mehr Stilarten entstanden als in der zweiten Hälfte des 19. Jahrhunderts. Die Verbesserung des Autos und des Straßennetzes sowie die schnelleren Verkehrsverbindungen zwischen Stadt und Land bewirkten, daß in der Umgebung aller Ballungsgebiete neue Vororte mit Häusern in den verschiedensten Stilarten wie Pilze aus dem Boden schossen.

Am beliebtesten waren die traditionellen kolonialen Baustile, weil sie Erinnerungen an Amerikas Geschichte weckten oder einen gewissen nostalgischen Zug aus der Alten Welt hatten, der mit den älteren Gebäuden der Umgebung harmonierte. Der Cape-Cod-Stil wurde in zahlreichen Spielarten weiterentwickelt, unter anderem auch von der Fertighausindustrie, und setzte sich bald als populärster Wohnbaustil Amerikas durch.

Auch andere Baustile der Kolonialzeit kamen wieder in Mode, so das Garnisonshaus, die Saltbox und der niederländische Kolonialbau; da diese Häuser aber größer waren, stiegen die Baukosten. Sie entstanden deshalb nur in beschränkter Zahl in einigen wohlhabenderen Vorortvierteln, hatten jedoch ein nostalgisches Flair.

VIELE HÄUSER DES COLONIAL REVIVAL WAREN VON DEN ECHTEN KOLONIALHÄUSERN KAUM ZU UNTERSCHEIDEN.

FESTE ZIERLÄDEN

1923 GARNISONS-SALTBOX-HAUS, VORSTADT

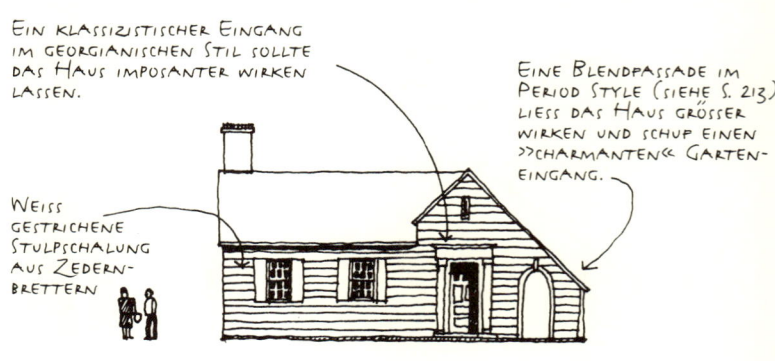

EIN KLASSIZISTISCHER EINGANG IM GEORGIANISCHEN STIL SOLLTE DAS HAUS IMPOSANTER WIRKEN LASSEN.

EINE BLENDFASSADE IM PERIOD STYLE (SIEHE S. 213) LIESS DAS HAUS GRÖSSER WIRKEN UND SCHUF EINEN >>CHARMANTEN<< GARTENEINGANG.

WEISS GESTRICHENE STULPSCHALUNG AUS ZEDERNBRETTERN

1924 TYPISCHES CAPE-COD-HAUS, VORSTADT

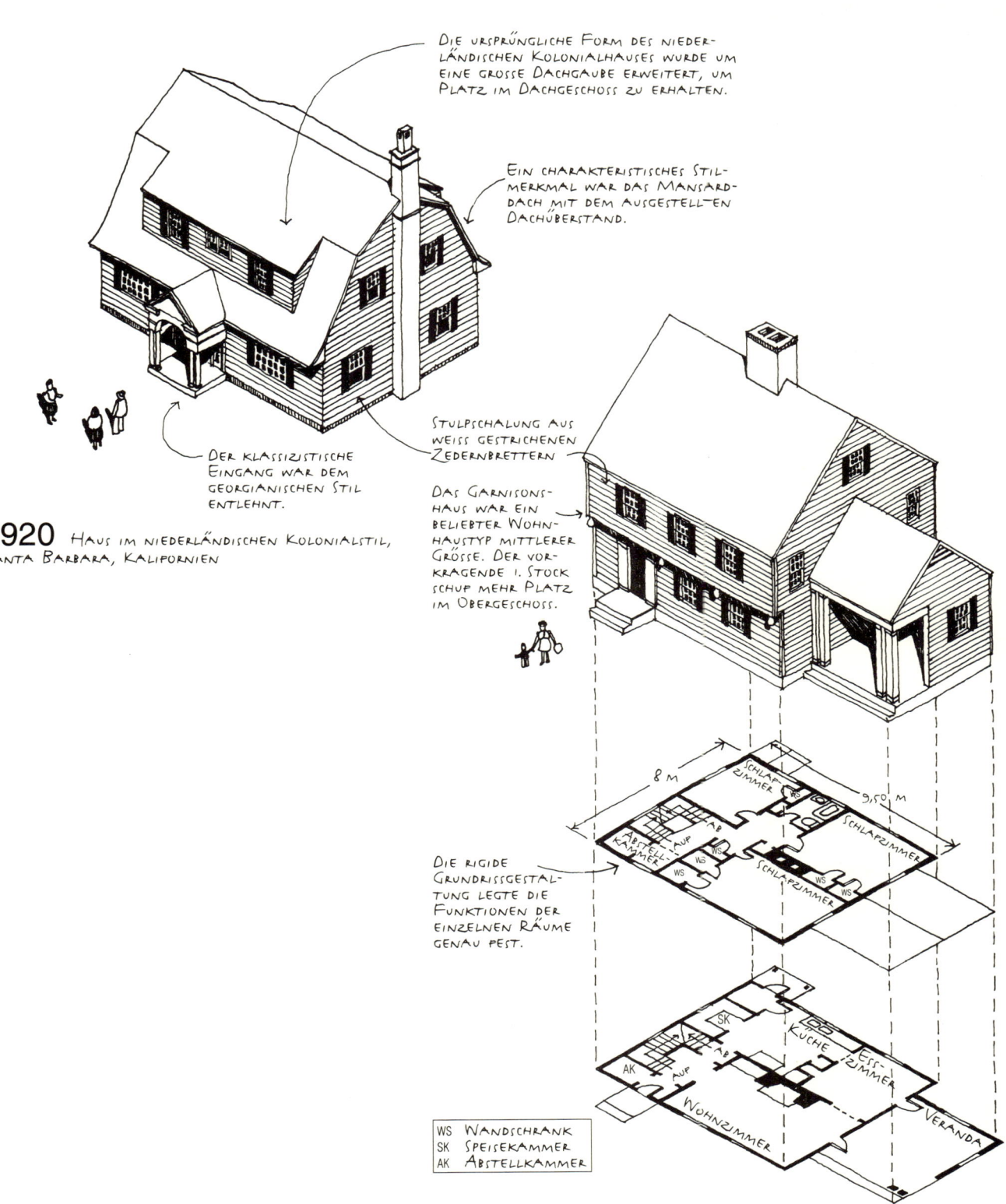

DIE URSPRÜNGLICHE FORM DES NIEDER-
LÄNDISCHEN KOLONIALHAUSES WURDE UM
EINE GROSSE DACHGAUBE ERWEITERT, UM
PLATZ IM DACHGESCHOSS ZU ERHALTEN.

EIN CHARAKTERISTISCHES STIL-
MERKMAL WAR DAS MANSARD-
DACH MIT DEM AUSGESTELLTEN
DACHÜBERSTAND.

STULPSCHALUNG AUS
WEISS GESTRICHENEN
ZEDERNBRETTERN

DER KLASSIZISTISCHE
EINGANG WAR DEM
GEORGIANISCHEN STIL
ENTLEHNT.

DAS GARNISONS-
HAUS WAR EIN
BELIEBTER WOHN-
HAUSTYP MITTLERER
GRÖSSE. DER VOR-
KRAGENDE 1. STOCK
SCHUF MEHR PLATZ
IM OBERGESCHOSS.

1920 HAUS IM NIEDERLÄNDISCHEN KOLONIALSTIL,
SANTA BARBARA, KALIFORNIEN

DIE RIGIDE
GRUNDRISSGESTAL-
TUNG LEGTE DIE
FUNKTIONEN DER
EINZELNEN RÄUME
GENAU FEST.

8 M

9,50 M

SCHLAF-
ZIMMER

SCHLAFZIMMER

ABSTELL-
KAMMER

SCHLAFZIMMER

WS

SK

AK

AUF

KÜCHE

ESS-
ZIMMER

WOHNZIMMER

VERANDA

WS WANDSCHRANK
SK SPEISEKAMMER
AK ABSTELLKAMMER

1927 ZEITGEMÄSS MODERNISIERTES >>KOLONIALHAUS<<
AUS DEM MUSTERBUCH OLD HOUSE PLANS

Phantasiestil

Landesweit   1925

In Amerika wurden viele Häuser gebaut, die so originell, eigenwillig oder phantasievoll waren, daß sie sich jeglicher Kategorisierung entziehen. Man könnte sie als »bizarr«, »phantastisch« oder sogar »exzentrisch« bezeichnen, doch am besten lassen sie sich wohl unter der Bezeichnung »Phantasiestil« einordnen. Sie alle stellen einen Versuch ihrer Schöpfer dar, ihre Träume zu verwirklichen – ungewöhnliche oder visionäre Bilder in unkonventionelle Architektur zu übersetzen.

Es gibt zwei Arten von Phantasiehäusern: Die einen gehen von einer vorgegebenen äußeren Form aus, die keine Rücksicht auf die Zweckmäßigkeit des Inneren nimmt. Diese Vorgehensweise wird auch als Planung von außen nach innen bezeichnet. Ein gutes Beispiel ist das Elefantenhaus in Margate City (siehe folgende Seite), bei dem sich die Anlage der Innenräume und Zugangswege nach der äußeren Form richten mußte. Bei der zweiten Art des Phantasiehauses entwickelt sich die äußere Form des Gebäudes aus der Anlage der Innenräume. Das Haus wird von innen nach außen geplant, ohne auf das äußere Erscheinungsbild sonderlich Rücksicht zu nehmen. Gute Beispiele für dieses Vorgehen sind die Arbeiten der Bildhauer, Künstler und Architekten Clarence Schmidt aus Woodstock, New York, oder Art Beal aus West Cambria Pines, Kalifornien. Ihre Häuser sind Resultate einer persönlichen Vision und wirken wie wuchernde, traumhafte Pop-Art-Skulpturen.

Robert Venturi, Denise Scott Brown und Steven Izenour entwickelten in ihrem Buch *Learning from Las Vegas* zwei interessante Kategorien der Highway-Architektur, die genau diesen Stilrichtungen entsprachen: die Ente und den dekorierten Schuppen.

DIE ENTE IST EIN SYMBOL, DAS AUTOS VOM HIGHWAY WEGLOCKT.

BEIM DEKORIERTEN SCHUPPEN LOCKT EIN KONVENTIONELLES GEBÄUDE AUTOS DURCH AUSSEN ANGEBRACHTE ZEICHEN UND SCHILDER VOM HIGHWAY WEG.

Bei der Ente handelt es sich um eine vorgegebene Außenform, die auf die Zweckmäßigkeit der Innenräume keine Rücksicht nimmt. Der dekorierte Schuppen dagegen ist ein konventionelles, aber auffallend gestaltetes Haus. Beide Gebäude sollen durch ihre Form die Aufmerksamkeit der Autofahrer auf sich ziehen und sie vom Highway weglocken – die Ente als launiges Symbol der Aktivitäten im Inneren und der Schuppen durch außen angebrachte dekorative Schilder und Zeichen. In Amerika wurden viele Häuser gebaut, die in die Kategorie der Ente oder des dekorierten Schuppens zugeordnet werden können.

HOT-DOG-STAND

DRIVE-IN-RESTAURANT

EISDIELE

SNACK BAR

1925–1940 VIER IMBISS- UND ERFRISCHUNGSSTÄNDE MIT VORGEGEBENER AUSSENFORM, LOS ANGELES, KALIFORNIEN

Das wohl schönste Beispiel für ein Phantasiehaus mit vorgegebener Außenform ist das Elefantenhaus, das James V. Lafferty 1883 in Margate City baute. Etwa um die gleiche Zeit errichtete er auf Coney Island ein dreigeschossiges, 37 m hohes Elefantenhotel, das jedoch 1896 abbrannte. Lafferty war der Auffassung, die Elefantenform sei zu menschlichen Wohnzwecken ideal geeignet, da »der erhöhte Körper eine optimale Luftzirkulation ermöglicht und weit genug von der Feuchtigkeit des Bodens entfernt ist ... Zudem bekommt er von allen Seiten Luft und Licht und ist daher ein gesunder und zuträglicher Wohnort für Kranke und andere«.

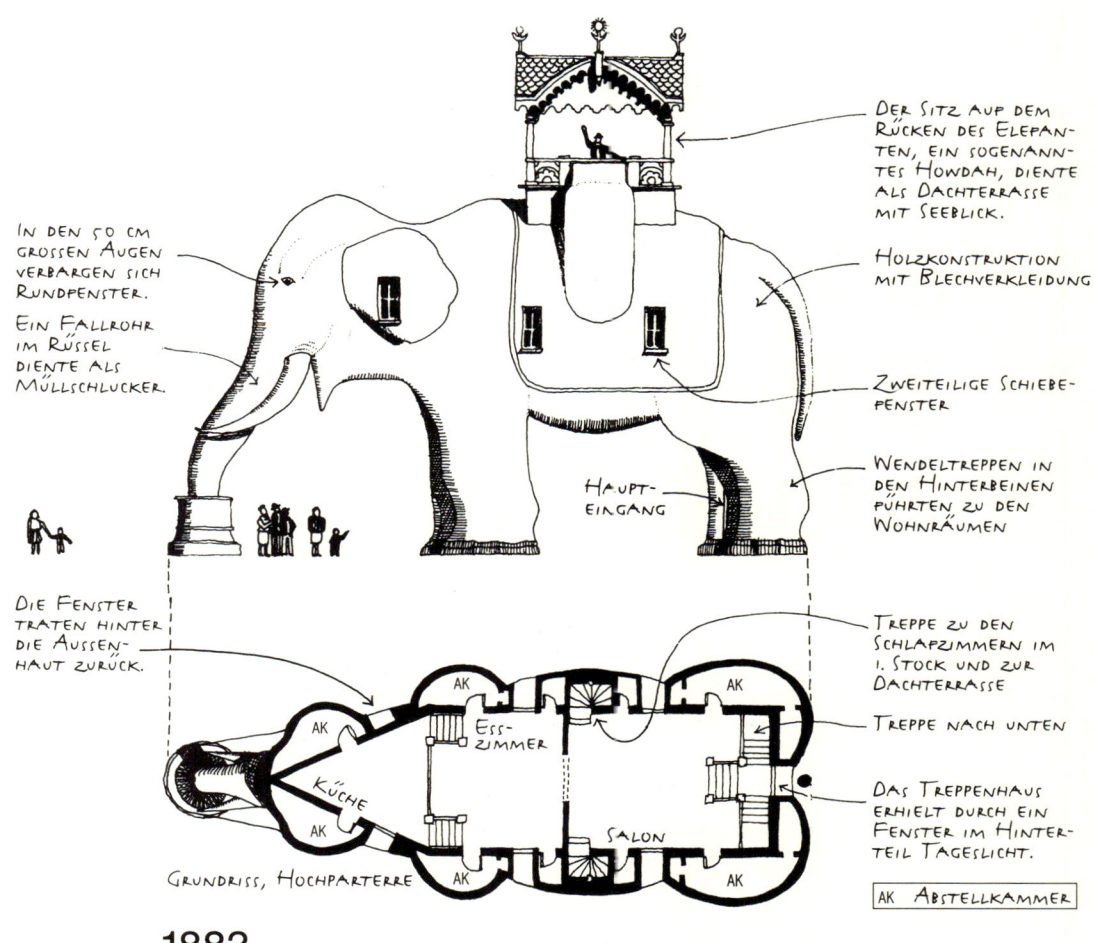

IN DEN 50 CM GROSSEN AUGEN VERBARGEN SICH RUNDFENSTER.

EIN FALLROHR IM RÜSSEL DIENTE ALS MÜLLSCHLUCKER.

DER SITZ AUF DEM RÜCKEN DES ELEFANTEN, EIN SOGENANNTES HOWDAH, DIENTE ALS DACHTERRASSE MIT SEEBLICK.

HOLZKONSTRUKTION MIT BLECHVERKLEIDUNG

ZWEITEILIGE SCHIEBEFENSTER

WENDELTREPPEN IN DEN HINTERBEINEN FÜHRTEN ZU DEN WOHNRÄUMEN

HAUPT-EINGANG

DIE FENSTER TRATEN HINTER DIE AUSSENHAUT ZURÜCK.

TREPPE ZU DEN SCHLAFZIMMERN IM 1. STOCK UND ZUR DACHTERRASSE

TREPPE NACH UNTEN

DAS TREPPENHAUS ERHIELT DURCH EIN FENSTER IM HINTERTEIL TAGESLICHT.

AK · AK · AK · AK · AK · AK · AK

ESSZIMMER · KÜCHE · SALON

GRUNDRISS, HOCHPARTERRE

AK ABSTELLKAMMER

1883 ELEFANTENHAUS, MARGATE CITY, NEW JERSEY, ARCHITEKT: JAMES V. LAFFERTY

1927 TEEKESSELHAUS, TACOMA, WASHINGTON

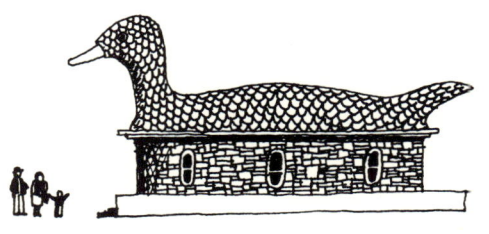

1940 GÄNSEMUTTERHAUS, HAZARD, KENTUCKY

1948 SCHUHHAUS, HALLAM, PENNSYLVANIA

Die beiden folgenden »Traumhäuser« wurden von ihren Besitzern entworfen und erbaut. Schloß Fonthill erbaute der Amateurarchitekt Dr. Henry Mercer mit einem großen Trupp von Betonbauern vorwiegend aus Stahlbeton und dekorativen Dachziegeln. Mercer entwarf das Haus während des Baus (nur nach Augenmaß, ohne Richtscheit) und prüfte den Entwurf an einem großen Modell. Den Ausgangspunkt bildete ein kleines Holzhaus aus dem Jahre 1742, in dem er und seine Bauarbeiter während des Baus wohnten und das sie Raum für Raum erweiterten. Schloß Fonthill ist ein gutes Beispiel für den additiven oder evolutionären Phantasiestil, auch wenn die Fassade durch die eklektischen Formen, zu denen Mercer seine Überseereisen inspirierten, eine gewisse Förmlichkeit erhielt. Der Grundriß setzt sich jedoch aus einem Gewirr von Zimmern, Treppen und Fluren zusammen, die an die Kulisse eines Wachsfigurenkabinetts erinnern. Noch seltsamer wirkt das Äußere durch die Strenge der grauen Betonmauern, die exotisch-nostalgische Fassadengestaltung und die Dachform.

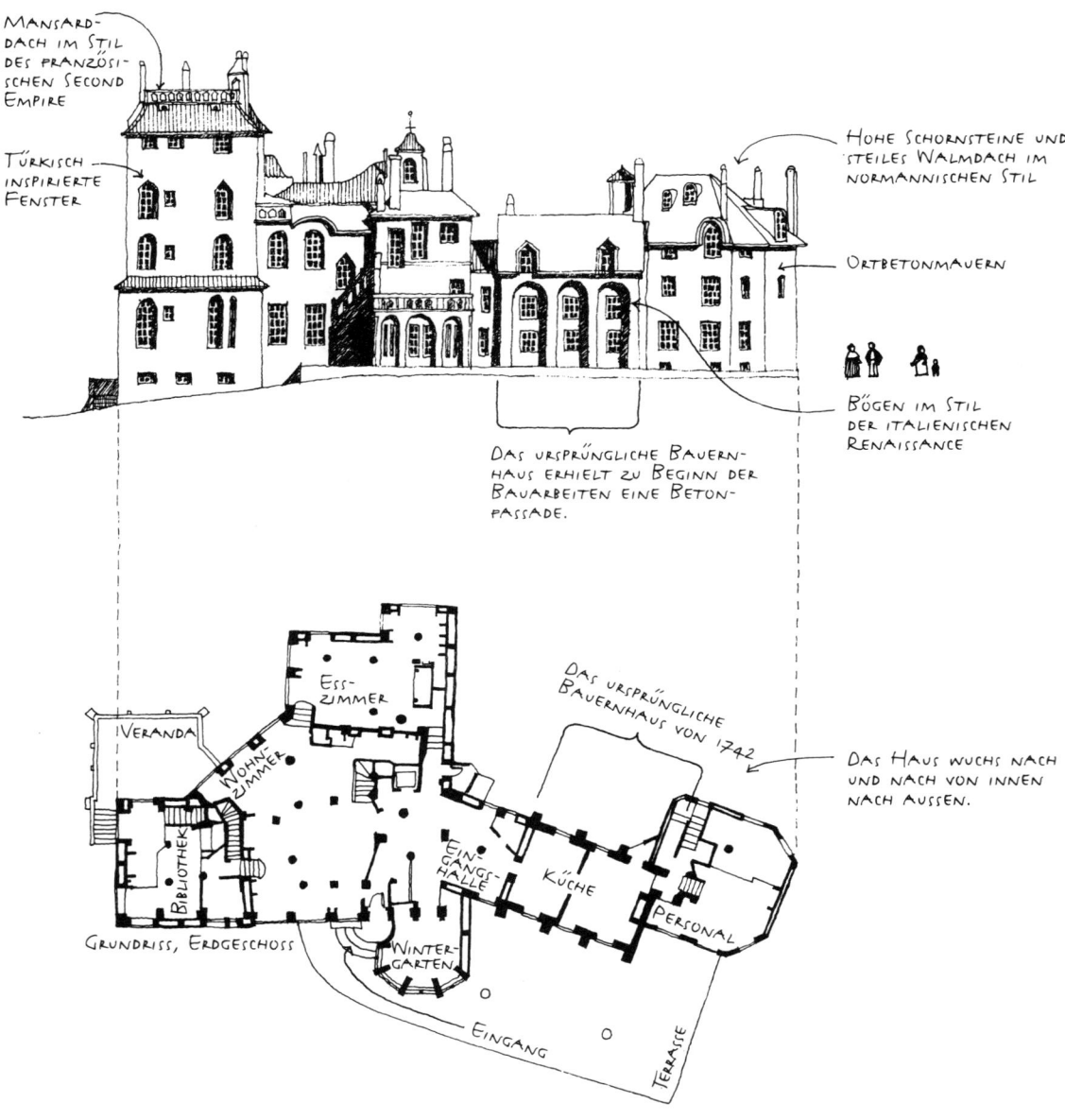

MANSARD-
DACH IM STIL
DES FRANZÖSI-
SCHEN SECOND
EMPIRE

TÜRKISCH-
INSPIRIERTE
FENSTER

HOHE SCHORNSTEINE UND
STEILES WALMDACH IM
NORMANNISCHEN STIL

ORTBETONMAUERN

BÖGEN IM STIL
DER ITALIENISCHEN
RENAISSANCE

DAS URSPRÜNGLICHE BAUERN-
HAUS ERHIELT ZU BEGINN DER
BAUARBEITEN EINE BETON-
FASSADE.

DAS URSPRÜNGLICHE
BAUERNHAUS VON 1742

DAS HAUS WUCHS NACH
UND NACH VON INNEN
NACH AUSSEN.

ESS-
ZIMMER

VERANDA

WOHN-
ZIMMER

BIBLIOTHEK

EIN-
GANGS-
HALLE

KÜCHE

PERSONAL

GRUNDRISS, ERDGESCHOSS

WINTER-
GARTEN

EINGANG

TERRASSE

1910 FONTHILL, DOYLESTOWN, PENNSYLVANIA,
ERBAUER UND BESITZER: DR. HENRY MERCER

Beim Haus des Architekten Bruce Goff wurde die Außenform durch einen Steinspirale vorgegeben, die mehrere »Wohnschalen (für spezifische Funktionen wie Essen, Schlafen usw.) umschließt und in einem hohen Mast mündet, an dem das Dach abgehängt ist. Die Spirale war so groß, daß sich der Innenraum nach den Vorstellungen der Besitzer in verschiedene Bereiche gliedern ließ. Obwohl die Form der Spirale vorgegeben war, gestaltete sich der Innenraum also evolutionär.

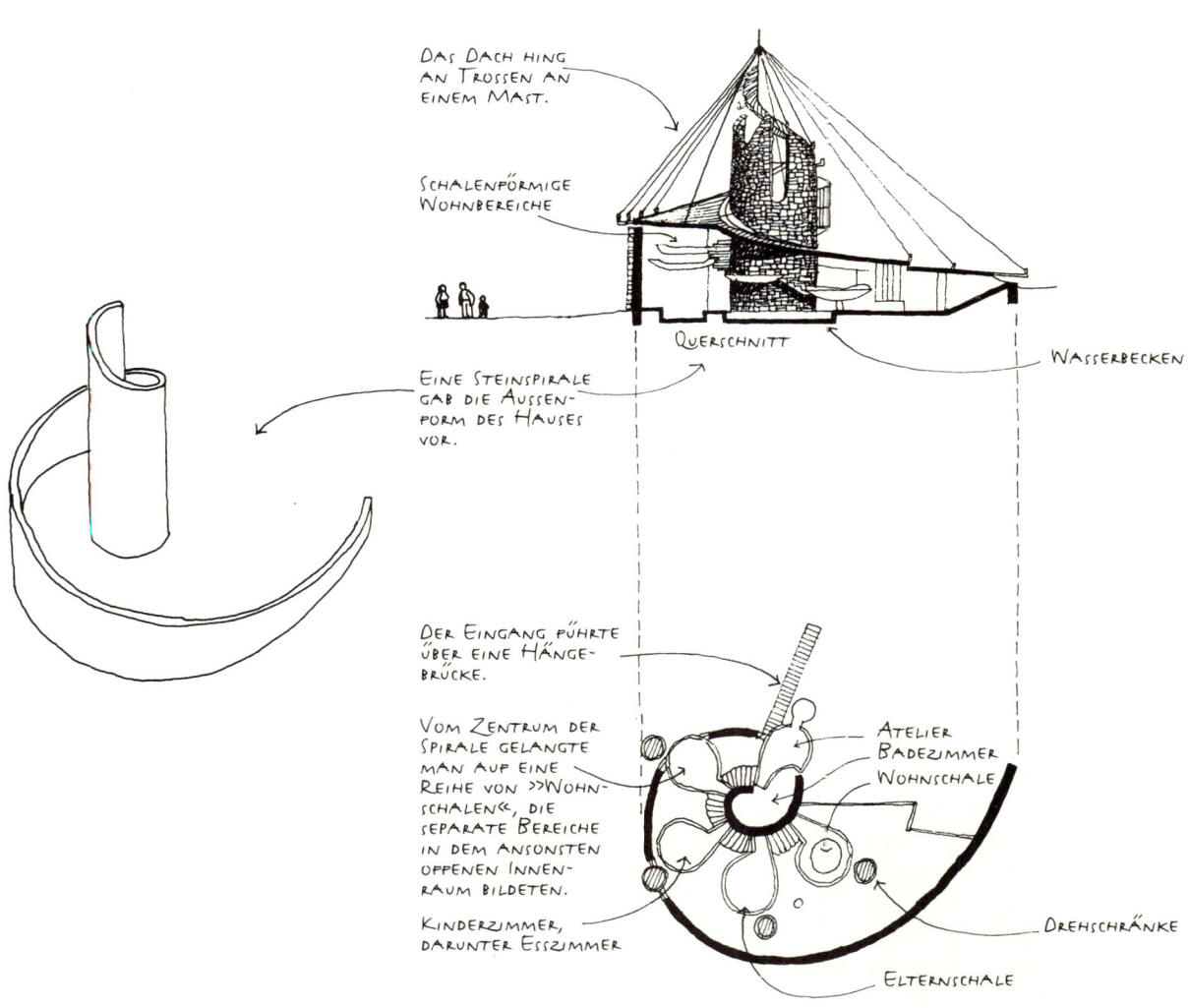

DAS DACH HING AN TROSSEN AN EINEM MAST.

SCHALENFÖRMIGE WOHNBEREICHE

QUERSCHNITT

WASSERBECKEN

EINE STEINSPIRALE GAB DIE AUSSENFORM DES HAUSES VOR.

DER EINGANG FÜHRTE ÜBER EINE HÄNGEBRÜCKE.

VOM ZENTRUM DER SPIRALE GELANGTE MAN AUF EINE REIHE VON >>WOHNSCHALEN<<, DIE SEPARATE BEREICHE IN DEM ANSONSTEN OFFENEN INNENRAUM BILDETEN.

ATELIER
BADEZIMMER
WOHNSCHALE

KINDERZIMMER, DARUNTER ESSZIMMER

DREHSCHRÄNKE

ELTERNSCHALE

1957 WOHNHAUS VON BRUCE GOFF, NORMAN, OKLAHOMA, ARCHITEKT: BRUCE GOFF

Zwei der wohl besten Beispiel für den evolutionären Phantasiestil waren die Wohnhäuser von Art Beal und Clarence Schmidt (siehe unten und folgende Seite).

Art Beal (alias Doctor Tinkerpaws oder Captain Nitwit) baute sein Haus nach und nach an einen 80 Meter hohen Steilhang in Cambria Pines, Kalifornien. Er brauchte dazu 45 Jahre und verarbeitete vorwiegend vorgefundene Materialien wie Bierdosen, Autoreifen, Autofelgen, Töpfe, Pfannen und Holzabfälle. Beal sagt über sein Haus: »1927 baute ich meine erste Ein-Zimmer-Hütte. Aber sie reichte nicht. Und so baute ich noch eine und noch eine und noch eine.«

DIE MAUERBÖGEN ERRICHTETE ER AUS DEN STEINEN DES FELSHANGS.

WERKSTATT

DIE GELÄNDER WURDEN AUS ALTEN WASSERLEI-TUNGSROHREN GEFERTIGT.

EINGANG VON DER STRASSE

1927–1972 WOHNHAUS VON ART BEAL, CAMBRIA PINES, KALIFORNIEN,
ERBAUER UND BESITZER: ART BEAL

Das Haus von Clarence Schmidt, einem ehemaligen Maurer aus Woodstock, New York, war ein siebenstöckiger, labyrinthartiger Komplex mit vielen Zimmern, den er im Verlauf von 18 Jahren an einem Hang errichtete. Schmidt begann 1949 mit einer Ein-Raum-Hütte, die er in alle Richtungen erweiterte. Er verwendete dazu hauptsächlich vorgefundene Materialien wie Holzfenster und gebrauchte Schalungsbretter, die er an einem Holzskelett anbrachte. In seinem ständig wachsenden Haus blieb die ursprüngliche Hütte stets der Hauptwohnraum, auch wenn dieser Raum später völlig von anderen Zimmern eingeschlossen war. Den größten Teil seiner wohl mehr als 35 Räume nutzte Schmidt für künstlerische Experimente, bei denen er Fundgegenstände wie Plastikblumen, Spiegel, Aluminiumfolie, Plastikpuppen, Weihnachtskerzen und alte Möbel zu eigenwilligen Skulpturen zusammenstellte, die mit der Zeit zu festen Bestandteilen des Hauses wurden. Leider brannte das Haus 1967, neun Jahre vor Schmidts Tod, vollständig ab.

EIN HOLZSKELETT, DAS
SICH ERWEITERN LIESS,
WAR MIT FENSTERN
UNTERSCHIEDLICHER FORM
UND GRÖSSE VERKLEIDET.

DAS HAUS WUCHS IN
MEHREREN EBENEN,
VERBUNDEN DURCH
BALKONE, RAMPEN
UND GÄNGE.

EINGANG VON
DER HANGSEITE

BRUCHSTEINMAUERN
BILDETEN DAS FUNDAMENT DES HAUSES UND
DIE STÜTZMAUERN FÜR
EINE TERRASSE.

1949–1967 WOHNHAUS VON CLARENCE SCHMIDT, WOODSTOCK, NEW YORK,
ERBAUER UND BESITZER: CLARENCE SCHMIDT

In die Kategorie der Phantasiehäuser muß man wohl auch die beiden folgenden, nie verwirklichten, aber durchaus realistischen Projekte einordnen, die der Architekt Bruce Goff aus Oklahoma entwarf. Wie die meisten Arbeiten Goffs gehen beide Häuser von einer vorab festgelegten Außenform aus, die eine tragende Konstruktion benötigte. Das Nicol-Haus, dessen Entwürfe dem Auftraggeber wegen der hohen Baukosten nie vorgelegt wurden, verwendete für die relativ großen Spannweiten Leimbinder. Das Abrahams-Haus, das zwar vom Auftraggeber, aber nicht von den Kreditinstituten akzeptiert wurde, war als leichte Stahlkonstruktion geplant, die eine glatte, kugelförmige Außenhaut aus Gasbeton erhalten sollte.

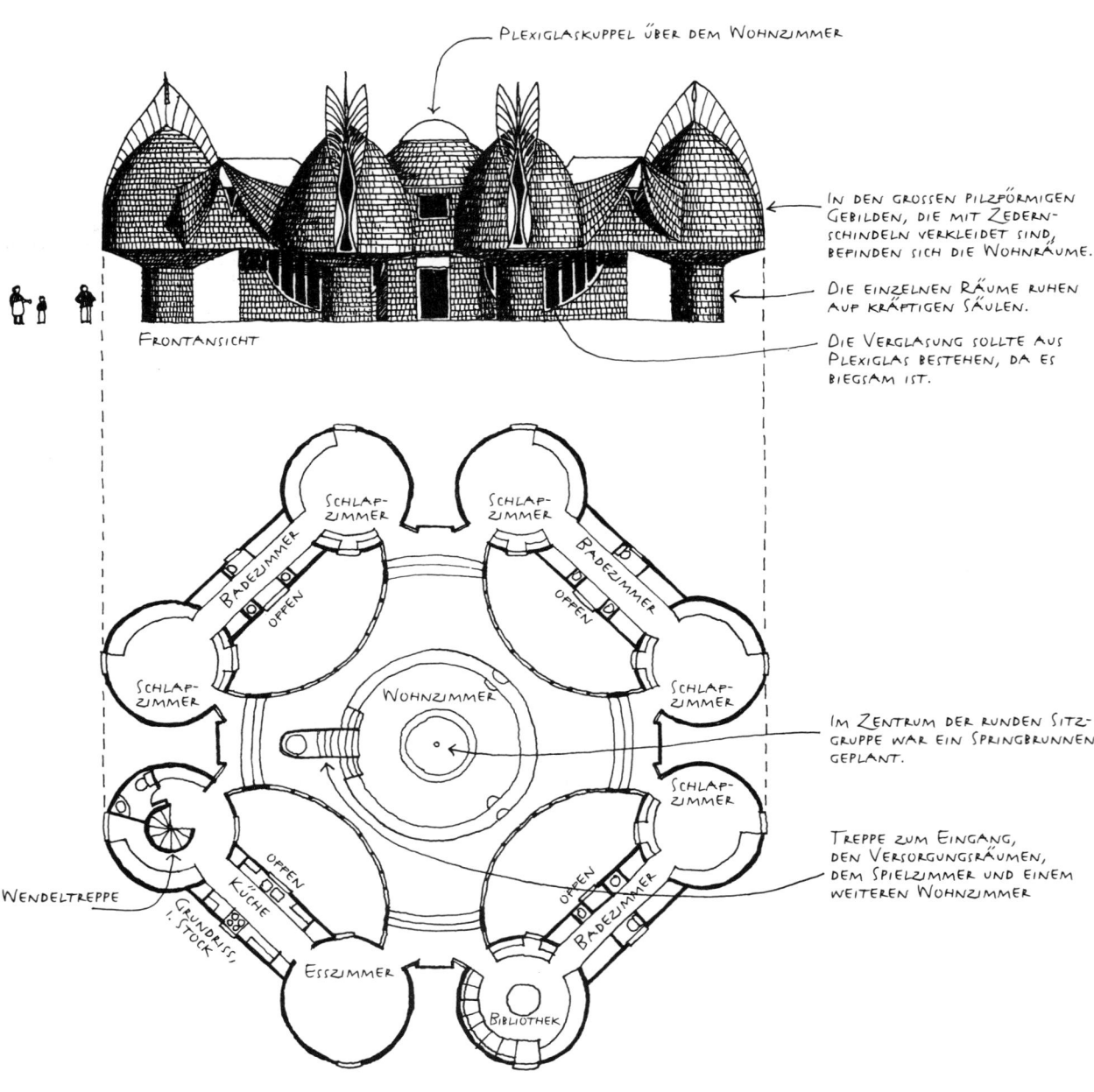

PLEXIGLASKUPPEL ÜBER DEM WOHNZIMMER

IN DEN GROSSEN PILZFÖRMIGEN GEBILDEN, DIE MIT ZEDERN-SCHINDELN VERKLEIDET SIND, BEFINDEN SICH DIE WOHNRÄUME.

DIE EINZELNEN RÄUME RUHEN AUF KRÄFTIGEN SÄULEN.

DIE VERGLASUNG SOLLTE AUS PLEXIGLAS BESTEHEN, DA ES BIEGSAM IST.

FRONTANSICHT

SCHLAF-ZIMMER

SCHLAF-ZIMMER

BADEZIMMER

OFFEN

BADEZIMMER

OFFEN

SCHLAF-ZIMMER

WOHNZIMMER

SCHLAF-ZIMMER

SCHLAF-ZIMMER

IM ZENTRUM DER RUNDEN SITZ-GRUPPE WAR EIN SPRINGBRUNNEN GEPLANT.

WENDELTREPPE

OFFEN

KÜCHE

GRUNDRISS 1. STOCK

OFFEN

BADEZIMMER

TREPPE ZUM EINGANG, DEN VERSORGUNGSRÄUMEN, DEM SPIELZIMMER UND EINEM WEITEREN WOHNZIMMER

ESSZIMMER

BIBLIOTHEK

1970 NICOL HOUSE, OKLAHOMA, ARCHITEKT: BRUCE GOFF

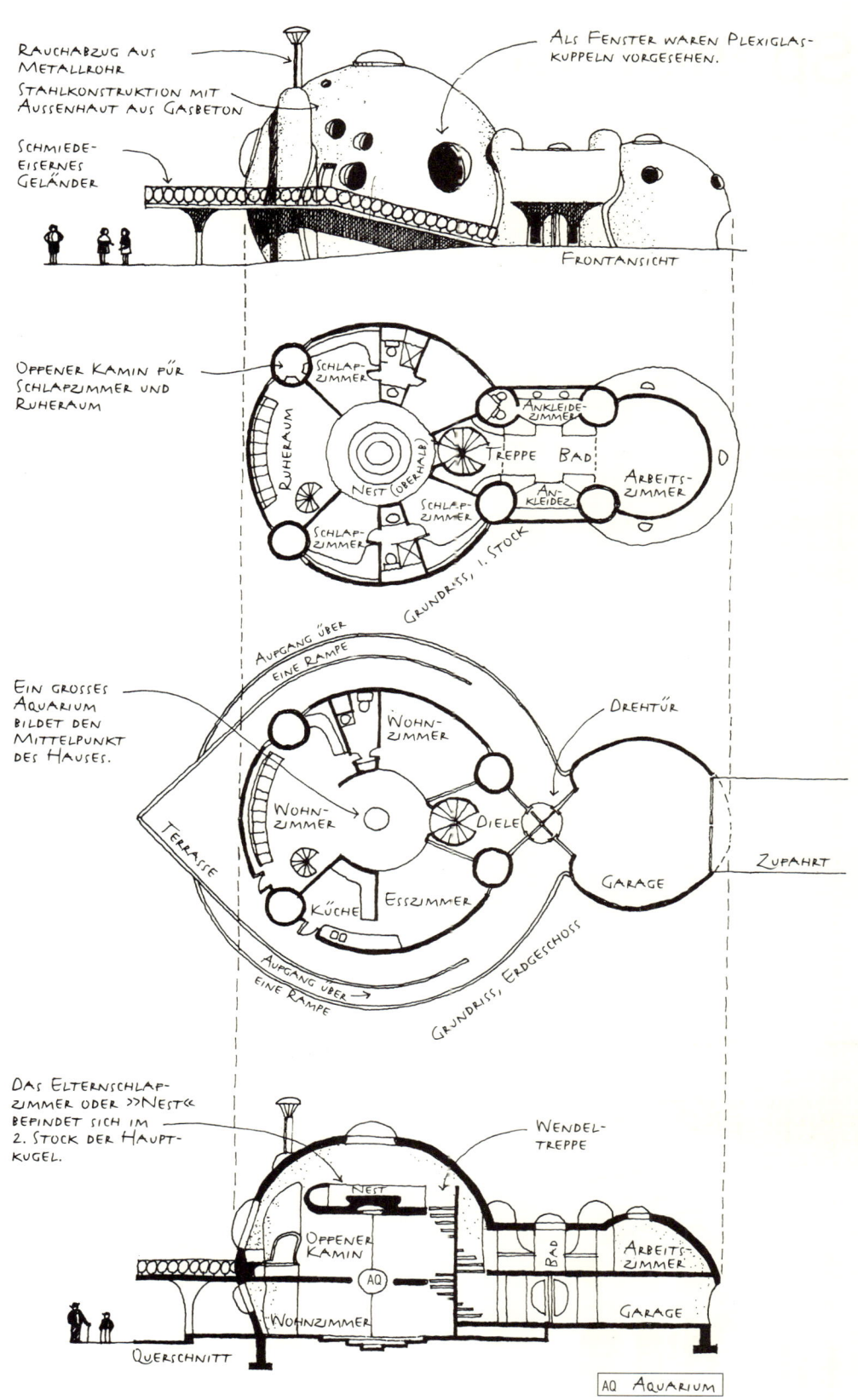

RAUCHABZUG AUS
METALLROHR

STAHLKONSTRUKTION MIT
AUSSENHAUT AUS GASBETON

SCHMIEDE-
EISERNES
GELÄNDER

ALS FENSTER WAREN PLEXIGLAS-
KUPPELN VORGESEHEN.

FRONTANSICHT

OPPENER KAMIN PÜR
SCHLAPZIMMER UND
RUHERAUM

SCHLAP-
ZIMMER

RUHERAUM

NEST (OBERHALB)

SCHLAP-
ZIMMER

ANKLEIDE-
ZIMMER

TREPPE BAD

AN-
KLEIDEZ.

SCHLAP-
ZIMMER

ARBEITS-
ZIMMER

GRUNDRISS, 1. STOCK

EIN GROSSES
AQUARIUM
BILDET DEN
MITTELPUNKT
DES HAUSES.

AUFGANG ÜBER
EINE RAMPE

WOHN-
ZIMMER

TERRASSE

WOHN-
ZIMMER

DREHTÜR

DIELE

KÜCHE

ESSZIMMER

GARAGE

ZUPAHRT

AUFGANG ÜBER
EINE RAMPE

GRUNDRISS, ERDGESCHOSS

DAS ELTERNSCHLAP-
ZIMMER ODER »NEST«
BEFINDET SICH IM
2. STOCK DER HAUPT-
KUGEL.

WENDEL-
TREPPE

NEST

OPPENER
KAMIN

AQ

WOHNZIMMER

QUERSCHNITT

BAD

ARBEITS-
ZIMMER

GARAGE

AQ AQUARIUM

1967 ABRAHAMS HOUSE, OKLAHOMA,
ARCHITEKT: BRUCE GOFF

Spanish Colonial Revival
Südwesten und Florida   1925

Das Spanish Colonial Revival war eine Mischung mediterraner Stilarten, die sich durch Bögen, Innenhöfe, glatte weiße Mauerflächen und rote Ziegeldächer auszeichneten. Als Inspiration zu diesem Baustil dienten den Architekten verschiedene Quellen: Adobehäuser und Bauten im spanischen Kolonialstil in Südkalifornien, spätmaurische Architektur, mittelalterliche Kirchen Spaniens, die Barockarchitektur der spanischen und portugiesischen Kolonien, Pueblos und der Missionsstil.

Beachtung fand das Spanish Colonial Revival erstmals, als die San Diego Exposition 1915 Bauten im spanischen Kolonialstil vorstellte. Populär wurde dieser Stil in Gebieten mit spanisch geprägter Tradition: Südkalifornien, New Mexico, Südarizona, Texas und Florida. Er hielt sich von 1915 bis 1940, erreichte jedoch um 1925 seinen Zenit. Missionskirchen, Häuser im kalifornischen Ranch-Stil und Festungen im mexikanischen Barock dienten diesem Baustil als Vorbilder, sowohl für öffentliche Gebäude aller Art als auch für Privathäuser. Im wesentlichen setzte dieser Baustil den Missionsstil (siehe S. 174) fort, der die Wiederbelebung spanischer Stilarten eingeleitet hatte.

Führend in der Bewegung des Spanish Colonial Revival war der Architekt der Ausstellungsbauten für die San Diego Exposition, Bertram Goodhue. Er gehörte zu den angesehensten Architekten Südkaliforniens und schrieb ein Buch über spanische Kolonialarchitektur in Mexiko. Seine Entwürfe gehörten zu den ersten, die dem Spanish Colonial Revival zuzuordnen sind.

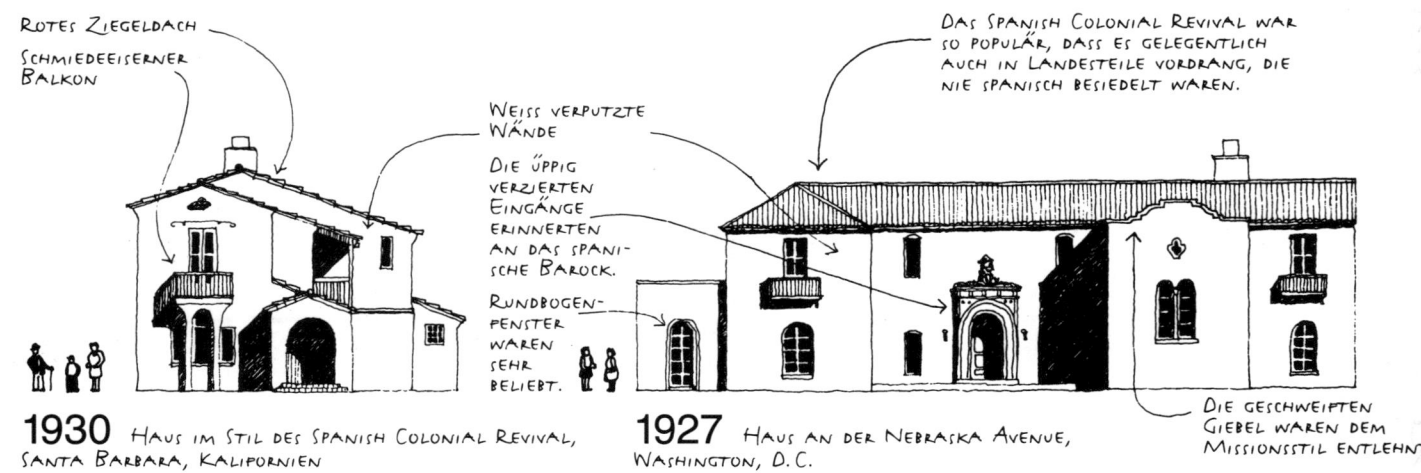

ROTES ZIEGELDACH
SCHMIEDEEISERNER BALKON
WEISS VERPUTZTE WÄNDE
DIE ÜPPIG VERZIERTEN EINGÄNGE ERINNERTEN AN DAS SPANISCHE BAROCK.
RUNDBOGENFENSTER WAREN SEHR BELIEBT.
DAS SPANISH COLONIAL REVIVAL WAR SO POPULÄR, DASS ES GELEGENTLICH AUCH IN LANDESTEILE VORDRANG, DIE NIE SPANISCH BESIEDELT WAREN.
DIE GESCHWEIFTEN GIEBEL WAREN DEM MISSIONSSTIL ENTLEHNT

1930 HAUS IM STIL DES SPANISH COLONIAL REVIVAL, SANTA BARBARA, KALIFORNIEN

1927 HAUS AN DER NEBRASKA AVENUE, WASHINGTON, D.C.

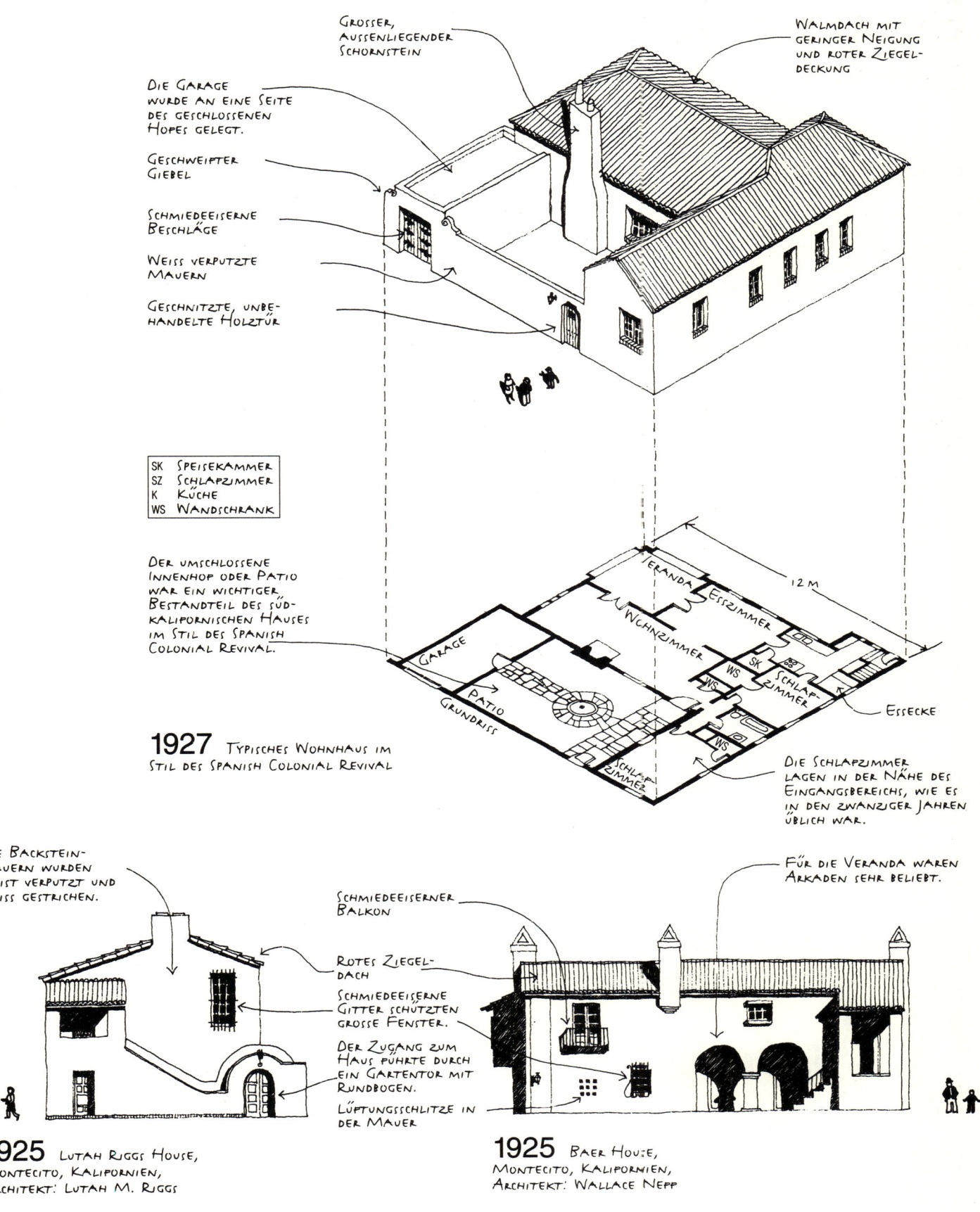

GROSSER, AUSSENLIEGENDER SCHORNSTEIN

WALMDACH MIT GERINGER NEIGUNG UND ROTER ZIEGEL-DECKUNG

DIE GARAGE WURDE AN EINE SEITE DES GESCHLOSSENEN HOFES GELEGT.

GESCHWEIFTER GIEBEL

SCHMIEDEEISERNE BESCHLÄGE

WEISS VERPUTZTE MAUERN

GESCHNITZTE, UNBE-HANDELTE HOLZTÜR

SK	SPEISEKAMMER
SZ	SCHLAFZIMMER
K	KÜCHE
WS	WANDSCHRANK

DER UMSCHLOSSENE INNENHOF ODER PATIO WAR EIN WICHTIGER, BESTANDTEIL DES SÜD-KALIFORNISCHEN HAUSES IM STIL DES SPANISH COLONIAL REVIVAL.

TERANDA — ESSZIMMER — 12 M

WCHNZIMMER

GARAGE — WS — SK — SCHLAF-ZIMMER

PATIO — WS

GRUNDRISS — ESSECKE

SCHLAF-ZIMMER — WS

1927 TYPISCHES WOHNHAUS IM STIL DES SPANISH COLONIAL REVIVAL

DIE SCHLAFZIMMER LAGEN IN DER NÄHE DES EINGANGSBEREICHS, WIE ES IN DEN ZWANZIGER JAHREN ÜBLICH WAR.

DIE BACKSTEIN-MAUERN WURDEN MEIST VERPUTZT UND WEISS GESTRICHEN.

SCHMIEDEEISERNER BALKON

FÜR DIE VERANDA WAREN ARKADEN SEHR BELIEBT.

ROTES ZIEGEL-DACH

SCHMIEDEEISERNE GITTER SCHÜTZTEN GROSSE FENSTER.

DER ZUGANG ZUM HAUS FÜHRTE DURCH EIN GARTENTOR MIT RUNDBOGEN.

LÜFTUNGSSCHLITZE IN DER MAUER

1925 LUTAH RIGGS HOUSE, MONTECITO, KALIFORNIEN, ARCHITEKT: LUTAH M. RIGGS

1925 BAER HOUSE, MONTECITO, KALIFORNIEN, ARCHITEKT: WALLACE NEFF

Period Style

Landesweit   1930

Zwischen dem Ersten Weltkrieg und der großen Depression erlebte das pittoreske Haus eine erneute Blüte, die man als »Ära des Stilhauses« (Period house) bezeichnete. Bauten im Period Style waren überzeugende Kopien älterer Baustile, entworfen von konservativen Architekten, die ihre Lösungen für die Planungsprobleme von Wohnhäusern in altbewährten, allgemein anerkannten Stilrichtungen suchten. Period-Häuser gab es in einer unendlichen Vielfalt. Besonders Architekten, die genaueste Repliken von Häusern der Alten Welt entwerfen konnten, ohne Abstriche am modernen Komfort zu machen, waren sehr gefragt. Am beliebtesten waren Häuser im Stil mittelalterlicher englischer oder französischer Landhäuser, aber auch Entwürfe im georgianischen, italienischen, spanischen und amerikanischen Kolonialstil wurden häufig imitiert.

Als Anfang der dreißiger Jahre der Internationale Stil (siehe S. 216) in Amerika an Einfluß gewann, ebbte die Beliebtheit des Period Style ab. Kritiker meinten, daß die Bauten des Period Style nur ein schwacher Ersatz für das Original seien, doch die Architekten des Period Style sahen keinen Grund, weshalb man ihre Bauten nicht als moderne Architektur im besten Sinne einstufen sollte. H. H. Mencken erklärte: »Wenn ich morgen ein Haus bauen sollte, hätte es sicher nicht die Form eines Dynamos oder eines Schaufelrades ... Zu behaupten, die verzierten Hühnerställe von Le Corbusier und Konsorten seien der Natur näher als die Häuser des 18. Jahrhunderts, ist ebenso absurd wie zu behaupten, daß Teerpappeschuppen hinter den Eisenbahngleisen der Natur näher seien.«

Märchenhäuser wie das Hänsel-und-Gretel-Haus auf der folgenden Seite versuchten den Besitzern etwas von einer anheimelnd romantischen Puppenstube zu vermitteln, und Spekulanten ließen in den bescheidenen Vorstadtvierteln des ganzen Landes millionenfach Stilhäuser mit Rundbogentüren und unterschiedlichsten Oberflächentexturen errichten.

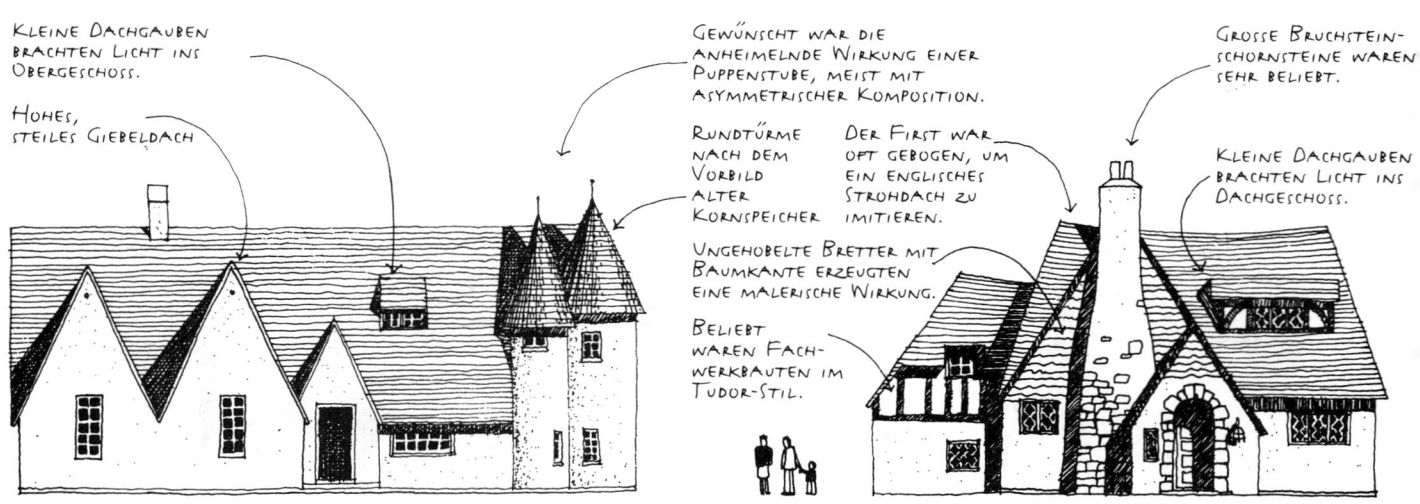

KLEINE DACHGAUBEN BRACHTEN LICHT INS OBERGESCHOSS.

HOHES, STEILES GIEBELDACH

GEWÜNSCHT WAR DIE ANHEIMELNDE WIRKUNG EINER PUPPENSTUBE, MEIST MIT ASYMMETRISCHER KOMPOSITION.

RUNDTÜRME NACH DEM VORBILD ALTER KORNSPEICHER

DER FIRST WAR OFT GEBOGEN, UM EIN ENGLISCHES STROHDACH ZU IMITIEREN.

UNGEHOBELTE BRETTER MIT BAUMKANTE ERZEUGTEN EINE MALERISCHE WIRKUNG.

BELIEBT WAREN FACHWERKBAUTEN IM TUDOR-STIL.

GROSSE BRUCHSTEINSCHORNSTEINE WAREN SEHR BELIEBT.

KLEINE DACHGAUBEN BRACHTEN LICHT INS DACHGESCHOSS.

1925 TYPISCHES HAUS IM PERIOD STYLE, ANGELEHNT AN EIN FRANZÖSISCHES BAUERNHAUS DES 16. JAHRHUNDERTS, MONTECITO, KALIFORNIEN, ARCHITEKT: PIERPONT DAVIS

1930 TYPISCHES HAUS IM PERIOD STYLE, ANGELEHNT AN DAS ENGLISCHE COTSWOLD COTTAGE

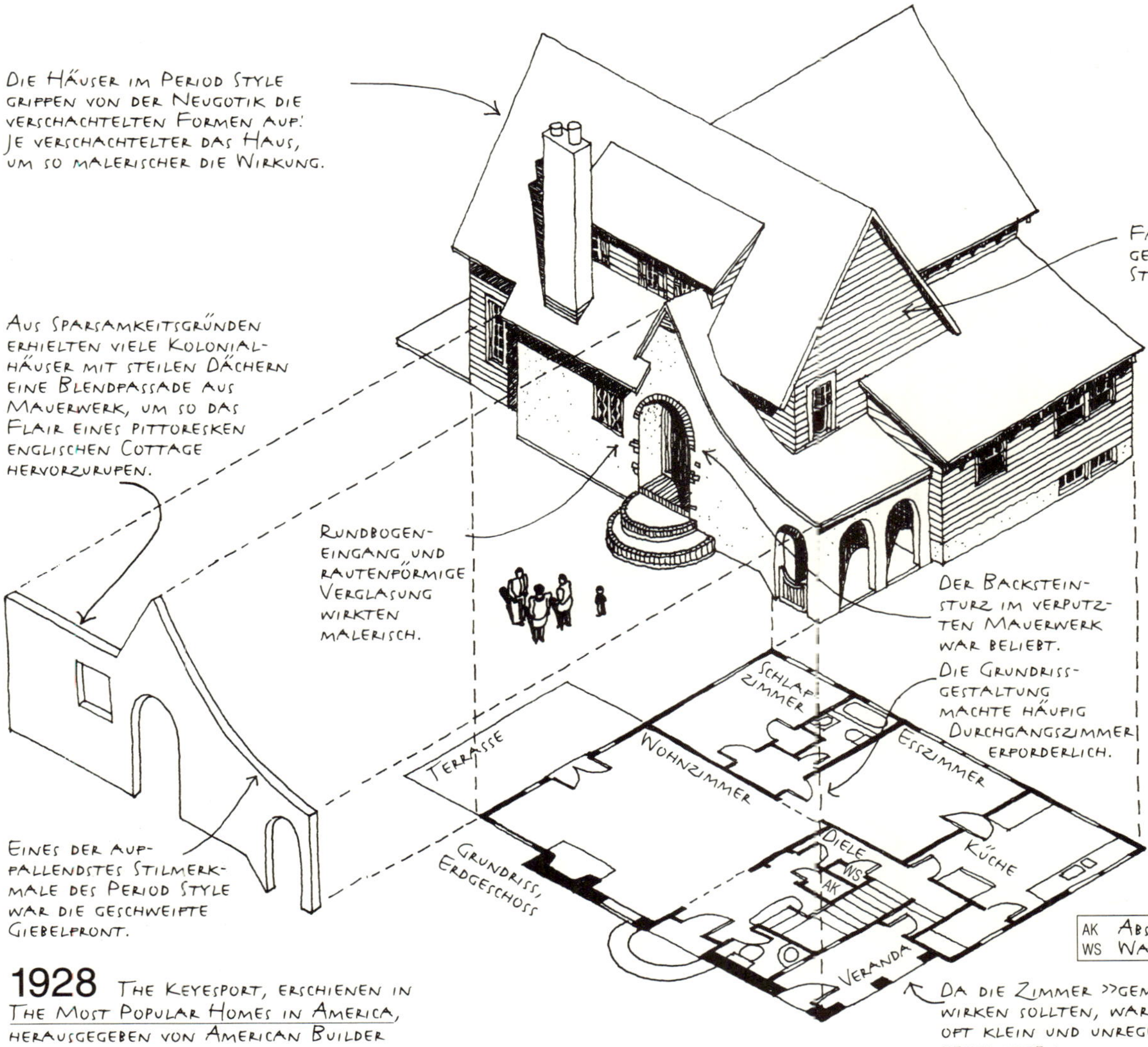

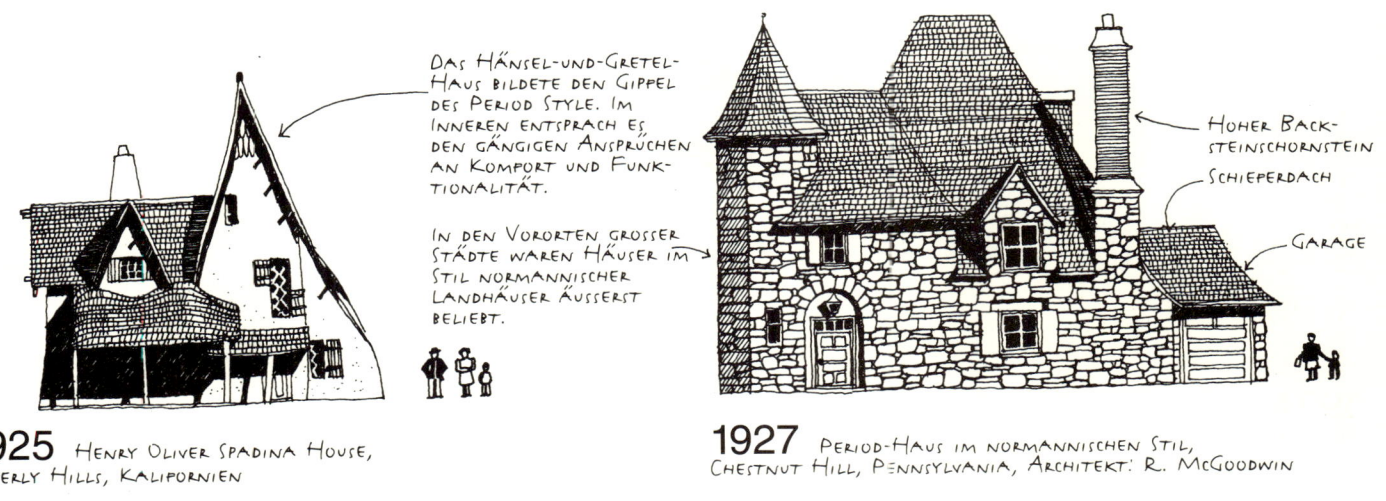

DIE HÄUSER IM PERIOD STYLE GRIFFEN VON DER NEUGOTIK DIE VERSCHACHTELTEN FORMEN AUF: JE VERSCHACHTELTER DAS HAUS, UM SO MALERISCHER DIE WIRKUNG.

FARBIG GESTRICHENE STULPSCHALUNG

AUS SPARSAMKEITSGRÜNDEN ERHIELTEN VIELE KOLONIAL-HÄUSER MIT STEILEN DÄCHERN EINE BLENDFASSADE AUS MAUERWERK, UM SO DAS FLAIR EINES PITTORESKEN ENGLISCHEN COTTAGE HERVORZURUFEN.

RUNDBOGEN-EINGANG UND RAUTENFÖRMIGE VERGLASUNG WIRKTEN MALERISCH.

DER BACKSTEIN-STURZ IM VERPUTZ-TEN MAUERWERK WAR BELIEBT.

DIE GRUNDRISS-GESTALTUNG MACHTE HÄUFIG DURCHGANGSZIMMER ERFORDERLICH.

EINES DER AUF-FALLENDSTES STILMERK-MALE DES PERIOD STYLE WAR DIE GESCHWEIFTE GIEBELFRONT.

TERRASSE

WOHNZIMMER

SCHLAF-ZIMMER

ESSZIMMER

DIELE

KÜCHE

WS

AK

GRUNDRISS, ERDGESCHOSS

VERANDA

| AK | ABSTELLKAMMER |
| WS | WANDSCHRANK |

1928 THE KEYESPORT, ERSCHIENEN IN THE MOST POPULAR HOMES IN AMERICA, HERAUSGEGEBEN VON AMERICAN BUILDER

DA DIE ZIMMER »GEMÜTLICH« WIRKEN SOLLTEN, WAREN SIE OFT KLEIN UND UNREGELMÄSSIG GESCHNITTEN.

DAS HÄNSEL-UND-GRETEL-HAUS BILDETE DEN GIPFEL DES PERIOD STYLE. IM INNEREN ENTSPRACH ES DEN GÄNGIGEN ANSPRÜCHEN AN KOMFORT UND FUNK-TIONALITÄT.

IN DEN VORORTEN GROSSER STÄDTE WAREN HÄUSER IM STIL NORMANNISCHER LANDHÄUSER ÄUSSERST BELIEBT.

HOHER BACK-STEINSCHORNSTEIN

SCHIEFERDACH

GARAGE

1925 HENRY OLIVER SPADINA HOUSE, BEVERLY HILLS, KALIFORNIEN

1927 PERIOD-HAUS IM NORMANNISCHEN STIL, CHESTNUT HILL, PENNSYLVANIA, ARCHITEKT: R. McGOODWIN

Mitte der dreißiger Jahre veranstaltete die Zeitschrift *Pencil Points* regelmäßig Wettbewerbe für Wohnhausentwürfe, die meist von einem Baustoffhersteller gesponsert wurden. Bei den Wettbewerben von 1934 und 1935 erhielten die beiden folgenden Häuser eine lobende »Erwähnung«, konnten aber gegen Entwürfe im Internationalen oder Modernen Stil, die rasch an Popularität gewannen, nichts ausrichten.

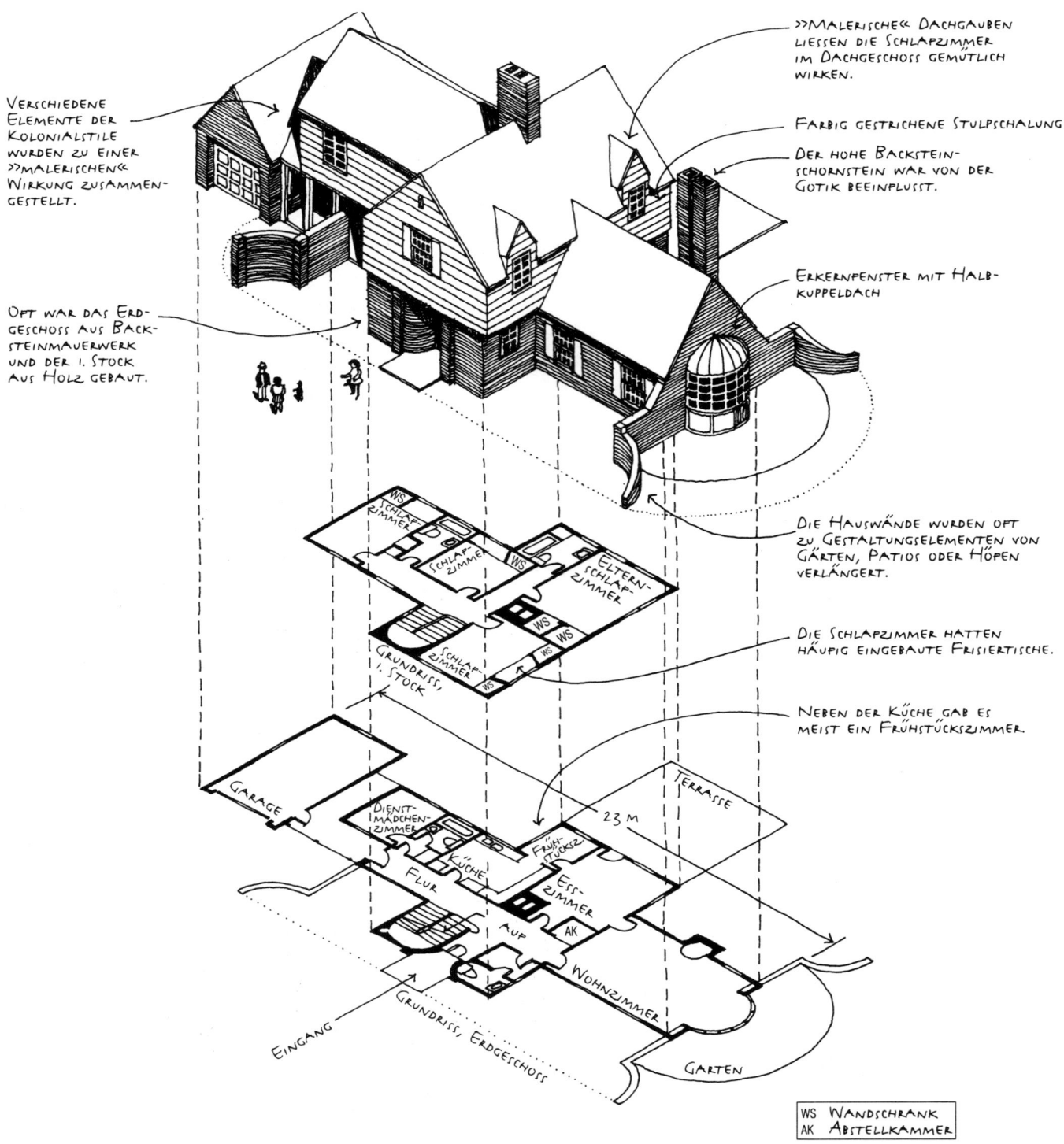

VERSCHIEDENE ELEMENTE DER KOLONIALSTILE WURDEN ZU EINER »MALERISCHEN« WIRKUNG ZUSAMMENGESTELLT.

>>MALERISCHE« DACHGAUBEN LIESSEN DIE SCHLAFZIMMER IM DACHGESCHOSS GEMÜTLICH WIRKEN.

FARBIG GESTRICHENE STULPSCHALUNG

DER HOHE BACKSTEINSCHORNSTEIN WAR VON DER GOTIK BEEINFLUSST.

ERKERNFENSTER MIT HALBKUPPELDACH

OFT WAR DAS ERDGESCHOSS AUS BACKSTEINMAUERWERK UND DER 1. STOCK AUS HOLZ GEBAUT.

DIE HAUSWÄNDE WURDEN OFT ZU GESTALTUNGSELEMENTEN VON GÄRTEN, PATIOS ODER HÖFEN VERLÄNGERT.

DIE SCHLAFZIMMER HATTEN HÄUFIG EINGEBAUTE FRISIERTISCHE.

NEBEN DER KÜCHE GAB ES MEIST EIN FRÜHSTÜCKSZIMMER.

SCHLAFZIMMER · SCHLAFZIMMER · ELTERNSCHLAFZIMMER · SCHLAFZIMMER · WS · GRUNDRISS, 1. STOCK

GARAGE · DIENSTMÄDCHENZIMMER · KÜCHE · FRÜHSTÜCKSZ · TERRASSE · 23 M · FLUR · ESSZIMMER · AUF · AK · WOHNZIMMER · EINGANG · GRUNDRISS, ERDGESCHOSS · GARTEN

WS WANDSCHRANK
AK ABSTELLKAMMER

1934 PERIOD-HAUS IM AMERIKANISCHEN KOLONIALSTIL, WETTBEWERB DER ZEITSCHRIFT PENCIL POINTS UND DER GLASINDUSTRIE, ARCHITEKT: ROI L. MORIN

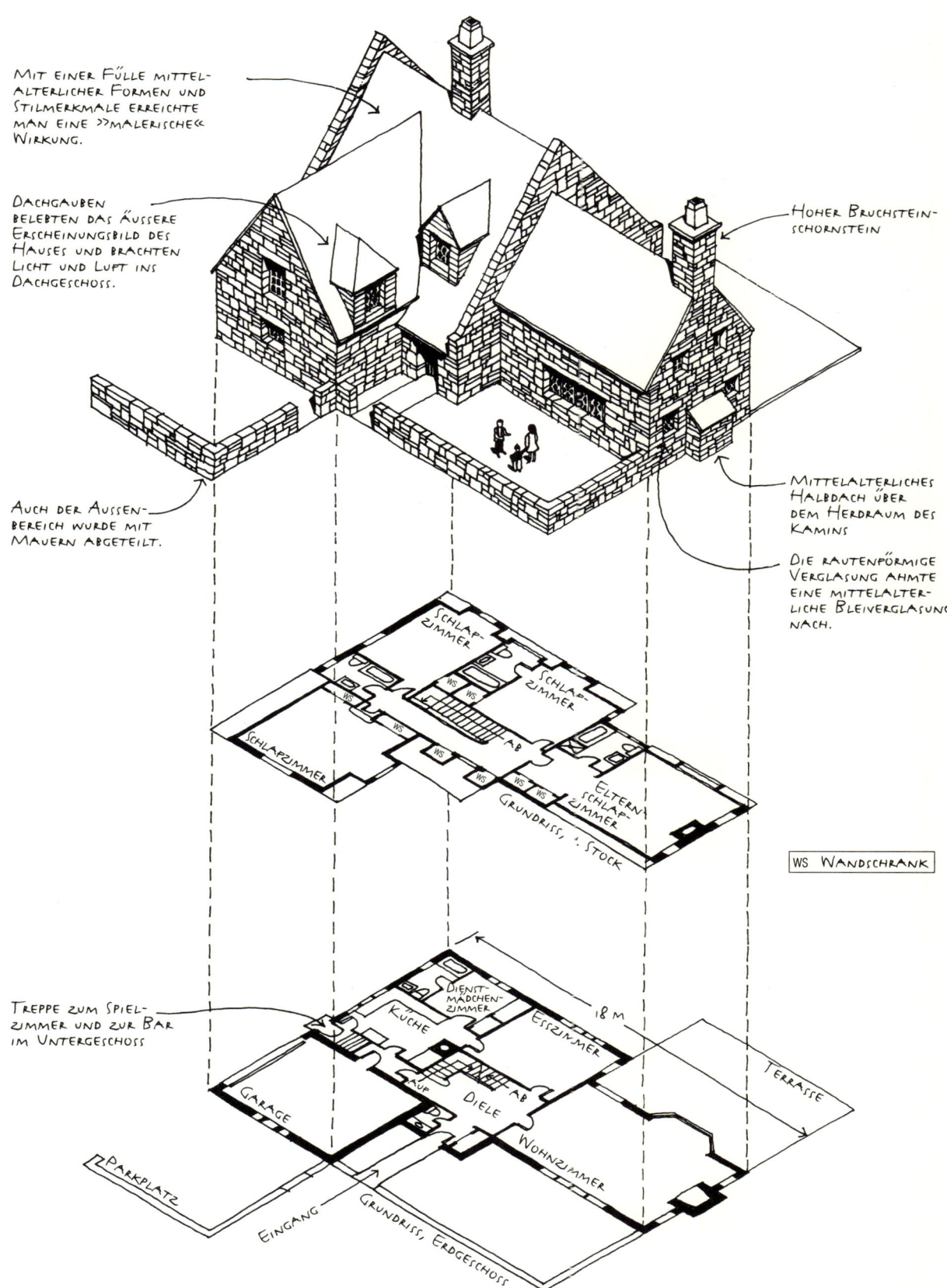

MIT EINER FÜLLE MITTEL-
ALTERLICHER FORMEN UND
STILMERKMALE ERREICHTE
MAN EINE >>MALERISCHE<<
WIRKUNG.

DACHGAUBEN
BELEBTEN DAS ÄUSSERE
ERSCHEINUNGSBILD DES
HAUSES UND BRACHTEN
LICHT UND LUFT INS
DACHGESCHOSS.

HOHER BRUCHSTEIN-
SCHORNSTEIN

AUCH DER AUSSEN-
BEREICH WURDE MIT
MAUERN ABGETEILT.

MITTELALTERLICHES
HALBDACH ÜBER
DEM HERDRAUM DES
KAMINS

DIE RAUTENFÖRMIGE
VERGLASUNG AHMTE
EINE MITTELALTER-
LICHE BLEIVERGLASUNG
NACH.

SCHLAF-
ZIMMER

SCHLAF-
ZIMMER

WS   WS

WS

SCHLAFZIMMER

WS

AB

WS   WS

ELTERN-
SCHLAF-
ZIMMER

GRUNDRISS 1. STOCK

WS WANDSCHRANK

TREPPE ZUM SPIEL-
ZIMMER UND ZUR BAR
IM UNTERGESCHOSS

DIENST-
MÄDCHEN-
ZIMMER

KÜCHE

ESSZIMMER

18 M

AUF

DIELE

AB

TERRASSE

GARAGE

WOHNZIMMER

PARKPLATZ

EINGANG

GRUNDRISS, ERDGESCHOSS

1935 PERIOD-HAUS IM ENGLISCHEN MITTELALTERLICHEN STIL, WETTBEWERB DER ZEITSCHRIFT PENCIL POINTS,
ARCHITEKT: THEODORE KAUTZKY

Internationaler Stil

Landesweit   1930

Anfang 1932 veranstaltete das Museum of Modern Art in New York City seine erste Architekturausstellung unter dem Titel »Modern Architecture«, die zeigen sollte, daß das stilistische Durcheinander der vergangenen 40 Jahre zu Ende ging. Fotografien und Zeichnungen der Arbeiten von Architekten aus 15 Ländern wurden bei dieser Ausstellung unter der Bezeichnung »Internationaler Stil« vorgestellt, die sich sehr bald einbürgerte.

In Europa entwickelte sich der Internationale Stil in enger Verbindung mit zwei Strömungen in der Malerei: dem deutschen Expressionismus und dem niederländischen Neoplastizismus mit dem Maler Piet Mondrian an der Spitze, der seine Kompositionen auf Rechtecke, waagerechte und senkrechte Linien sowie die Primärfarben in Beziehung zu Schwarz und Weiß reduzierte. Zu den frühen Meistern des europäischen Internationalen Stils gehörten Architekten wie Walter Gropius, der Leiter des Bauhauses in Dessau, Le Corbusier, der in Frankreich sein eigenes Architekturbüro unterhielt, und der Deutsche Mies van der Rohe (siehe S. 238). Sie entwickelten einen Baustil, der auf den Prinzipien und Materialien des Ingenieurwesens beruhte, vorwiegend mit Beton, Glas und Stahl arbeitete und eine schmucklose Ästhetik der Zweckmäßigkeit entwickelte.

Der Internationale Stil war streng funktional, sachlich und schmucklos und stützte sich auf eine offene, flexible Grundrißgestaltung. Für den Architekten des Internationalen Stils war das Haus ein Skelett, das von einer leichten, dünnen Außenhaut umgeben war. Im Mittelpunkt seines Denkens stand das Volumen als von Flächen umschlossener Raum, nicht Masse und Solidität. Entsprechend diesem Credo entwarf er seine Flächen, verzichtete auf jegliche Profilierungen und ließ selbst Fenster und Türen mit der Wandfläche fluchten. Die Villa Savoie (siehe unten) des französischen Architekten Le Corbusier gilt international als eines der besten Beispiele des Internationalen Stils.

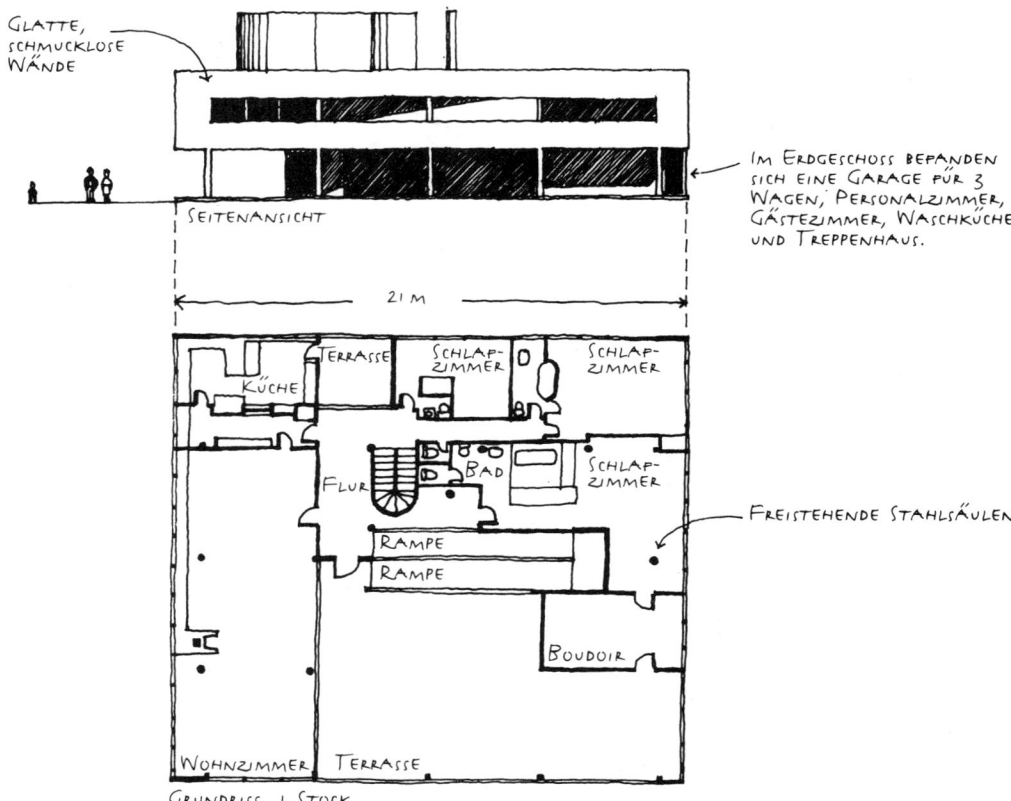

GLATTE, SCHMUCKLOSE WÄNDE

SEITENANSICHT

IM ERDGESCHOSS BEFANDEN SICH EINE GARAGE FÜR 3 WAGEN, PERSONALZIMMER, GÄSTEZIMMER, WASCHKÜCHE UND TREPPENHAUS.

21 M

TERRASSE — KÜCHE — SCHLAFZIMMER — SCHLAFZIMMER

FLUR — BAD — SCHLAFZIMMER

RAMPE — RAMPE

FREISTEHENDE STAHLSÄULEN

BOUDOIR

WOHNZIMMER — TERRASSE

GRUNDRISS, 1. STOCK

1930 VILLA SAVOIE, POISSY-SUR-SEINE, FRANKREICH, ARCHITEKT: LE CORBUSIER

Viele Architekten aus Europa wanderten nach Amerika aus und machten sich dort einen Namen. Zu ihnen gehörten unter anderem die Wiener Architekten Rudolph Schindler und Richard Neutra und die Deutschen Marcel Breuer und Mies van der Rohe. Schindler und Neutra arbeiteten in Südkalifornien, wo die schnell wachende Stadt Los Angeles ein geeignetes Feld für radikale Innovationen und Experimente bot. Hier hatten zudem der Missionsstil und die Arbeiten von Irving Gill (siehe S. 175) einem offenen, schmucklosen Stil den Weg geebnet. Mies van der Rohe eröffnete ein Büro in Chicago, wo er mit seinen verglasten Stahlskelettbauten berühmt wurde. Amerikanische Architekten des Internationalen Stils waren auch von Le Corbusier und dem Finnen Alvar Aalto beeinflußt, deren Arbeiten in Architekturzeitschriften veröffentlicht wurden.

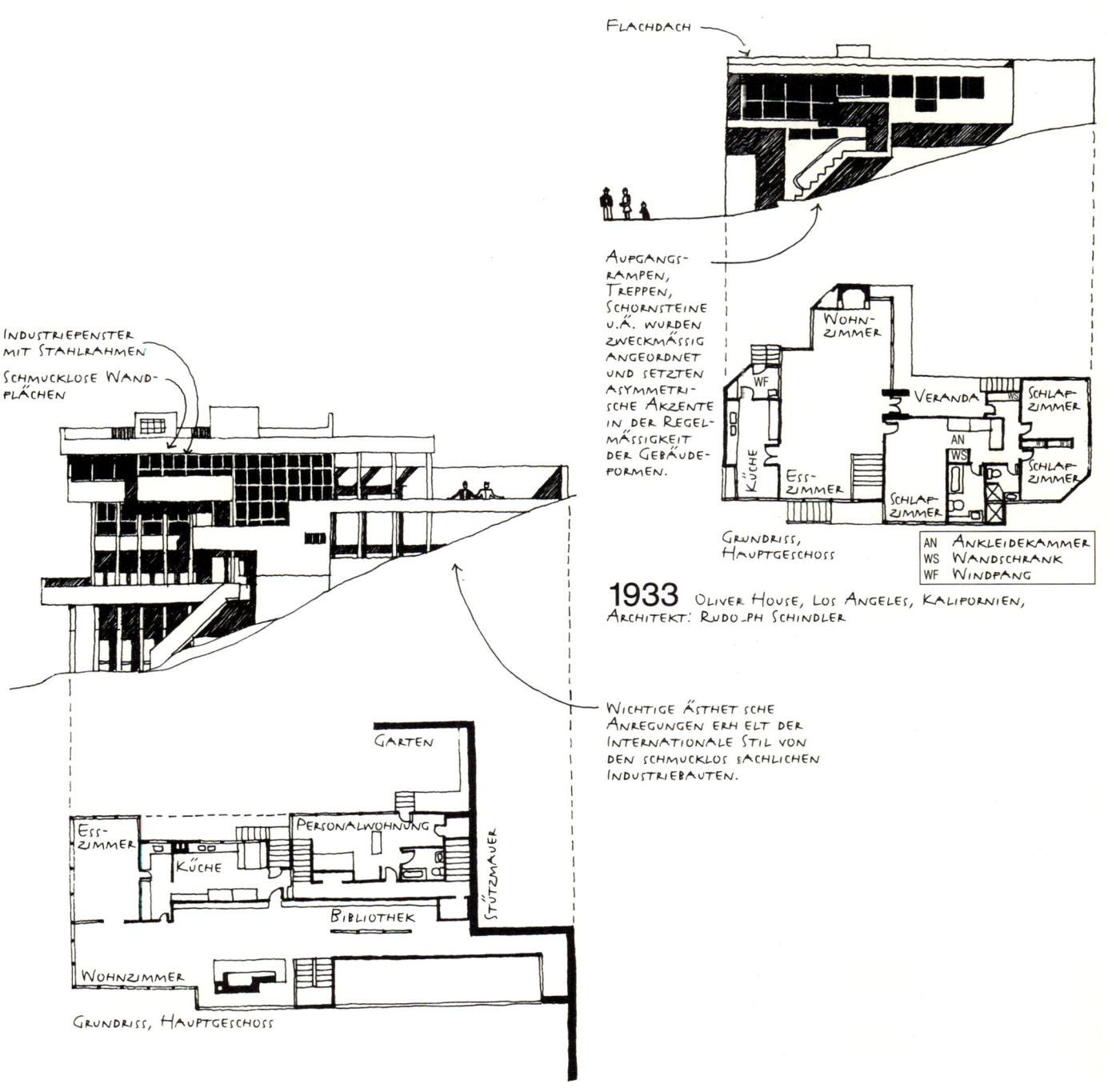

FLACHDACH

INDUSTRIEFENSTER MIT STAHLRAHMEN

SCHMUCKLOSE WAND-FLÄCHEN

AUFGANGS-RAMPEN, TREPPEN, SCHORNSTEINE U.Ä. WURDEN ZWECKMÄSSIG ANGEORDNET UND SETZTEN ASYMMETRI-SCHE AKZENTE IN DER REGEL-MÄSSIGKEIT DER GEBÄUDE-FORMEN.

WOHN-ZIMMER

WF

VERANDA

WS

SCHLAF-ZIMMER

KÜCHE

ESS-ZIMMER

AN

WS

SCHLAF-ZIMMER

SCHLAF-ZIMMER

GRUNDRISS, HAUPTGESCHOSS

AN	ANKLEIDEKAMMER
WS	WANDSCHRANK
WF	WINDFANG

1933 OLIVER HOUSE, LOS ANGELES, KALIFORNIEN, ARCHITEKT: RUDOLPH SCHINDLER

WICHTIGE ÄSTHETISCHE ANREGUNGEN ERHIELT DER INTERNATIONALE STIL VON DEN SCHMUCKLOS SACHLICHEN INDUSTRIEBAUTEN.

GARTEN

ESS-ZIMMER

KÜCHE

PERSONALWOHNUNG

STÜTZMAUER

BIBLIOTHEK

WOHNZIMMER

GRUNDRISS, HAUPTGESCHOSS

1928 LOVELL HOUSE, LOS ANGELES, KALIFORNIEN, ARCHITEKT: RICHARD NEUTRA

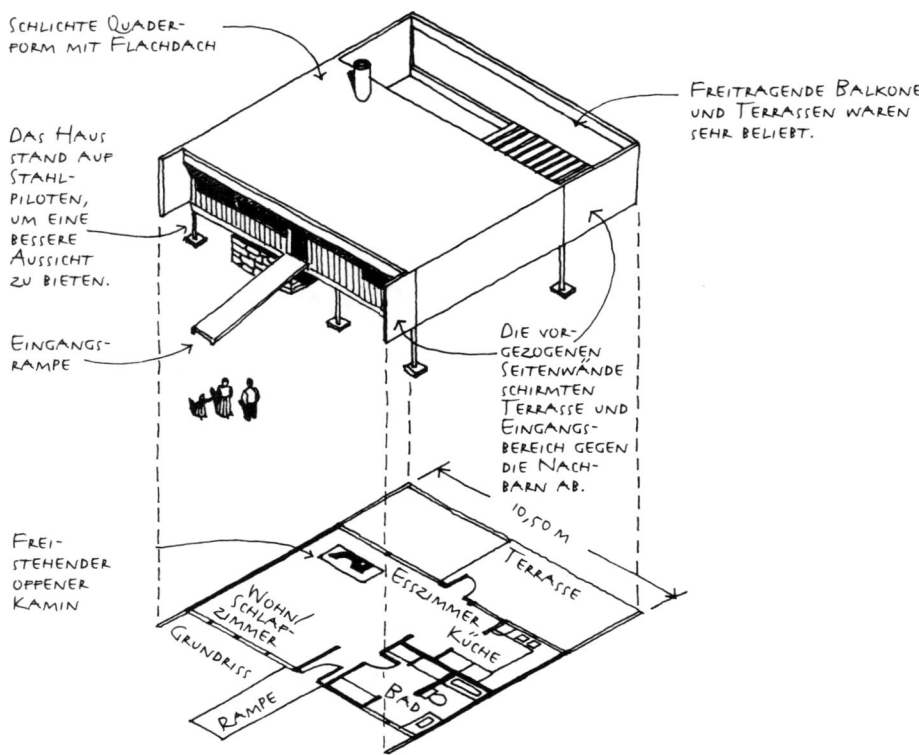

SCHLICHTE QUADER-
FORM MIT FLACHDACH

FREITRAGENDE BALKONE
UND TERRASSEN WAREN
SEHR BELIEBT.

DAS HAUS
STAND AUF
STAHL-
PILOTEN,
UM EINE
BESSERE
AUSSICHT
ZU BIETEN.

EINGANGS-
RAMPE

DIE VOR-
GEZOGENEN
SEITENWÄNDE
SCHIRMTEN
TERRASSE UND
EINGANGS-
BEREICH GEGEN
DIE NACH-
BARN AB.

FREI-
STEHENDER
OFFENER
KAMIN

1952 WOHNHAUS CAESAR, LAKEVILLE, CONNECTICUT,
ARCHITEKT: MARCEL BREUER

Vor dem Ersten Weltkrieg beschränkte sich die moderne Architektur auf das Werk einzelner großer Persönlichkeiten. Nach dem Krieg breitete sich der Internationale Stil in ganz Europa und Amerika aus. Er war nun nicht mehr nur von einzelnen getragen, sondern von vielen Architekten. Nach 1922 erfuhr dieser Baustil keine grundlegenden Veränderungen mehr, sondern fand in der ganzen Welt als Stil Verbreitung, der sich auf moderne Technik und funktionales Design stützte. In Amerika haben sich seine Popularität und sein Einfluß bis heute erhalten. Wohnhäuser im späten Internationalen Stil werden ab Seite 292 vorgestellt.

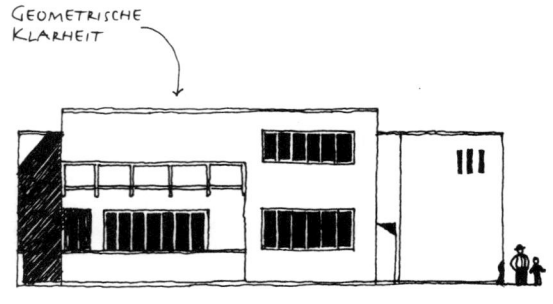

GEOMETRISCHE
KLARHEIT

1927 HAUS LEWIN, BERLIN,
ARCHITEKT: WALTER GROPIUS

FENSTERBÄNDER UND LANG-
GESTRECKTE NIEDRIGE BAUFORMEN
BETONTEN DIE HORIZONTALE.

DIE FENSTER FLUCHTETEN
MIT DER WANDFLÄCHE.

1935 HAUS AN DER OLD CHURCH STREET NR. 64, LONDON, ENGLAND,
ARCHITEKTEN: MENDELSOHN UND CHERMAYEFF

Die zweite Generation amerikanischer Architekten des Internationalen Stils wie Paul Rudolph und Eliot Noyes, die in Harvard bei Gropius und Breuer studiert hatten, sahen in klimatischen Unterschieden der Standorte einen ausreichenden Grund, regionale Merkmale in der Bauweise zu betonen. Anfang der fünfziger Jahre entwarfen sie Wohnhäuser nach den Regeln des Internationalen Stils, wie ihre Mentoren sie 25 Jahre zuvor aufgestellt hatten, verwendeten jedoch mehr standorttypische Baumaterialien. Das folgende Beispiel war kein weiß verputzter Quader mehr, sondern verarbeitete bei den Außenmauern heimischen Bruchstein und ein Stirnbrett aus Zedernholz, also natürliche Baumaterialien, die der zerklüfteten Landschaft des Standortes entsprachen.

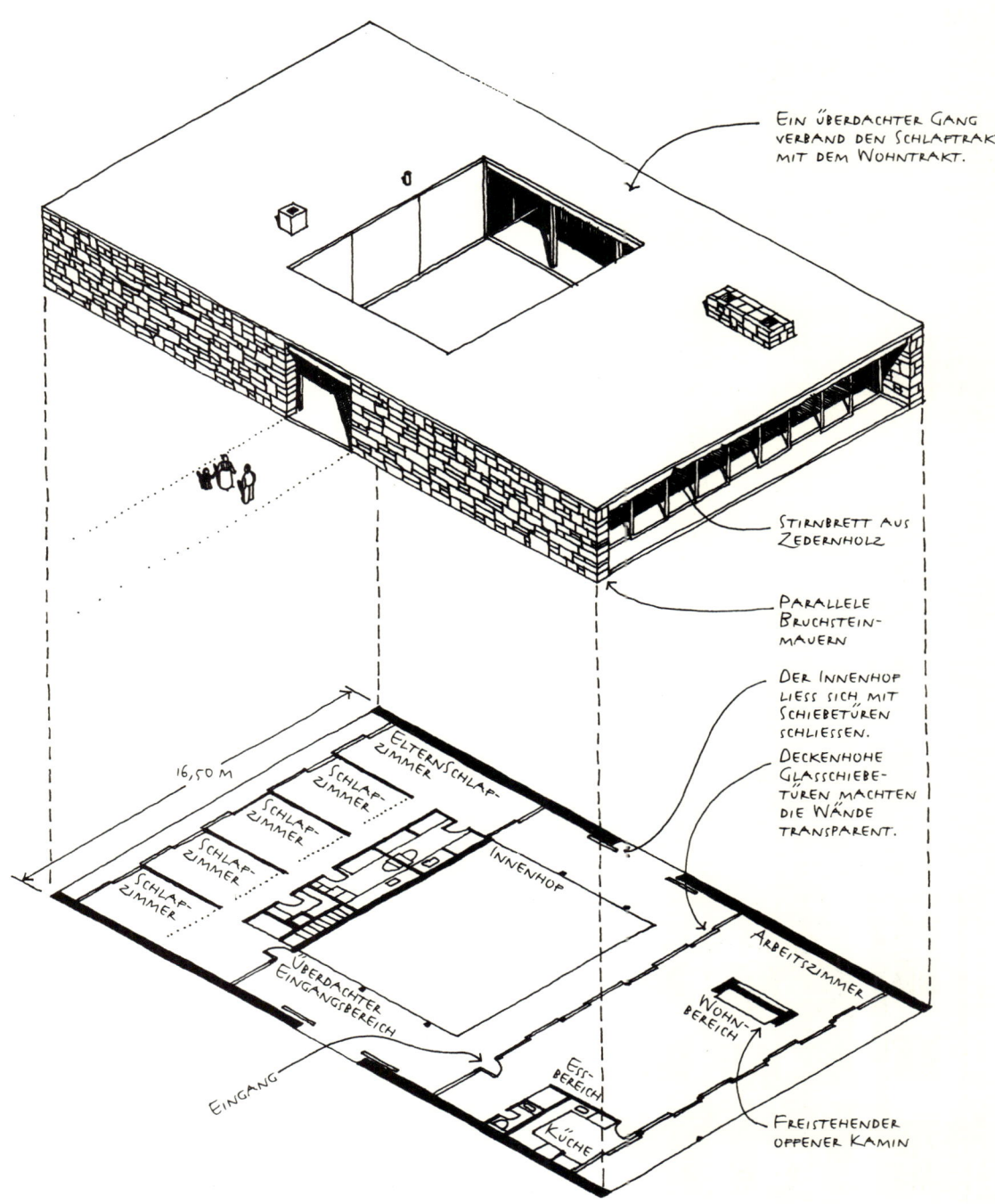

EIN ÜBERDACHTER GANG VERBAND DEN SCHLAFTRAKT MIT DEM WOHNTRAKT.

STIRNBRETT AUS ZEDERNHOLZ

PARALLELE BRUCHSTEIN- MAUERN

DER INNENHOF LIESS SICH MIT SCHIEBETÜREN SCHLIESSEN.

DECKENHOHE GLASSCHIEBE- TÜREN MACHTEN DIE WÄNDE TRANSPARENT.

16,50 M

ELTERNSCHLAF- ZIMMER

SCHLAF- ZIMMER

SCHLAF- ZIMMER

SCHLAF- ZIMMER

SCHLAF- ZIMMER

INNENHOF

ARBEITSZIMMER

WOHN- BEREICH

ÜBERDACHTER EINGANGSBEREICH

EINGANG

ESS- BEREICH

KÜCHE

FREISTEHENDER OFFENER KAMIN

1954 ELIOT NOYES HOUSE, NEW CANAAN, CONNECTICUT, ARCHITEKT: ELIOT NOYES

Art Moderne
Landesweit   1935

Die Art Moderne, manchmal auch als Moderner oder Modernistischer Stil oder Depression Modern bezeichnet, war eine Stilrichtung, die bewußt nach einem architektonischen Ausdruck des Maschinenzeitalters suchte. Obwohl sie zur Bewegung des Internationalen Stils gehörte, blieb sie eine ausschließlich amerikanische Strömung, die Anleihen bei der französischen Art Nouveau nahm und gewisse Einflüsse aus der Art Deco aufgriff. Innerhalb von fünf Jahren veränderte sie ab 1932 die Formen nahezu aller Gebrauchsgegenstände in amerikanischen Wohnungen und nicht zuletzt das Haus selbst.

Art Moderne wird häufig mit Art Deco verwechselt, einer Modeströmung aus Paris, die Ende der zwanziger Jahre des 20. Jahrhunderts in Amerika Furore machte. Die Art Deco war in erster Linie ein kantiger Dekorationsstil mit scharfen Konturen, der sich für Fassaden und Foyers öffentlicher Gebäude wie Lichtspieltheater, Hotels und Bürogebäude eignete. Bei der Gestaltung von Schmuck, Feuerzeugen, Aschenbechern und ähnlichem war er kurze Zeit sehr in Mode, setzte sich aber in der Wohnarchitektur nie durch.

Der Stil der Art Moderne war von der amerikanischen Maschinenverliebtheit inspiriert, die sich gleichermaßen auf Flugzeuge, Autos, Eisenbahnen und Toaster bezog. Sie war eine neue Maschinenkunst: ehrlich, einfach und vor allem funktional. Wie jede andere Maschine wurden auch die Wohnhäuser der Stromlinienform angepaßt und erhielten abgerundete Ecken und Kanten, Flachdächer, horizontale Fensterbänder sowie glatte, schmucklose Wände. Gebogenes Fensterglas, Fenster- und Türrahmen aus Edelstahl und dünne Sonnenschutzdächer über Südfenstern waren beliebte Art-Moderne-Details.

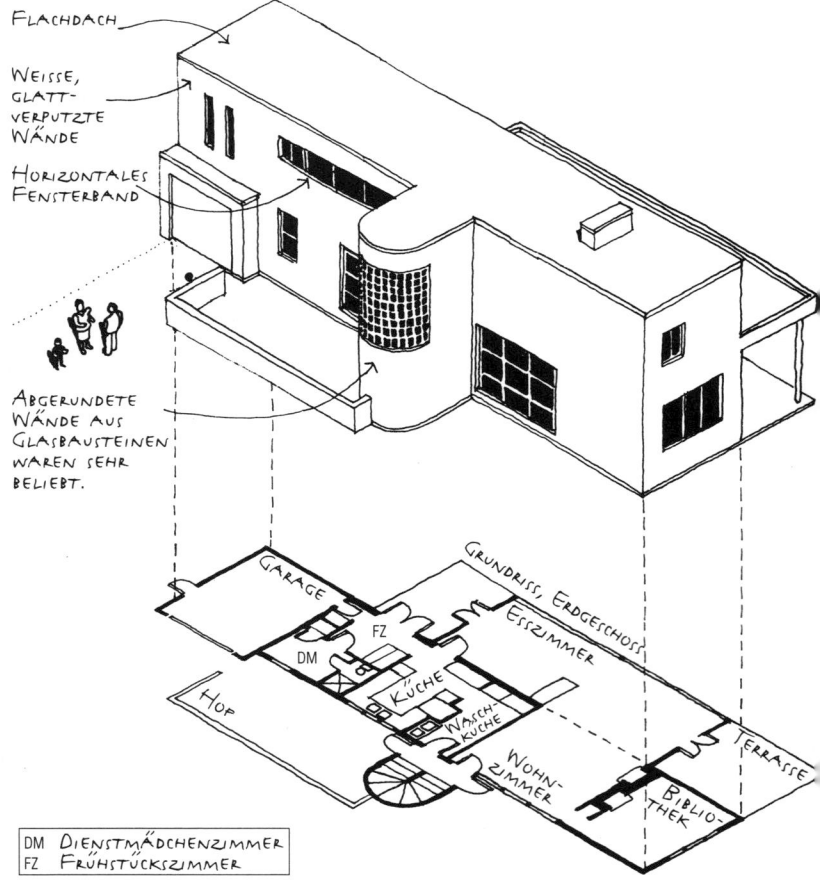

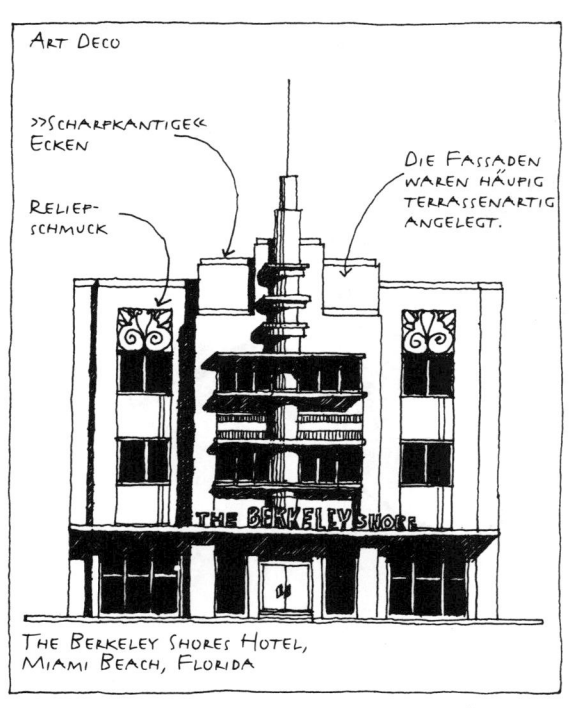

THE BERKELEY SHORES HOTEL, MIAMI BEACH, FLORIDA

ART DECO FINDET MAN NUR SELTEN BEI WOHNHÄUSERN.

DM DIENSTMÄDCHENZIMMER
FZ FRÜHSTÜCKSZIMMER

1934 KOWALSKI HOUSE, MOUNT KISCO, NEW YORK, ARCHITEKT: EDWARD D. STONE

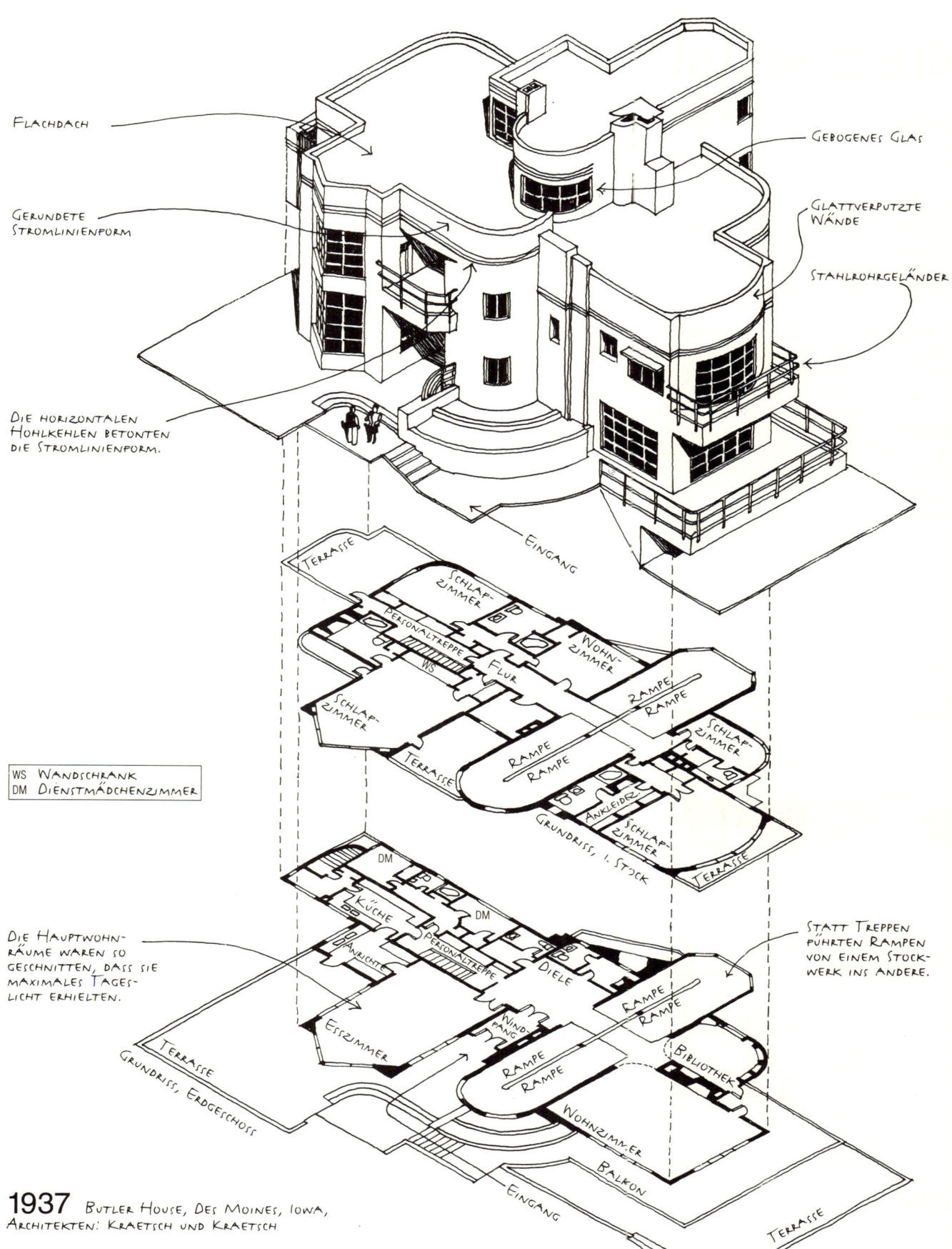

FLACHDACH

GERUNDETE
STROMLINIENFORM

DIE HORIZONTALEN
HOHLKEHLEN BETONTEN
DIE STROMLINIENFORM.

GEBOGENES GLAS

GLATTVERPUTZTE
WÄNDE

STAHLROHRGELÄNDER

EINGANG

TERRASSE

SCHLAF-
ZIMMER

PERSONALTREPPE

WS

FLUR

WOHN-
ZIMMER

SCHLAF-
ZIMMER

RAMPE

RAMPE

RAMPE

RAMPE

SCHLAF-
ZIMMER

TERRASSE

ANKLEIDE

SCHLAF-
ZIMMER

GRUNDRISS, 1. STOCK

TERRASSE

| WS | WANDSCHRANK |
| DM | DIENSTMÄDCHENZIMMER |

DM

KÜCHE

DM

ANRICHT

PERSONALTREPPE

DIELE

RAMPE

RAMPE

DIE HAUPTWOHN-
RÄUME WAREN SO
GESCHNITTEN, DASS SIE
MAXIMALES TAGES-
LICHT ERHIELTEN.

ESSZIMMER

WIND-
FANG

RAMPE

RAMPE

STATT TREPPEN
FÜHRTEN RAMPEN
VON EINEM STOCK-
WERK INS ANDERE.

BIBLIOTHEK

TERRASSE

GRUNDRISS, ERDGESCHOSS

WOHNZIMMER

BALKON

EINGANG

TERRASSE

1937 BUTLER HOUSE, DES MOINES, IOWA,
ARCHITEKTEN: KRAETSCH UND KRAETSCH

Nordweststil

Puget Sound Region   1945

Entwickelt wurde der Nordweststil von dem Architekten Ellsworth Storey, der Anfang des 20. Jahrhunderts vorwiegend in der Umgebung von Seattle, Washington, arbeitete. Er stammte aus Chicago und war von den Arbeiten Louis Sullivans und Frank Lloyd Wrights sowie von der Ausstellungsarchitektur der Weltausstellung 1893 in Chicago stark beeinflußt. Nachdem er sein Studium an der University of Illinois abgeschlossen hatte, bereiste er Europa und war fasziniert von der Regionalarchitektur Österreichs und der Schweiz.

1903 eröffnete Storey ein Architekturbüro in Seattle und errichtete einige Landhäuser und kleinere öffentliche Gebäude. Erst nach dem Zweiten Weltkrieg wurde seine Arbeit »entdeckt« und erlangte wegen der bescheidenen Massen, der schlichten Dachlinien und der kostengünstigen Ausführung einen gewissen Ruhm. Er war in seinem Schaffen relativ frei von Historismus, wurde jedoch gelegentlich mit den Gebrüdern Greene verglichen (siehe Arts and Crafts Style S. 180). Bis Ende der fünfziger Jahre verdichtete sich der Nordweststil zu einem niedrigen Haus mit fast quadratischem Grundriß, hohem Walmdach und Oberlicht in der Dachmitte. Dieser Bautyp wurde häufig für Ferienhäuser verwendet. Vor allem der sogenannte »Cluster-Typ« (siehe folgende Seite), bei dem der Besitzer zunächst nur ein Grundmodul errichtete und später je nach finanziellen Möglichkeiten weitere Module hinzufügte, bis das Haus seinen Ansprüchen genügte, fand eine gewisse Verbreitung.

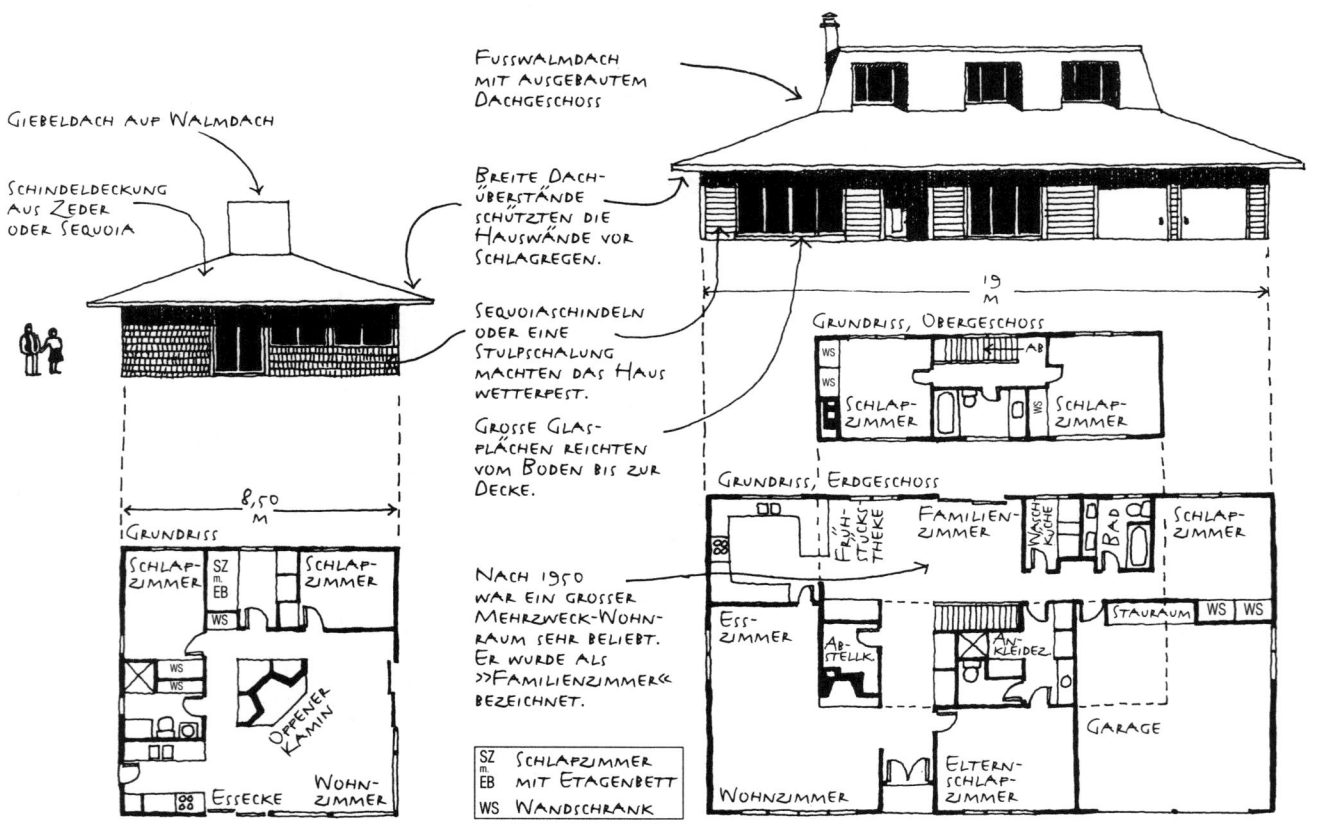

GIEBELDACH AUF WALMDACH

SCHINDELDECKUNG AUS ZEDER ODER SEQUOIA

FUSSWALMDACH MIT AUSGEBAUTEM DACHGESCHOSS

BREITE DACHÜBERSTÄNDE SCHÜTZTEN DIE HAUSWÄNDE VOR SCHLAGREGEN.

SEQUOIASCHINDELN ODER EINE STULPSCHALUNG MACHTEN DAS HAUS WETTERFEST.

GROSSE GLASFLÄCHEN REICHTEN VOM BODEN BIS ZUR DECKE.

NACH 1950 WAR EIN GROSSER MEHRZWECK-WOHNRAUM SEHR BELIEBT. ER WURDE ALS »FAMILIENZIMMER« BEZEICHNET.

GRUNDRISS, OBERGESCHOSS

GRUNDRISS, ERDGESCHOSS

19 M

8,50 M

GRUNDRISS

SCHLAFZIMMER | SZ m. EB | SCHLAFZIMMER
WS
WS
WS
OFFENER KAMIN
ESSECKE | WOHNZIMMER

SZ m. EB SCHLAFZIMMER MIT ETAGENBETT
WS WANDSCHRANK

SCHLAFZIMMER | SCHLAFZIMMER
FRÜHSTÜCKSTHEKE | FAMILIENZIMMER | WASCHKÜCHE | BAD | SCHLAFZIMMER
ESSZIMMER | ABSTELLK. | ANKLEIDEZ. | STAURAUM | WS | WS
WOHNZIMMER | ELTERNSCHLAFZIMMER | GARAGE

1950 KLEINES FERIENHAUS IM NORDWESTSTIL, PLAN NR. P1485 AUS HOME PLANNERS INC., VACATION HOMES, ENTWURF: RICHARD POLLMAN

1957 GROSSES FERIENHAUS IM NORDWESTSTIL, PLAN NR. A2309 AUS HOME PLANNERS INC., VACATION HOMES, ENTWURF: RICHARD POLLMAN

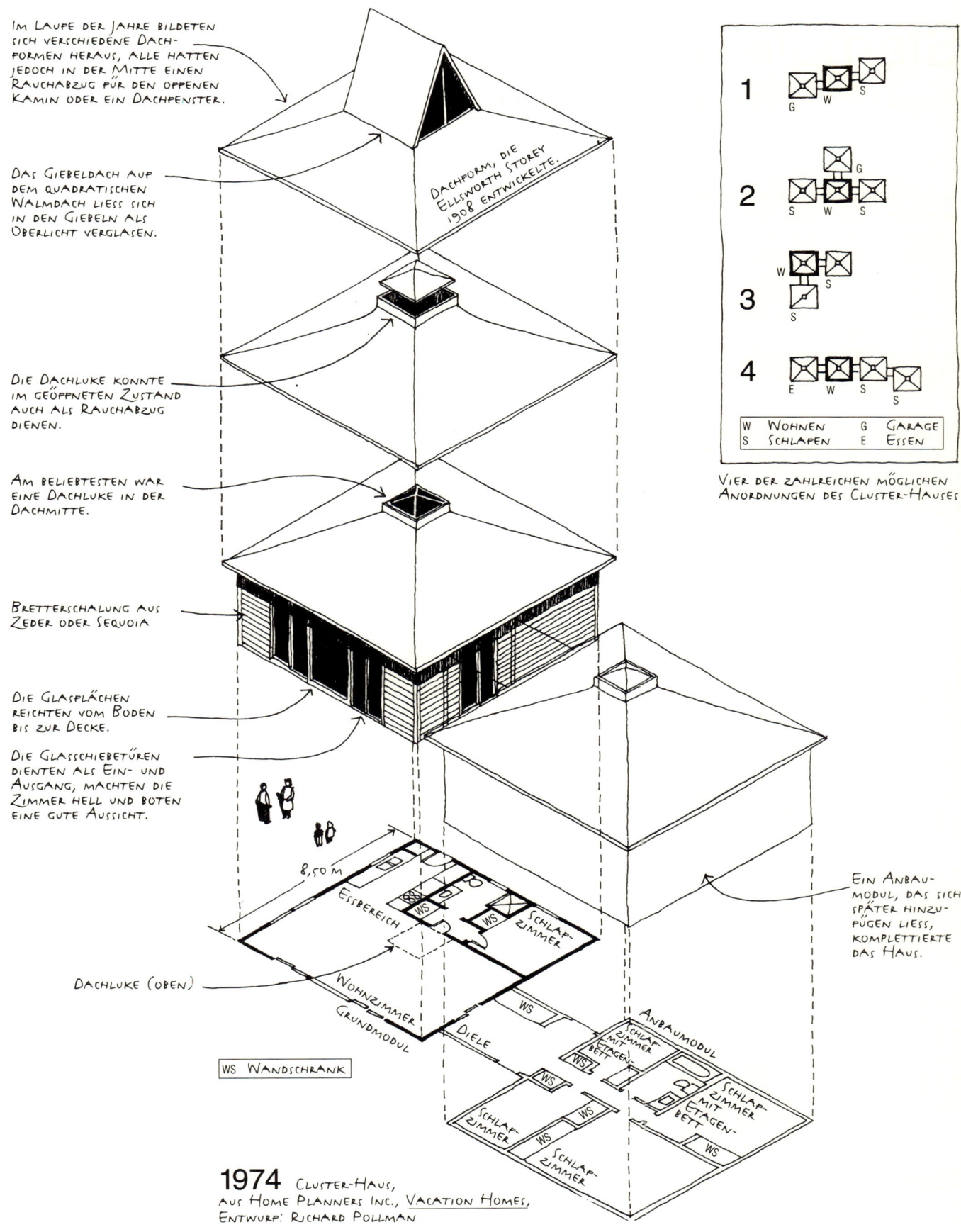

IM LAUFE DER JAHRE BILDETEN SICH VERSCHIEDENE DACH-FORMEN HERAUS, ALLE HATTEN JEDOCH IN DER MITTE EINEN RAUCHABZUG FÜR DEN OFFENEN KAMIN ODER EIN DACHFENSTER.

DAS GIEBELDACH AUF DEM QUADRATISCHEN WALMDACH LIESS SICH IN DEN GIEBELN ALS OBERLICHT VERGLASEN.

DACHFORM, DIE ELLSWORTH STOREY 1908 ENTWICKELTE.

DIE DACHLUKE KONNTE IM GEÖFFNETEN ZUSTAND AUCH ALS RAUCHABZUG DIENEN.

AM BELIEBTESTEN WAR EINE DACHLUKE IN DER DACHMITTE.

BRETTERSCHALUNG AUS ZEDER ODER SEQUOIA

DIE GLASFLÄCHEN REICHTEN VOM BODEN BIS ZUR DECKE.

DIE GLASSCHIEBETÜREN DIENTEN ALS EIN- UND AUSGANG, MACHTEN DIE ZIMMER HELL UND BOTEN EINE GUTE AUSSICHT.

8,50 M

ESSBEREICH
WS
WS
SCHLAF-ZIMMER

WOHNZIMMER
GRUNDMODUL
WS
DIELE

DACHLUKE (OBEN)

WS WANDSCHRANK

EIN ANBAU-MODUL, DAS SICH SPÄTER HINZU-FÜGEN LIESS, KOMPLETTIERTE DAS HAUS.

ANBAUMODUL
SCHLAF-ZIMMER MIT ETAGEN-BETT
WS
SCHLAF-ZIMMER MIT ETAGEN-BETT
WS
WS
SCHLAF-ZIMMER
WS
SCHLAF-ZIMMER
WS

1 G W S

2 S W S G

3 W S S

4 E W S S

W WOHNEN   G GARAGE
S SCHLAFEN E ESSEN

VIER DER ZAHLREICHEN MÖGLICHEN ANORDNUNGEN DES CLUSTER-HAUSES

1974 CLUSTER-HAUS, AUS HOME PLANNERS INC., <u>VACATION HOMES,</u> ENTWURF: RICHARD POLLMAN

Stampflehm

Süden   1945

Häuser mit Wänden aus feuchtgestapftem Lehm zu bauen, ist eine sehr alte, kostengünstige Bauweise, die in Amerika jedoch selten verwendet wurde, weil sie eine relativ sachkundige Arbeit erfordert und zudem besondere Bodenverhältnisse nötig sind. In einem heißen, trockenen Klima mit sandigen Lehmböden ist ein Haus aus Stampflehm, wird es richtig gebaut, jedoch eine schnelle Form des Hausbaus, die alle Vorzüge der frühen amerikanischen Indianerhäuser bietet.

Dem Architekten Tom Hibben kommt das Verdienst zu, mit seinen Experimenten, die er 1936 in Gardendale, Alabama, durchführte, die Technik des Stampflehmbaus in Amerika eingeführt zu haben. Sein überaus gelungener Baukomplex überzeugte die durchweg skeptische Öffentlichkeit, daß sich aus gestampftem Lehm solide, relativ unempfindliche Häuser bauen ließen. Ein Bericht der Federal Public Housing Authority von 1945 bescheinigte dem Hidden-Projekt, daß die Gebäude in hervorragendem Zustand und die Bewohner sehr zufrieden waren. Die Wände »schwitzten« nicht und hielten das Innere im Sommer erstaunlich kühl.

Bei der Stampflehmtechnik (siehe unten) wird abgelagerter Lehm (der regelmäßig auf seinen Feuchtigkeitsgehalt hin geprüft wird) in kräftige Holzschalungen geschüttet und zu einer monolithischen Wand gestampft. Anschließend setzt man Fenster und Türen ein und errichtet schließlich den Dachstuhl. Für eine gute Wand wird der Lehm solange gestampft, bis er eine maximale Dichte erreicht hat. Sobald er durchgetrocknet ist, hat man eine stabile Wand, die mit zu den haltbarsten Erdbauten gehört. Manche Lehmwände haben Jahrhunderte überdauert.

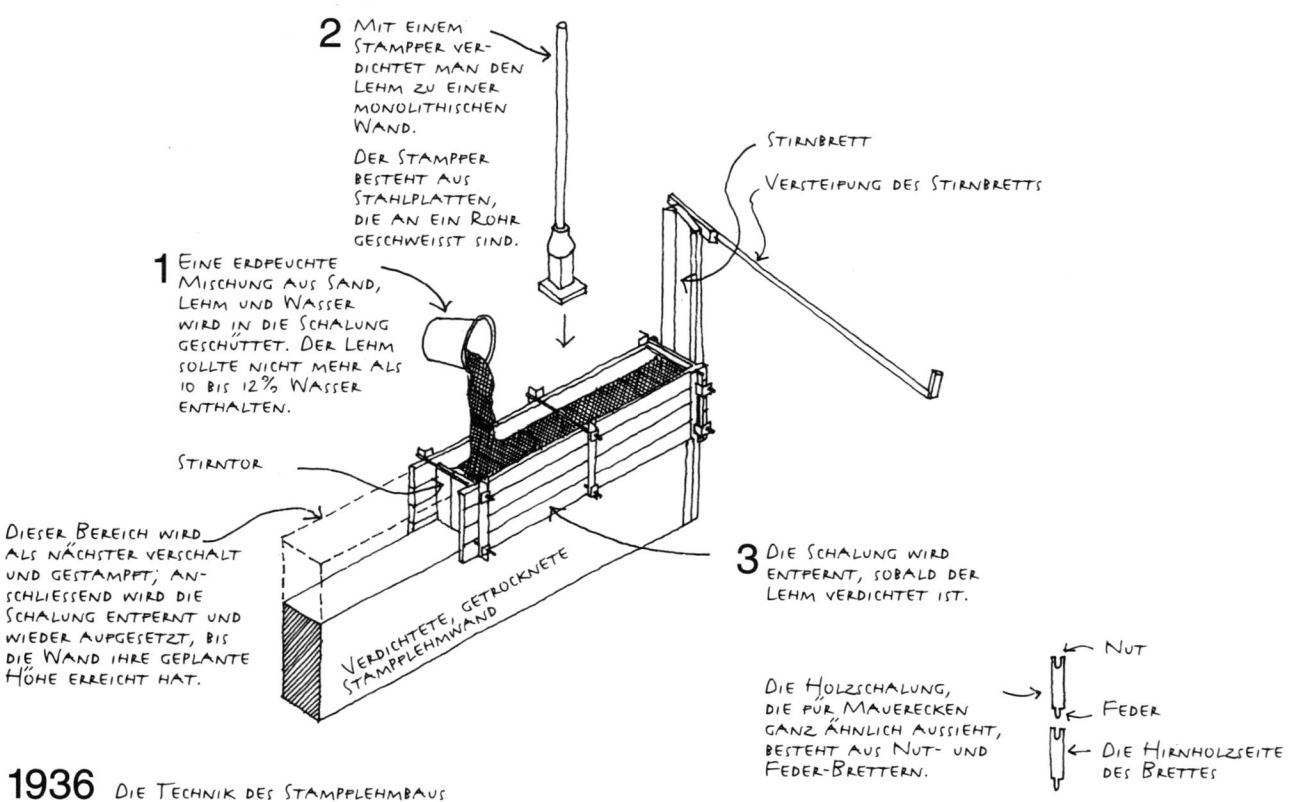

2 Mit einem Stampfer verdichtet man den Lehm zu einer monolithischen Wand.

Der Stampfer besteht aus Stahlplatten, die an ein Rohr geschweisst sind.

Stirnbrett

Versteifung des Stirnbretts

1 Eine erdfeuchte Mischung aus Sand, Lehm und Wasser wird in die Schalung geschüttet. Der Lehm sollte nicht mehr als 10 bis 12% Wasser enthalten.

Stirntor

Dieser Bereich wird als nächster verschalt und gestampft; anschliessend wird die Schalung entfernt und wieder aufgesetzt, bis die Wand ihre geplante Höhe erreicht hat.

Verdichtete, getrocknete Stampflehmwand

3 Die Schalung wird entfernt, sobald der Lehm verdichtet ist.

Die Holzschalung, die für Mauerecken ganz ähnlich aussieht, besteht aus Nut- und Feder-Brettern.

Nut

Feder

Die Hirnholzseite des Brettes

1936 Die Technik des Stampflehmbaus

224

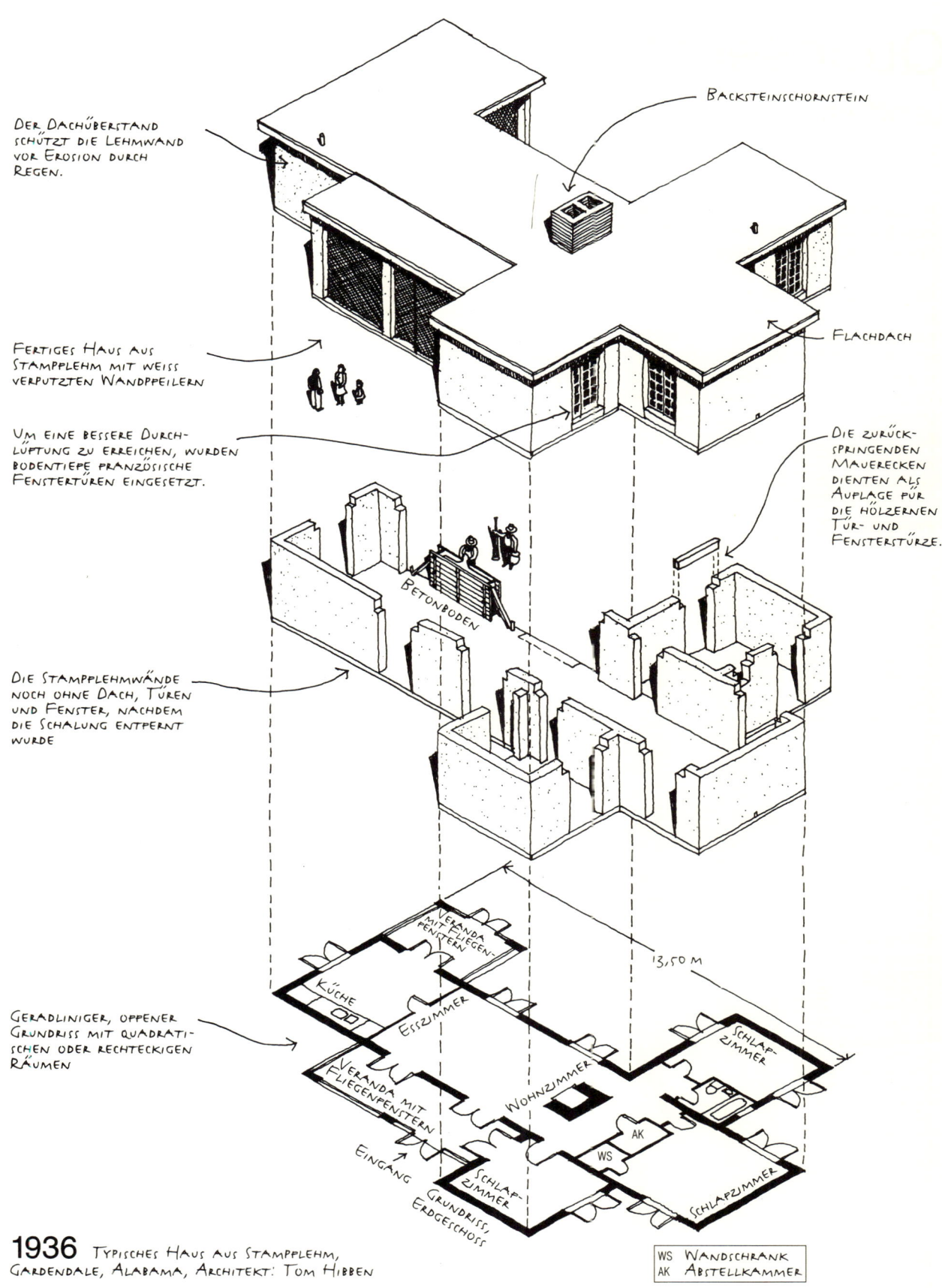

DER DACHÜBERSTAND SCHÜTZT DIE LEHMWAND VOR EROSION DURCH REGEN.

BACKSTEINSCHORNSTEIN

FLACHDACH

FERTIGES HAUS AUS STAMPFLEHM MIT WEISS VERPUTZTEN WANDPFEILERN

UM EINE BESSERE DURCH-LÜFTUNG ZU ERREICHEN, WURDEN BODENTIEFE FRANZÖSISCHE FENSTERTÜREN EINGESETZT.

DIE ZURÜCK-SPRINGENDEN MAUERECKEN DIENTEN ALS AUFLAGE FÜR DIE HÖLZERNEN TÜR- UND FENSTERSTÜRZE.

BETONBODEN

DIE STAMPFLEHMWÄNDE NOCH OHNE DACH, TÜREN UND FENSTER, NACHDEM DIE SCHALUNG ENTFERNT WURDE

GERADLINIGER, OFFENER GRUNDRISS MIT QUADRATI-SCHEN ODER RECHTECKIGEN RÄUMEN

VERANDA MIT FLIEGEN-FENSTERN

KÜCHE

ESSZIMMER

13,50 M

SCHLAF-ZIMMER

VERANDA MIT FLIEGENFENSTERN

WOHNZIMMER

EINGANG

SCHLAF-ZIMMER

AK

WS

SCHLAFZIMMER

GRUNDRISS, ERDGESCHOSS

1936 TYPISCHES HAUS AUS STAMPFLEHM, GARDENDALE, ALABAMA, ARCHITEKT: TOM HIBBEN

WS	WANDSCHRANK
AK	ABSTELLKAMMER

Quonset Hut
Landesweit   1945

Die Quonset Hut oder Nissenhütte gehört zu den berühmtesten Häusern, die in Massenfertigung hergestellt und als Fertig-bausätze massenweise vertrieben wurden. Die Stahltunnelkonstruktion wurde im Zweiten Weltkrieg als schnell zu errichtende Unterkunft für alliierte Soldaten entwickelt und fand sehr bald ihren Weg auf den Wohnungsmarkt der Nachkriegszeit.

Die Quonset Hut besteht aus einem halbrunden Stahlskelett aus Doppel-T-Trägern, auf das Wellblechplatten als Außenhaut geschraubt werden. Da der Innenraum nicht durch konstruktive Elemente wie Stützen oder Säulen verstellt wird, läßt er sich flexibel gestalten. In ganz Amerika sind Quonset Huts über ein Netz von Händlern zu erhalten, die sie als Rohbauten montie-ren – der Besitzer übernimmt dann den Innenausbau selbst. Da sie in Massenfertigung präfabriziert werden, gehören sie mit zu den kostengünstigsten Häusern, die in Amerika zu haben sind. Für die Montage einer Quonset Hut von knapp 100 m^2 brauchen 4 Personen einen Arbeitstag.

Wie beim Tipi, beim Langhaus und bei der geodätischen Kuppel gehen auch hier Dach und Wände aus dem gleichen Mate-rial ineinander über. Dies hat Kostenvorteile, schafft allerdings an der Schnittstelle von Dach und Boden einen ungewöhnlichen Raum. Die Quonset Hut hat in ihrer tunnelartigen Grundform nur an den Giebelseiten Fenster, die Tageslicht einlassen. Inzwi-schen haben jedoch Firmen wie Campbell und Wong in Kalifornien Hausmodelle entwickelt, die auch an den Längsseiten Fenster haben.

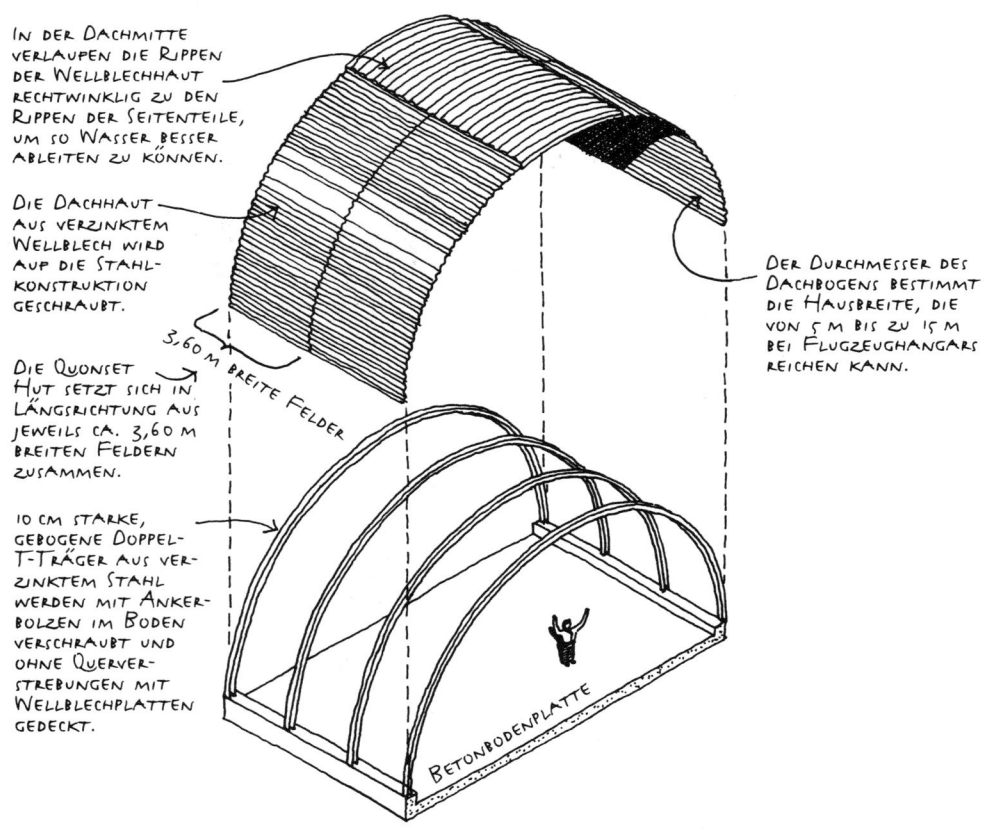

IN DER DACHMITTE VERLAUFEN DIE RIPPEN DER WELLBLECHHAUT RECHTWINKLIG ZU DEN RIPPEN DER SEITENTEILE, UM SO WASSER BESSER ABLEITEN ZU KÖNNEN.

DIE DACHHAUT AUS VERZINKTEM WELLBLECH WIRD AUF DIE STAHL-KONSTRUKTION GESCHRAUBT.

DIE QUONSET HUT SETZT SICH IN LÄNGSRICHTUNG AUS JEWEILS CA. 3,60 M BREITEN FELDERN ZUSAMMEN.

3,60 M BREITE FELDER

10 CM STARKE, GEBOGENE DOPPEL-T-TRÄGER AUS VER-ZINKTEM STAHL WERDEN MIT ANKER-BOLZEN IM BODEN VERSCHRAUBT UND OHNE QUERVER-STREBUNGEN MIT WELLBLECHPLATTEN GEDECKT.

DER DURCHMESSER DES DACHBOGENS BESTIMMT DIE HAUSBREITE, DIE VON 5 M BIS ZU 15 M BEI FLUGZEUGHANGARS REICHEN KANN.

BETONBODENPLATTE

GRUNDBESTANDTEILE EINER TYPISCHEN QUONSET HUT

226

Architekten und Ingenieure, die sich für industrialisierte Bauformen interessierten, entwickelten die funktionelle Quonset Hut zu ansprechenden, behaglichen und hellen Wohnhäusern weiter. Zwei Beispiele sind im folgenden vorgestellt.

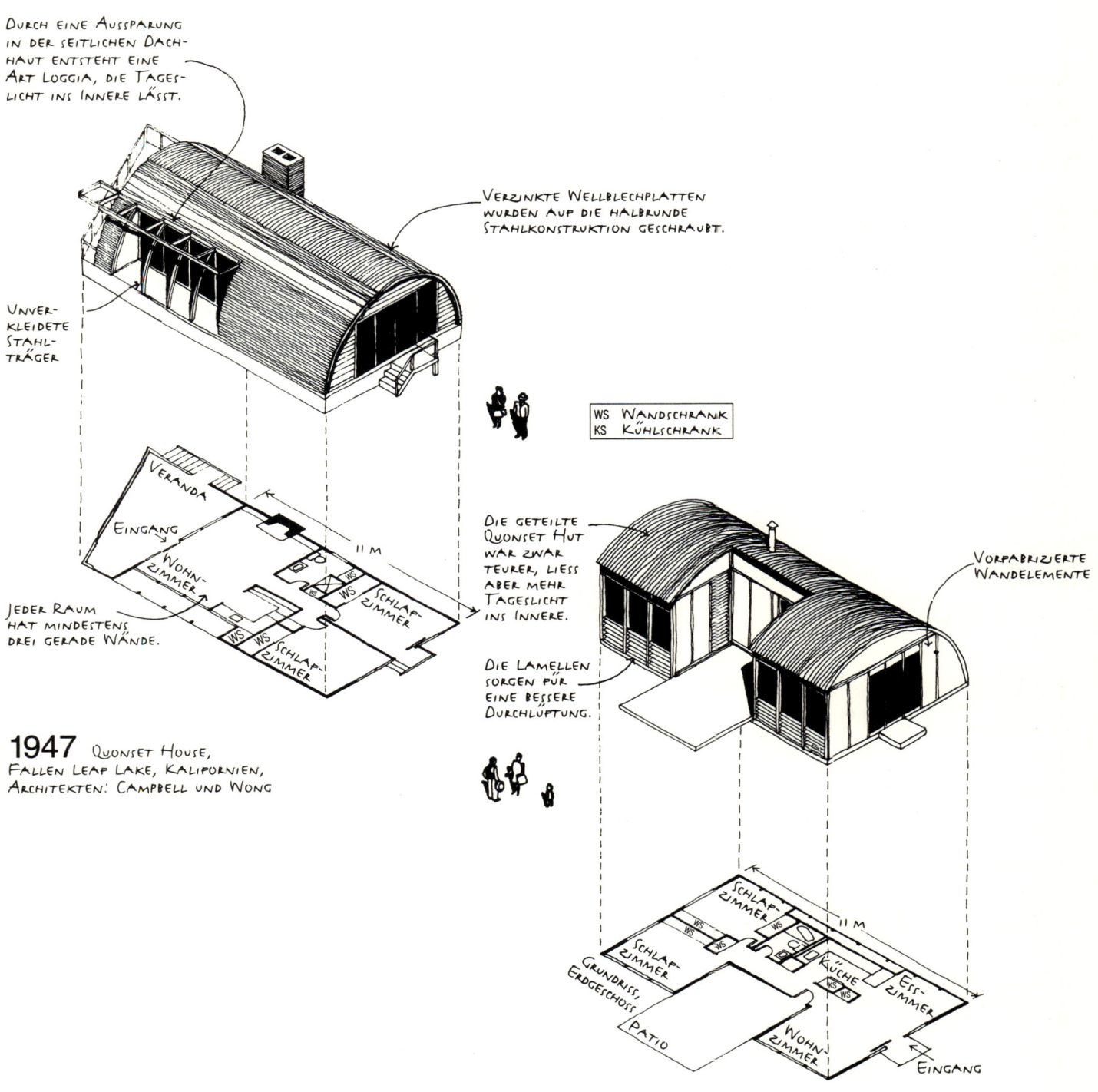

DURCH EINE AUSSPARUNG IN DER SEITLICHEN DACH-HAUT ENTSTEHT EINE ART LOGGIA, DIE TAGES-LICHT INS INNERE LÄSST.

VERZINKTE WELLBLECHPLATTEN WURDEN AUF DIE HALBRUNDE STAHLKONSTRUKTION GESCHRAUBT.

UNVER-KLEIDETE STAHL-TRÄGER

WS WANDSCHRANK
KS KÜHLSCHRANK

VERANDA

EINGANG

WOHN-ZIMMER

11 M

WS

SCHLAF-ZIMMER

JEDER RAUM HAT MINDESTENS DREI GERADE WÄNDE.

WS WS SCHLAF-ZIMMER

DIE GETEILTE QUONSET HUT WAR ZWAR TEURER, LIESS ABER MEHR TAGESLICHT INS INNERE.

VORFABRIZIERTE WANDELEMENTE

DIE LAMELLEN SORGEN FÜR EINE BESSERE DURCHLÜFTUNG.

1947 QUONSET HOUSE, FALLEN LEAP LAKE, KALIFORNIEN, ARCHITEKTEN: CAMPBELL UND WONG

SCHLAF-ZIMMER

SCHLAF-ZIMMER

WS WS WS

KÜCHE

11 M

ESS-ZIMMER

GRUNDRISS, ERDGESCHOSS

PATIO

WOHN-ZIMMER

EINGANG

1947 TYPISCHE »GETEILTE« QUONSET HUT

Mobilheime
Landesweit   1950

Das Mobilheim ist eng mit dem Auto verbunden. Beide sind industriell hergestellte Produkte und werden von Händlern vertrieben. Die Anfänge des Mobilheims reichen in die dreißiger Jahren des 20. Jahrhunderts zurück, als die ersten Wohnwagen entwickelt wurden. In den vierziger Jahren wurden diese Wohnwagen in Amerika populär, und als die Industrie in den fünfziger und sechziger Jahren sie zu Billighäusern weiterentwickelte, stiegen die Absatzzahlen gewaltig. In den siebziger Jahren stellte das Mobilheim bei fast 60 Prozent der Einfamilienhäuser, die keine Bauernhäuser waren, das erste Eigenheim dar.

Heute gibt es mehrere Arten von Mobilheimen. Die erste ist der Wohnwagen. Es ist eine kleine Wohneinheit auf Rädern, die meist von einem Personenwagen gezogen wird. Er wird für den Urlaub oder für andere Gelegenheiten benutzt, bei denen man unterwegs eine Unterkunft und eine Kochmöglichkeit braucht. Die zweite Art ist das Wohnmobil oder der Campingbus. Es ist eine motorisierte Wohneinheit, die Ende der sechziger Jahre in Mode kam und ebenfalls für Urlaubsfahrten oder Freizeitzwecke genutzt wird. Die dritte Variante ist das eigentliche Mobilheim, ein auf eigenen Rädern transportables Haus, das an einen festen Standort (meist einen Ferienpark) gebracht, dort an vorinstallierte Versorgungseinrichtungen angeschlossen und zu einem mehr oder weniger dauerhaften Wohnhaus wird.

Anfangs war das Aussehen der Mobilheime von den Fahrzeugdesignern geprägt, die wegen der Fahreigenschaften eine Stromlinienform bevorzugten. Führend auf diesem Gebiet war in Amerika die Airstream Corporation, die spezielle Leichtbauweisen der Flugzeugindustrie für den Wohnwagenbau übernahm. Als sich die Mobilheime im Laufe der Jahre zu ortsfesteren Unterkünften entwickelten, verloren sie die Stromlinienform und man war bemüht, sie durch verschiedene Verkleidungselemente und sogar durch leichte Dachschrägen der Optik fester Häuser anzugleichen. Aluminiumverkleidungen, die wie Stulpschalungen wirkten, Kunststoffverkleidungen, die Backstein und Bruchstein imitierten, und zahlreiche Zubehörteile, die im Versandhandel angeboten wurden (siehe folgende Seite) näherten das Aussehen der Mobilheime bald den festen Häusern im volkstümlichen Contractor Modern Style (siehe S. 252) an, die eine Reihe Baugesellschaften massenhaft in Neubausiedlungen aufstellten.

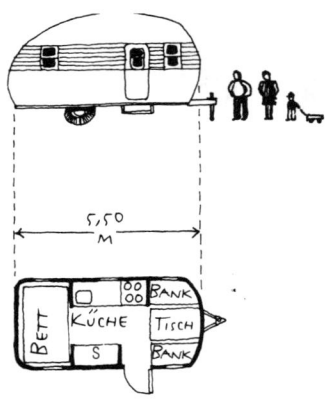

FÜR HÄUFIGE FAHRTEN EMPFAHL SICH DIE STROMLINIENFORM.

5,50 M

KLEINER WOHNWAGEN MIT KOCHGELEGENHEIT FÜR URLAUBSFAHRTEN UND WOCHENENDAUSFLÜGE

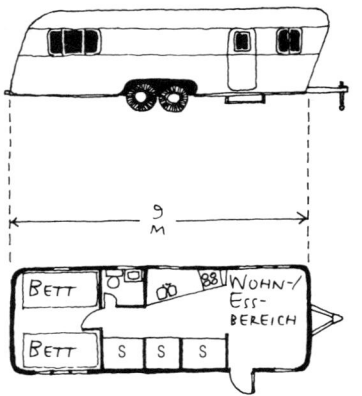

FÜR FAHRTEN, DIE NUR EINMAL IM JAHR UNTERNOMMEN WURDEN, WAR DIE SEMISTROMLINIENFORM IDEAL.

9 M

EIN GROSSER WOHNWAGEN ALS VOLLWERTIGES HAUS FÜR UNTERWEGS

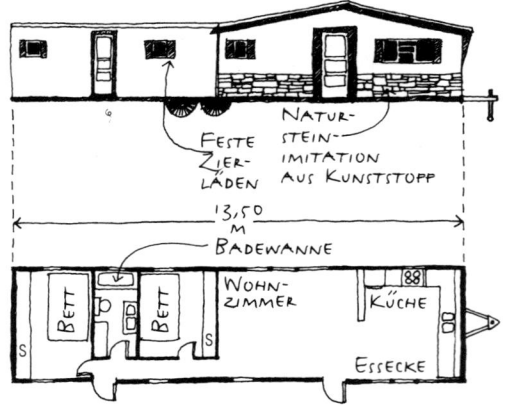

DER KASTENFÖRMIGE AUFBAU, DER DEM EINES FESTEN HAUSES ANGEGLICHEN IST, WAR LEDIGLICH FÜR SELTENE TRANSPORTE GEDACHT.

FESTE ZIERLÄDEN

NATURSTEINIMITATION AUS KUNSTSTOFF

13,50 M

BADEWANNE

MOBILHEIM MITTLERER GRÖSSE ALS STATIONÄRE UNTERKUNFT

S SCHRANK

1935 MERCURY TRAILER DISTRIBUTING COMPANY INC.

1950 SILVER STREAK TRAILER CO.

1965 PATHFINDER INCORPORATED

Wenn ein großer Wohnwagen oder ein Mobilheim gekauft und aufgestellt ist, verschönert es der Besitzer oft mit kleinen Extras wie einem Vorzelt oder einer abnehmbaren Fernsehantenne, die im Versandhandel angeboten wird. Das individuell gestaltete Mobilheim spiegelt ebenso wie das individuell gestaltete Auto der fünfziger Jahre den Charakter und die Persönlichkeit des Besitzers wider.

Mobilheime sind in verschiedenen Standardlängen und -breiten zu haben, die zwischen 3,60 m und 4,20 m Breite (im Rahmen der Straßenverkehrszulassungsordnung) und 12 m bis 24 m Länge variieren.

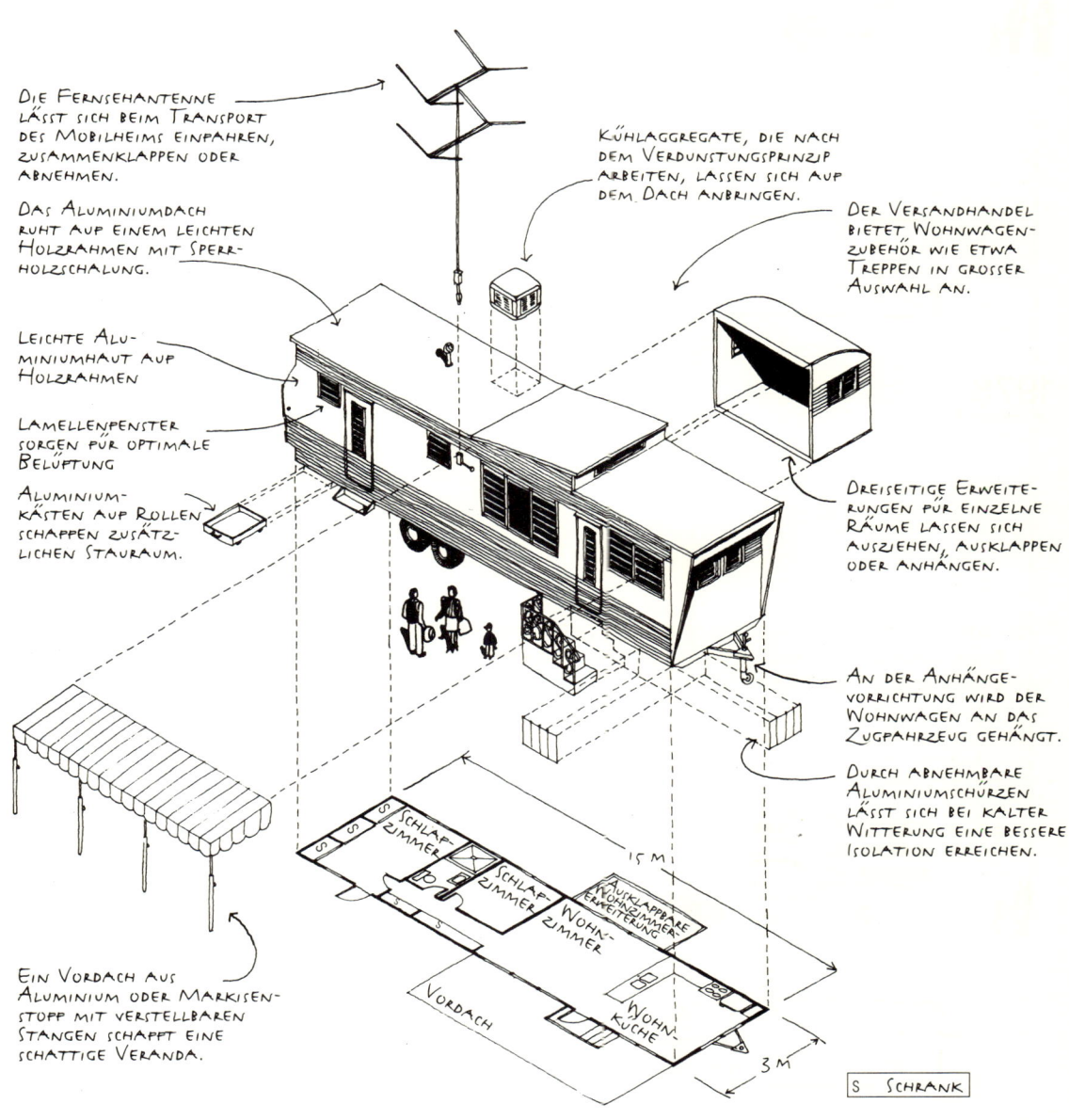

DIE FERNSEHANTENNE LÄSST SICH BEIM TRANSPORT DES MOBILHEIMS EINFAHREN, ZUSAMMENKLAPPEN ODER ABNEHMEN.

DAS ALUMINIUMDACH RUHT AUF EINEM LEICHTEN HOLZRAHMEN MIT SPERRHOLZSCHALUNG.

LEICHTE ALUMINIUMHAUT AUF HOLZRAHMEN

LAMELLENFENSTER SORGEN FÜR OPTIMALE BELÜFTUNG

ALUMINIUMKÄSTEN AUF ROLLEN SCHAPPEN ZUSÄTZLICHEN STAURAUM.

KÜHLAGGREGATE, DIE NACH DEM VERDUNSTUNGSPRINZIP ARBEITEN, LASSEN SICH AUF DEM DACH ANBRINGEN.

DER VERSANDHANDEL BIETET WOHNWAGENZUBEHÖR WIE ETWA TREPPEN IN GROSSER AUSWAHL AN.

DREISEITIGE ERWEITERUNGEN FÜR EINZELNE RÄUME LASSEN SICH AUSZIEHEN, AUSKLAPPEN ODER ANHÄNGEN.

AN DER ANHÄNGEVORRICHTUNG WIRD DER WOHNWAGEN AN DAS ZUGFAHRZEUG GEHÄNGT.

DURCH ABNEHMBARE ALUMINIUMSCHÜRZEN LÄSST SICH BEI KALTER WITTERUNG EINE BESSERE ISOLATION ERREICHEN.

EIN VORDACH AUS ALUMINIUM ODER MARKISENSTOFF MIT VERSTELLBAREN STANGEN SCHAFFT EINE SCHATTIGE VERANDA.

SCHLAFZIMMER SCHLAFZIMMER WOHNZIMMER AUSKLAPPBARE WOHNZIMMERERWEITERUNG WOHNKÜCHE VORDACH 15 M 3 M

S SCHRANK

1953 MOBILHEIM MIT ZUBEHÖR, TOUR-A-HOME MANUFACTURING CORPORATION

In Amerika gibt es etwa 400 Hersteller von Mobilheimen und 1000 Hersteller von Wohnwagen und Wohnmobilen. Während der Markt für die Mobilheim-Hersteller relativ stabil geblieben ist, hängt die Wohnwagen- und Wohnmobilindustrie stärker von der Entwicklung der Kraftstoffkosten ab. Möglicherweise entwickeln sich auch die Wohnmobile wie die ursprünglichen Wohnwagen der dreißiger Jahre mehr und mehr zu ortsfesten Unterkünften. Eine Variante dieser Entwicklung sind alte Busse und Lastwagen, die im Zuge der Hippiebewegung der sechziger Jahre zu »rollenden Häusern« umgebaut wurden. Diese Wohnmobile haben zwar einen hohen Kraftstoffverbrauch, bieten aber bequeme Unterkünfte ohne Grundstücks- und Erschließungskosten.

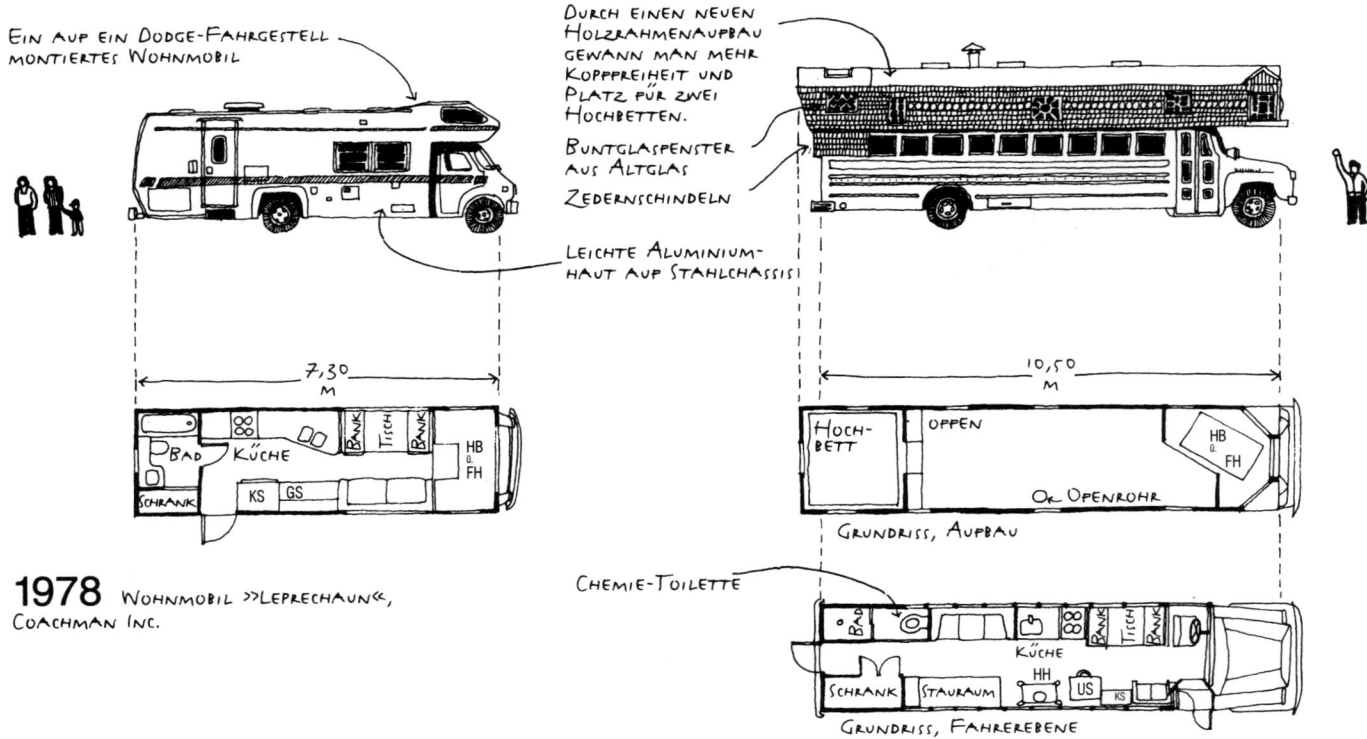

EIN AUF EIN DODGE-FAHRGESTELL MONTIERTES WOHNMOBIL

DURCH EINEN NEUEN HOLZRAHMENAUFBAU GEWANN MAN MEHR KOPFFREIHEIT UND PLATZ FÜR ZWEI HOCHBETTEN.

BUNTGLASFENSTER AUS ALTGLAS

ZEDERNSCHINDELN

LEICHTE ALUMINIUM-HAUT AUF STAHLCHASSIS

7,30 M

10,50 M

CHEMIE-TOILETTE

GRUNDRISS, AUFBAU

1978 WOHNMOBIL »LEPRECHAUN«, COACHMAN INC.

GRUNDRISS, FAHRERE BENE

1975 UMGEBAUTER »INTERNATIONAL«-SCHULBUS VON 1958

Mitte der siebziger Jahre wurden industriell gefertigte Aufbauten für amerikanische Pick-up-Trucks entwickelt. Sie konnten sich bald durchsetzen, weil sie sich in kurzer Zeit einfach montieren ließen, bessere Fahreigenschaften und einen geringeren Kraftstoffverbrauch als Wohnanhänger hatten.

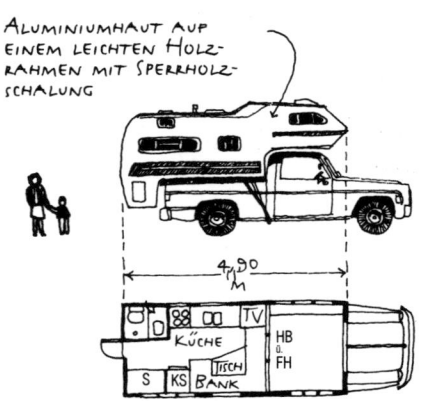

ALUMINIUMHAUT AUF EINEM LEICHTEN HOLZ-RAHMEN MIT SPERRHOLZ-SCHALUNG

4,30 M

1978 PICKUP COACH, COACHMEN INC.

HB ü. FH	HOCHBETT ÜBER FAHRERHAUS
HH	HOLZBRANDHERD
US	UNTERSCHRANK
KS	KÜHLSCHRANK
S	SCHRANK
GS	GESCHIRRSCHRANK

Zu den innovativeren Entwicklungen auf dem Gebiet der Mobilheime gehörten in den sechziger Jahren der Camping-An-hänger und der VW-Campingbus. Der Camping-Anhänger ist eine Mischung aus Wohnwagen und Zelt. Der Aufbau läßt sich aus einem 90 cm hohen Aluminiumanhänger ausklappen und ist mit zwei Doppelbetten und einem ausreichend großen Koch- und Eßbereich ausgestattet. Beim VW-Campingbus handelt es sich um den serienmäßigen VW-Bus mit Campingausbau, der Kochgelegenheit und Schlafmöglichkeiten umfaßt.

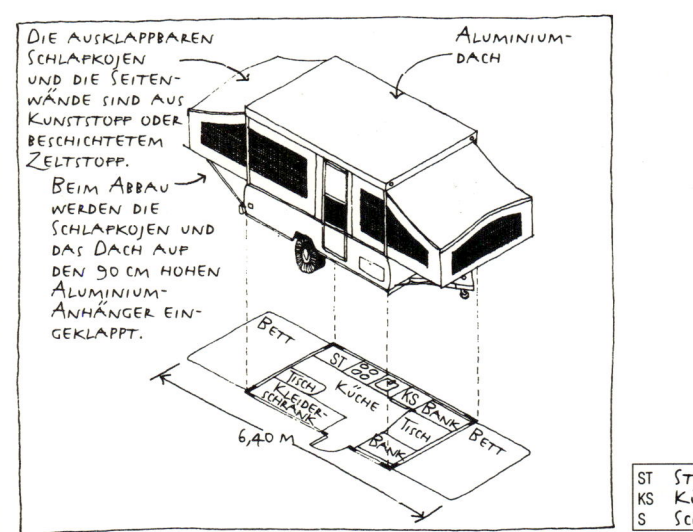

1978 CAMPING-ANHÄNGER »SUN CLASSIC«,
COACHMEN INC.

1978 VOLKSWAGEN-CAMPINGBUS

In Amerika war die Firma Airstream Corporation führend im Wohnwagenbau. Sie ertwickelte leichte, aerodynamische Modelle und verwendete dabei Materialien und Technologien aus dem Flugzeugbau, z.B. eine auf einen Aluminiumrahmen genietete Aluminiumhaut, die Industriedesigner und Wohnwagenfans gleichermaßen inspirierte. Unten sind zwei Beispiel für kleine und mittelgroße Airstream-Modelle vorgestellt.

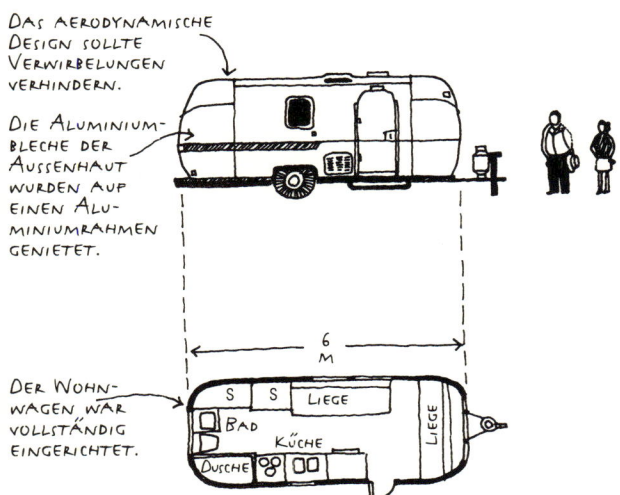

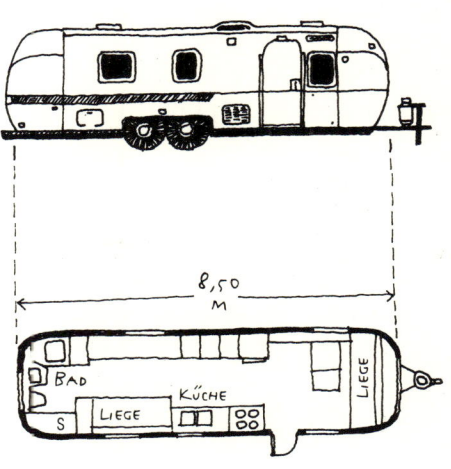

1980 WOHNWAGEN »MINUET«,
AIRSTREAM CORPORATION

1980 WOHNWAGEN »ARGOSY«,
AIRSTREAM CORPORATION

In dem Bemühen, Mobilheime konventionellen Häusern ähnlicher zu machen, wurden zwei Mobilheim-Einheiten von jeweils 3 m Breite (entsprechend der Straßenverkehrsordnung) separat an den vorgesehenen Standort transportiert und zu einem 6 m breiten Haus zusammengesetzt.

Von diesen doppelt breiten Mobilheimen ging die Anregung zu Fertighäusern in Modulbauweise aus (siehe S. 276). Der einzige Unterschied zwischen beiden Haustypen ist der, daß Mobilheime transportabel und Häuser in Modulbauweise ortsfest sind.

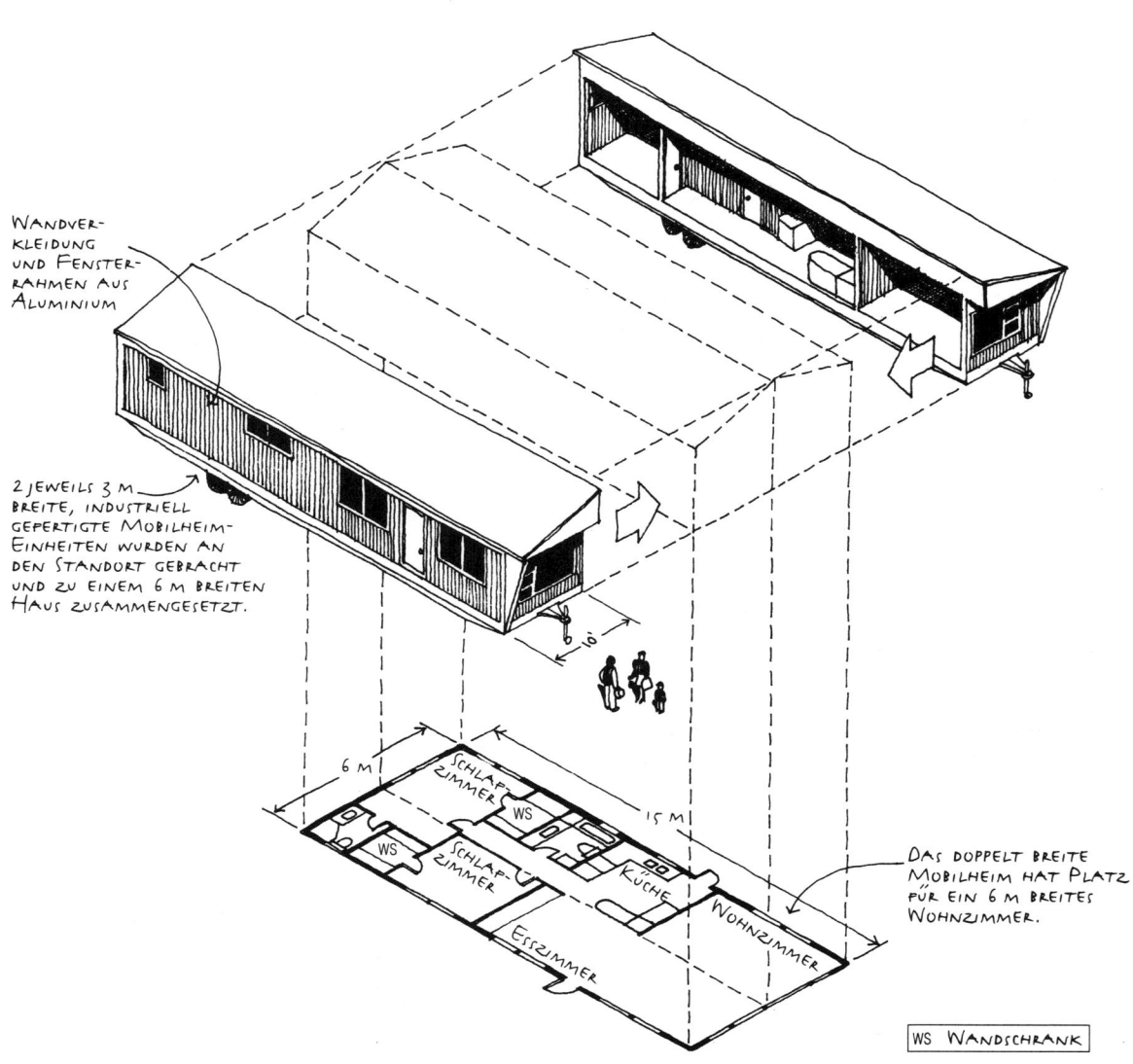

WANDVER-
KLEIDUNG
UND FENSTER-
RAHMEN AUS
ALUMINIUM

2 JEWEILS 3 M
BREITE, INDUSTRIELL
GEFERTIGTE MOBILHEIM-
EINHEITEN WURDEN AN
DEN STANDORT GEBRACHT
UND ZU EINEM 6 M BREITEN
HAUS ZUSAMMENGESETZT.

6 M

SCHLAF-
ZIMMER

WS

WS

SCHLAF-
ZIMMER

15 M

KÜCHE

WOHNZIMMER

ESSZIMMER

DAS DOPPELT BREITE
MOBILHEIM HAT PLATZ
FÜR EIN 6 M BREITES
WOHNZIMMER.

WS WANDSCHRANK

1965 DOPPELT BREITES MOBILHEIM,
KIT MANUFACTURING CO. INC.

Wegen der in Amerika fehlenden Bauvorschriften hat die Mobilheim-Industrie einen recht schlechten Ruf. Die Qualität der Mobilheime reicht von schäbigen pink und türkis abgesetzten Aluminium-Kästen bis zu modernen Modulbauten mit Echtholzschalung. Um das »Wohnwagen-Image« zu kaschieren, begannen Architekten Ende der sechziger Jahre, das Mobilheim wie eine Baukomponente zu behandeln. Eines der ersten Beispiele, die auf dieser Idee beruhten, war das »Courtyard House« des Architekten James Hill (siehe unten), das viele Vorzüge des eingeschossigen kalifornischen Ranch-Hauses (siehe S. 234) besaß, aber wesentlich kostengünstiger war.

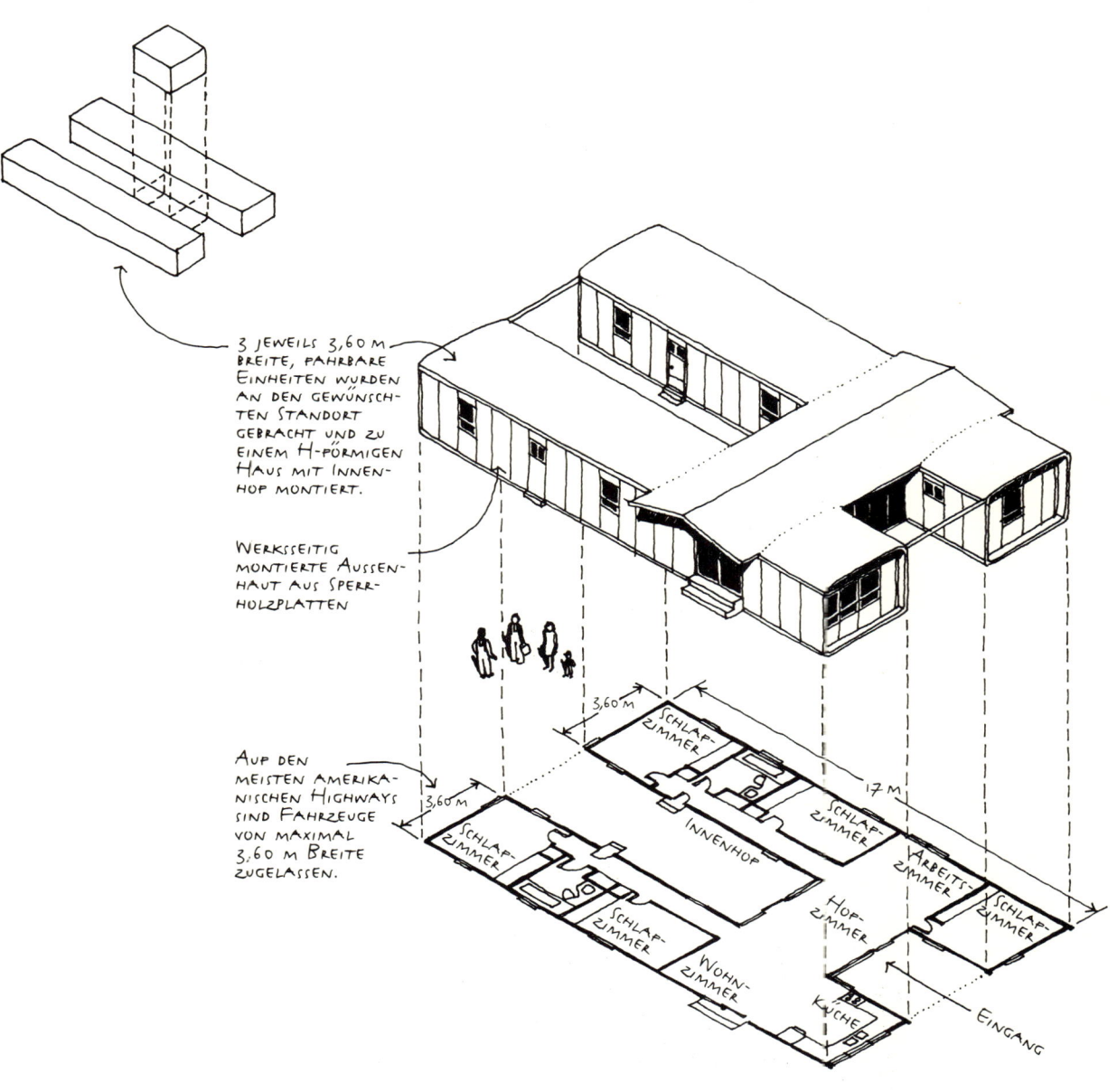

3 JEWEILS 3,60 M BREITE, FAHRBARE EINHEITEN WURDEN AN DEN GEWÜNSCHTEN STANDORT GEBRACHT UND ZU EINEM H-FÖRMIGEN HAUS MIT INNENHOF MONTIERT.

WERKSSEITIG MONTIERTE AUSSENHAUT AUS SPERRHOLZPLATTEN

AUF DEN MEISTEN AMERIKANISCHEN HIGHWAYS SIND FAHRZEUGE VON MAXIMAL 3,60 M BREITE ZUGELASSEN.

3,60 M

3,60 M

17 M

SCHLAFZIMMER

SCHLAFZIMMER

SCHLAFZIMMER

SCHLAFZIMMER

SCHLAFZIMMER

ARBEITSZIMMER

INNENHOF

HOFZIMMER

WOHNZIMMER

KÜCHE

EINGANG

1964 MOBILHEIM »COURTYARD HOUSE«, HOUSE OF ARCHITECTURE INC., ARCHITEKT: JAMES HILL

Kalifornischer Ranch-Stil

Landesweit   1950

Der kalifornische Ranch-Stil, auch Texas-Ranch- oder Western-Ranch-Stil genannt, entstand im Südwesten Nordamerikas während der spanischen Kolonialzeit in der ersten Hälfte des 19. Jahrhunderts (siehe S. 112). In den dreißiger Jahren des 20. Jahrhunderts griffen kalifornische Architekten an der Bucht von San Francisco (Bay Region) ihn wieder auf und entwickelten ihn mit Elementen des spanischen Kolonialstils, des Spanish Colonial Revival (siehe S. 210), des zweiten Bay Region Style (siehe S. 193) und des Contractor Modern Style (siehe S. 252) weiter.

In den fünfziger Jahren nannte man fast jedes niedrig gebaute, eingeschossige und weitläufig verschachtelte Haus eine kalifornische Ranch. Die Möglichkeit, sich im ganzen Haus auf einer Ebene von fast jedem Zimmer aus auf große, geschützte Veranden und Innenhöfe zu begeben, galt als Inbegriff des »guten Lebens«.

Die Zwanglosigkeit und Geradlinigkeit des kalifornischen Ranch-Hauses war gewissermaßen Triebkraft und Spiegel der amerikanischen Lebensweise der fünfziger Jahre. Anstelle der viktorianischen Veranda zur Straßenfront trat nun eine geschützte Terrasse hinter dem Haus. Die Garage wurde zum festen Bestandteil des Hauses. Geschützte Freiflächen gehörten ebenso zum privaten Wohnbereich wie das Hausinnere. Beim späteren Ranch-Stil waren für den Charakter des Hauses weniger die Abwandlungen der Form, als vielmehr die Materialien, die bei der Gestaltung des rechteckigen Baukörpers verwendet wurden, bestimmend.

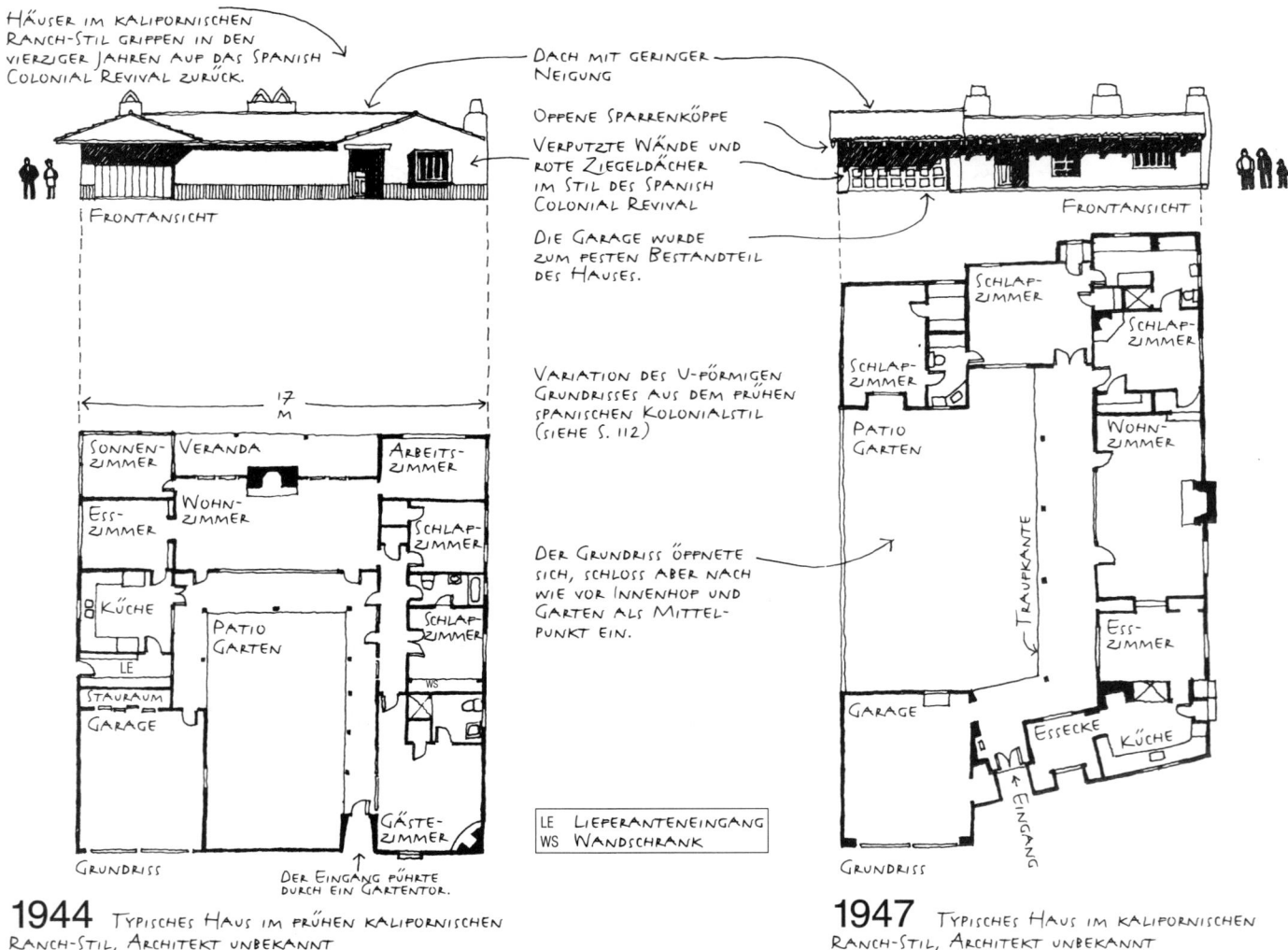

HÄUSER IM KALIFORNISCHEN RANCH-STIL GRIFFEN IN DEN VIERZIGER JAHREN AUF DAS SPANISH COLONIAL REVIVAL ZURÜCK.

FRONTANSICHT

DACH MIT GERINGER NEIGUNG

OFFENE SPARRENKÖPFE

VERPUTZTE WÄNDE UND ROTE ZIEGELDÄCHER IM STIL DES SPANISH COLONIAL REVIVAL

DIE GARAGE WURDE ZUM FESTEN BESTANDTEIL DES HAUSES.

FRONTANSICHT

VARIATION DES U-FÖRMIGEN GRUNDRISSES AUS DEM FRÜHEN SPANISCHEN KOLONIALSTIL (SIEHE S. 112)

DER GRUNDRISS ÖFFNETE SICH, SCHLOSS ABER NACH WIE VOR INNENHOF UND GARTEN ALS MITTELPUNKT EIN.

17 M

SONNENZIMMER | VERANDA | ARBEITSZIMMER
WOHNZIMMER
ESSZIMMER
KÜCHE | PATIO GARTEN | SCHLAFZIMMER
LE | SCHLAFZIMMER | WS
STAURAUM
GARAGE
GÄSTEZIMMER

GRUNDRISS

DER EINGANG FÜHRTE DURCH EIN GARTENTOR.

LE LIEFERANTENEINGANG
WS WANDSCHRANK

SCHLAFZIMMER | SCHLAFZIMMER
SCHLAFZIMMER
PATIO GARTEN | WOHNZIMMER
TRAUFKANTE
GARAGE | ESSZIMMER
ESSECKE | KÜCHE
EINGANG

GRUNDRISS

1944 TYPISCHES HAUS IM FRÜHEN KALIFORNISCHEN RANCH-STIL, ARCHITEKT UNBEKANNT

1947 TYPISCHES HAUS IM KALIFORNISCHEN RANCH-STIL, ARCHITEKT UNBEKANNT

Das Ranch-Haus, wie wir es heute kennen, wurde in Kalifornien von Cliff May und anderen Architekten entwickelt, die an der Bucht von San Francisco (Bay Region) arbeiteten. Sie gestalteten ihre Entwürfe in Anlehnung an regionale Bauweisen und mit heimischen Materialien, die sie bei Schuppen, Scheunen und anderen landwirtschaftlich genutzten Gebäuden ihrer Umgebung vorfanden: Schindeldächer, Bretterschalung mit Fugenleiste und Betonböden. Mitte der fünfziger Jahre erreichte der kalifornische Ranch-Stil seinen Höhepunkt, als Bauunternehmer feststellten, daß diese Häuser leicht zu bauen und zu verkaufen waren. Die Zwanglosigkeit, Wohnlichkeit und einfache Konstruktion des Ranch-Hauses machten es in den sechziger Jahren zur Grundlage für den populären Contractor Modern Style (siehe S. 252).

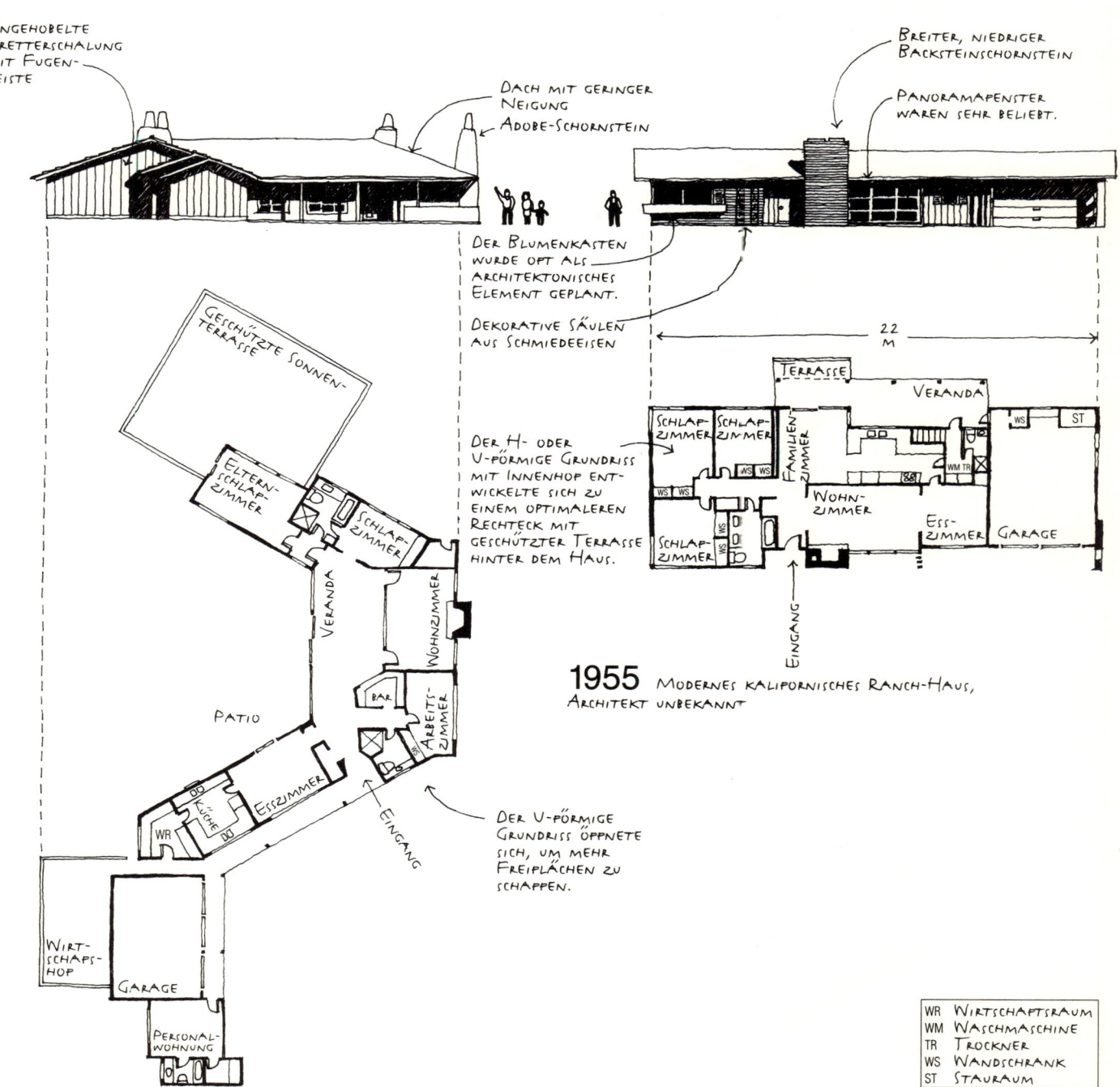

UNGEHOBELTE BRETTERSCHALUNG MIT FUGENLEISTE

DACH MIT GERINGER NEIGUNG
ADOBE-SCHORNSTEIN

BREITER, NIEDRIGER BACKSTEINSCHORNSTEIN

PANORAMAFENSTER WAREN SEHR BELIEBT.

DER BLUMENKASTEN WURDE OFT ALS ARCHITEKTONISCHES ELEMENT GEPLANT.

DEKORATIVE SÄULEN AUS SCHMIEDEEISEN

DER H- ODER V-FÖRMIGE GRUNDRISS MIT INNENHOF ENTWICKELTE SICH ZU EINEM OPTIMALEREN RECHTECK MIT GESCHÜTZTER TERRASSE HINTER DEM HAUS.

22 M

GESCHÜTZTE SONNEN-TERRASSE

ELTERN-SCHLAF-ZIMMER

SCHLAF-ZIMMER

VERANDA

WOHNZIMMER

BAR

ARBEITS-ZIMMER

PATIO

KÜCHE

ESSZIMMER

WR

DD

EINGANG

DER V-FÖRMIGE GRUNDRISS ÖFFNETE SICH, UM MEHR FREIFLÄCHEN ZU SCHAFFEN.

TERRASSE

VERANDA

SCHLAF-ZIMMER

SCHLAF-ZIMMER

FAMILIEN-ZIMMER

WOHN-ZIMMER

WS WS

WS WS

SCHLAF-ZIMMER

WS WS

EINGANG

WM TR

WS

ST

ESS-ZIMMER

GARAGE

1955 MODERNES KALIFORNISCHES RANCH-HAUS, ARCHITEKT UNBEKANNT

WIRT-SCHAFTS-HOF

GARAGE

PERSONAL-WOHNUNG

WR	WIRTSCHAFTSRAUM
WM	WASCHMASCHINE
TR	TROCKNER
WS	WANDSCHRANK
ST	STAURAUM

1948 WOODACRES, SAN VINCENTE, KALIFORNIEN, ARCHITEKT: CLIFF MAY

Ständerbauweise

Der Ständerbau besteht aus einem großen Holzständerwerk mit Ständern, Schwellen, Rähmholz und Dielen, die einen größeren Abstand haben als bei der in Amerika üblicheren Stockbauweise (siehe S. 258). Die Ständerbauweise hat Ähnlichkeit mit der Konstruktion von Fabrikhallen, die in ganz Amerika als schwere Holzbauten errichtet wurden, und ist für Häuser im kalifornischen Ranch-Stil beliebt, weil sich die offenen Dachsparren und die sichtbare Bretterschalung der Dachhaut als charakteristische architektonische Merkmale verwenden lassen.

Die Konstruktion des Holzständerwerks hier in sieben vereinfachten Schritten:

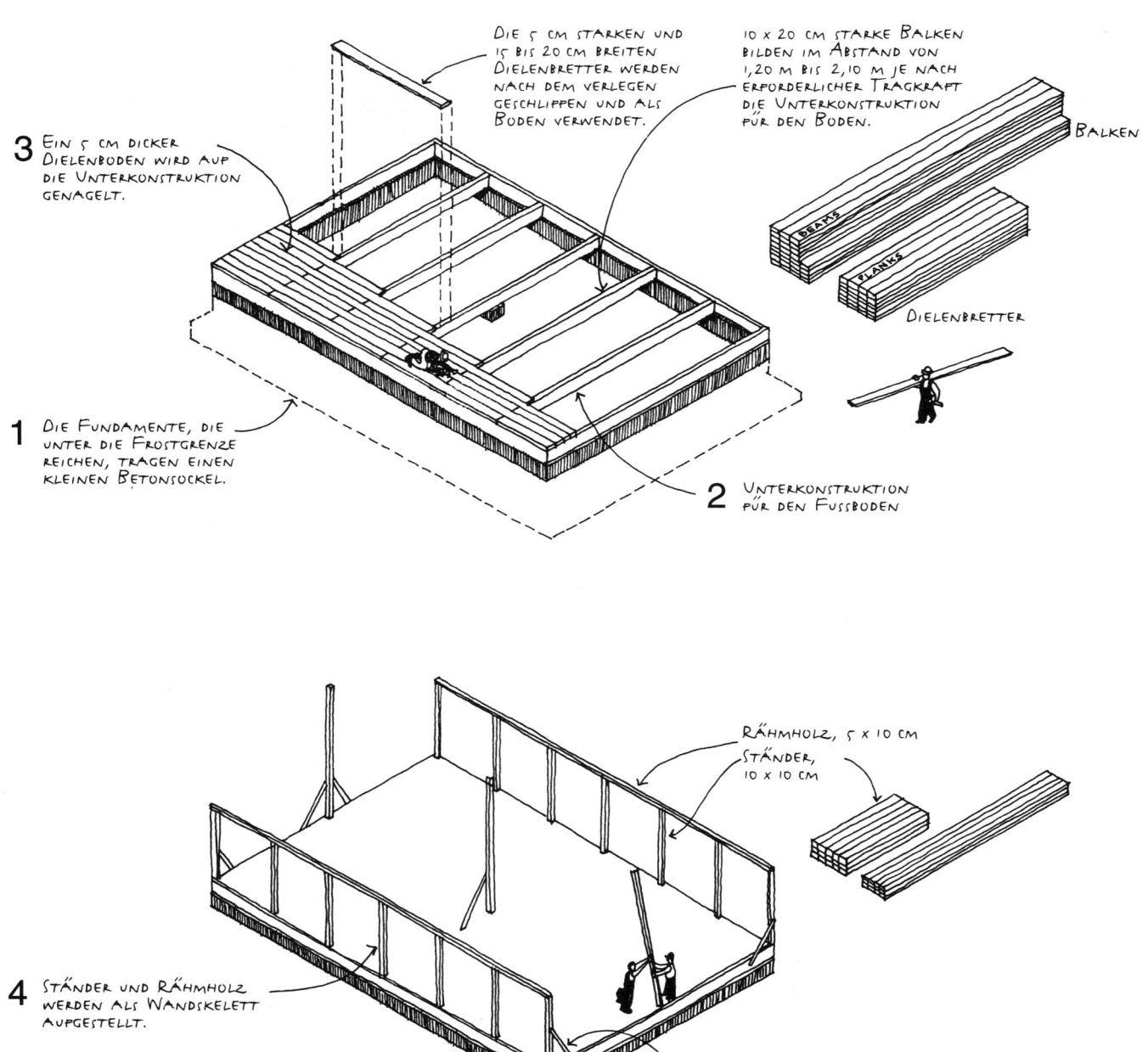

DIE 5 CM STARKEN UND 15 BIS 20 CM BREITEN DIELENBRETTER WERDEN NACH DEM VERLEGEN GESCHLIFFEN UND ALS BODEN VERWENDET.

10 X 20 CM STARKE BALKEN BILDEN IM ABSTAND VON 1,20 M BIS 2,10 M JE NACH ERFORDERLICHER TRAGKRAFT DIE UNTERKONSTRUKTION FÜR DEN BODEN.

BALKEN

3 EIN 5 CM DICKER DIELENBODEN WIRD AUF DIE UNTERKONSTRUKTION GENAGELT.

DIELENBRETTER

1 DIE FUNDAMENTE, DIE UNTER DIE FROSTGRENZE REICHEN, TRAGEN EINEN KLEINEN BETONSOCKEL.

2 UNTERKONSTRUKTION FÜR DEN FUSSBODEN

RÄHMHOLZ, 5 X 10 CM
STÄNDER, 10 X 10 CM

4 STÄNDER UND RÄHMHOLZ WERDEN ALS WANDSKELETT AUFGESTELLT.

MIT PROVISORISCHEN STREBEN WIRD DIE WANDKONSTRUKTION AUSGERICHTET.

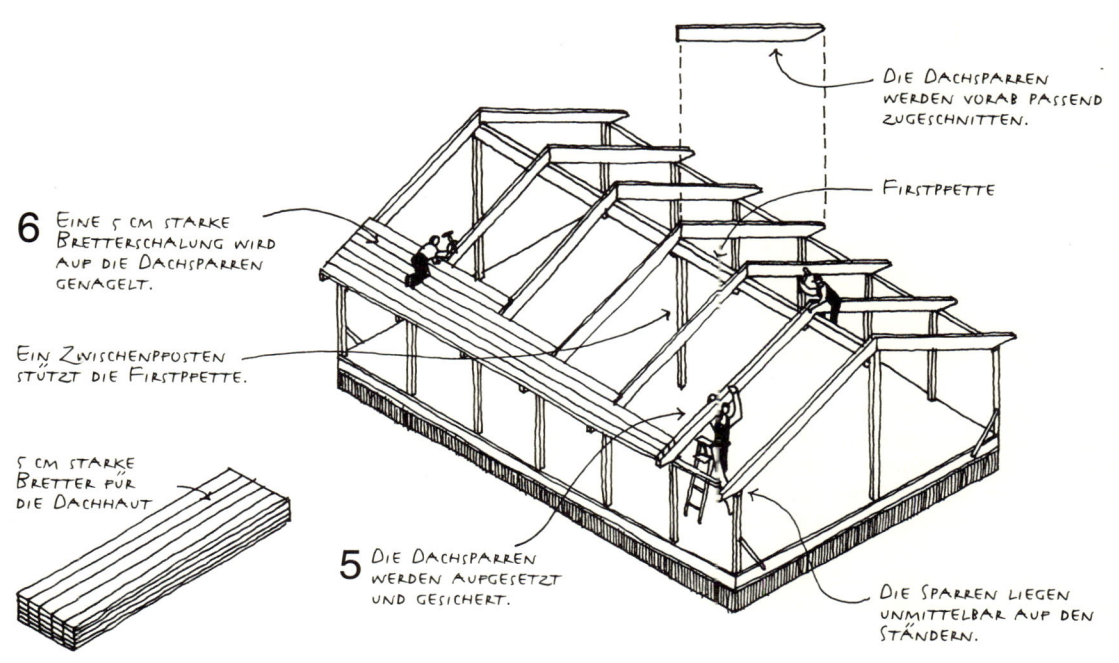

DIE DACHSPARREN
WERDEN VORAB PASSEND
ZUGESCHNITTEN.

FIRSTPFETTE

6 EINE 5 CM STARKE
BRETTERSCHALUNG WIRD
AUF DIE DACHSPARREN
GENAGELT.

EIN ZWISCHENPFOSTEN
STÜTZT DIE FIRSTPFETTE.

5 CM STARKE
BRETTER FÜR
DIE DACHHAUT

5 DIE DACHSPARREN
WERDEN AUFGESETZT
UND GESICHERT.

DIE SPARREN LIEGEN
UNMITTELBAR AUF DEN
STÄNDERN.

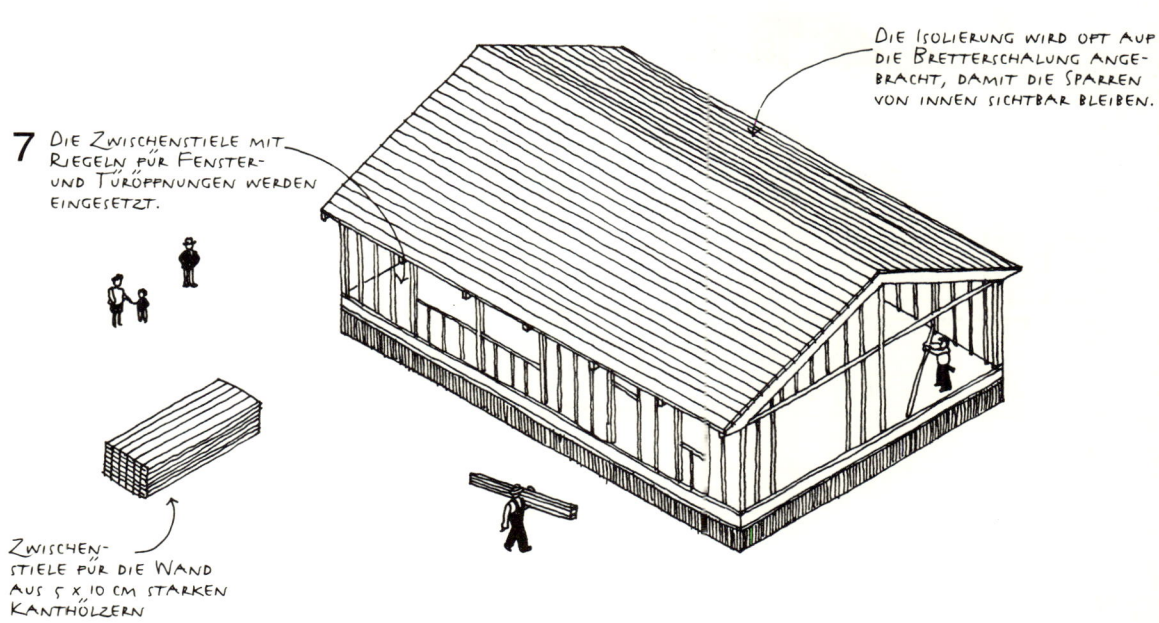

DIE ISOLIERUNG WIRD OFT AUF
DIE BRETTERSCHALUNG ANGE-
BRACHT, DAMIT DIE SPARREN
VON INNEN SICHTBAR BLEIBEN.

7 DIE ZWISCHENSTIELE MIT
RIEGELN FÜR FENSTER-
UND TÜRÖFFNUNGEN WERDEN
EINGESETZT.

ZWISCHEN-
STIELE FÜR DIE WAND
AUS 5 X 10 CM STARKEN
KANTHÖLZERN

237

Mies van der Rohe

Landesweit   1950

Als Ludwig Mies van der Rohe 1938 aus Deutschland nach Amerika emigrierte, gehörte er mit Le Corbusier und Walter Gropius zu den führenden Köpfen des Internationalen Stils. Sein Deutscher Pavillon auf der Internationalen Ausstellung in Barcelona (meist als Barcelona-Pavillon bezeichnet) war das beste Beispiel für sein originelles Frühwerk. Er verstand es meisterhaft, einen von Glas umgebenen Raum mit Sichtschutzwänden so zu gliedern, daß sie auf den dahinter liegenden Raum verwiesen, zugleich aber die gewünschten Bereiche (ohne Türen) abschirmten. Da der Barcelona-Pavillon keine andere Funktion hatte, als Deutschland auf dieser Austellung zu repräsentieren, ließ man dem Architekten weitgehend freie Hand. Das Ergebnis war eine Synthese seiner gesamten bisherigen Arbeit sowie seiner architektonischen Vorstellungen und sollte die Architekten der ganzen Welt beeinflussen.

Ludwig Mies van der Rohe und seine Anhänger nutzten die Planungsfreiheit, die die Skelettbauweise bietet, denn die Wände haben keine tragende Funktion. Bei seinen amerikanischen Bauten behandelte er die tragende Stahlkonstruktion in mancher Hinsicht ähnlich der klassischen Säulenordnung, die ihre Ausdruckskraft aus den Finessen der Proportion und der Details bezog. Von anderen Architekten des Internationalen Stils unterschied sich Mies van der Rohe insofern, als er für seine Gebäude offene Räume entwarf, die sich für verschiedene Funktionen nutzen ließen.

Der Stil Mies van der Rohes war für Amerika wie geschaffen, da er gewissermaßen von amerikanischer Technologie inspiriert war. Bis 1958 hatte der Architekt die Anpassungsfähigkeit seines Stils mit vielfältigen Bauten unter Beweis gestellt, die vom Farnsworth House in Plano, Illinois (siehe folgende Seite) über die Campus-Gebäude des Illinois Institute of Technology bis hin zu den Zwillingshochhäusern am Lake Shore Drive 860 in Chicago und dem Seagram Building in New York City reichten. Der Stil Mies van der Rohes hatte großen Einfluß auf die Gestaltung von Bürogebäuden, fand jedoch im amerikanischen Wohnhausbau wegen der hohen Kosten der Stahlkonstruktion nur beschränkt Verwendung.

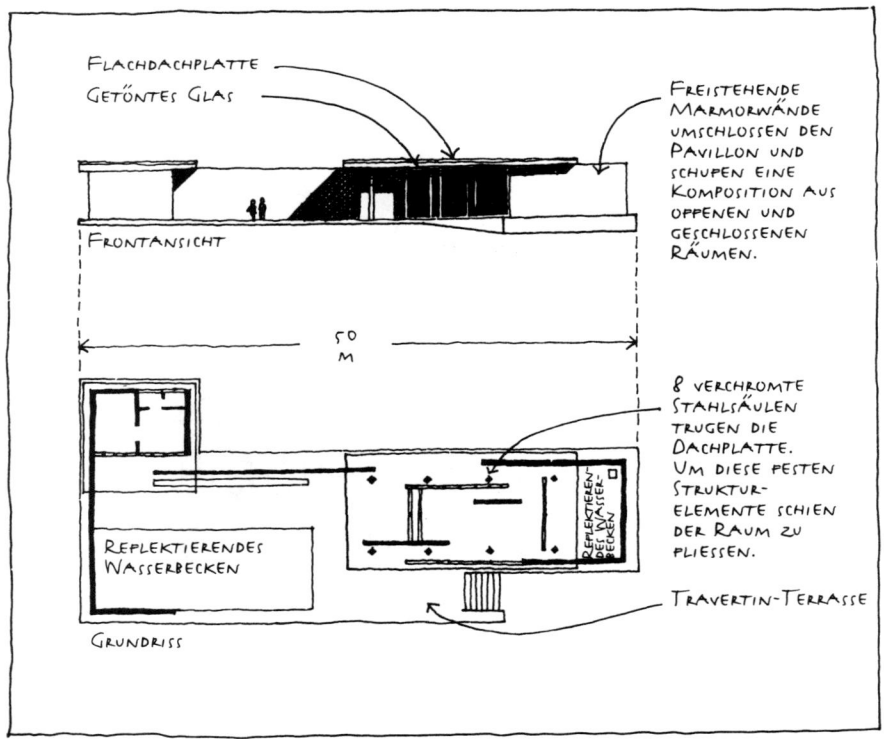

FLACHDACHPLATTE
GETÖNTES GLAS

FRONTANSICHT

50 M

REFLEKTIERENDES WASSERBECKEN

GRUNDRISS

FREISTEHENDE MARMORWÄNDE UMSCHLOSSEN DEN PAVILLON UND SCHUFEN EINE KOMPOSITION AUS OFFENEN UND GESCHLOSSENEN RÄUMEN.

8 VERCHROMTE STAHLSÄULEN TRUGEN DIE DACHPLATTE. UM DIESE FESTEN STRUKTURELEMENTE SCHIEN DER RAUM ZU FLIESSEN.

REFLEKTIERENDES WASSERBECKEN

TRAVERTIN-TERRASSE

1929 DEUTSCHER PAVILLON AUF DER INTERNATIONALEN AUSSTELLUNG IN BARCELONA, ARCHITEKT: MIES VAN DER ROHE

DIE MÖBEL, DIE MIES VAN DER ROHE ENTWARF, WAREN EBENSO MINIMALISTISCH WIE SEINE ARCHITEKTUR.

WEISSES LEDERKISSEN

VERCHROMTER FLACHSTAHLRAHMEN

1929 BARCELONA-STUHL, ENTWORFEN VON M VAN DER ROHE FÜR DEN DEUTSCHEN PAVILLON AUF DER INTERNATIONALEN AUSSTELLUNG IN BARCELONA

Mies van der Rohe ist als Schöpfer des strengen, kubistischen Glaskastens bekannt. Die beiden berühmtesten Glaskasten-
häuser in Amerika sind das Farnsworth House (»eine zwischen Boden und Dach eingefangene Luftmenge«), das er selbst
entwarf, und ein Haus, das Philip Johnson für sich selbst errichtete. Beide Häuser zeigen auf eindrucksvolle Weise den »fließen-
den« Stil Mies van der Rohes, da das Dach jeweils auf nur wenigen tragenden Teilen ruht und der Raum so eine großzügige
Offenheit erhält. Kritiker dieses Baustils halten ihn für steril und beklagen den Wärmeverlust durch die großen Glasflächen in
seiner Energiebilanz als unökonomisch. Dem können aber die Besitzer entgegenhalten, daß die Tatsache, daß die Umgebung
zu einem wichtigen ästehtischen Bestandteil des offenen Raumes wird, die Energiekosten bei weitem aufwiegt.

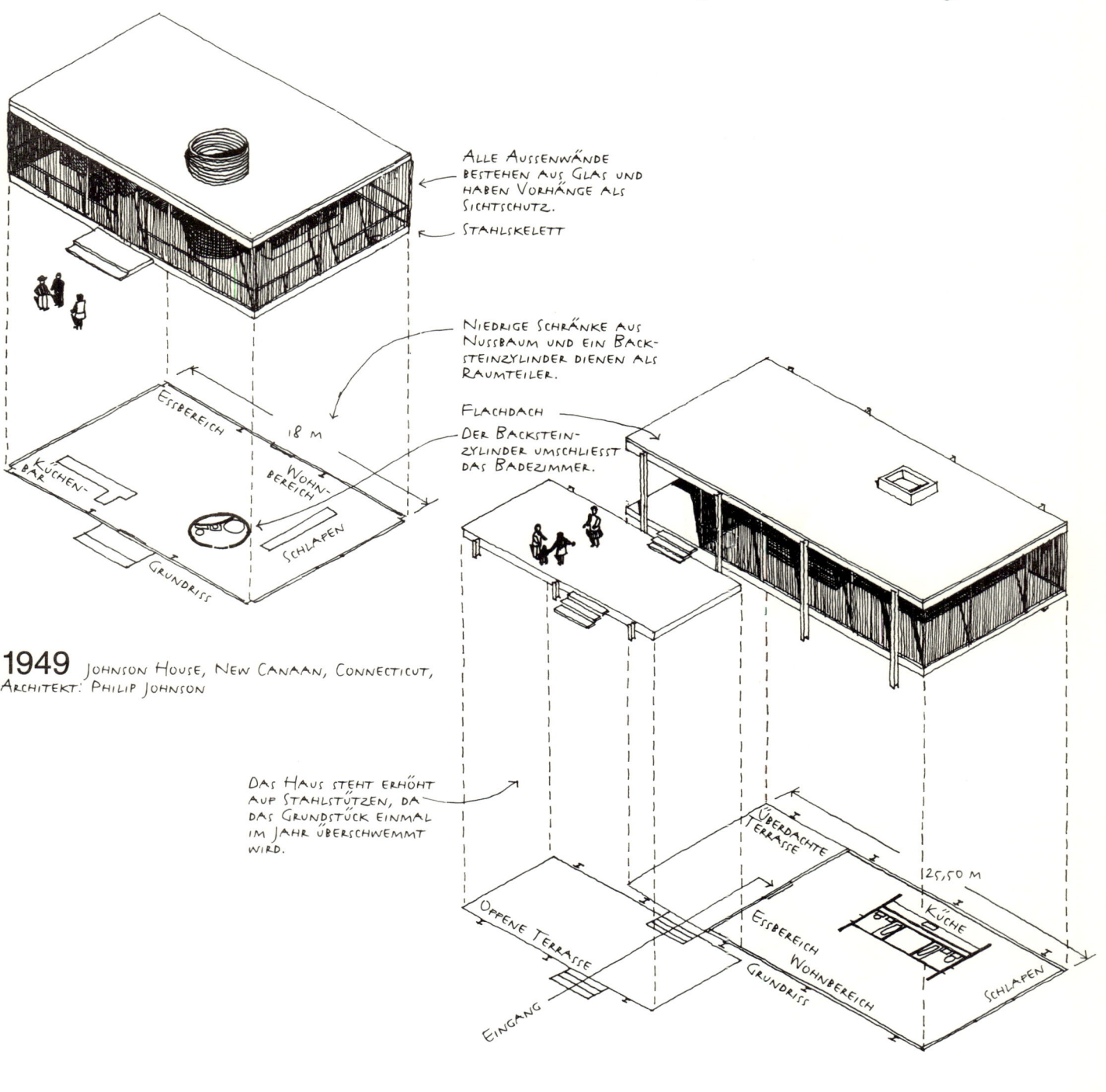

ALLE AUSSENWÄNDE
BESTEHEN AUS GLAS UND
HABEN VORHÄNGE ALS
SICHTSCHUTZ.

STAHLSKELETT

NIEDRIGE SCHRÄNKE AUS
NUSSBAUM UND EIN BACK-
STEINZYLINDER DIENEN ALS
RAUMTEILER.

FLACHDACH

DER BACKSTEIN-
ZYLINDER UMSCHLIESST
DAS BADEZIMMER.

ESSBEREICH

KÜCHEN-
BAR

18 M

WOHN-
BEREICH

SCHLAFEN

GRUNDRISS

1949 JOHNSON HOUSE, NEW CANAAN, CONNECTICUT,
ARCHITEKT: PHILIP JOHNSON

DAS HAUS STEHT ERHÖHT
AUF STAHLSTÜTZEN, DA
DAS GRUNDSTÜCK EINMAL
IM JAHR ÜBERSCHWEMMT
WIRD.

ÜBERDACHTE
TERRASSE

125,50 M

KÜCHE

OFFENE TERRASSE

ESSBEREICH
WOHNBEREICH

SCHLAFEN

GRUNDRISS

EINGANG

1950 FARNSWORTH HOUSE, PLANO, ILLINOIS,
ARCHITEKT: MIES VAN DER ROHE

Craig Ellwood, ein Architekt aus Südkalifornien, erlangte in den fünfziger und sechziger Jahren durch seine Arbeit im Stil Mies van der Rohes eine gewisse Berühmtheit. Seine Häuser waren das Ergebnis seines Interesses an einer Architektur, die sich aus der konstruktiven Struktur entwickelt. Durch Verwendung eines tragenden Skeletts und einer Außenschalung aus kostengünstigen Materialien und den Einsatz industrieller Bauweisen schuf er ein Werk, das als Abstraktion der japanischen Architektur bezeichnet wurde. Er entwickelte seine Ideen unabhängig von Mies van der Rohe, war jedoch Ende der fünfziger Jahre mit seinen Arbeiten wichtiger für den Miesschen Stil als Mies van der Rohe selbst.

Im folgenden werden zwei der besten Wohnhäuser Ellwoods vorgestellt. Beide Gebäude sind symmetrische, elegante, rechteckige Flachdachbauten mit Stahlskelett, wurden jedoch für völlig unterschiedliche Standorte und Budgets entworfen.

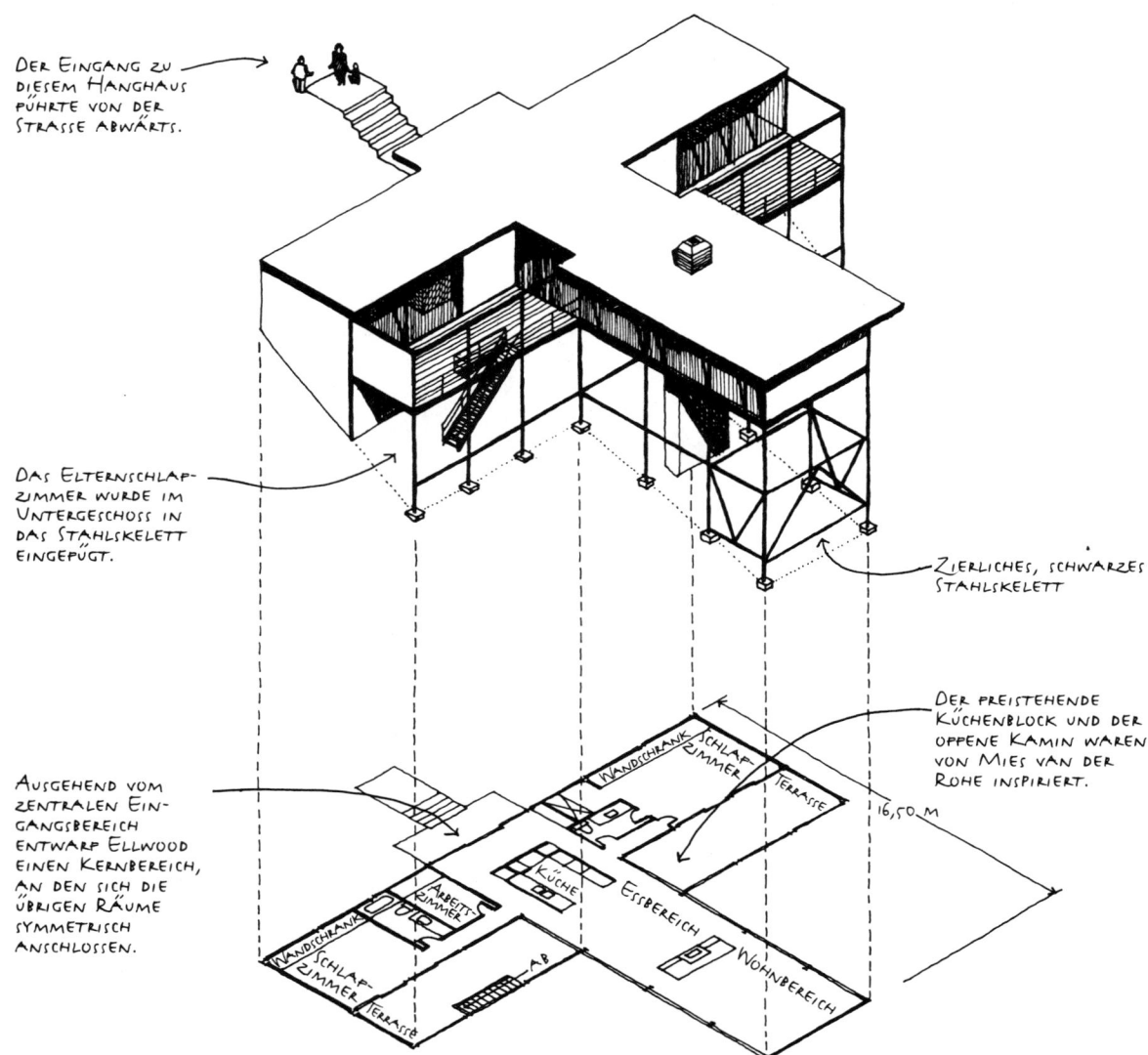

DER EINGANG ZU DIESEM HANGHAUS FÜHRTE VON DER STRASSE ABWÄRTS.

DAS ELTERNSCHLAF-ZIMMER WURDE IM UNTERGESCHOSS IN DAS STAHLSKELETT EINGEFÜGT.

ZIERLICHES, SCHWARZES STAHLSKELETT

DER FREISTEHENDE KÜCHENBLOCK UND DER OFFENE KAMIN WAREN VON MIES VAN DER ROHE INSPIRIERT.

AUSGEHEND VOM ZENTRALEN EIN-GANGSBEREICH ENTWARF ELLWOOD EINEN KERNBEREICH, AN DEN SICH DIE ÜBRIGEN RÄUME SYMMETRISCH ANSCHLOSSEN.

WANDSCHRANK
SCHLAF-ZIMMER
TERRASSE
16,50 M
ARBEITS-ZIMMER
KÜCHE
ESSBEREICH
WANDSCHRANK
SCHLAF-ZIMMER
TERRASSE
AB
WOHNBEREICH

1957 SMITH HOUSE, CRESTWOOD HILLS, WEST LOS ANGELES, KALIFORNIEN, ARCHITEKT: CRAIG ELLWOOD

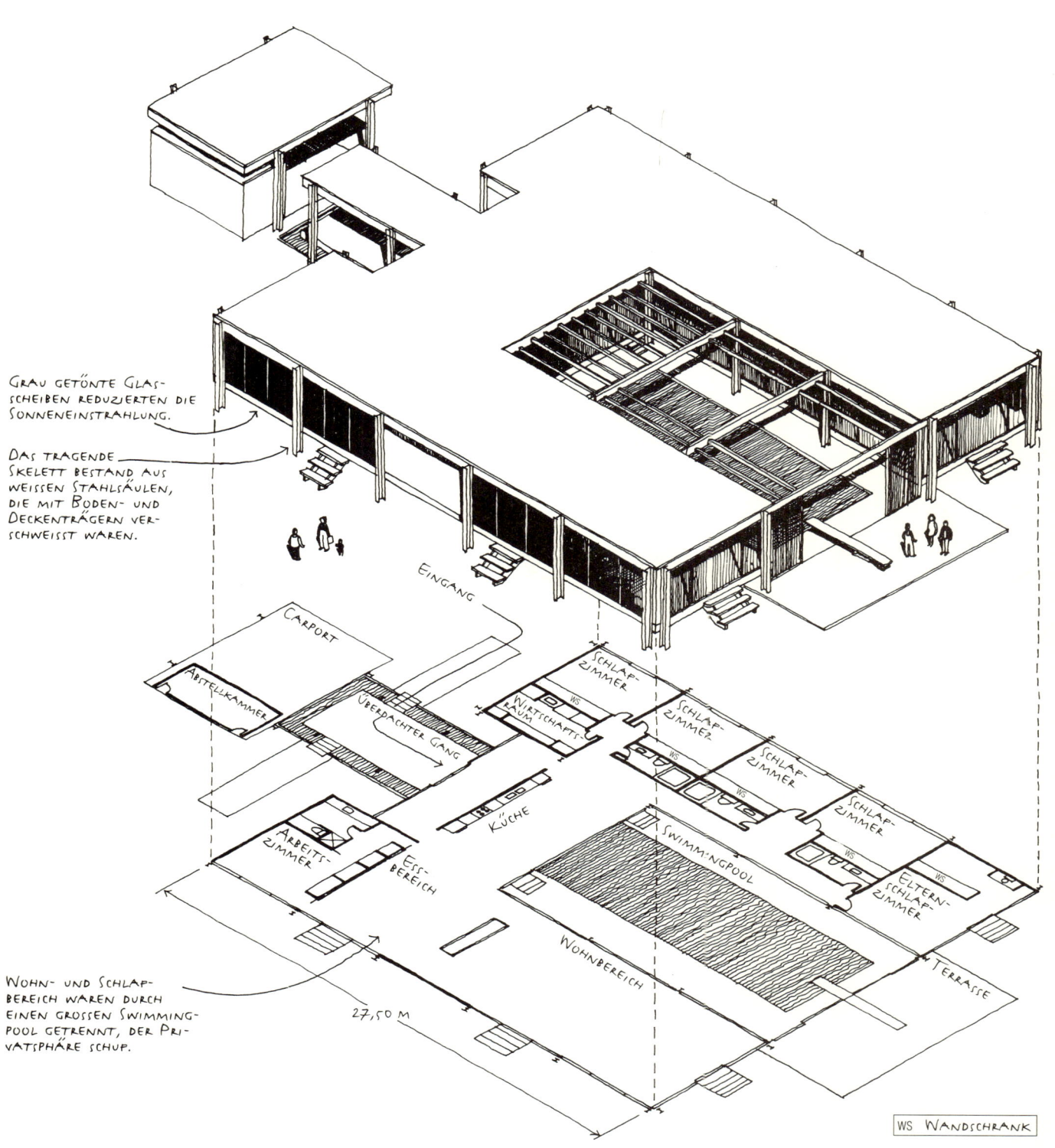

GRAU GETÖNTE GLAS-
SCHEIBEN REDUZIERTEN DIE
SONNENEINSTRAHLUNG.

DAS TRAGENDE
SKELETT BESTAND AUS
WEISSEN STAHLSÄULEN,
DIE MIT BODEN- UND
DECKENTRÄGERN VER-
SCHWEISST WAREN.

EINGANG

CARPORT

ABSTELLKAMMER

ÜBERDACHTER GANG

SCHLAF-
ZIMMER

WIRTSCHAFTS-
RAUM

WS

SCHLAF-
ZIMMER

SCHLAF-
ZIMMER

KÜCHE

WS

SCHLAF-
ZIMMER

ARBEITS-
ZIMMER

ESS-
BEREICH

WS

SWIMMINGPOOL

WS

ELTERN-
SCHLAF-
ZIMMER

WOHN- UND SCHLAF-
BEREICH WAREN DURCH
EINEN GROSSEN SWIMMING-
POOL GETRENNT, DER PRI-
VATSPHÄRE SCHUF.

27,50 M

WOHNBEREICH

TERRASSE

WS WANDSCHRANK

1961 DAPHNE HOUSE, HILLSBOROUGH, KALIFORNIEN,
ARCHITEKT: CRAIG ELLWOOD

Fertigbauweise

Landesweit   1950

Bei der Fertigbauweise setzt man ein Haus ganz oder teilweise aus industriell vorgefertigten und vormontierten Teilen zusammen. Wände, Böden, Decken, Dächer werden meist in Segmenten oder Platten hergestellt, die 2,40 m x 7,50 m groß sein können und bereits in der Fabrik mit einer Außen- und Innenverkleidung versehen werden. Große tragende Teile werden zugeschnitten und als Bausatz für das Rahmenwerk vorbereitet. Küchen-, Bad- und Schrankelemente werden wie Autos am Fließband mit sämtlichen Installationen und elektrischen Leitungen montiert, so daß man sie vor Ort nur noch anschließen muß. All diese Bauteile (siehe unten) werden angeliefert und auf einem vorbereiteten Fundament montiert. Schon 1905 konnten sich Bauherren ein Haus aus dem Katalog aussuchen (Sears, Roebuck & Co. gehörten mit ihrem *Book of Modern Houses and Building Plans* in Amerika zu den ersten Anbietern), sich die vorgefertigten und gekennzeichneten Bauteile an den nächstgelegenen Bahnhof kommen lassen, um sie von dort mit Pferd und Wagen zum Bauplatz zu transportieren und auf einem vorbereiteten Fundament aufzubauen. Im Laufe der Zeit übernahm man Henry Fords Prinzip der Fließbandmontage auch für jene Fertigbauweise, die mit weitgehend präfabrizierten Elementen arbeitete, und um 1938 produzierten Prefab-Unternehmen vormontierte Fertighäuser, die amerikanische Geschichte schrieben.

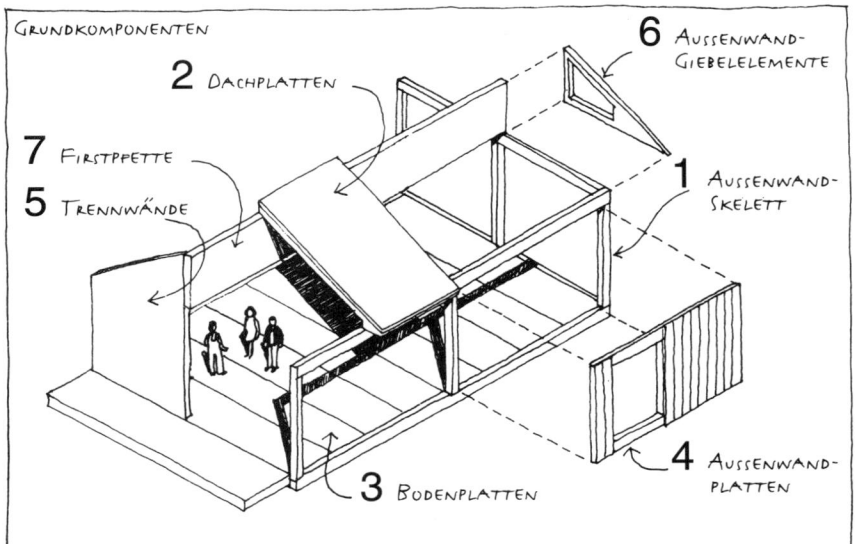

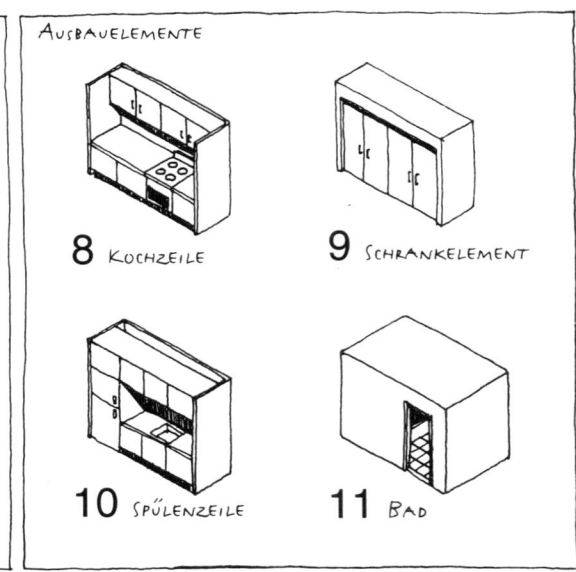

11 PRÄFABRIZIERTE GRUNDELEMENTE FÜR EIN FERTIGHAUS

SO SAHEN DIE ERSTEN PRÄFABRIZIERTEN HÄUSER AUS.

AB 1905 VERKAUFTE DIE FIRMA SEARS, ROEBUCK & CO. PRÄFABRIZIERTE HÄUSER UNTERSCHIEDLICHER STILRICHTUNGEN. DER KÄUPER SUCHTE SICH EIN MODELL AUS DEM KATALOG AUS, DAS SEARS ALS BAUSATZ AN DIE BAUSTELLE LIEFERTE, WO ES VON EINEM ÖRTLICHEN BAUUNTERNEHMER MONTIERT WURDE.

VON 1927 BIS 1944 ENTWARF R. BUCKMINSTER FULLER EINE REIHE LEICHTER METALLHÄUSER MIT VERSCHIEDENEN TECHNISCHEN NEUERUNGEN WIE AUTOMATISCHEN WASCHANLAGEN UND GESCHLOSSENEM MÜLLSCHLUCKER.

DAS GESAMTE HAUS BESTAND AUS LEICHTEN, PRÄFABRIZIERTEN METALLTEILEN, DIE JEWEILS NICHT MEHR ALS 10 PFUND WOGEN UND VON EINER PERSON ALLEIN AUFGEBAUT WERDEN KONNTEN.

1912 KATALOGHAUS, SEARS, ROEBUCK & CO., DANBURY, CONNECTICUT

1944 WOHNMASCHINE DYMAXION, WICHITA, KANSAS, ARCHITEKT: R. BUCKMINSTER FULLER

Sobald die vorgefertigten Bauteile des Hauses am Bauplatz abgeladen waren, endete meist die Zuständigkeit des Herstellers gegenüber dem Kunden. Den Aufbau übernahmen in der Regel vor Ort ansässige Handwerker. Viele präfabrizierte Häuser ließen sich innerhalb weniger Tage mit ausgeklügelten Verbindungen zwischen den konstruktiven Elementen und den Verkleidungsplatten wie aus einem großen Baukasten zusammensetzen. Das Butler House (siehe unten) ist ein typischer Fertigbausatz der vierziger Jahre.

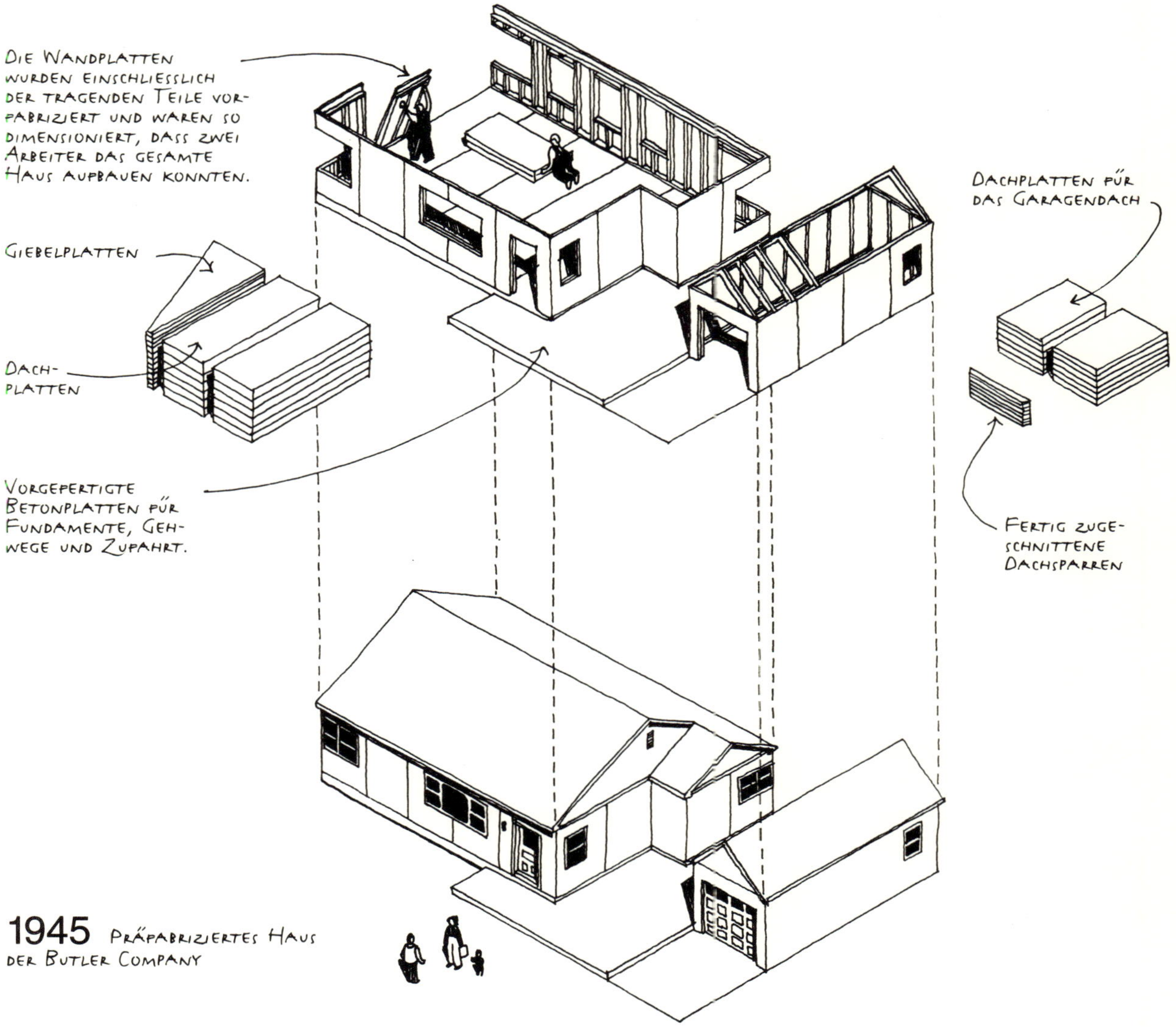

DIE WANDPLATTEN WURDEN EINSCHLIESSLICH DER TRAGENDEN TEILE VORFABRIZIERT UND WAREN SO DIMENSIONIERT, DASS ZWEI ARBEITER DAS GESAMTE HAUS AUFBAUEN KONNTEN.

GIEBELPLATTEN

DACH-PLATTEN

VORGEFERTIGTE BETONPLATTEN FÜR FUNDAMENTE, GEHWEGE UND ZUFAHRT.

DACHPLATTEN FÜR DAS GARAGENDACH

FERTIG ZUGESCHNITTENE DACHSPARREN

1945 PRÄFABRIZIERTES HAUS DER BUTLER COMPANY

DIESES FERTIGHAUS IM STIL DER ART MODERNE BESTAND AUS PRÄFABRIZIERTEN ELEMENTEN, DIE IN SPEZIALFABRIKEN IN GANZ AMERIKA HERGESTELLT WURDEN. DER KUNDE BESTELLTE DAS HAUS BEI DER GENERAL HOUSES INC., DIE SÄMTLICHE BAUTEILE VON DEN JEWEILIGEN HERSTELLERN AN DEN BAUPLATZ LIEFERN LIESS.

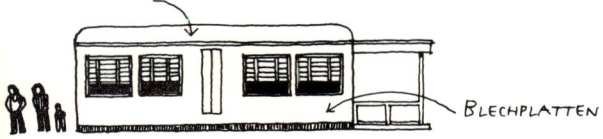

BLECHPLATTEN

1933 PRÄFABRIZIERTES HAUS DER GENERAL HOUSES INC., KOORDINATOR: HOWARD T. FISHER

DIE LICHTDURCHLÄSSIGEN KUNSTSTOFFVENTILATOREN DIENTEN ZUGLEICH ALS DACHFENSTER.

DIE PRÄFABRIZIERTEN GETREIDESILOS MIT PYRAMIDENDACH AUS STAHLBLECH, DIE DIE BUTLER COMPANY IN DURCHMESSERN VON 4,50 M UND 6 M HERSTELLTE, WURDEN IM 2. WELTKRIEG ZU MILITÄRUNTERKÜNFTEN UMFUNKTIONIERT.

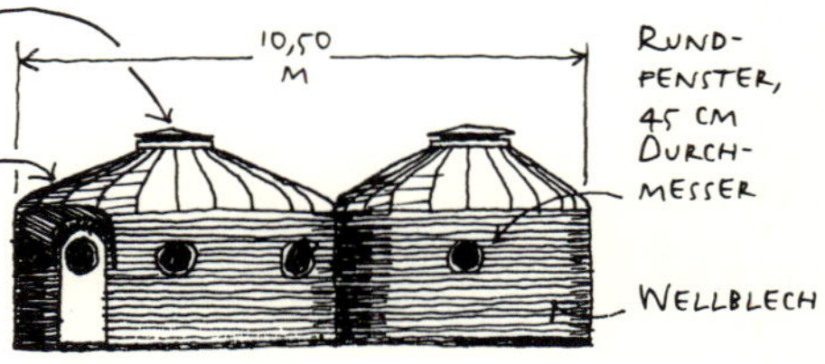

10,50 M

RUNDFENSTER, 45 CM DURCHMESSER

WELLBLECH

1941 DOPPELZYLINDER, DYMAXION DEPLOYMENT UNIT (D.D.U), ENTWURF: R. BUCKMINSTER FULLER

Die Wirtschaftskrise der dreißiger Jahre, der starke Rückgang des Wohnungsbaus während des Zweiten Weltkriegs und die hohe Heirats- und Geburtenrate während und unmittelbar nach dem Krieg waren die Hauptursachen für die große Wohnungsnot Ende der vierziger Jahre. Nach Schätzungen aus dem Jahre 1946 ließ sich durch den Bau von drei Millionen Häusern im Laufe der folgenden fünf Jahre lediglich eine weitere Verschlechterung der Lage verhindern.

Die Fertighaus-Industrie schaffte es nur langsam, allgemeine Akzeptanz zu finden und ihre Fertigungsverfahren so zu verbessern, daß sie wettbewerbsfähige, preisgünstige Produkte anbieten konnte. Doch um 1950 belieferten zahlreiche Firmen, die mit verschiedenen Fließbandverfahren arbeiteten, ganz Amerika mit den dringend benötigten Einfamilienhäusern. Allein William Levitt, der die meisten Häuser in der amerikanischen Geschichte baute, produzierte in seinen Levittowns auf Long Island, New York, und in Pennsylvania 1949 und 1950 über 6000 Häuser.

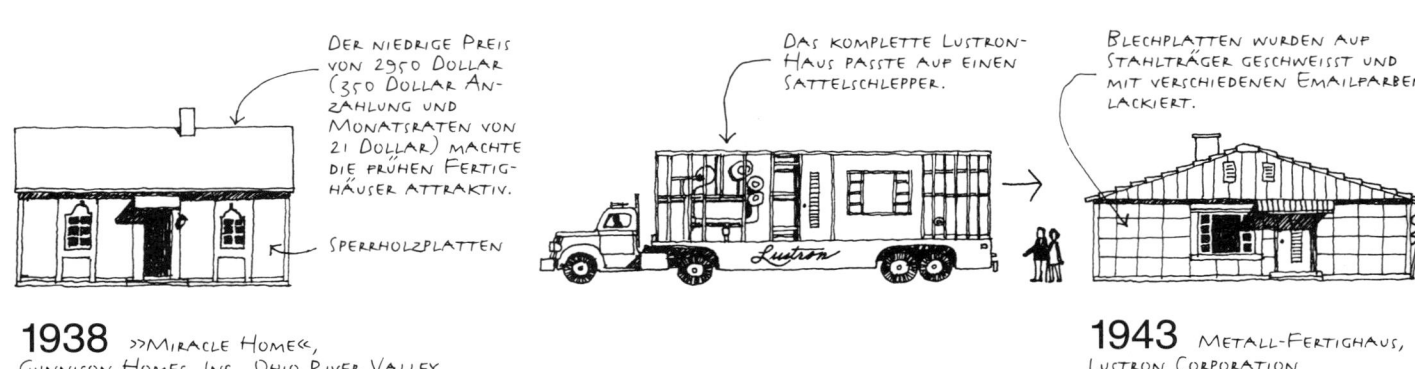

DER NIEDRIGE PREIS VON 2950 DOLLAR (350 DOLLAR ANZAHLUNG UND MONATSRATEN VON 21 DOLLAR) MACHTE DIE FRÜHEN FERTIGHÄUSER ATTRAKTIV.

SPERRHOLZPLATTEN

DAS KOMPLETTE LUSTRON-HAUS PASSTE AUF EINEN SATTELSCHLEPPER.

BLECHPLATTEN WURDEN AUF STAHLTRÄGER GESCHWEISST UND MIT VERSCHIEDENEN EMAILFARBEN LACKIERT.

1938 »MIRACLE HOME«, GUNNISON HOMES, INC., OHIO RIVER VALLEY

1943 METALL-FERTIGHAUS, LUSTRON CORPORATION

DIE WÄNDE BESTANDEN AUS EINEM SKELETT AUS KANTHÖLZERN VON 10 x 10 CM STÄRKE MIT EINEM ABSTAND VON 1,20 M, DAS MIT »CEMESTO-PLATTEN« (FASERPLATTEN MIT ASBESTZEMENTBESCHICHTUNG) VERKLEIDET WURDE.

WANDPANEELE MIT HOLZRAHMEN WURDEN VOR ORT MIT SCHINDELN VERKLEIDET ODER VERPUTZT.

VERPUTZ

ALLE ZIMMER LAGEN NACH SÜDEN UND HATTEN GLASWÄNDE, UM DIE SONNENWÄRME ZU SPEICHERN.

1944 CELOTEX »CEMESTO HOUSE«, ENTWURF: JOHN B. PIERCE FOUNDATION, NEW JERSEY

1947 PRÄFABRIZIERTES HAUS, KAISER COMMUNITY HOMES, LOS ANGELES, KALIFORNIEN

1947 ERSTES SOLARHAUS, GREEN'S READY-BUILT SOLAR HOUSE, ENTWURF: GEORGE KECK

BILLIGHAUS AUS SPERRHOLZPLATTEN (5300 DOLLAR)

DIE KOSTEN FÜR DAS 67-M²-HAUS MIT ZWEI SCHLAFZIMMERN BETRUGEN 6990 DOLLAR.

LEVITT-HÄUSER WURDEN IN MASSENFERTIGUNG VON VERSCHIEDENEN SUBUNTERNEHMERN GEFERTIGT, DIE JEWEILS EIN BAUTEIL HERSTELLTEN UND VOR ORT MONTIERTEN.

DAS HAUS MIT ZWEI SCHLAFZIMMERN UND AUSBAUFÄHIGEM DACHGESCHOSS KOSTETE 9000 DOLLAR.

KEIN KELLER

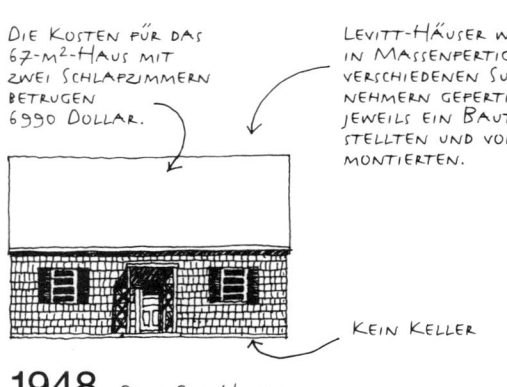

1948 »THRIFT HOUSE«, NATIONAL HOUSES INC., INDIANA

1948 CAPE COD HOUSE, LEVITT AND SONS, LEVITTOWN, LONG ISLAND UND PENNSYLVANIA

1951 RANCH HOUSE, LEVITT AND SONS, LEVITTOWN, LONG ISLAND UND PENNSYLVANIA

Bis Mitte der siebziger Jahre verlagerte die Fertighaus-Industrie ihren Schwerpunkt auf den Markt der Ferien- und Zweithäuser, die sie als präfabrizierte Bausätze verkaufte. Vertriebswege und Bauweise blieben im wesentlichen unverändert, allerdings hatten die hohen Qualitätsanforderungen, denen die meisten der 150 auf Fertighaus-Bausätze spezialisierten Firmen genügten, den Ruf dieses Industriezweigs erheblich verbessert. Heute werden Fertighaustypen in einer großen Variationsbreite angeboten, die von Blockhäusern und geodätischen Kuppeln über traditionelle Kolonialhäuser und Solarhäuser bis zu den Grundmodellen im Contractor Modern Style und im kalifornischen Ranch-Stil reichen.

Alle Fertighaus-Anbieter inserieren in Zeitungen und Zeitschriften und schicken interessierten Lesern Kataloge zu, die meist detaillierte Informationen zu Bauweisen, angebotenen Modellen, Kosten und Finanzerungsmöglichkeiten sowie den Verpflichtungen des Käufers vor Ort enthalten. Durch Eigenleistungen kann der Käufer 15 bis 20 Prozent der Baukosten einsparen.

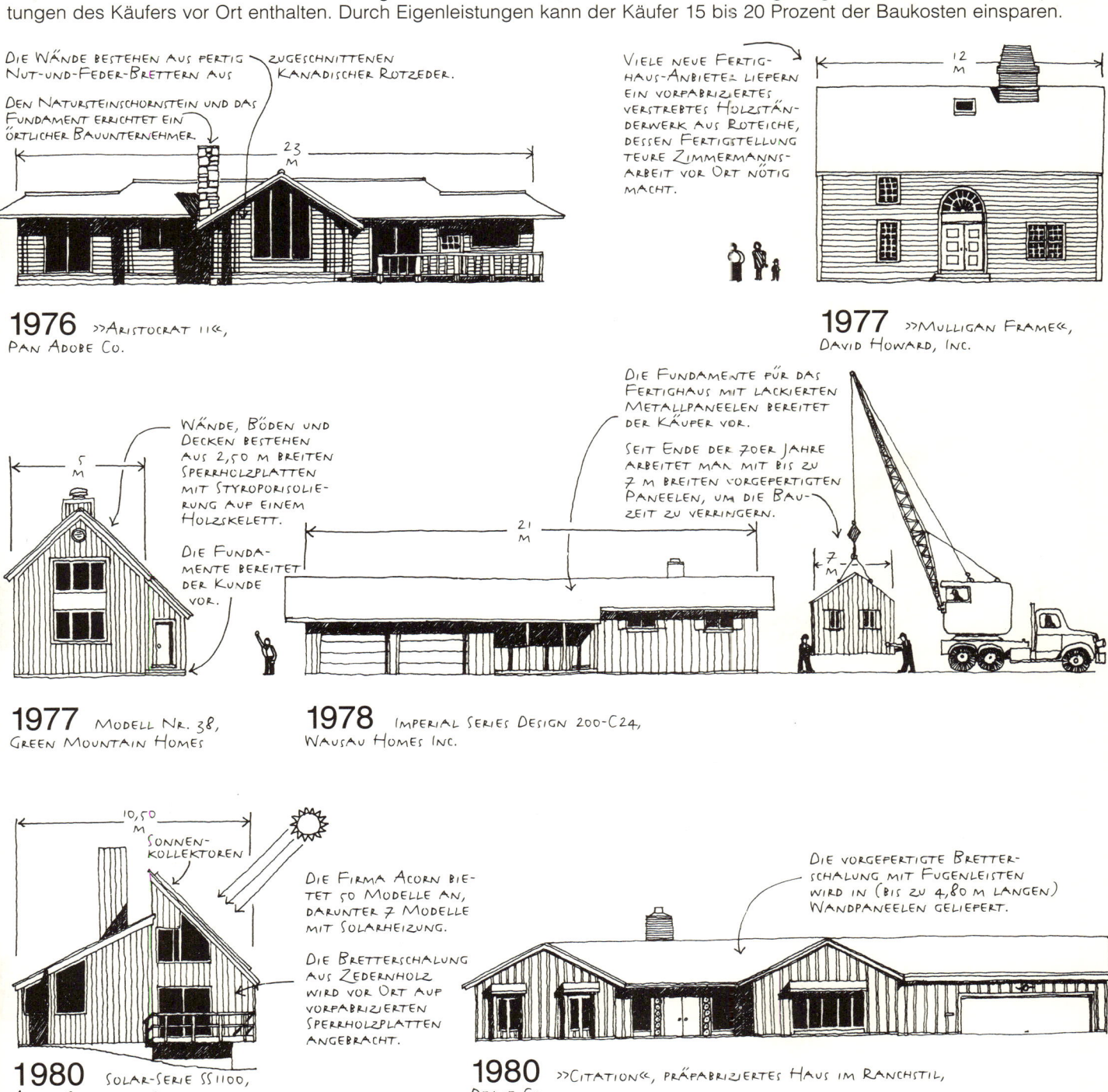

DIE WÄNDE BESTEHEN AUS FERTIG ZUGESCHNITTENEN NUT-UND-FEDER-BRETTERN AUS KANADISCHER ROTZEDER.

DEN NATURSTEINSCHORNSTEIN UND DAS FUNDAMENT ERRICHTET EIN ÖRTLICHER BAUUNTERNEHMER.

23 M

1976 >>ARISTOCRAT II<<, PAN ADOBE CO.

VIELE NEUE FERTIGHAUS-ANBIETER LIEFERN EIN VORFABRIZIERTES VERSTREBTES HOLZSTÄNDERWERK AUS ROTEICHE, DESSEN FERTIGSTELLUNG TEURE ZIMMERMANNSARBEIT VOR ORT NÖTIG MACHT.

12 M

1977 >>MULLIGAN FRAME<<, DAVID HOWARD, INC.

WÄNDE, BÖDEN UND DECKEN BESTEHEN AUS 2,50 M BREITEN SPERRHOLZPLATTEN MIT STYROPORISOLIERUNG AUF EINEM HOLZSKELETT.

DIE FUNDAMENTE BEREITET DER KUNDE VOR.

5 M

1977 MODELL NR. 38, GREEN MOUNTAIN HOMES

DIE FUNDAMENTE FÜR DAS FERTIGHAUS MIT LACKIERTEN METALLPANEELEN BEREITET DER KÄUFER VOR.

SEIT ENDE DER 70ER JAHRE ARBEITET MAN MIT BIS ZU 7 M BREITEN VORGEFERTIGTEN PANEELEN, UM DIE BAUZEIT ZU VERRINGERN.

21 M

7 M

1978 IMPERIAL SERIES DESIGN 200-C24, WAUSAU HOMES INC.

10,50 M SONNENKOLLEKTOREN

DIE FIRMA ACORN BIETET 50 MODELLE AN, DARUNTER 7 MODELLE MIT SOLARHEIZUNG.

DIE BRETTERSCHALUNG AUS ZEDERNHOLZ WIRD VOR ORT AUF VORFABRIZIERTEN SPERRHOLZPLATTEN ANGEBRACHT.

1980 SOLAR-SERIE SS1100, ACORN STRUCTURES INC.

DIE VORGEFERTIGTE BRETTERSCHALUNG MIT FUGENLEISTEN WIRD IN (BIS ZU 4,80 M LANGEN) WANDPANEELEN GELIEFERT.

1980 >>CITATION<<, PRÄFABRIZIERTES HAUS IM RANCHSTIL, PEASE CO.

High Tech

Landesweit 1955

Nach der großen Wirtschaftskrise der dreißiger Jahre und dem Zweiten Weltkrieg begann man in Amerika, Häuser in großer Anzahl zu errichten. Einige Architekten meinten, daß man die Erfahrungen der industriellen Fertigung nutzen und Wohnhäuser errichten sollte, deren Hauptkomponenten industriell gefertigt seien. Vor allem in Südkalifornien orientierten sich Architekten stark an Fabrikgebäuden, Baracken, Flugzeughangars und anderen Industriebauten und glaubten an die Flexibilität, Wirtschaftlichkeit und Schönheit präfabrizierter Bauteile.

Diese Idee war natürlich nicht neu. Mies van der Rohe und Craig Ellwood hatten auf diesem Gebiet erhebliche Pionierarbeit geleistet (siehe S. 238). Das 1931 gebaute Aluminiumhaus (siehe unten) gehörte zu den vielen »modernen« Häusern, die an Ort und Stelle aus industriell gefertigten Bauteilen errichtet wurden. Insofern könnte man den High-Tech-Stil als Wiederbelebung des Stils von Mies van der Rohe bezeichnen. Doch während Mies sämtliche Bauteile nach sorgfältigen Spezifikationen anfertigen ließ, verwendeten die High-Tech-Architekten meist kostengünstige standardisierte Industrieprodukte. Amerikas einflußreichstes Beispiel der High-Tech-Architektur ist das Wohnhaus, das der Architekt Charles Eames für sich und seine Frau in Santa Monica, Kalifornien, baute (siehe folgende Seite). Dieses Haus erregte landesweit Aufmerksamkeit, als die Zeitschrift *Art and Architecture* es 1949 vorstellte. Bis heute ist der High-Tech-Stil bei vielen Architekten Amerikas sehr beliebt.

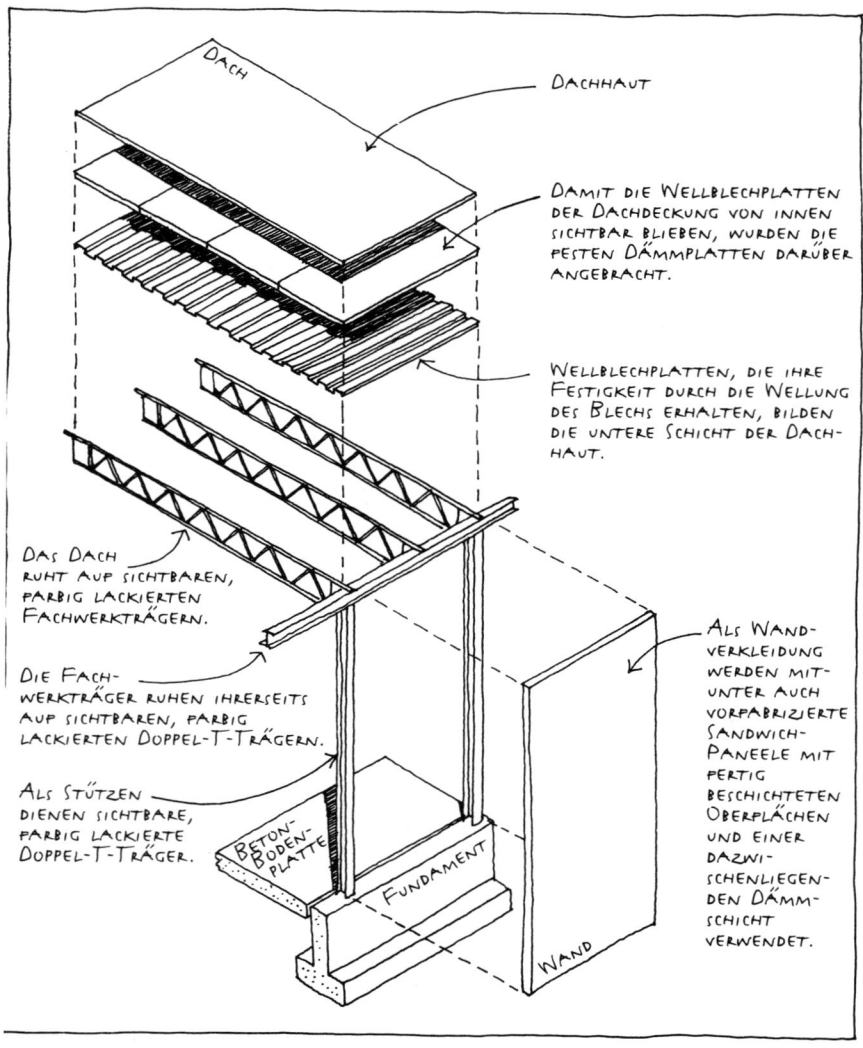

DACH

DACHHAUT

DAMIT DIE WELLBLECHPLATTEN DER DACHDECKUNG VON INNEN SICHTBAR BLIEBEN, WURDEN DIE FESTEN DÄMMPLATTEN DARÜBER ANGEBRACHT.

WELLBLECHPLATTEN, DIE IHRE FESTIGKEIT DURCH DIE WELLUNG DES BLECHS ERHALTEN, BILDEN DIE UNTERE SCHICHT DER DACHHAUT.

DAS DACH RUHT AUF SICHTBAREN, FARBIG LACKIERTEN FACHWERKTRÄGERN.

DIE FACHWERKTRÄGER RUHEN IHRERSEITS AUF SICHTBAREN, FARBIG LACKIERTEN DOPPEL-T-TRÄGERN.

ALS STÜTZEN DIENEN SICHTBARE, FARBIG LACKIERTE DOPPEL-T-TRÄGER.

BETON-BODEN-PLATTE

FUNDAMENT

ALS WANDVERKLEIDUNG WERDEN MITUNTER AUCH VORFABRIZIERTE SANDWICHPANEELE MIT FERTIG BESCHICHTETEN OBERFLÄCHEN UND EINER DAZWISCHENLIEGENDEN DÄMMSCHICHT VERWENDET.

WAND

DIE HAUPTBESTANDTEILE DER KONSTRUKTION EINES HIGH-TECH-GEBÄUDES

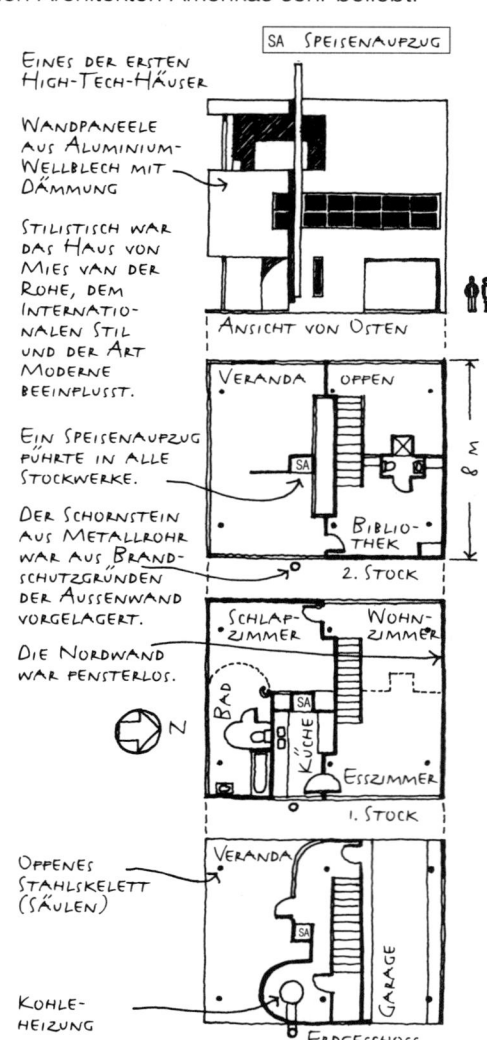

SA SPEISENAUFZUG

EINES DER ERSTEN HIGH-TECH-HÄUSER

WANDPANEELE AUS ALUMINIUM-WELLBLECH MIT DÄMMUNG

STILISTISCH WAR DAS HAUS VON MIES VAN DER ROHE, DEM INTERNATIONALEN STIL UND DER ART MODERNE BEEINFLUSST.

ANSICHT VON OSTEN

EIN SPEISENAUFZUG FÜHRTE IN ALLE STOCKWERKE.

DER SCHORNSTEIN AUS METALLROHR WAR AUS BRANDSCHUTZGRÜNDEN DER AUSSENWAND VORGELAGERT.

DIE NORDWAND WAR FENSTERLOS.

VERANDA OPPEN

SA

BIBLIOTHEK

2. STOCK

N

SCHLAFZIMMER

WOHNZIMMER

BAD

SA

KÜCHE

ESSZIMMER

1. STOCK

OPPENES STAHLSKELETT (SÄULEN)

VERANDA

SA

GARAGE

KOHLEHEIZUNG

ERDGESCHOSS

1931 ALUMINAIRE HOUSE, SYOSSET, LONG ISLAND, NEW YORK, ARCHITEKTEN: A. L. KOCHER UND ALBERT FREY

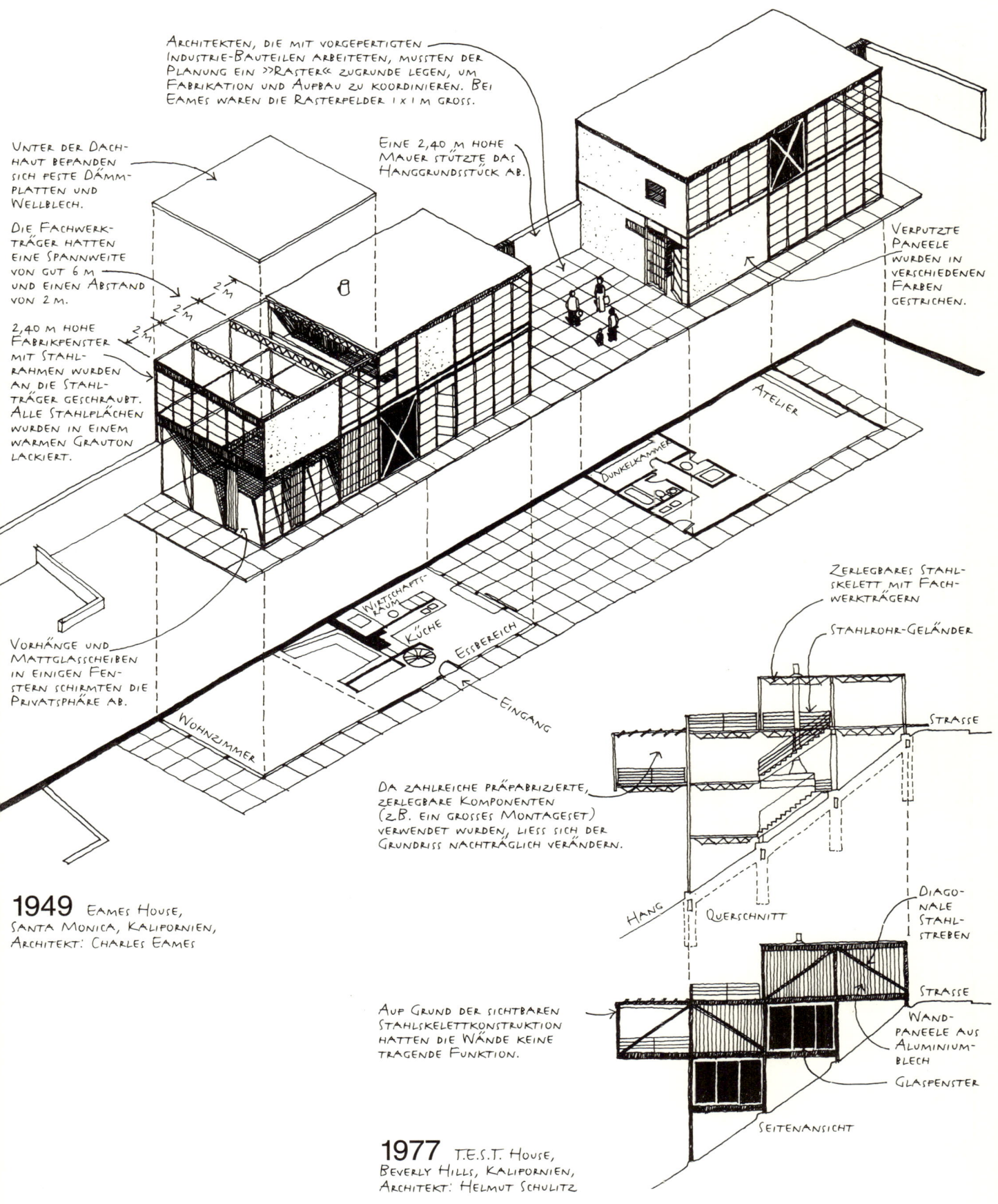

ARCHITEKTEN, DIE MIT VORGEFERTIGTEN
INDUSTRIE-BAUTEILEN ARBEITETEN, MUSSTEN DER
PLANUNG EIN »RASTER« ZUGRUNDE LEGEN, UM
FABRIKATION UND AUFBAU ZU KOORDINIEREN. BEI
EAMES WAREN DIE RASTERFELDER 1 x 1 M GROSS.

EINE 2,40 M HOHE
MAUER STÜTZTE DAS
HANGGRUNDSTÜCK AB.

UNTER DER DACH-
HAUT BEFANDEN
SICH FESTE DÄMM-
PLATTEN UND
WELLBLECH.

VERPUTZTE
PANEELE
WURDEN IN
VERSCHIEDENEN
FARBEN
GESTRICHEN.

DIE FACHWERK-
TRÄGER HATTEN
EINE SPANNWEITE
VON GUT 6 M
UND EINEN ABSTAND
VON 2 M.

2 M

2 M

2 M

2,40 M HOHE
FABRIKFENSTER
MIT STAHL-
RAHMEN WURDEN
AN DIE STAHL-
TRÄGER GESCHRAUBT.
ALLE STAHLFLÄCHEN
WURDEN IN EINEM
WARMEN GRAUTON
LACKIERT.

ATELIER

DUNKELKAMMER

ZERLEGBARES STAHL-
SKELETT MIT FACH-
WERKTRÄGERN

STAHLROHR-GELÄNDER

WIRTSCHAFTS-
RAUM

KÜCHE

ESSBEREICH

EINGANG

VORHÄNGE UND
MATTGLASSCHEIBEN
IN EINIGEN FEN-
STERN SCHIRMTEN DIE
PRIVATSPHÄRE AB.

WOHNZIMMER

STRASSE

DA ZAHLREICHE PRÄFABRIZIERTE,
ZERLEGBARE KOMPONENTEN
(Z.B. EIN GROSSES MONTAGESET)
VERWENDET WURDEN, LIESS SICH DER
GRUNDRISS NACHTRÄGLICH VERÄNDERN.

1949 EAMES HOUSE,
SANTA MONICA, KALIFORNIEN,
ARCHITEKT: CHARLES EAMES

HANG

QUERSCHNITT

DIAGO-
NALE
STAHL-
STREBEN

STRASSE

WAND-
PANEELE AUS
ALUMINIUM-
BLECH

GLASFENSTER

AUF GRUND DER SICHTBAREN
STAHLSKELETTKONSTRUKTION
HATTEN DIE WÄNDE KEINE
TRAGENDE FUNKTION.

SEITENANSICHT

1977 T.E.S.T. HOUSE,
BEVERLY HILLS, KALIFORNIEN,
ARCHITEKT: HELMUT SCHULITZ

Dach-Architektur

Landesweit   1955

Mitte der fünfziger Jahre erreichte die Popularität des Internationalen Stils ihren Höhepunkt. Zwar galten die Grundprinzipien, die die älteren europäischen Vertreter der modernen Architektur aufgestellt hatten, noch immer, doch führten Experimente bald dazu, daß man mit einer Regel nach der anderen brach.

Das Dach bot sich anscheinend als erstes für Innovationen an. Angeregt durch die Vielfalt neuer Materialien und Konstruktionssysteme, die im Zweiten Weltkrieg entwickelt wurden, brachten die Architekten verblüffend neue Dachformen hervor, die das Hausinnere zwar erheblich bereicherten, von außen aber oft wie Ausstellungsarchitektur wirkten. Das Prinzip des Internationalen Stils, »Schönheit durch Technologie«, wurde umdefiniert.

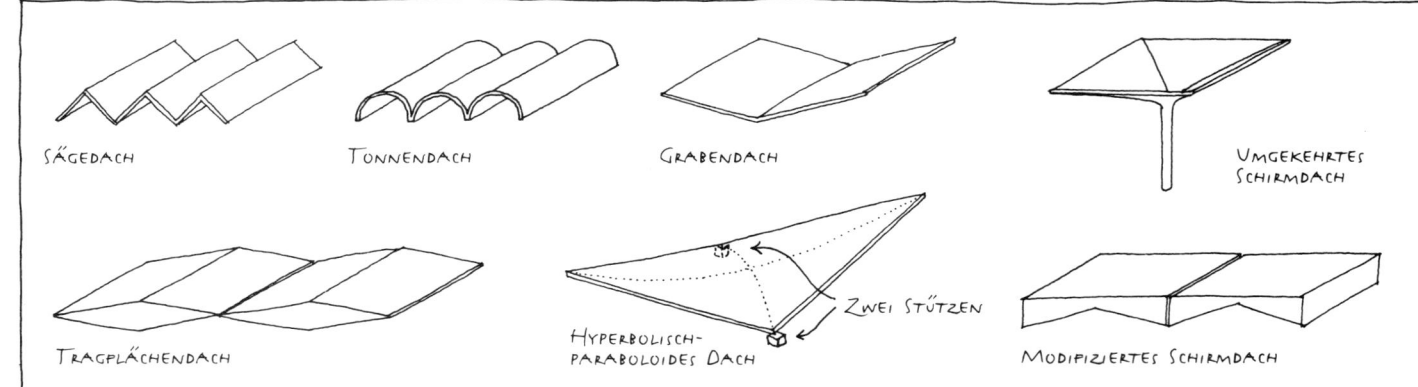

SÄGEDACH   TONNENDACH   GRABENDACH   UMGEKEHRTES SCHIRMDACH

TRAGFLÄCHENDACH   HYPERBOLISCH-PARABOLOIDES DACH   ZWEI STÜTZEN   MODIFIZIERTES SCHIRMDACH

EINIGE DER VIELEN DACHFORMEN, DIE IM ZUGE DER DACH-ARCHITEKTUR ENTWICKELT WURDEN.

DA BEIM GRABENDACH DIE DACHNEIGUNG UMGEKEHRT ALS ÜBLICH VERLÄUFT, BRAUCHT ES EINEN INNENLIEGENDEN REGENWASSER-ABFLUSS.

DER ARCHITEKT MARCEL BREUER KEHRTE ALS ERSTER DEM FLACH-DACH DES INTERNATIONALEN STILS DEN RÜCKEN.

1949 HAUS IM MUSEUMSGARTEN DES MUSEUM OF MODERN ART, NEW YORK CITY,
ARCHITEKT: MARCEL BREUER

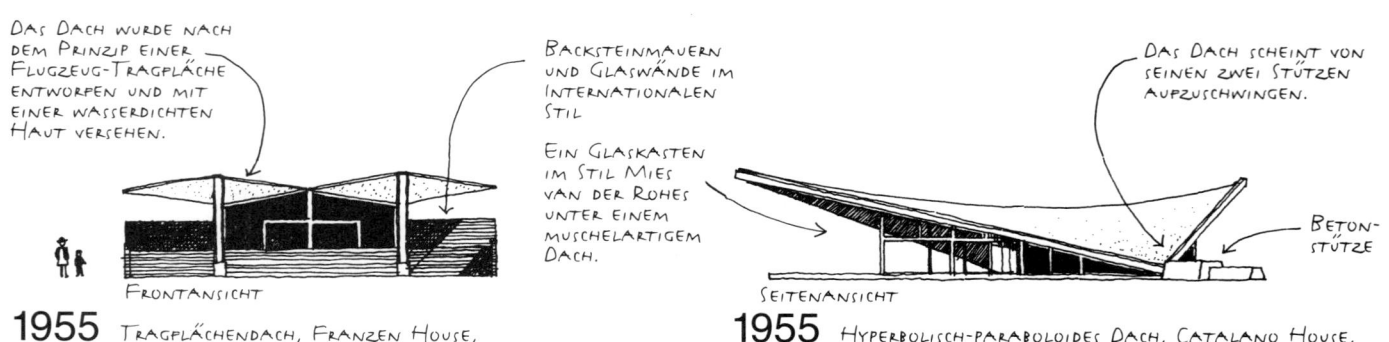

DAS DACH WURDE NACH DEM PRINZIP EINER FLUGZEUG-TRAGFLÄCHE ENTWORFEN UND MIT EINER WASSERDICHTEN HAUT VERSEHEN.

BACKSTEINMAUERN UND GLASWÄNDE IM INTERNATIONALEN STIL

EIN GLASKASTEN IM STIL MIES VAN DER ROHES UNTER EINEM MUSCHELARTIGEM DACH.

DAS DACH SCHEINT VON SEINEN ZWEI STÜTZEN AUFZUSCHWINGEN.

BETON-STÜTZE

FRONTANSICHT   SEITENANSICHT

1955 TRAGFLÄCHENDACH, FRANZEN HOUSE,
RYE, NEW YORK,
ARCHITEKT: ULRICH FRANZEN

1955 HYPERBOLISCH-PARABOLOIDES DACH, CATALANO HOUSE,
RALEIGH, NORTH CAROLINA,
ARCHITEKT: EDUARDO CATALANO

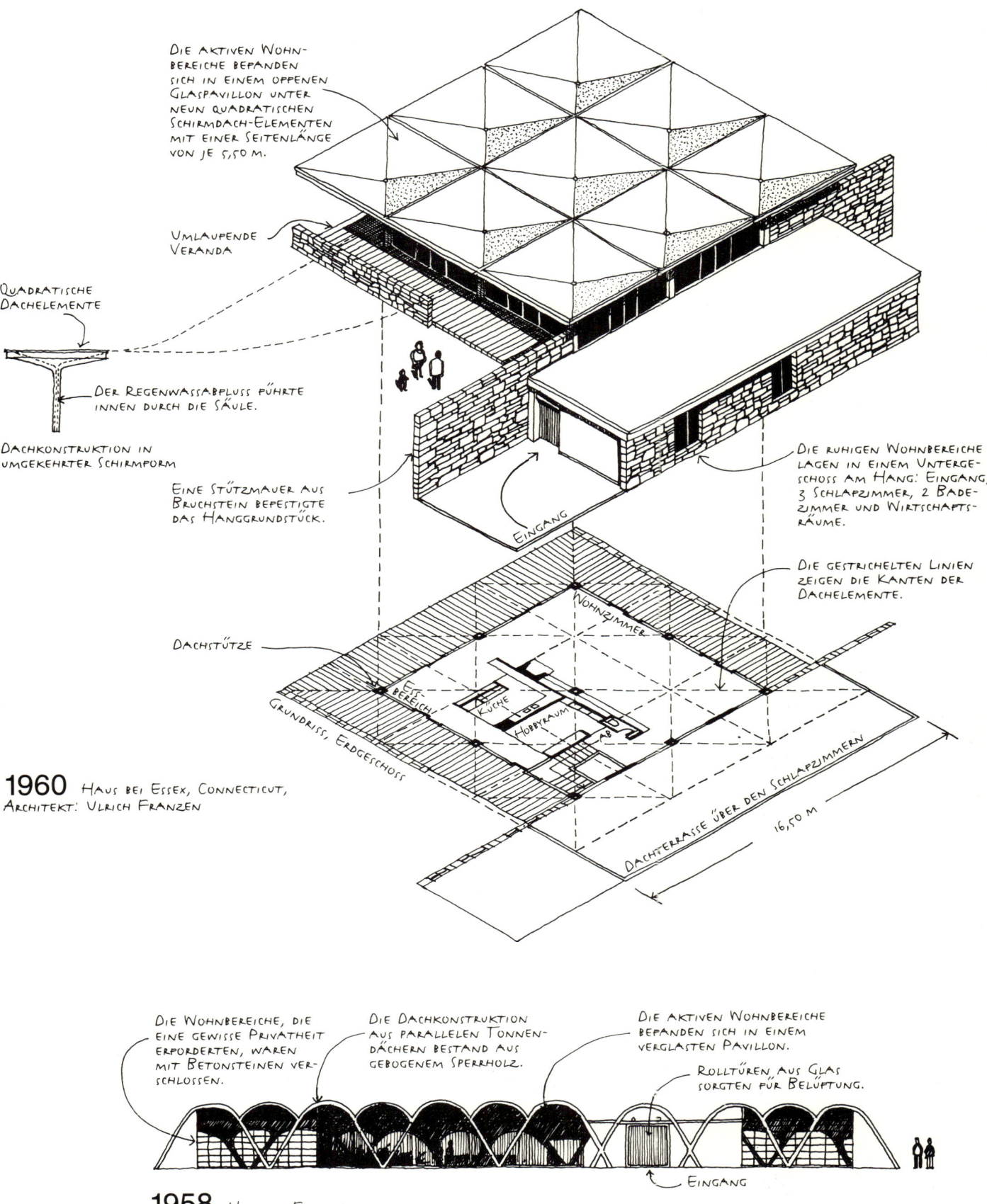

DIE AKTIVEN WOHN-
BEREICHE BEFANDEN
SICH IN EINEM OPPENEN
GLASPAVILLON UNTER
NEUN QUADRATISCHEN
SCHIRMDACH-ELEMENTEN
MIT EINER SEITENLÄNGE
VON JE 5,50 M.

UMLAUFENDE
VERANDA

QUADRATISCHE
DACHELEMENTE

DER REGENWASSABFLUSS FÜHRTE
INNEN DURCH DIE SÄULE.

DACHKONSTRUKTION IN
UMGEKEHRTER SCHIRMFORM

EINE STÜTZMAUER AUS
BRUCHSTEIN BEFESTIGTE
DAS HANGGRUNDSTÜCK.

EINGANG

DIE RUHIGEN WOHNBEREICHE
LAGEN IN EINEM UNTERGE-
SCHOSS AM HANG: EINGANG,
3 SCHLAFZIMMER, 2 BADE-
ZIMMER UND WIRTSCHAFTS-
RÄUME.

DIE GESTRICHELTEN LINIEN
ZEIGEN DIE KANTEN DER
DACHELEMENTE.

DACHSTÜTZE

WOHNZIMMER

ESS-
BEREICH

KÜCHE

HOBBYRAUM

GRUNDRISS, ERDGESCHOSS

DACHTERRASSE ÜBER DEN SCHLAFZIMMERN

16,50 M

1960 HAUS BEI ESSEX, CONNECTICUT,
ARCHITEKT: ULRICH FRANZEN

DIE WOHNBEREICHE, DIE
EINE GEWISSE PRIVATHEIT
ERFORDERTEN, WAREN
MIT BETONSTEINEN VER-
SCHLOSSEN.

DIE DACHKONSTRUKTION
AUS PARALLELEN TONNEN-
DÄCHERN BESTAND AUS
GEBOGENEM SPERRHOLZ.

DIE AKTIVEN WOHNBEREICHE
BEFANDEN SICH IN EINEM
VERGLASTEN PAVILLON.

ROLLTÜREN AUS GLAS
SORGTEN FÜR BELÜFTUNG.

EINGANG

1958 HAUS IN FLORIDA,
ARCHITEKT: PAUL RUDOLPH

A-Haus

Landesweit   1955

Das A-Haus ist für viele Amerikaner seit dem Zweiten Weltkrieg das traditionelle Ferienhaus schlechthin. Benannt ist es nach seinem A-förmigen Skelett, das den Verzicht auf die beiden Traufwände des Hauses ermöglicht. Das Ergebnis ist ein kostengünstiger Bau mit nur vier Außenflächen: zwei Giebelwänden und den Dachflächen des Giebeldachs.

Die Nachteile dieses Haustyps liegen in dem nicht zu Wohnzwecken nutzbaren Raum in der Giebelspitze sowie in den Ecken der steilen Dachschräge und in der Tatsache, daß durch die Giebelwände meist nicht genügend Tageslicht ins Innere dringt. Vorteilhaft sind die niedrigen Baukosten und die rustiakle Ästhetik einer Schweizer Hütte.

Die verschiedenen Konfigurationen des A-Hauses zeigen die Vielseitigkeit dieser Bauweise (siehe unten).

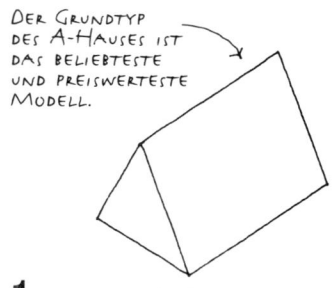

DER GRUNDTYP DES A-HAUSES IST DAS BELIEBTESTE UND PREISWERTESTE MODELL.

1 STANDARD-A-HAUS

BESEITIGT DIE BEIM STANDARD-A-HAUS NICHT NUTZBAREN FLÄCHEN.

2 SPITZBOGEN-A-HAUS

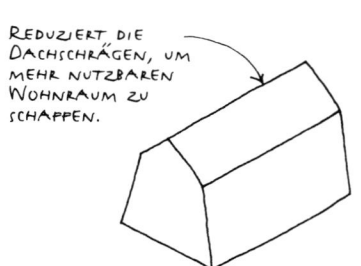

REDUZIERT DIE DACHSCHRÄGEN, UM MEHR NUTZBAREN WOHNRAUM ZU SCHAFFEN.

3 A-HAUS MIT MANSARDDACH

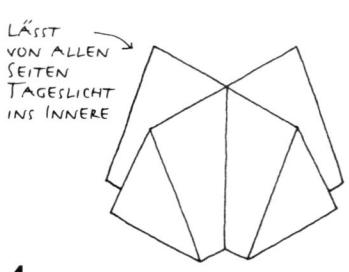

LÄSST VON ALLEN SEITEN TAGESLICHT INS INNERE

4 A-HAUS MIT KREUZDACH

BESEITIGT DEN NICHT NUTZBAREN RAUM IM SPITZGIEBEL DES A-HAUSES

5 A-HAUS MIT FLACHDACHABSCHLUSS

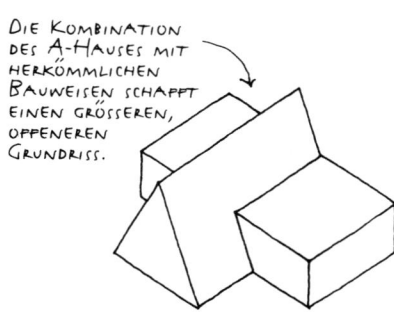

DIE KOMBINATION DES A-HAUSES MIT HERKÖMMLICHEN BAUWEISEN SCHAFFT EINEN GRÖSSEREN, OFFENEREN GRUNDRISS.

6 A-HAUS MIT SEITENFLÜGELN

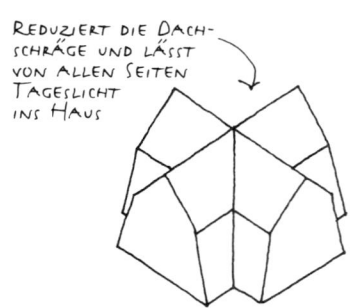

REDUZIERT DIE DACHSCHRÄGE UND LÄSST VON ALLEN SEITEN TAGESLICHT INS HAUS

7 A-HAUS MIT KREUZ-MANSARDDACH

SIEBEN VARIANTEN DES A-HAUSES

Die Grundform des A-Hauses findet sich meist in Feriengebieten. Das Haus ist relativ preiswert zu errichten, weil das Sparrendach die einzige tragende Konstruktion ist und lediglich die beiden Giebelwände eine wetterfeste Schalung brauchen, die meist aus Glas besteht.

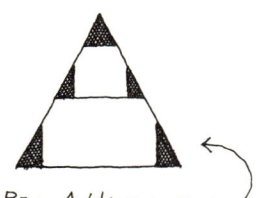

BEIM A-HAUS SIND DIE ABSEITEN UNTER DER SCHRÄGE (DUNKEL EINGEZEICHNET) NICHT NUTZBAR.

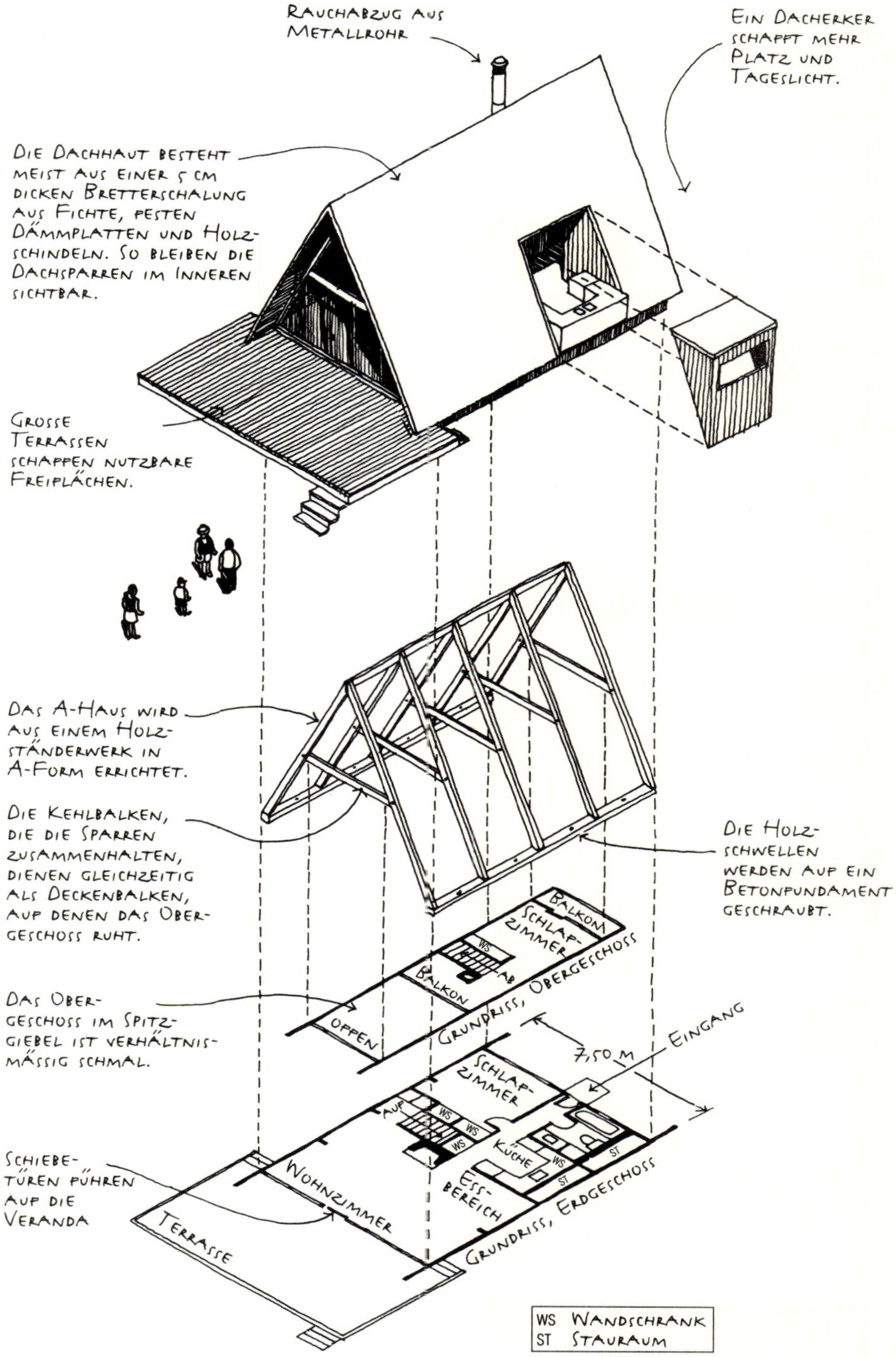

RAUCHABZUG AUS METALLROHR

EIN DACHERKER SCHAFFT MEHR PLATZ UND TAGESLICHT.

DIE DACHHAUT BESTEHT MEIST AUS EINER 5 CM DICKEN BRETTERSCHALUNG AUS FICHTE, FESTEN DÄMMPLATTEN UND HOLZSCHINDELN. SO BLEIBEN DIE DACHSPARREN IM INNEREN SICHTBAR.

GROSSE TERRASSEN SCHAFFEN NUTZBARE FREIFLÄCHEN.

DAS A-HAUS WIRD AUS EINEM HOLZSTÄNDERWERK IN A-FORM ERRICHTET.

DIE KEHLBALKEN, DIE DIE SPARREN ZUSAMMENHALTEN, DIENEN GLEICHZEITIG ALS DECKENBALKEN, AUF DENEN DAS OBERGESCHOSS RUHT.

DIE HOLZSCHWELLEN WERDEN AUF EIN BETONFUNDAMENT GESCHRAUBT.

DAS OBERGESCHOSS IM SPITZGIEBEL IST VERHÄLTNISMÄSSIG SCHMAL.

BALKON
SCHLAFZIMMER
WS
BALKON
OFFEN
GRUNDRISS, OBERGESCHOSS

EINGANG
7,50 M

SCHIEBETÜREN FÜHREN AUF DIE VERANDA

TERRASSE
WOHNZIMMER
ESSBEREICH
KÜCHE
SCHLAFZIMMER
WS WS
WS
ST
ST
GRUNDRISS, ERDGESCHOSS

WS WANDSCHRANK
ST STAURAUM

1960 GRUNDFORM DES A-HAUSES

Contractor Modern
Landesweit 1955

Häufig wird der Contractor Modern Style (den man als »Bauunternehmer-Moderne« übersetzen könnte) als der heimische amerikanische Baustil des 20. Jahrhunderts schlechthin bezeichnet. Durch seine Kompaktheit, Schlichtheit und vielfältigen Stilelemente, die von der Erfahrung der Bauunternehmer und Baugesellschaften geprägt wurden, entwickelte er sich zum verbreitetsten Baustil für Ranch-Häuser, die auf Neubauparzellen in ganz Amerika errichtet wurden.

In der Fassadengestaltung zeigt sich deutlich der Einfluß Frank Lloyd Wrights, etwa in der langgestreckten, geduckten Silhouette, dem niedrigen Giebeldach mit geringer Neigung, das sich durchgehend über Haus und Garage erstreckt, in der Kombination verschiedener Materialien (meist in horizontalen Streifen) und in den Fensterbändern. Baugesellschaften nutzten Wrights Ideen, setzten sie aber mit industriell gefertigten, oft synthetischen Materialien wie Kunststoffnachbildungen von Naturstein, imitierten Bretterschalungen aus Faserplatte und Fensterläden und Verkleidungen aus Metall um.

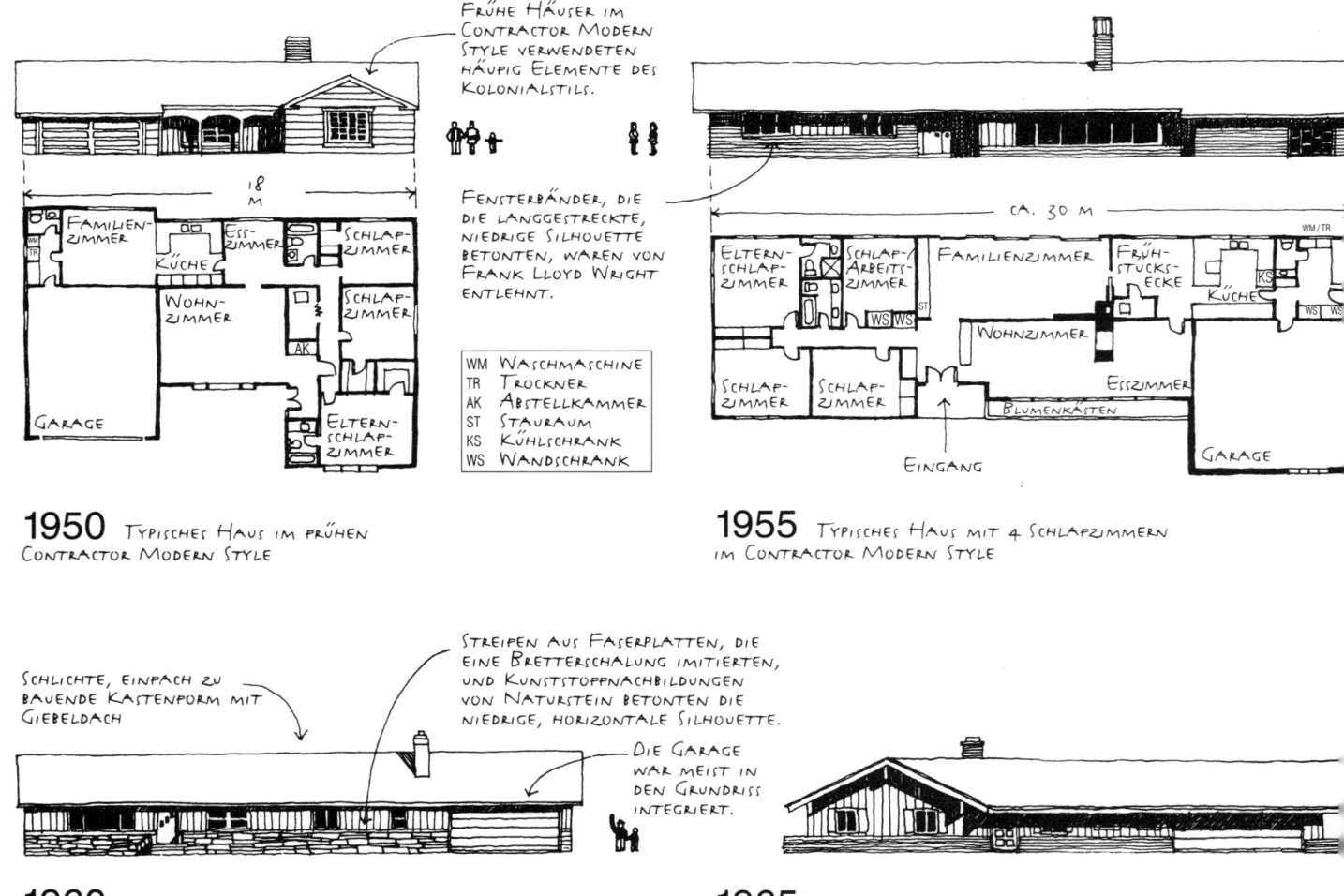

FRÜHE HÄUSER IM CONTRACTOR MODERN STYLE VERWENDETEN HÄUFIG ELEMENTE DES KOLONIALSTILS.

FENSTERBÄNDER, DIE DIE LANGGESTRECKTE, NIEDRIGE SILHOUETTE BETONTEN, WAREN VON FRANK LLOYD WRIGHT ENTLEHNT.

WM WASCHMASCHINE
TR TROCKNER
AK ABSTELLKAMMER
ST STAURAUM
KS KÜHLSCHRANK
WS WANDSCHRANK

1950 TYPISCHES HAUS IM FRÜHEN CONTRACTOR MODERN STYLE

1955 TYPISCHES HAUS MIT 4 SCHLAFZIMMERN IM CONTRACTOR MODERN STYLE

SCHLICHTE, EINFACH ZU BAUENDE KASTENFORM MIT GIEBELDACH

STREIFEN AUS FASERPLATTEN, DIE EINE BRETTERSCHALUNG IMITIERTEN, UND KUNSTSTOFFNACHBILDUNGEN VON NATURSTEIN BETONTEN DIE NIEDRIGE, HORIZONTALE SILHOUETTE.

DIE GARAGE WAR MEIST IN DEN GRUNDRISS INTEGRIERT.

1960 DIE BELIEBTESTE VARIANTE EINES HAUSES IM CONTRACTOR MODERN STYLE

1965 TYPISCHES RANCH-HAUS IM CONTRACTOR MODERN STYLE

Während des größten Baubooms der Welt entstanden in Amerika von 1948 bis 1955 jährlich eine Million Wohnhäuser. Die Zeitschrift *Life* unterstützte als Sponsor 1953 eine Konferenz führender Vertreter der Bauindustrie, die in starker Konkurrenz zueinander standen. Diese Tagung, die vom Dachverband der Bauindustrie, der National Association of Home Builders, koordiniert wurde, sollte cem Zweck dienen, ein »gutaussehendes, fachmännisch konstruiertes 15 000-Dollar-Haus« zu entwerfen. Das Ergebnis war das sogenannte Trade Secret House, ein 120-m²-Haus, das in ganz Amerika von Baugesellschaften errichtet werden sollte und bei dem Verfahren der Fließbandfabrikation genutzt werden sollten, die Massenhersteller seit Jahren als Betriebsgeheimnisse gehütet hatten. Das Trade Secret House, das als »Haus von heute, nicht von morgen« bezeichnet wurde, hatte großen Einfluß auf die heimische Contractor-Modern-Bewegung.

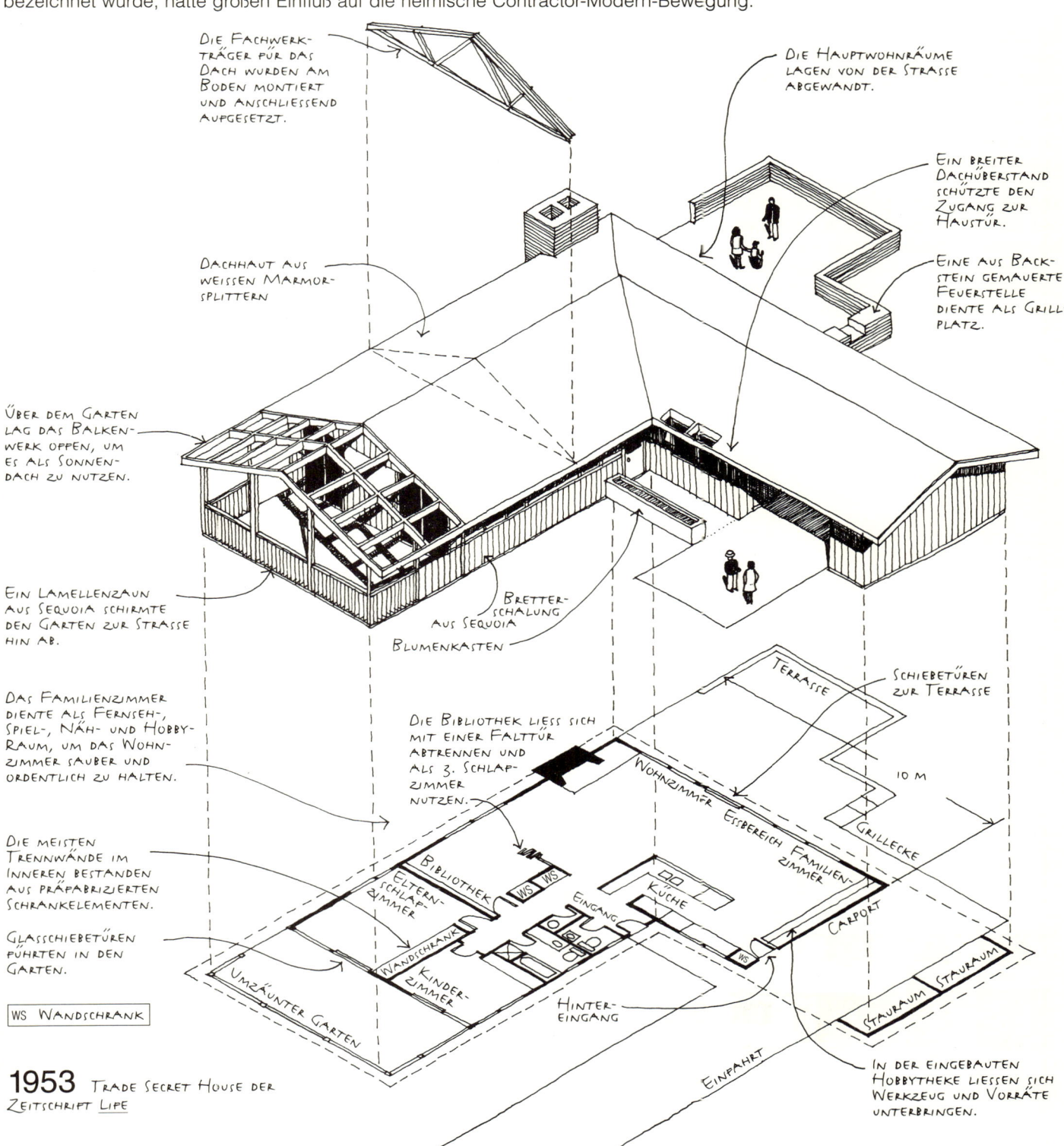

DIE FACHWERK-TRÄGER FÜR DAS DACH WURDEN AM BODEN MONTIERT UND ANSCHLIESSEND AUFGESETZT.

DIE HAUPTWOHNRÄUME LAGEN VON DER STRASSE ABGEWANDT.

EIN BREITER DACHÜBERSTAND SCHÜTZTE DEN ZUGANG ZUR HAUSTÜR.

DACHHAUT AUS WEISSEN MARMOR-SPLITTERN

EINE AUS BACK-STEIN GEMAUERTE FEUERSTELLE DIENTE ALS GRILL-PLATZ.

ÜBER DEM GARTEN LAG DAS BALKEN-WERK OFFEN, UM ES ALS SONNEN-DACH ZU NUTZEN.

EIN LAMELLENZAUN AUS SEQUOIA SCHIRMTE DEN GARTEN ZUR STRASSE HIN AB.

BRETTER-SCHALUNG AUS SEQUOIA

BLUMENKASTEN

DAS FAMILIENZIMMER DIENTE ALS FERNSEH-, SPIEL-, NÄH- UND HOBBY-RAUM, UM DAS WOHN-ZIMMER SAUBER UND ORDENTLICH ZU HALTEN.

DIE BIBLIOTHEK LIESS SICH MIT EINER FALTTÜR ABTRENNEN UND ALS 3. SCHLAF-ZIMMER NUTZEN.

TERRASSE

SCHIEBETÜREN ZUR TERRASSE

10 M

DIE MEISTEN TRENNWÄNDE IM INNEREN BESTANDEN AUS PRÄFABRIZIERTEN SCHRANKELEMENTEN.

WOHNZIMMER ESSBEREICH FAMILIEN-ZIMMER

GRILLECKE

GLASSCHIEBETÜREN FÜHRTEN IN DEN GARTEN.

BIBLIOTHEK

ELTERN-SCHLAF-ZIMMER

WS WS

EINGANG

KÜCHE

CARPORT

WS WANDSCHRANK

WANDSCHRANK

KINDER-ZIMMER

UMZÄUNTER GARTEN

HINTER-EINGANG

STAURAUM STAURAUM

STAURAUM

1953 TRADE SECRET HOUSE DER ZEITSCHRIFT *LIFE*

EINFAHRT

IN DER EINGEBAUTEN HOBBYTHEKE LIESSEN SICH WERKZEUG UND VORRÄTE UNTERBRINGEN.

253

Neokolonialstil
Landesweit   1955

Schlichtheit und Schönheit früher Baustile der Kolonialzeit prägten die Gestaltung amerikanischer Wohnhäuser über 300 Jahre. Der Neokolonialstil war eine Fortsetzung des Colonial Revival, das 1925 als Rückkehr zu traditionellen amerikanischen Idealen einsetzte. Gemeinsam mit dem Contractor Modern Style und dem Split Level Style gehört er zu den volkstümlich geprägten amerikanischen Baustilen, deren Entwürfe in erster Linie durch Wohn-Zeitschriften verbreitet wurden. Wer ein neues Haus bauen wollte, suchte sich oft einen Entwurf aus einer der vielen Zeitschriften aus und beauftragte einen Bauunternehmer mit dem Bau. Die Architekten wurden also nicht vom Bauherrn, sondern gewissermaßen von den Zeitschriften engagiert.

Viele der kolonialen Baustile wurden landesweit kopiert. Allerdings hatte jede Region ihre Vorlieben für bestimmte neokoloniale Spielarten, die meist auf den lokalen Bautraditionen beruhten. In Ost-Pennsylvania dienten zum Beispiel die kolonialen Natursteinhäuser der deutschen und schottischen Siedler als Vorbilder für neue, kastenförmige Bauten mit angebauter Garage und dem für den ursprünglichen Kolonialstil typischen Halbdach (siehe S. 72). Es war jedoch durchaus nichts Ungewöhnliches, wenn ein ursprünglich in New England beheimatetes Saltbox-Haus im Süden oder ein Greek-Revival-Haus nach Art der kolonialen Herrenhäuser der Südstaaten im Norden gebaut wurde.

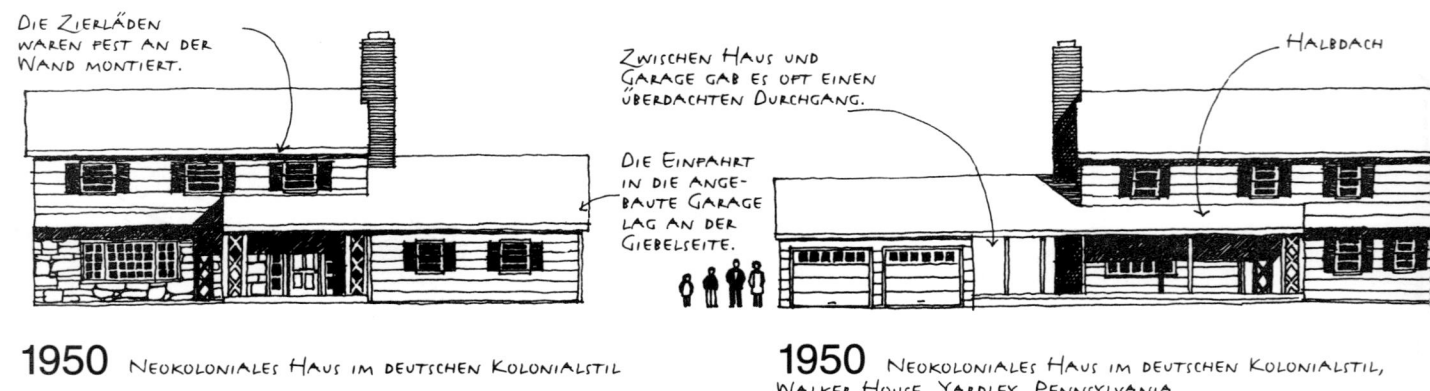

DIE ZIERLÄDEN WAREN FEST AN DER WAND MONTIERT.

ZWISCHEN HAUS UND GARAGE GAB ES OFT EINEN ÜBERDACHTEN DURCHGANG.

DIE EINFAHRT IN DIE ANGE- BAUTE GARAGE LAG AN DER GIEBELSEITE.

HALBDACH

1950 NEOKOLONIALES HAUS IM DEUTSCHEN KOLONIALSTIL

1950 NEOKOLONIALES HAUS IM DEUTSCHEN KOLONIALSTIL, WALKER HOUSE, YARDLEY, PENNSYLVANIA

Häuser im neokolonialen Stil sind bis heute in ganz Amerika für Neubauprojekte von Baugesellschaften auf Parzellen von 2000 m² Größe sehr beliebt. Es gibt Hunderte von Zeitschriften, die die Vorzüge dieser nostalgisch inspirierten Stile preisen.

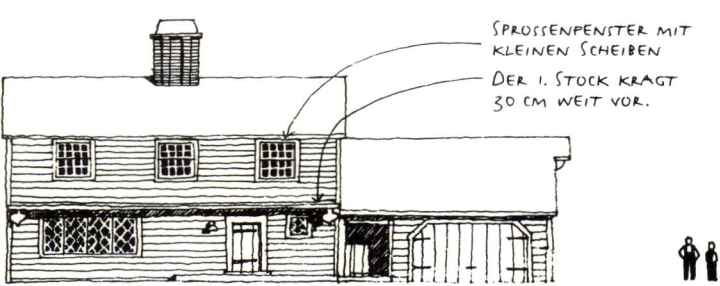

SPROSSENFENSTER MIT KLEINEN SCHEIBEN

DER 1. STOCK KRAGT 30 CM WEIT VOR.

1960 NEOKOLONIALES HAUS IM GARNISONSSTIL

DIE EINFAHRT IN DIE GARAGE BEFINDET SICH SEITLICH ODER HINTER DEM HAUS, DAMIT SIE WIE EIN KÜCHENANBAU WIRKT.

1960 NEOKOLONIALES HAUS IM MITTELALTERLICHEN STIL

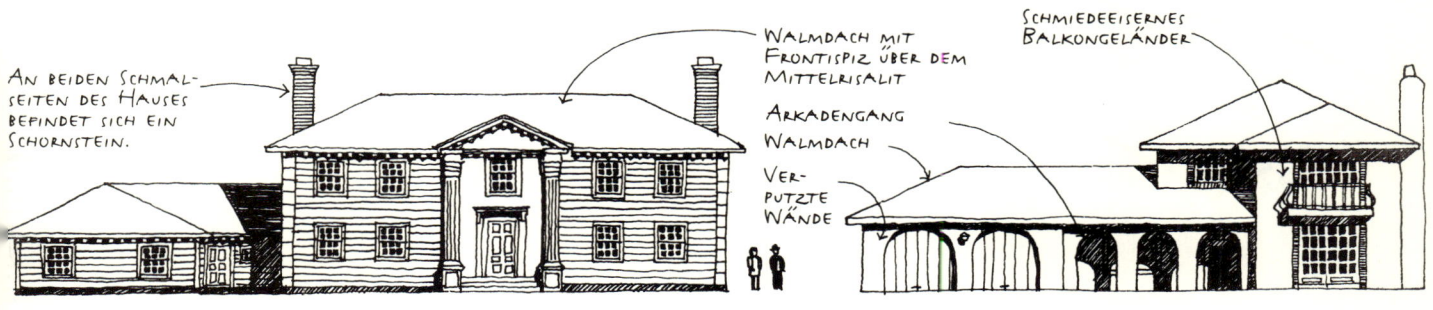

AN BEIDEN SCHMAL-SEITEN DES HAUSES BEFINDET SICH EIN SCHORNSTEIN.

WALMDACH MIT FRONTISPIZ ÜBER DEM MITTELRISALIT

ARKADENGANG WALMDACH

VER-PUTZTE WÄNDE

SCHMIEDEEISERNES BALKONGELÄNDER

1970 NEOKOLONIALES HAUS IM GEORGIANISCHEN STIL

1970 NEOKOLONIALES HAUS IM SPANISCHEN KOLONIALSTIL

Um 1970 präsentierte sich das neokoloniale Haus häufig als Sammelsurium verschiedener Stilmerkmale früherer Zeiten. Es war üblich, daß Bauunternehmer Häuser nach Ideen bauten, die sich der Bauherr aus verschiedenen Zeitschriften geholt hatte. In den Neubaugebieten entstanden zu Tausenden Häuser mit einer kastenförmigen Grundform, die durch unterschiedliche Vorbauten das Gepräge verschiedener Stile erhielten. Das folgende Beispiel zeigt, wie ein Bauunternehmer ein Grundmodell in vier Baustilen variieren konnte.

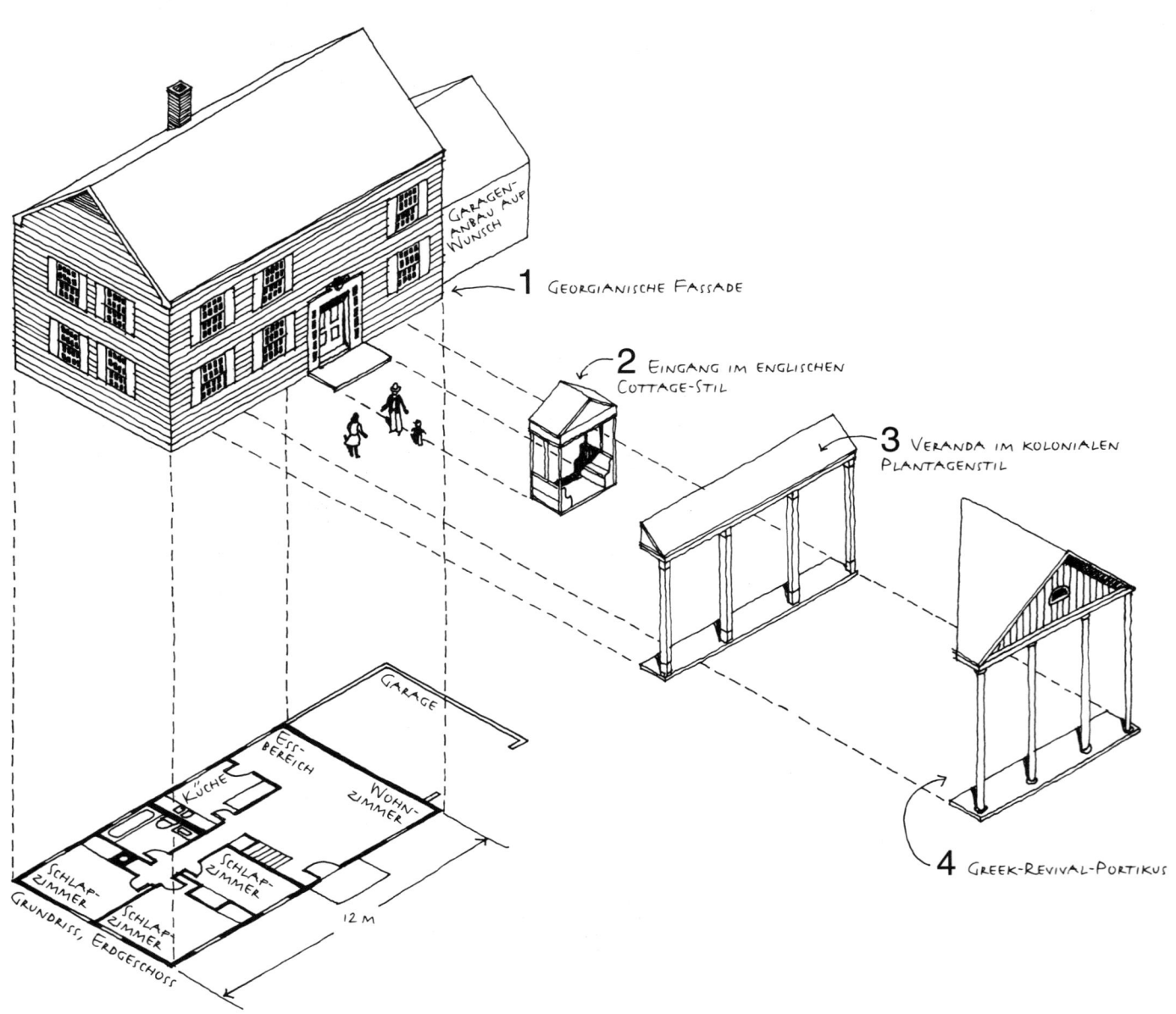

1 Georgianische Fassade

2 Eingang im englischen Cottage-Stil

3 Veranda im kolonialen Plantagenstil

4 Greek-Revival-Portikus

Garagen-Anbau auf Wunsch

Ess-Bereich
Küche
Wohnzimmer
Schlafzimmer
Schlafzimmer
Schlafzimmer
Garage
12 M
Grundriss, Erdgeschoss

1970 Neokoloniales Haus in vier Stilrichtungen

Aus Gründen der Zweckmäßigkeit verzichteten Bauunternehmer häufig auf entscheidende Stilmerkmale der ursprünglichen Häuser und erzielten damit unbeabsichtigt eine völlig andere architektonische Wirkung. So veränderte der Verzicht auf den Architrav (den Hauptbalken, der den Oberbau über den Säulen trägt) in der Greek-Revival-Fassade die ästhetische Wirkung von solide zu fragil. Das Saltbox-Haus verlor ohne seinen massiven Schornstein den optischen Ankerpunkt.

Solche und andere, weniger verbreitete Veränderungen bilden den Schlüssel zur zukünftigen Entwicklung des heimischen Neokolonialstils: Werden Bauunternehmer weiterhin neue Stilmerkmale aus Gründen der Zweckmäßigkeit entwickeln, oder wird der Wunsch nach Authentizität bewirken, daß das Haus im Neokolonialstil seinem ursprünglichen Vorbild wieder ähnlicher sieht?

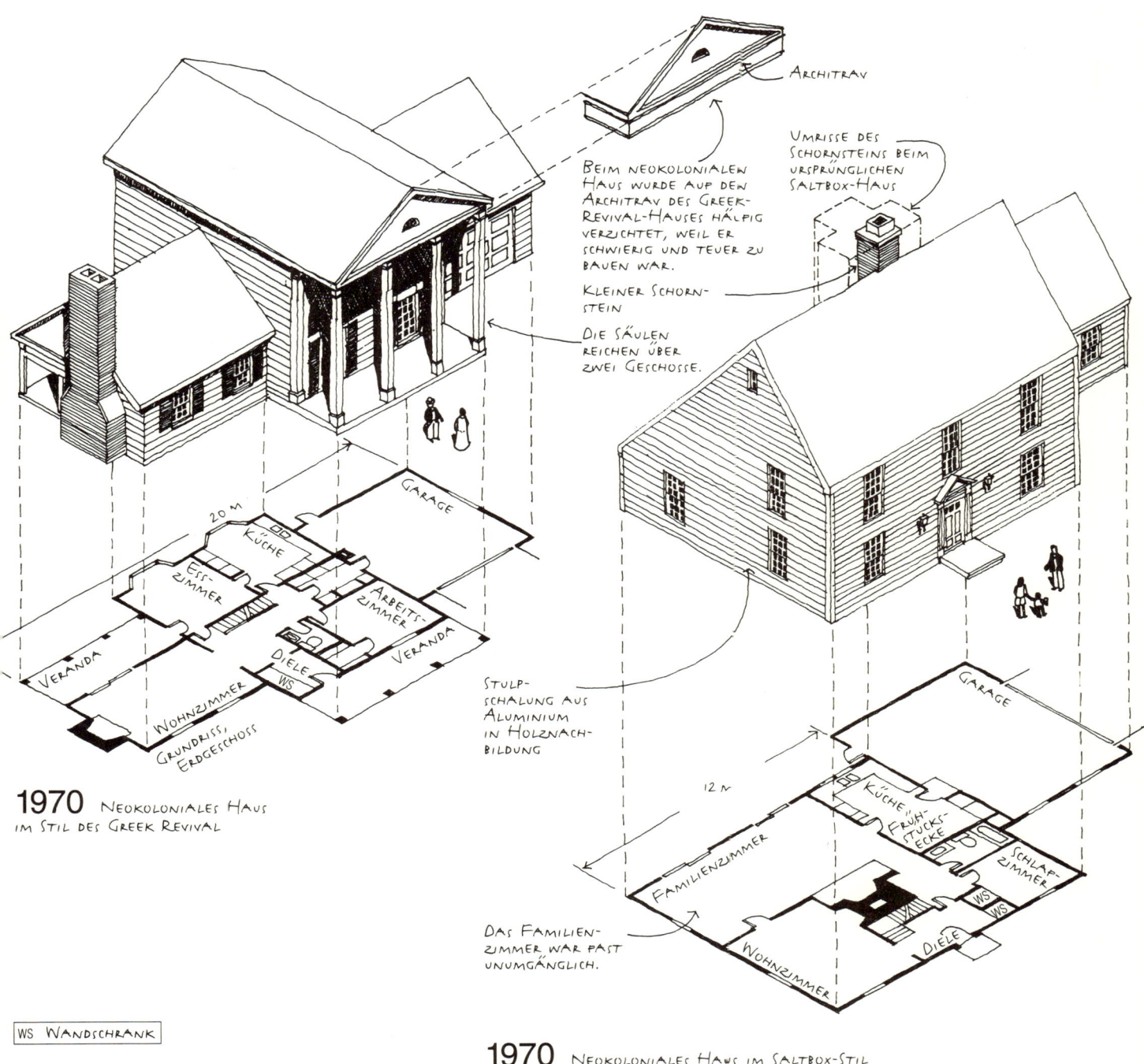

ARCHITRAV

UMRISSE DES SCHORNSTEINS BEIM URSPRÜNGLICHEN SALTBOX-HAUS

BEIM NEOKOLONIALEN HAUS WURDE AUF DEN ARCHITRAV DES GREEK-REVIVAL-HAUSES HÄUFIG VERZICHTET, WEIL ER SCHWIERIG UND TEUER ZU BAUEN WAR.

KLEINER SCHORN-STEIN

DIE SÄULEN REICHEN ÜBER ZWEI GESCHOSSE.

GARAGE

20 M

KÜCHE

ESS-ZIMMER

ARBEITS-ZIMMER

VERANDA

DIELE

WS

VERANDA

WOHNZIMMER

GRUNDRISS, ERDGESCHOSS

1970 NEOKOLONIALES HAUS IM STIL DES GREEK REVIVAL

STULP-SCHALUNG AUS ALUMINIUM IN HOLZNACH-BILDUNG

DAS FAMILIEN-ZIMMER WAR FAST UNUMGÄNGLICH.

GARAGE

12 M

KÜCHE

FRÜH-STÜCKS-ECKE

FAMILIENZIMMER

SCHLAF-ZIMMER

WS WS

DIELE

WOHNZIMMER

WS WANDSCHRANK

1970 NEOKOLONIALES HAUS IM SALTBOX-STIL

Stockwerkbauweise

Heute werden etwa 95 Prozent aller amerikanischen Häuser in der sogenannten Stockwerkbauweise errichtet, die findige Bauunternehmer und Baugesellschaften als schnell zu errichtende, kostengünstige Konstruktion entwickelt haben. In diesem Verfahren werden hauptsächlich Häuser im Neokolonialstil, Contractor Modern und Split Level Style erarbeitet.

Während beim balloon framing (siehe S. 124), aus dem sich diese Bauweise entwickelt hat, die Ständer bis zum Dachstuhl reichten und die Zwischendecken in das Ständerwerk eingehängt wurden, reichen die Stiele beim Stockwerkbau nur jeweils über ein Geschoß und tragen die Balkenlage der Zwischendecke. Die Stockwerkbauweise wird hier in sieben Schritten vereinfacht dargestellt:

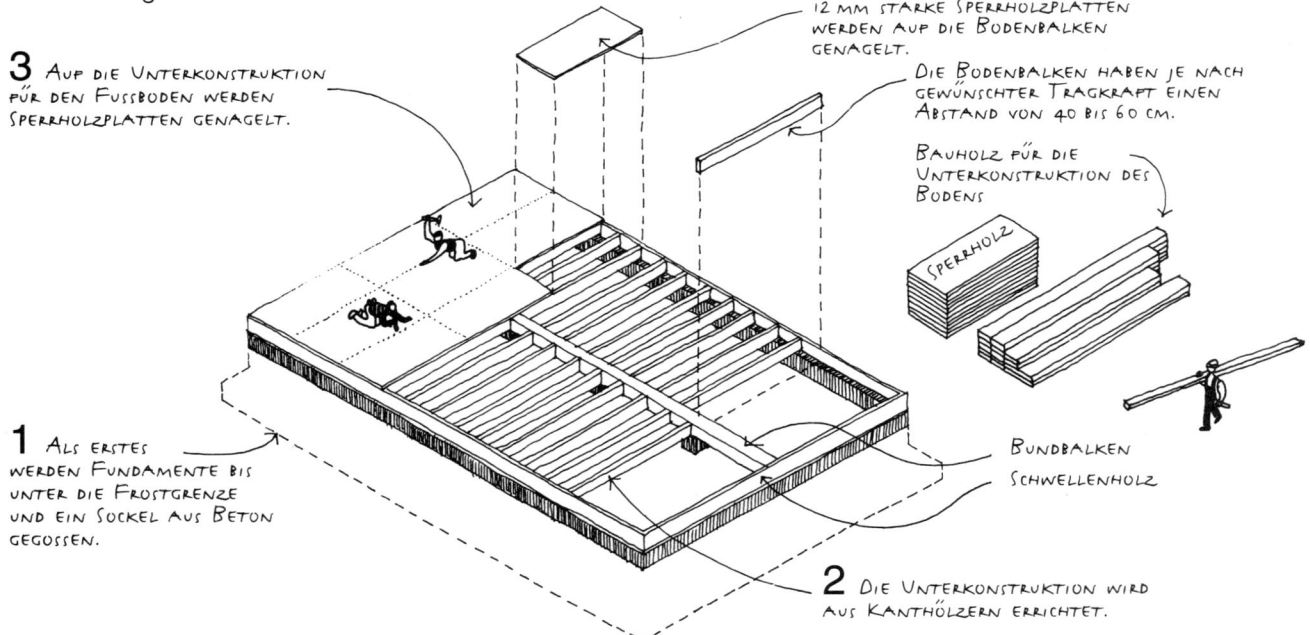

3 Auf die Unterkonstruktion für den Fussboden werden Sperrholzplatten genagelt.

12 mm starke Sperrholzplatten werden auf die Bodenbalken genagelt.

Die Bodenbalken haben je nach gewünschter Tragkraft einen Abstand von 40 bis 60 cm.

Bauholz für die Unterkonstruktion des Bodens

Sperrholz

1 Als erstes werden Fundamente bis unter die Frostgrenze und ein Sockel aus Beton gegossen.

Bundbalken

Schwellenholz

2 Die Unterkonstruktion wird aus Kanthölzern errichtet.

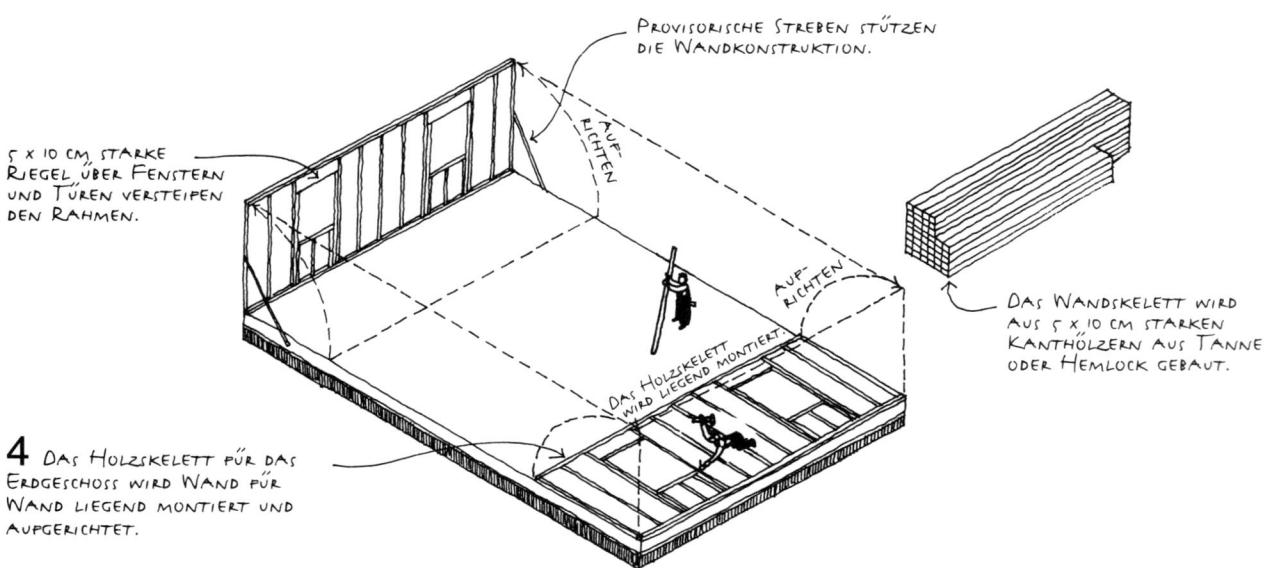

Provisorische Streben stützen die Wandkonstruktion.

Auf- richten

Auf- richten

5 x 10 cm starke Riegel über Fenstern und Türen versteifen den Rahmen.

Das Holzskelett wird liegend montiert

Das Wandskelett wird aus 5 x 10 cm starken Kanthölzern aus Tanne oder Hemlock gebaut.

4 Das Holzskelett für das Erdgeschoss wird Wand für Wand liegend montiert und aufgerichtet.

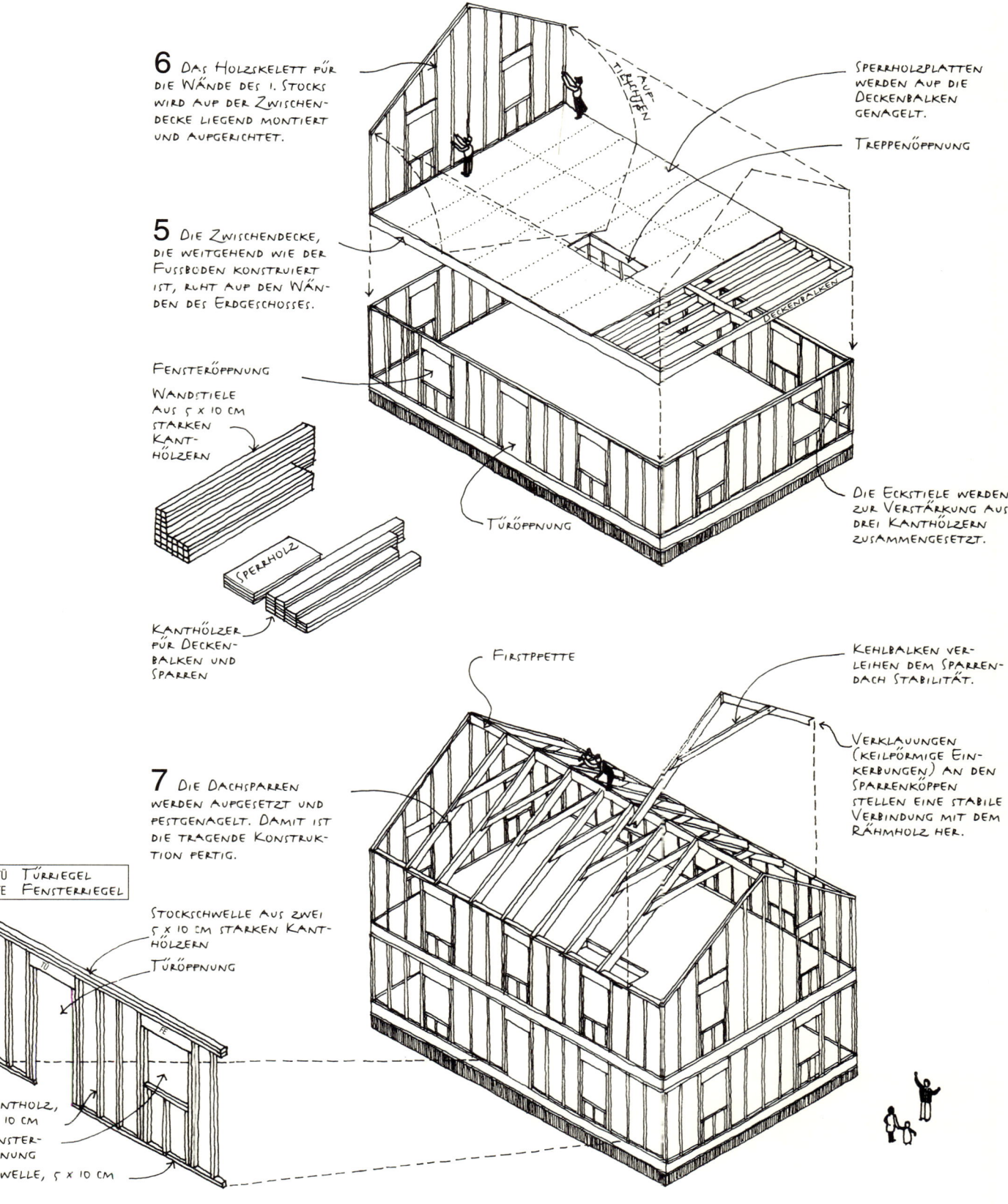

6 Das Holzskelett für die Wände des 1. Stocks wird auf der Zwischendecke liegend montiert und aufgerichtet.

5 Die Zwischendecke, die weitgehend wie der Fussboden konstruiert ist, ruht auf den Wänden des Erdgeschosses.

Fensteröffnung

Wandstiele aus 5 x 10 cm starken Kanthölzern

Sperrholz

Kanthölzer für Deckenbalken und Sparren

Sperrholzplatten werden auf die Deckenbalken genagelt.

Treppenöffnung

Deckenbalken

Türöffnung

Die Eckstiele werden zur Verstärkung aus drei Kanthölzern zusammengesetzt.

Firstpfette

Kehlbalken verleihen dem Sparrendach Stabilität.

7 Die Dachsparren werden aufgesetzt und festgenagelt. Damit ist die tragende Konstruktion fertig.

Verklauungen (keilförmige Einkerbungen) an den Sparrenköpfen stellen eine stabile Verbindung mit dem Rähmholz her.

TÜ Türriegel
FE Fensterriegel

Stockschwelle aus zwei 5 x 10 cm starken Kanthölzern

Türöffnung

Kantholz, 5 x 10 cm
Fensteröffnung
Schwelle, 5 x 10 cm

Wandskelett mit Tür- und Fensteröffnung

Split Level
Landesweit   1960

Der Split Level Style, der mit versetzten Ebenen arbeitete, war eine Reaktion auf kulturelle Entwicklungen Ende der fünfziger und Anfang der sechziger Jahre, die u.a. eine Trennung zwischen den einzelnen Wohnbereichen und dem Schlafbereich forderten. In den für förmliche Anlässe vorgesehenen Zimmern (Wohn- und Eßzimmer) empfing man in erster Linie Gäste und Freunde. Die zwanglosen Bereiche (Küche und Familienzimmer) waren für Freizeitaktivitäten, Mahlzeiten im Familienkreis und die Kinder gedacht. Durch die Aufteilung in einen geselligen, einen ruhigen und einen Schlafbereich, die man getrennt auf versetzten Ebenen anordnete, wurde das Haus außerordentlich wohnlich.

Eine neue amerikanische Institution, das Fernsehen, trug erheblich dazu bei, daß sich das Familienzimmer vom gelegentlich genutzten Freizeitraum des kalifornischen Ranch-Stils (siehe S. 234) zum wichtigsten Bereich des Hauses entwickelte. Es bildete den Mittelpunkt des Familienlebens und hatte meist direkten Zugang zu einer Terrasse und zum Haupteingang. Wenn der Eingang und die Treppen in der Hausmitte lagen, waren alle Bereiche von der Haustür aus direkt zu erreichen. Dieser Vorteil machte das Haus mit versetzten Ebenen zum beliebtesten Haustyp für Neubauten der sechziger Jahre.

Da das Split-Level-Haus eine schlichte, rechteckige Grundform hatte, ließ es sich an fast jeden Baustil anpassen, wie die nächsten vier Beispiele zeigen.

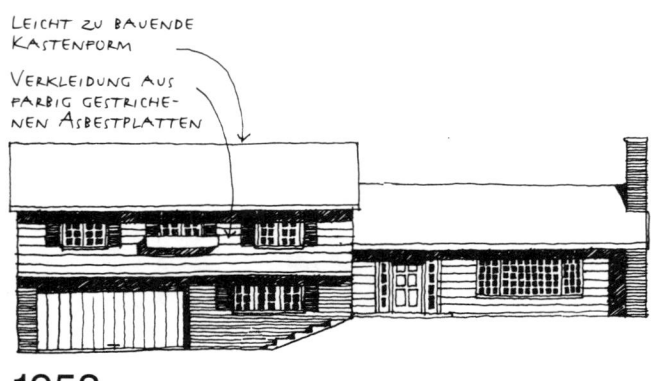

LEICHT ZU BAUENDE KASTENFORM

VERKLEIDUNG AUS FARBIG GESTRICHENEN ASBESTPLATTEN

1958 HAUS MIT VERSETZTEN EBENEN IM CONTRACTOR MODERN STYLE

WALMDACH IM NORMANNISCHEN STIL

DIE GARAGE UND/ODER DAS FAMILIENZIMMER LAGEN MEIST IM UNTERGESCHOSS.

ERKERFENSTER

1965 HAUS MIT VERSETZTEN EBENEN IM SPÄTGEORGIANISCHEN FRANZÖSISCHEN LANDHAUSSTIL

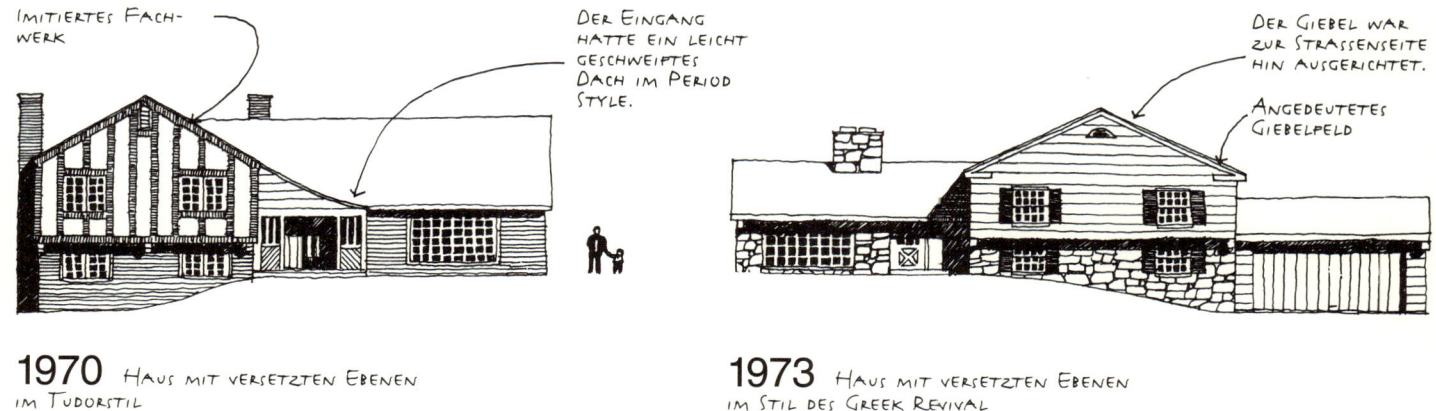

IMITIERTES FACH-
WERK

DER EINGANG
HATTE EIN LEICHT
GESCHWEIFTES
DACH IM PERIOD
STYLE.

DER GIEBEL WAR
ZUR STRASSENSEITE
HIN AUSGERICHTET.

ANGEDEUTETES
GIEBELFELD

1970 HAUS MIT VERSETZTEN EBENEN
IM TUDORSTIL

1973 HAUS MIT VERSETZTEN EBENEN
IM STIL DES GREEK REVIVAL

Ende der sechziger Jahre entwickelte sich ein neuer Typ des Hauses mit versetzten Ebenen, das sogenannte Halbgeschoß-Haus. Im Grunde handelte es sich um ein zweigeschossiges Haus, bei dem sich das untere Geschoß etwa 1,20 m unter Bodenniveau befand. So konnte man den Eingangsbereich als Halbgeschoß auf Bodenhöhe anordnen, der dann eine halbe Treppe unter dem Hochparterre und eine halbe Treppe über dem Untergeschoß lag. Im Inneren gliederte sich das Gebäude wie ein normales zweigeschossiges Haus, hatte aber den Vorteil, daß die Baukosten niedriger waren und es einen eleganten anderthalbgeschossigen Eingangsbereich besaß. Zwei Beispiele für das Halbgeschoßhaus werden im folgenden vorgestellt.

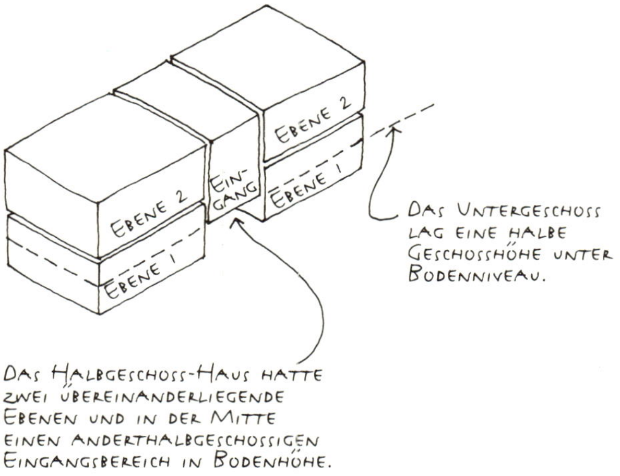

EBENE 2

EBENE 2   EIN-   EBENE 1
           GANG

EBENE 1

DAS UNTERGESCHOSS
LAG EINE HALBE
GESCHOSSHÖHE UNTER
BODENNIVEAU.

DAS HALBGESCHOSS-HAUS HATTE
ZWEI ÜBEREINANDERLIEGENDE
EBENEN UND IN DER MITTE
EINEN ANDERTHALBGESCHOSSIGEN
EINGANGSBEREICH IN BODENHÖHE.

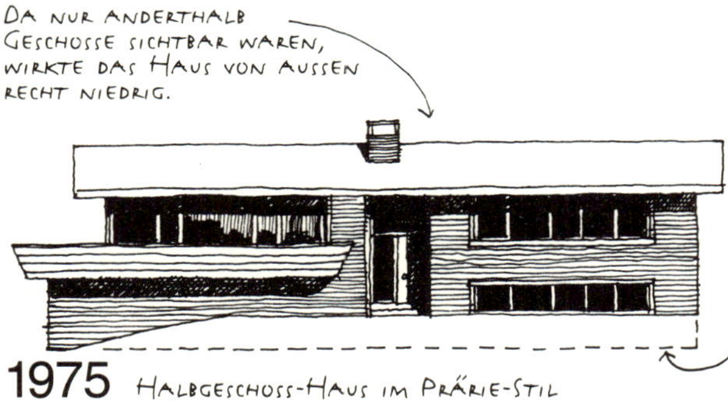

DA NUR ANDERTHALB
GESCHOSSE SICHTBAR WAREN,
WIRKTE DAS HAUS VON AUSSEN
RECHT NIEDRIG.

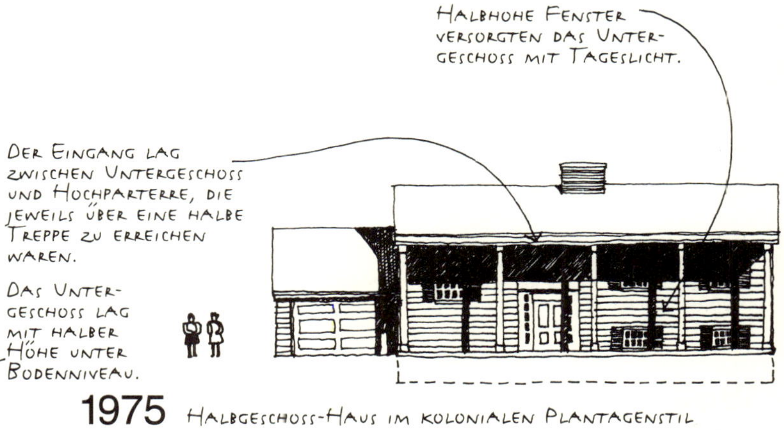

HALBHOHE FENSTER
VERSORGTEN DAS UNTER-
GESCHOSS MIT TAGESLICHT.

DER EINGANG LAG
ZWISCHEN UNTERGESCHOSS
UND HOCHPARTERRE, DIE
JEWEILS ÜBER EINE HALBE
TREPPE ZU ERREICHEN
WAREN.

DAS UNTER-
GESCHOSS LAG
MIT HALBER
HÖHE UNTER
BODENNIVEAU.

1975 HALBGESCHOSS-HAUS IM PRÄRIE-STIL

1975 HALBGESCHOSS-HAUS IM KOLONIALEN PLANTAGENSTIL

Ein weitverbreiteter Haustyp mit versetzten Ebenen, der als Spekulationsobjekt millionenfach in neu errichteten amerikanischen Wohnsiedlungen gebaut wurde, ging auf Entwürfe von Bauunternehmern zurück, die im Laufe der Jahre gelernt hatten, marktfähige Haustypen zu entwickeln. Da die Kosten ein wesentlicher Entscheidungsfaktor beim Bau des Hauses waren, hielt man die Grundform und die Dachgestaltung schlicht. Wie beim Contractor Modern Style (siehe S. 252) sollten auch hier Wandverkleidungen aus verschiedenen Materialien und kleine dekorative Elemente wie Blumenkästen, Straßenlaternen als Außenbeleuchtung, feste Zierläden und verschnörkelte Türklingeln die Attraktivität des Hauses erhöhen und es besser verkäuflich machen. Zwei der beliebtesten Modelle der sechziger Jahre sollen hier vorgestellt werden.

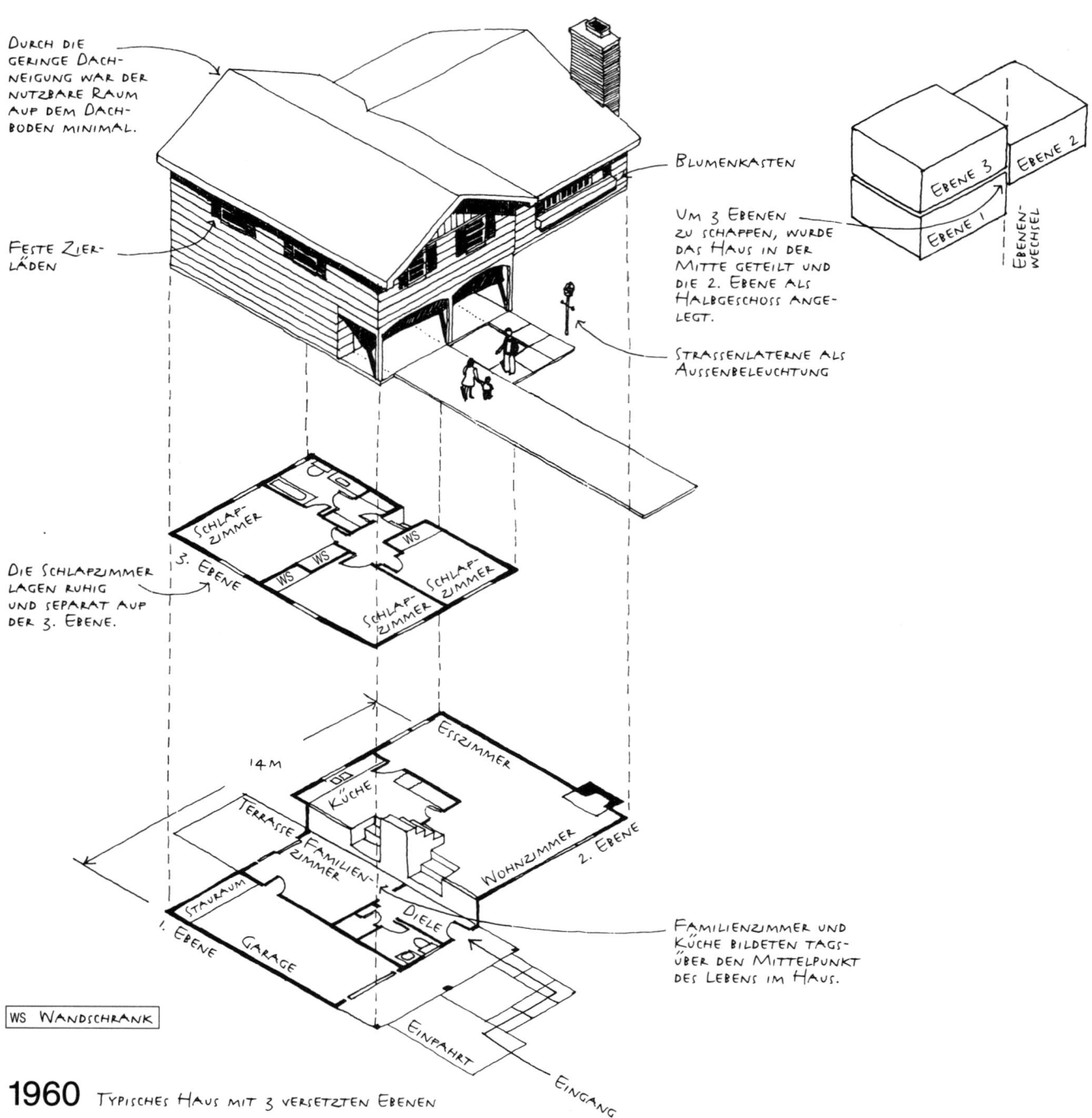

DURCH DIE GERINGE DACHNEIGUNG WAR DER NUTZBARE RAUM AUF DEM DACHBODEN MINIMAL.

FESTE ZIERLÄDEN

BLUMENKASTEN

UM 3 EBENEN ZU SCHAFFEN, WURDE DAS HAUS IN DER MITTE GETEILT UND DIE 2. EBENE ALS HALBGESCHOSS ANGELEGT.

STRASSENLATERNE ALS AUSSENBELEUCHTUNG

EBENE 3

EBENE 2

EBENE 1

EBENENWECHSEL

DIE SCHLAFZIMMER LAGEN RUHIG UND SEPARAT AUF DER 3. EBENE.

SCHLAFZIMMER

3. EBENE

WS

WS WS

SCHLAFZIMMER

SCHLAFZIMMER

14 M

ESSZIMMER

KÜCHE

TERRASSE

FAMILIENZIMMER

WOHNZIMMER

2. EBENE

STAURAUM

1. EBENE

GARAGE

DIELE

EINFAHRT

EINGANG

FAMILIENZIMMER UND KÜCHE BILDETEN TAGSÜBER DEN MITTELPUNKT DES LEBENS IM HAUS.

WS WANDSCHRANK

1960 TYPISCHES HAUS MIT 3 VERSETZTEN EBENEN

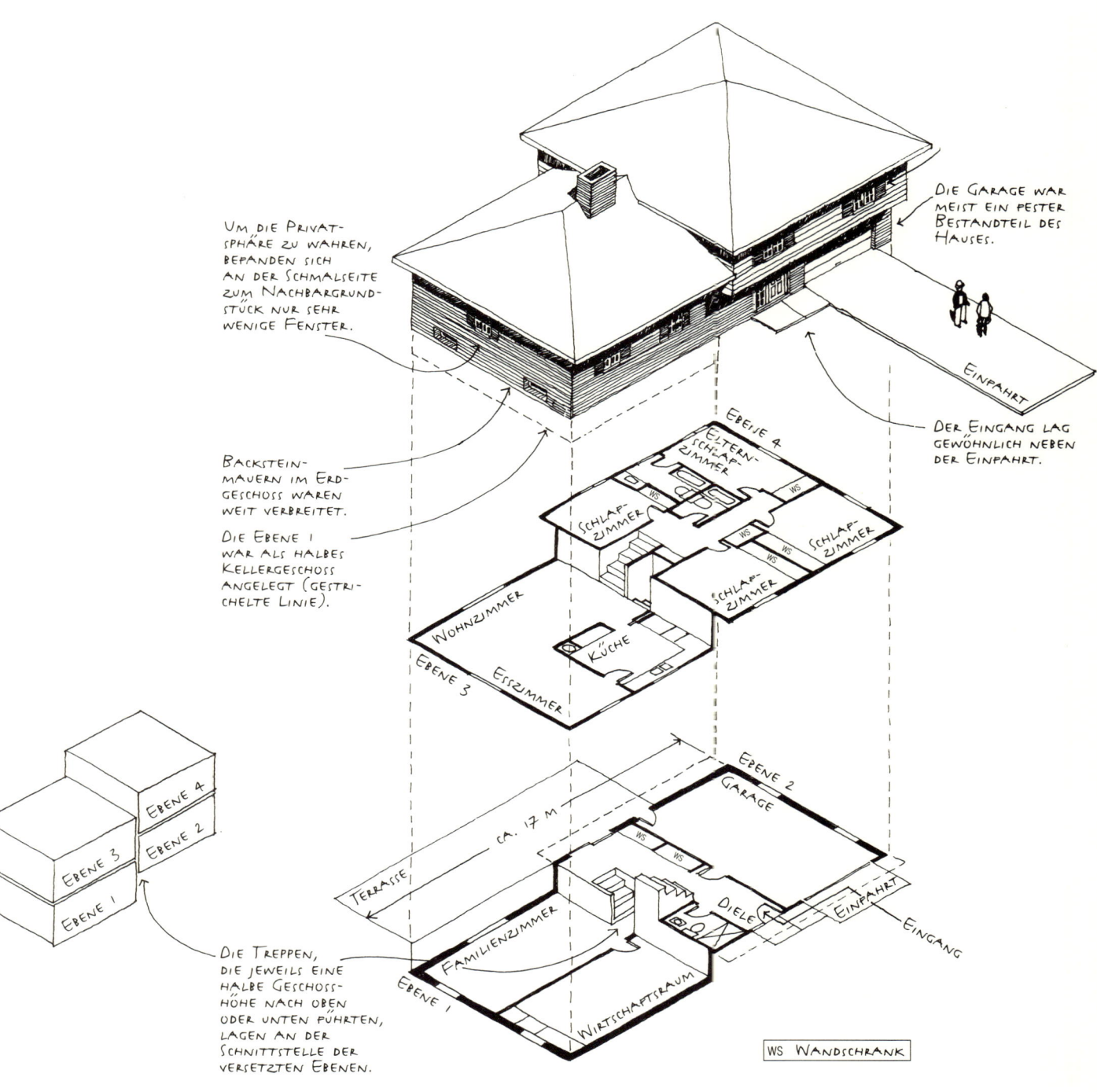

UM DIE PRIVAT-
SPHÄRE ZU WAHREN,
BEFANDEN SICH
AN DER SCHMALSEITE
ZUM NACHBARGRUND-
STÜCK NUR SEHR
WENIGE FENSTER.

DIE GARAGE WAR
MEIST EIN FESTER
BESTANDTEIL DES
HAUSES.

EINFAHRT

DER EINGANG LAG
GEWÖHNLICH NEBEN
DER EINFAHRT.

BACKSTEIN-
MAUERN IM ERD-
GESCHOSS WAREN
WEIT VERBREITET.

DIE EBENE 1
WAR ALS HALBES
KELLERGESCHOSS
ANGELEGT (GESTRI-
CHELTE LINIE).

EBENE 4

ELTERN-
SCHLAF-
ZIMMER

SCHLAF-
ZIMMER

WS   WS

WS   WS

WS

SCHLAF-
ZIMMER

SCHLAF-
ZIMMER

WOHNZIMMER

KÜCHE

EBENE 3   ESSZIMMER

EBENE 2

GARAGE

CA. 17 M

WS   WS

TERRASSE

FAMILIENZIMMER

DIELE

EINFAHRT

EINGANG

EBENE 1

WIRTSCHAFTSRAUM

WS   WANDSCHRANK

EBENE 4
EBENE 2
EBENE 3
EBENE 1

DIE TREPPEN,
DIE JEWEILS EINE
HALBE GESCHOSS-
HÖHE NACH OBEN
ODER UNTEN FÜHRTEN,
LAGEN AN DER
SCHNITTSTELLE DER
VERSETZTEN EBENEN.

1962 TYPISCHES HAUS MIT 4 VERSETZTEN EBENEN

Umgebaute Eisenbahnwaggons
Landesweit   1960

Seit über 100 Jahren haben Amerikaner ausrangierte Eisenbahnwaggons und Straßenbahnen zu Wohnzwecken umgebaut, da sie einen kompakten, sofort bewohnbaren Raum mit Wänden, Decke, Boden, Fenstern und Türen boten. Während man in die Waggons von Straßenbahnen, Schlafwagen und Salonwagen noch eine Heiz- und Kochgelegenheit sowie sanitäre Anlagen einbauen muß, hat der Dienstwagen der amerikanischen Eisenbahnen in der Regel schon alle erforderlichen Installationen und ist deshalb sofort bezugsfertig.

Ausrangierte Waggons standen erstmals in großer Zahl zur Verfügung, als die Pferdebahnen in den Städten durch dampfgetriebene Bahnen ersetzt wurden. In den letzten beiden Jahrzehnten des 19. Jahrhunderts wurden viele dieser Wagen zu Sommerhäusern umgebaut. Oft verband man zwei bis drei Wagen zu einem Mehrzimmerhaus. Ganze Dörfer, bestehend aus Eisenbahnwagen, waren durchaus nichts Ungewöhnliches.

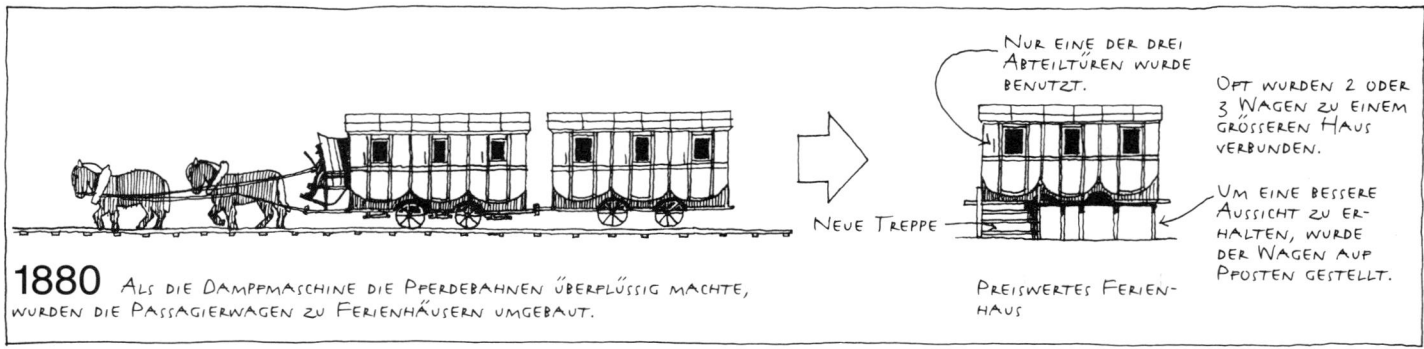

NUR EINE DER DREI ABTEILTÜREN WURDE BENUTZT.

OFT WURDEN 2 ODER 3 WAGEN ZU EINEM GRÖSSEREN HAUS VERBUNDEN.

NEUE TREPPE

UM EINE BESSERE AUSSICHT ZU ERHALTEN, WURDE DER WAGEN AUF PFOSTEN GESTELLT.

1880 ALS DIE DAMPFMASCHINE DIE PFERDEBAHNEN ÜBERFLÜSSIG MACHTE, WURDEN DIE PASSAGIERWAGEN ZU FERIENHÄUSERN UMGEBAUT.

PREISWERTES FERIENHAUS

DIE ERSTEN UMGEBAUTEN EISENBAHNWAGEN

In dem Maße, wie die Züge im Laufe der Zeit größer und moderner wurden, vergrößerte sich die Zahl der ausrangierten Waggons, die in vielen Orten meist zum Schrottpreis versteigert werden. Solche alten Dienstwagen oder Straßenbahnwagen in Wohnungen umzubauen, war und ist häufig auch ein Projekt der Denkmalspflege. Die Kosten für den Transport (für den man gewöhnlich einen Kran und bis zu drei große Sattelschlepper benötigt) belaufen sich mitunter auf mehrere tausend Dollar, da die meisten ausrangierten Waggons nicht mehr fahrtüchtig sind. Eigentümern eines solchen Eisenbahnwagens ist es jedoch einige Mühen wert, ein Stück amerikanischer Geschichte zu besitzen und zu erhalten.

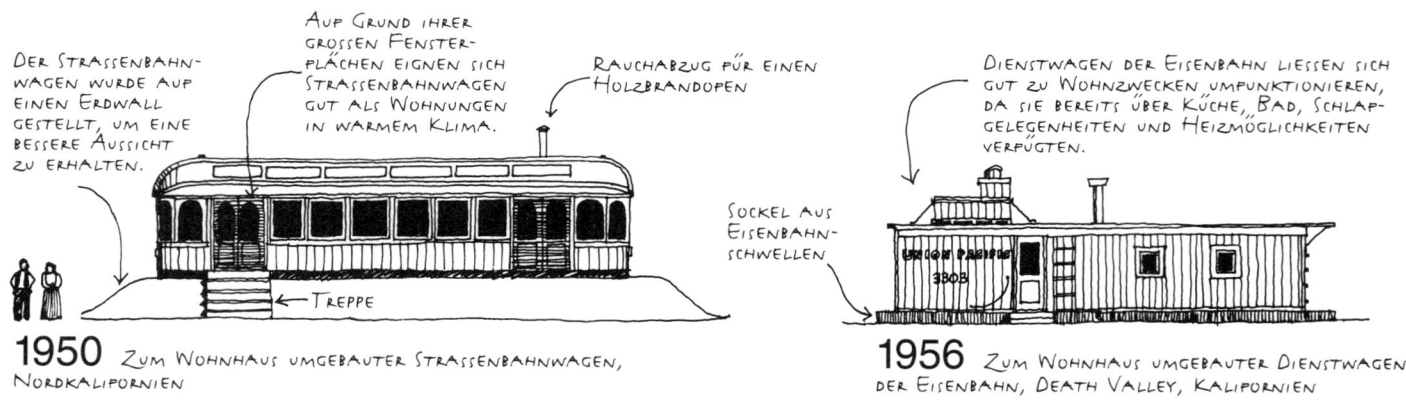

DER STRASSENBAHNWAGEN WURDE AUF EINEN ERDWALL GESTELLT, UM EINE BESSERE AUSSICHT ZU ERHALTEN.

AUF GRUND IHRER GROSSEN FENSTERFLÄCHEN EIGNEN SICH STRASSENBAHNWAGEN GUT ALS WOHNUNGEN IN WARMEM KLIMA.

RAUCHABZUG FÜR EINEN HOLZBRANDOFEN

← TREPPE

1950 ZUM WOHNHAUS UMGEBAUTER STRASSENBAHNWAGEN, NORDKALIFORNIEN

DIENSTWAGEN DER EISENBAHN LIESSEN SICH GUT ZU WOHNZWECKEN UMFUNKTIONIEREN, DA SIE BEREITS ÜBER KÜCHE, BAD, SCHLAFGELEGENHEITEN UND HEIZMÖGLICHKEITEN VERFÜGTEN.

SOCKEL AUS EISENBAHNSCHWELLEN

1956 ZUM WOHNHAUS UMGEBAUTER DIENSTWAGEN DER EISENBAHN, DEATH VALLEY, KALIFORNIEN

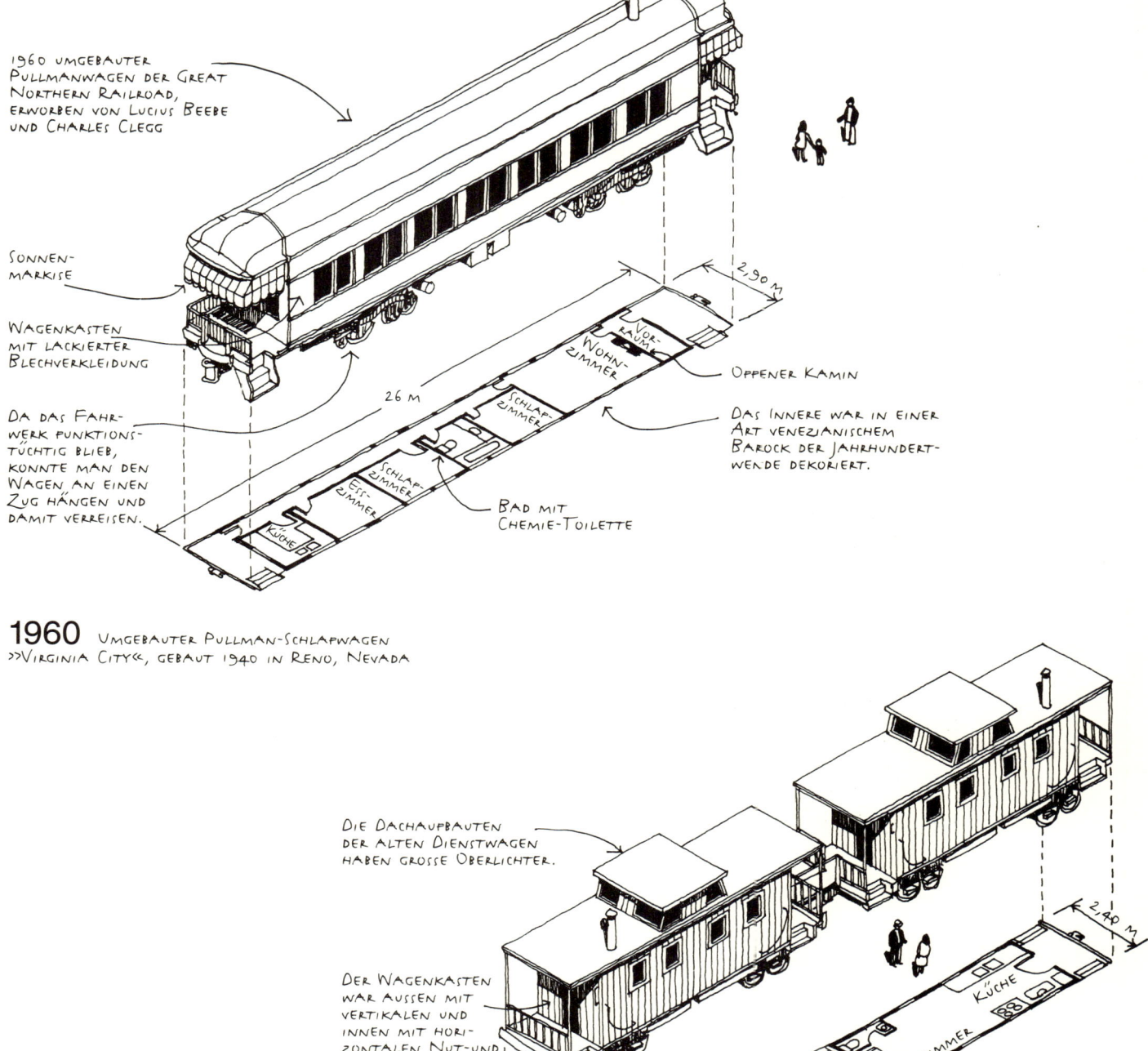

1960 UMGEBAUTER
PULLMANWAGEN DER GREAT
NORTHERN RAILROAD,
ERWORBEN VON LUCIUS BEEBE
UND CHARLES CLEGG

SONNEN-
MARKISE

WAGENKASTEN
MIT LACKIERTER
BLECHVERKLEIDUNG

DA DAS FAHR-
WERK PUNKTIONS-
TÜCHTIG BLIEB,
KONNTE MAN DEN
WAGEN AN EINEN
ZUG HÄNGEN UND
DAMIT VERREISEN.

26 M

2,90 M

VOR-
RAUM
WOHN-
ZIMMER

SCHLAF-
ZIMMER

SCHLAF-
ZIMMER

ESS-
ZIMMER

KÜCHE

OFFENER KAMIN

DAS INNERE WAR IN EINER
ART VENEZIANISCHEM
BAROCK DER JAHRHUNDERT-
WENDE DEKORIERT.

BAD MIT
CHEMIE-TOILETTE

1960 UMGEBAUTER PULLMAN-SCHLAFWAGEN
>>VIRGINIA CITY<<, GEBAUT 1940 IN RENO, NEVADA

DIE DACHAUFBAUTEN
DER ALTEN DIENSTWAGEN
HABEN GROSSE OBERLICHTER.

DER WAGENKASTEN
WAR AUSSEN MIT
VERTIKALEN UND
INNEN MIT HORI-
ZONTALEN NUT-UND
FEDER-BRETTERN
VERKLEIDET.

ZWEI ANEIN-
ANDERGEKOPPELTE
DIENSTWAGEN,
BAUJAHR 1904,
WURDEN AUF EINEM
AUFGEGEBENEN
GLEISSTÜCK ABGE-
STELLT UND ZU
EINEM HAUS UMGE-
BAUT.

2,40 M

KÜCHE

ESSZIMMER

SCHLAFZIMMER

WOHNZIMMER

HOLZBRANDOFEN

1960 WOHNHAUS AUS ZWEI DIENSTWAGEN DER AMERIKANISCHEN EISENBAHN,
SÜDKALIFORNIEN

Pfahlbauten

Landesweit   1960

Anfang der sechziger Jahre gab die Federal Housing Administration im Rahmen ihrer Bemühungen, die Wohnraumkosten zu senken, eine Broschüre mit dem Titel *Pole House Construction* (»Konstruktion von Pfahlbauten«) heraus. In dieser Broschüre wurde die These vertreten, daß man auch steile Hanggrundstücke, die mit konventionellen Baumethoden praktisch unbebaubar sind, da sie zu steil, unzugänglich oder von den Bodenverhältnissen her ungeeignet sind, bebauen könne, wenn man ein Haus in ein Ständerwerk aus starken, chemisch behandelten Holzpfosten hängen würde. Da kaum jemand solche Grundstücke erwerben möchte, kann man sie häufig mit erheblichem Preisnachlaß kaufen. Diese Broschüre diente als Anregung zur Gestaltung zahlreicher Zweithäuser wie dem »Lockbox House« der Zeitschrift *Popular Science* (siehe unten). Diese Bauweise setzte sich aber nicht durch, weil die Handhabung der großen, schweren Pfosten enorme Schwierigkeiten bereitete.

Die Pfähle, die vorher gegen Fäulnis imprägniert werden, müssen von Fachleuten (Telefongesellschaften verfügen über entsprechendes Gerät) oder von mehreren Männern mit Flaschenzügen aufgestellt und in vorbereitete Löcher abgesenkt werden. Wenn die Pfähle lotrecht ausgerichtet sind, werden die Löcher mit Beton ausgegossen. Anschließend baut man zwischen diese Pfähle ein herkömmliches Haus.

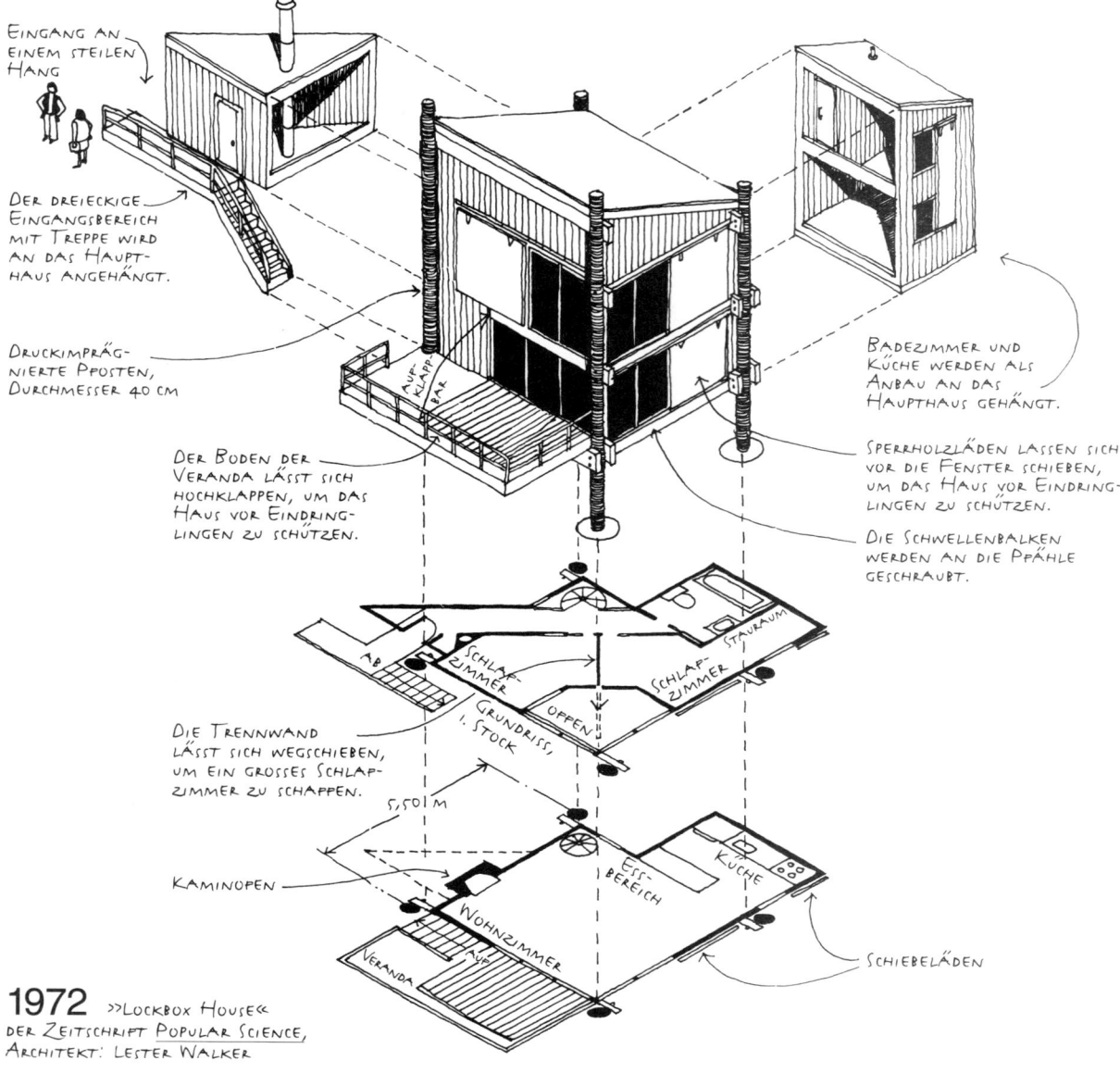

EINGANG AN EINEM STEILEN HANG

DER DREIECKIGE EINGANGSBEREICH MIT TREPPE WIRD AN DAS HAUPTHAUS ANGEHÄNGT.

DRUCKIMPRÄGNIERTE PFOSTEN, DURCHMESSER 40 CM

DER BODEN DER VERANDA LÄSST SICH HOCHKLAPPEN, UM DAS HAUS VOR EINDRINGLINGEN ZU SCHÜTZEN.

AUF KLAPPBAR

BADEZIMMER UND KÜCHE WERDEN ALS ANBAU AN DAS HAUPTHAUS GEHÄNGT.

SPERRHOLZLÄDEN LASSEN SICH VOR DIE FENSTER SCHIEBEN, UM DAS HAUS VOR EINDRINGLINGEN ZU SCHÜTZEN.

DIE SCHWELLENBALKEN WERDEN AN DIE PFÄHLE GESCHRAUBT.

AB

SCHLAFZIMMER

STAURAUM

SCHLAFZIMMER

GRUNDRISS, 1. STOCK

OFFEN

DIE TRENNWAND LÄSST SICH WEGSCHIEBEN, UM EIN GROSSES SCHLAFZIMMER ZU SCHAFFEN.

5,50 M

KAMINOFEN

KÜCHE

ESSBEREICH

WOHNZIMMER

AUF

VERANDA

SCHIEBELÄDEN

1972 »LOCKBOX HOUSE« DER ZEITSCHRIFT POPULAR SCIENCE, ARCHITEKT: LESTER WALKER

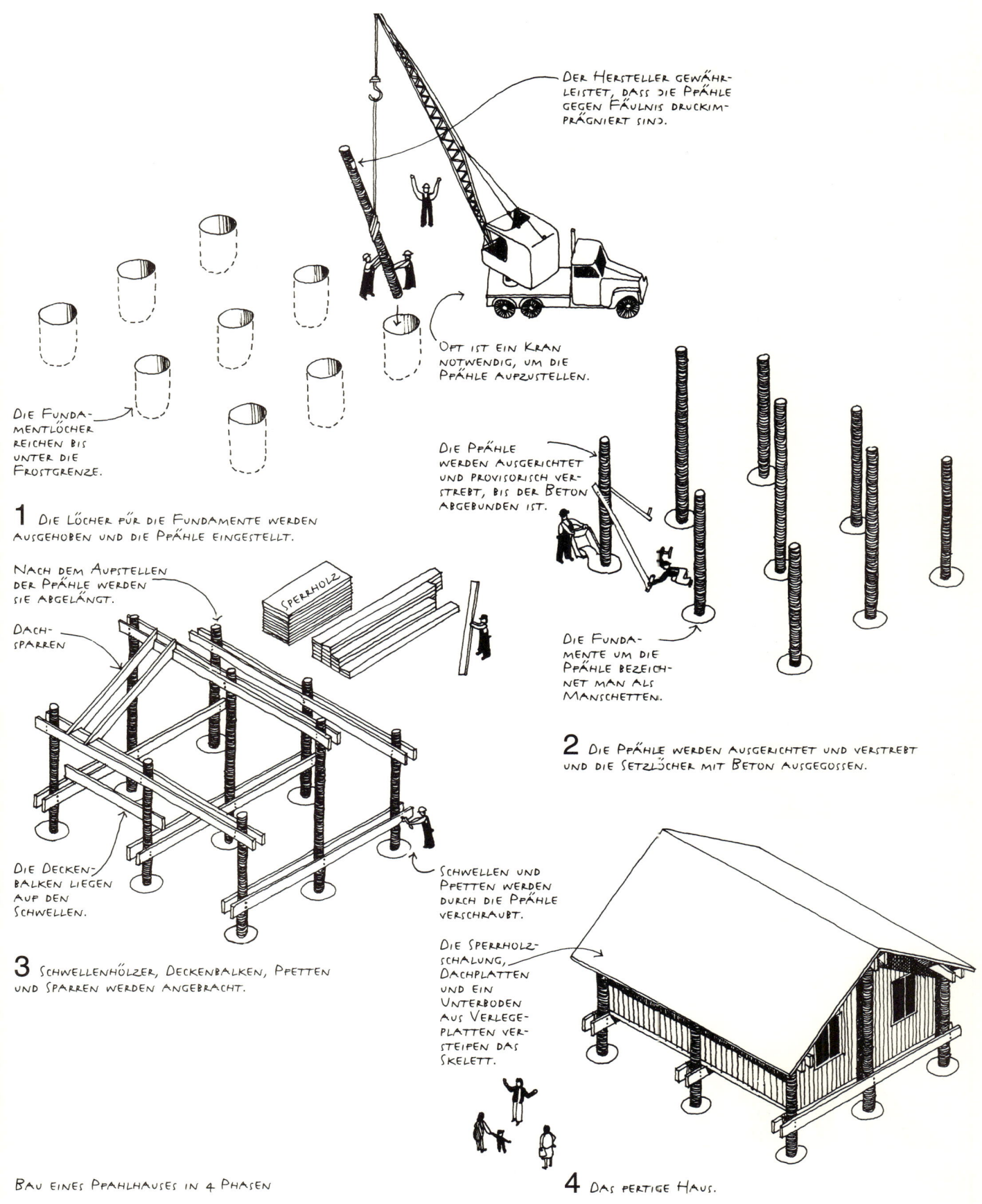

DER HERSTELLER GEWÄHR-
LEISTET, DASS DIE PFÄHLE
GEGEN FÄULNIS DRUCKIM-
PRÄGNIERT SIND.

OFT IST EIN KRAN
NOTWENDIG, UM DIE
PFÄHLE AUFZUSTELLEN.

DIE FUNDA-
MENTLÖCHER
REICHEN BIS
UNTER DIE
FROSTGRENZE.

1 DIE LÖCHER FÜR DIE FUNDAMENTE WERDEN
AUSGEHOBEN UND DIE PFÄHLE EINGESTELLT.

DIE PFÄHLE
WERDEN AUSGERICHTET
UND PROVISORISCH VER-
STREBT, BIS DER BETON
ABGEBUNDEN IST.

DIE FUNDA-
MENTE UM DIE
PFÄHLE BEZEICH-
NET MAN ALS
MANSCHETTEN.

2 DIE PFÄHLE WERDEN AUSGERICHTET UND VERSTREBT
UND DIE SETZLÖCHER MIT BETON AUSGEGOSSEN.

NACH DEM AUFSTELLEN
DER PFÄHLE WERDEN
SIE ABGELÄNGT.

DACH-
SPARREN

SPERRHOLZ

DIE DECKEN-
BALKEN LIEGEN
AUF DEN
SCHWELLEN.

SCHWELLEN UND
PFETTEN WERDEN
DURCH DIE PFÄHLE
VERSCHRAUBT.

3 SCHWELLENHÖLZER, DECKENBALKEN, PFETTEN
UND SPARREN WERDEN ANGEBRACHT.

DIE SPERRHOLZ-
SCHALUNG,
DACHPLATTEN
UND EIN
UNTERBODEN
AUS VERLEGE-
PLATTEN VER-
STEIFEN DAS
SKELETT.

BAU EINES PFAHLHAUSES IN 4 PHASEN

4 DAS FERTIGE HAUS.

Brutalismus
Landesweit   1960

Das Adjektiv »brutal« wertet diese Architektur nicht ab, sondern beschreibt lediglich einen Stil, der blockig, kraftvoll, massig und schmucklos ist. Der Brutalismus, der sich Ende der fünfziger Jahre in England entwickelte, arbeitete mit schweren, schmucklosen, groben Formen, die fast wie die Knochen eines Mammutskeletts wirkten.

Nach einer langen Periode der Stahlskelettbauten im Stile Mies van der Rohes regte der Brutalismus die Phantasie amerikanischer Architekten erneut an. Beton war formbar und eignete sich zu einer plastischeren Ausdrucksweise. Unbehandelter oder sogar künstlich aufgerauhter Sichtbeton, wie ihn Paul Rudolph beim Gebäude der Yale School of Art and Architecture verwendete, ist ein gemeinsames Merkmal fast aller brutalistischer Bauten. Doch auch Backstein, Betonstein und sogar ungehobelte Bretterschalungen lassen sich einsetzen, sofern der Bau in seiner Anlage auf Massigkeit, Schwere und Solidität abzielt. Viele brutalistische Wohnhäuser, die nach 1970 entstanden, wurden wegen der hohen Kosten für Beton oder Backstein aus Holz gebaut. Sie wirken aber immer wie Betonbauten, die mit Holz verkleidet sind.

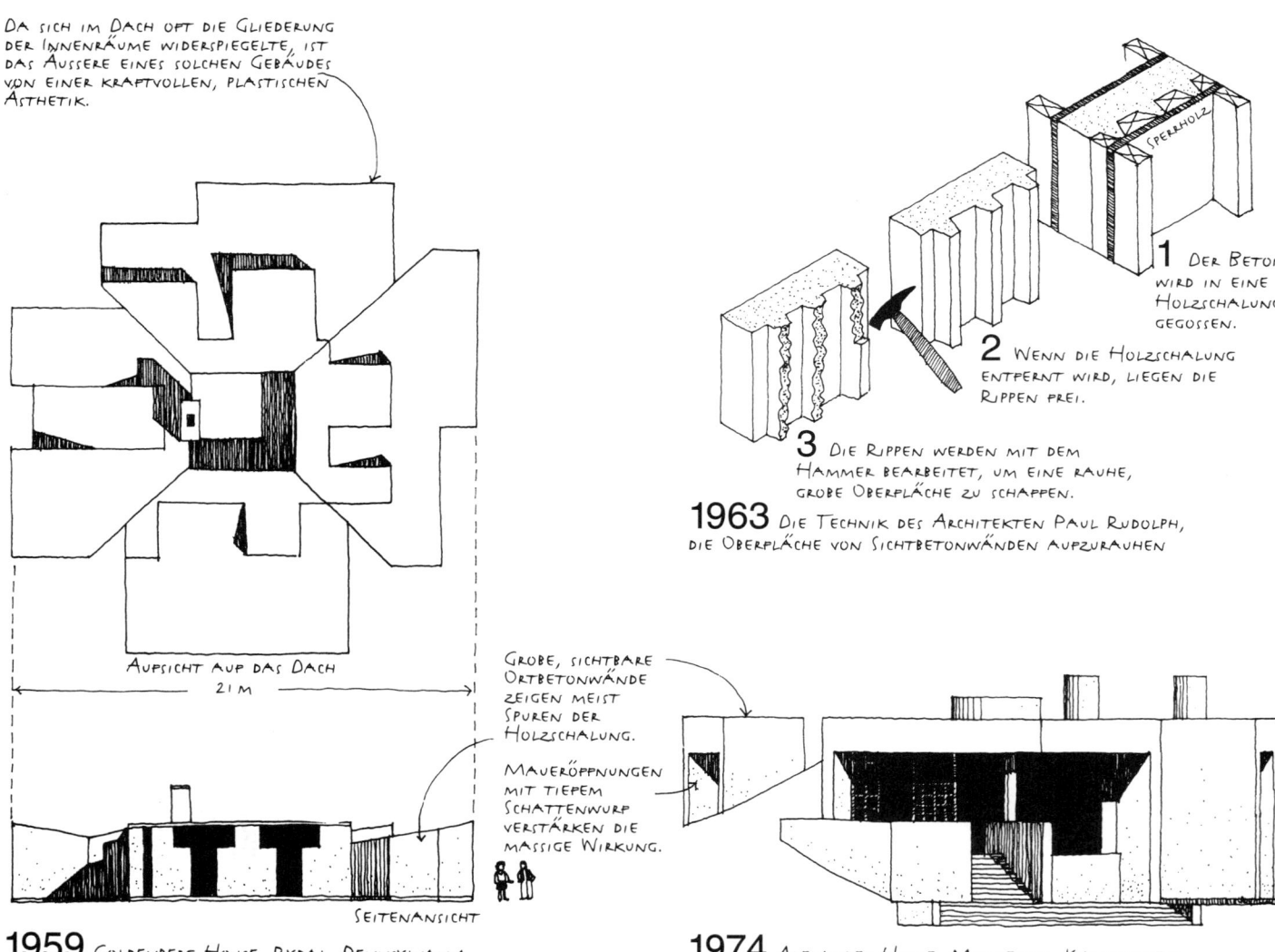

DA SICH IM DACH OFT DIE GLIEDERUNG DER INNENRÄUME WIDERSPIEGELTE, IST DAS ÄUSSERE EINES SOLCHEN GEBÄUDES VON EINER KRAFTVOLLEN, PLASTISCHEN ÄSTHETIK.

SPERRHOLZ

1 DER BETON WIRD IN EINE HOLZSCHALUNG GEGOSSEN.

2 WENN DIE HOLZSCHALUNG ENTFERNT WIRD, LIEGEN DIE RIPPEN FREI.

3 DIE RIPPEN WERDEN MIT DEM HAMMER BEARBEITET, UM EINE RAUHE, GROBE OBERFLÄCHE ZU SCHAFFEN.

1963 DIE TECHNIK DES ARCHITEKTEN PAUL RUDOLPH, DIE OBERFLÄCHE VON SICHTBETONWÄNDEN AUFZURAUHEN

AUFSICHT AUF DAS DACH
21 M

GROBE, SICHTBARE ORTBETONWÄNDE ZEIGEN MEIST SPUREN DER HOLZSCHALUNG.

MAUERÖFFNUNGEN MIT TIEFEM SCHATTENWURF VERSTÄRKEN DIE MASSIGE WIRKUNG.

SEITENANSICHT

1959 GOLDENBERG HOUSE, RYDAL, PENNSYLVANIA, ARCHITEKT: LOUIS I. KAHN

1974 ALEXANDER HOUSE, MONTECITO, KALIFORNIEN, ARCHITEKT: ROLAND COATES JR.

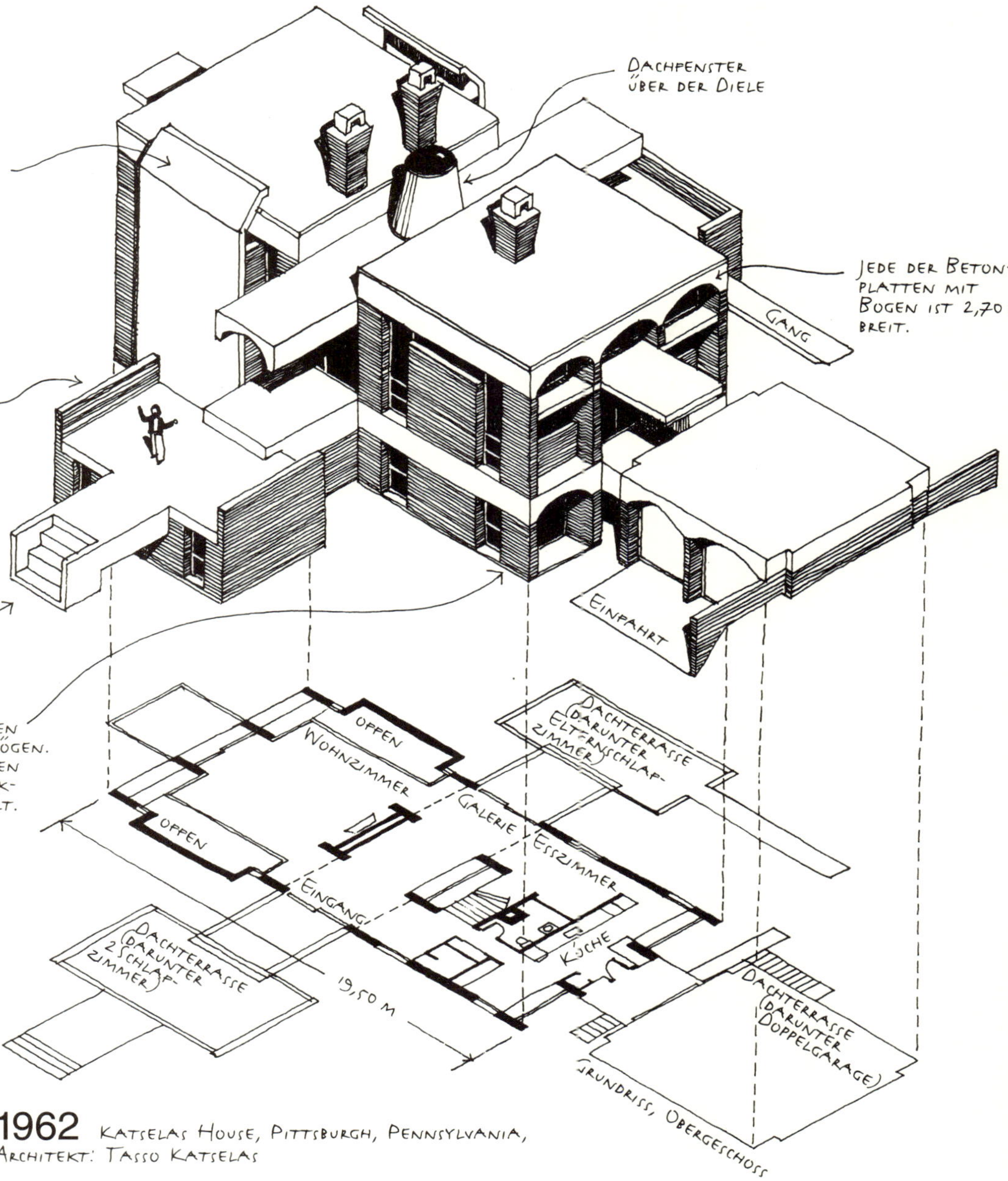

DACHPENSTER
ÜBER DER DIELE

HINTER DEN >>BETON-
ARMEN<< ERHÄLT DAS
WOHNZIMMER DURCH
EINEN LICHTGADEN VON
BEIDEN SEITEN TAGES-
LICHT.

JEDE DER BETON-
PLATTEN MIT
BOGEN IST 2,70 M
BREIT.

GANG

DIE BACKSTEIN- UND
BETONWÄNDE BLEIBEN
INNEN WIE AUSSEN
SICHTBAR.

EINFAHRT

EINGANG

BACKSTEINPFEILER TRAGEN
ORTBETONDECKEN MIT BÖGEN.
DIE FELDER ZWISCHEN DEN
PFEILERN SIND MIT BACK-
STEIN ODER GLAS GEFÜLLT.

OFFEN

WOHNZIMMER

DACHTERRASSE
(DARUNTER
ELTERNSCHLAF-
ZIMMER)

OFFEN

GALERIE

ESSZIMMER

EINGANG

KÜCHE

DACHTERRASSE
(DARUNTER
2 SCHLAF-
ZIMMER)

19,50 M

DACHTERRASSE
(DARUNTER
DOPPELGARAGE)

GRUNDRISS, OBERGESCHOSS

1962 KATSELAS HOUSE, PITTSBURGH, PENNSYLVANIA,
ARCHITEKT: TASSO KATSELAS

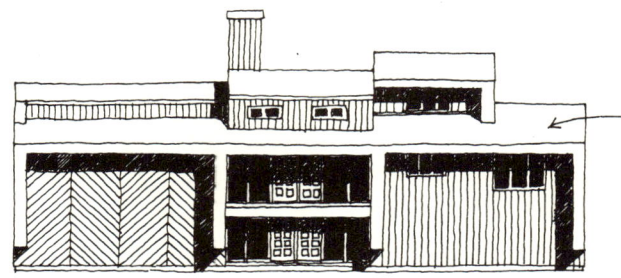

VIELE NEUE HÄUSER IM STIL
DES BRUTALISMUS SIND ZWAR
AUS KOSTENGRÜNDEN AUS HOLZ,
AHMEN IN IHREN SCHWEREN,
MASSIGEN FORMEN JEDOCH
BETONBAUTEN NACH.

1975 ENTWURF NR. D 2392,
MUSTERBUCH DER HOME PLANNERS INC.

Freie Formgestaltung

Landesweit   1965

Seit der spanische Architekt Antoni Gaudi Anfang des 20. Jahrhunderts Beton in bisher nie gekannter Art und Weise verwendete, waren Architekten von einer Baukunst fasziniert, die sich organisch wie eine Pflanze aus der klaren Umschreibung der Funktion eines Gebäudes entwickelte. Diesen organischen Expressionismus könnte man dem Phantasiestil zuordnen (siehe S. 202), doch wegen seiner neuartigen und eigenwilligen Konstruktion (Spritzbeton oder Kunststoff-Fiberglas) und dem unmittelbaren Bezug zur traditionellen Bildhauerei wird er hier als eigene Stilrichtung behandelt.

Als Gegenreaktion auf das Glashaus entwarf der Architekt Frederick Kiesler 1959 ein Haus in freier Formgestaltung, das innen etwas Höhlenartiges hatte und von außen wie ein Ei wirkte. Da er meinte, daß man im Inneren dieses Hauses ohne Ecken und Kanten ein Gefühl endlosen Raumes haben würde, nannte er es das »Endlose Haus«. Als es 1960 im Museum of Modern Art als Modell realisiert wurde, löste es sowohl bei Architekturstudenten als auch beim Publikum eine ähnliche Reaktion aus: »Warum nicht!« Für die Popularität des strengen Internationalen Stils hätte dies durchaus den Anfang vom Ende bedeuten können.

Die freie Formgestaltung kommt der großformatigen Plastik so nah, wie es Architektur nur vermag. Die meisten Bauten in freier Formgestaltung wurden vom Besitzer und/oder Architekten selbst errichtet, da es ihren Schöpfern in der Regel unmöglich war, ihre Vorstellungen ausführenden Baubetrieben anhand von Architekturzeichnungen oder Skizzen zu vermitteln.

Wohnhäuser in freier Formgestaltung wurden selten gebaut, weil ihre Wärmedämmung kompliziert und teuer ist. Die Verarbeitung von Spritzbeton erfordert hochqualifizierte Fachleute, und das Stahlgitter, das den Beton trägt, bis er abgebunden hat und fest ist, kann sehr kostspielig werden. War eine Wärmedämmung notwendig, bestand sie meist aus aufgespritztem Urethanschaum, der hervorragende Dämmeigenschaften besitzt, aber feuergefährlich ist.

IN DIE FREIE FORM DES BETONDACHES WURDEN BUNT GLASIERTE KACHELN EINGESETZT.

BRUCH-STEIN-MAUERN

1914 TORHAUS DES PARK GÜELL, BARCELONA, ARCHITEKT: ANTONIO GAUDI

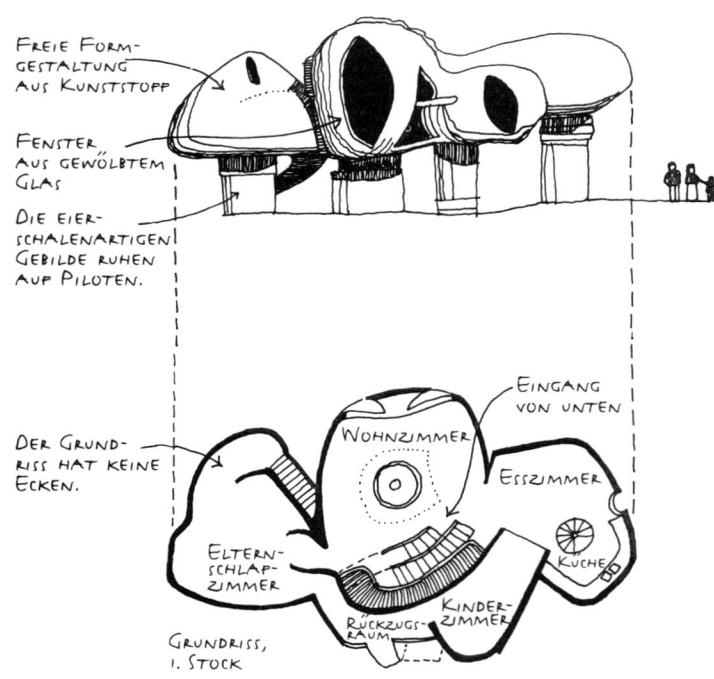

FREIE FORM-GESTALTUNG AUS KUNSTSTOFF

FENSTER, AUS GEWÖLBTEM GLAS

DIE EIER-SCHALENARTIGEN GEBILDE RUHEN AUF PILOTEN.

DER GRUND-RISS HAT KEINE ECKEN.

EINGANG VON UNTEN

WOHNZIMMER

ESSZIMMER

KÜCHE

ELTERN-SCHLAF-ZIMMER

RÜCKZUGS-RAUM

KINDER-ZIMMER

GRUNDRISS, 1. STOCK

1960 »DAS ENDLOSE HAUS« VON FREDERICK KIESLER

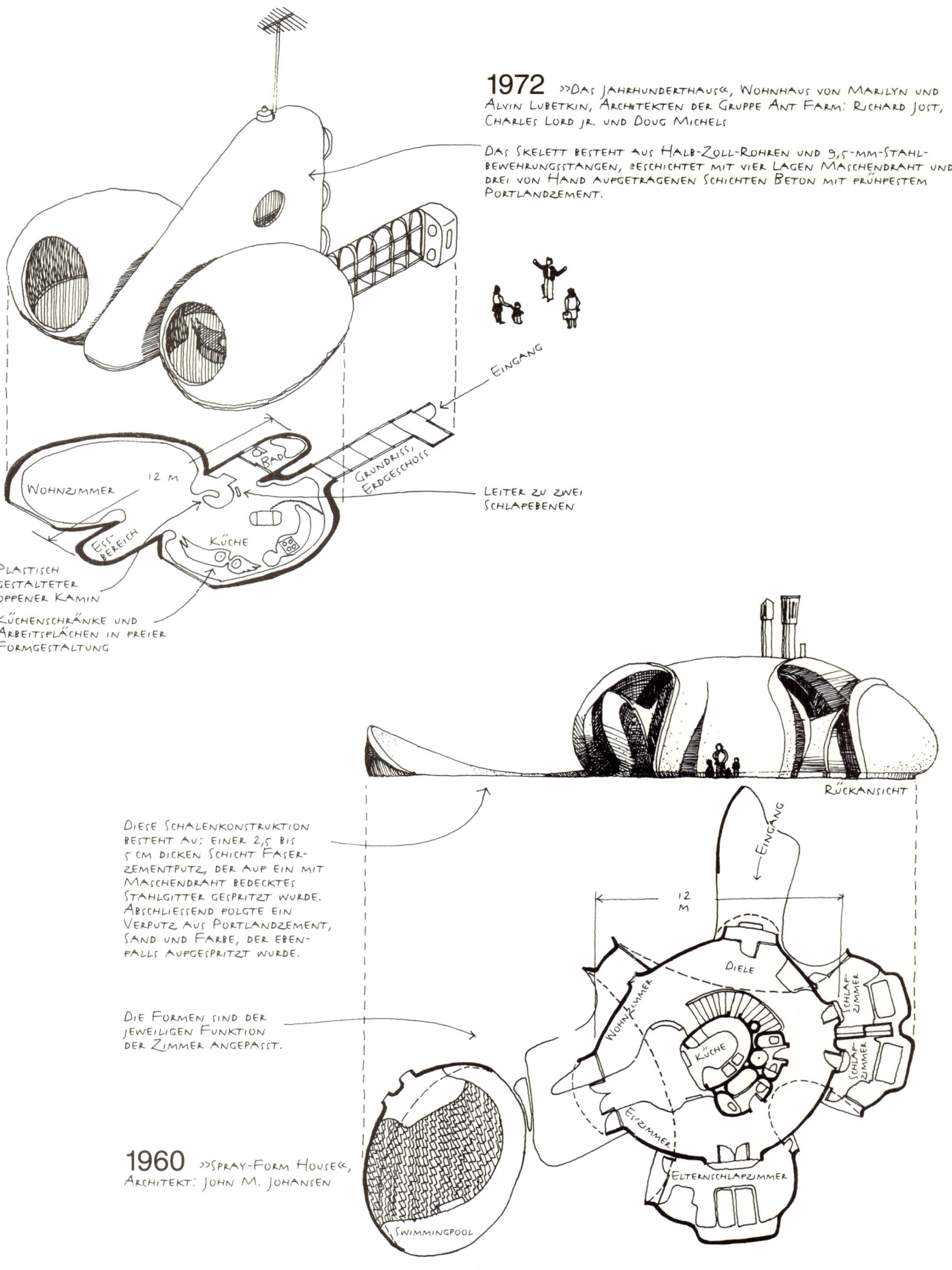

1972 »Das Jahrhunderthaus«, Wohnhaus von Marilyn und Alvin Lubetkin, Architekten der Gruppe Ant Farm: Richard Jost, Charles Lord Jr. und Doug Michels

Das Skelett besteht aus Halb-Zoll-Rohren und 9,5-mm-Stahlbewehrungsstangen, beschichtet mit vier Lagen Maschendraht und drei von Hand aufgetragenen Schichten Beton mit frühfestem Portlandzement.

Eingang

Grundriss, Erdgeschoss

Leiter zu zwei Schlafebenen

Wohnzimmer

12 m

Bad

Ess-Bereich

Küche

Plastisch gestalteter offener Kamin

Küchenschränke und Arbeitsflächen in freier Formgestaltung

Rückansicht

Eingang

12 M

Diese Schalenkonstruktion besteht aus einer 2,5 bis 5 cm dicken Schicht Faserzementputz, der auf ein mit Maschendraht bedecktes Stahlgitter gespritzt wurde. Abschliessend folgte ein Verputz aus Portlandzement, Sand und Farbe, der ebenfalls aufgespritzt wurde.

Die Formen sind der jeweiligen Funktion der Zimmer angepasst.

Diele

Wohnzimmer

Schlafzimmer

Schlafzimmer

Küche

Esszimmer

Elternschlafzimmer

1960 »Spray-Form House«, Architekt: John M. Johansen

Swimmingpool

271

Geodätische Kuppel
Landesweit   1970

Die geodätische Kuppel besteht aus Oberflächenmaterialien, die so geometrisch angeordnet sind, daß sie einen leichten Bau in Form eines Kugelabschnitts bilden. Erfunden hat die geodätische Kuppel Dr. Walter Bauersfeld 1922 in Jena. R. Buckminster Fuller ließ sich die gleiche Art von Kuppel 1954 in Amerika patentieren und baute sie in verschiedenen Ausführungen als Testbauten für das Militär und an Colleges. In seinen weltweiten Vorträgen machte er die geodätische Kuppel in den fünfziger und sechziger Jahren als Durchbruch in der Bautechnologie und effizienteste Konstruktion populär. Da Fuller beabsichtigte, die Kuppelkomponenten in Massenfertigung herstellen zu lassen, erbaute er dazu einige kleine Fabriken. Doch seine industriell gefertigten Kuppeln setzten sich nie so durch, wie er es gehofft hatte. Als Ende der sechziger Jahre in der Subkultur eine Entwicklung einsetzte, deren Ziel es u.a. war, aus weniger mehr zu machen, wurde die geodätische Kuppel zum Ausdruck einer neuen Lebensweise. Am Rande von Trinidad, Colorado, entstand 1967 Drop City. Dort wurden, weitgehend angeregt durch eine Vorlesung von Fuller, einige geodätische Kuppelbauten errichtet. Als die Massenmedien dann 1968 feststellten, daß geodätische Kuppeln auch noch fotogen waren, erhielten diese Kuppelbauten noch zusätzliche Popularität. Die Zeitschrift *Popular Science* veröffentlichte 1966 Pläne für Fullers »Sonnenkuppel« und gab damit Amateur-Kuppelbauern Vorlagen für preiswerte Kuppelbauten mit Durchmessern von 5 m, 7,50 m und 9 m an die Hand, die aus einem dünnen Holzskelett und einer durchsichtigen, gespannten Kunststoff-Folie bestanden. Bis 1970 wurden über 80 000 dieser Pläne verkauft und als Ausgangspunkt für zahlreiche Kuppelvariationen verwendet. Eine Gruppe relativ erfahrener Kuppelbauer veröffentlichte 1969 *Domebook 1* und 1971 *Domebook 2* mit Plänen, Vorschlägen und Fotos für geodätische Kuppeln. Mit diesen beiden Handbüchern konnte jeder sich im Do-it-yourself-Verfahren sein eigenes Kuppelhaus entwerfen und bauen.

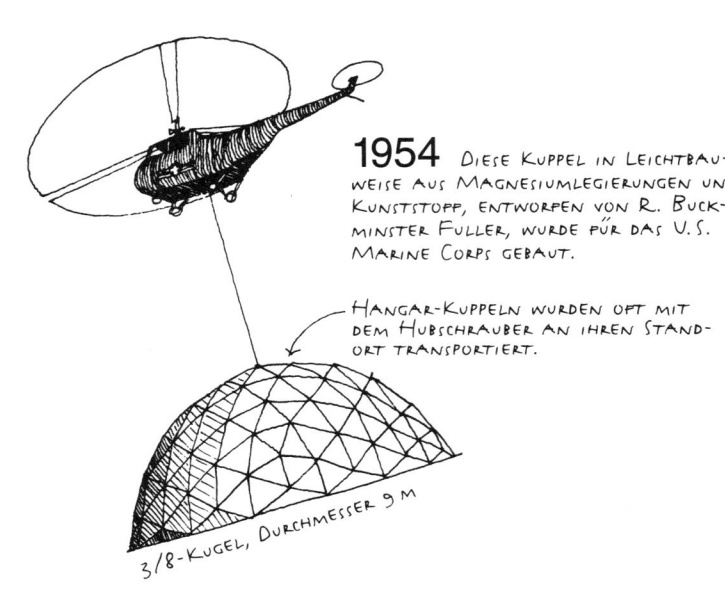

1954 DIESE KUPPEL IN LEICHTBAUWEISE AUS MAGNESIUMLEGIERUNGEN UND KUNSTSTOFF, ENTWORFEN VON R. BUCKMINSTER FULLER, WURDE FÜR DAS U.S. MARINE CORPS GEBAUT.

HANGAR-KUPPELN WURDEN OFT MIT DEM HUBSCHRAUBER AN IHREN STANDORT TRANSPORTIERT.

3/8-KUGEL, DURCHMESSER 9 M

DA DAS GRUNDSTÜCK VOLLSTÄNDIG VON EINER MAUER UMGEBEN WAR, KONNTE MAN INNERHALB DER KUPPEL AUF MEHREREN EBENEN OHNE FESTES DACH FREI IN EINEM GARTEN WOHNEN.

DIE KUPPEL LIESS SICH JE NACH WITTERUNG MIT HEBEWERKEN ANHEBEN UND ABSENKEN.

1/2-KUGEL

1952 »SKYBREAK DWELLING«, MODELL, AUSGESTELLT 1952 IM MUSEUM OF MODERN ART VON R. B. FULLER UND STUDENTEN DES MASSACHUSETTS INSTITUTE OF TECHNOLOGY

DIE ERSTE GEODÄTISCHE KUPPEL, GENANNT »RADOME«, WURDE ZU ZWECKEN DER RADARÜBERWACHUNG IN KANADA ERRICHTET.

POLYESTER-GLASFIBER-ELEMENTE

3/4-KUGEL

1957 »RADOME«, DURCHMESSER 9 M, ENTWICKELT VON FULLERS GEODESIC CO.

DIE ZEITSCHRIFT POPULAR SCIENCE VERÖFFENTLICHTE 1966 DIE PLÄNE ZU FULLERS »SONNENKUPPEL«, DIE SICH HERVORRAGEND ALS GEWÄCHSHAUS ODER KLEINES FERIENHAUS EIGNETE.

ÜBER EIN DÜNNES HOLZSKELETT WURDE DURCHSICHTIGE KUNSTSTOFF-FOLIE GESPANNT.

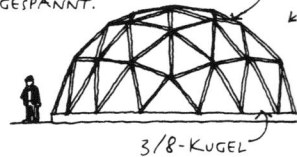

3/8-KUGEL

1966 »SUN DOME«, DURCHMESSER 7,50 M

Geodätische Geometrie

Der Erfinder der geodätischen Kuppel sah sich vor das Problem gestellt, ein Muster aus handlichen Elementen zu entwerfen, die zusammengesetzt annähernd eine Kugelform ergaben. Unten sind mehrere regelmäßige geometrische Körper mit ihren Netzmustern vorgestellt. Ideal für die Konstruktion einer Kuppel ist das Ikosaeder (Zwanzigflächner) geeignet, da jeder seiner Eckpunkte eine umschlossene Kugelfläche berühren würde.

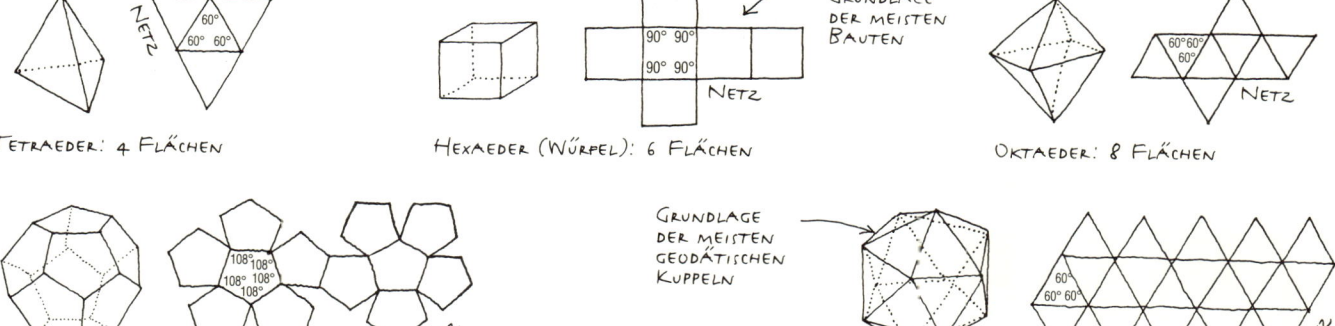

TETRAEDER: 4 FLÄCHEN HEXAEDER (WÜRFEL): 6 FLÄCHEN OKTAEDER: 8 FLÄCHEN

GRUNDLAGE DER MEISTEN BAUTEN

DODEKAEDER: 12 FLÄCHEN IKOSAEDER: 20 FLÄCHEN

GRUNDLAGE DER MEISTEN GEODÄTISCHEN KUPPELN

Jede der 20 Flächen des Ikosaeders läßt sich wiederum in Dreiecke aufteilen, um kleinere Elemente zu erhalten. Je stärker das Grunddreieck aufgeteilt wird, um so mehr nähert sich der Körper einer Kugelform an. Es gibt verschiedene Möglichkeiten, die Grunddreiecke des Ikosaeders zu teilen; die sogenannte alternierende Methode ist am einfachsten zu planen und zu bauen. Bei dieser Methode zieht man in regelmäßigen Abständen Parallelen zur Grundlinie des Dreiecks. Diesen Vorgang wiederholt man für alle Seiten des Dreiecks. Die Anzahl der horizontalen Felder, in die das Dreieck durch die Parallelen geteilt wird, ergibt die Teilungsfrequenz. Das Ikosaeder besteht demnach aus Grunddreiecken mit der Teilungsfrequenz eins. Teilt man jede der zwanzig Flächen, indem man zu jeder Seite des Dreiecks eine Parallele zieht, ergibt sich eine Kuppel mit zweifacher Teilung, teilt man sie durch je zwei Parallelen, so ergibt sich eine dreifache Teilung usw.

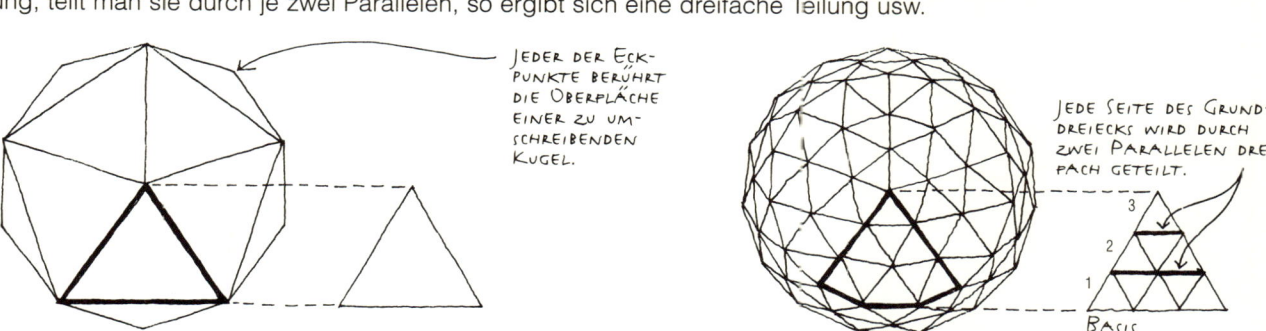

JEDER DER ECKPUNKTE BERÜHRT DIE OBERFLÄCHE EINER ZU UMSCHREIBENDEN KUGEL.

IKOSAEDER AUS GRUNDDREIECKEN MIT DER TEILUNGSFREQUENZ 1

JEDE SEITE DES GRUNDDREIECKS WIRD DURCH ZWEI PARALLELEN DREIFACH GETEILT.

BASIS

KUPPEL MIT DER TEILUNGSFREQUENZ 3

DIE GERADE ZWISCHEN ZWEI ECKPUNKTEN BEZEICHNET MAN ALS SEHNE. AUSSER IM GRUND-IKOSAEDER HABEN DIE SEHNEN UNTERSCHIEDLICHE LÄNGEN.

DIE SEHNENLÄNGE WIRD ANHAND VON SEHNENFAKTOREN NACH HANDBÜCHERN BESTIMMT.

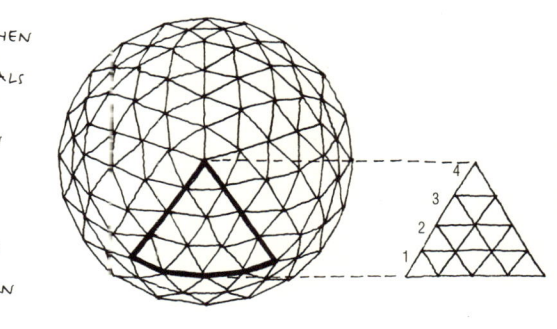

KUPPEL MIT DER TEILUNGSFREQUENZ 2

KUPPEL MIT DER TEILUNGSFREQUENZ 4

Anfang der siebziger Jahre war es sehr beliebt, geodätische Kuppeln selbst zu errichten. In ganz Amerika boten und bieten verschiedene Hersteller Kuppel-Bausätze an, die dem Erbauer die mühselige und zeitraubende Arbeit ersparen, die Einzelteile zu berechnen und zuzuschneiden. Von allen Bausätzen für Wohnhäuser (siehe S. 242) sind sie am einfachsten zu errichten. Das Tragwerk können vier ungelernte Arbeiter wie einen riesigen Baukasten in ein bis zwei Tagen zusammensetzen. Viele Besitzer von Kuppelhäusern kaufen lediglich den Bausatz für die Kuppel und übernehmen den Innenausbau einschließlich der Trennwände nach ihren Vorstellungen selbst. Das fertige Kuppelhaus kostet in der Regel zwischen 65 und 85 Dollar pro Quadratmeter. Die einzige Schwierigkeit beim Aufstellen solcher Bausätze ist die Isolierung und Abdichtung der Nahtstellen. Meist läßt man dazu von einem Fachmann innen eine 1 cm dicke Urethanschicht auf die Nahtstellen aufbringen.

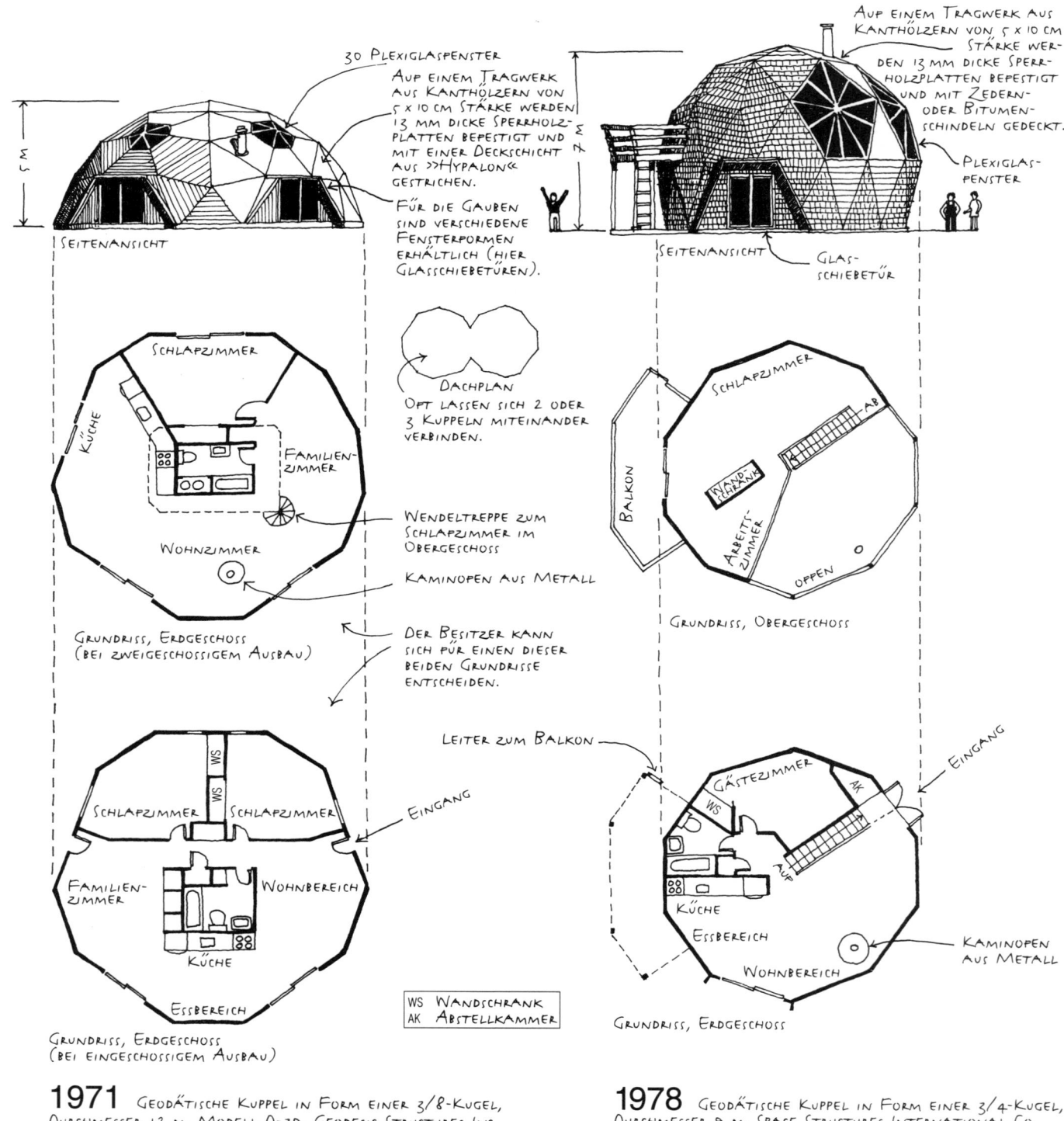

30 PLEXIGLASFENSTER

AUF EINEM TRAGWERK AUS KANTHÖLZERN VON 5 X 10 CM STÄRKE WERDEN 13 MM DICKE SPERRHOLZPLATTEN BEFESTIGT UND MIT EINER DECKSCHICHT AUS »HYPALON« GESTRICHEN.

FÜR DIE GAUBEN SIND VERSCHIEDENE FENSTERFORMEN ERHÄLTLICH (HIER GLASSCHIEBETÜREN).

SEITENANSICHT

AUF EINEM TRAGWERK AUS KANTHÖLZERN VON 5 X 10 CM STÄRKE WERDEN 13 MM DICKE SPERRHOLZPLATTEN BEFESTIGT UND MIT ZEDERN- ODER BITUMEN- SCHINDELN GEDECKT.

PLEXIGLAS- FENSTER

SEITENANSICHT

GLAS- SCHIEBETÜR

SCHLAFZIMMER
KÜCHE
FAMILIEN- ZIMMER
WOHNZIMMER

GRUNDRISS, ERDGESCHOSS (BEI ZWEIGESCHOSSIGEM AUSBAU)

DACHPLAN
OFT LASSEN SICH 2 ODER 3 KUPPELN MITEINANDER VERBINDEN.

WENDELTREPPE ZUM SCHLAFZIMMER IM OBERGESCHOSS

KAMINOFEN AUS METALL

DER BESITZER KANN SICH FÜR EINEN DIESER BEIDEN GRUNDRISSE ENTSCHEIDEN.

SCHLAFZIMMER
AB
BALKON
WANDSCHRANK
ARBEITS- ZIMMER
OFFEN

GRUNDRISS, OBERGESCHOSS

LEITER ZUM BALKON

EINGANG

SCHLAFZIMMER
WS WS WS
SCHLAFZIMMER
FAMILIEN- ZIMMER
WOHNBEREICH
KÜCHE
ESSBEREICH

GRUNDRISS, ERDGESCHOSS (BEI EINGESCHOSSIGEM AUSBAU)

| WS | WANDSCHRANK |
| AK | ABSTELLKAMMER |

GÄSTEZIMMER
AK
WS
AUF
KÜCHE
ESSBEREICH
WOHNBEREICH

EINGANG

KAMINOFEN AUS METALL

GRUNDRISS, ERDGESCHOSS

1971 GEODÄTISCHE KUPPEL IN FORM EINER 3/8-KUGEL, DURCHMESSER 12 M, MODELL D-39, GEODESIC STRUCTURES INC.

1978 GEODÄTISCHE KUPPEL IN FORM EINER 3/4-KUGEL, DURCHMESSER 9 M, SPACE STRUCTURES INTERNATIONAL CO.

Verschiedene Veröffentlichungen lieferten engagierten Kuppelbauern zwischen 1966 und 1972 genügend Informationen, um sich aus Abfallmaterialien eine Kuppel zu errichten. Da die geodätische Kuppel gut zu beheizen bzw. zu klimatisieren sowie kostengünstig zu errichten war, wurde sie sehr bald für die »alternative« Subkultur interessant. In waldigen Gebieten ganz Nordamerikas schossen geodätische Kuppeln wie Pilze aus dem Boden, doch schon 1976 ebbte diese Modewelle ab, da es Schwierigkeiten mit der Abdichtung, der Schallisolierung sowie dem Aufstellen der Möbel gab.

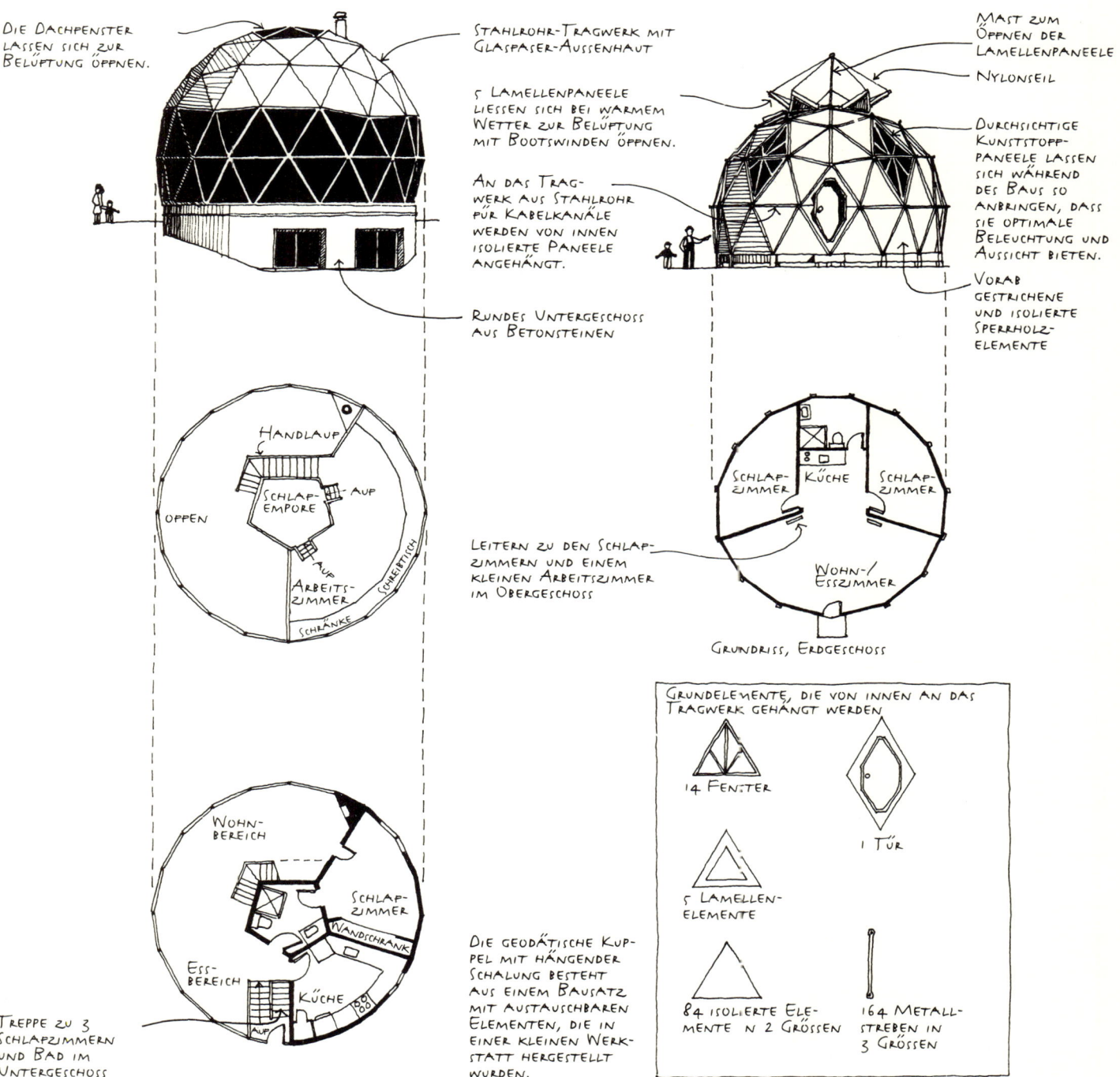

DIE DACHFENSTER LASSEN SICH ZUR BELÜFTUNG ÖFFNEN.

STAHLROHR-TRAGWERK MIT GLASFASER-AUSSENHAUT

5 LAMELLENPANEELE LIESSEN SICH BEI WARMEM WETTER ZUR BELÜFTUNG MIT BOOTSWINDEN ÖFFNEN.

AN DAS TRAGWERK AUS STAHLROHR FÜR KABELKANÄLE WERDEN VON INNEN ISOLIERTE PANEELE ANGEHÄNGT.

RUNDES UNTERGESCHOSS AUS BETONSTEINEN

MAST ZUM ÖFFNEN DER LAMELLENPANEELE

NYLONSEIL

DURCHSICHTIGE KUNSTSTOFF-PANEELE LASSEN SICH WÄHREND DES BAUS SO ANBRINGEN, DASS SIE OPTIMALE BELEUCHTUNG UND AUSSICHT BIETEN.

VORAB GESTRICHENE UND ISOLIERTE SPERRHOLZ-ELEMENTE

HANDLAUF

SCHLAF-EMPORE

OFFEN

AUF

ARBEITS-ZIMMER

AUF

SCHRÄNKE

SCHREIBTISCH

SCHLAF-ZIMMER

KÜCHE

SCHLAF-ZIMMER

WOHN-/ESSZIMMER

GRUNDRISS, ERDGESCHOSS

LEITERN ZU DEN SCHLAF-ZIMMERN UND EINEM KLEINEN ARBEITSZIMMER IM OBERGESCHOSS

WOHN-BEREICH

SCHLAF-ZIMMER

WANDSCHRANK

ESS-BEREICH

KÜCHE

AUF

TREPPE ZU 3 SCHLAFZIMMERN UND BAD IM UNTERGESCHOSS

DIE GEODÄTISCHE KUP-PEL MIT HÄNGENDER SCHALUNG BESTEHT AUS EINEM BAUSATZ MIT AUSTAUSCHBAREN ELEMENTEN, DIE IN EINER KLEINEN WERK-STATT HERGESTELLT WURDEN.

GRUNDELEMENTE, DIE VON INNEN AN DAS TRAGWERK GEHÄNGT WERDEN

14 FENSTER

1 TÜR

5 LAMELLEN-ELEMENTE

84 ISOLIERTE ELE-MENTE N 2 GRÖSSEN

164 METALL-STREBEN IN 3 GRÖSSEN

1975 GEODÄTISCHE KUPPEL IN FORM EINER 5/8-KUGEL, DURCHMESSER 10 M, EIGENBAU VON JAY UND BEVERLY JAMES

1972 GEODÄTISCHE KUPPEL IN FORM EINER 5/8-KUGEL MIT HÄNGENDER SCHALUNG, DURCHMESSER 7,50 M, VERÖFFENT-LICHT IN POPULAR SCIENCE, ARCHITEKT: LESTER WALKER

Modulbauweise
Landesweit   1970

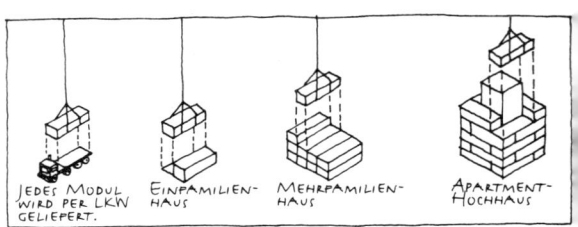

JEDES MODUL WIRD PER LKW GELIEFERT.   EINFAMILIEN-HAUS   MEHRFAMILIEN-HAUS   APARTMENT-HOCHHAUS

AUS PRÄFABRIZIERTEN MODULEN LASSEN SICH UNTERSCHIED-LICHE WOHNHÄUSER ERRICHTEN.

Die Modulbauweise arbeitet mit kastenartigen, präfabrizierten Elementen, die sich zu einer vollständigen Wohneinheit zusammensetzen lassen. Jedes Modul wird ähnlich wie bei einem Mobilheim im Fließbandverfahren hergestellt, dann aber per LKW zum Bauplatz transportiert und auf ein festes Fundament gestellt.

Die Vorteile dieser Bauweise liegen in den Kosten (die niedriger sind als bei herkömmlichen Bauweisen, aber höher als für ein Mobilheim) und in der kurzen Bauzeit vor Ort. Von Nachteil ist, daß die lediglich 3,60 m breiten Module (zugelassene Höchstbreite auf amerikanischen Highways) nur eingeschränkte Gestaltungsmöglichkeiten des Grundrisses zulassen und nicht in allen Teilen Amerikas den Bauvorschriften entsprechen.

Bekannt wurde die Modulbauweise durch Moshe Safdie, der auf der Weltausstellung von 1967 in Montreal sein »Habitat« vorstellte. Es war ein großer Wohnkomplex, der vollständig aus präfabrizierten Modulen bestand. Seither hat man dieses System bei verschiedenen größeren und kleineren Wohnungsbauprojekten eingesetzt. Besonders das aus zwei Modulen bestehende Standardhaus hat inzwischen an Popularität gewonnen.

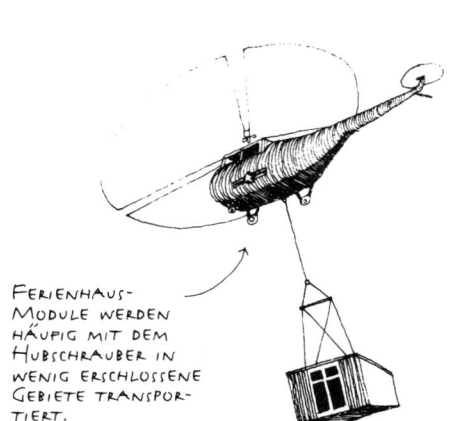

FERIENHAUS-MODULE WERDEN HÄUFIG MIT DEM HUBSCHRAUBER IN WENIG ERSCHLOSSENE GEBIETE TRANSPORTIERT.

WS WANDSCHRANK
VE VERSORGUNGSEINRICHTUNGEN

1968 »NUTSHELL HOUSE«, ACORN CO.

DIE FLURWÄNDE BESTEHEN AUS GLASSCHIEBETÜREN.

MODUL 2
SCHLAF-ZIMMER   SCHLAF-ZIMMER
OFFENES ATRIUM
FAMILIEN-ZIMMER/ESS-ZIMMER
WS
DIELE
KÜCHE
WOHNZIMMER
ELTERN-SCHLAF-ZIMMER
ANKLEIDE-ZIMMER
MODUL 1   MODUL 3   MODUL 4
EINGANG
14 M

VIER MODULE, DIE JEWEILS 3,60 M BREIT, 7,30 M LANG UND 2,75 M HOCH SIND, UMSCHLIESSEN EIN OFFENES ATRIUM.

MIT VORGEFERTIGTEN AUSBAUELEMENTEN WIE NASSZELLE, SCHRANKWAND ODER KÜCHENZEILE BAUT MAN DIE EINZELNEN MODULE ZU DEN VERSCHIEDENEN FUNKTIONSBEREICHEN AUS.

EIN HAUS MIT 3 SCHLAFZIMMERN BESTEHT AUS 2 MODULEN VON 3,60 M BREITE UND 13,50 M LÄNGE. DAS HAUS MIT 2 SCHLAFZIMMERN SETZT SICH AUS 2 MODULEN VON 3,60 M BREITE UND 11 M LÄNGE ZUSAMMEN.

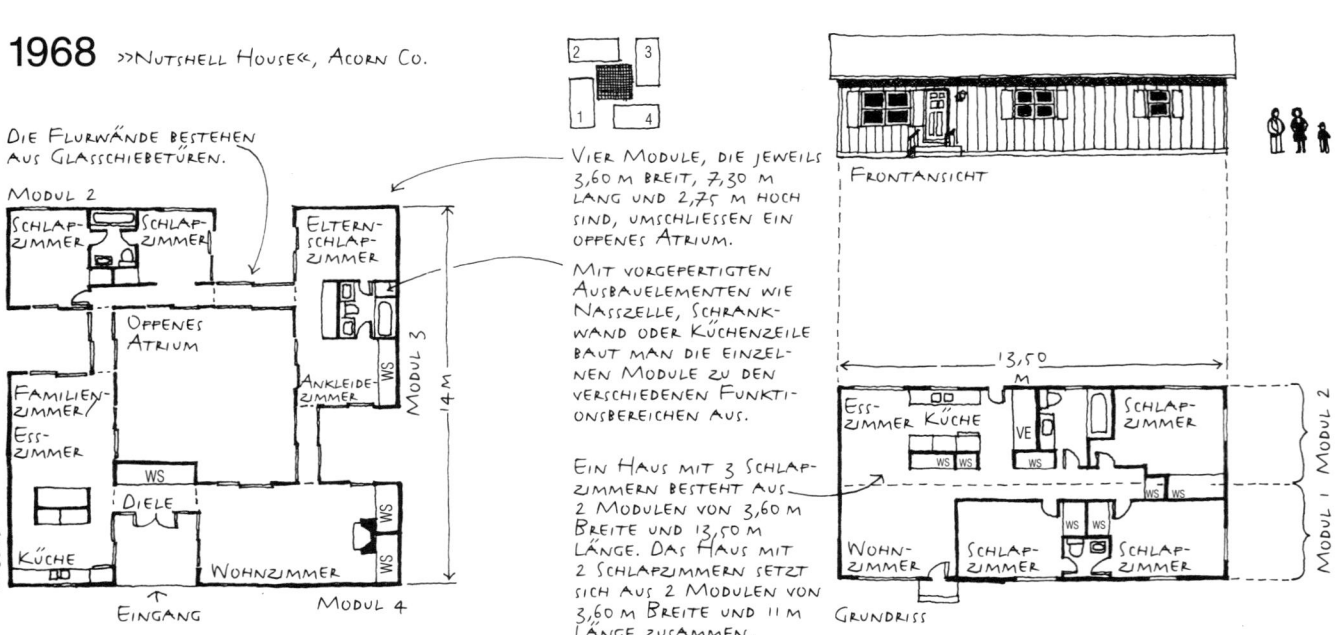

FRONTANSICHT

13,50 M

ESS-ZIMMER KÜCHE   VE   SCHLAF-ZIMMER
WS WS   WS
WOHN-ZIMMER   SCHLAF-ZIMMER   WS WS   SCHLAF-ZIMMER
MODUL 1   MODUL 2
GRUNDRISS

1964 »CENTURY 21 HOUSE« ENTWURF: R. M. ENGLEBRECHT FÜR U.S. PLYWOOD CORP. UND THE SEATTLE WORLD'S FAIR COMMISSION

1970 STANDARDHAUS IN MODULBAUWEISE AUS ZWEI GRUNDELEMENTEN

Bei der Modulbauweise werden 85 bis 95 Prozent der Arbeiten in einer Fabrik ausgeführt. Am Bauplatz bereitet man lediglich die Fundamente und die Hauptanschlüsse der Versorgungsleitungen wie Wasser, Abwasser und Strom vor, befestigt die Module auf den Fundamenten, erledigt kleinere Feinarbeiten, schließt die Ausbauelemente an Strom und Wasser an, baut Terrassen und Außentreppen und legt den Garten an. Die Herstellerfirmen behaupten, ein Einfamilienhaus in Modulbauweise sei innerhalb von zwei Tagen nach Anlieferung der Module bezugsfertig.

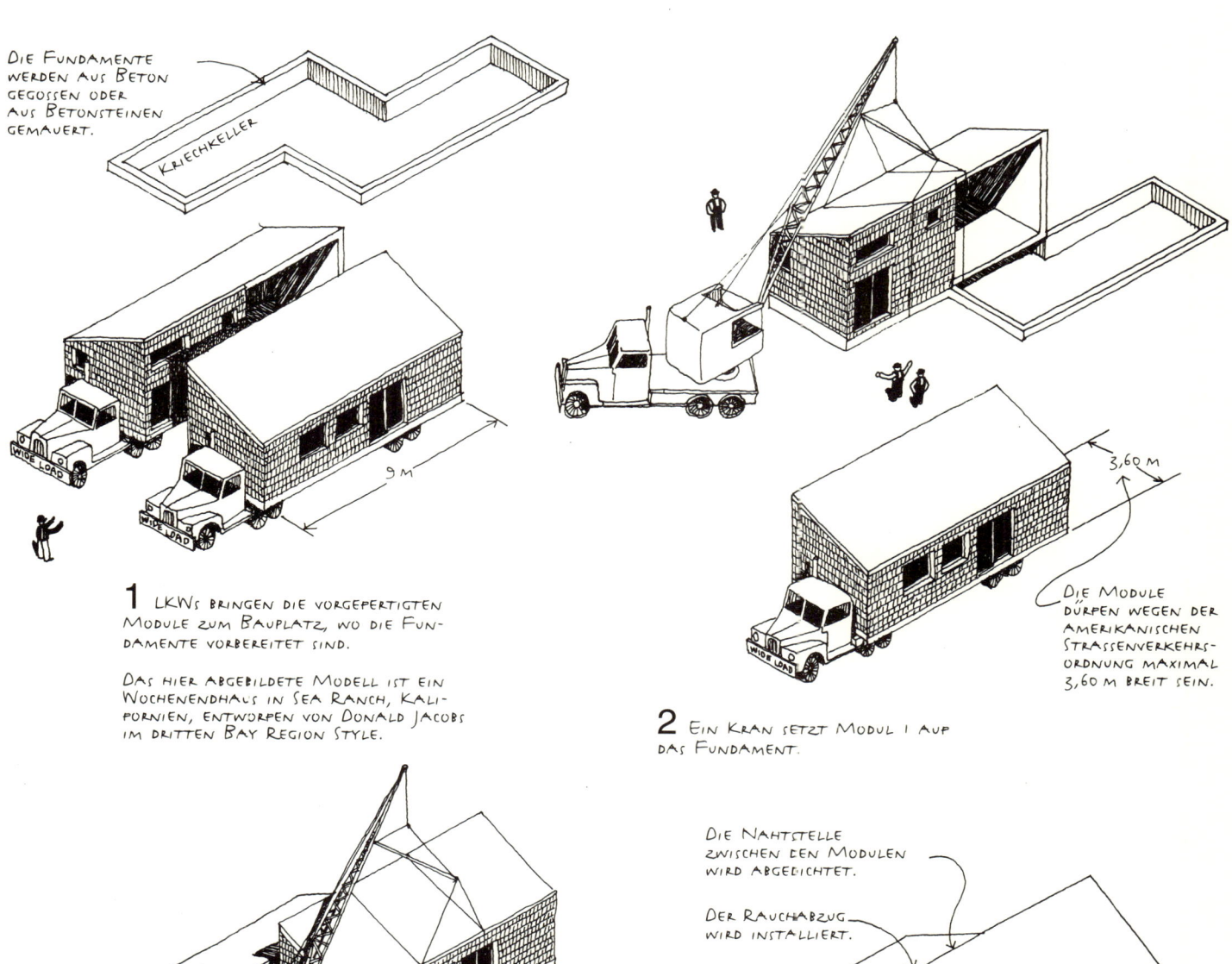

DIE FUNDAMENTE WERDEN AUS BETON GEGOSSEN ODER AUS BETONSTEINEN GEMAUERT.

KRIECHKELLER

9 M

1 LKWs BRINGEN DIE VORGEFERTIGTEN MODULE ZUM BAUPLATZ, WO DIE FUNDAMENTE VORBEREITET SIND.

DAS HIER ABGEBILDETE MODELL IST EIN WOCHENENDHAUS IN SEA RANCH, KALIFORNIEN, ENTWORFEN VON DONALD JACOBS IM DRITTEN BAY REGION STYLE.

3,60 M

DIE MODULE DÜRFEN WEGEN DER AMERIKANISCHEN STRASSENVERKEHRSORDNUNG MAXIMAL 3,60 M BREIT SEIN.

2 EIN KRAN SETZT MODUL 1 AUF DAS FUNDAMENT.

3 EIN KRAN SETZT MODUL 2 AUF DAS FUNDAMENT.

DIE NAHTSTELLE ZWISCHEN DEN MODULEN WIRD ABGEDICHTET.

DER RAUCHABZUG WIRD INSTALLIERT.

DIE TERRASSEN WERDEN ANGELEGT.

4 DIE ABSCHLIESSENDEN FEINARBEITEN ERLEDIGEN HANDWERKER VOR ORT.

Silo und Jurte
Landesweit   1970

Als die Baukosten Anfang der siebziger Jahre stiegen, wandten viele junge Leute sich originellen, preiswerten Haustypen zu, die sie in Eigenleistung errichten konnten. Zwei solcher Wohnbautypen sind das Silo und die Jurte, die hier gemeinsam vorgestellt werden, weil beide aus einem zylinderförmigen Hohlraum mit vertikalen Elementen bestehen, die wie bei einem Holzfaß durch Stahlreifen zusammengehalten werden. Beide Bauweisen haben eine lange Tradition.

Das Silo ist bei amerikanischen Bauern seit über 200 Jahren als Korn- und Futterspeicher in Gebrauch. Anfang des 20. Jahrhunderts nutzte man es auch als Wasserbehälter für größere Stadthäuser. Die Form des Silos ergibt einen originellen Rundbau mit Dach, der sich überaus preiswert und schnell errichten läßt, aber schwer zu isolieren ist (oft setzt man zwei Silos unterschiedlicher Durchmesser ineinander, um Platz für eine Dämmschicht zu gewinnen). Auch die Versorgung mit Tageslicht (große Fenster verringern die Stabilität) und die Möblierung bereiten wegen der runden Wände einige Schwierigkeiten.

Die Jurte ist ein zerlegbares Wohnzelt der Nomadenvölker Innerasiens, also das Gegenstück zum amerikanischen Tipi. Ihre Konstruktion besteht aus leichten Stangen für das Dach, einem Rutengeflecht für die Wände und einer Außenhaut aus dicken Filzdecken. Um den Seitenschub der Dachlast auf die Rundwand aufzufangen, braucht die Jurte ähnlich wie ein Faß einen »Spannring« oder Reifen. Diese Funktion erfüllt ein einfaches Seil aus Yak- oder Kamelhaar bzw. Schafwolle, das um die Oberkante der Außenwand gespannt wird. In Amerika fand die Jurte, die in Asien nach wie vor eine verbreitete Hausform darstellt, nie großen Anklang. Sie sieht zwar originell aus, ist leicht zu bauen und innen recht schön, aber schwer zu isolieren und einzurichten.

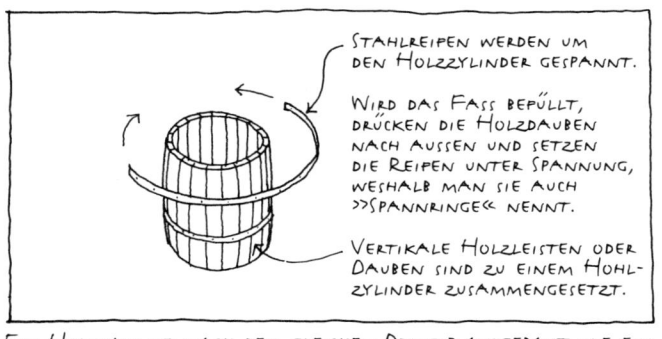

STAHLREIFEN WERDEN UM DEN HOLZZYLINDER GESPANNT.

WIRD DAS FASS BEFÜLLT, DRÜCKEN DIE HOLZDAUBEN NACH AUSSEN UND SETZEN DIE REIFEN UNTER SPANNUNG, WESHALB MAN SIE AUCH »SPANNRINGE« NENNT.

VERTIKALE HOLZLEISTEN ODER DAUBEN SIND ZU EINEM HOHL-ZYLINDER ZUSAMMENGESETZT.

EIN HOLZFASS IST NACH DEM GLEICHEN PRINZIP AUFGEBAUT WIE EIN SILO ODER EINE JURTE.

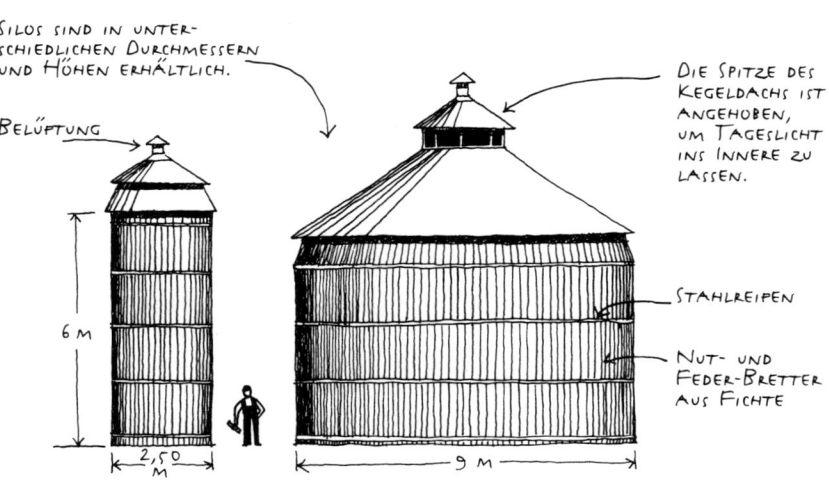

SILOS SIND IN UNTER-SCHIEDLICHEN DURCHMESSERN UND HÖHEN ERHÄLTLICH.

BELÜFTUNG

DIE SPITZE DES KEGELDACHS IST ANGEHOBEN, UM TAGESLICHT INS INNERE ZU LASSEN.

STAHLREIFEN

NUT- UND FEDER-BRETTER AUS FICHTE

6 M

2,50 M

9 M

ZWEI SILOS DER FIRMA UNADILLA LAMINATED PRODUCTS, UNADILLA, NEW YORK

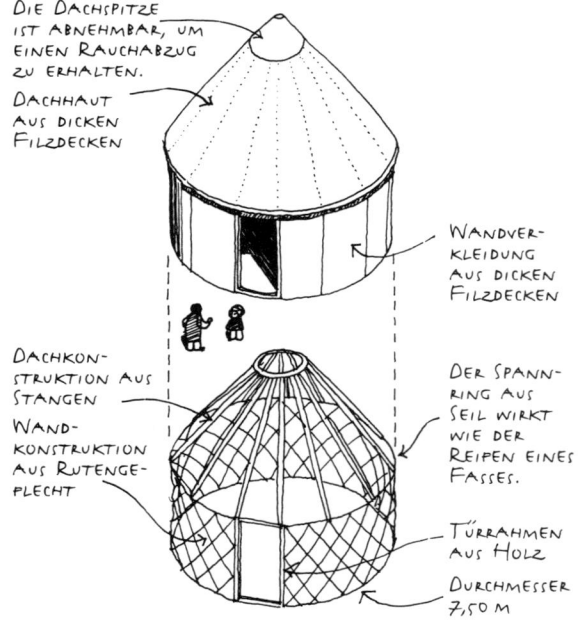

DIE DACHSPITZE IST ABNEHMBAR, UM EINEN RAUCHABZUG ZU ERHALTEN.

DACHHAUT AUS DICKEN FILZDECKEN

WANDVER-KLEIDUNG AUS DICKEN FILZDECKEN

DACHKON-STRUKTION AUS STANGEN

WAND-KONSTRUKTION AUS RUTENGE-FLECHT

DER SPANN-RING AUS SEIL WIRKT WIE DER REIFEN EINES FASSES.

TÜRRAHMEN AUS HOLZ

DURCHMESSER 7,50 M

1700   TRADITIONELLE JURTE DER NOMADEN INNERASIENS

Die beiden folgenden Beispiele zeigen ein modernes Silohaus und eine amerikanische Variante der traditionellen Jurte. Das Silohaus ist insofern interessant, als das Ehepaar Audette, vom dem der Entwurf stammt, die schlichte Siloform beibehalten und durch Dacherker und ein angebautes Treppenhaus ergänzt hat. Das Silo kostete 1969 nur 2300 Dollar. Die moderne Jurte hält sich weitgehend an sein asiatisches Vorbild, ist jedoch nicht transportabel.

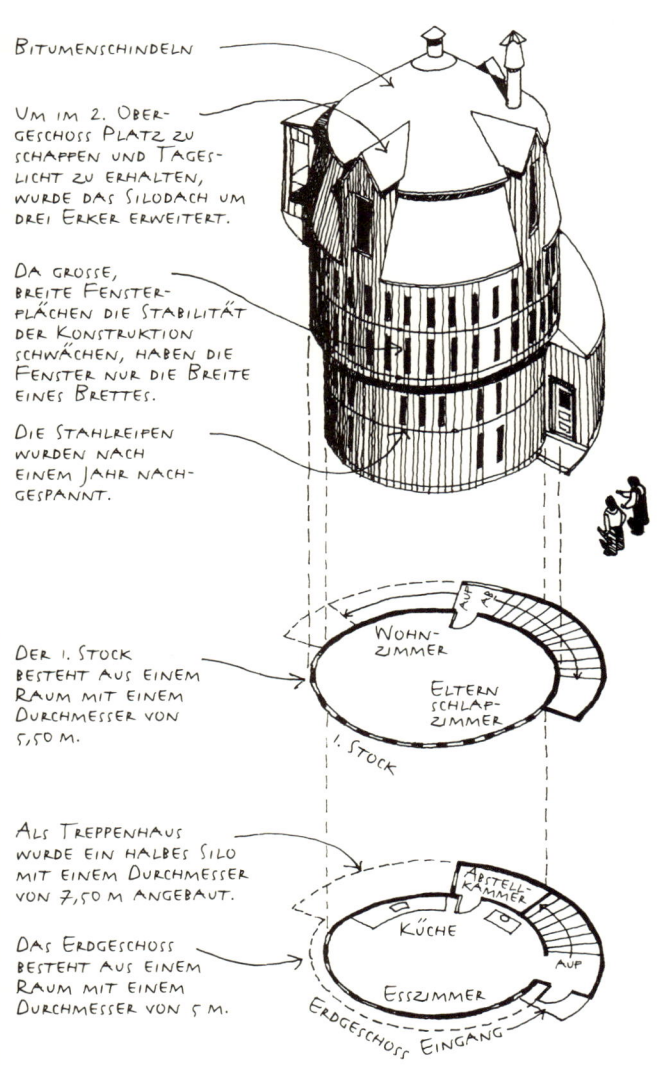

BITUMENSCHINDELN

UM IM 2. OBER-GESCHOSS PLATZ ZU SCHAFFEN UND TAGES-LICHT ZU ERHALTEN, WURDE DAS SILODACH UM DREI ERKER ERWEITERT.

DA GROSSE, BREITE FENSTER-FLÄCHEN DIE STABILITÄT DER KONSTRUKTION SCHWÄCHEN, HABEN DIE FENSTER NUR DIE BREITE EINES BRETTES.

DIE STAHLREIFEN WURDEN NACH EINEM JAHR NACH-GESPANNT.

DER 1. STOCK BESTEHT AUS EINEM RAUM MIT EINEM DURCHMESSER VON 5,50 M.

WOHN-ZIMMER
AUF
ELTERN SCHLAF-ZIMMER
1. STOCK

ALS TREPPENHAUS WURDE EIN HALBES SILO MIT EINEM DURCHMESSER VON 7,50 M ANGEBAUT.

DAS ERDGESCHOSS BESTEHT AUS EINEM RAUM MIT EINEM DURCHMESSER VON 5 M.

ABSTELL-KAMMER
KÜCHE
AUF
ESSZIMMER
ERDGESCHOSS EINGANG

1970 AUDETTE HOUSE, MARBORO, VERMONT, ERBAUT AUS SILOS DER FIRMA UNADILLA LAMINATED PRODUCTS CO., UNADILLA, NEW YORK

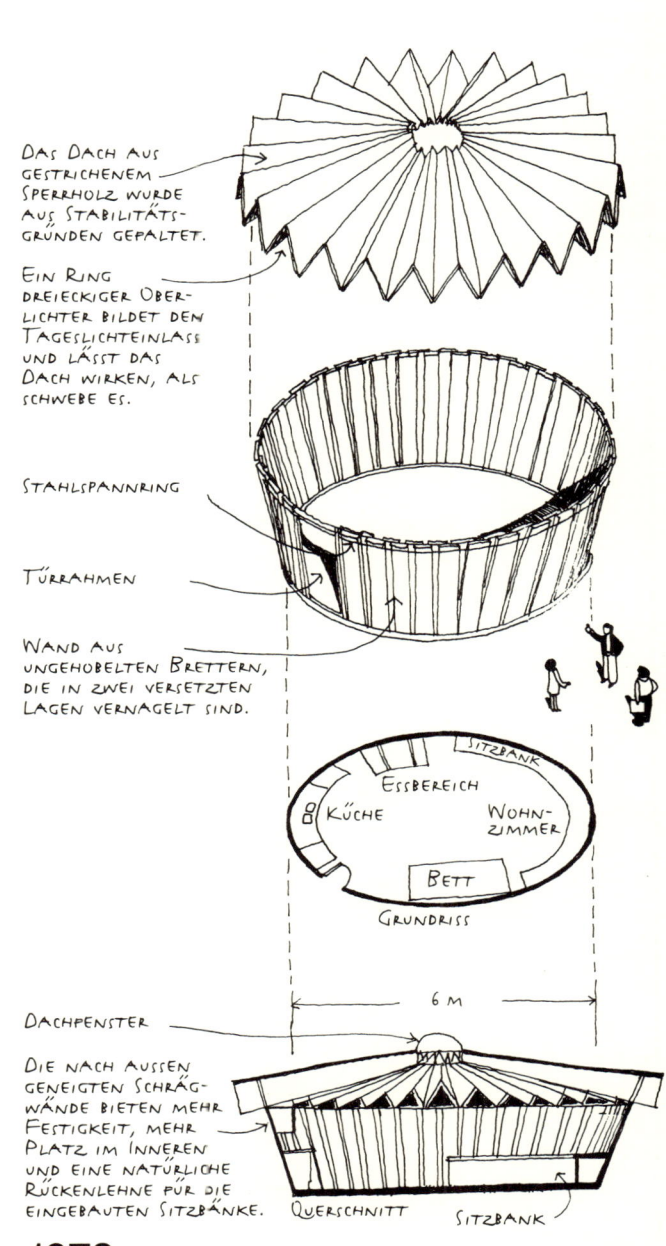

DAS DACH AUS GESTRICHENEM SPERRHOLZ WURDE AUS STABILITÄTS-GRÜNDEN GEFALTET.

EIN RING DREIECKIGER OBER-LICHTER BILDET DEN TAGESLICHTEINLASS UND LÄSST DAS DACH WIRKEN, ALS SCHWEBE ES.

STAHLSPANNRING

TÜRRAHMEN

WAND AUS UNGEHOBELTEN BRETTERN, DIE IN ZWEI VERSETZTEN LAGEN VERNAGELT SIND.

SITZBANK
ESSBEREICH
KÜCHE
WOHN-ZIMMER
BETT
GRUNDRISS

6 M

DACHFENSTER

DIE NACH AUSSEN GENEIGTEN SCHRÄG-WÄNDE BIETEN MEHR FESTIGKEIT, MEHR PLATZ IM INNEREN UND EINE NATÜRLICHE RÜCKENLEHNE FÜR DIE EINGEBAUTEN SITZBÄNKE.

QUERSCHNITT
SITZBANK

1973 MODERNE JURTE, VERÖFFENTLICHT IN SHELTER, 1973

Hausboot
Westküste, Florida und Golfküste　　　　1970

Die ersten Hausboote wurden in Amerika in den achtziger Jahren des 19. Jahrhunderts von Bergarbeitern, Goldsuchern und anderen Siedlern gebaut. Anfang des 20. Jahrhunderts erkannten wohlhabendere Familien die Vorzüge schwimmender Häuser und ließen zahlreiche Wochenendhäuser in dieser Art bauen. Um 1920 gab es in Seattle schätzungsweise 2500 Hausboote. Während der großen Wirtschaftskrise der dreißiger Jahre erlebten Hausboote eine Blütezeit, denn sie waren eine billige Unterkunft und man konnte sich sein Essen gleich angeln. Als im Laufe der fünfziger und sechziger Jahre Vorschriften über Abwasserentsorgung, Besteuerung und Liegeplätze erlassen wurden, sank die Zahl der Hausboote erheblich, erlebte jedoch in den siebziger Jahre wieder eine gewisse Renaissance. Hausbootkolonien finden sich in vielen Teilen Amerikas, wegen der klimatischen Verhältnisse kommen sie jedoch in Kalifornien und Florida am häufigsten vor.

Es gibt zwei Arten von Hausbooten: Das schwimmende Haus hat große Aufbauten und liegt ständig vor Anker oder ist fest an einem Liegeplatz vertäut. Es ist gewissermaßen ein Wohnhaus, das auf dem Wasser schwimmt. Dagegen dient das Hausboot vorwiegend Freizeitzwecken. In Amerika gibt es etwa zwei Millionen Boote, die auf Grund ihrer Größe und Ausstattung bewohnbar sind. Diese Hausboote sind ähnlich eingerichtet wie die frühen Wohnwagen und werden in erster Linie als Ferienwohnung genutzt. Ihr Hauptvorteil liegt in ihrer Beweglichkeit.

Die folgenden Beispiele sollen die Vielfalt von Hausbooten demonstrieren:

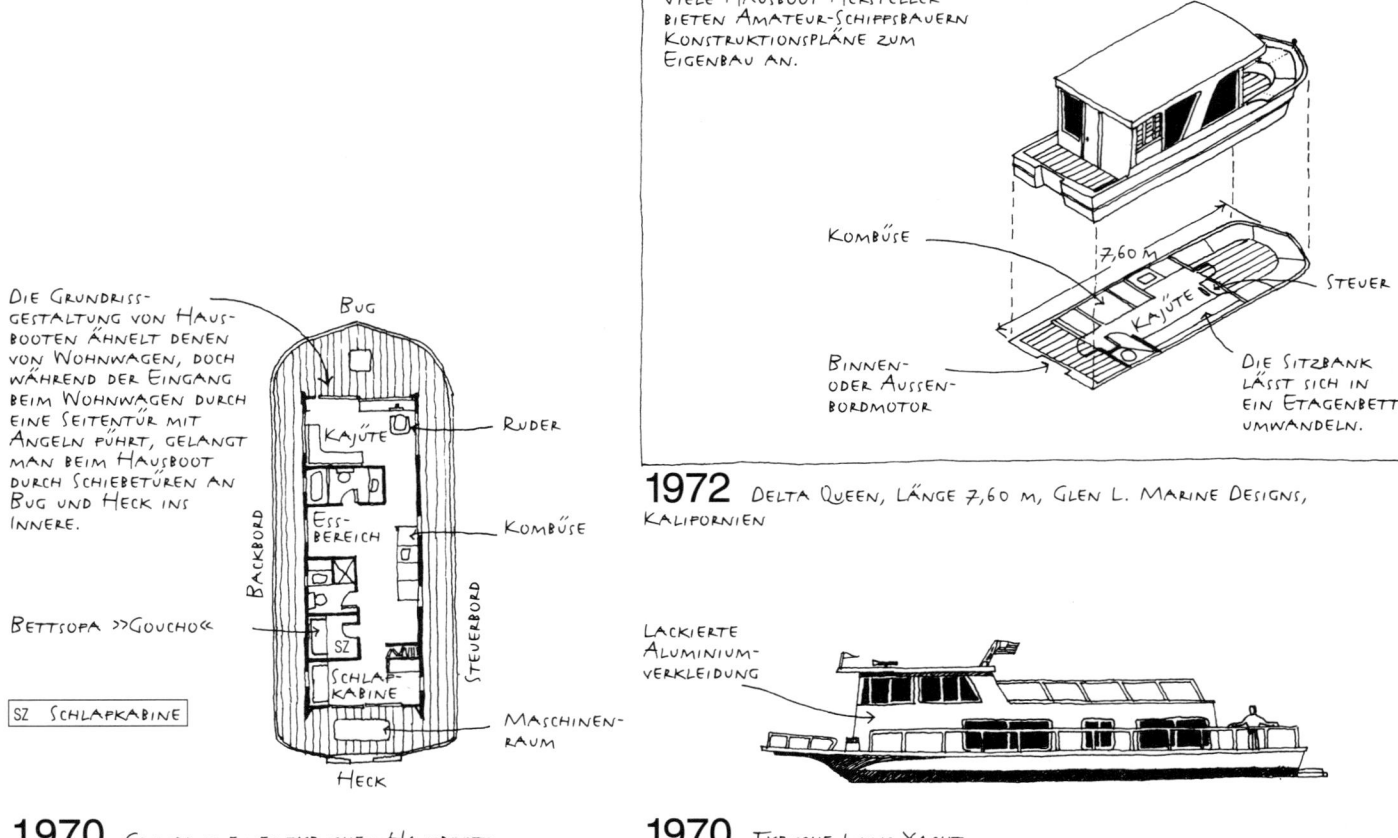

VIELE HAUSBOOT-HERSTELLER BIETEN AMATEUR-SCHIFFSBAUERN KONSTRUKTIONSPLÄNE ZUM EIGENBAU AN.

KOMBÜSE

7,60 M

STEUER

KAJÜTE

BINNEN- ODER AUSSEN-BORDMOTOR

DIE SITZBANK LÄSST SICH IN EIN ETAGENBETT UMWANDELN.

1972 DELTA QUEEN, LÄNGE 7,60 M, GLEN L. MARINE DESIGNS, KALIFORNIEN

DIE GRUNDRISS-GESTALTUNG VON HAUSBOOTEN ÄHNELT DENEN VON WOHNWAGEN, DOCH WÄHREND DER EINGANG BEIM WOHNWAGEN DURCH EINE SEITENTÜR MIT ANGELN FÜHRT, GELANGT MAN BEIM HAUSBOOT DURCH SCHIEBETÜREN AN BUG UND HECK INS INNERE.

BUG

KAJÜTE

RUDER

BACKBORD

ESS-BEREICH

KOMBÜSE

STEUERBORD

BETTSOFA »GOUCHO«

SZ

SCHLAF-KABINE

MASCHINEN-RAUM

| SZ | SCHLAFKABINE |

HECK

1970 GRUNDRISS EINES TYPISCHEN HAUSBOOTS

LACKIERTE ALUMINIUM-VERKLEIDUNG

1970 TYPISCHE LUXUS-YACHT

Mitte der siebziger Jahre war ein Hausboot-Typ für Freizeitzwecke beliebt, der sich in einen Wohnanhänger verwandeln ließ. An Land war es ein herkömmlicher Wohnwagen, auf dem Wasser ein Hausboot und man hatte so zwei Freizeit-Fahrzeuge zum Preis von einem (siehe unten).

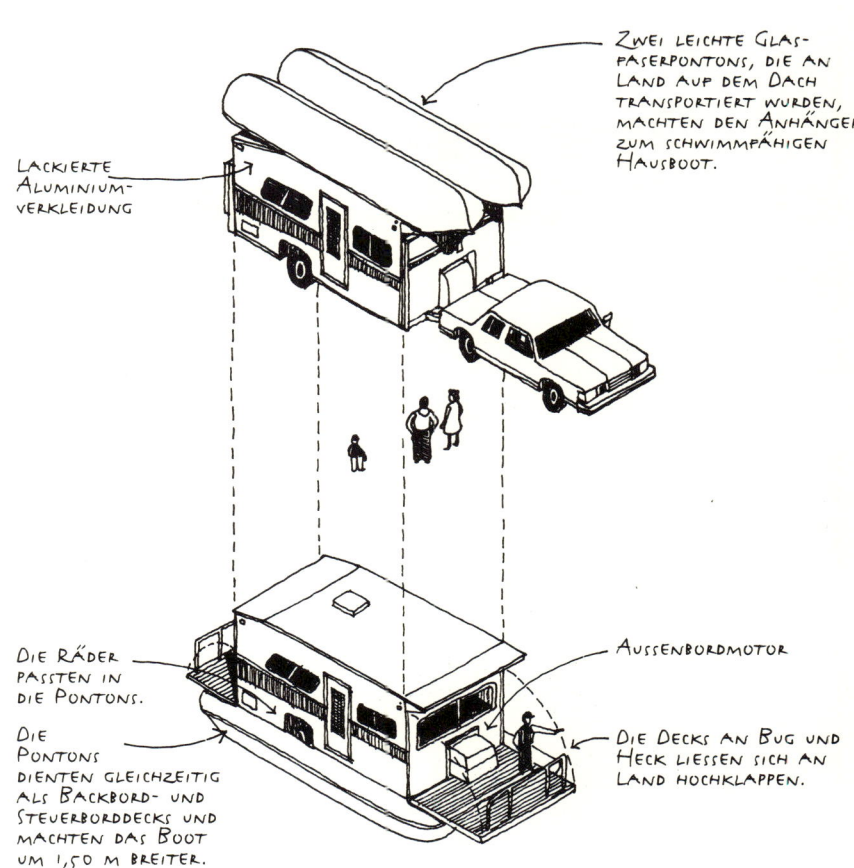

ZWEI LEICHTE GLAS-FASERPONTONS, DIE AN LAND AUF DEM DACH TRANSPORTIERT WURDEN, MACHTEN DEN ANHÄNGER ZUM SCHWIMMFÄHIGEN HAUSBOOT.

LACKIERTE ALUMINIUM-VERKLEIDUNG

AUSSENBORDMOTOR

DIE RÄDER PASSTEN IN DIE PONTONS.

DIE PONTONS DIENTEN GLEICHZEITIG ALS BACKBORD- UND STEUERBORDDECKS UND MACHTEN DAS BOOT UM 1,50 M BREITER.

DIE DECKS AN BUG UND HECK LIESSEN SICH AN LAND HOCHKLAPPEN.

1972 WOHNWAGEN/HAUSBOOT, LÄNGE 7,60 M, TRAIL OR FLOAT CORP., GRESHAM, OREGON

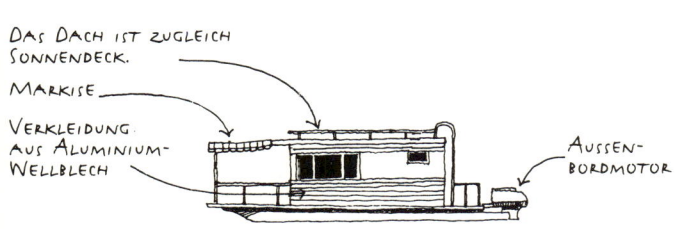

DAS DACH IST ZUGLEICH SONNENDECK.

MARKISE

VERKLEIDUNG AUS ALUMINIUM-WELLBLECH

AUSSEN-BORDMOTOR

1972 TYPISCHES KLEINES HAUSBOOT

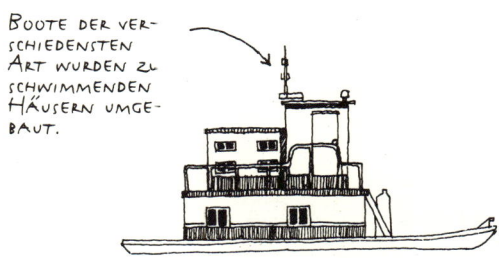

BOOTE DER VER-SCHIEDENSTEN ART WURDEN ZU SCHWIMMENDEN HÄUSERN UMGE-BAUT.

1973 ZUM HAUSBOOT UMGEBAUTER SCHLEPPER, BAYOU SORRELL, LOUISIANA

Während der großen Wirtschaftskrise der dreißiger Jahre bauten arme Fischer im Bundesstaat Washington, die im Schwemmland der den Gezeiten ausgesetzten Skagit-Mündung lebten, kleine schwimmende Häuser, sogenannte Floßhütten auf großen Balken, die bei Flut aufschwammen. Nach der Wirtschaftskrise wurden diese schlichten Schindelhütten mit Giebeldach aufgegeben, in letzter Zeit jedoch von Künstlern dieser Gegend »wiederentdeckt« und renoviert.

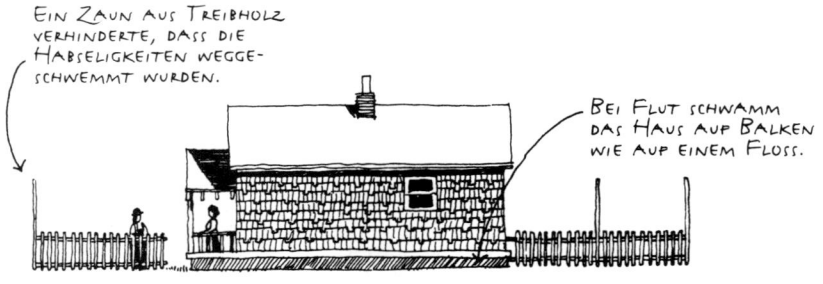

EIN ZAUN AUS TREIBHOLZ VERHINDERTE, DASS DIE HABSELIGKEITEN WEGGESCHWEMMT WURDEN.

BEI FLUT SCHWAMM DAS HAUS AUF BALKEN WIE AUF EINEM FLOSS.

1935 FLOSSHÜTTE, SKAGIT RIVER, WASHINGTON

Einige der innovativsten Hausboote entstanden Ende der sechziger und im Laufe der siebziger Jahre in der kleinen Küstengemeinde Waldo Point, einem Ortsteil von Sausalito, Kalifornien. Hippies und andere junge Leute mit wenig Geld und ebensowenig handwerklicher Erfahrung, aber viel Phantasie, bauten schwimmende Häuser aus ausgemusterten Armeebeständen des Zweiten Weltkriegs wie Rettungsbooten, ausgedienten Barkassen und Abfallholz. Bis heute ist diese Gemeinde ein kreatives Zentrum für den Bau schwimmender Häuser.

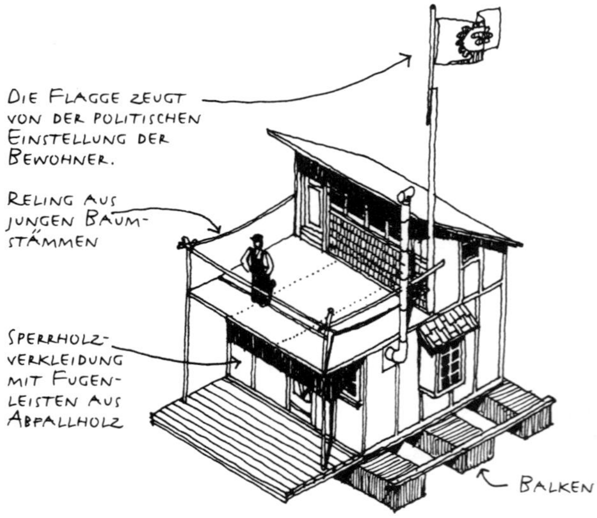

DIE FLAGGE ZEUGT VON DER POLITISCHEN EINSTELLUNG DER BEWOHNER.

RELING AUS JUNGEN BAUMSTÄMMEN

SPERRHOLZVERKLEIDUNG MIT FUGENLEISTEN AUS ABFALLHOLZ

BALKEN

1978 SCHWIMMENDES HAUS, EIGENBAU, WALDO POINT, SAUSALITO, KALIFORNIEN

EIN ZUM HAUSBOOT UMGEBAUTER WOHNWAGEN.

BALKEN

VW-BUS ALS WOHNKAJÜTE

OFFENES RETTUNGSBOOT

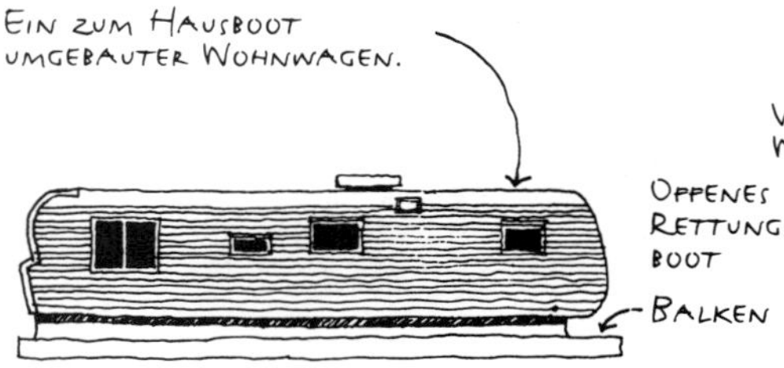

1970 UMGEBAUTER WOHNWAGEN, WALDO POINT, SAUSALITO, KALIFORNIEN

1970 HAUSBOOT AUS RETTUNGSBOOT UND VW-BUS, WALDO POINT, SAUSALITO, KALIFORNIEN

Seit die Preise für Seegrundstücke in der Bay Region in schwindelnde Höhen kletterten, errichten immer mehr Menschen ihr Traumhaus auf einem barkassenähnlichen Unterbau. So werden die entsprechenden Grundstückskosten gespart. In der Regel müssen diese Häuser an ihren Liegeplätzen an Wasserleitung, Kanalisation und Stromversorgung angeschlossen werden, und es fallen Liegegebühren an. Doch Wasser, Sonne, Aussicht und die Möglichkeit, den Liege-platz zu wechseln, entschädigen den Besitzer eines schwimmenden Hauses für diese Kosten.

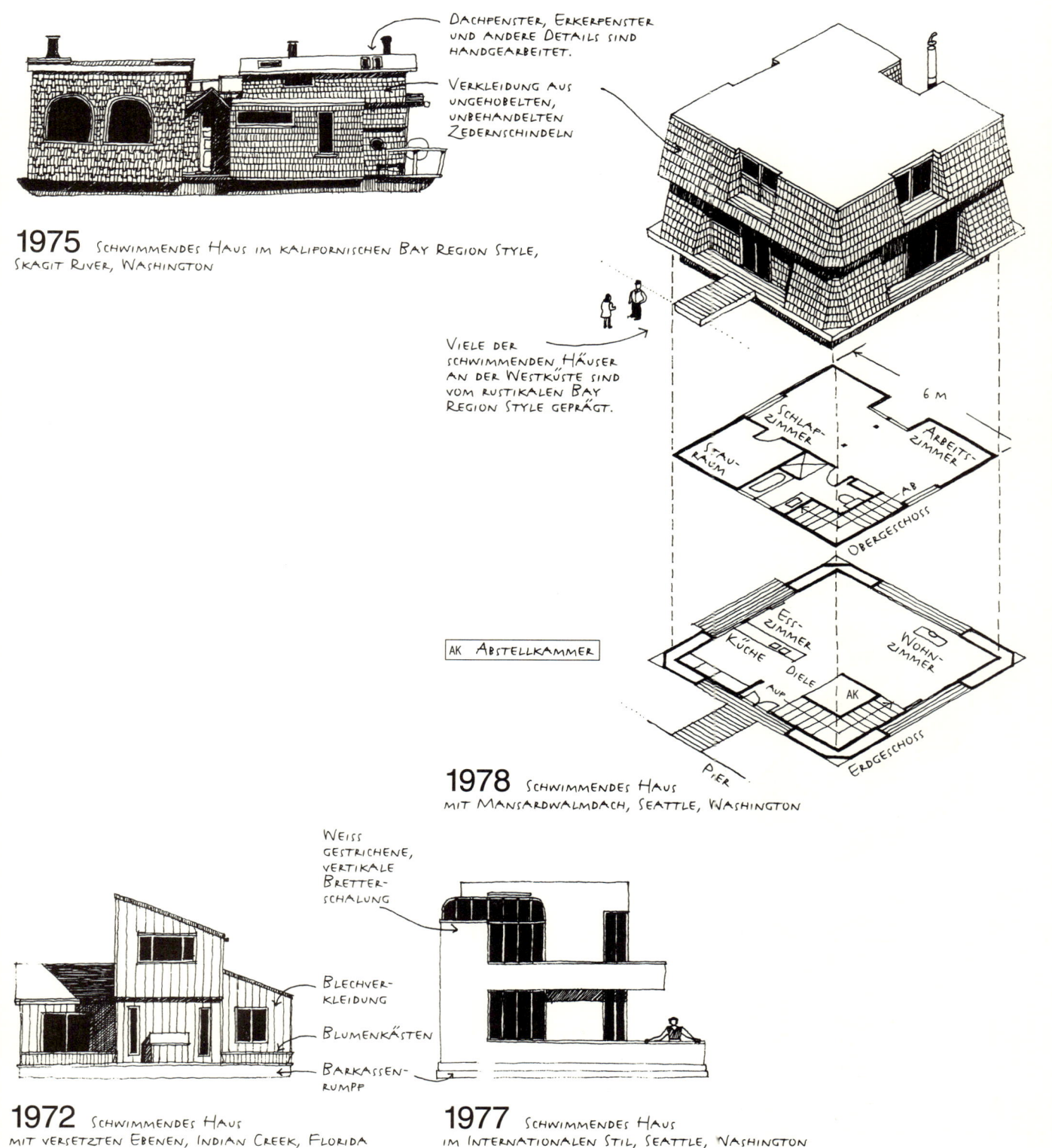

DACHFENSTER, ERKERFENSTER UND ANDERE DETAILS SIND HANDGEARBEITET.

VERKLEIDUNG AUS UNGEHOBELTEN, UNBEHANDELTEN ZEDERNSCHINDELN

1975 SCHWIMMENDES HAUS IM KALIFORNISCHEN BAY REGION STYLE, SKAGIT RIVER, WASHINGTON

VIELE DER SCHWIMMENDEN HÄUSER AN DER WESTKÜSTE SIND VOM RUSTIKALEN BAY REGION STYLE GEPRÄGT.

6 M

SCHLAF-ZIMMER

STAU-RAUM

ARBEITS-ZIMMER

AB

OBERGESCHOSS

AK ABSTELLKAMMER

ESS-ZIMMER

KÜCHE

DIELE

WOHN-ZIMMER

AUF

AK

PIER

ERDGESCHOSS

1978 SCHWIMMENDES HAUS MIT MANSARDWALMDACH, SEATTLE, WASHINGTON

WEISS GESTRICHENE, VERTIKALE BRETTER-SCHALUNG

BLECHVER-KLEIDUNG

BLUMENKÄSTEN

BARKASSEN-RUMPF

1972 SCHWIMMENDES HAUS MIT VERSETZTEN EBENEN, INDIAN CREEK, FLORIDA

1977 SCHWIMMENDES HAUS IM INTERNATIONALEN STIL, SEATTLE, WASHINGTON

New Shingle Style

Landesweit   1970

Der New Shingle Style entwickelte sich Mitte der sechziger Jahre, angeregt vor allem durch die Arbeiten von Charles Moore und Robert Venturi. Der besondere Einfluß dieser beiden Architekten beruhte auf ihrer Fähigkeit, die Form eines Gebäudes durch Verschiebungen und den Verzicht auf alles Überflüssige so kompakt zu gestalten, daß sie den Ansprüchen des Besitzers und den Beschränkungen des Grundstücks entsprach. Ihre Architektur beruhte auf heimischen Bauweisen insbesondere aus der amerikanischen Kolonialzeit, so wie es auch für den Shingle Style des ausgehenden 19. Jahrhunderts gilt. Daher rührt denn auch die Bezeichnung New Shingle Style.

Das Schaffen von Moore und Venturi wurde weithin als neue architektonische Strömung bezeichnet, die eine Abkehr von den rigiden Glaskästen und weiß verputzten kubistischen Formen des Internationalen Stils darstellte. Sowohl Moore als auch Venturi machten sich als Lehrer und Autoren einen Namen. Sie vermittelten jungen Architekten der sechziger Jahre neue Sicht- und Gestaltungsweisen, die, wie es Louis I. Kahn formulierte, »das Gebäude sein ließen, wie es sein wollte«. Später setzte sich die von Charles Moore in seinem (gemeinsam mit Gerald Allen verfaßten) Buch *Dimensions* erarbeitete Aufstellung der »Möglichkeiten, Räume zusammenzusetzen« als Planungsverfahren bei Studenten und Architekten gleichermaßen durch.

Die Architekten des New Shingle Style arbeiteten mit zwei Grundformen: Dem Giebeldach und dem Pultdach. Bei den meisten Häusern im New Shingle Style kommen beide Dachformen kombiniert vor. Unprätentiöse Materialien wie Holzschindeln, Stulpschalung, Fenster mit kleinen Scheiben und Rauchabzüge aus Metall wurden ebenso aufgegriffen wie Dachgauben und Erkerfenster. Anders als beim ursprünglichen Shingle Style setzten die Baukosten den Architekten des New Shingle Style Grenzen, beide Stilarten verfolgten jedoch eine sehr ähnliche Grundidee.

Das folgende Beispiel eines frühen Wohnhauses von Robert Venturi macht deutlich, mit welchem Vergnügen er die anfangs rigide Hausform durch Verschiebungen verzerrt. Dieses Vorgehen bedeutete in den sechziger Jahren einen ähnlichen Durchbruch wie die Neugotik in der ersten Hälfte des 19. Jahrhunderts, die mit den formalen Beschränkungen des Greek Revival brach.

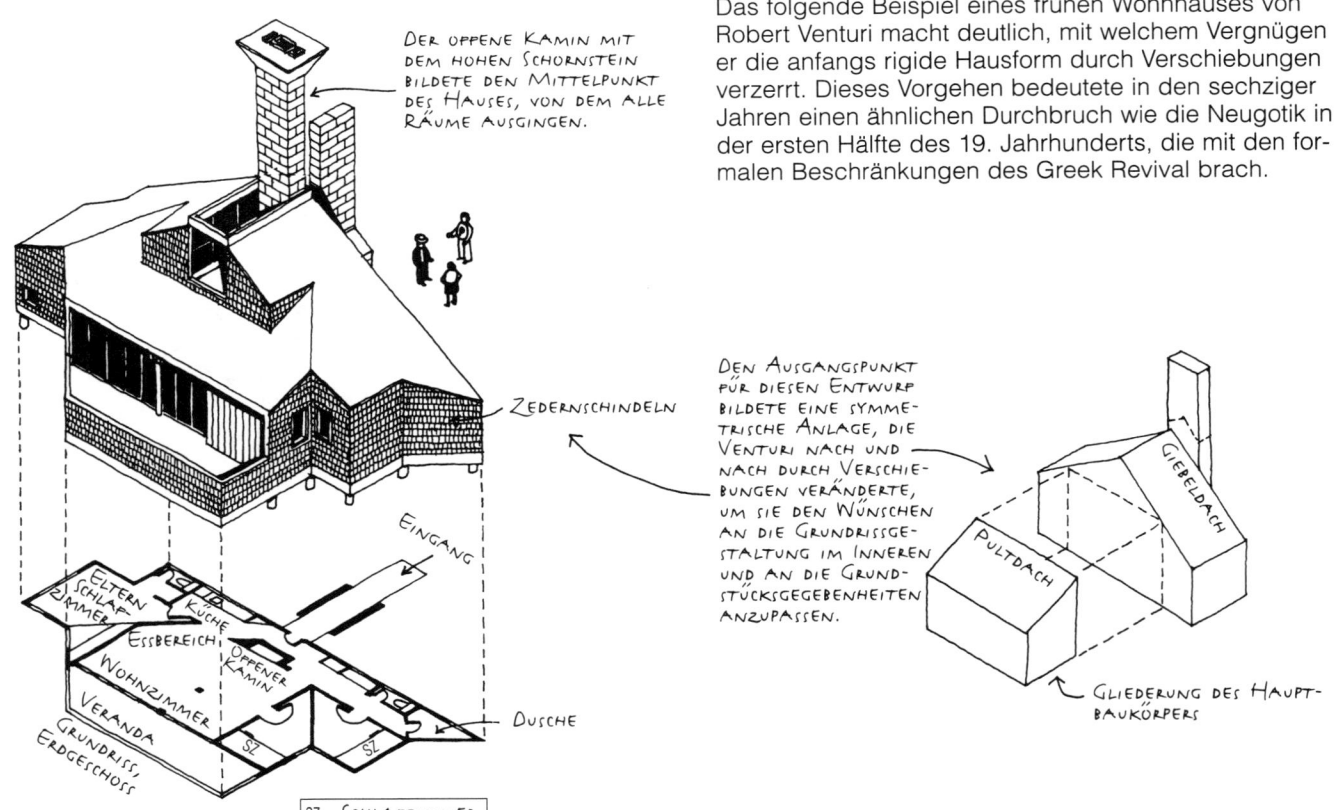

DER OFFENE KAMIN MIT DEM HOHEN SCHORNSTEIN BILDETE DEN MITTELPUNKT DES HAUSES, VON DEM ALLE RÄUME AUSGINGEN.

ZEDERNSCHINDELN

EINGANG

ELTERN SCHLAF ZIMMER

KÜCHE

ESSBEREICH

OFFENER KAMIN

WOHNZIMMER

VERANDA

GRUNDRISS ERDGESCHOSS

SZ

SZ

DUSCHE

SZ SCHLAFZIMMER

DEN AUSGANGSPUNKT FÜR DIESEN ENTWURF BILDETE EINE SYMMETRISCHE ANLAGE, DIE VENTURI NACH UND NACH DURCH VERSCHIEBUNGEN VERÄNDERTE, UM SIE DEN WÜNSCHEN AN DIE GRUNDRISSGESTALTUNG IM INNEREN UND AN DIE GRUNDSTÜCKSGEGEBENHEITEN ANZUPASSEN.

GIEBELDACH

PULTDACH

GLIEDERUNG DES HAUPTBAUKÖRPERS

1959 ENTWURF EINES STRANDHAUSES, ARCHITEKT: ROBERT VENTURI

Während man beim viktorianischen Haus um die Mitte des 19. Jahrhunderts von einer »Explosion« der Formen sprechen kann (bei Platzbedarf ließ der Architekt den Grundriß in die erforderliche Richtung nach außen wuchern), war der New Shingle Style gleichsam eine »Implosion« der Formen (bei Platzbedarf fügte oder heftete der Architekt Räume von außen an). Die meisten Häuser dieses Kapitels sind Beispiele für eine solche Vorgehensweise, doch bei keinem Gebäude ist dies so offensichtlich wie beim Haus von Hugh Hardy (siehe unten). Der Charakter dieses Gebäudes ist geprägt von einer »Kollision« dreier schlichter Blöcke mit Giebeldach, die anschließend so lange verändert wurden, bis sie der gewünschten Struktur entsprachen.

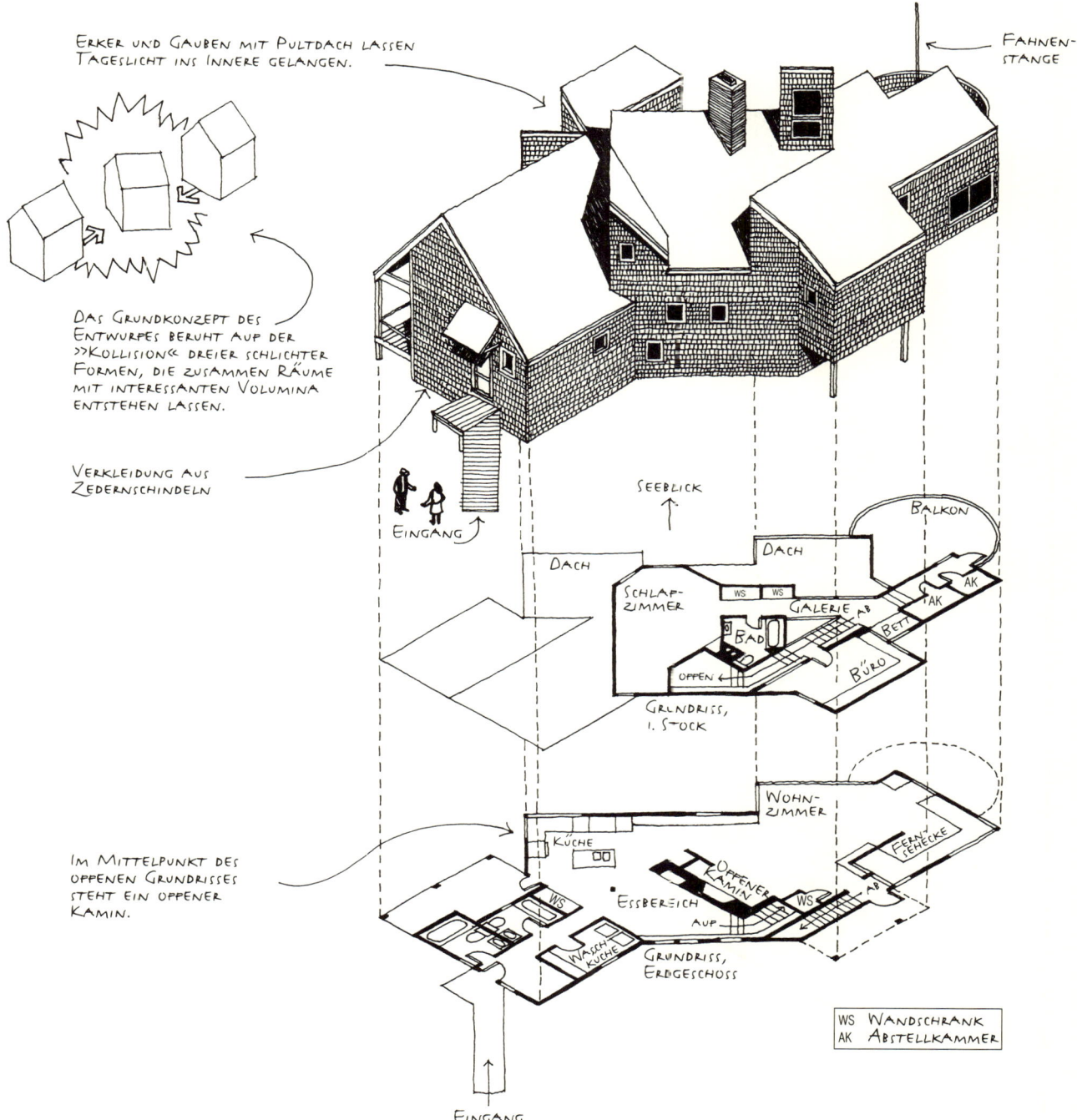

ERKER UND GAUBEN MIT PULTDACH LASSEN
TAGESLICHT INS INNERE GELANGEN.

FAHNEN-
STANGE

DAS GRUNDKONZEPT DES
ENTWURFES BERUHT AUF DER
»KOLLISION« DREIER SCHLICHTER
FORMEN, DIE ZUSAMMEN RÄUME
MIT INTERESSANTEN VOLUMINA
ENTSTEHEN LASSEN.

VERKLEIDUNG AUS
ZEDERNSCHINDELN

EINGANG

SEEBLICK

BALKON

DACH

DACH

SCHLAF-
ZIMMER

WS WS

GALERIE AB

AK

AK

BAD

BETT

OFFEN

BÜRO

GRUNDRISS,
1. STOCK

WOHN-
ZIMMER

IM MITTELPUNKT DES
OFFENEN GRUNDRISSES
STEHT EIN OFFENER
KAMIN.

KÜCHE

FERN-
SEHECKE

OFFENER
KAMIN

WASCH-
KÜCHE

WS

ESSBEREICH

AUF

WS

AB

GRUNDRISS,
ERDGESCHOSS

WS WANDSCHRANK
AK ABSTELLKAMMER

EINGANG

1967 ARTHUR T. HADLEY HOUSE, MARTHA'S VINEYARD, MASSACHUSETTS,
ARCHITEKTEN: HARDY, HOLTZMAN UND PFEIFFER ASSOC.

Eines der gängigsten Planungsverfahren für ein Haus im New Shingle Style besteht darin, mehrere Blöcke mit Pultdach zu kombinieren, wie es viele kalifornische Architekten in der Umgebung der Bucht von San Francisco Anfang der sechziger Jahre taten. Ein Entwurf, der in dieser Hinsicht besonders einflußreich war, ist das Strandhaus, das Hobart Betts 1965 für sich selbst errichtete. In der Ausgabe der Zeitschrift *Progressiv Architecture*, die u.a. auch diesen preisgekrönten Entwurf des Jahres 1965 vorstellte, hieß es zu diesem Haus: »Die überaus einfache, klare und beherrschte Verwendung einer Sprache, die sich inzwischen offenbar überall durchsetzt ... Diese Häuser sind wie Pop Art. Deshalb ersetzen sie die Kastenform ...«

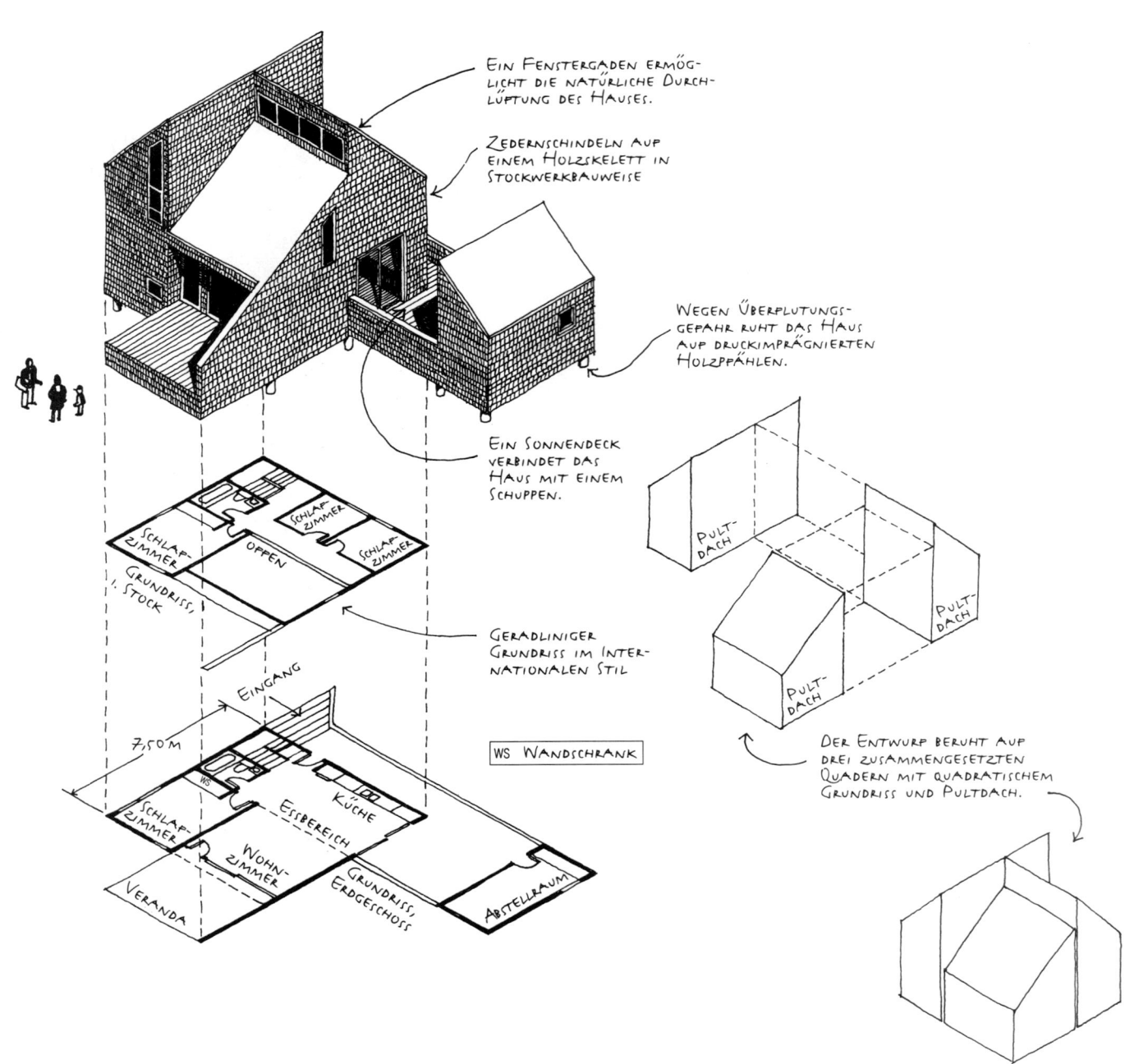

EIN FENSTERGADEN ERMÖG-
LICHT DIE NATÜRLICHE DURCH-
LÜFTUNG DES HAUSES.

ZEDERNSCHINDELN AUF
EINEM HOLZSKELETT IN
STOCKWERKBAUWEISE

WEGEN ÜBERFLUTUNGS-
GEFAHR RUHT DAS HAUS
AUF DRUCKIMPRÄGNIERTEN
HOLZPFÄHLEN.

EIN SONNENDECK
VERBINDET DAS
HAUS MIT EINEM
SCHUPPEN.

SCHLAF-
ZIMMER

OFFEN

SCHLAF-
ZIMMER

SCHLAF-
ZIMMER

GRUNDRISS,
1. STOCK

GERADLINIGER
GRUNDRISS IM INTER-
NATIONALEN STIL

PULT-
DACH

PULT-
DACH

PULT-
DACH

EINGANG

7,50 M

WS WANDSCHRANK

SCHLAF-
ZIMMER

WS

KÜCHE

ESSBEREICH

WOHN-
ZIMMER

GRUNDRISS,
ERDGESCHOSS

VERANDA

ABSTELLRAUM

DER ENTWURF BERUHT AUF
DREI ZUSAMMENGESETZTEN
QUADERN MIT QUADRATISCHEM
GRUNDRISS UND PULTDACH.

1965 WOHNHAUS VON MR. UND MRS. HOBART D. BETTS, QUOGUE, LONG ISLAND, NEW YORK,
ARCHITEKT: HOBART D. BETTS

Die beiden Architekten David Sellers und William Reineke zogen nach Abschluß ihres Studiums in Yale 1964 nach Prickly Mountain, Vermont, und bauten dort eine Reihe von Häusern mit steilen Pultdächern (um den Schnee abzuleiten), die zu Vorläufern der modernen Skihütte werden sollten. Die Baustoffe, die denen der Bauernhäuser aus Vermont entsprachen, sowie die Schlichtheit und geometrische Strenge der Form sind Grund genug, diese Häuser dem New Shingle Style zuzuordnen.

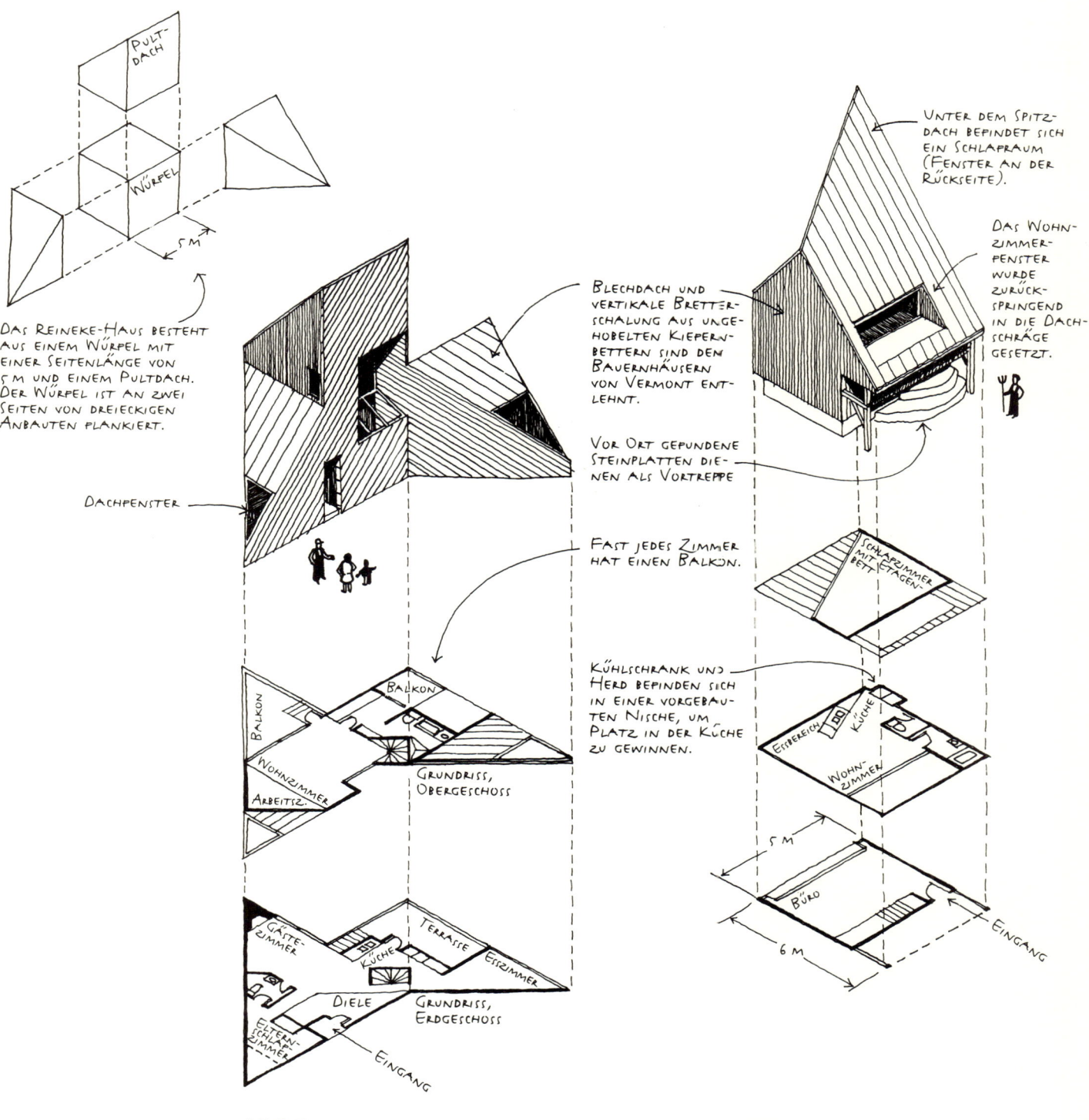

PULT-DACH

WÜRFEL

5 M

DAS REINEKE-HAUS BESTEHT AUS EINEM WÜRFEL MIT EINER SEITENLÄNGE VON 5 M UND EINEM PULTDACH. DER WÜRFEL IST AN ZWEI SEITEN VON DREIECKIGEN ANBAUTEN FLANKIERT.

DACHFENSTER

BLECHDACH UND VERTIKALE BRETTER-SCHALUNG AUS UNGE-HOBELTEN KIEFERN-BRETTERN SIND DEN BAUERNHÄUSERN VON VERMONT ENT-LEHNT.

UNTER DEM SPITZ-DACH BEFINDET SICH EIN SCHLAFRAUM (FENSTER AN DER RÜCKSEITE).

DAS WOHN-ZIMMER-FENSTER WURDE ZURÜCK-SPRINGEND IN DIE DACH-SCHRÄGE GESETZT.

VOR ORT GEFUNDENE STEINPLATTEN DIE-NEN ALS VORTREPPE

FAST JEDES ZIMMER HAT EINEN BALKON.

KÜHLSCHRANK UND HERD BEFINDEN SICH IN EINER VORGEBAU-TEN NISCHE, UM PLATZ IN DER KÜCHE ZU GEWINNEN.

BALKON

BALKON

WOHNZIMMER

ARBEITSZ.

GRUNDRISS, OBERGESCHOSS

SCHLAFZIMMER MIT ETAGEN-BETT

GÄSTE-ZIMMER

KÜCHE

TERRASSE

ESSZIMMER

DIELE

ELTERN-SCHLAF-ZIMMER

GRUNDRISS, ERDGESCHOSS

EINGANG

ESSBEREICH

KÜCHE

WOHN-ZIMMER

5 M

BÜRO

6 M

EINGANG

1965 REINEKE HOUSE, SUGARBUSH, VERMONT, ARCHITEKT: W. M. REINEKE

1965 TACK HOUSE, SUGARBUSH, VERMONT, ARCHITEKTEN: DAVID SELLERS UND W. M. REINEKE

Robert Venturi, einer der einflußreichsten zeitgenössischen Architekten Amerikas, ist bekannt dafür, daß er in seinen Entwürfen regionale Architektur verarbeitet. Ebenso wie Andy Warhol uns mit seiner Campbell-Suppendose demonstrierte, daß alltägliche Gebrauchsgegenstände auch zu Kunstwerken werden können und Beachtung verdienen, machte Venturi durch seine Arbeit auf die Schönheit und den Wert populärer Alltagsarchitektur wie des Schnellrestaurants am Straßenrand, des Nachtclubs in Las Vegas, des Strandbungalows und der Reklametafeln an den Highways aufmerksam.

Trubek House und Wislocki House (siehe unten) zeigen beispielhaft, wie Venturi das Fischerhaus New Englands interpretierte. Es sind schlichte Häuser mit Giebeldach, die allerdings Grundrisse haben, die ebenso komplex sind wie die des Shingle Style im 19. Jahrhundert. Das Haus in Westchester ist seine Interpretation eines kleinen Hauses im Shingle Style.

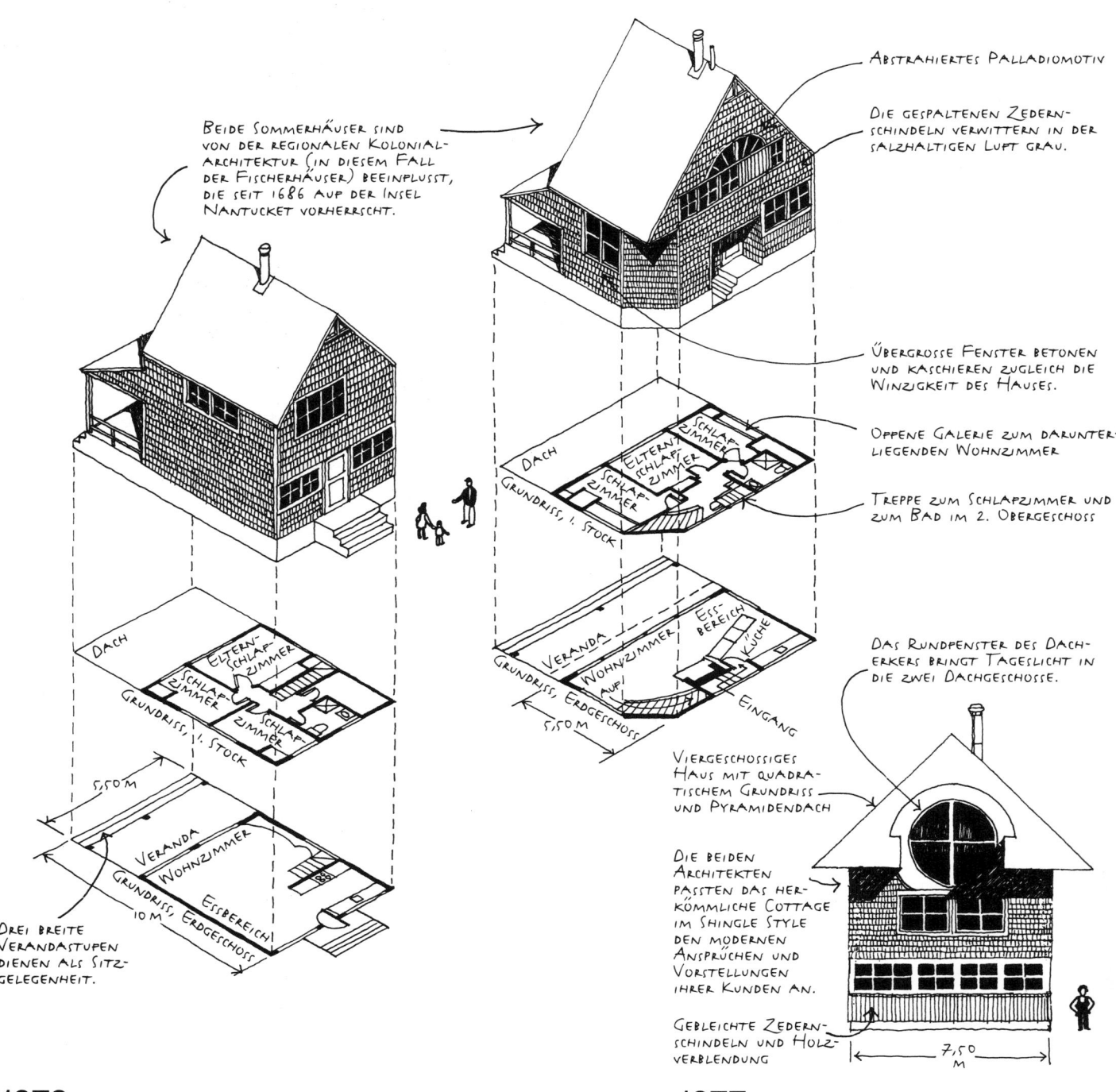

BEIDE SOMMERHÄUSER SIND VON DER REGIONALEN KOLONIAL-ARCHITEKTUR (IN DIESEM FALL DER FISCHERHÄUSER) BEEINFLUSST, DIE SEIT 1686 AUF DER INSEL NANTUCKET VORHERRSCHT.

ABSTRAHIERTES PALLADIOMOTIV

DIE GESPALTENEN ZEDERN-SCHINDELN VERWITTERN IN DER SALZHALTIGEN LUFT GRAU.

ÜBERGROSSE FENSTER BETONEN UND KASCHIEREN ZUGLEICH DIE WINZIGKEIT DES HAUSES.

OFFENE GALERIE ZUM DARUNTER-LIEGENDEN WOHNZIMMER

TREPPE ZUM SCHLAFZIMMER UND ZUM BAD IM 2. OBERGESCHOSS

DACH

GRUNDRISS, 1. STOCK

SCHLAF-ZIMMER

ELTERN-SCHLAF-ZIMMER

DACH

GRUNDRISS, 1. STOCK

SCHLAF-ZIMMER

ELTERN-SCHLAF-ZIMMER

SCHLAF-ZIMMER

5,50 M

VERANDA

WOHNZIMMER

GRUNDRISS, ERDGESCHOSS

ESSBEREICH

10 M

DREI BREITE VERANDASTUFEN DIENEN ALS SITZ-GELEGENHEIT.

VERANDA

WOHNZIMMER

AUF!

GRUNDRISS, ERDGESCHOSS

5,50 M

ESS-BEREICH

KÜCHE

EINGANG

DAS RUNDFENSTER DES DACH-ERKERS BRINGT TAGESLICHT IN DIE ZWEI DACHGESCHOSSE.

VIERGESCHOSSIGES HAUS MIT QUADRA-TISCHEM GRUNDRISS UND PYRAMIDENDACH

DIE BEIDEN ARCHITEKTEN PASSTEN DAS HER-KÖMMLICHE COTTAGE IM SHINGLE STYLE DEN MODERNEN ANSPRÜCHEN UND VORSTELLUNGEN IHRER KUNDEN AN.

GEBLEICHTE ZEDERN-SCHINDELN UND HOLZ-VERBLENDUNG

7,50 M

1972 TRUBEK HOUSE UND WISLOCKI HOUSE, NANTUCKET, MASSACHUSETTS, ARCHITEKT: ROBERT VENTURI

1977 HAUS IN WESTCHESTER COUNTY, NEW YORK, ARCHITEKTEN: VENTURI UND RAUCH

Einige der interessanteren Häuser im New Shingle Style bestehen aus einem Arrangement separater Gebäude, wie das von Edward L. Barnes entworfene Beispiel zeigt (siehe unten): Es besteht aus einem kleinen Waschküchen/Arbeitszimmer-Bau, einem Trakt mit einem Schlafzimmer, Wohnzimmer, Eßzimmer und Küche, einem zweigeschossigen Gästehaus und einer Bibliothek. Alle Gebäudeteile sind als schlichte Quader mit Giebel- oder Pultdach ausgeführt und mit Zedernschindeln verkleidet. Diese Einzelgebäude sind so miteinander in Beziehung gesetzt wie die alten Hafengebäude der Fischerdörfer auf der nahegelegenen Deer Island, Maine. Dieses Haus ist ein hervorragendes Beispiel für die menschlichen Maßstäbe, die die meisten Architekten des New Shingle Style anstreben.

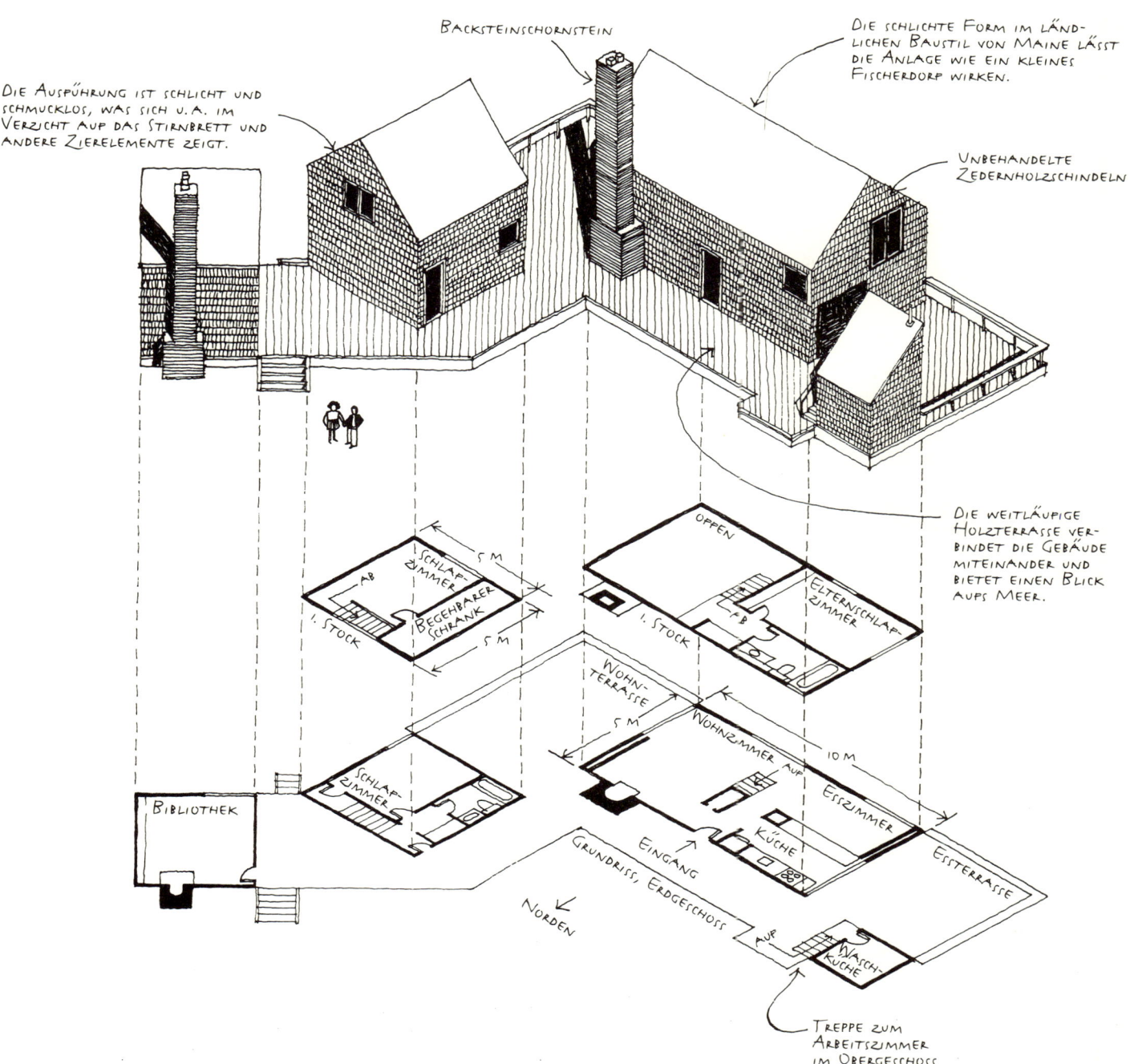

BACKSTEINSCHORNSTEIN

DIE SCHLICHTE FORM IM LÄNDLICHEN BAUSTIL VON MAINE LÄSST DIE ANLAGE WIE EIN KLEINES FISCHERDORF WIRKEN.

DIE AUSFÜHRUNG IST SCHLICHT UND SCHMUCKLOS, WAS SICH U. A. IM VERZICHT AUF DAS STIRNBRETT UND ANDERE ZIERELEMENTE ZEIGT.

UNBEHANDELTE ZEDERNHOLZSCHINDELN

DIE WEITLÄUFIGE HOLZTERRASSE VERBINDET DIE GEBÄUDE MITEINANDER UND BIETET EINEN BLICK AUFS MEER.

SCHLAFZIMMER
BEGEHBARER SCHRANK
1. STOCK
AB
5 M
5 M

OFFEN
ELTERNSCHLAFZIMMER
1. STOCK

WOHNTERRASSE
WOHNZIMMER AUF
5 M
10 M
ESSZIMMER
ESSTERRASSE

BIBLIOTHEK
SCHLAFZIMMER
EINGANG
KÜCHE
GRUNDRISS, ERDGESCHOSS
AUF
WASCHKÜCHE
NORDEN

TREPPE ZUM ARBEITSZIMMER IM OBERGESCHOSS

1974 HECKSCHER HOUSE, MT. DESERT ISLAND, MAINE, ARCHITEKT: EDWARD L. BARNES

Die beiden folgenden Beispiele zeigen, wie der New Shingle Style sich weiterentwickelte. Beide Architekten paßten die Fassaden ihrer Häuser der jeweiligen Umgebung an und behandelten das Haus als Raum mit vier Außenseiten, die jeweils eine eigene Aufgabe zu erfüllen haben. Das winzige (60 qm) Walker-Haus hat an der Eingangsseite eine Fassade im englischen Cottage-Stil, während die Rückseite durch große, sachliche Glasflächen die Aussicht auf eine spektakuläre Landschaft gewährt. Beim Riley-Haus ist die Eingangsfront ebenfalls »niedlich«, wenn auch eher neokolonial gestaltet, während die Südfassade energiebewußt vorwiegend durch Glas (Wintergarten) geprägt ist. Beide Architekten verwendeten Formen der Regionalarchitektur und nutzten offensichtlich Elemente des ursprünglichen Shingle Style.

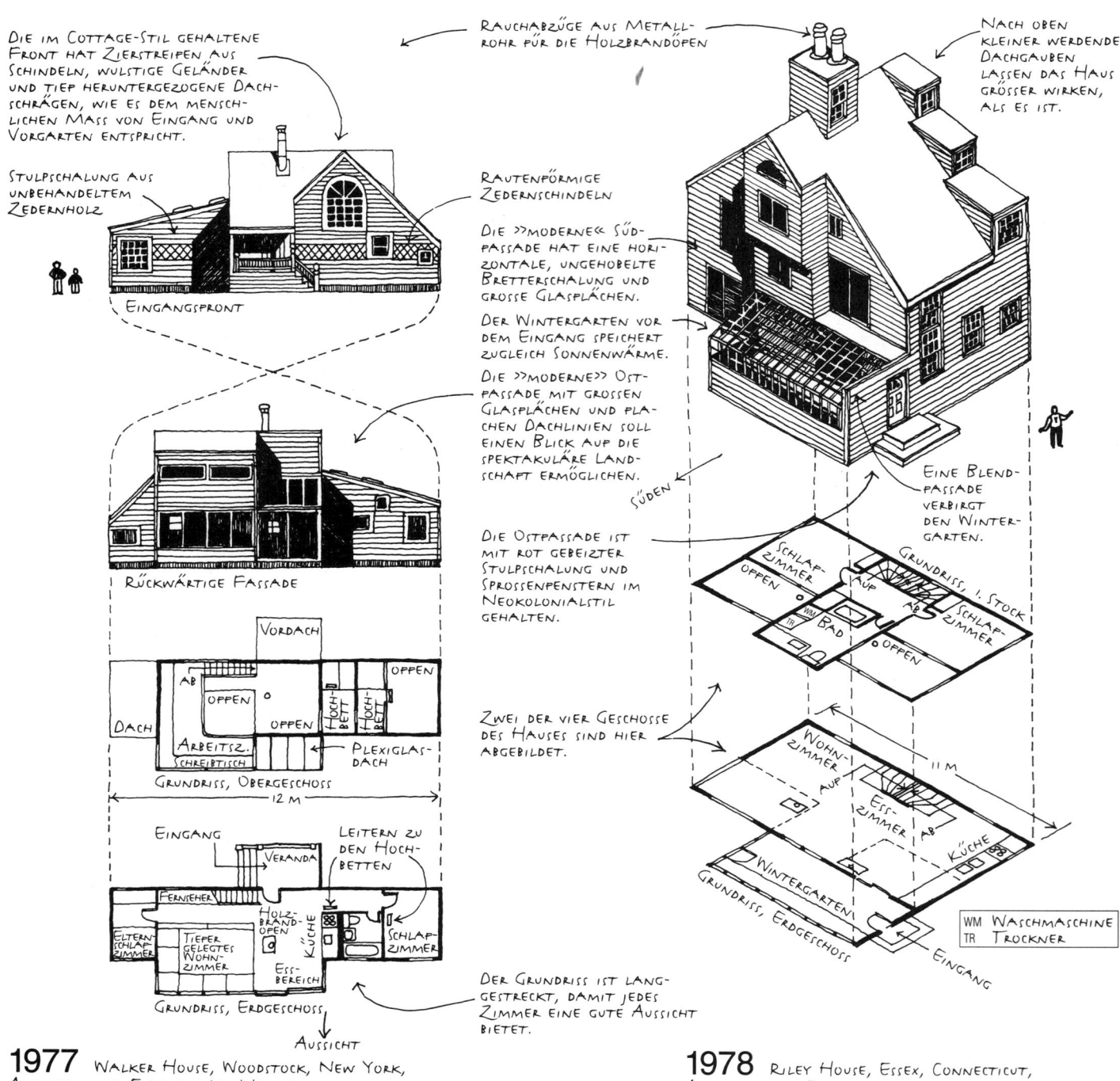

DIE IM COTTAGE-STIL GEHALTENE FRONT HAT ZIERSTREIFEN AUS SCHINDELN, WULSTIGE GELÄNDER UND TIEF HERUNTERGEZOGENE DACHSCHRÄGEN, WIE ES DEM MENSCHLICHEN MASS VON EINGANG UND VORGARTEN ENTSPRICHT.

STULPSCHALUNG AUS UNBEHANDELTEM ZEDERNHOLZ

EINGANGSFRONT

RÜCKWÄRTIGE FASSADE

VORDACH

OPPEN

AB

OPPEN

DACH

OPPEN

HOCHBETT

HOCHBETT

ARBEITSZ. SCHREIBTISCH

PLEXIGLASDACH

GRUNDRISS, OBERGESCHOSS

12 M

EINGANG

LEITERN ZU DEN HOCHBETTEN

VERANDA

FERNSEHER

ELTERN-SCHLAFZIMMER

TIEFER GELEGTES WOHNZIMMER

HOLZBRANDOFEN

KÜCHE

SCHLAFZIMMER

ESSBEREICH

GRUNDRISS, ERDGESCHOSS

AUSSICHT

RAUCHABZÜGE AUS METALLROHR FÜR DIE HOLZBRANDÖFEN

RAUTENFÖRMIGE ZEDERNSCHINDELN

DIE »MODERNE« SÜDFASSADE HAT EINE HORIZONTALE, UNGEHOBELTE BRETTERSCHALUNG UND GROSSE GLASFLÄCHEN.

DER WINTERGARTEN VOR DEM EINGANG SPEICHERT ZUGLEICH SONNENWÄRME.

DIE »MODERNE« OSTFASSADE MIT GROSSEN GLASFLÄCHEN UND FLACHEN DACHLINIEN SOLL EINEN BLICK AUF DIE SPEKTAKULÄRE LANDSCHAFT ERMÖGLICHEN.

SÜDEN

DIE OSTFASSADE IST MIT ROT GEBEIZTER STULPSCHALUNG UND SPROSSENFENSTERN IM NEOKOLONIALSTIL GEHALTEN.

ZWEI DER VIER GESCHOSSE DES HAUSES SIND HIER ABGEBILDET.

NACH OBEN KLEINER WERDENDE DACHGAUBEN LASSEN DAS HAUS GRÖSSER WIRKEN, ALS ES IST.

EINE BLENDFASSADE VERBIRGT DEN WINTERGARTEN.

SCHLAFZIMMER OFFEN

AUF

SCHLAFZIMMER

BAD

WM

TR

OFFEN

GRUNDRISS, 1. STOCK

WOHNZIMMER

AUF

ESSZIMMER

AB

KÜCHE

11 M

WINTERGARTEN

GRUNDRISS, ERDGESCHOSS

EINGANG

WM WASCHMASCHINE
TR TROCKNER

DER GRUNDRISS IST LANGGESTRECKT, DAMIT JEDES ZIMMER EINE GUTE AUSSICHT BIETET.

1977 WALKER HOUSE, WOODSTOCK, NEW YORK, ARCHITEKT UND ERBAUER: LES WALKER

1978 RILEY HOUSE, ESSEX, CONNECTICUT, ARCHITEKT UND ERBAUER: JEFFERSON RILEY

Der New Shingle Style war stark von Charles Moore und den Architekten der Bay Region geprägt. Ihr Schaffen bedeutete eine Abkehr vom Internationalen Stil zugunsten menschlicherer, stärker regional und lokal geprägter Entwürfe. Das Saz-Haus (siehe unten) zeigt deutlich, wie Moore bei seiner Planung von einer relativ schlichten Form ausging, die er nach und nach veränderte und/oder ergänzte, um Räume zu schaffen, die nicht nur der Lage des Grundstücks und den Kundenwünschen entsprachen, sondern zudem menschengerechte Dimensionen hatten.

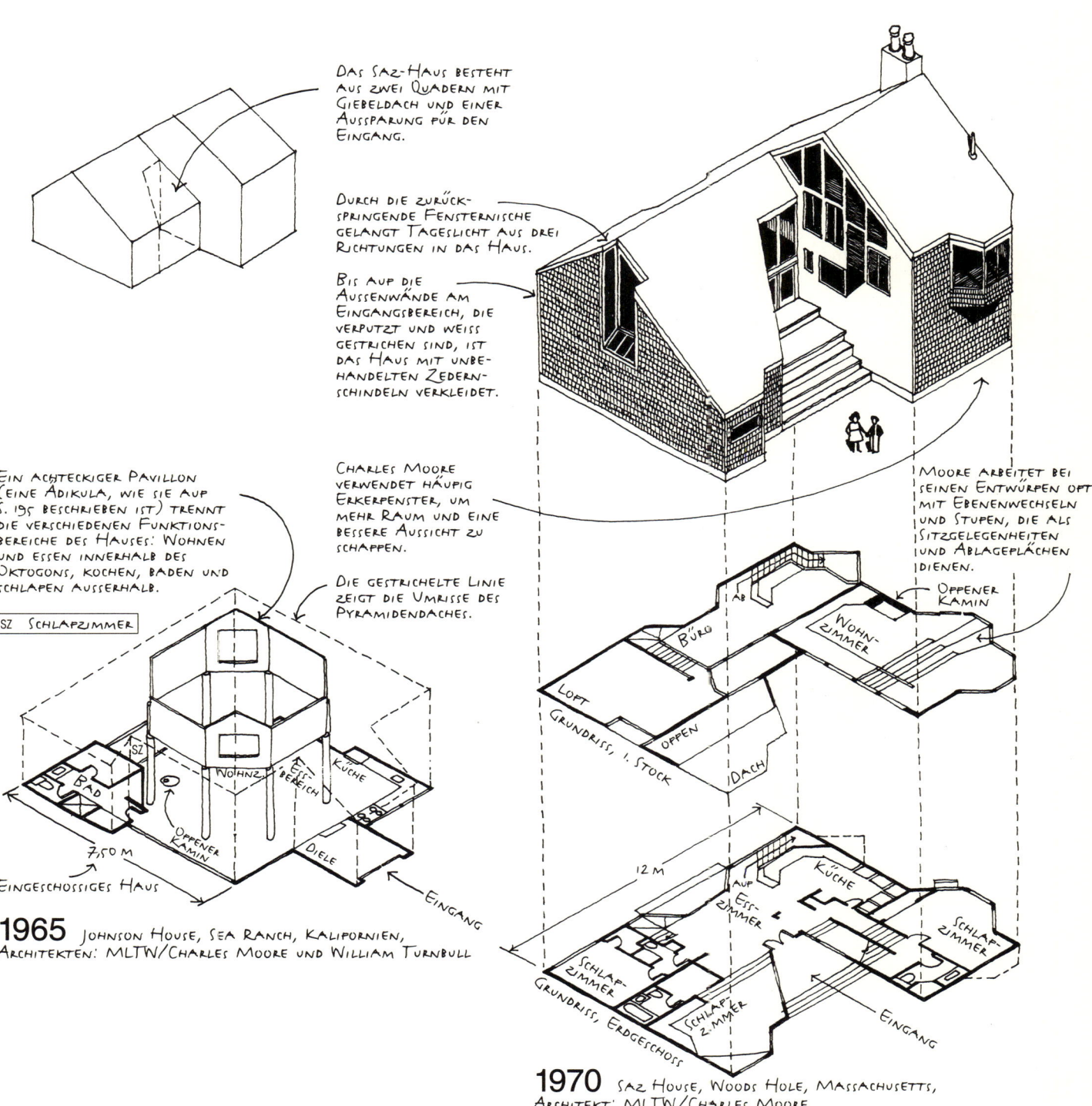

DAS SAZ-HAUS BESTEHT AUS ZWEI QUADERN MIT GIEBELDACH UND EINER AUSSPARUNG FÜR DEN EINGANG.

DURCH DIE ZURÜCK-SPRINGENDE FENSTERNISCHE GELANGT TAGESLICHT AUS DREI RICHTUNGEN IN DAS HAUS.

BIS AUF DIE AUSSENWÄNDE AM EINGANGSBEREICH, DIE VERPUTZT UND WEISS GESTRICHEN SIND, IST DAS HAUS MIT UNBE-HANDELTEN ZEDERN-SCHINDELN VERKLEIDET.

EIN ACHTECKIGER PAVILLON (EINE ÄDIKULA, WIE SIE AUF S. 195 BESCHRIEBEN IST) TRENNT DIE VERSCHIEDENEN FUNKTIONS-BEREICHE DES HAUSES: WOHNEN UND ESSEN INNERHALB DES OKTOGONS, KOCHEN, BADEN UND SCHLAFEN AUSSERHALB.

CHARLES MOORE VERWENDET HÄUFIG ERKERFENSTER, UM MEHR RAUM UND EINE BESSERE AUSSICHT ZU SCHAFFEN.

DIE GESTRICHELTE LINIE ZEIGT DIE UMRISSE DES PYRAMIDENDACHES.

MOORE ARBEITET BEI SEINEN ENTWÜRFEN OFT MIT EBENENWECHSELN UND STUFEN, DIE ALS SITZGELEGENHEITEN UND ABLAGEFLÄCHEN DIENEN.

SZ SCHLAFZIMMER

OPFENER KAMIN

LOFT
GRUNDRISS, 1. STOCK
OFFEN
BÜRO
WOHN-ZIMMER
AB
DACH
OPFENER KAMIN

7,50 M
BAD
SZ
WOHNZ.
ESS-BEREICH
KÜCHE
OFFENER KAMIN
DIELE
EINGANG
EINGESCHOSSIGES HAUS

1965 JOHNSON HOUSE, SEA RANCH, KALIFORNIEN, ARCHITEKTEN: MLTW/CHARLES MOORE UND WILLIAM TURNBULL

12 M
ESS-ZIMMER
KÜCHE
SCHLAF-ZIMMER
SCHLAF-ZIMMER
SCHLAF-ZIMMER
GRUNDRISS, ERDGESCHOSS
EINGANG

1970 SAZ HOUSE, WOODS HOLE, MASSACHUSETTS, ARCHITEKT: MLTW/CHARLES MOORE

International Revival

Landesweit   1970

Inspiriert von der Pionierarbeit, die die frühen Vertreter des Internationalen Stils, vor allem aber Le Corbusier geleistet hatten, arbeitete eine Reihe von Architekten in diesem Stil, seit er in den dreißiger Jahren nach Amerika kam (siehe S. 216); er erlebte Ende der siebziger Jahre einen erneuten Aufschwung. Diese Neuauflage des internationalen Stils bezeichnete man wegen der geometrischen Formen auch als Neokubismus, Minimalismus oder Exklusivismus, da er alle Verzierungen und überflüssigen Formen zu eliminieren suchte. Mitunter wurde er auch als Neo-Corbusier-Stil, als Spätmodernismus oder Später Internationaler Stil bezeichnet. Auch der Begriff Cardboard Corbu wurde verwendet, da die Häuser Ähnlichkeit mit weißen Pappmodellen hatten.

Beispielhaft für die Wiederbelebung des Internationalen Stils in den siebziger Jahren ist eine Architekten-Gruppe, die sogenannten New York Five: Peter Eisenman, Michael Graves, Charles Gwathmey, John Heijduk und Richard Meier. Sie veröffentlichten 1972 in ihrem Buch *Five Architects* Essays, Zeichnungen und Fotografien fertiger Wohnhäuser, die größtenteils weiß und stark von der Formensprache Le Corbusiers geprägt waren, und ihr Schaffen hatte großen Einfluß auf Architekten in ganz Amerika.

Die Häuser im Stil des International Revival stießen häufig auf Kritik, weil sie nach Meinung einiger Kritiker elitär und im Sinne einer »höheren Kunst« zwar ästhetisch wirkten, im Grunde aber kalt und unmenschlich seien. Jacquelin Robertson behauptete, sie seien wie »Maschinen in einem Garten«, wirkten »eher wie Apparate, nicht wie Häuser« und stellten Kunstobjekte ohne menschlichen Kontext dar.

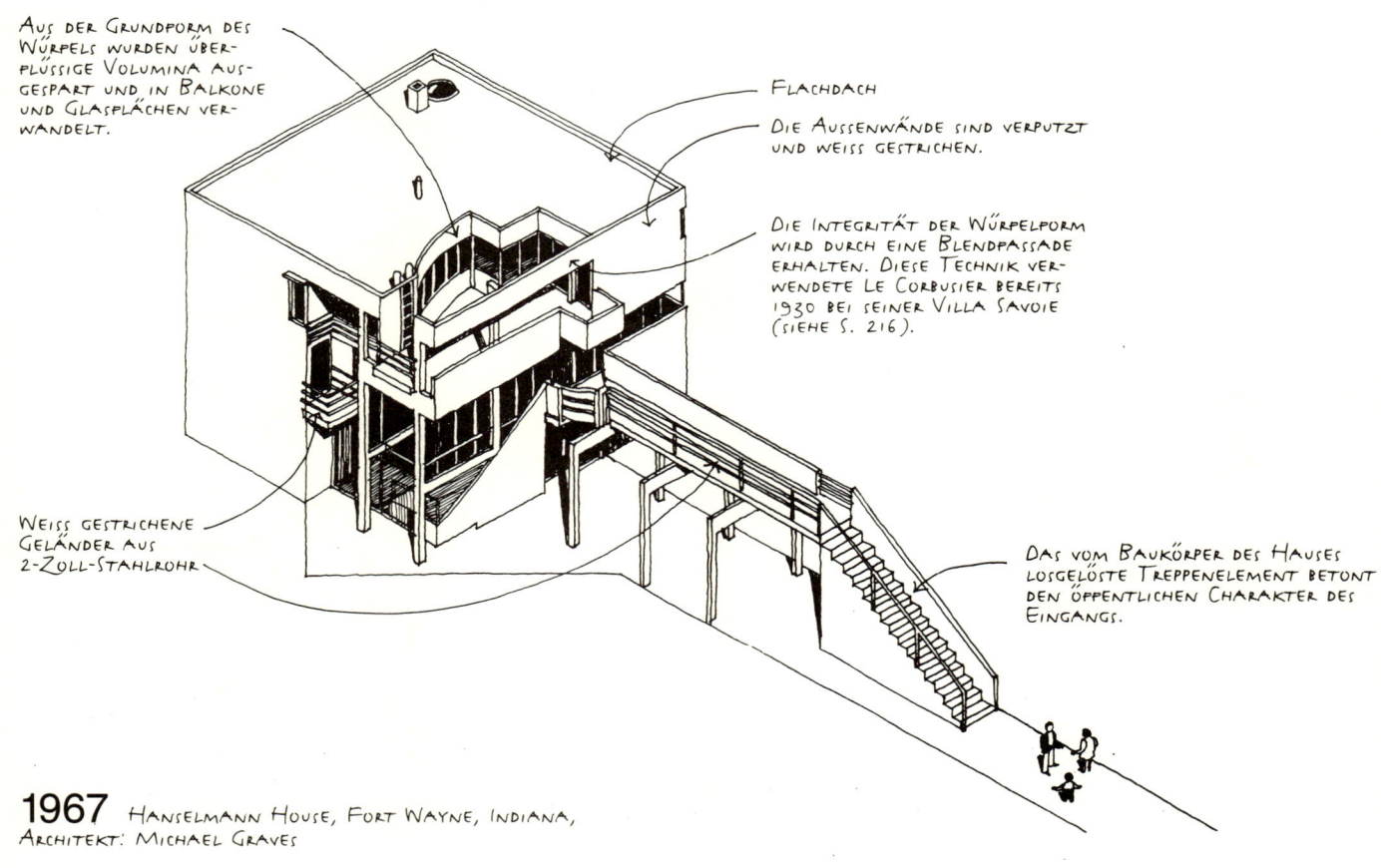

AUS DER GRUNDFORM DES WÜRFELS WURDEN ÜBERFLÜSSIGE VOLUMINA AUSGESPART UND IN BALKONE UND GLASFLÄCHEN VERWANDELT.

FLACHDACH

DIE AUSSENWÄNDE SIND VERPUTZT UND WEISS GESTRICHEN.

DIE INTEGRITÄT DER WÜRFELFORM WIRD DURCH EINE BLENDFASSADE ERHALTEN. DIESE TECHNIK VERWENDETE LE CORBUSIER BEREITS 1930 BEI SEINER VILLA SAVOIE (SIEHE S. 216).

WEISS GESTRICHENE GELÄNDER AUS 2-ZOLL-STAHLROHR

DAS VOM BAUKÖRPER DES HAUSES LOSGELÖSTE TREPPENELEMENT BETONT DEN ÖFFENTLICHEN CHARAKTER DES EINGANGS.

1967 HANSELMANN HOUSE, FORT WAYNE, INDIANA, ARCHITEKT: MICHAEL GRAVES

Die Bauten von Charles Gwathmey unterscheiden sich insofern von denen des Internationalen Stils, als sie Einflüsse des Shingle Style aufweisen. Sie sind aber aufgrund der klaren geometrischen Formen der Flachdächer und der glatten Oberflächen wie auch der schlichten Grundrisse in diese Gruppe einzuordnen.

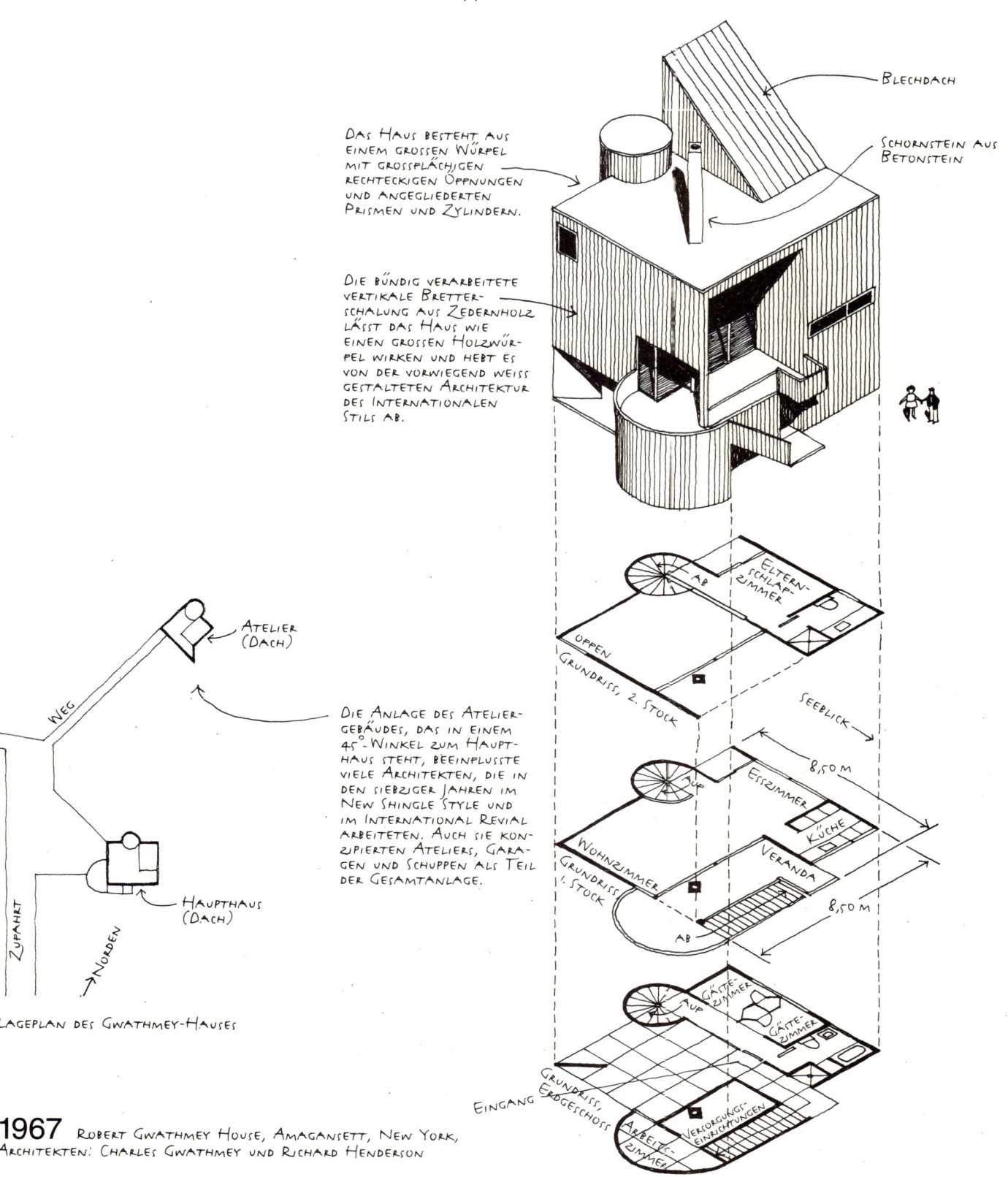

BLECHDACH

SCHORNSTEIN AUS BETONSTEIN

DAS HAUS BESTEHT AUS EINEM GROSSEN WÜRFEL MIT GROSSFLÄCHIGEN RECHTECKIGEN ÖPPNUNGEN UND ANGEGLIEDERTEN PRISMEN UND ZYLINDERN.

DIE BÜNDIG VERARBEITETE VERTIKALE BRETTER-SCHALUNG AUS ZEDERNHOLZ LÄSST DAS HAUS WIE EINEN GROSSEN HOLZWÜR-PEL WIRKEN UND HEBT ES VON DER VORWIEGEND WEISS GESTALTETEN ARCHITEKTUR DES INTERNATIONALEN STILS AB.

ATELIER (DACH)

WEG

DIE ANLAGE DES ATELIER-GEBÄUDES, DAS IN EINEM 45°-WINKEL ZUM HAUPT-HAUS STEHT, BEEINFLUSSTE VIELE ARCHITEKTEN, DIE IN DEN SIEBZIGER JAHREN IM NEW SHINGLE STYLE UND IM INTERNATIONAL REVIAL ARBEITETEN. AUCH SIE KON-ZIPIERTEN ATELIERS, GARA-GEN UND SCHUPPEN ALS TEIL DER GESAMTANLAGE.

ELTERN-SCHLAF-ZIMMER

AB

OFFEN

GRUNDRISS, 2. STOCK

SEEBLICK

8,50 M

Esszimmer

AUF

KÜCHE

WOHNZIMMER

VERANDA

GRUNDRISS 1. STOCK

AB

8,50 M

ZUFAHRT

NORDEN

HAUPTHAUS (DACH)

LAGEPLAN DES GWATHMEY-HAUSES

AUF

GÄSTE-ZIMMER

GÄSTE-ZIMMER

GRUNDRISS ERDGESCHOSS

EINGANG

VERSORGUNGS-EINRICHTUNGEN

ARBEITS-ZIMMER

1967 ROBERT GWATHMEY HOUSE, AMAGANSETT, NEW YORK, ARCHITEKTEN: CHARLES GWATHMEY UND RICHARD HENDERSON

Richard Meier, der einflußreichste Architekt der Gegenwart, der im Internationalen Stil arbeitet, hat zahlreiche elegante, weiße, schmucklose Bauten in Prismenform entworfen, die in scharfem Kontrast zu ihrer natürlichen Umgebung stehen, aber den Vorstellungen der Auftraggeber und den Bedingungen des jeweiligen Grundstücks gerecht werden. Die beiden folgenden Beispiele lassen Meiers Vorliebe für das architektonische Vokabular Le Corbusiers deutlich erkennen.

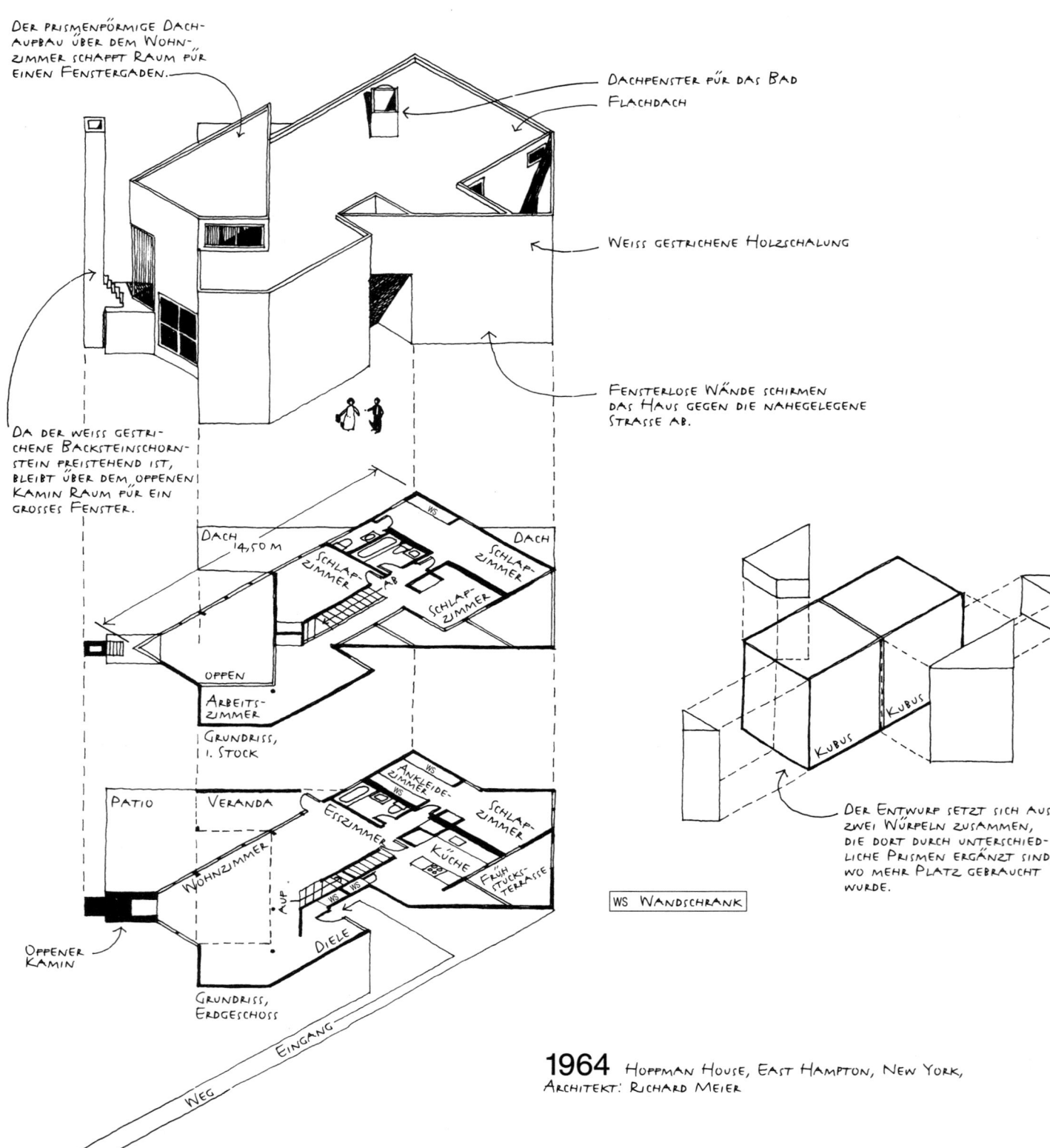

DER PRISMENFÖRMIGE DACH-AUFBAU ÜBER DEM WOHN-ZIMMER SCHAFFT RAUM FÜR EINEN FENSTERGADEN.

DACHFENSTER FÜR DAS BAD

FLACHDACH

WEISS GESTRICHENE HOLZSCHALUNG

FENSTERLOSE WÄNDE SCHIRMEN DAS HAUS GEGEN DIE NAHEGELEGENE STRASSE AB.

DA DER WEISS GESTRI-CHENE BACKSTEINSCHORN-STEIN FREISTEHEND IST, BLEIBT ÜBER DEM OFFENEN KAMIN RAUM FÜR EIN GROSSES FENSTER.

DACH 14,50 M

DACH

SCHLAF-ZIMMER

WS

SCHLAF-ZIMMER

SCHLAF-ZIMMER

OFFEN

ARBEITS-ZIMMER

GRUNDRISS, 1. STOCK

PATIO

VERANDA

ANKLEIDE-ZIMMER

WS

WS

SCHLAF-ZIMMER

ESSZIMMER

KÜCHE

WOHNZIMMER

AUF.

WS

WS

FRÜH-STÜCKS-TERRASSE

OFFENER KAMIN

DIELE

GRUNDRISS, ERDGESCHOSS

EINGANG

WEG

KUBUS

KUBUS

DER ENTWURF SETZT SICH AUS ZWEI WÜRFELN ZUSAMMEN, DIE DORT DURCH UNTERSCHIED-LICHE PRISMEN ERGÄNZT SIND, WO MEHR PLATZ GEBRAUCHT WURDE.

WS WANDSCHRANK

1964 HOFFMAN HOUSE, EAST HAMPTON, NEW YORK, ARCHITEKT: RICHARD MEIER

Das Saltzman-Haus (oft auch Villa Saltzman genannt), das ganz offensichtlich vor Le Corbusiers Villa Savoie (siehe S. 216) beeinflußt wurde und ihr in der Bauweise recht ähnlich ist, zeigt beispielhaft die Architektur, die zeitgenössische Architekten des Internationalen Stils entwickelt haben. Allerdings betont Meier im Gegensatz zu Le Corbusier das Stahlskelett nicht und gestaltet die Fassade wesentlich glatter und weißer, als es bei früheren Bauten im Internationalen Stil der Fall war.

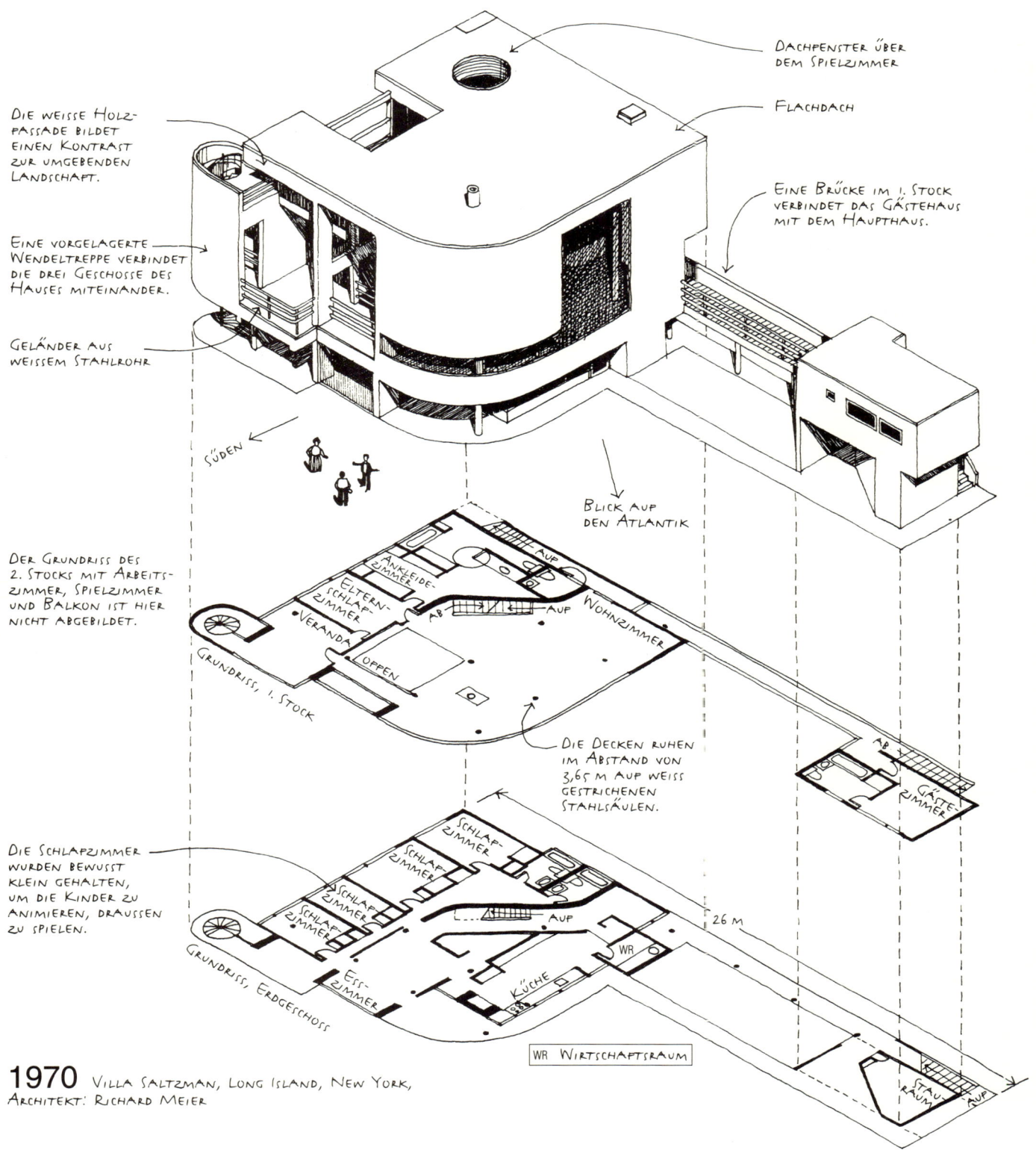

DACHFENSTER ÜBER DEM SPIELZIMMER

FLACHDACH

DIE WEISSE HOLZFASSADE BILDET EINEN KONTRAST ZUR UMGEBENDEN LANDSCHAFT.

EINE BRÜCKE IM 1. STOCK VERBINDET DAS GÄSTEHAUS MIT DEM HAUPTHAUS.

EINE VORGELAGERTE WENDELTREPPE VERBINDET DIE DREI GESCHOSSE DES HAUSES MITEINANDER.

GELÄNDER AUS WEISSEM STAHLROHR

SÜDEN

BLICK AUF DEN ATLANTIK

DER GRUNDRISS DES 2. STOCKS MIT ARBEITSZIMMER, SPIELZIMMER UND BALKON IST HIER NICHT ABGEBILDET.

ANKLEIDEZIMMER
ELTERNSCHLAFZIMMER
VERANDA
OFFEN
AUF
AB
AUF
WOHNZIMMER

GRUNDRISS, 1. STOCK

AB
GÄSTEZIMMER

DIE DECKEN RUHEN IM ABSTAND VON 3,65 M AUF WEISS GESTRICHENEN STAHLSÄULEN.

DIE SCHLAFZIMMER WURDEN BEWUSST KLEIN GEHALTEN, UM DIE KINDER ZU ANIMIEREN, DRAUSSEN ZU SPIELEN.

SCHLAFZIMMER
SCHLAFZIMMER
SCHLAFZIMMER
SCHLAFZIMMER
AUF
WR
26 M

GRUNDRISS, ERDGESCHOSS

ESSZIMMER
KÜCHE

STAURAUM
AUF

WR WIRTSCHAFTSRAUM

1970 VILLA SALTZMAN, LONG ISLAND, NEW YORK, ARCHITEKT: RICHARD MEIER

Pneumatische Architektur

Landesweit   1975

Pneumatische Gebäude bestehen aus Tragluft-Konstruktionen mit aufblasbaren Membransystemen, die am Boden verankert sind und ständig (durch Luft) so unter Druck gehalten werden, daß Sie Witterungseinflüssen wie Wind, Regen oder Schnee standhalten können. Da sie nur temporär eingesetzt werden können und sich nicht isolieren lassen, finden sie in Amerika zu Wohnzwecken nur selten Verwendung und werden vorwiegend als Überdachung für Schwimmbecken und Tennisplätze eingesetzt. Ihre einzigartigen Qualitäten könnten jedoch in der Zukunft durchaus dazu führen, daß man sie zu privaten Wohnzwecken einsetzt.

Anfang der siebziger Jahre erlebte die pneumatische Architektur eine kurze Blütezeit in der alternativen Wohnkultur. Mit Tragluftkonstruktionen konnte man preiswerte, originelle und leicht zu errichtende Unterkünfte errichten. Die Entwicklungen der Chrysalis Corporation, einer Gruppe englischer Designer, die in Los Angeles mit Tragluftgebäuden arbeitete, beeinflußte eine Reihe junger Architekten.

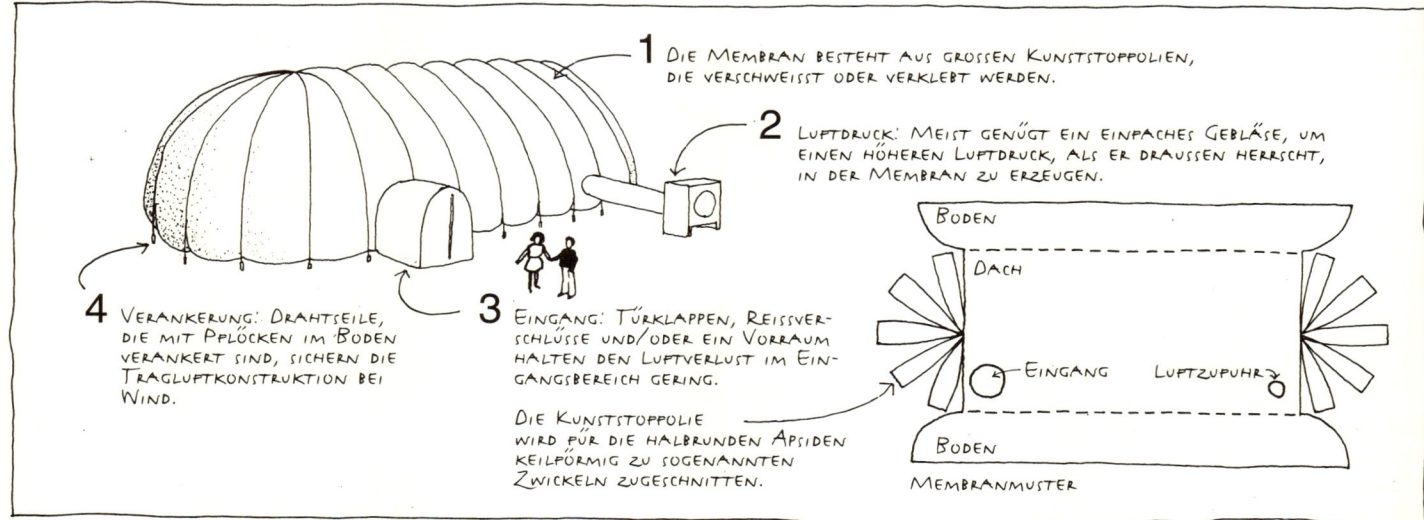

DIE 4 GRUNDBESTANDTEILE EINER TRAGLUFTKONSTRUKTION

Eine Gruppe von Architekten aus Texas, die sich Ant Farm nannte, veröffentlichte 1970 mit dem Buch *Inflatocookbook* eine Anleitung für den Bau von Tragluftkonstruktionen. Bald darauf entstanden in ganz Amerika verschiedene Gebäude in dieser Technik. Wenn das Membranmaterial entsprechend zugeschnitten und verschweißt wird, sind unendlich viele Formen möglich.

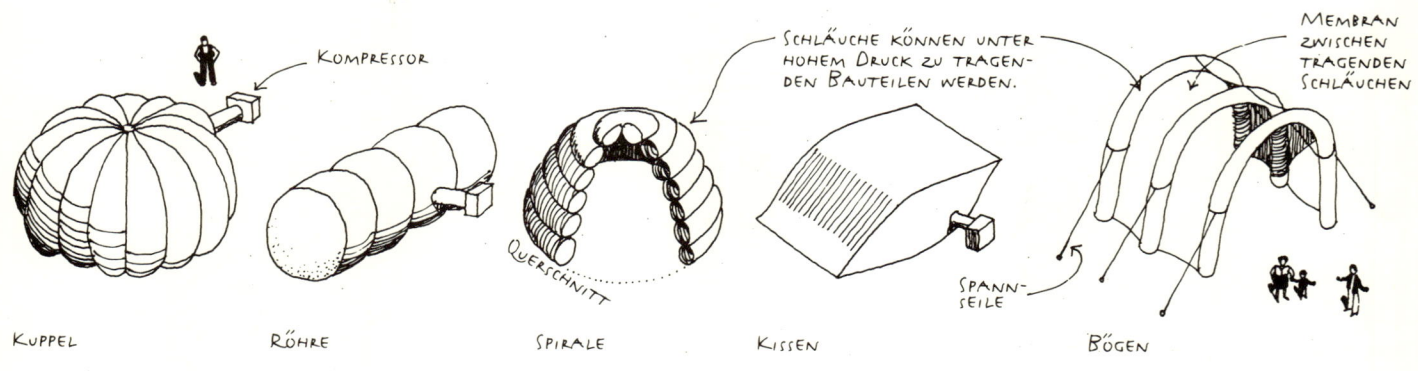

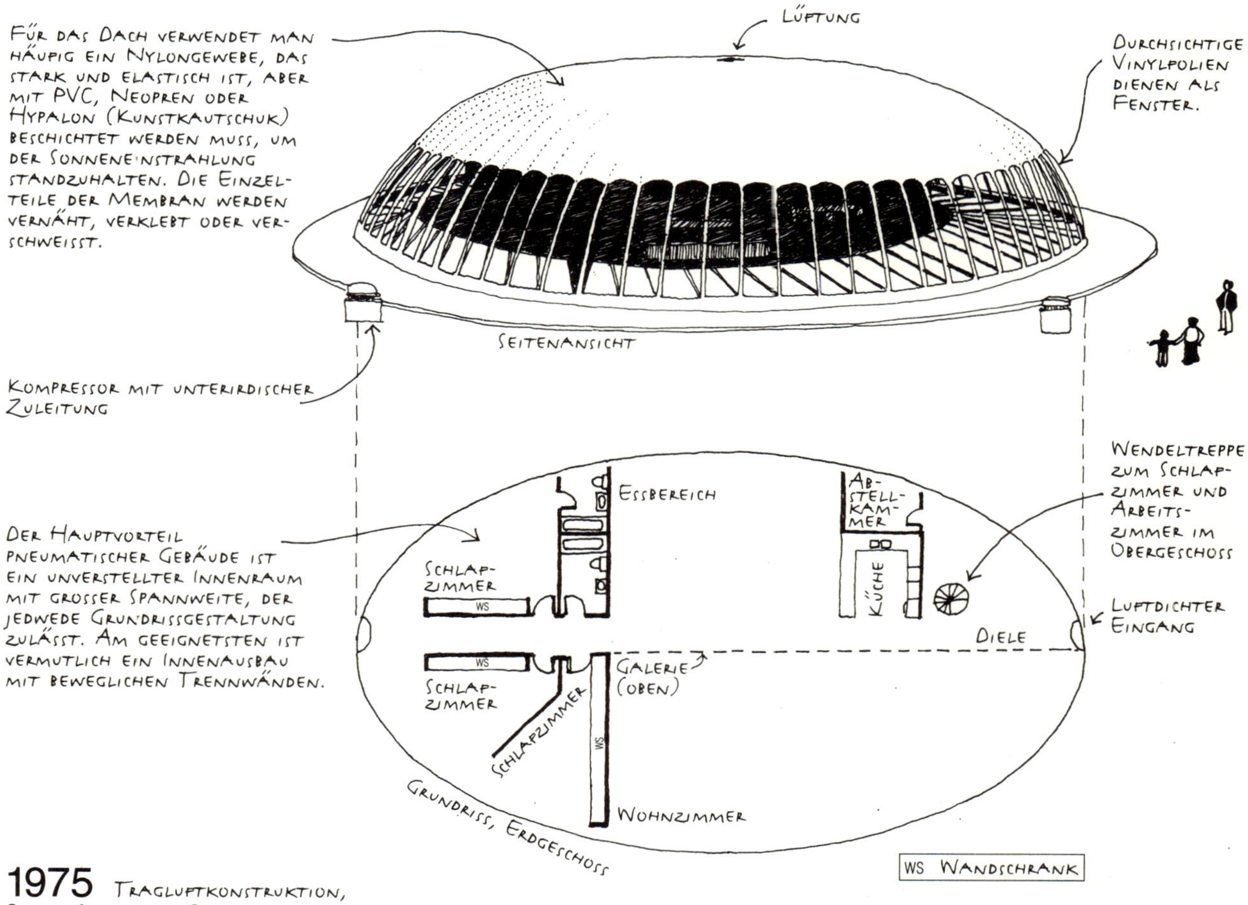

FÜR DAS DACH VERWENDET MAN HÄUFIG EIN NYLONGEWEBE, DAS STARK UND ELASTISCH IST, ABER MIT PVC, NEOPREN ODER HYPALON (KUNSTKAUTSCHUK) BESCHICHTET WERDEN MUSS, UM DER SONNENEINSTRAHLUNG STANDZUHALTEN. DIE EINZELTEILE DER MEMBRAN WERDEN VERNÄHT, VERKLEBT ODER VERSCHWEISST.

LÜFTUNG

DURCHSICHTIGE VINYLFOLIEN DIENEN ALS FENSTER.

SEITENANSICHT

KOMPRESSOR MIT UNTERIRDISCHER ZULEITUNG

WENDELTREPPE ZUM SCHLAFZIMMER UND ARBEITSZIMMER IM OBERGESCHOSS

LUFTDICHTER EINGANG

DER HAUPTVORTEIL PNEUMATISCHER GEBÄUDE IST EIN UNVERSTELLTER INNENRAUM MIT GROSSER SPANNWEITE, DER JEDWEDE GRUNDRISSGESTALTUNG ZULÄSST. AM GEEIGNETSTEN IST VERMUTLICH EIN INNENAUSBAU MIT BEWEGLICHEN TRENNWÄNDEN.

ESSBEREICH

ABSTELLKAMMER

KÜCHE

DIELE

SCHLAFZIMMER

WS

GALERIE (OBEN)

SCHLAFZIMMER

SCHLAFZIMMER

WS

WOHNZIMMER

GRUNDRISS, ERDGESCHOSS

WS WANDSCHRANK

1975 TRAGLUFTKONSTRUKTION, CIDAIR STRUCTURES CO.

Die meisten industriell hergestellten Tragluftkonstruktionen halten etwa fünf Jahre, allerdings variiert die Haltbarkeit je nach Klima und Luftverhältnissen sehr stark. In Regionen mit starken Temperaturschwankungen, hoher Luftverschmutzung und Schnee reduziert sich die Haltbarkeit einer solchen Konstruktion auf etwa drei Jahre. In den meisten Fällen kann man die Membran zusätzlich mit einer synthetischen Schutzschicht besprühen, die ihre Haltbarkeit auf bis zu zehn Jahre erhöht. Diese relativ kurze Lebensdauer, die ständig nötige Energiezufuhr und die fehlende Wärmedämmung sind die drei Hauptgründe, weshalb man pneumatische Konstruktionen selten zu Wohnzwecken nutzt. Diese Nachteile überwiegen bei weitem die Vorzüge, die in den niedrigen Kosten, dem unverstellten Raum, dem schnellen Aufbau und dem geringen Wartungsaufwand bestehen.

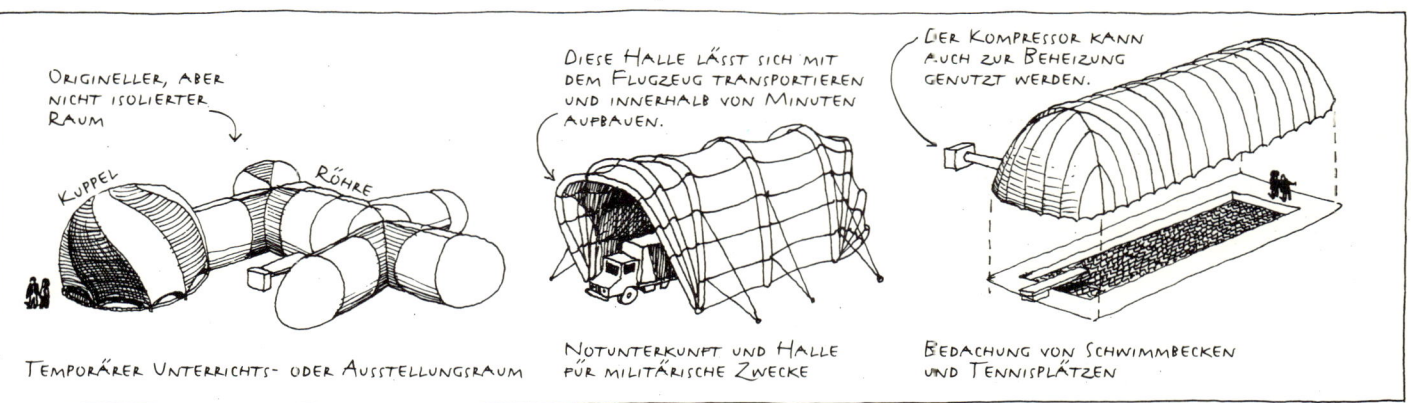

ORIGINELLER, ABER NICHT ISOLIERTER RAUM

KUPPEL

RÖHRE

TEMPORÄRER UNTERRICHTS- ODER AUSSTELLUNGSRAUM

DIESE HALLE LÄSST SICH MIT DEM FLUGZEUG TRANSPORTIEREN UND INNERHALB VON MINUTEN AUFBAUEN.

NOTUNTERKUNFT UND HALLE FÜR MILITÄRISCHE ZWECKE

DER KOMPRESSOR KANN AUCH ZUR BEHEIZUNG GENUTZT WERDEN.

BEDACHUNG VON SCHWIMMBECKEN UND TENNISPLÄTZEN

VERWENDUNGSMÖGLICHKEITEN VON TRAGLUFTKONSTRUKTIONEN

Passives Solarhaus

Landesweit   1975

Ein passives Solarhaus ist so konzipiert, daß sein Wärmebedarf ganz oder teilweise durch Sonnenenergie gedeckt wird, wo-bei konventionelle Bauteile genutzt werden, um Wärme ohne energieverbrauchende Pumpen oder Ventilatoren zu gewinnen, zu speichern und zu verteilen. Das Sonnenlicht gelangt durch Glas- oder Kunststoffflächen an der Südseite in das Gebäude und wird durch Baustoffe wie Backstein, Kalksandstein, Beton, Naturstein, Lehm oder Wasser absorbiert. Die Wohnräume sind so angeordnet, daß sie unmittelbar an diesen Wärmespeichern liegen und ohne zusätzliche Rohrleitungen oder Warmluftver-teiler beheizt werden. Solche Häuser müssen in ihrer Ausrichtung sorgfältig geplant werden können. Natürliche Faktoren wie Windrichtung, Laubbäume, Teiche, die topographische Beschaffenheit der Umgebung und immergrüne Bäume sind für das Funktionieren eines solchen Hauses wichtig. In kalten Regionen sind allerdings größere und aufwendigere Heizsysteme erfor-derlich.

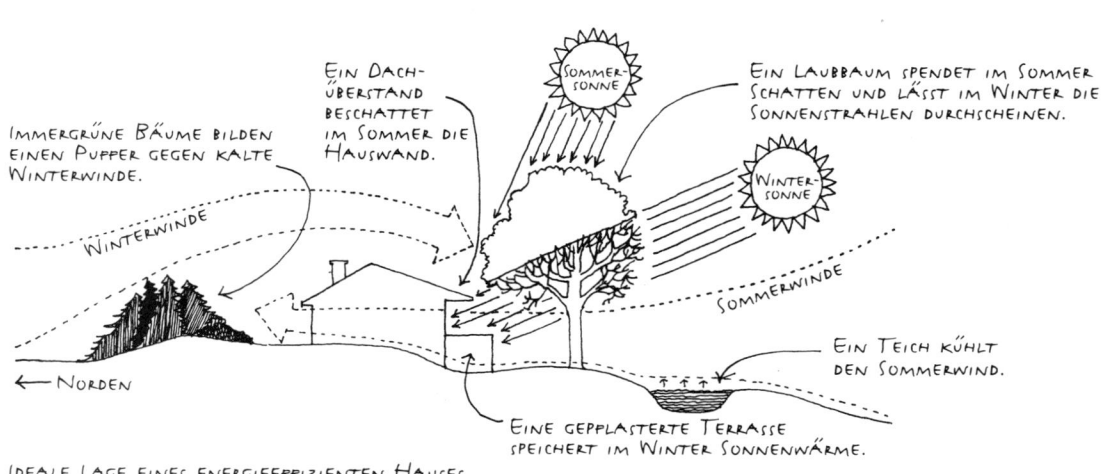

IDEALE LAGE EINES ENERGIEEFFIZIENTEN HAUSES

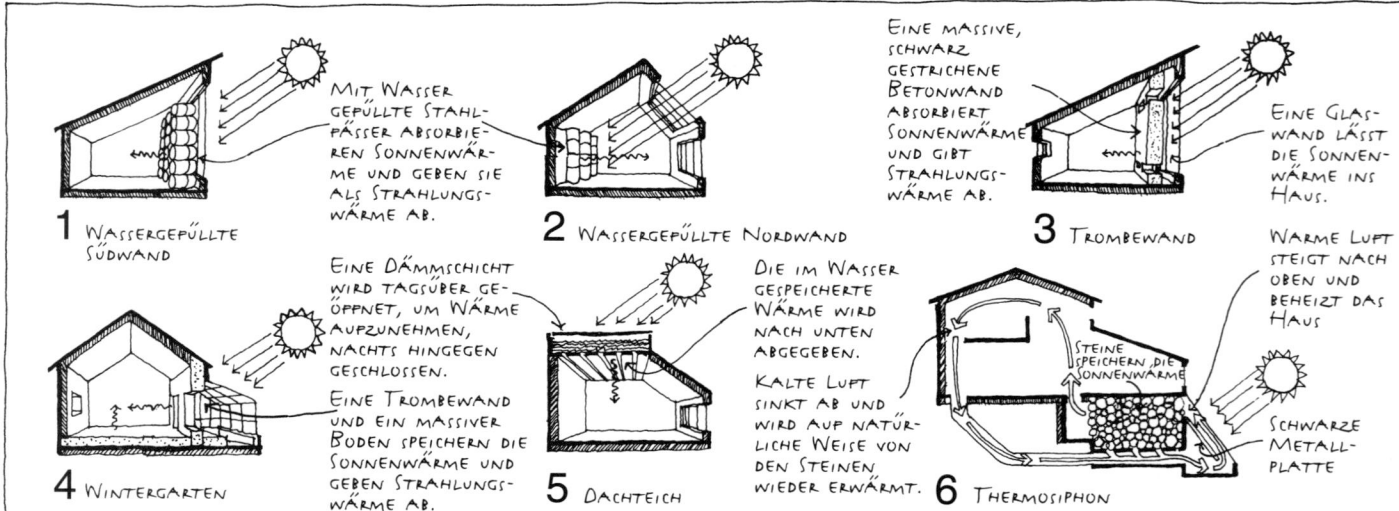

SECHS MÖGLICHKEITEN, EIN HAUS PASSIV MIT SONNENENERGIE ZU BEHEIZEN.

298

Wer ein passives Solarhaus plant, sieht sich vor die Aufgabe gestellt, an der Südwand ein Energiespeichersystem zu installieren, ohne auf natürliches Tageslicht verzichten zu müssen. Das folgende Beispiel zeigt, wie ein Architekt dies hervorragend gelöst hat. Er fügte in die 40 cm starke Betonwand Fensteröffnungen ein, die eine Doppelverglasung erhielten, und schuf mit einem Wintergarten an der Südwand zusätzlich Platz, eine weitere Tageslichtquelle und einen Wärmespeicher.

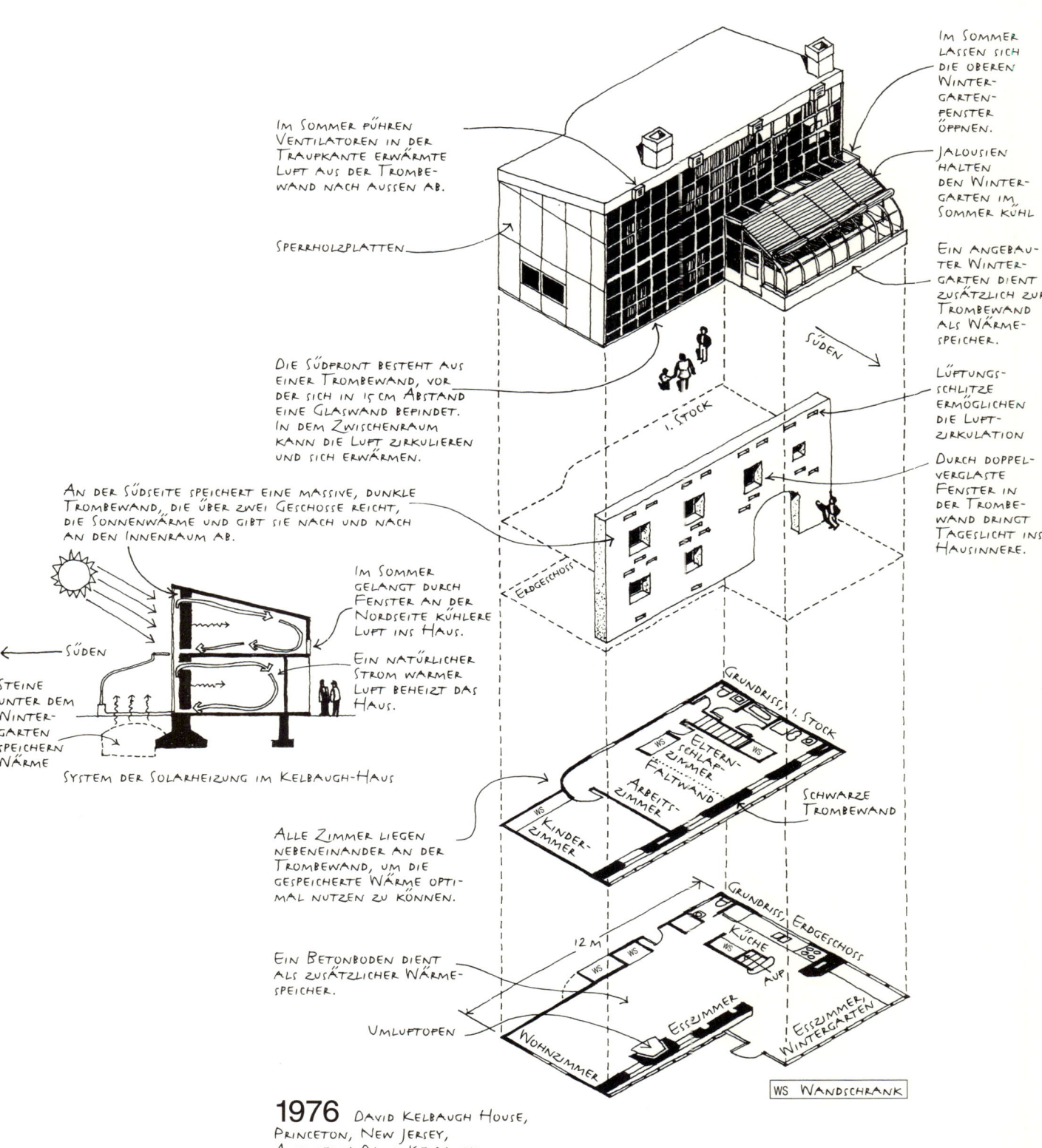

IM SOMMER FÜHREN VENTILATOREN IN DER TRAUFKANTE ERWÄRMTE LUFT AUS DER TROMBE-WAND NACH AUSSEN AB.

SPERRHOLZPLATTEN

IM SOMMER LASSEN SICH DIE OBEREN WINTER-GARTEN-FENSTER ÖFFNEN.

JALOUSIEN HALTEN DEN WINTER-GARTEN IM SOMMER KÜHL

EIN ANGEBAU-TER WINTER-GARTEN DIENT ZUSÄTZLICH ZUR TROMBEWAND ALS WÄRME-SPEICHER.

LÜFTUNGS-SCHLITZE ERMÖGLICHEN DIE LUFT-ZIRKULATION

DURCH DOPPEL-VERGLASTE FENSTER IN DER TROMBE-WAND DRINGT TAGESLICHT INS HAUSINNERE.

DIE SÜDFRONT BESTEHT AUS EINER TROMBEWAND, VOR DER SICH IN 15 CM ABSTAND EINE GLASWAND BEFINDET. IN DEM ZWISCHENRAUM KANN DIE LUFT ZIRKULIEREN UND SICH ERWÄRMEN.

SÜDEN

1. STOCK

ERDGESCHOSS

AN DER SÜDSEITE SPEICHERT EINE MASSIVE, DUNKLE TROMBEWAND, DIE ÜBER ZWEI GESCHOSSE REICHT, DIE SONNENWÄRME UND GIBT SIE NACH UND NACH AN DEN INNENRAUM AB.

IM SOMMER GELANGT DURCH FENSTER AN DER NORDSEITE KÜHLERE LUFT INS HAUS.

EIN NATÜRLICHER STROM WARMER LUFT BEHEIZT DAS HAUS.

SÜDEN

STEINE UNTER DEM WINTER-GARTEN SPEICHERN WÄRME

SYSTEM DER SOLARHEIZUNG IM KELBAUGH-HAUS

GRUNDRISS, 1. STOCK

ELTERN-SCHLAF-ZIMMER

FALTWAND

ARBEITS-ZIMMER

KINDER-ZIMMER

WS

SCHWARZE TROMBEWAND

ALLE ZIMMER LIEGEN NEBENEINANDER AN DER TROMBEWAND, UM DIE GESPEICHERTE WÄRME OPTI-MAL NUTZEN ZU KÖNNEN.

EIN BETONBODEN DIENT ALS ZUSÄTZLICHER WÄRME-SPEICHER.

UMLUFTOFEN

12 M

WS

GRUNDRISS, ERDGESCHOSS

KÜCHE

WS

AUF

WOHNZIMMER

ESSZIMMER

ESSZIMMER, WINTERGARTEN

WS WANDSCHRANK

1976 DAVID KELBAUGH HOUSE, PRINCETON, NEW JERSEY, ARCHITEKT: DAVID KELBAUGH

Aktives Solarhaus

Landesweit   1975

Die steigenden Energiekosten und zunehmenden Umweltprobleme, die mit den meisten konventionellen Heizsystemen verbunden sind, haben wesentlich dazu beigetragen, daß sich immer mehr Amerikaner beim Bau neuer Häuser mit Sonnenenergie beschäftigen. Um 1975 gab es bereits viele Neubauten, die Sonnenenergie als Hauptwärmequelle vorsahen. Eine aktive Solarheizung funktioniert wie eine herkömmliche Zentralheizung, nutzt jedoch als Energiequelle die Sonne. Im Gegensatz zur passiven Solarheizung besteht sie ebenso wie eine herkömmliche Heizung aus beweglichen mechanischen Teilen wie Thermostaten, Ventilatoren, Pumpen und Ventilen, die elektrisch betrieben werden und Wärme speichern und verteilen.

Die beiden Grundtypen eines aktiven Solarsystems (siehe unten) unterscheiden sich durch die fluiden Trägermaterialien, über die der Wärmetausch erfolgt: Luft oder Wasser. Beide Medien werden beim Durchfluß durch Sonnenkollektoren erhitzt, die man wegen ihrer flachen Metallkomponenten als Plattenkollektoren bezeichnet. Meist werden sie in Reihen auf dem Dach des Hauses so angebracht, daß sie rechtwinklig zur niedrigstehenden Wintersonne angeordnet sind. Solche Systeme gibt es in vielen Varianten.

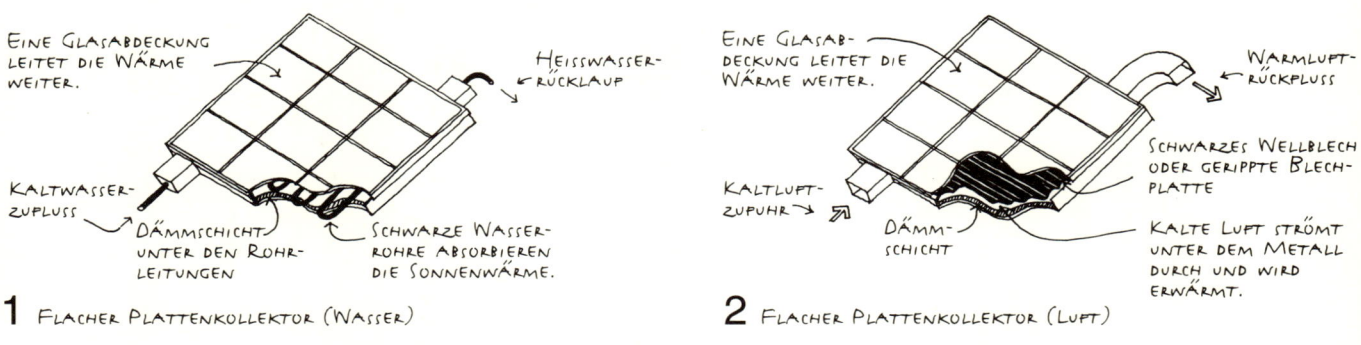

1 FLACHER PLATTENKOLLEKTOR (WASSER)

2 FLACHER PLATTENKOLLEKTOR (LUFT)

An einem sonnigen Tag wird das Wasser oder die Luft vom Sonnenkollektor in einen Wassertank oder einen Kiesspeicher geführt, wo Wasser oder Kies erwärmt werden und wieder in den Kollektor zurückgelangen, um erneut aufgeheizt zu werden. An bewölkten Tagen oder nachts wird die gespeicherte Wärme im Haus verteilt.

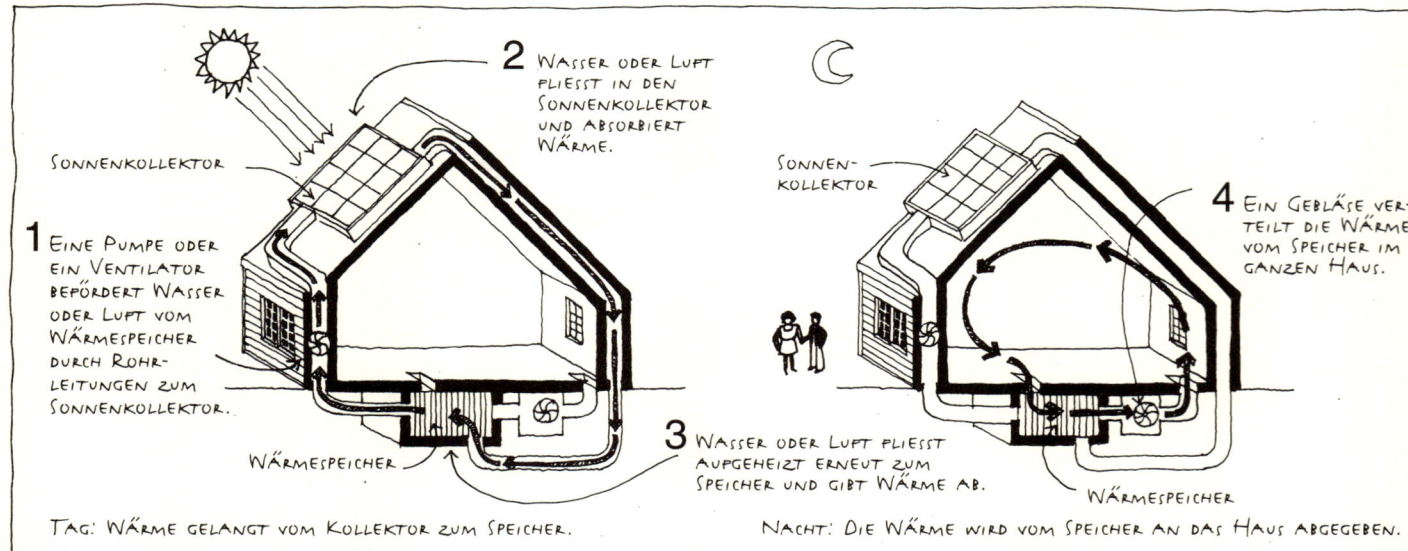

BEHEIZUNG EINES AKTIVEN SOLARHAUSES IN VIER STUFEN

300

Bei der Planung eines aktiven Solarhauses stellt sich ebenso wie beim passiven Solarhaus das Problem, die Südwand für ein wärmeabsorbierendes System nutzen zu können, ohne auf natürliches Tageslicht und Fensterflächen verzichten zu müssen. Das folgende Beispiel eines Hauses, konzipiert für eine kalte Region, verbindet einfallsreich Sonnenkollektoren, Wintergarten, Fenster, Türen und einen Balkon an der Südseite des Hauses. Alle anderen Wände sind gut isoliert und haben nur wenige, kleine Fenster.

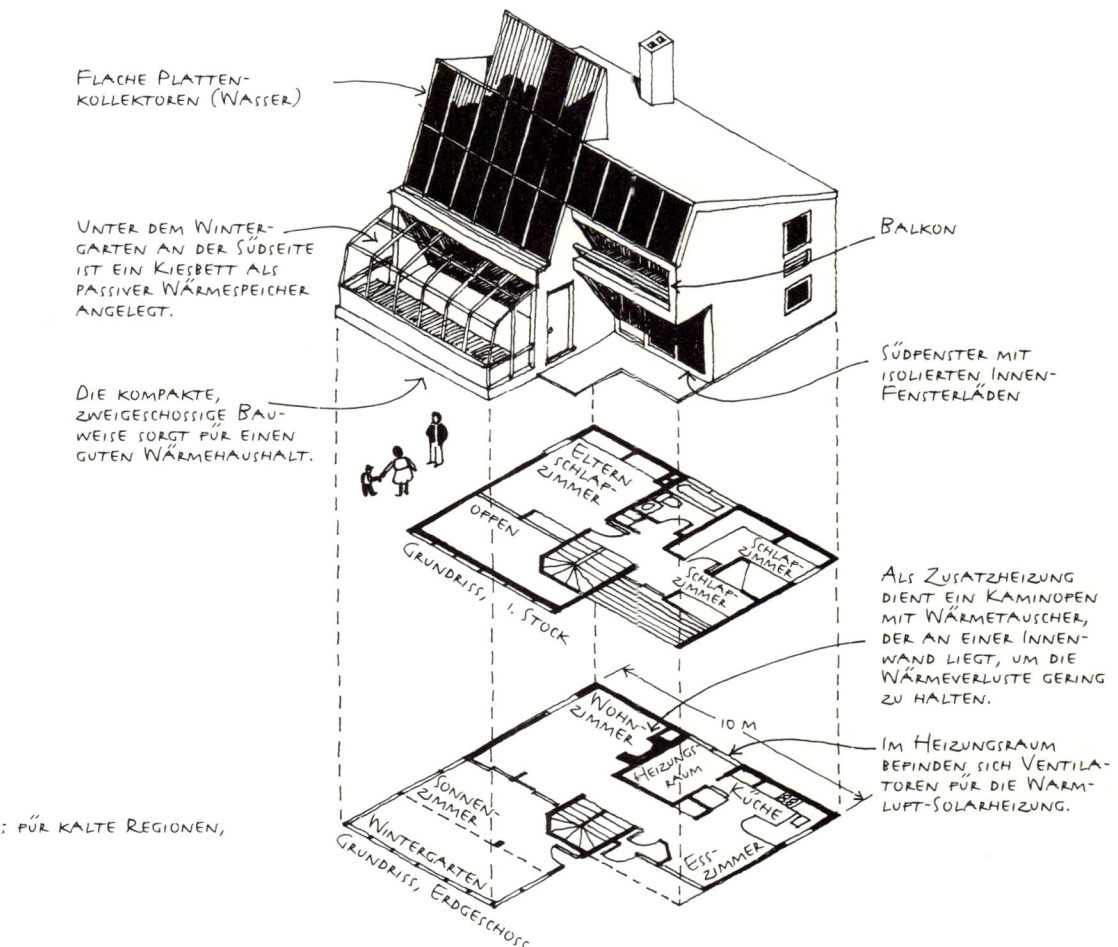

FLACHE PLATTEN-KOLLEKTOREN (WASSER)

UNTER DEM WINTERGARTEN AN DER SÜDSEITE IST EIN KIESBETT ALS PASSIVER WÄRMESPEICHER ANGELEGT.

DIE KOMPAKTE, ZWEIGESCHOSSIGE BAUWEISE SORGT FÜR EINEN GUTEN WÄRMEHAUSHALT.

BALKON

SÜDFENSTER MIT ISOLIERTEN INNEN-FENSTERLÄDEN

ELTERN SCHLAFZIMMER
OFFEN
SCHLAFZIMMER
SCHLAFZIMMER
GRUNDRISS, 1. STOCK

ALS ZUSATZHEIZUNG DIENT EIN KAMINOFEN MIT WÄRMETAUSCHER, DER AN EINER INNENWAND LIEGT, UM DIE WÄRMEVERLUSTE GERING ZU HALTEN.

WOHNZIMMER
HEIZUNGSRAUM
10 M
KÜCHE
SONNENZIMMER
WINTERGARTEN
ESSZIMMER
GRUNDRISS, ERDGESCHOSS

IM HEIZUNGSRAUM BEFINDEN SICH VENTILATOREN FÜR DIE WARMLUFT-SOLARHEIZUNG.

1976 AKTIVES SOLARHAUS FÜR KALTE REGIONEN, ENTWURF: DONALD WATSON

Die Form eines Solarhauses hängt von der Anzahl der Kollektoren ab, die notwendig sind, um es zu beheizen. Einige Möglichkeiten (siehe unten), die Donald Watson in seinem Buch *The Solar House* anführt, zeigen die vielen Varianten, wie man Sonnenkollektoren in verschiedenen Klimaregionen anordnen kann. Bei allen Beispielen sind im Erdgeschoß keine Kollektoren installiert, um es für Fenster, Türen, Veranden und Wintergärten zu nutzen.

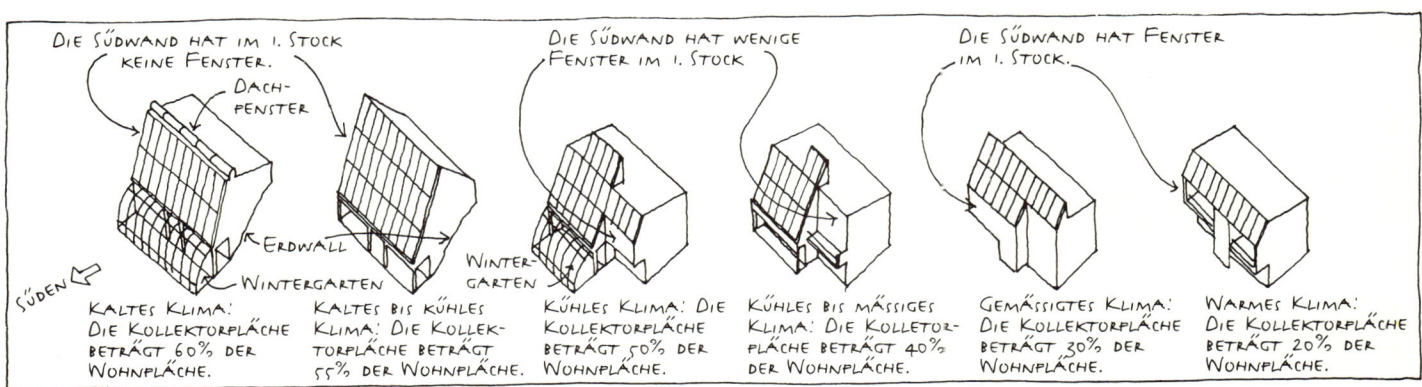

DIE SÜDWAND HAT IM 1. STOCK KEINE FENSTER.
DACHFENSTER
ERDWALL
WINTERGARTEN
SÜDEN

DIE SÜDWAND HAT WENIGE FENSTER IM 1. STOCK
WINTERGARTEN

DIE SÜDWAND HAT FENSTER IM 1. STOCK.

KALTES KLIMA: DIE KOLLEKTORFLÄCHE BETRÄGT 60% DER WOHNFLÄCHE.

KALTES BIS KÜHLES KLIMA: DIE KOLLEKTORFLÄCHE BETRÄGT 55% DER WOHNFLÄCHE.

KÜHLES KLIMA: DIE KOLLEKTORFLÄCHE BETRÄGT 50% DER WOHNFLÄCHE.

KÜHLES BIS MÄSSIGES KLIMA: DIE KOLLETORFLÄCHE BETRÄGT 40% DER WOHNFLÄCHE.

GEMÄSSIGTES KLIMA: DIE KOLLEKTORFLÄCHE BETRÄGT 30% DER WOHNFLÄCHE.

WARMES KLIMA: DIE KOLLEKTORFLÄCHE BETRÄGT 20% DER WOHNFLÄCHE.

AUSWIRKUNGEN VON SONNENKOLLEKTOREN AUF DIE HAUSFORM

Erdbemantelung
Landesweit 1975

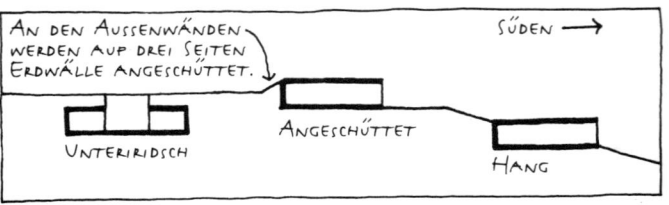

AN DEN AUSSENWÄNDEN WERDEN AUF DREI SEITEN ERDWÄLLE ANGESCHÜTTET.

SÜDEN →

UNTERIRDISCH · ANGESCHÜTTET · HANG

DREI ARTEN ERDBEMANTELTER HÄUSER

Häuser mit Erdbemantelung sind eine weitere Möglichkeit, Sonnenenergie passiv zu nutzen. Ziel des erdbemantelten Hauses ist es, den Komfort herkömmlicher Häuser zu erhalten oder noch zu erhöhen, indem man das Haus soweit wie möglich mit einem Erdmantel umgibt. Die Erdaufschüttung verhindert, daß die Außenwände durch unmittelbare Wärmeverluste und Wind auskühlen. Da sich die Bodentemperatur unterhalb der Frostgrenze bei über 10 °C hält, bleiben erdbemantelte Häuser im Winter warm und im Sommer kühl.

Es gibt drei Grundtypen erdbemantelter Häuser: Der erste Haustyp ist vollständig unter die Erdoberfläche gebaut und die Räume sind um ein nach oben offenes Atrium gruppiert. Hinsichtlich der Wärmeausbeute ist dieser Typ der effizienteste, allerdings bietet er keinerlei Aussicht und es gelangt nur wenig Tageslicht ins Haus. Bei dem zweiten Haustyp werden an einem Teil der Außenwände Erdwälle angeschüttet. Diese Variante ist bei der energiebewußten Planung von Häusern am weitesten verbreitet. Den dritten Typ stellen Häuser dar, die in einen Hang gebaut sind. Sie sind die erstrebenswerteste Variante, da hier die wärmende und kühlende Wirkung der Erde genutzt wird, aber noch mindestens eine Außenwand freiliegt (im Idealfall die Südwand, um die Sonneneinstrahlung maximal zu nutzen).

Diese drei Formen erdbemantelter Häuser sollen an je einem Beispiel vorgestellt werden:

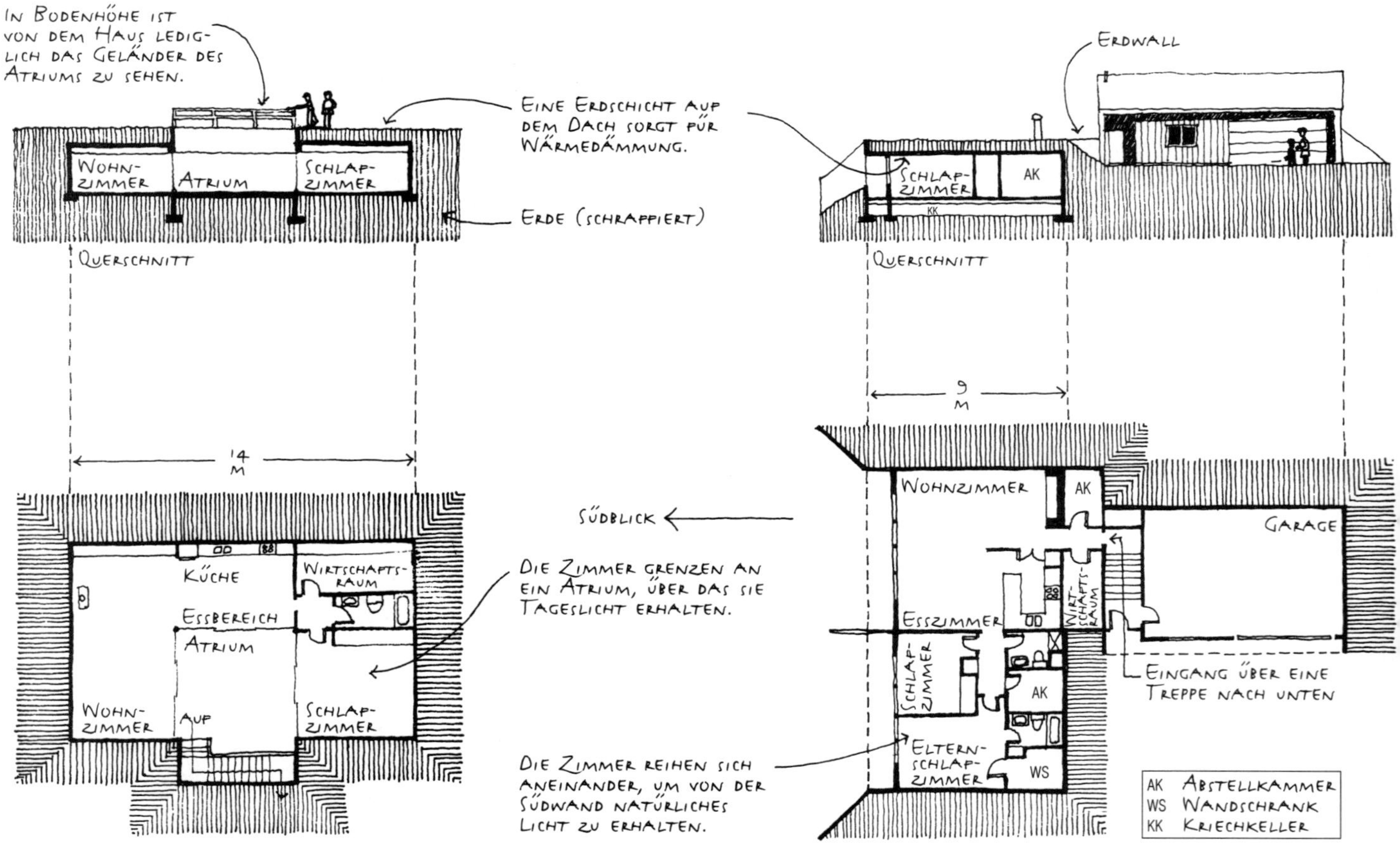

IN BODENHÖHE IST VON DEM HAUS LEDIGLICH DAS GELÄNDER DES ATRIUMS ZU SEHEN.

EINE ERDSCHICHT AUF DEM DACH SORGT FÜR WÄRMEDÄMMUNG.

ERDE (SCHRAFFIERT)

WOHNZIMMER · ATRIUM · SCHLAFZIMMER

QUERSCHNITT

ERDWALL

SCHLAFZIMMER · AK

KK

QUERSCHNITT

14 M

9 M

KÜCHE · WIRTSCHAFTSRAUM

ESSBEREICH

ATRIUM

WOHNZIMMER · AUF · SCHLAFZIMMER

SÜDBLICK ←

DIE ZIMMER GRENZEN AN EIN ATRIUM, ÜBER DAS SIE TAGESLICHT ERHALTEN.

DIE ZIMMER REIHEN SICH ANEINANDER, UM VON DER SÜDWAND NATÜRLICHES LICHT ZU ERHALTEN.

WOHNZIMMER · AK

GARAGE

ESSZIMMER · WIRTSCHAFTSRAUM

SCHLAFZIMMER · AK

ELTERNSCHLAFZIMMER · WS

EINGANG ÜBER EINE TREPPE NACH UNTEN

AK	ABSTELLKAMMER
WS	WANDSCHRANK
KK	KRIECHKELLER

1973 BERNARD HOUSE (UNTERIRDISCH), OSTERVILLE, MASSACHUSETTS, ARCHITEKT: JOHN BERNARD

1977 JONES HOUSE (ANGESCHÜTTET), STILLWATER, WISCONSIN, ARCHITEKTEN: CARMODY UND ELLISON

Bei vielen erdbemantelten Häusern ist auch das Dach mit einer (meist etwa 45 cm dicken) Erdschicht bedeckt wie bei dem unten vorgestellten Hanghaus. Da die Dachkonstruktion gut abgedichtet und stark genug sein muß, um die schwere, nasse Erde zu tragen, ist dies ein recht teures Dämmverfahren. Allerdings besitzt ein mit Gras bewachsenes Dach eine ganz eigene Ästhetik und psychologische Wirkung.

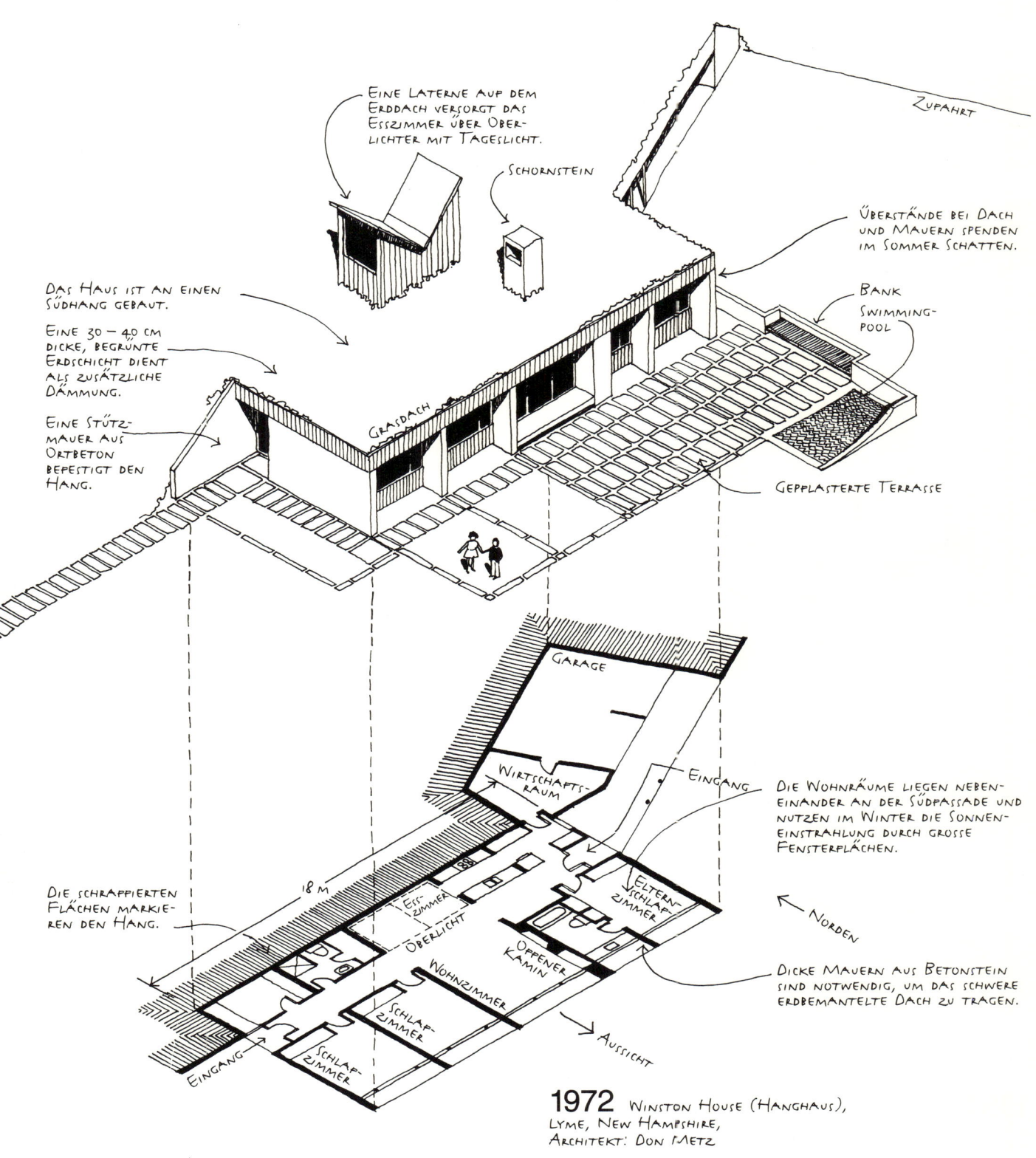

EINE LATERNE AUF DEM ERDDACH VERSORGT DAS ESSZIMMER ÜBER OBERLICHTER MIT TAGESLICHT.

SCHORNSTEIN

ZUFAHRT

ÜBERSTÄNDE BEI DACH UND MAUERN SPENDEN IM SOMMER SCHATTEN.

DAS HAUS IST AN EINEN SÜDHANG GEBAUT.

EINE 30 – 40 CM DICKE, BEGRÜNTE ERDSCHICHT DIENT ALS ZUSÄTZLICHE DÄMMUNG.

EINE STÜTZMAUER AUS ORTBETON BEFESTIGT DEN HANG.

BANK SWIMMINGPOOL

GRASDACH

GEPFLASTERTE TERRASSE

GARAGE

WIRTSCHAFTSRAUM

EINGANG

DIE WOHNRÄUME LIEGEN NEBENEINANDER AN DER SÜDFASSADE UND NUTZEN IM WINTER DIE SONNENEINSTRAHLUNG DURCH GROSSE FENSTERFLÄCHEN.

DIE SCHRAFFIERTEN FLÄCHEN MARKIEREN DEN HANG.

18 M

ESSZIMMER

OBERLICHT

ELTERNSCHLAFZIMMER

NORDEN

DICKE MAUERN AUS BETONSTEIN SIND NOTWENDIG, UM DAS SCHWERE ERDBEMANTELTE DACH ZU TRAGEN.

WOHNZIMMER

OFFENER KAMIN

SCHLAFZIMMER

AUSSICHT

EINGANG

SCHLAFZIMMER

1972 WINSTON HOUSE (HANGHAUS), LYME, NEW HAMPSHIRE, ARCHITEKT: DON METZ

Postmoderne

Landesweit   1978

Ende der sechziger Jahre sahen viele im »modernen« Internationalen Stil den Inbegriff einer Architektur des Unternehmertums. Der Glaskasten der vierziger Jahre galt mittlerweile als konservativ und etabliert. Robert Venturi schrieb in seinem Buch *Complexity and Contradiction in Architecture*: »Ich mag Elemente, die gemischt, nicht ›rein‹ sind, eher auf Kompromissen beruhen als auf ›Klarheit‹, eher verzerrt als ›geradlinig‹ sind ...« Mies van der Rohes berühmtes Axiom »Weniger ist mehr« entwickelte sich bei den antimodernen oder postmodernen Architekten zu: »Weniger ist langweilig.«

Die Postmoderne imitiert indirekt zahlreiche historische Stilarten (unter anderem den Shingle Style), arbeitet mit Ornamenten und vermengt verschiedene Stile unterschiedlicher Kulturen. Charles Moore schrieb: »Ich hoffe, zukünftige Historiker werden bemerken, mit welcher Umsicht die Architektur des ausgehenden zwanzigsten Jahrhunderts die uns zur Verfügung stehenden Einflüsse aufgegriffen und genossen hat.«

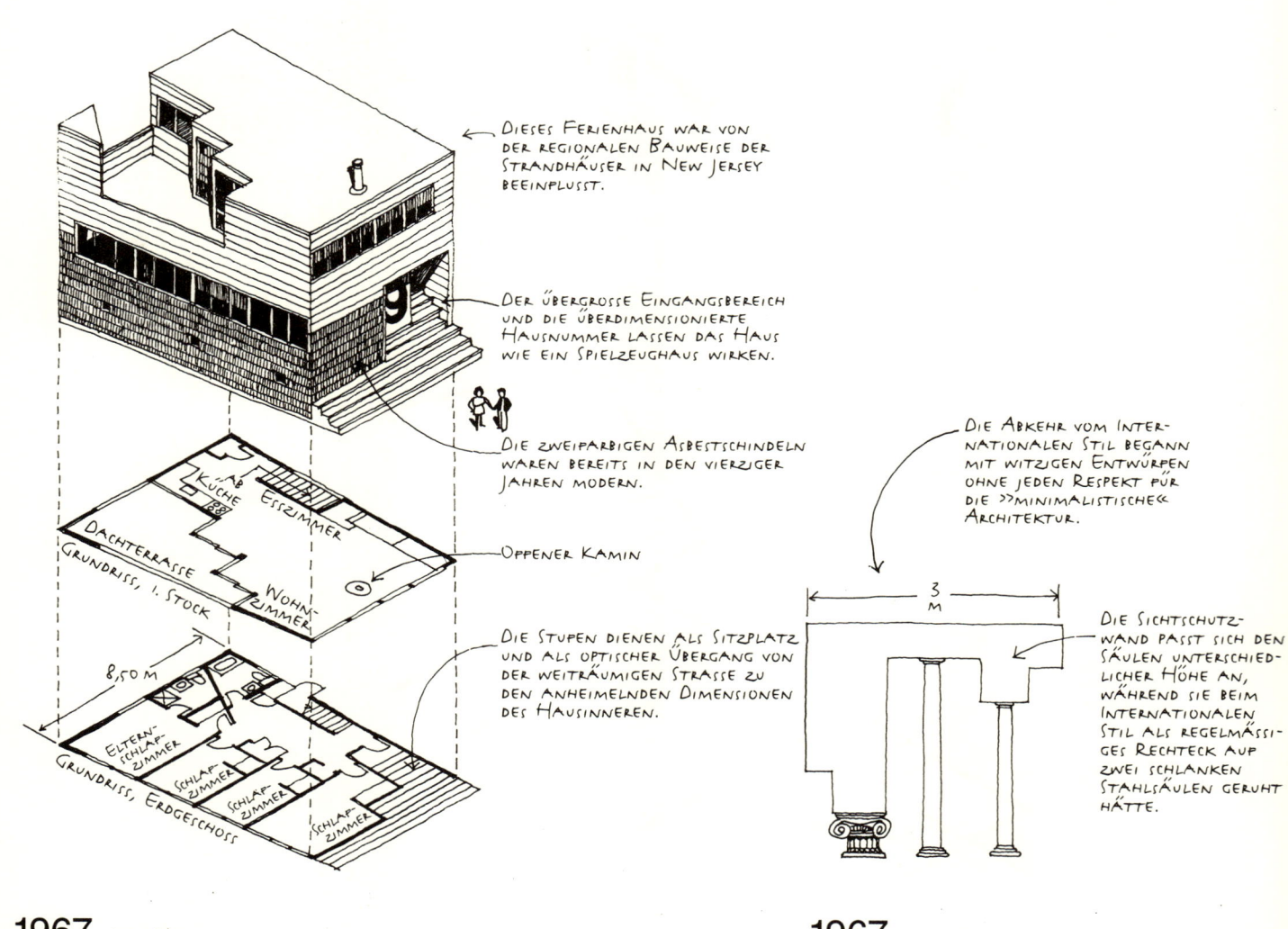

DIESES FERIENHAUS WAR VON DER REGIONALEN BAUWEISE DER STRANDHÄUSER IN NEW JERSEY BEEINFLUSST.

DER ÜBERGROSSE EINGANGSBEREICH UND DIE ÜBERDIMENSIONIERTE HAUSNUMMER LASSEN DAS HAUS WIE EIN SPIELZEUGHAUS WIRKEN.

DIE ZWEIFARBIGEN ASBESTSCHINDELN WAREN BEREITS IN DEN VIERZIGER JAHREN MODERN.

OFFENER KAMIN

DIE STUFEN DIENEN ALS SITZPLATZ UND ALS OPTISCHER ÜBERGANG VON DER WEITRÄUMIGEN STRASSE ZU DEN ANHEIMELNDEN DIMENSIONEN DES HAUSINNEREN.

DIE ABKEHR VOM INTERNATIONALEN STIL BEGANN MIT WITZIGEN ENTWÜRFEN OHNE JEDEN RESPEKT FÜR DIE »MINIMALISTISCHE« ARCHITEKTUR.

DIE SICHTSCHUTZWAND PASST SICH DEN SÄULEN UNTERSCHIEDLICHER HÖHE AN, WÄHREND SIE BEIM INTERNATIONALEN STIL ALS REGELMÄSSIGES RECHTECK AUF ZWEI SCHLANKEN STAHLSÄULEN GERUHT HÄTTE.

KÜCHE — ESSZIMMER — DACHTERRASSE — GRUNDRISS, 1. STOCK — WOHNZIMMER

8,50 M — ELTERNSCHLAFZIMMER — SCHLAFZIMMER — SCHLAFZIMMER — SCHLAFZIMMER — GRUNDRISS, ERDGESCHOSS

1967 LIEB HOUSE, LOVELADIES, NEW JERSEY, ARCHITEKTEN: VENTURI UND RAUCH

1967 SICHTSCHUTZWAND, MLTW OFFICES, NEW HAVEN, CONNECTICUT, ARCHITEKT: CHARLES MOORE

304

Die postmodernen Architekten haben sich von so unterschiedlichen Quellen wie den »poppigen« Bauten an amerikanischen Highways oder italienischen Bergstädten inspirieren lassen. Sie greifen auf Bilder zurück, die sie während Reisen und bei Studien gesehen haben, und beziehen häufig auch die Vorstellungen ein, die sich ihre Auftraggeber von ihrem Traumhaus machen. Das Lang House (siehe unten) verknüpft auf Anregung des Auftraggebers und nach Ideen des Architekten Elemente des mediterranen Villenstils, des italienischen Barock und des englischen Herrenhauses mit Strukturen des Internationalen Stils.

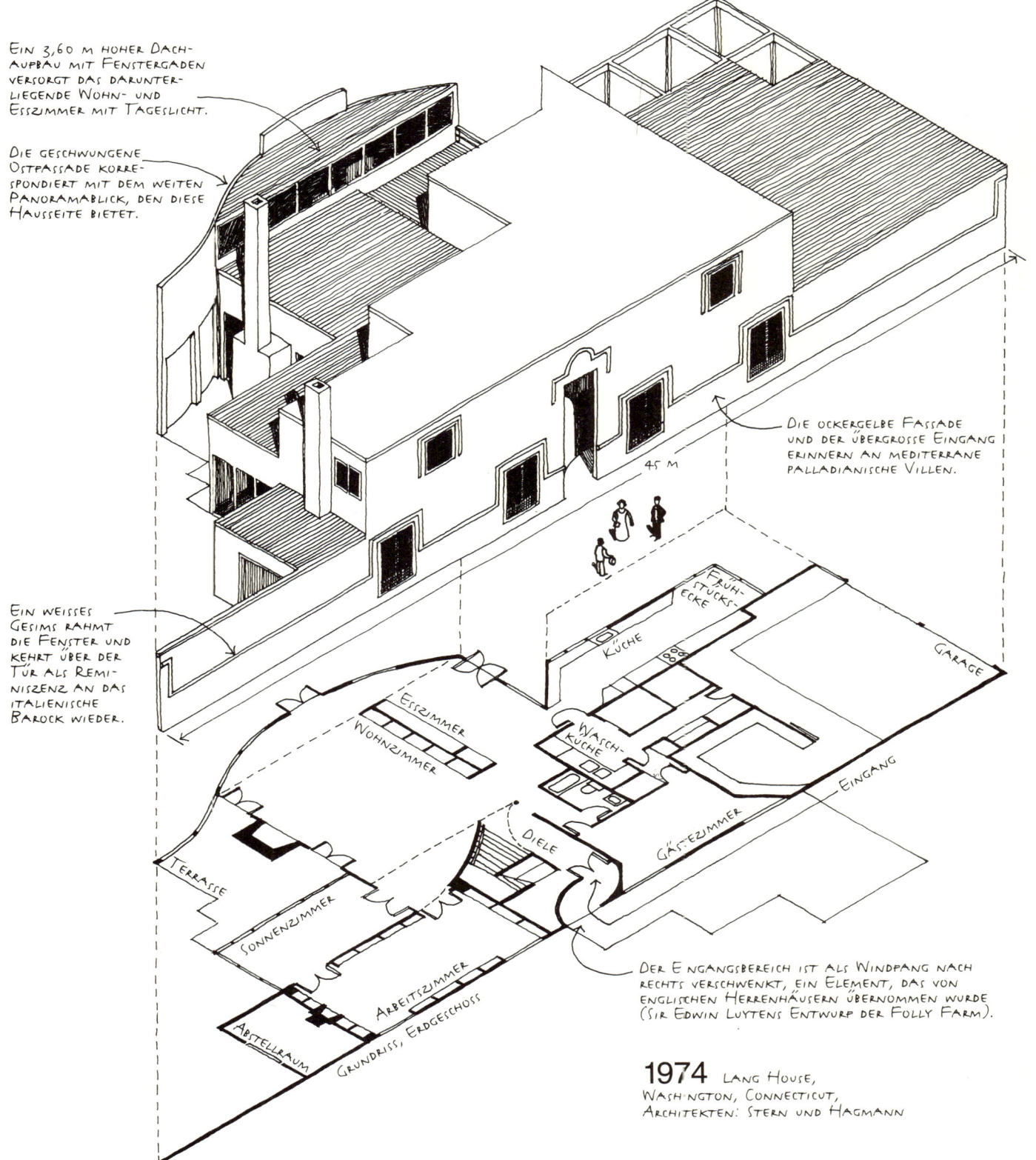

EIN 3,60 M HOHER DACH-AUFBAU MIT FENSTERGADEN VERSORGT DAS DARUNTER-LIEGENDE WOHN- UND ESSZIMMER MIT TAGESLICHT.

DIE GESCHWUNGENE OSTFASSADE KORRE-SPONDIERT MIT DEM WEITEN PANORAMABLICK, DEN DIESE HAUSSEITE BIETET.

EIN WEISSES GESIMS RAHMT DIE FENSTER UND KEHRT ÜBER DER TÜR ALS REMI-NISZENZ AN DAS ITALIENISCHE BAROCK WIEDER.

DIE OCKERGELBE FASSADE UND DER ÜBERGROSSE EINGANG ERINNERN AN MEDITERRANE PALLADIANISCHE VILLEN.

45 M

FRÜH-STÜCKS-ECKE

KÜCHE

GARAGE

WASCH-KÜCHE

ESSZIMMER

WOHNZIMMER

EINGANG

GÄSTEZIMMER

DIELE

TERRASSE

SONNENZIMMER

ARBEITSZIMMER

ABSTELLRAUM

GRUNDRISS, ERDGESCHOSS

DER EINGANGSBEREICH IST ALS WINDFANG NACH RECHTS VERSCHWENKT, EIN ELEMENT, DAS VON ENGLISCHEN HERRENHÄUSERN ÜBERNOMMEN WURDE (SIR EDWIN LUYTENS ENTWURF DER FOLLY FARM).

1974 LANG HOUSE, WASHINGTON, CONNECTICUT, ARCHITEKTEN: STERN UND HAGMANN

Viele Kritiker bezeichnen postmoderne Bauten als »romantisch«, »ironisch-anspielungsreich«, »Rückkehr zum Ornament«, »Neoeklektizismus«, »humoristische Architektur« oder »Vermengung architektonischer Metaphern«. Das folgende Haus ist ein Beispiel für all dies: Ein klassisch angehauchter rustikaler Bau im Bay Region Style mit schwerem Kranzgesims, dessen Fassade von einem großen Schwingtor beherrscht wird, wie es in Autowerkstätten zu finden ist.

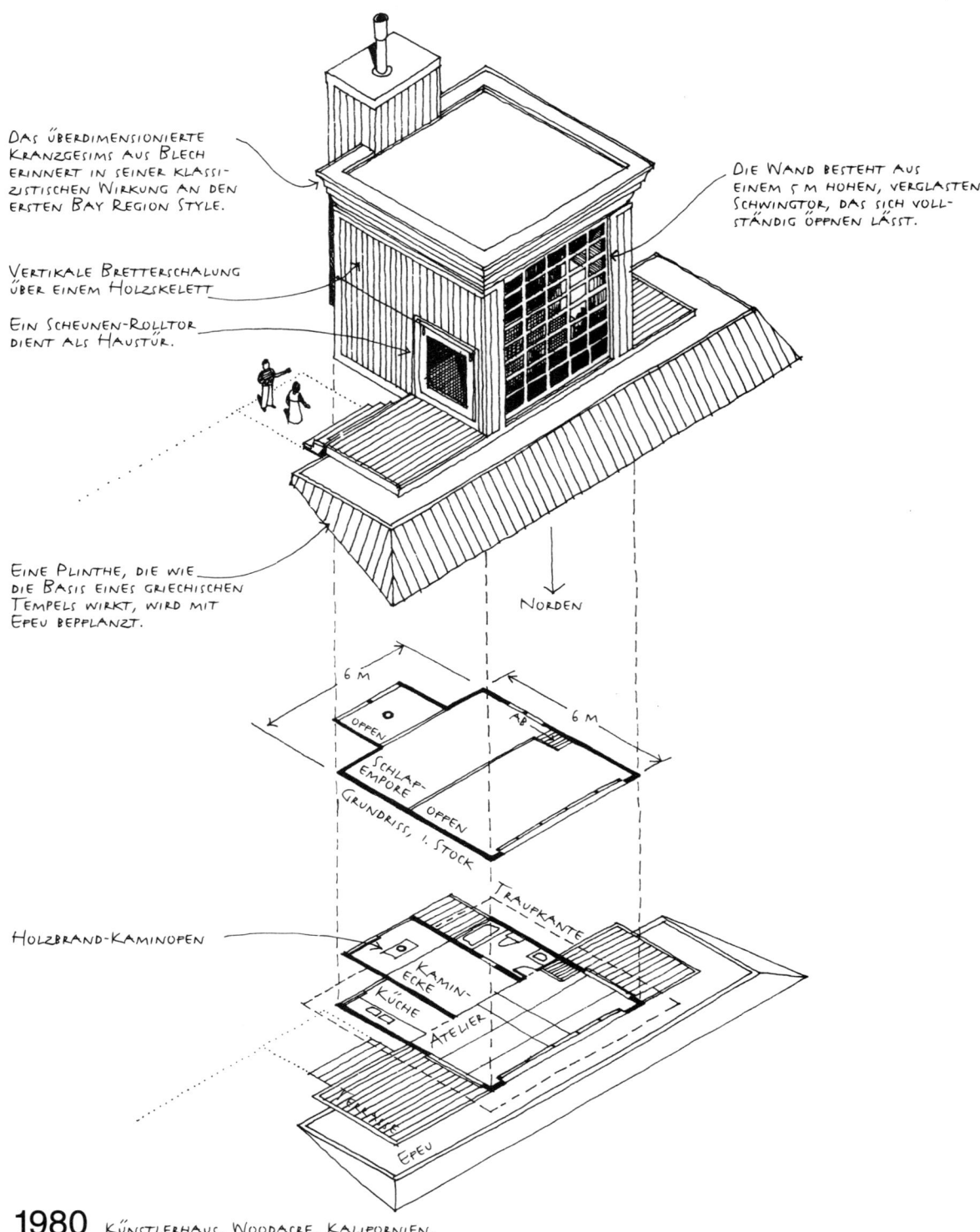

DAS ÜBERDIMENSIONIERTE KRANZGESIMS AUS BLECH ERINNERT IN SEINER KLASSI- ZISTISCHEN WIRKUNG AN DEN ERSTEN BAY REGION STYLE.

DIE WAND BESTEHT AUS EINEM 5 M HOHEN, VERGLASTEN SCHWINGTOR, DAS SICH VOLL- STÄNDIG ÖFFNEN LÄSST.

VERTIKALE BRETTERSCHALUNG ÜBER EINEM HOLZSKELETT

EIN SCHEUNEN-ROLLTOR DIENT ALS HAUSTÜR.

EINE PLINTHE, DIE WIE DIE BASIS EINES GRIECHISCHEN TEMPELS WIRKT, WIRD MIT EFEU BEPPLANZT.

NORDEN

6 M

6 M

OFFEN

AB

SCHLAF- EMPORE

OFFEN

GRUNDRISS, 1. STOCK

TRAUFKANTE

HOLZBRAND-KAMINOFEN

KAMIN- ECKE

KÜCHE

ATELIER

TERASSE

EFEU

1980 KÜNSTLERHAUS, WOODACRE, KALIFORNIEN, ARCHITEKT: GARY SCOTT KNEELAND

Paul Goldberger, der Architekturkritiker der *New York Times*, sagte über die postmoderne Architektur: »Die gegenwärtige Romantikwelle in Architektur und Design entspringt offenbar weniger einem Versuch, die nichtarchitektonischen Qualitäten vergangener Kulturen einzufangen, als vielmehr einer leichteren, weniger wertbeladenen Art der Emotion. Ihre Vorliebe gilt mehr dem Erscheinungsbild alter Dinge als ihrer Bedeutung.« Das folgende Beispiel illustriert diese Aussage an einem Haus, das die in Delaware heimische Bauweise mit Stilmitteln der amerikanischen Postmoderne wie Maßstabsveränderungen, Symbolismus und dekorativen Elementen neu interpretiert.

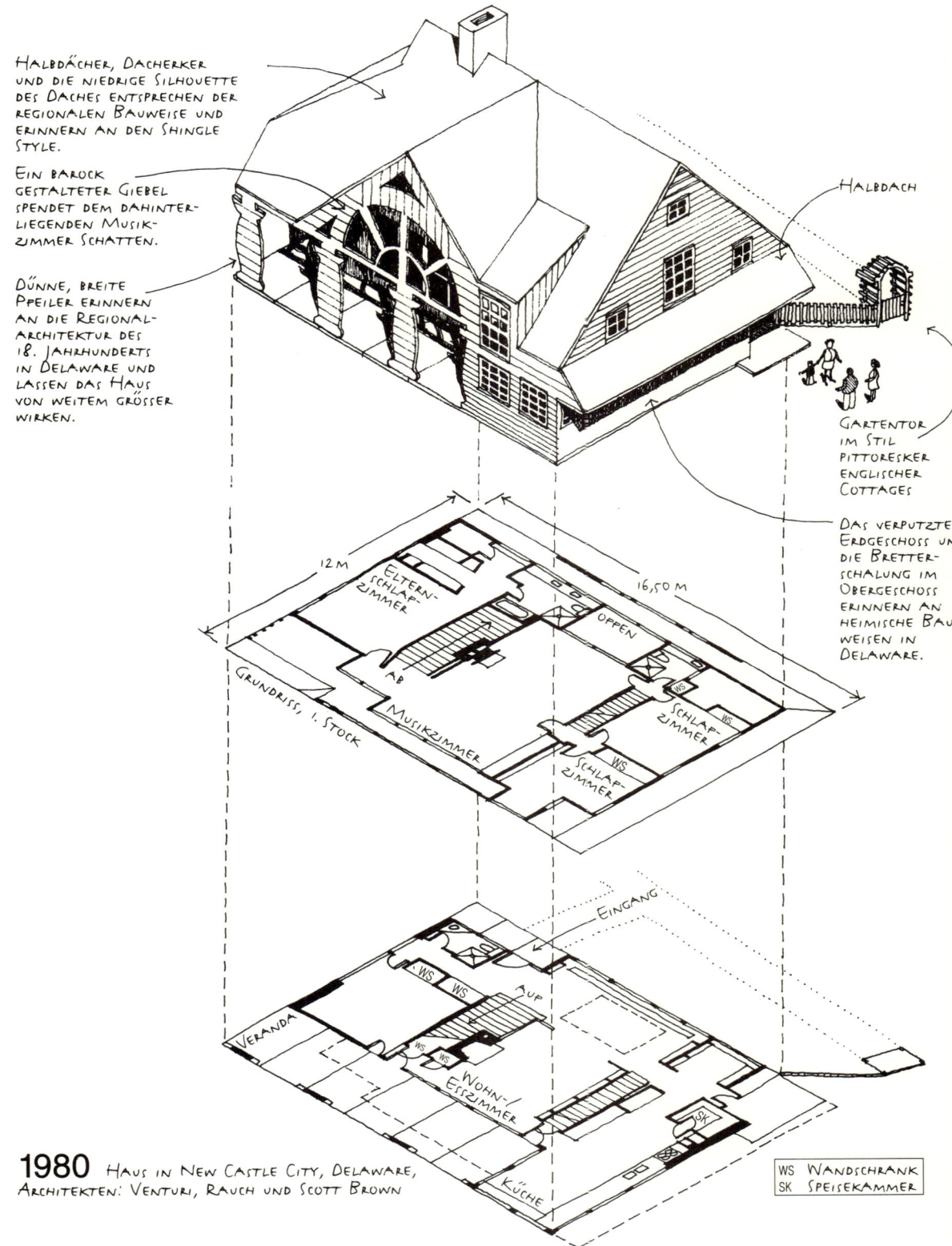

HALBDÄCHER, DACHERKER UND DIE NIEDRIGE SILHOUETTE DES DACHES ENTSPRECHEN DER REGIONALEN BAUWEISE UND ERINNERN AN DEN SHINGLE STYLE.

EIN BAROCK GESTALTETER GIEBEL SPENDET DEM DAHINTERLIEGENDEN MUSIKZIMMER SCHATTEN.

DÜNNE, BREITE PFEILER ERINNERN AN DIE REGIONAL-ARCHITEKTUR DES 18. JAHRHUNDERTS IN DELAWARE UND LASSEN DAS HAUS VON WEITEM GRÖSSER WIRKEN.

HALBDACH

GARTENTOR IM STIL PITTORESKER ENGLISCHER COTTAGES

DAS VERPUTZTE ERDGESCHOSS UND DIE BRETTERSCHALUNG IM OBERGESCHOSS ERINNERN AN HEIMISCHE BAUWEISEN IN DELAWARE.

12 M

16,50 M

GRUNDRISS, 1. STOCK

ELTERN-SCHLAFZIMMER

OFFEN

AB

WS

SCHLAFZIMMER

MUSIKZIMMER

SCHLAFZIMMER

WS

EINGANG

WS   WS

AUF

VERANDA

WS

WS

WOHN-/ESSZIMMER

SK

1980 HAUS IN NEW CASTLE CITY, DELAWARE, ARCHITEKTEN: VENTURI, RAUCH UND SCOTT BROWN

KÜCHE

WS WANDSCHRANK
SK SPEISEKAMMER

Dekonstruktivismus

Landesweit 1988

Der Begriff »Dekonstruktivismus« bezeichnete zunächst eine im 20. Jahrhundert entwickelte philosophische Methode der Textanalyse und wurde 1988 von Philip Johnson und Mark Wigley als Titel für eine Ausstellung im Museum of Modern Art übernommen.

Die Philosophie des Dekonstruktivismus geht zurück auf Jacques Derrida, einen Algerien-Franzosen, der als junger Mann nach Paris zog, um an der renommierten École Normale Superieure zu studieren und später Philosophie zu lehren. Als philosophische Methode bedeutet Dekonstruktivismus, ein Denkmodell auseinanderzunehmen, um seine Mängel aufzuzeigen. Er stellt die Vorstellung in Frage, daß die Welt einfach sei und sich mit gesicherten Erkenntnissen erfassen ließe, und zeigt die Grenzen menschlichen Denkens auf. Zu der Ausstellung 1988 im Museum of Modern Art erklärte Mark Wigley: »Die Fähigkeit, unsere Formvorstellungen zu stören, macht diese Projekte dekonstruktiv ... sie erwachsen aus der architektonischen Tradition und legen dekonstruktive Qualitäten an den Tag.«

In der Architektur steht der Begriff »Dekonstruktivismus« weniger mit der Philosophie Derridas als mit den russischen Konstruktivisten in Zusammenhang. Als die europäische Moderne um 1900 entstand, entwickelte die russische Avantgarde eine Reihe radikal neuer formaler Strategien. Sie stellte die traditionelle Rolle des Objekts und der Beziehung seiner Teile zueinander in Frage und entwickelte schlichte geometrische Formen der Instabilität und Unordnung. Beispielhaft für die russische Avantgarde sind Künstler wie Malewitsch, El Lissitzky, Tatlin und Kandinsky. In der europäischen Moderne besaßen die Werke der Konstruktivisten zwar einigen Einfluß, galten zur Zeit der kommunistischen Herrschaft jedoch als konterrevolutionär und wurden unterdrückt. Erst im Kontext der Ausstellung von 1988 im Museum of Modern Art tauchten diese Ideen in den Strategien der beteiligten Architekten wieder stärker auf.

Die dekonstruktivistische Architektur versucht den in einer geometrischen Komposition möglichen Konflikt durch Übertreibung zu verdeutlichen. Der Bedeutungsgehalt von Architektur wird zwar auch bei dieser Methode nicht ausgeklammert, aber diese »Bedeutung« geht zugunsten einer Vielzahl möglicher Interpretationen verloren, die nach Ansicht der Dekonstruktivisten allen Formen innewohnen. Die Fragmentierung untergräbt jede Einzelaussage und unterstreicht die Möglichkeit vieler Interpretationen. Der Architekturhistoriker Anthony Vider faßte die Grundzüge dieser Bewegung gut zusammen, als er schrieb: »Die Dekonstruktion bezieht ihre gesamte Stärke daraus, Harmonie, Einheit und Stabilität als Werte in Frage zu stellen und statt dessen eine andere Sicht auf die Struktur vorzuschlagen: daß Mängel innerer Bestandteil der Struktur sind.«

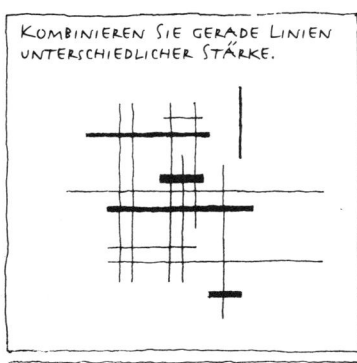
KOMBINIEREN SIE GERADE LINIEN UNTERSCHIEDLICHER STÄRKE.

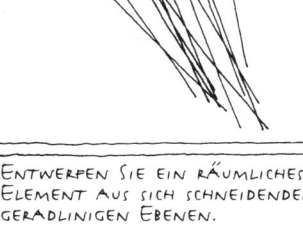
STELLEN SIE VIELE GERADE LINIEN MIT DYNAMISCHER SCHRÄGLAGE ZUSAMMEN.

ENTWERFEN SIE EIN DYNAMISCHES ORNAMENT AUS GEKRÜMMTEN LINIEN.

ENTWERFEN SIE EINE GERADLINIGE KONFIGURATION MIT POLYGONALEN FLÄCHEN.

SCHAFFEN SIE EIN RÄUMLICHES ELEMENT AUS EINER EINZIGEN GEFALTETEN EBENE.

ENTWERFEN SIE EIN RÄUMLICHES ELEMENT AUS SICH SCHNEIDENDEN GERADLINIGEN EBENEN.

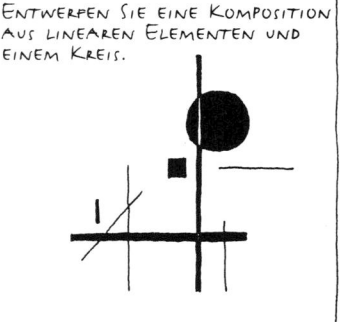
ENTWERFEN SIE EINE KOMPOSITION AUS LINEAREN ELEMENTEN UND EINEM KREIS.

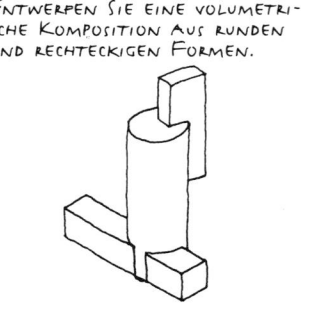
ENTWERFEN SIE EINE VOLUMETRISCHE KOMPOSITION AUS RUNDEN UND RECHTECKIGEN FORMEN.

AUFGABENSTELLUNGEN AUS DEM UNTERRICHTSPLAN DES RUSSISCHEN KONSTRUKTIVISTEN IAKOW TSCHERNIKOW, 1925

Das dekonstruktivistische Haus, das den größten Einzeleinfluß ausübte, war ein kleiner kalifornischer Bungalow, der mit rosa Asbestschindeln verkleidet war und den der Architekt Frank Gehry für sich zu einem größeren, »imposanteren« Haus umbaute. Er umgab das ursprüngliche Haus von drei Seiten mit einem Anbau aus groben, scharfkantigen Materialien wie Maschendraht, Drahtglas und unbehandeltem Sperrholz und schuf so bewußt der Eindruck eines unfertigen Gebäudes. Gehry sagte dazu: »Ein fertiges Haus vermittelt den Eindruck von Sicherheit und ist berechenbar. Ich wollte etwas anderes versuchen. Ich mag es, am Rande der Katastrophe zu spielen.«

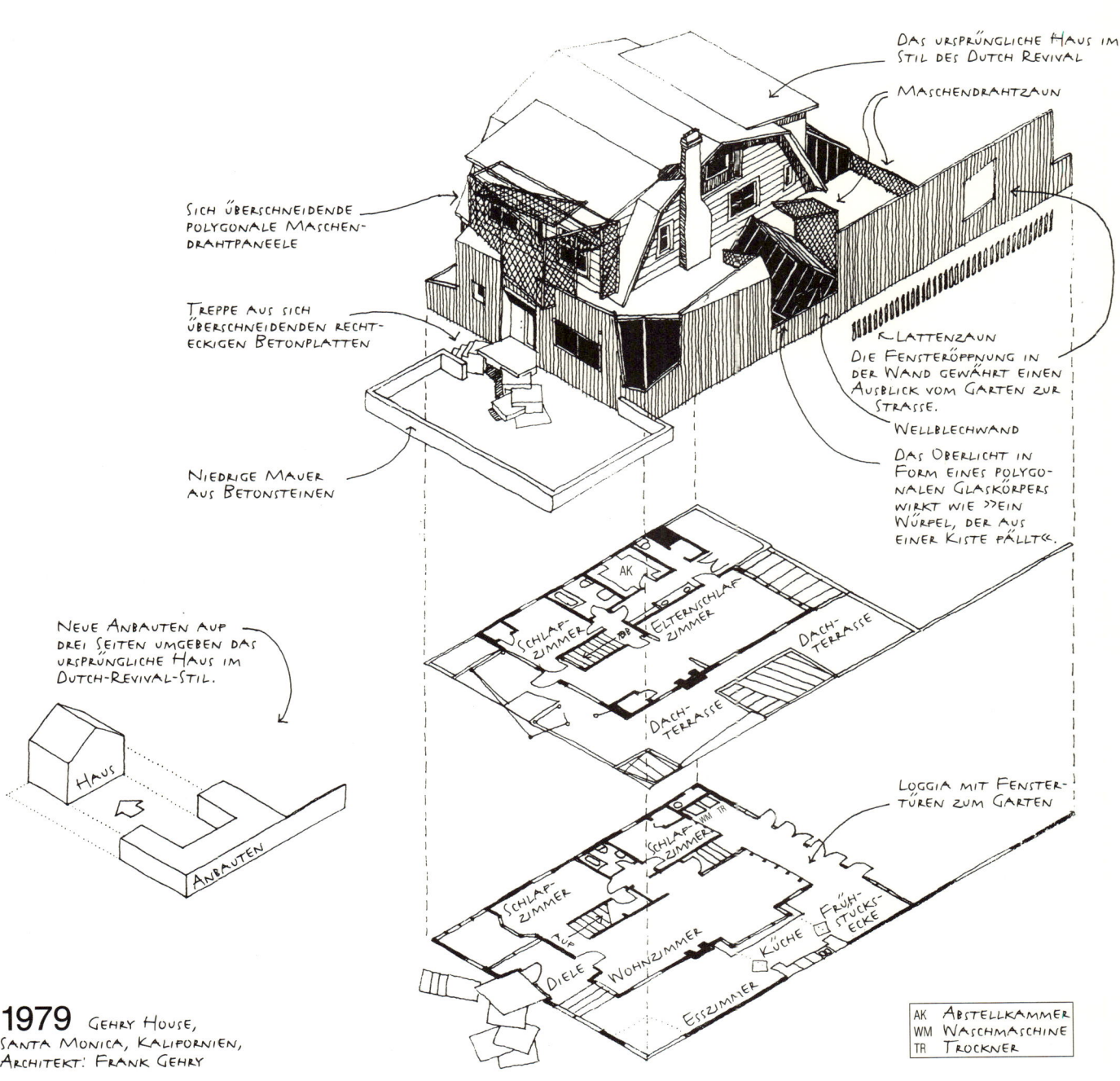

DAS URSPRÜNGLICHE HAUS IM STIL DES DUTCH REVIVAL

MASCHENDRAHTZAUN

SICH ÜBERSCHNEIDENDE POLYGONALE MASCHEN-DRAHTPANEELE

TREPPE AUS SICH ÜBERSCHNEIDENDEN RECHT-ECKIGEN BETONPLATTEN

LATTENZAUN

DIE FENSTERÖFFNUNG IN DER WAND GEWÄHRT EINEN AUSBLICK VOM GARTEN ZUR STRASSE.

WELLBLECHWAND

DAS OBERLICHT IN FORM EINES POLYGO-NALEN GLASKÖRPERS WIRKT WIE »EIN WÜRFEL, DER AUS EINER KISTE FÄLLT«.

NIEDRIGE MAUER AUS BETONSTEINEN

NEUE ANBAUTEN AUF DREI SEITEN UMGEBEN DAS URSPRÜNGLICHE HAUS IM DUTCH-REVIVAL-STIL.

HAUS

ANBAUTEN

AK

SCHLAF-ZIMMER

ELTERNSCHLAF-ZIMMER

DACH-TERRASSE

DACH-TERRASSE

LOGGIA MIT FENSTER-TÜREN ZUM GARTEN

SCHLAF-ZIMMER

WM TR

SCHLAF-ZIMMER

AUF

DIELE

WOHNZIMMER

KÜCHE

FRÜH-STÜCKS-ECKE

ESSZIMMER

1979 GEHRY HOUSE, SANTA MONICA, KALIFORNIEN, ARCHITEKT: FRANK GEHRY

AK	ABSTELLKAMMER
WM	WASCHMASCHINE
TR	TROCKNER

»Home Sweet Home« (siehe unten) ist ein weiteres Haus, das bewußt den Anschein des Unfertigen erweckt. Es steht auf einem kleinen Grundstück von 10,50 m x 18 m Seitenlänge in San Diego, Kalifornien. Das Gebäude grenzt die verschiedenen Zimmer durch unabhängige Wandflächen voneinander ab, die über flache Brücken zu erreichen sind, nutzt vielfältige Fensterkonstruktionen als Rahmen für die Aussicht und hat eine Dachfläche, die sich teilweise öffnen läßt. Das Haus bricht wirkungsvoll mit vorgefaßten Vorstellungen von Innen und Außen, Fertig und Unfertig und versucht ebenso wie das Gehry-Haus, die Übergänge zwischen diesen und anderen Gegensätzen auszuloten.

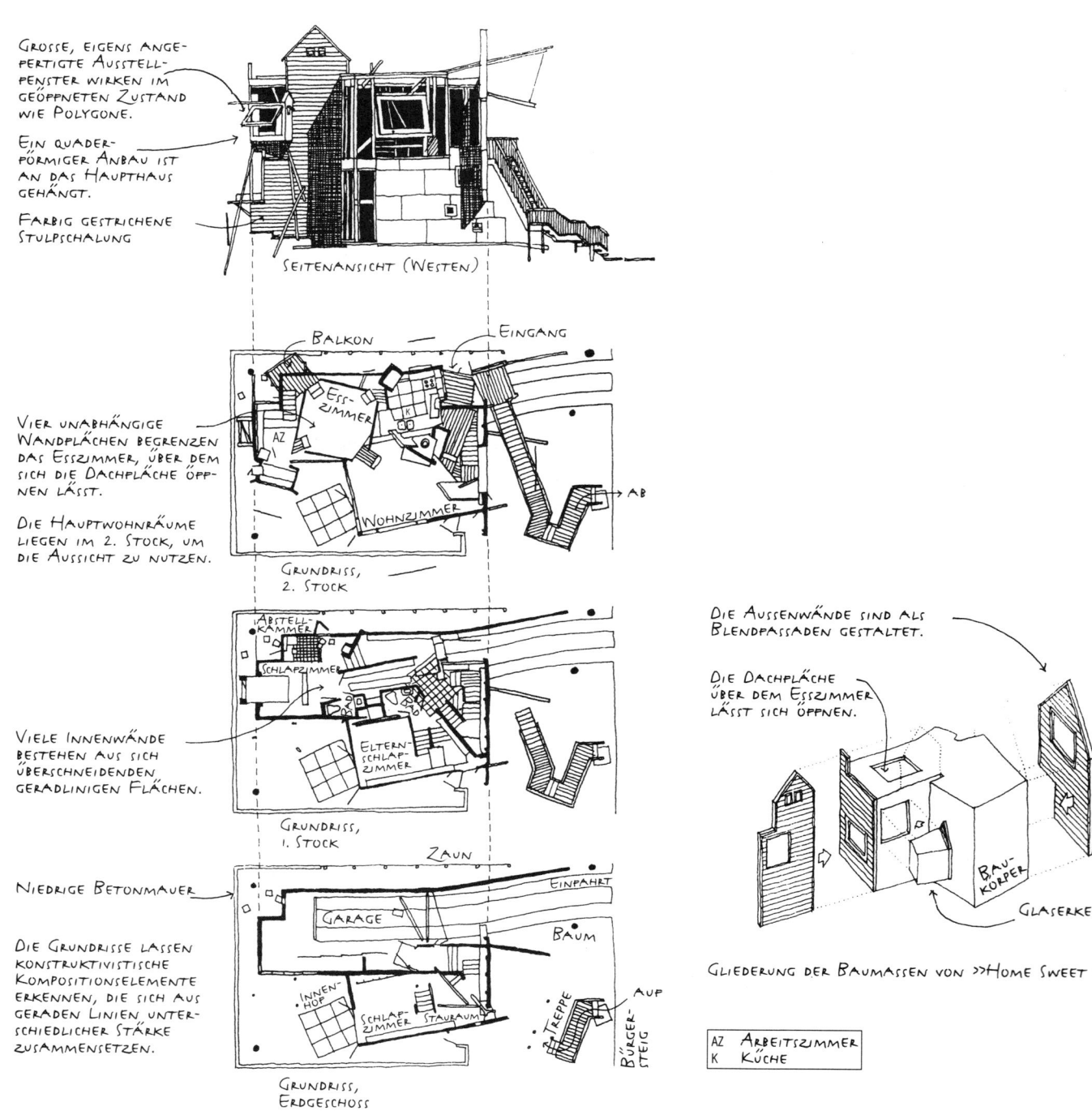

GROSSE, EIGENS ANGE-FERTIGTE AUSSTELL-FENSTER WIRKEN IM GEÖFFNETEN ZUSTAND WIE POLYGONE.

EIN QUADER-FÖRMIGER ANBAU IST AN DAS HAUPTHAUS GEHÄNGT.

FARBIG GESTRICHENE STULPSCHALUNG

SEITENANSICHT (WESTEN)

BALKON · EINGANG

VIER UNABHÄNGIGE WANDFLÄCHEN BEGRENZEN DAS ESSZIMMER, ÜBER DEM SICH DIE DACHFLÄCHE ÖFF-NEN LÄSST.

DIE HAUPTWOHNRÄUME LIEGEN IM 2. STOCK, UM DIE AUSSICHT ZU NUTZEN.

ESS-ZIMMER · K · AZ · WOHNZIMMER · AB

GRUNDRISS, 2. STOCK

VIELE INNENWÄNDE BESTEHEN AUS SICH ÜBERSCHNEIDENDEN GERADLINIGEN FLÄCHEN.

ABSTELL-KAMMER · SCHLAFZIMMER · ELTERN-SCHLAF-ZIMMER

GRUNDRISS, 1. STOCK

NIEDRIGE BETONMAUER

DIE GRUNDRISSE LASSEN KONSTRUKTIVISTISCHE KOMPOSITIONSELEMENTE ERKENNEN, DIE SICH AUS GERADEN LINIEN UNTER-SCHIEDLICHER STÄRKE ZUSAMMENSETZEN.

ZAUN · EINFAHRT · GARAGE · BAUM · INNEN-HOF · SCHLAF-ZIMMER · STAURAUM · TREPPE · AUF · BÜRGER-STEIG

GRUNDRISS, ERDGESCHOSS

DIE AUSSENWÄNDE SIND ALS BLENDPASSADEN GESTALTET.

DIE DACHFLÄCHE ÜBER DEM ESSZIMMER LÄSST SICH ÖFFNEN.

BAU-KÖRPER · GLASERKER

GLIEDERUNG DER BAUMASSEN VON »HOME SWEET HOME«

AZ ARBEITSZIMMER
K KÜCHE

1989 »HOME SWEET HOME«, SAN DIEGO, KALIFORNIEN,
ARCHITEKT: RICHARD DALRYMPLE, PACIFIC ASSOCIATES PLANNERS ARCHITECTS

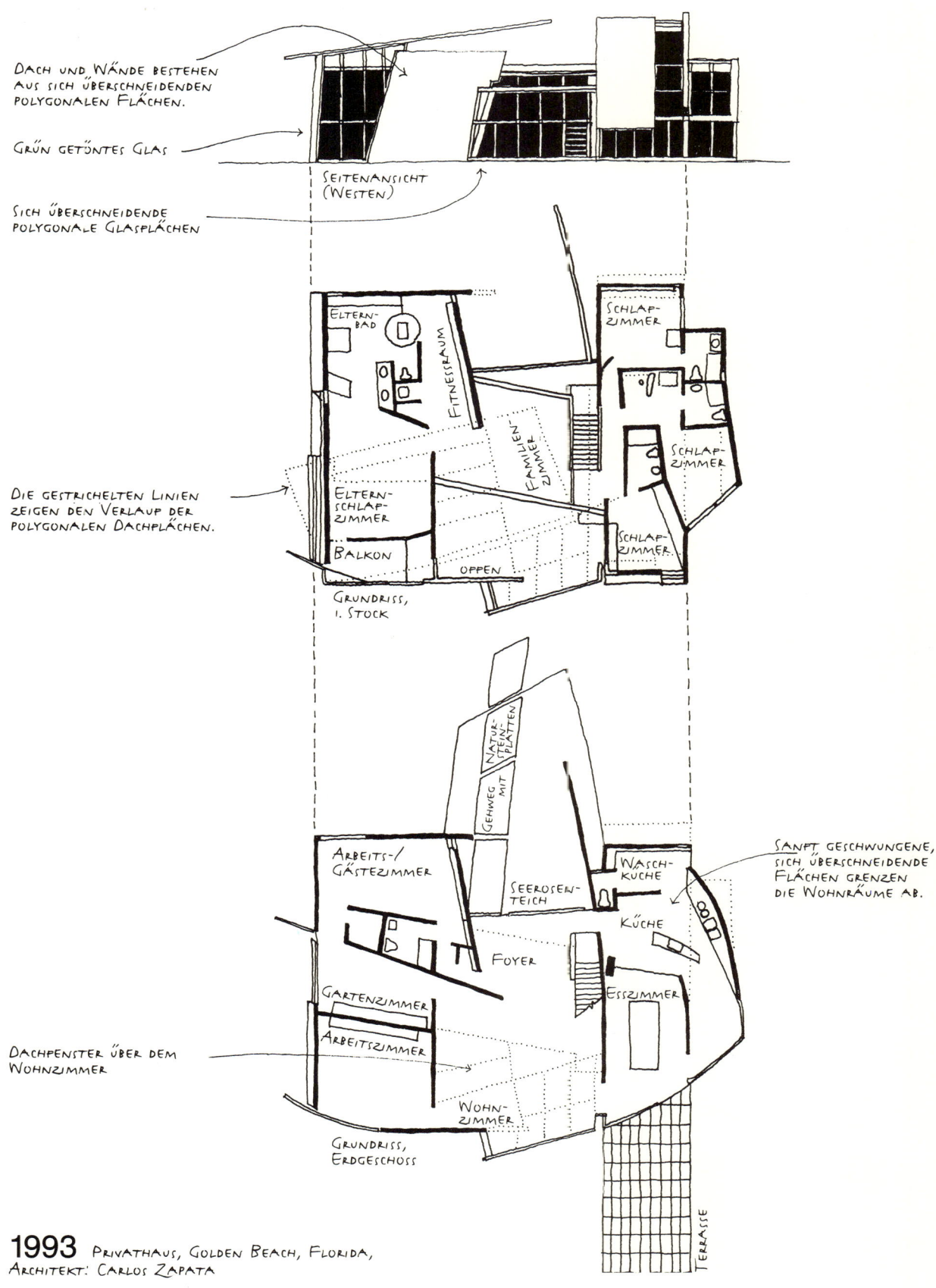

DACH UND WÄNDE BESTEHEN
AUS SICH ÜBERSCHNEIDENDEN
POLYGONALEN FLÄCHEN.

GRÜN GETÖNTES GLAS

SEITENANSICHT
(WESTEN)

SICH ÜBERSCHNEIDENDE
POLYGONALE GLASFLÄCHEN

ELTERN-
BAD

FITNESSRAUM

SCHLAF-
ZIMMER

DIE GESTRICHELTEN LINIEN
ZEIGEN DEN VERLAUF DER
POLYGONALEN DACHFLÄCHEN.

ELTERN-
SCHLAF-
ZIMMER

FAMILIEN-
ZIMMER

SCHLAF-
ZIMMER

BALKON

OFFEN

SCHLAF-
ZIMMER

GRUNDRISS,
1. STOCK

GEHWEG MIT NATUR-
STEIN-PLATTEN

WASCH-
KÜCHE

SANFT GESCHWUNGENE,
SICH ÜBERSCHNEIDENDE
FLÄCHEN GRENZEN
DIE WOHNRÄUME AB.

ARBEITS-/
GÄSTEZIMMER

SEEROSEN-
TEICH

KÜCHE

FOYER

ESSZIMMER

GARTENZIMMER

DACHFENSTER ÜBER DEM
WOHNZIMMER

ARBEITSZIMMER

WOHN-
ZIMMER

GRUNDRISS,
ERDGESCHOSS

TERRASSE

1993 PRIVATHAUS, GOLDEN BEACH, FLORIDA,
ARCHITEKT: CARLOS ZAPATA

Neomoderne

Kalifornien   1990

Die Neomoderne begann als eine Bewegung, die »Architektur als Kunst« verstand und zunächst Strandbungalows, Ateliers sowie kleine Restaurants und Geschäfte in der West Side von Los Angeles gestaltete. Inzwischen ist dieser Stil weltweit als abstrakte, plastische Variante der modernen Architektur anerkannt. Seine Wurzeln liegen im Internationalen Stil, der die Geschichte ablehnt (siehe S. 216), in der Postmoderne, die auf die Geschichte zurückgreift (siehe S. 304) und in jüngster Zeit auch im Dekonstruktivismus (siehe S. 308). Mark Mack, einer der bekanntesten Architekten Kaliforniens, erklärte: »Für mich bedeutet Moderne nicht, die Vergangenheit zu negieren, sondern lediglich, in unserer Zeit zu leben, die frühere Zeiten mit einschließt und ein Kontinuum darstellt.«

Die Neomoderne arbeitet mit fragmentierten, konstrastierenden eckigen Formen, die sie mit verschiedenen, meist groben Materialien und Texturen in leuchtenden Farben verkleidet; sie steht damit in Gegensatz zu den weißen Bauten der frühen Moderne (Internationaler Stil). Glasprismen, Schrägwände, seltsam trapezförmige Fenster und eine handwerklich gute Ausführung und Verarbeitung kennzeichnen diesen Stil. Zu seinen Hauptvertretern gehören Frank Gehry, Frank Israel und Eric Owen Moss aus Los Angeles. Es sind Architekten, die alle konventionellen und sentimentalen Vorstellungen über die Gestaltung von Wohngebäuden ablehnen, indem sie einen Eindruck von Unordnung und Ungewißheit, von Ungewöhnlichem und Unerwartetem erzeugen.

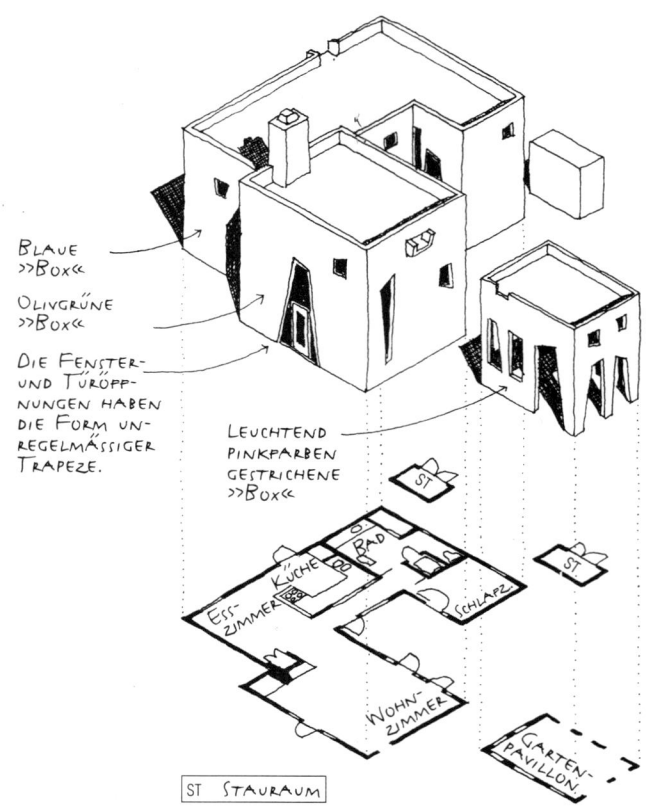

GARTEN
MAUER
GARAGE
KÜCHE
GÄSTE-ZIMMER
AB
AUF
ARBEITS-ZIMMER
TERRASSE
AUF
WOHN-ZIMMER

SCHLAF-ZIMMER
SCHLAF-ZIMMER
AB
SCHLAF-ZIMMER
AB   AUF
ELTERN-SCHLAF-ZIMMER

GRUNDRISS, ERDGESCHOSS

GRUNDRISS, 1. STOCK

FARBIG GEBEIZTE SPERRHOLZSCHALUNG

DIE ECKIGEN FORMEN (»BOXES«) SIND VERPUTZT UND IN UNTERSCHIEDLICHEN FARBEN GESTRICHEN.

SÜDSEITE

1990 SUMMERS HOUSE, SANTA MONICA, KALIFORNIEN, ARCHITEKT: MARK MACK

BLAUE »BOX«

OLIVGRÜNE »BOX«

DIE FENSTER- UND TÜRÖFF- NUNGEN HABEN DIE FORM UN- REGELMÄSSIGER TRAPEZE.

LEUCHTEND PINKFARBEN GESTRICHENE »BOX«

ESS-ZIMMER   KÜCHE   RAD   SCHLAFZ.   ST   ST

WOHN-ZIMMER

GARTEN-PAVILLON

ST STAURAUM

1989 THE MONUMENT, JOSHUA TREE, KALIFORNIEN, ARCHITEKT: JOSH SCHWEIZER

Neomoderne Architekten wie Frank Gehry sind in ihrer Grundrißgestaltung und ihren Formenrepertoires wesentlich expressiver und flexibler, als es in der frühen modernen Architektur der Fall war. So präsentiert sich zum Beispiel das Haus Schnabel wie ein Dorf aus Zimmern, die außen und innen jeweils einen völlig eigenen Charakter haben.

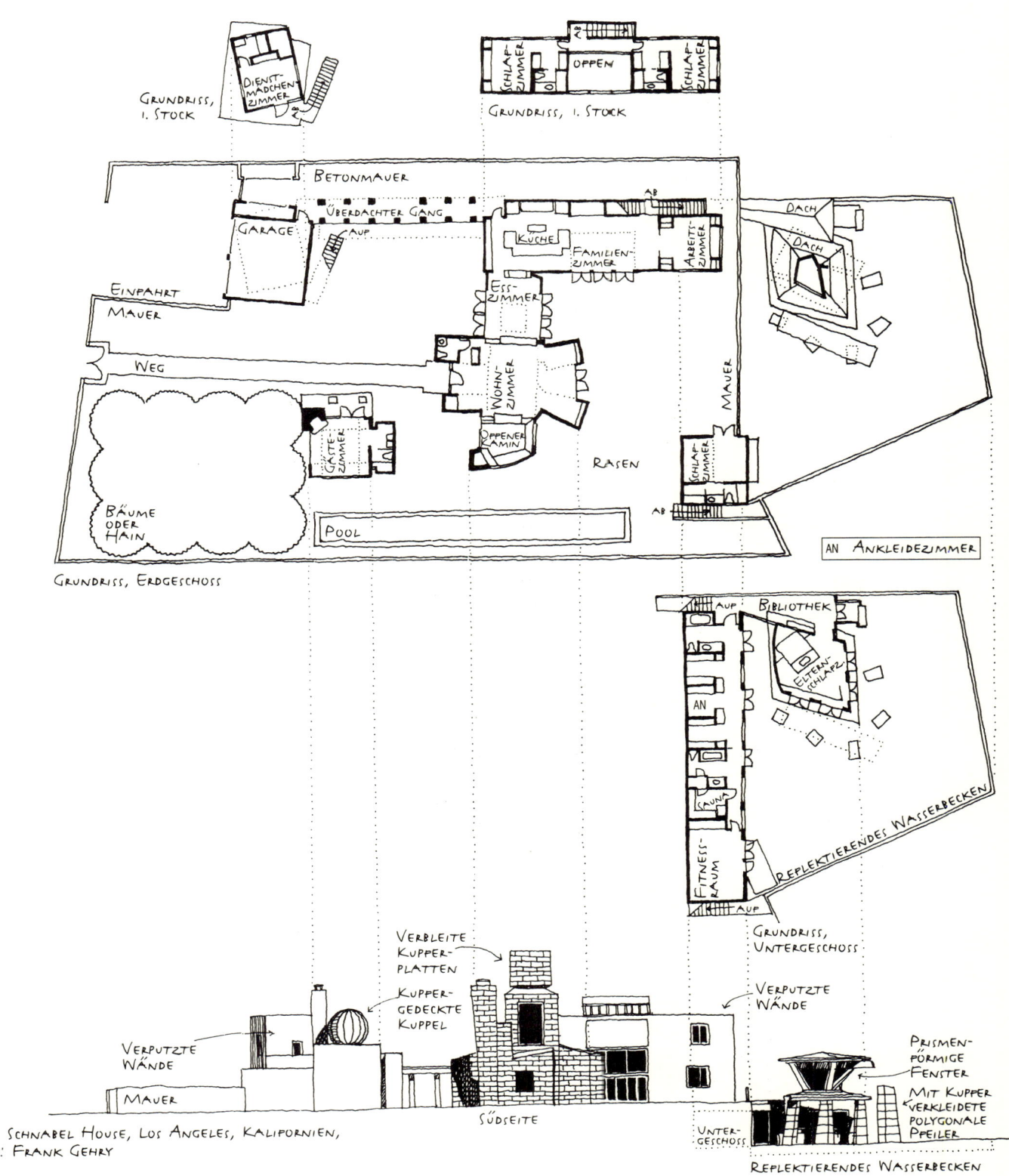

GRUNDRISS, 1. STOCK

DIENST-MÄDCHEN-ZIMMER

GRUNDRISS, 1. STOCK

SCHLAF-ZIMMER   OFFEN   SCHLAF-ZIMMER

BETONMAUER

ÜBERDACHTER GANG

GARAGE   AUF

KÜCHE   FAMILIEN-ZIMMER   ARBEITS-ZIMMER   AB

EINFAHRT MAUER

ESS-ZIMMER

DACH   DACH

WEG

WOHN-ZIMMER

MAUER

BÄUME ODER HAIN

GÄSTE-ZIMMER

OFFENER KAMIN

SCHLAF-ZIMMER

RASEN

AB

POOL

AN ANKLEIDEZIMMER

GRUNDRISS, ERDGESCHOSS

AUF   BIBLIOTHEK

ELTERN-SCHLAFZ.

AN

SAUNA

FITNESS-RAUM

REFLEKTIERENDES WASSERBECKEN

AUF

GRUNDRISS, UNTERGESCHOSS

VERBLEITE KUPPER-PLATTEN

VERPUTZTE WÄNDE

KUPPER-GEDECKTE KUPPEL

PRISMEN-FÖRMIGE FENSTER

VERPUTZTE WÄNDE

MAUER

SÜDSEITE

UNTER-GESCHOSS

MIT KUPPER VERKLEIDETE POLYGONALE PFEILER

REFLEKTIERENDES WASSERBECKEN

1988 SCHNABEL HOUSE, LOS ANGELES, KALIFORNIEN, ARCHITEKT: FRANK GEHRY

Stärker an der traditionellen Moderne orientiert sind zwei Entwürfe für kleine neomoderne Wohnhäuser (siehe unten), die beide auf regionale Industrie-Bauweisen und -Materialien zurückgreifen und speziell auf die jeweiligen Beschränkungen des Grundstücks zugeschnitten sind.

Das Atelierhaus, das auf einer kleinen Parzelle in der Stadt steht und zu beiden Seiten nur wenige Meter Abstand zu den Nachbarhäusern hat, weist an beiden Längsseiten so gut wie keine Fenster auf und hat an beiden Schmalseiten einen Eingang. Das geschwungene Wellblechdach, die Stahltreppe mit Stahlgeländer, die Dachfenster in den Ecken und die in leuchtenden Farben gestrichenen Türen und Fenster sind Stilmerkmale der Neomoderne.

Das Haus McDonald ist so angelegt, daß man einen guten Blick aufs Meer hat und die Freiflächen gleichzeitig gegen die Nordwestwinde vom Pazifik abgeschirmt sind. Charakteristisch für die Neomoderne sind die scheinbar provisorische Konstruktion des Carport, der unregelmäßige Grundriß, die ungewöhnliche Form der Fenster und die Fußböden aus Spanplatten.

Ein Entwurf aus jüngster Zeit, der weithin publiziert und kontrovers diskutiert wurde, ist das von Frank Israel entworfene Haus Drager (siehe folgende Seite). Der Kulturkorrespondent der *New York Times*, Paul Goldberger, schrieb dazu: »Es ist kein Raumschiff, keine Explosion und keine Skulptur. Es ist eher wie ein Versuch der Reflexion über die Evolution der Moderne, ein Bauwerk, das die Sensibilität der frühen Moderne anmutig mit der heutigen verschmilzt.«

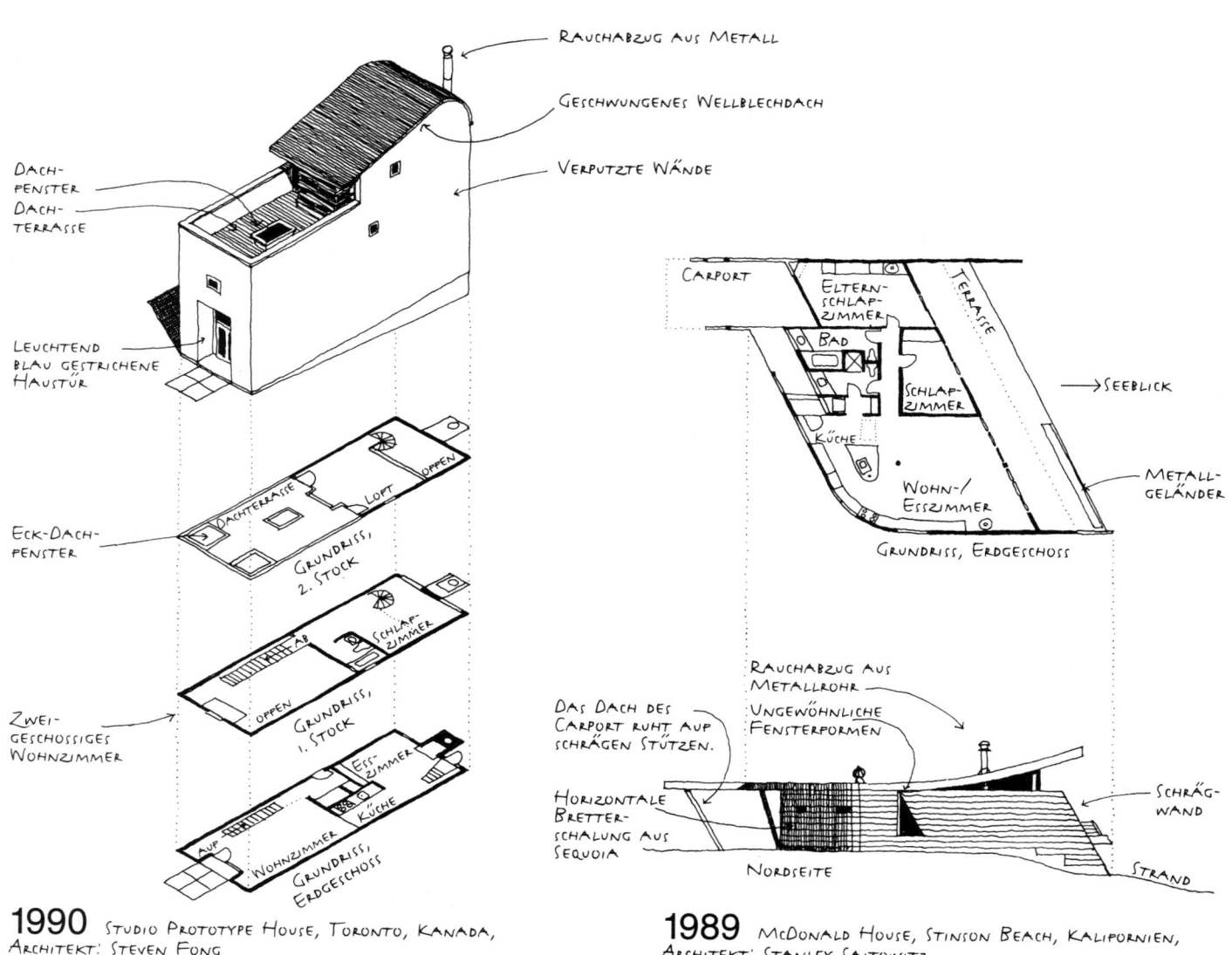

1990 STUDIO PROTOTYPE HOUSE, TORONTO, KANADA, ARCHITEKT: STEVEN FONG

1989 McDONALD HOUSE, STINSON BEACH, KALIFORNIEN, ARCHITEKT: STANLEY SAITOWITZ

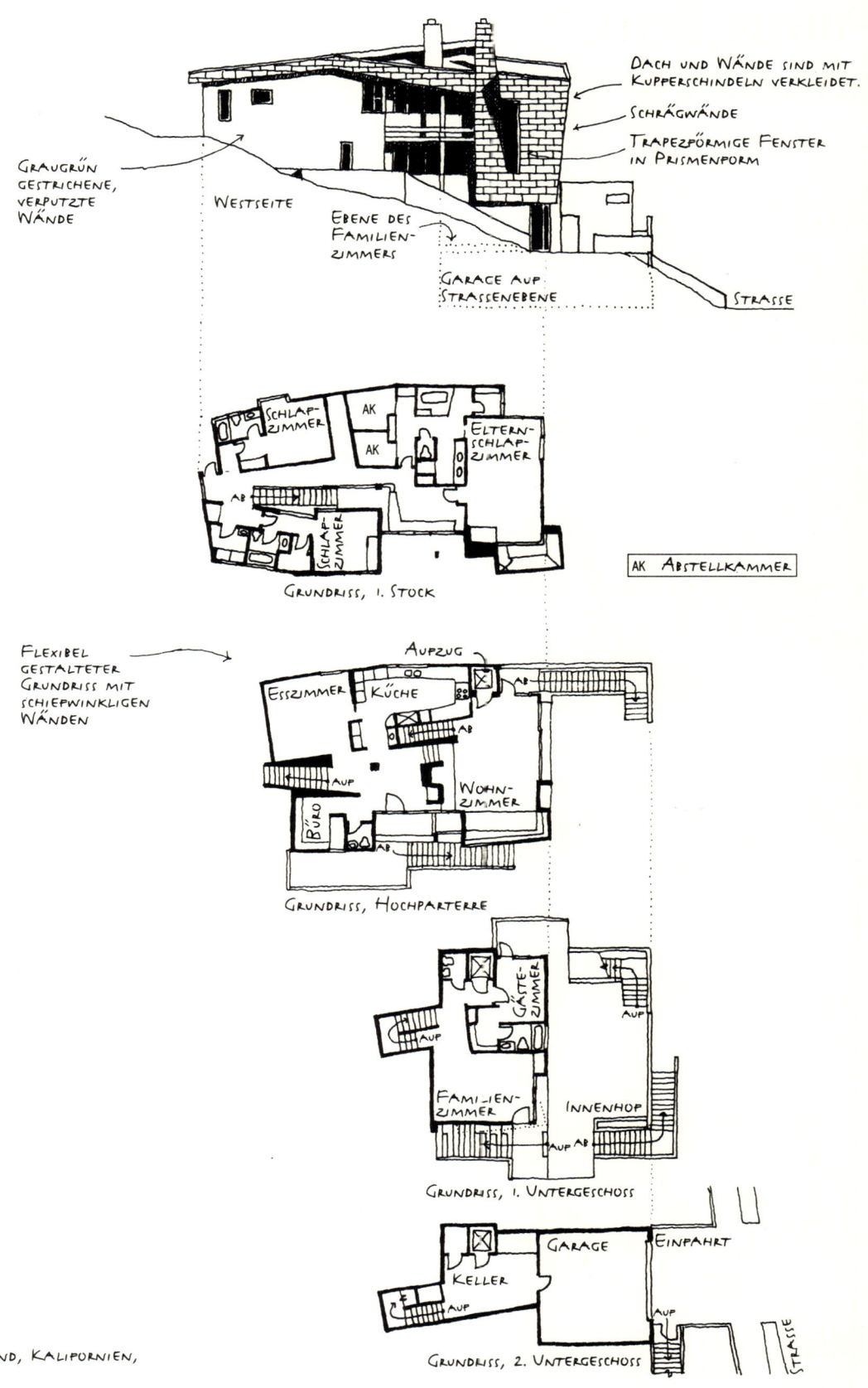

DACH UND WÄNDE SIND MIT
KUPFERSCHINDELN VERKLEIDET.

SCHRÄGWÄNDE

TRAPEZFÖRMIGE FENSTER
IN PRISMENFORM

GRAUGRÜN
GESTRICHENE,
VERPUTZTE
WÄNDE

WESTSEITE

EBENE DES
FAMILIEN-
ZIMMERS

GARAGE AUF
STRASSENEBENE

STRASSE

SCHLAF-
ZIMMER

AK
AK

ELTERN-
SCHLAF-
ZIMMER

AB

SCHLAF-
ZIMMER

AK   ABSTELLKAMMER

GRUNDRISS, 1. STOCK

FLEXIBEL
GESTALTETER
GRUNDRISS MIT
SCHIEFWINKLIGEN
WÄNDEN

AUFZUG

ESSZIMMER   KÜCHE

AB

AB

AUF

WOHN-
ZIMMER

BÜRO

AB

GRUNDRISS, HOCHPARTERRE

GÄSTE-
ZIMMER

AUF

AUF

FAMIL-
IEN-
ZIMMER

INNENHOF

AUF AB

GRUNDRISS, 1. UNTERGESCHOSS

GARAGE   EINFAHRT

KELLER

AUF

AUF

STRASSE

1993 DRAGER HOUSE, OAKLAND, KALIFORNIEN,
ARCHITEKT: FRANK ISRAEL

GRUNDRISS, 2. UNTERGESCHOSS

Alltagsarchitektur
Landesweit   1992

Die sogenannte Alltagsarchitektur bemüht sich, verschiedene gängige regionale Baustile zu kombinieren, die vielen Menschen wenig faszinierend und aufregend erscheinen. Ebenso wie die Postmoderne (siehe S. 304) ist auch dieser Stil eine Gegenbewegung zum abstrakten Formalismus, der die moderne Architektur beherrscht.

Alltagsarchitektur wird von Architekten entworfen, die die Form von Nutzbauten ihrer Umgebung zu würdigen wissen. So ist die Arbeit von Turner Brooks in Vermont oder Fernau und Hartman in Kalifornien von landwirtschaftlichen Nebengebäuden ihrer jeweiligen Region geprägt und Steven Harris orientiert sich an Floridas Motels, den Wachtürmen der Rettungsschwimmer und den hölzernen Strandpromenaden.

Dieser Stil ist nicht nur faszinierend, weil er historische Vorbilder widerspiegelt, sondern auch deshalb, weil diese Ansammlung von Formen des Alltags, deren Merkmale häufig übertrieben, mit leuchtenden Farben versehen und in handelsüblichen Materialien ausgeführt werden, recht ungewöhnliche Ergebnisse zeitigen kann.

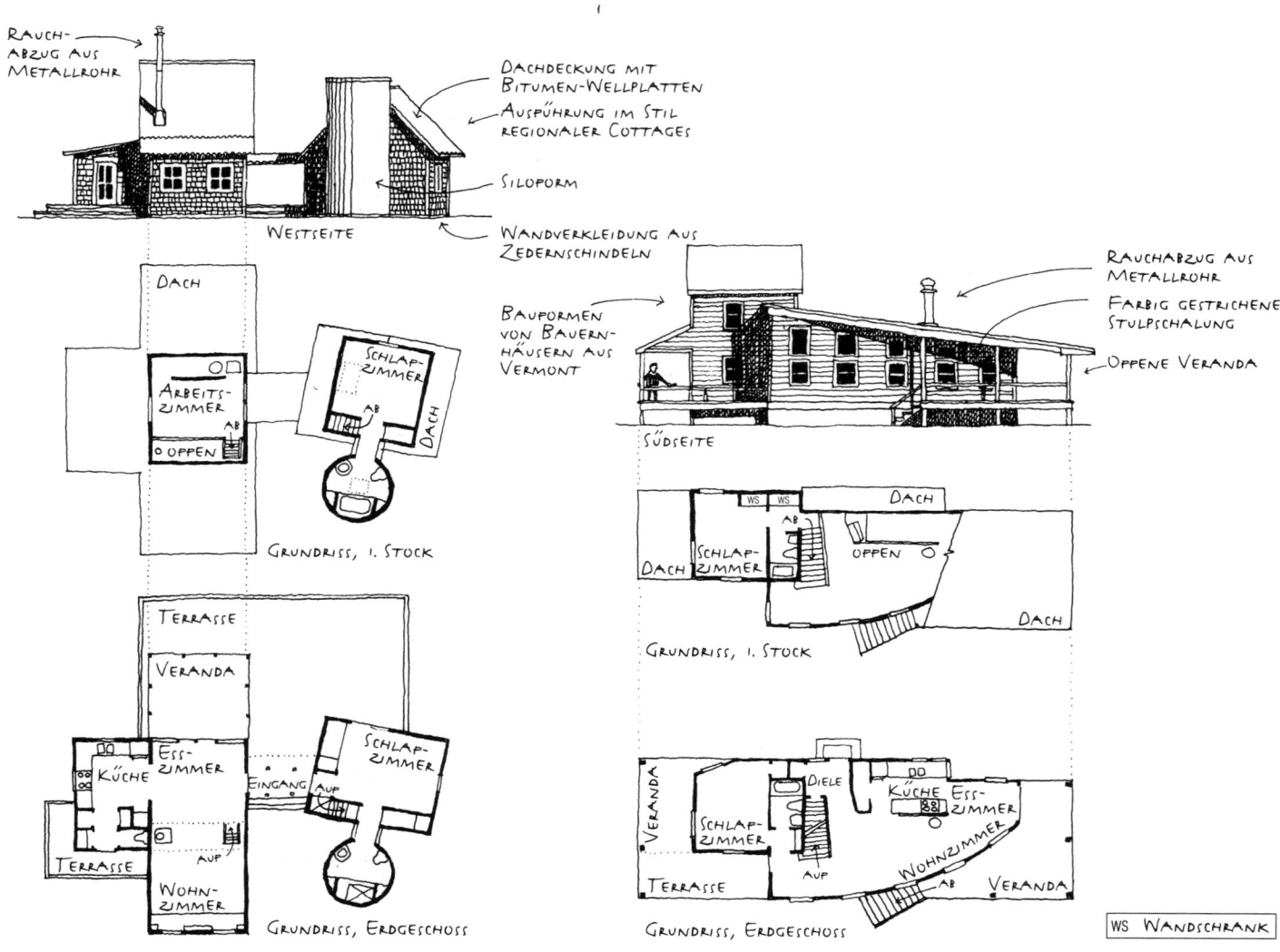

1989 Wohnhaus von Mr. und Mrs. Edward Bennett, Jr., Washington Island, Wisconsin, Architekt: Frederick Phillips und Partner

1991 Dennison/Peek House, Monkton, Vermont, Architekt: Turner Brooks

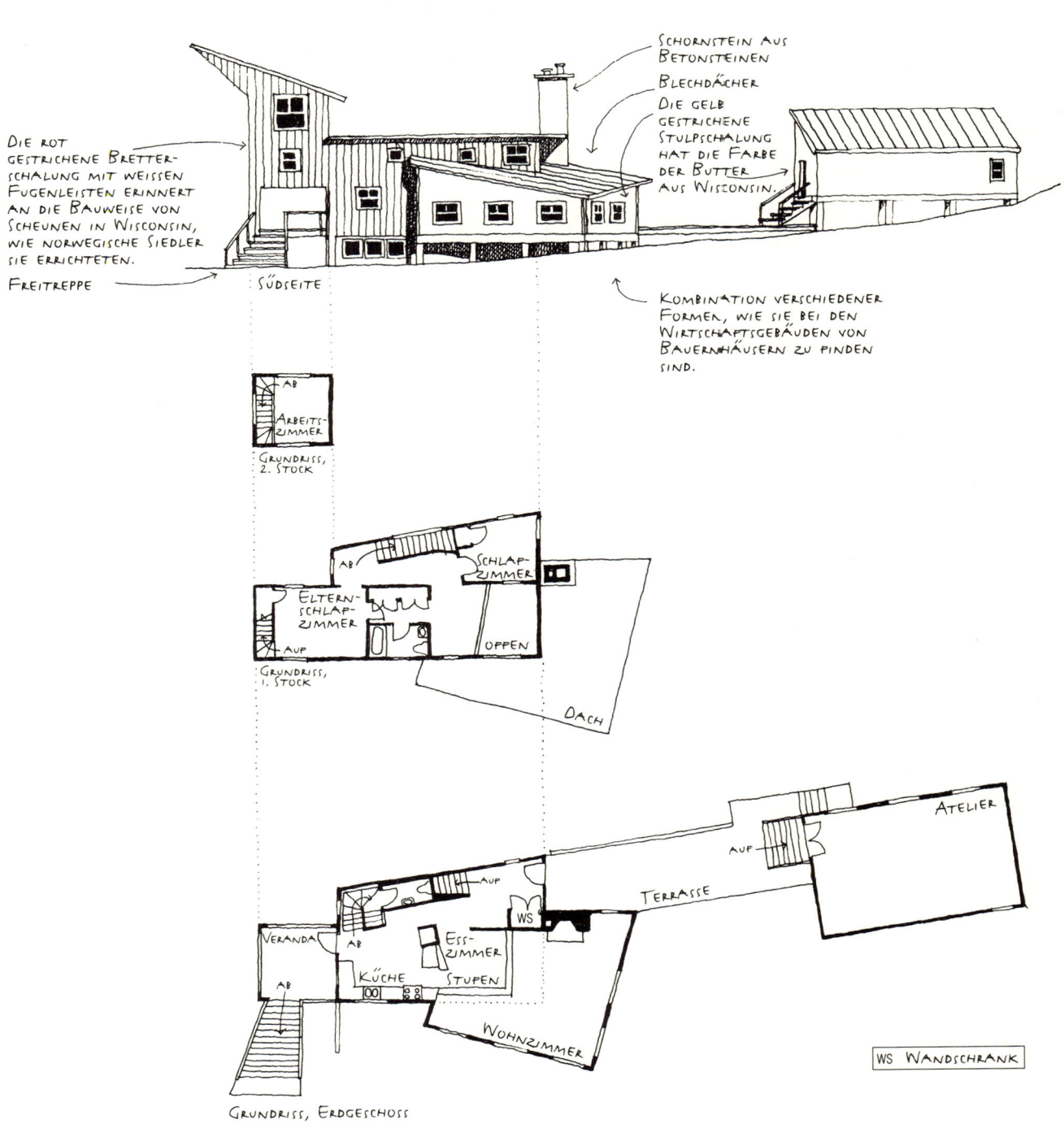

DIE ROT GESTRICHENE BRETTER-SCHALUNG MIT WEISSEN FUGENLEISTEN ERINNERT AN DIE BAUWEISE VON SCHEUNEN IN WISCONSIN, WIE NORWEGISCHE SIEDLER SIE ERRICHTETEN.

FREITREPPE

SÜDSEITE

SCHORNSTEIN AUS BETONSTEINEN

BLECHDÄCHER

DIE GELB GESTRICHENE STULPSCHALUNG HAT DIE FARBE DER BUTTER AUS WISCONSIN.

KOMBINATION VERSCHIEDENER FORMEN, WIE SIE BEI DEN WIRTSCHAFTSGEBÄUDEN VON BAUERNHÄUSERN ZU FINDEN SIND.

AB
ARBEITS-ZIMMER

GRUNDRISS, 2. STOCK

AB
ELTERN-SCHLAF-ZIMMER
SCHLAF-ZIMMER
AUF
OPPEN
DACH

GRUNDRISS, 1. STOCK

ATELIER

TERRASSE

AUF

VERANDA
AB
AUF
WS
ESS-ZIMMER
KÜCHE
STUFEN
AB
WOHNZIMMER

WS WANDSCHRANK

GRUNDRISS, ERDGESCHOSS

1994 LOMBARD/MILLER HOUSE, WESTBY, WISCONSIN,
ARCHITEKT: TURNER BROOKS

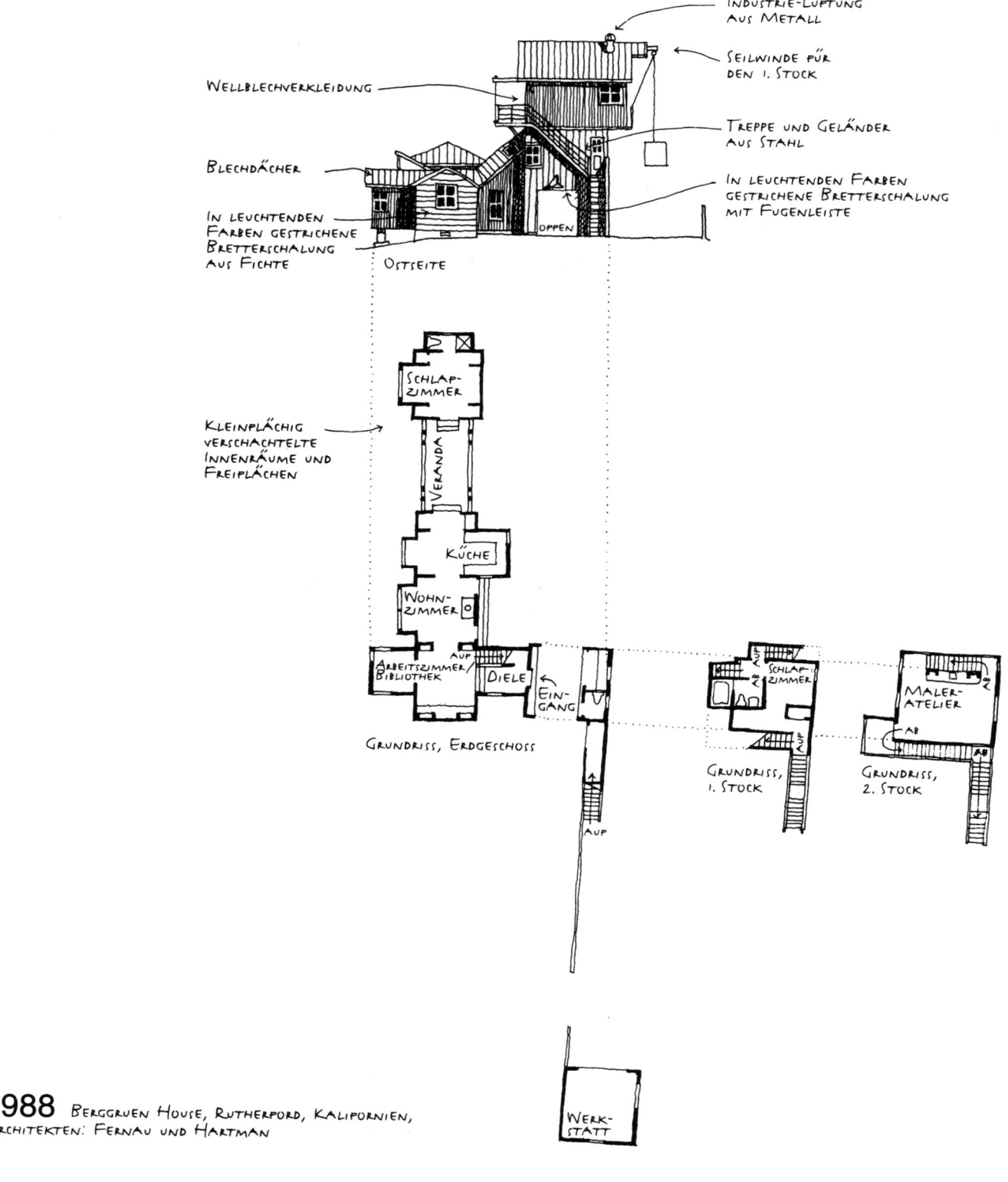

INDUSTRIE-LÜFTUNG
AUS METALL

SEILWINDE FÜR
DEN 1. STOCK

WELLBLECHVERKLEIDUNG

TREPPE UND GELÄNDER
AUS STAHL

BLECHDÄCHER

IN LEUCHTENDEN FARBEN
GESTRICHENE BRETTERSCHALUNG
MIT FUGENLEISTE

IN LEUCHTENDEN
FARBEN GESTRICHENE
BRETTERSCHALUNG
AUS FICHTE

OFFEN

OSTSEITE

SCHLAF-
ZIMMER

KLEINFLÄCHIG
VERSCHACHTELTE
INNENRÄUME UND
FREIFLÄCHEN

VERANDA

KÜCHE

WOHN-
ZIMMER

AUF

AUF

SCHLAF-
ZIMMER

AB

MALER-
ATELIER

AB

ARBEITSZIMMER
BIBLIOTHEK

DIELE

EIN-
GANG

AB

AB

GRUNDRISS, ERDGESCHOSS

GRUNDRISS,
1. STOCK

GRUNDRISS,
2. STOCK

AUF

AUF

WERK-
STATT

1988 BERGGRUEN HOUSE, RUTHERFORD, KALIFORNIEN,
ARCHITEKTEN: FERNAU UND HARTMAN

Das Haus Berggruen (siehe vorhergehende Seite) und das Haus Slesin/Steinberg (siehe unten) zeigen hervorragend, wie Architekten, die in unterschiedlichen Regionen arbeiten, lokale Bauweisen als Vorbilder nutzen, um ein großes Haus wie eine Ansammlung vieler kleiner Bauten wirken zu lassen. Beide Häuser sind eine innovative Kombination schlichter, vertrauter Formen, geprägt von regionalen Bauweisen, kräftigen Farben, Industrie-Materialien und einer einfachen und zweckmäßigen Innenausstattung.

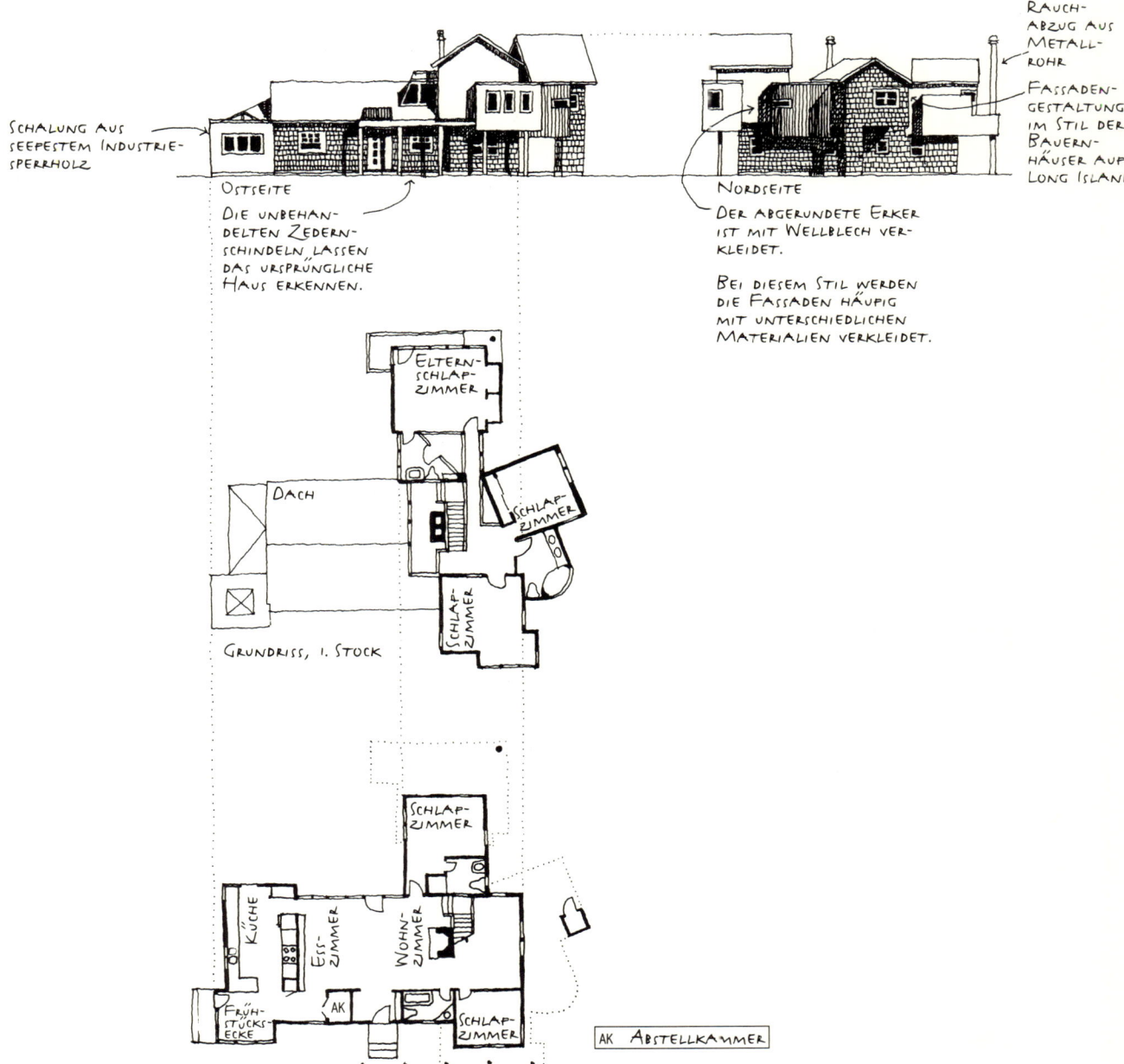

SCHALUNG AUS SEEFESTEM INDUSTRIE-SPERRHOLZ

OSTSEITE
DIE UNBEHANDELTEN ZEDERN-SCHINDELN LASSEN DAS URSPRÜNGLICHE HAUS ERKENNEN.

RAUCH-ABZUG AUS METALL-ROHR

FASSADEN-GESTALTUNG IM STIL DER BAUERN-HÄUSER AUF LONG ISLAND

NORDSEITE
DER ABGERUNDETE ERKER IST MIT WELLBLECH VERKLEIDET.

BEI DIESEM STIL WERDEN DIE FASSADEN HÄUFIG MIT UNTERSCHIEDLICHEN MATERIALIEN VERKLEIDET.

ELTERN-SCHLAF-ZIMMER

DACH

SCHLAF-ZIMMER

SCHLAF-ZIMMER

GRUNDRISS, 1. STOCK

SCHLAF-ZIMMER

KÜCHE

ESS-ZIMMER

WOHN-ZIMMER

FRÜH-STÜCKS-ECKE

AK

SCHLAF-ZIMMER

AK ABSTELLKAMMER

GRUNDRISS, ERDGESCHOSS

1989 SLESIN/STEINBERG HOUSE, BRIDGEHAMPTON, NEW YORK, ARCHITEKT: LEE H. SKOLNICK

Der aus Florida stammende Architekt Steven Harris hat zwei wunderschöne Häuser entworfen, die einen passenden Abschluß dieses Buches bilden (siehe unten und folgende Seite). Sie sind in einem Alltagsstil gehalten, der Bauweisen Nordfloridas zu einer eklektischen Sammlung vereint und Liebe zur Baukunst an sich ausstrahlt. Diese beiden Häuser zeigen beispielhaft, wie sich alltägliche Gebrauchsarchitektur wie Motels, Wachtürme, Garagen, Bungalows, Schuppen und Hochsitze für Rettungsschwimmer zu ungewöhnlichen Wohnhäusern zusammenstellen lassen.

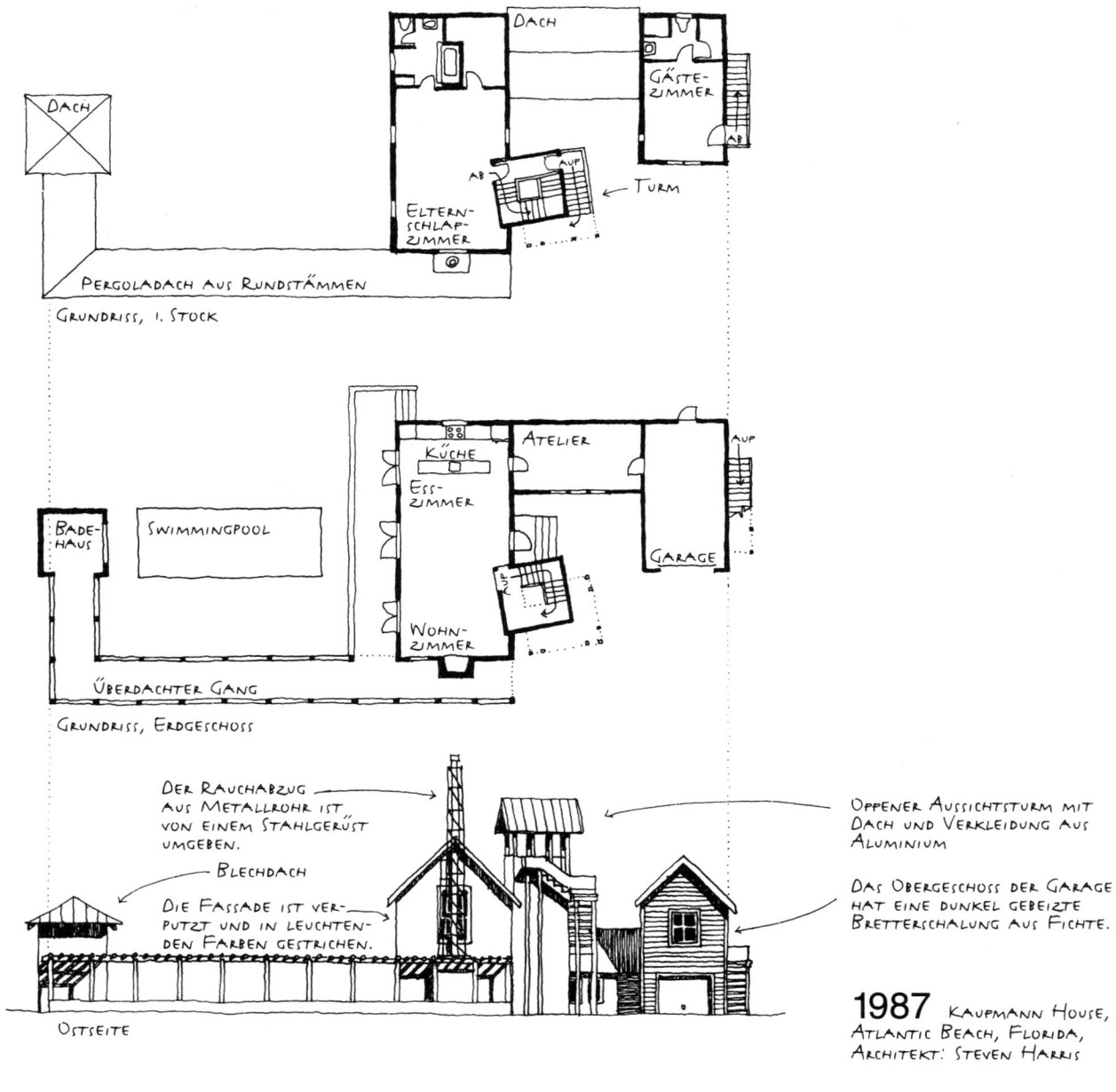

GRUNDRISS, 1. STOCK

PERGOLADACH AUS RUNDSTÄMMEN

GRUNDRISS, ERDGESCHOSS

DER RAUCHABZUG AUS METALLROHR IST VON EINEM STAHLGERÜST UMGEBEN.

BLECHDACH

DIE FASSADE IST VERPUTZT UND IN LEUCHTENDEN FARBEN GESTRICHEN.

OSTSEITE

OFFENER AUSSICHTSTURM MIT DACH UND VERKLEIDUNG AUS ALUMINIUM

DAS OBERGESCHOSS DER GARAGE HAT EINE DUNKEL GEBEIZTE BRETTERSCHALUNG AUS FICHTE.

1987 KAUFMANN HOUSE, ATLANTIC BEACH, FLORIDA, ARCHITEKT: STEVEN HARRIS

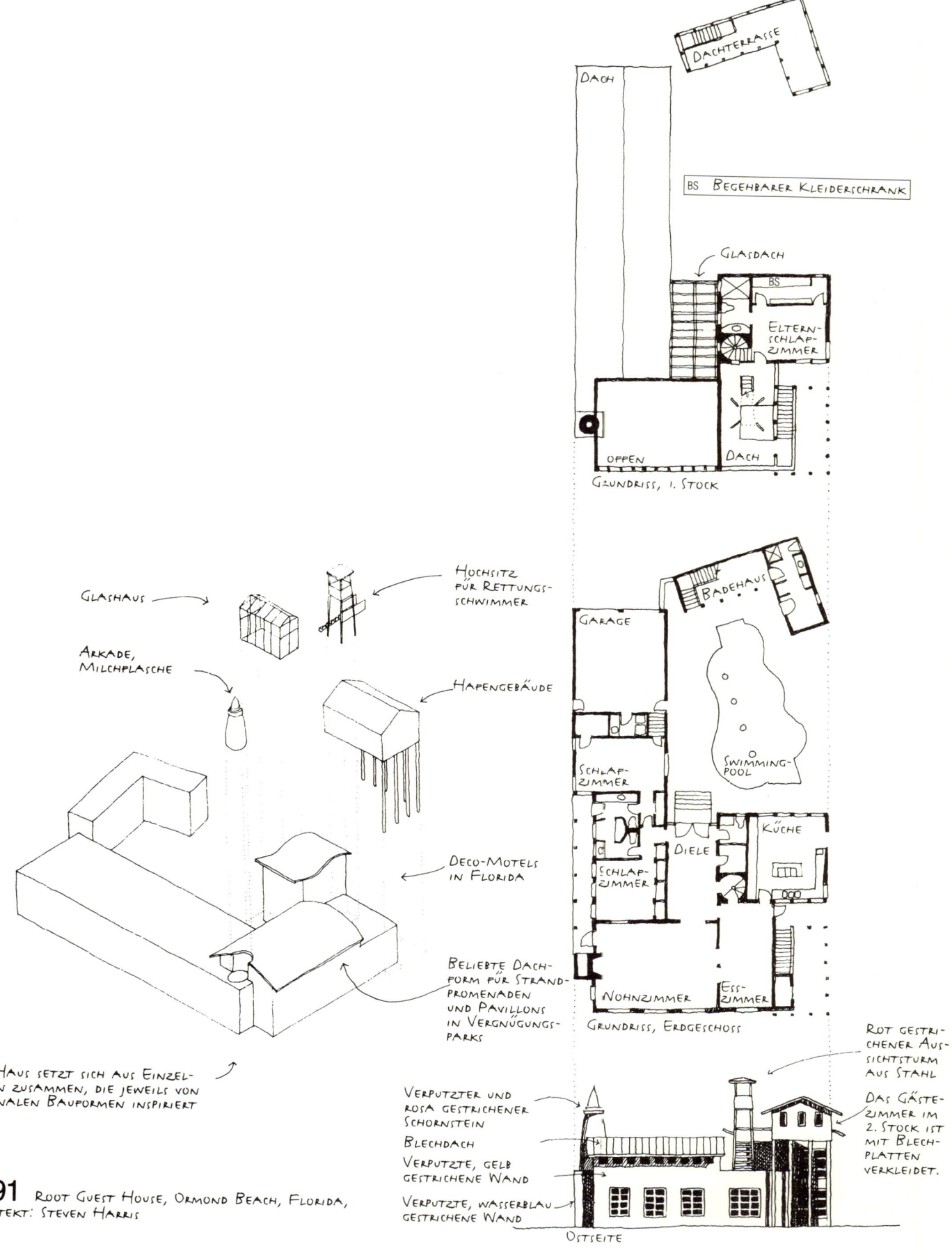

DACHTERRASSE

DACH

BS BEGEHBARER KLEIDERSCHRANK

GLASDACH

BS

ELTERN-
SCHLAF-
ZIMMER

OPPEN   DACH

GRUNDRISS, 1. STOCK

HOCHSITZ
FÜR RETTUNGS-
SCHWIMMER

GLASHAUS

BADEHAUS

GARAGE

HAFENGEBÄUDE

ARKADE,
MILCHFLASCHE

SCHLAF-
ZIMMER

SWIMMING-
POOL

DECO-MOTELS
IN FLORIDA

KÜCHE

DIELE

SCHLAF-
ZIMMER

BELIEBTE DACH-
FORM FÜR STRAND-
PROMENADEN
UND PAVILLONS
IN VERGNÜGUNGS-
PARKS

WOHNZIMMER   ESS-
                     ZIMMER

GRUNDRISS, ERDGESCHOSS

DAS HAUS SETZT SICH AUS EINZEL-
TEILEN ZUSAMMEN, DIE JEWEILS VON
REGIONALEN BAUFORMEN INSPIRIERT
SIND.

ROT GESTRI-
CHENER AUS-
SICHTSTURM
AUS STAHL

VERPUTZTER UND
ROSA GESTRICHENER
SCHORNSTEIN

DAS GÄSTE-
ZIMMER IM
2. STOCK IST
MIT BLECH-
PLATTEN
VERKLEIDET.

BLECHDACH

VERPUTZTE, GELB
GESTRICHENE WAND

1991 ROOT GUEST HOUSE, ORMOND BEACH, FLORIDA,
ARCHITEKT: STEVEN HARRIS

VERPUTZTE, WASSERBLAU
GESTRICHENE WAND

OSTSEITE

Weltraumarchitektur

2000

Die National Aeronautics and Space Administration und die American Society for Engineering Education veröffentlichte 1975 in ihrer Publikation mit dem Titel *Space Settlements* (Weltraumsiedlungen) eine überzeugende Vision, wie Menschen dauerhaft im Weltraum leben könnten.

Die in diesem Buch beschriebene Siedlung ist eine Weltraumkolonie, in der 10 000 Menschen arbeiten, ein normales Leben führen und Kinder großziehen können. Sie besteht aus einem radförmigen Gebilde, zusammengesetzt aus einer Röhre, die einen Durchmesser von über 130 m hat und die Erde auf einer als L5 bezeichneten Position im All auf der gleichen Umlaufbahn umkreist wie der Mond. In dieser Röhre, die zu einer Art Rad von über 1700 m Durchmesser gebogen ist, leben die Menschen. Von der Radnabe, an der Raumschiffe andocken können, gelangt man über große Verbindungskanäle (Radspeichen) in das Röhreninnere, wo die landwirtschaftlichen Nutzflächen und Wohngebiete liegen. Die gesamte Kolonie dreht sich mit einer Geschwindigkeit von einer Umdrehung pro Minute, um die Erdgravitation zu simulieren, und bezieht Wärme und Licht von der Sonne.

Die Baustoffe für die Kolonie müßten natürlich von der Erde kommen (bis auf einige Rohstoffe, die auf dem Mond zu finden sind) und würden mit Space Shuttles nach L5 transportiert. Der Bau einer solchen Kolonie dürfte etwa 30 Jahre dauern. Die Häuser (siehe folgende Seite) würden aus leichten Fertigbauteilen (vorwiegend aus Aluminium) bestehen und hätten wahrscheinlich viele Parallelen zu den Entwicklungen der amerikanischen Fertighaus-Industrie (siehe S. 242). In dem Bericht geht man davon aus, daß die Industrie es übernehmen würde, die Fertigbauteile auf der Erde zu produzieren, um sie dann in die Weltraumkolonie zu transportieren.

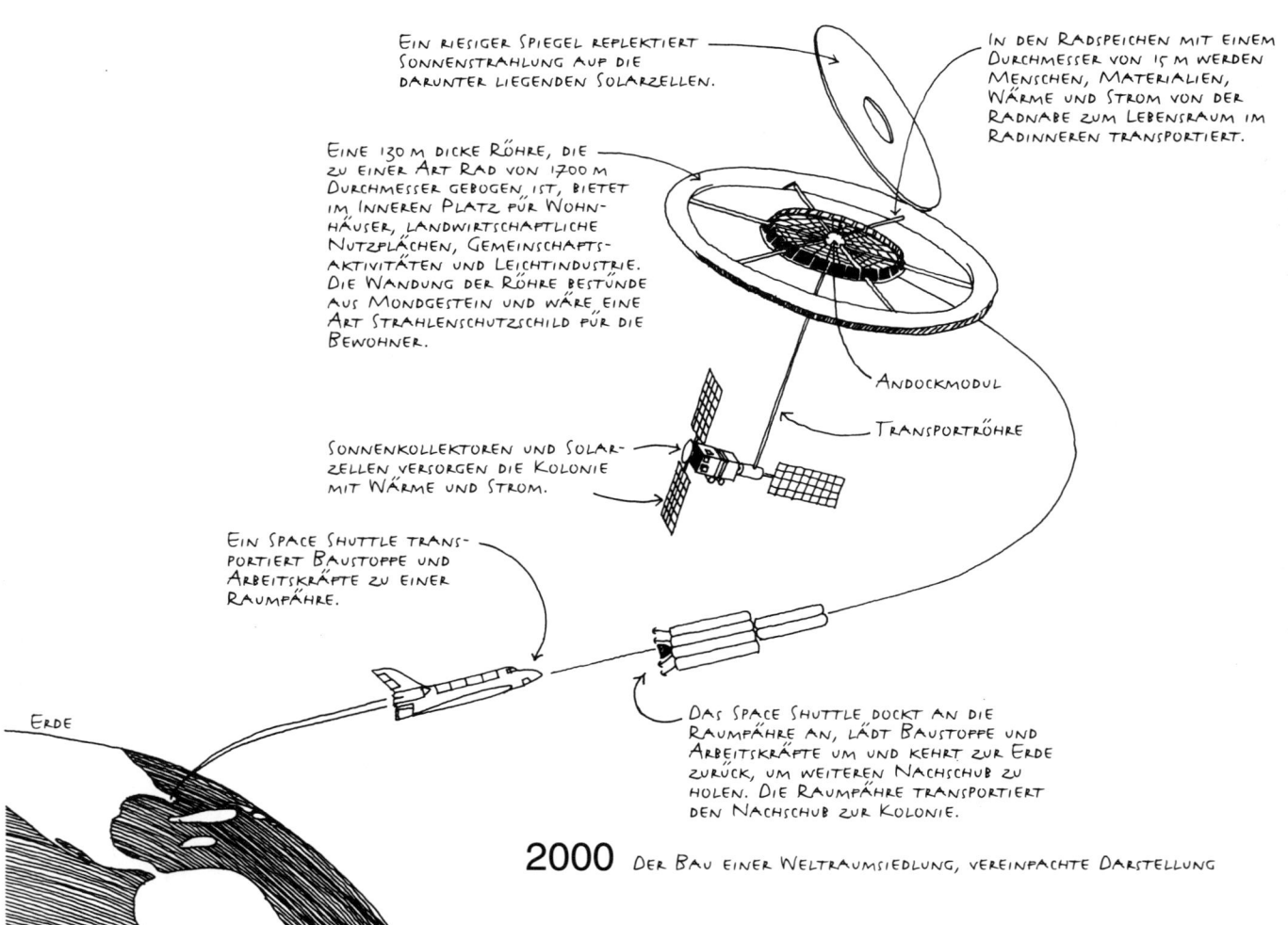

EIN RIESIGER SPIEGEL REFLEKTIERT SONNENSTRAHLUNG AUF DIE DARUNTER LIEGENDEN SOLARZELLEN.

IN DEN RADSPEICHEN MIT EINEM DURCHMESSER VON 15 M WERDEN MENSCHEN, MATERIALIEN, WÄRME UND STROM VON DER RADNABE ZUM LEBENSRAUM IM RADINNEREN TRANSPORTIERT.

EINE 130 M DICKE RÖHRE, DIE ZU EINER ART RAD VON 1700 M DURCHMESSER GEBOGEN IST, BIETET IM INNEREN PLATZ FÜR WOHNHÄUSER, LANDWIRTSCHAFTLICHE NUTZFLÄCHEN, GEMEINSCHAFTSAKTIVITÄTEN UND LEICHTINDUSTRIE. DIE WANDUNG DER RÖHRE BESTÜNDE AUS MONDGESTEIN UND WÄRE EINE ART STRAHLENSCHUTZSCHILD FÜR DIE BEWOHNER.

ANDOCKMODUL

TRANSPORTRÖHRE

SONNENKOLLEKTOREN UND SOLARZELLEN VERSORGEN DIE KOLONIE MIT WÄRME UND STROM.

EIN SPACE SHUTTLE TRANSPORTIERT BAUSTOFFE UND ARBEITSKRÄFTE ZU EINER RAUMFÄHRE.

ERDE

DAS SPACE SHUTTLE DOCKT AN DIE RAUMFÄHRE AN, LÄDT BAUSTOFFE UND ARBEITSKRÄFTE UM UND KEHRT ZUR ERDE ZURÜCK, UM WEITEREN NACHSCHUB ZU HOLEN. DIE RAUMFÄHRE TRANSPORTIERT DEN NACHSCHUB ZUR KOLONIE.

2000 DER BAU EINER WELTRAUMSIEDLUNG, VEREINFACHTE DARSTELLUNG

Glossar

Abhängling, ein hängendes Ornament an Bögen, Decken oder Dächern.

Adobe, Lehmziegel, die in der Sonne getrocknet wurden und in warmen, trockenen Klimaregionen als Baustoff verwendet werden.

Applique, ein Ornament, meist aus Holz, das auf eine Wandfläche aufgesetzt wird.

Arkaden, einseitig offener Bogengang.

Asbestschindeln, dünne, synthetische Schindeln aus feuerfestem, wasserdichtem Material, die industriell hergestellt und als Außenverkleidung für Häuser verwendet werden.

Atrium, Innenhof in der Mitte eines Gebäudes, um den die Wohnräume angeordnet sind.

Balloon framing, eine in Amerika vom 19. bis Anfang des 20. Jahrhunderts verbreitete Form des Fachwerkbaus, bei der die Ständer von der Schwelle bis zum Rähmholz durchgehen und horizontale Elemente nicht verzapft, sondern aufgenagelt werden (siehe S. 124).

Balustrade, ein Geländer, das auf einer Reihe von kurzen, stark profilierten Pfosten oder Pfeilern aus Holz oder Stein (Baluster) ruht.

Barock, Stil der abendländischen Kunst und Architektur des 17. und 18. Jahrhunderts, der sich durch üppige Dekoration, geschwungene Formen und komplexe räumliche Kompositionen auszeichnete.

Bauhaus, 1906 in Weimar gegründete Kunstgewerbeschule, die ab 1919 von Walter Gropius geleitet, umorganisiert und in Bauhaus umbenannt wurde. Ihr erklärtes Ziel war, daß Künstler, Handwerker und Architekten gemeinsam auf den »neuen Bau der Zukunft« hinarbeiteten und sich um klare, funktionale Formen bemühten.

Bekrönung, ein dekorativer Abschluß aus Holz oder Metall auf dem First eines Daches oder einer Mauerkappe.

SCHEITEL
SCHLUSSSTEIN
RÜCKEN
KÄMPFER
LICHTE WEITE, SPANN-WEITE

RUNDBOGEN

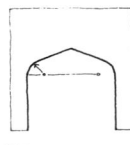

TUDORBOGEN

SPITZBOGEN

ESELSRÜCKEN, KIELBOGEN

Bogen, ein gewölbtes Tragwerk aus keilförmigen Hausteinen oder Backsteinen, das eine Öffnung überspannt und die darüberliegende Mauerlast trägt.

Brüstung, ein Geländer oder eine niedrige Mauer am Rand eines Abgrunds, z. B. an einem Balkon oder einer Dachkante.

Bundbalken, horizontaler Dachbalken, der die Hauptsparren miteinander verbindet und den Seitenschub der Dachschrägen auffängt.

   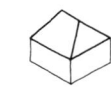 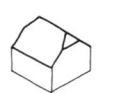 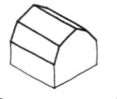  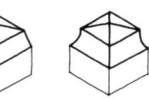     

1 FLACH-DACH **2** GIEBEL- ODER SATTEL-DACH **3** PULT-DACH **4** WALM-DACH **5** KRÜPPEL-WALM-DACH **6** MANSARD-GIEBELDACH **7** GERADES MANSARD-WALMDACH **8** KONKAVES MANSARD-WALMDACH **9** KONVEXES MANSARD-WALMDACH **10** PYRA-MIDEN- ODER ZELTDACH **11** TONNEN-DACH **12** GRABEN-DACH

Dach, der obere Abschluß eines Gebäudes.

Dachdeckung, die auf der Dachkonstruktion ruhende Dachhaut, die das Gebäudeinnere gegen Witterungseinflüsse schützt.

Dachfirst, die oberste, waagerechte Kante eines Schrägdaches.

Eckquader, Werkstein, der an den Hausecken meist so verarbeitet wird, daß abwechselnd die Breit- und Schmalseiten zu sehen sind. In der amerikanischen Architektur werden Eckquader auch mit Backstein oder Holz nachgeahmt.

Erdbemantelung, Isolierung der Hauswände durch Erdschichten, entweder mit künstlich angeschütteten Erdwällen oder durch Nutzung natürlicher Gegebenheiten wie Hanglage oder unterirdische Bauten.

Fächerfenster, ein halbrundes, fächerförmig gegliedertes Oberlicht über einer Tür oder einem Fenster.

Fachwerk, eine Bauweise, bei der ein verblattetes oder verzapftes Holzgerüst aus Schwellen, Ständern, Riegeln und Streben mit Naturstein, Backstein oder Flechtwerk und Lehmbewurf ausgefüllt wird.

Fachwerkträger, Stahlträger, die aus zwei parallelen Gurtplatten (Ober- und Untergurt) mit vertikalen oder diagonalen Füllungsstäben bestehen und bei größeren Spannweiten als Deckenträger eingesetzt werden.

Fassade, Eingangsfront oder Hauptseite eines Gebäudes.

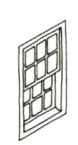 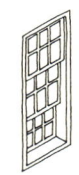  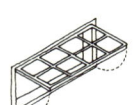   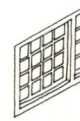

1 Zweiteiliges Schiebefenster   **2** Dreiteiliges Schiebefenster   **3** Flügelfenster   **4** Ausstellfenster   **5** Halbrundfenster (Fächerfenster)   **6** Palladiomotiv oder venezianisches Fenster   **7** Erkerfenster   **8** Fensterband

Fenster, eine Wandöffnung, die Licht und/oder Luft ins Hausinnere läßt und meist mit einem Rahmen mit beweglichen, verglasten Fensterflügeln versehen ist.

Fiale, ein schlankes Spitztürmchen gotischer Bauten, in der amerikanischen Architektur meist als Abschluß eines Pyramidendaches verwendet.

Firstpfette, waagerechter Balken an der Spitze eines Schrägdaches.

Frontispiz, Giebeldreieck an der Gebäudefront, meist über dem vorspringenden Mittelrisalit.

Frostgrenze, maximale Tiefe, in die der Frost in einer bestimmten Region im Winter in das Erdreich vordringt.

Galerie, langgestreckter, offener Gang oder eine schmale Empore.

Gaube oder Gaupe, ein Dachaufbau für ein stehendes Dachfenster in einem Schrägdach.

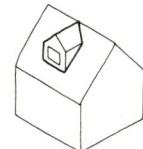   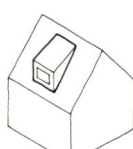 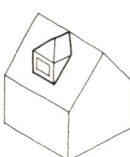 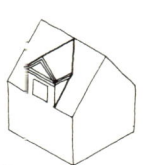 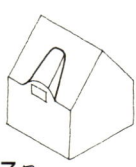 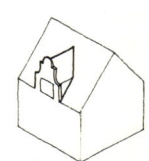

1 Giebelgaube: Dachgaube in der Dachschräge mit eigenem Giebeldach   **2** Dacherker mit Giebeldach: Fenster in der Verlängerung der Hausflucht über der Traupkante   **3** Zwerchhaus: Der Giebel der Gaube fluchtet mit der Hauswand, aber das Fenster liegt unter der Traupkante.   **4** Schleppgaube   **5** Walmgaube   **6** Dacherker mit Giebelfeld   **7** Froschmaulgaube   **8** Lukarne

geodätisch, mathematisches Verfahren, nach dem sich Kurven wie etwa die Krümmung der Erde oder die Krümmumg einer Kuppel berechnen lassen.

Gesims, ein waagerecht aus einer Mauer vorspringender Zierstreifen an Säulen, Wänden oder Außenmauern, der horizontale Bauteile (Sockel, Stockwerke, Dach) gegeneinander abgrenzt.

gesprengter Giebel, ein offener Giebel, bei dem der Mittelteil des rahmenden Gesimses weggelassen wurde.

Giebel, der dreieckige Wandabschluß eines Satteldaches; als Zierform auch über Türen, Fenstern und Dachgauben verwendet.

Giebelfeld, das dreieckige Feld zwischen Kranz- und Schräggesimsen eines Giebels, das meist an den beiden Giebelenden griechischer Tempel zwischen Fries und Dach zu finden war (siehe S. 108).

Schräggesims, Schräggeison
Giebelfeld, Tympanon
Kranzgesims, Geison

Gesprengter Giebel (mit offenem Schräggesims), wie er oft über Türöffnungen verwendet wird.

Gesprengter Giebel (mit offenem Kranzgesims), wie er im Greek Revival oft an Giebelwänden verwendet wird.

Gingerbread, »Lebkuchen«, eine bestimmte Art der Holzdekoration, die an viktorianischen Gebäuden verwendet wurde.

glasierter Backstein, Backstein, der mit einer Glasur überzogen ist und oft dekorativ eingesetzt wird.

Grubensäge, eine Schrotsäge, mit der Baumstämme von zwei Mann über einer Grube aufgeschnitten wurden (siehe S. 43).

Halbdach, ein meist schmales, an die Hauswand gefügtes Dach mit einseitiger Neigung

Haustein, Naturstein, der im Gegensatz zum Bruchstein allseitig zu mehr oder weniger glatten Quadern behauen und in Lagen mit Fugenversatz vermauert wird.

Ikosaeder, Zwanzigflächner, ein von 20 gleichseitigen Dreiecken begrenztes Polyeder, das zu den 5 Platonischen Körpern gehört (siehe S. 273).

Kapitell, Kopfstück einer Säule oder eines Pfeilers, meist breiter als der Säulenschaft und mit Ornamenten verziert.

klassisch, in der Architektur bezeichnet man alle Stilelemente als klassisch, die sich auf Vorbilder der griechisch-römischen Antike beziehen.

Knagge, eine Konsole aus Holz oder Stein, die als vorkragende Auflage für einen Sims, einen Balkon oder einen Dachvorsprung dient (siehe S. 130).

Kolonnade, ein Säulengang, der im Gegensatz zur Arkade ein gerades Gebälk besitzt.

Kragträger, Freiträger, Holzbalken oder Stahlträger, die frei über die Unterstützung hinausragen und als Auflage für einen Erker, Balkon oder ein ganzes Stockwerk dienen.

Krenelierung, ein Muster aus rechteckigen Zacken oder Zinnen.

Kreuzblume, ein plastisches Ornament als Bekrönung eines Daches, Turmes oder Baldachins, das besonders in der Gotik beliebt war.

Laterne, ein kleiner runder oder polygonaler Turm mit Lamellenwänden und/oder Fenstern über einer Deckenöffnung, meist eines Gewölbes oder einer Kuppel, der Luft und Licht in das Gebäudeinnere dringen läßt.

Lehmbau, Bauweise auf der Basis von Lehm, der mit Sand, Wasser und einem Gehäcksel aus Pflanzenteilen (Stroh) oder Tierhaar vermischt und als Stampflehm zu einer monolithischen Wand, als Trockenlehmziegel vermauert oder als Bewurf einer Wandfüllung aus Flechtwerk verarbeitet wird.

Leichtbeton, ein Beton mit geringer Dichte, der mit leichten Zuschlagstoffen häufig unter Zusatz von Gasen hergestellt wird, und bei ähnlichen Eigenschaften leichter ist als herkömmlicher Beton.

Leimbinder, ein dicker Schichtholzbalken, der aus mehreren Lagen dünner Bretter verleimt und für große Spannweiten eingesetzt wird.

Loggia, eine mindestens nach einer Seite hin offene Bogenhalle.

Maßwerk, ein geometrisch konstruiertes Bauornament aus sich durchschneidenden Streben oder blattähnlichen Formen, das zunächst nur unter der Bogenspitze gotischer Fenster, später auch zur Wandgliederung und für Giebel und Brüstungen verwendet wurde.

Mauerkappe, die oberste Lage einer Backstein- oder Natursteinmauer, die meist leicht abgeschrägt ist, um Wasser abzuleiten.

Mittelpfosten, eine senkrechte Unterteilung der Fensteröffnung.

Modulbauweise, eine Bauweise, die mit vorgefertigten, austauschbaren Standardteilen arbeitet (siehe S. 276).

Palisaden, ein Zaun aus fest im Boden eingegrabenen Pfählen, der früher Verteidigungszwecken diente.

Pergola, ein Laubengang aus Holz- oder Metallgittern, die rankende Pflanzen tragen.

Pfeiler, eine gemauerte Stütze mit rechteckigem oder polygonalem Grundriß.

Pfetten, parallel zum Dachfirst verlaufende Dachbalken, die als Auflage der Sparren dienen.

Piazza, in der englischen Architektur eine große Veranda oder Loggia, deren Dach von Säulen getragen wird.

Pilaster, ein meist flacher Wandpfeiler mit dekorativer Wirkung.

Pilote, freistehende Pfeiler oder Stützen unter einem Gebäude, das erst im 1. Stock beginnt.

Plinthe, die Sockelplatte unter der Basis einer Wand, Säule oder eines Pfeilers.

Polychromie, mehrfarbige Gestaltung von Bauwerken.

polygonal, vieleckig.

Portikus, ein teilweise offener Vorbau vor der Eingangsfront, meist mit Säulen und Dach.

Puppe, puppenförmig gebündelte und gebundene Büschel Stroh, Reet oder Palm- und Farnwedel, die zur Dachdeckung verwendet werden.

Rahmen oder Rähmholz, der obere, abschließende waagerechte Balken beim Fachwerk (siehe S. 70), der die Auflage für die Dachparren bildet.

Rasenziegel, eine rechteckig zugeschnittene Grassode mit Wurzelwerk und Erde, die als Ziegel verbaut wird.

Riegel, beim Fachwerk ein waagerechter Balken zwischen den senkrechten Stielen.

Säule, eine schlanke, senkrechte Stütze mit zylindrischem oder kegelstumpfförmigen Schaft, Basis und Kapitell, die eine auf ihr ruhende Last trägt und als Zierelement eingesetzt wird.

Säulengebälk, die auf Säulen ruhenden Bauteile; das klassische Säulengebälk besteht aus Architrav, Fries und Kranzgesims (siehe S. 108).

Säulenordnung, architektonischer Aufbau, der von der Proportionierung und Gestaltung der Säulen bestimmt wird.

Schalenbauweise, eine Bauweise, die mit dünnen, selbsttragenden Membranen nach dem Prinzip von Eierschalen arbeitet und meist Leichtbeton verwendet.

Schalung, die Verkleidung der tragenden Konstruktion von Dach oder Wänden mit Brettern oder Sperrholz.

Schindel, ein dünnes, leicht keilförmiges Holzbrettchen, das zur Dachdeckung oder Wandverkleidung verwendet wird. Schindeln, die es heute auch aus anderen Materialien gibt, werden überlappend verarbeitet, wobei das dickere Ende sichtbar bleibt (siehe S. 163).

Schmiedeeisen, ein haltbares Eisen mit geringem Kohlenstoffgehalt, das weich und formbar genug ist, um es schmieden und verschweißen zu können.

Schwelle, im Holzskelettbau der unterste waagerechte Balken, der auf dem Fundament aufliegt und die Stützen trägt. Die waagerechten Balken zwischen zwei Geschossen bezeichnet man als Stockschwellen.

Schwingtor, ein Garagentor, das beim Öffnen nach oben waagerecht unter die Decke geschoben wird.

Segmentbogen, auch Stich- oder Flachbogen, ein Bogen, dessen Wölbung einem Kreissegment entspricht, das flacher ist als der Halbkreis.

Silo, ein zylindrischer, luftdichter Turm aus Holz oder Metall, der als Futterspeicher dient.

Skelettbauweise, eine Bauweise, bei der die tragende Konstruktion eines Hauses aus einem Gerippe aus Holz, Stahl oder Stahlbeton besteht, das mit nichttragenden Materialien ausgefüllt oder verkleidet wird.

Spannring, eine runde Vorrichtung, die die Zugkräfte einer runden Dachkonstruktion auffängt.

Sparren, schrägstehende, parallel angeordnete Dachbalken eines Schrägdaches.

Ständer, auch Pfosten oder Stiel, senkrechte Stütze aus Holz oder Metall im tragenden Gerüst eines Bauwerks.

Ständerbauweise, Skelettbauweise, bei der die senkrechten Stützen vom Boden bis zur Dachauflage reichen (siehe S. 236).

Stirnbrett, häufig verziertes Abschlußbrett an der Stirnkante eines Giebels.

Stockwerkbauweise, eine Form des Skelettbaus, bei der die senkrechten Stützen jeweils nur über eine Geschoßhöhe reichen und mehrere Stockwerke übereinander gesetzt werden (siehe S. 258).

Stulpschalung, eine dünne, wetterfeste Holzschalung an den Außenwänden eines Hauses aus horizontal überlappend angebrachten Brettern.

Sturz, ein waagerechter Balken, der die Last über einer Fenster- oder Türöffnung trägt.

Stützmauer, eine Mauer, die seitliche Schubkräfte etwa an einer Böschung oder einem Hang auffängt.

Teerpappe, eine dicke, mit Teer imprägnierte Pappe, mit der man Gebäude wetterfest macht.

Thermosiphon, ein Siphon, das den Heißwasserkreislauf in einem Leitungssystem in Gang setzt oder beschleunigt.

Thermostat, ein automatischer Temperaturregler.

Totempfahl, ein geschnitzter und bemalter Pfahl mit Totemdarstellungen, wie er von den Indianern im Nordwesten Amerikas vor ihren Häusern aufstellt wird.

Traufbrett, ein glattes Abschlußbrett an der Traufkante eines Daches.

Traufe, die untere Kante eines Schrägdaches.

Treppengiebel, auch Staffel- oder Stufengiebel, eine stufenförmig abgetreppte Giebelschräge, die von der Schräge des dahinter liegenden Daches unabhängig ist (siehe S. 58).

Trombewand, eine massive, meist schwarz gestrichene Mauer, die in einem Solarhaus Sonnenwärme speichert.

Vestibül, Vorraum zwischen Hauseingang und Hausinnerem.

Viga, bei bestimmten indianischen und spanischen Bauten Bezeichnung für die Dachbalken des Flachdachs.

Zahnschnitt, ein Fries aus rechteckigen, vorspringenden Steinen, der bei klassischen Kranzgesimsen als Ornament verwendet wird (siehe S. 108).

Zinnen, die Zacken einer Brüstungsmauer oder Brustwehr bei mittelalterlichen Bauten, die ursprünglich Verteidigungszwecken dienten.

Zugschlagstoffe, Sand und Kies, die in bestimmten Mischungsverhältnissen mit Wasser und Bindemitteln (meist Zement) zu Beton verarbeitet werden.

Bibliographie

American Institute of Architects (Hrsg.), *A Guide to New Orleans Architecture*, Washington, 1959
Acero, Francesco Asenio, *Exquisite Villen. Meisterwerke neuester Architektur*, Stuttgart, 1999

Bailey, Rosalie F., *Pre-Revolutionary Dutch Houses and Families in Northern New Jersey and Southern New York*, New York, 1968
Benevolo, Leonardo, *Geschichte der Architektur des 19. und 20. Jahrhunderts*, 2 Bde., München, 1982
Benton, Timothy J., *Le Corbusiers Pariser Villen*, Stuttgart, 1984
Berdini, Paolo, *Walter Gropius*, Zürich/München, 1984
Blake, Peter, *Philip Johnson*, Basel/Berlin/Boston, 1996
Blaser, Werner, *Ludwig Mies van der Rohe*, Basel/Stuttgart, 1981
Blumenson, John J.G., *Identifying American Architecture*, Nashville, 1977
Boesinger, Willy (Hrsg.), *Le Corbusier*, Basel/Berlin/Boston, 1998
Brooks, H. Allen, *The Prairie School*, Toronto, 1972
Brooks, H. Allen, *Prairie School Architecture*, Toronto, 1975
Broto, Carles, *Einfamilienhäuser International*, München, 1998
Bürkle, J. Christoph, *Wohnhäuser der klassischen Moderne*, Stuttgart, 1995

Campbell-Lange, Barbara-Ann, *John Lautner*, Köln, 1999
Cerver, Asenio Francisco, *Moderne Einfamilienhäuser International*, München, 1999
Cherner, Norman, *Fabricating Houses from Component Parts*, New York, 1957
Conrads, Ulrick, *The Architecture of Fantasy*, New York, 1962

Davidson, Marshall B., *Notable American Houses*, New York, 1971
Driller, Joachim, *Marcel Breuer. Die Wohnhäuser 1923 – 1973*, Stuttgart, 1998
Drexler, Arthur, *Ludwig Mies van der Rohe*, Ravensburg, 1960
Dunster, David, *Leitbilder der Architektur im 20. Jahrhundert. Band 1, Wohnhäuser 1900 – 1944*, München, 1986

Foley, Mary Mix, *The American House*, New York, 1980
Forman, Henry Chandlee, *Tidewater Maryland Architecture and Gardens*, New York, 1956
Forman, Henry Chandlee, *The Architecture of the Old South*, New York, 1948
Fracchia, Charles, *Converted into Houses*, New York, 1976
Frampton, Kenneth, *Die Architektur der Moderne*, Stuttgart, 1991
Frary, I.T., *Thomas Jefferson: Architect and Builder*, Richmond, 1931
Frei, Hans, *Louis Henry Sullivan*, Zürich, 1992
Fuller, R. Buckminster; Marks, Robert, *The Dymaxion World of Buckminster Fuller*, Garden City, 1973
Futagawa, Yukio (Hrsg.), *Frank Lloyd Wright. Monograph Vol. 1 – 3*, Tokio 1986

GA Houses 59: *Project 1999*, Tokio, 1999
Gabor, Mark, *House Boats*, New York, 1979
Gebhard, David, *Schindler*, New York, 1971
Gebhard, David; Von Breton, Harriette, *Architecture in California*, Santa Barbara, 1968
Gössel, Peter; Leuthäuser, Gabriele, *Architektur des 20. Jahrhunderts*, Köln 1990
Greif, Martin, *Depression Modern*, New York, 1975
Grow, Lawrence, *Old House Plans*, New York, 1978
Guiness, Desmond; Trousdale Sadler, Jr., Julius, *Mr. Jefferson, Architect*, New York, 1973
Giurgola, Romaldo; Mehta, Jaimini, *Louis I. Kahn*, Zürich/München, 1992

Hammett, Ralph W., *Architecture in the United States*, New York, 1976
Harrison, Henry S., *Houses*, Chicago, 1973
Henderson, Andrew, *The Family House in England*, London, 1964
Herzog, Thomas, *Pneumatic Structures*, New York, 1976
Historic Savannah Foundation, Inc. (Hrsg.), *Historic Savannah*, Savannah, 1968
Hitchcock, Henry Russell; Johnson, Philip, *Der Internationale Stil*, Braunschweig, 1985
Hitchcock, Henry Russell, Jr., *Built in USA: Post-War Architecture*, New York, 1968
Holling, Holling C., *The Book of Indians*, New York, 1966

Ison, Walter; Ison, Leonora, *English Architecture through the Ages*, New York, 1966

Jencks, Charles, *Die Sprache der postmodernen Architektur. Die Entstehung einer alternativen Tradition*, Stuttgart, 1980
Jencks, Charles, *Architektur heute*, Stuttgart, 1988
Johnson, Eugene J. (Hrsg.), *Charles Moore. Bauten und Projekte 1949 – 1986*, Stuttgart, 1987
Junior League of Kingston, N.Y., Inc. (Hrsg.), *Early Architecture in Ulster County*, Kingston, 1974

Karp, Ben, *Wood Motifs in American Domestic Architecture*, Cranbury, 1966
Kauffman, Henry J., *The American Farmhouse*, New York, 1975
Kelly, Burnham, *The Prefabrication of Houses*, New York, 1951
Kelley, J. Frederick, *The Early Domestic Architecture of Connecticut*, New York, 1963
Kimball, Fiske, *Domestic Architecture of the American Colonies and Early Republic*, New York, 1927
Kinney, Jean, *47 Creative Homes*, Scranton, 1974
Kirker, Harold, *California's Architectural Frontier*, San Marino (Kalifonien), 1960
Klotz, Heinrich; Cook, W., *Architektur im Widerspruch. Bauen in den USA von Mies van der Rohe bis Andy Warhol*, Zürich/München, 1974

LaFarge, Oliver, *The American Indian*, New York, 1962
Lancaster, Clay, *The Architecture of Historic Nantucket*, New York, 1972
Lancaster, Clay, *Architectural Follies in America*, Rutland, 1960
Lancaster, Clay, *Ante Bellum Houses of the Bluegrass*, Lexington, 1961
Laubin, Gladys; Laubin, Reginald, *The Indian Tipi*, Norman, 1957
LeBlanc, Sydney, *Moderne Architektur in Amerika*, Stuttgart, 1997
Lidz, Jane, *Rolling Homes*, New York, 1979
Loth, Calder; Trousdale Sadler, Jr., Julius, *The Only Proper Style*, New York, 1975
Los Angeles County Museum of Art (Hrsg.), *Architecture in Southern California*, Los Angeles, 1968
Ludwig, Matthias, *Mobile Architektur*, Stuttgart, 1998

Maass, John, *The Gingerbread Age*, New York, 1957
Maass, John, *The Victorian Home in America*, New York, 1972
Makinson, Randell L., *Greene and Greene*, Santa Barbara, 1977
Malo, John W., *The Complete Guide to Houseboating*, New York, 1974
McArdle, Alma deC.; Bartlett, Deirdre, *Carpenter Gothic*, New York, 1978
McCall, Wayne; Andree, Herb; Young, Noel, *Santa Barbara Architecture*, Santa Barbara, 1975
McCoy, Esther, *Case Study Houses 1945 – 1962*, Los Angeles, 1977
McCoy, Esther, *Richard Neutra*, New York, 1960
McCoy, Esther, *Craig Ellwood*, New York, 1968
McCoy, Esther, *Five California Architects*, New York, 1960
McCoy, Esther, *Modern California Architects*, New York, 1958
McDole, Brad; Jerome, Chris, *Kit Houses by Mail*, New York, 1979
Merrill, Anthony F., *The Rammed Earth House*, New York, 1947
Mignot, Claude, *Architektur des 19. Jahrhunderts*, Köln, 1994
Moore, Charles; Allen, Gerald; Lyndon, Donlyn, *The Place of Houses*, New York, 1974
Moore, Charles; Allen, Gerald, *Dimensions*, New York, 1976
Moos, Stanislaus von, *Venturi, Rauch & Scott Brown*, München, 1987
Morrison, Hugh, *Early American Architecture*, New York, 1952
Museum of Modern Art (Hrsg.), *Five Architects*, New York, 1972
Museum of Modern Art (Hrsg.), *Modern Architecture International Exhibition*, New York, 1969

Nebraska State Historical Society (Hrsg.), *The Sod House*. Educational Leaflet No. 3, Lincoln, 1967
Nerdinger, Winfried, *Walter Gropius*, Berlin, 1985
Nulsen, Robert H., *Mobile Home Manual*. Bd. 1, Beverly Hills, 1967

Ojeda, Oscar Riera, *Amerikanische Einfamlienhäuser*, Köln, 1998

Pacific Domes (Hrsg.), *Domebook One*, Los Gatos, 1970
Pacific Domes (Hrsg.), *Domebook Two*, Los Gatos, 1972
Papadakis, Andreas; Cook, Catherine; Benjamin, Andrew (Hrsg.), *Dekonstruktivismus. Eine Anthologie*, Stuttgart, 1989
Pawley, Martin, *Garbage Housing*, New York, 1975
Pearson, Clifford A. (Hrsg.), *Moderne amerikanische Einfamilienhäuser*, München, 1998

Pevsner, Nikolaus; Fleming, John; Honour, Hugh, *Lexikon der Weltarchitektur*, München, 1992
Pickering, Ernest, *The Homes of America*, New York, 1954
Pillsbury, Richard, *A Field Guide to the Folk Architecture of the North East United States*, Hanover, 1970
Price, Cedric, *Air Structures*, London, 1971

Rabb, Bernard; Rabb, Judith, *Good Shelter*, New York, 1975
Randall, Anne; Foley, Robert, *Newport*, Newport, 1970
Reiff, Daniel D., *Architecture in Fredonia*, Fredonia, 1972
Reulicke, Jürgen u.a. (Hrsg.), *Die Geschichte des Wohnens*, 5 Bde., Stuttgart, 1996 ff.
Reynolds, Helen Wilkinson, *Dutch Houses in the Hudson Valley before 1776*, New York, 1965
Richman, Irwin, *Pennsylvania Architecture*, University Park, 1969
Robinson, E. F.; Robinson, T. P., *Houses in America*, New York, 1966

Sack, Manfred, *Richard Neutra*, Zürich/München, 1992
Sandbank, Harold; Bruce, Alfred, *A History of Prefabrication*, New York, 1972
Sanford, Trent Elwood, *The Architecture of the Southwest*, New York, 1950
Sarnitz, August, *R. M. Schindler*, Wien, 1986
Saylor, Henry, *Bungalows*, Philadelphia, 1911
Sbriglio, Jacques, *Le Corbusier: La Villa Savoye/The Villa Savoye*, Basel/Berlin/Boston, 1999
Schmidt, Carl F., *The Octagon Fad*, Scottsville, 1958
Scully, Vincent, *The Shingle Style*, New Haven, 1971
Scully, Vincent, *The Shingle Style Today*, New York, 1974
Shelter Publications (Hrsg.), *Shelter One*, Bolinas, 1973
Shelter Publications (Hrsg.), *Shelter Two*, Bolinas, 1978
Shurtleff, Harold R., *The Log Cabin Myth*, Cambridge, 1939
Smith, C. Ray, *Supermannerism*, New York, 1977
Spaeth, David, *Ludwig Mies van der Rohe. Der Architekt der technischen Perferktion*, Stuttgart, 1994
Stedman, Wilfred; Stedman, Myrtle, *Adobe Architecture*, Santa Fe, 1973
Steele, James, *R. M. Schindler*, Köln, 1999
Stoehr, C. Eric, *Bonanza Victorian,* Albuquerque, 1975
Strand, Janann, *A Greene and Greene Guide*, Pasadena, 1974
Stungo, Naomi, *Neue Holzarchitektur*, Stuttgart, 1998
Sunset Magazine (Hrsg.), *Western Ranch Houses*, San Francisco, 1946

Tamborini, Susanne, *Living in a small place*, Stuttgart/London, 1999
Tzonis, Alexander; Lefaivre, Liane; Diamond, Richard, *Architektur in Nordamerika seit 1960*, Basel, 1996
Twombly, Robert C., *Frank Lloyd Wright*, New York, 1968

University of Minnesota Underground Space Center (Hrsg.), *Earth Sheltered Housing Design*, Minneapolis, 1978

Wagner, Walter, *Great Houses*, New York, 1976
Wagner, Willis H., *Modern Carpentry*, South Holland, 1969
Wampler, Jan, *All Their Own*, New York, 1977
Watson, Donald, *Designing and Building a Solar House*, Charlotte, 1977
Whiffen, Marcus, *American Architecture Since 1780*, Boston, 1969
Woodall, Ronald; Watkins, T. H., *Taken by the Wind*, New York, 1977
Wrenn, Tony; Mulloy, Elizabeth D., *America's Forgotten Architecture*, New York, 1976
Wright, Frank Lloyd, *The Robie House*, Palos Park, 1968

Zerbst, Rainer, *Antonio Gaudi 1852 – 1926. Ein Leben in der Architektur*, Köln, 1987
Zevi, Bruno, *Frank Lloyd Wright*, Zürich/München, 1981

200 kostengünstige Landhäuser im amerikanischen Stil, Versmold, 1996

Verzeichnis der Architekten